Pondus meum,
amor meus
Aug., L. confess. XIII,9,10

mit herzlichem *p* E. W.

MARBURGER THEOLOGISCHE STUDIEN

32

begründet von

Hans Graß und Werner Georg Kümmel

herausgegeben von

Wilfried Härle und Dieter Lührmann

N. G. ELWERT VERLAG MARBURG
1992

UNSERE WELT – GOTTES SCHÖPFUNG

UNSERE WELT –
GOTTES SCHÖPFUNG

EBERHARD WÖLFEL

zum 65. Geburtstag am 16. April 1992

herausgegeben von

Wilfried Härle, Manfred Marquardt, Wolfgang Nethöfel

N.G. ELWERT VERLAG MARBURG
1992

Die Deutsche Bibliothek – CIP-Einheitsaufnahme

Unsere Welt – Gottes Schöpfung : Eberhard Wölfel zum 65. Geburtstag am 16. April 1992 / hrsg. von Wilfried Härle ... – Marburg : Elwert, 1992
  (Marburger theologische Studien ; 32)
  ISBN 3-7708-0975-0

NE: Härle, Wilfried [Hrsg.]; Wölfel, Eberhard: Festschrift; GT

© by N. G. Elwert Verlag Marburg 1992
Printed in Germany
Verantwortlich für die Gesamtherstellung:
Satzherstellung Karlheinz Stahringer, 3557 Ebsdorfergrund 6

FESTSCHRIFT
für
EBERHARD WÖLFEL

INHALTSVERZEICHNIS

Martin Metzger: Der Weltenbaum in vorderorientalischer Bildtradition 1

Karlmann Beyschlag: Schöpfungstheologie und altabendländische Christologie.
Zur Frage einer dogmengeschichtlichen Konzeption 35

Michael Biehl: Die Welt als Gottes Körper? Schöpfungstheologische
Überlegungen zu einer Analogie Rāmānujas 53

Ulrich Köpf: Bemerkungen zum franziskanischen Schöpfungsverständnis 65

Ludwig Hödl: Der Abschied von den kosmischen Engeln im Werk
Alberts des Großen 77

Rolf Peppermüller: Die Auslegung der Schöpfungsgeschichte im Heptaplus
des Pico della Mirandola 97

Joachim Ringleben: Weltbewußtsein und Allmachtserfahrung.
Zur Wahrnehmung der Geschöpflichkeit in Pascals frg. 72 117

Wilfried Härle: Leiden als Fels des Atheismus? Analysen und Reflexionen
zum Philosophengespräch in „Dantons Tod" 127

Sigurjón Árni Eyjólfsson: Rechtfertigung, Mystik, Neue Schöpfung.
Mystische Elemente in der Theologie Werner Elerts 145

Ingolf U. Dalferth: Zeit der Zeichen. Vom Anfang der Zeichen und dem Ende
der Zeiten 161

Svend Andersen: Sprache und Schöpfung 181

Christoph Schwöbel: Theologie der Schöpfung im Dialog zwischen
Naturwissenschaft und Dogmatik 199

Gottfried Hornig: Vorsehungsglaube und Geschichtshandeln. Überlegungen zu
einer Neugestaltung der Providentialehre 223

Manfred Marquardt: Imago Christi als Leitbild der Heiligung 235

Robert Heeger: Eigenwert und Verantwortung. Zur normativen Argumentation
in der Tierethik 251

Johannes Schreiber: Universitätsreform als menschliche Schöpfung 269

Wolfgang Nethöfel: Die Herausforderung der Schöpfungstheologie durch
„die Praxis einer Schöpfungsethik" 291

Bibliographie Eberhard Wölfel 325

VORWORT

Sehr verehrter, lieber Herr Wölfel!

Die Festschrift, die wir Ihnen aus Anlaß Ihres 65. Geburtstags am 16. April 1992 überreichen, steht unter einem Titel, den man als den gemeinsamen Nenner Ihrer konzentrierten, tiefschürfenden, prägnanten theologischen Arbeit aus mehr als drei Jahrzehnten bezeichnen kann: „Unsere Welt – Gottes Schöpfung".

Schon in Ihrer Dissertation über „Luther und die Skepsis" (1958) haben Sie anhand von Luthers kühner Uminterpretation des „Prediger Salomo" gezeigt, daß und wie eine das Leben und Handeln lähmende Skepsis nur durch das Wort (konkret: das Gesetz und das Evangelium) des Gottes überwunden werden kann, der die Welt – unbeschadet ihrer Bosheit und Eitelkeit – als sein regnum behauptet und dem Menschen als Lebensraum zur Verfügung stellt.

In Ihrer Habilitationsschrift von 1965, die der Grundlegung der natürlichen Theologie bei Johannes Duns Scotus gewidmet ist, sind Sie mit dem doctor subtilis zu Aussagen über das Sein Gottes und das Sein der geschaffenen Welt vorgestoßen, die auf einem univoken Seinsbegriff basieren und darum den Aufbau einer natürlichen Theologie ermöglichen. „Die Schöpfungslehre", so haben Sie das Ergebnis damals in einer Habilitations-These verteidigt, „verpflichtet die Theologie, an der Lehre von einer allgemeinen Gott-Welt-Analogie festzuhalten". Aber auch: „Es ist streng daran festzuhalten, daß natürliche Gotteserkenntnis noch nicht Gottverbundenheit des natürlichen Menschen besagt, wiewohl sie denselben in der Verantwortung vor Gott festhält ... Die Lehre von der allgemeinen Gott-Welt-Analogie und ihre Entfaltung im Raum natürlicher Theologie findet damit ihren legitimen Ort in der Lehre Luthers von ‚Gesetz und Evangelium', welche als letzte abstrakte Klammer die reformatorische Theologie umspannt".

Welche gegenwartsoffene Freiheit sich von dieser Traditionslinie aus gewinnen läßt, haben Sie in der vielbeachteten Schrift „Welt als Schöpfung" (1981) gezeigt, in der Sie sich den Fundamentalsätzen der christlichen Schöpfungslehre zuwenden, um mit Hilfe der Grundbegriffe „creatio ex nihilo" und „imago Dei" die Basis für eine heute theologisch zu verantwortende Schöpfungslehre zu errichten.

In einer ganzen Reihe von Aufsätzen zum Verhältnis von Theologie und Naturwissenschaft und zur Schöpfungsverantwortung – kulminierend in Ihrem bereits abgeschlossenen, demnächst in der „Theologischen Realenzyklopädie" erscheinenden großen Artikel „Naturwissenschaft" – haben Sie schließlich gezeigt, daß und wie gerade eine solche an der Heiligen Schrift und an großen Entwürfen der Theologiegeschichte gewonnene und geklärte Schöpfungslehre praktisch fruchtbar wird als Handlungsorientierung angesichts der großen naturwissenschaftlichen Herausforderungen – und dies nicht im Sinne einer „großen Verweigerung" oder als bloße Defensive, sondern unter konstruktiver Aufnahme und kritischer Begleitung der von dort her unsere moderne Lebenswelt bestimmenden Einflüsse und Strukturen.

In einem weiteren Rahmen sind der Schöpfungsthematik zuzurechnen, weil von ihr aus letztlich theologisch fundiert, Ihre Forschungen zur Logik und Mathematik, zur Religionswissenschaft und Religionsphilosophie, zur Verhaltensforschung und Evolutionstheorie. Auf allen diesen Gebieten haben Sie sich eine hohe Kompetenz erworben, die es Ihnen ermöglicht hat, in das Gespräch mit einem so großen Teil der universitas literarum einzutreten, wie das kaum einem Theologen unserer Zeit möglich ist.

Dieses weitgespannte Interesse, das sich z.B. auch in der unbefangenen Beschäftigung mit der Scholastik und mit Fragen des Naturrechts zeigt, war Ihr Forschungsmovens schon in einer Zeit, in der dies alles andere als modisch war. Sie haben zwar die Beschäftigung mit den Themen des Ersten Glaubensartikels immer im Licht des Zweiten und Dritten Artikels gesehen, so daß er von einem christlich gehaltvollen Gottesbegriff her verantwortet wurde. Aber die Themenbereiche, mit denen Sie sich forschend und lehrend beschäftigt haben, standen dennoch unter den Verdikten und Verdächtigungen, die vom Barthianismus her über dieses Gebiet verhängt worden waren. Es gehörte schon einiges an Überzeugungstreue und Unbeirrbarkeit dazu, trotzdem die ganze Forschungsenergie auf jene als wichtig erkannten Fragestellungen zu konzentrieren. Den damit verbundenen Verzicht auf großen Applaus haben Sie in all den Jahren wohl nicht leichten Herzens, aber doch letztlich gelassen und unbeirrt ertragen.

Wir als Ihre Schüler, Kollegen und Freunde wollen auf unsere Weise bezeugen, daß dieses Wirken weder vergeblich war noch jetzt etwa entbehrlich wäre. Denn ein kritischer Blick auf die gegenwärtig scheinbar völlig gewandelte Diskussionslage zeigt, daß die Anerkennung der schöpfungstheologischen Fragestellung vielfach mit einer nur sehr oberflächlich zu nennenden Bearbeitung verbunden ist. Erst wenn es gelungen wäre, unter modernen Bedingungen die Komplexität und Integrationskraft der Schöpfungslehre so zu reformulieren, daß dabei der für die Tradition konstitutive Zusammenhang von Gotteslehre und Schöpfungsgedanken festgehalten würde, könnte von einer angemessenen Bearbeitung der sich hier stellenden Problematik gesprochen werden. Die grundlegende, das heißt, am biblischen, theologiegeschichtlichen und dogmatischen Problembestand orientierte Forschung ist keineswegs an ihr Ziel, geschweige denn an ihr Ende gekommen. Mit den in diesem Band zusammengestellten historischen und systematischen Studien wollen wir einen Teil Ihrer Impulse aufnehmen und so dazu beitragen, daß die Schöpfungslehre im Gesamtzusammenhang der christlichen Glaubenslehre und von daher auch in ihrer Bedeutung für die ethische Beanspruchung des Christen und des Menschen zur Sprache gebracht wird.

Was damit fortgesetzt wird, sind auch biographische Linien, die ganz angemessen an einem Geburtstag zutage bzw. ins Bewußtsein treten, obwohl Sie es, wie wir wohl wissen, mit solchen Tagen nicht barock, sondern eher asketisch zu halten pflegen. Aber auf eigentümliche Weise bringt doch auch hier die Spannweite Ihres Lebens und

Wirkens die Saiten zum Klingen. Die Erfahrungen der nationalsozialistischen Herrschaft, des Krieges und der Nachkriegszeit haben im Zusammenprall mit den naturverbundenen, kulturellen und kirchlichen Traditionen Ihrer fränkischen Heimat schon in Ihrer Jugendzeit tiefreichende Fragen aufbrechen lassen. Daß Sie sich diesen Fragen gestellt haben, zeigen auch ihre Studiengebiete und Ihre Studienorte an. Hier stehen Philosophie und Mathematik neben der Theologie; Marburg und Basel neben Erlangen. Diese Stadt mit ihrem reichen theologischen Erbe – von Elert, Althaus und vor allem von Loewenich haben Sie gelernt –, im Kontrast dazu Ende der sechziger Jahre die Ruhr-Universität Bochum und dann wieder ganz anders akzentuiert die Christian-Albrechts-Universität in Kiel waren die Stätten Ihres theologischen Wirkens. Wir haben Sie dort kennengelernt als akademischen Lehrer und Kollegen, der gerade durch die Einheit von forschungsorientierter Fachkompetenz und sachgebundener Freiheit intensiv prägend wirkte. Uns erschloß sich so (noch einmal anders) Schöpfung von „Kreativität" her. Wir haben oft – und sicher oft auch nicht – erfahren, wie Sie in eben dieser durch Beschränkung nachdrücklich wirkenden Intensität Zeichen setzten durch klugen Rat, durch klärende und weiterführende Beiträge in akademischen und kirchlichen Gremien, im Evangelischen Bund und besonders wirksam als Vorsitzender der Deutsch-Skandinavischen Gesellschaft für Religionsphilosophie.

Mit Freude sehen wir, daß die Orientierung an den schöpfungstheologischen Wurzeln unserer Tradition, für die Sie die Richtung gewiesen und Maßstäbe gesetzt haben, erste Früchte reifen läßt. Daß andere auf den von Ihnen errichteten Fundamenten weiterbauen, werden Sie nicht nur billigend in Kauf nehmen, sondern gewiß als Frucht Ihrer konzentrierten, intensiven Forschungs- und Lehrtätigkeit mit Genugtuung und Dank wahrnehmen.

Es wäre jedoch einseitig und darum unzureichend, wenn wir aus Anlaß Ihres 65. Geburtstags nur den beeindruckenden und prägenden Wissenschaftler ehrten und dabei nicht auch dankbar einige der vielen anderen Seiten erwähnten, die untrennbar zu Ihrer Persönlichkeit gehören. Ihren tiefschürfenden Predigten haben wir immer wieder abgespürt, daß es keine Redensarten sind, wenn Sie von der kurzen aber schönen Zeit als Pfarrer in Beerbach erzählen. Die „cura animarum" ist Ihnen durch den Wechsel vom Pfarrerberuf an die Universität nicht fremd geworden. In vielen Gesprächen haben wir nicht nur die Weite Ihres Horizontes und die Fundiertheit Ihres Wissens in fast allen Bereichen von Kunst und Kultur erfahren, sondern zugleich Ihre beeindruckende Fähigkeit, zuzuhören, sich ganz auf den Gesprächspartner zu konzentrieren und oft weit über den Rahmen eines Gesprächs hinaus für ihn dazusein. Von daher wurden und werden in der Begegnung mit Ihnen die Grenzen zwischen dem Fachlichen und Persönlichen immer wieder durchlässig und die Einheit von Theologie und Lebenspraxis wird auf beglückende Weise erfahrbar.

Im Namen der Schüler, Kollegen und Freunde, die Sie mit dieser Festschrift ehren möchten und Ihnen von Herzen Gottes Segen wünschen,
Ihre
Wilfried Härle   Manfred Marquardt   Wolfgang Nethöfel

Die Herausgeber danken der Evangelisch-Lutherischen Kirche in Bayern, der Evangelischen Kirche von Kurhessen-Waldeck, der Nordelbischen Evangelisch-Lutherischen Kirche sowie der Vereinigten Evangelisch-Lutherischen Kirche Deutschlands für die Bewilligung namhafter Druckkostenzuschüsse zu dieser Festschrift.

DER WELTENBAUM IN VORDERORIENTALISCHER BILDTRADITION

Martin Metzger

In einer Reihe von alttestamentlichen Texten kommt die Vorstellung vom Weltenbaum zur Sprache (Dan 4,7–9; Ez 31,3–9; 17,22–24; 19,10f; Ps 80,9–12)[1]. Der Baum dient als Metapher für den König (Dan 4; Ez 31; 17), das Königshaus (Ez 17; 19) oder für Israel (Ps 80). Die Tradition vom Weltenbaum erscheint in den genannten Texten im Rahmen verschiedenartiger Gattungen (Traumvision, Dan 4; Jahwe-Wort, Ez 31; messianische Weissagung, Ez 17,22–24; im Rahmen eines kollektiven Klageliedes, Ps 80, und einer Leichenklage, Ez 19,10–14) und hat jeweils verschiedene Funktion: in Dan 4 und Ez 31 steht der Abschnitt über den Weltenbaum anstelle eines Schuldaufweises, in Ps 80 dient er als Vertrauensaussage und zur Motivation für das Eingreifen Jahwes, in Ez 19 als Bild für den ehemaligen Glanz des Hauses David im Kontrast zu dessen Sturz. In den genannten Texten sind im Blick auf den Inhalt, den Aufbau, die Struktur, das Metrum und die Terminologie auf der einen Seite weitgehende Übereinstimmung, auf der anderen Seite unübersehbare Unterschiede zu konstatieren[2]. All das führt zu dem Schluß, daß diese Texte weitgehend unabhängig voneinander[3] auf der Tradition vom Weltenbaum, die auch in der Literatur des Vorderen Orients belegbar ist[4], fußen. Zum Grundbestand dieser Tradition gehören: die kosmischen Ausmaße des Weltenbaumes, seine Lokalisierung an exponierter Stelle und seine Qualifizierung als Lebensgrundlage: der Baum reicht in die Wolken hinein (Ez 31,3), über die Wolken hinaus (Ez 19,11), bis in den Himmel hinein (Dan 4,7), er bedeckt die Berge und Zedern Els (Ps 80,11); er ist bis zu den Rändern der Erde hin sichtbar (Dan 4,7) und erfüllt das gesamte Land (Ps 80,10.12); er ist im Zentrum der Erde (Dan 4,7), auf dem Libanon (Ez 31,3), im Bereich des Gottesgartens (Ez 31,8), auf dem Zion (Ez 17,22f) lokalisiert; er spendet Schatten und Schutz und gewährt Lebensbereich und Nahrung für alle Lebewesen (Dan 4,9; Ez 31,6; 17,23).

---

[1] Hierzu ausführlich: M. Metzger, Zeder, Weinstock und Weltenbaum, in: D. R. Daniels u.a. (Hrsg.), Ernten, was man sät, FS K. Koch, 1991, 197–229 (vgl. auch die dort genannte Literatur). Dieser Aufsatz erarbeitet die exegetischen Voraussetzungen für die folgenden Ausführungen. Der genannte Aufsatz und der folgende Beitrag bilden eine Einheit und ergänzen einander.

[2] Vgl. hierzu die tabellarische Übersicht bei M. Metzger, a.a.O., 224f.

[3] Ez 19,10f ist zwar literarisch von Ez 31 abhängig, greift aber darüberhinaus, unabhängig von Ez 31, auf die Tradition vom Weinstock als Weltenbaum zurück.

[4] Hierzu: M. Metzger, a.a.O., 210–212.

Vorstellungen, die in den genannten Texten verbal zur Sprache kamen, fanden in der Ikonographie des Vorderen Orients bildhaften Ausdruck. Auszugehen ist vom Motiv des Baumes, der von Tieren flankiert wird. Es ist eins der am häufigsten belegten und am weitesten verbreiteten Bildmotive in der Ikonographie des Vorderen Orients[5]. Vom 3. bis zum 1. Jahrtausend ist es in allen Kulturepochen und in allen Bereichen des Vorderen Orients, darüber hinaus in der gesamten Levante belegbar. Es war mannigfaltigen Wandlungen unterworfen, wobei die Wandlungen in der Darstellungsweise sehr wahrscheinlich auch mit Wandlungen im Bedeutungsgehalt verbunden waren. Es kann nicht Aufgabe dieses Aufsatzes sein, diesen Wandlungen detailliert nachzugehen. Wir müssen uns notgedrungen auf Darstellungen beschränken, deren Bedeutungsgehalt dem der o.g. Texte nahe steht, und können auch hierzu nur knappe Anmerkungen machen.

I Die Gestalt des Baumes[6]

1. Palme und Zeder als Vorbild

Auf frühdynastischen Bilddokumenten (Zeit der I. Dynastie von Ur) hat der Baum strauchartige Gestalt. Die Äste sind weit verzweigt, die Blätter lanzettförmig gestaltet. Die Spitze der Krone wird häufig von einer Rosette bekrönt (Beispiel: Abb. 1). Charakteristisch für Baumdarstellungen auf Rollsiegeln der Stilstufe Akkadisch III[7] sind der gerade, kräftige Stamm und die kegelförmige Krone, die in drei Spitzen endet (Abb. 2)[8]. Vorbild dürfte ein Nadelbaum, vielleicht die Pinie, gewesen sein.

Im 2. und 1. Jahrtausend v. Chr. ist die Grundform des Baumes, der von Tieren flankiert wird, die Palme. Sie kommt in naturnaher Darstellungsweise vor[9], häufiger

---

[5] Hierzu: U. Winter, Der „Lebensbaum" in der vorderorientalischen Bildsymbolik, in: H. Schweizer (Hg.), ... Bäume braucht man doch! Das Symbol des Baumes zwischen Hoffnung und Zerstörung, 1986, 57–88 (Lit.!).

[6] Zum Baum im 2. Jahrtausend: Ch. Kepinski, L'arbre stylisé en Asie occidentale au 2.e millénaire avant J.-C., I–III, 1982; D. Collon, The Alalakh Cylinder Seals. A New Catalogue of the Actual Seals Excavated by Sir Leonard Wolley at Tell Atchana, and from Neighbouring Sites on the Syrian-Turkish Border (BAR International Series 132), 1982, insbes. die Typenzusammenstellung S. 11, Fig. 2.

[7] Zu den Stilstufen der akkadischen Rollsiegel vgl. R. M. Boehmer, Die Entwicklung der Glyptik während der Akkad-Zeit (UAVA 4), 1965.

[8] Weitere Beispiele: R. M. Boehmer, Entwicklung, Abb. 91, 250, 263, 264; H. H. von der Osten, Ancient Oriental Seals in the Collection of Mr. Edward T. Newell (OIP XXII) 1934, Abb. 96; E. Porada, The Collection of the Pierpont Morgan Library. Corpus of Ancient Near Eastern Seals in North American Collections I, 1948, Abb. 159.

[9] Beispiele für naturnahe Darstellungsweise: akkadisch: Abb. 4; syrisch: Abb. 5, 6, 8, 11, 17, 31; kassitisch: Abb. 62; mittelassyrisch: Abb. 66, 67, 76; neubabylonisch: E. Porada, Morgan, Abb. 774, 775.

jedoch ist die Stilisierung und Abstrahierung zur „*Palmette*" oder zum Palmettbaum[10]. Charakteristisches Stilelement der Palmette auf alt- und mittelsyrischen Bilddokumenten ist die Doppelvolute, eine abstrahierende Wiedergabe der Schößlinge am Fuß der Palme und der unteren Zweige der Krone. Läßt man den oberen Teil der Krone des Baumes auf Abb. 5, 6, 12, 17 weg, so entsteht die abstrakte Form der Volutenpalme auf Abb. 9, 19 (vgl. insbes. Abb. 6 mit Abb. 9, 19). Die beiden Schößlinge am Fuß der Palme (Abb. 5, 17) sind auf Abb. 7, 9, 27 zu Voluten abstrahiert. Häufig kommt die Mischung naturnaher und stilisierter Bildelemente vor[11]. Die Doppelvolute ist auch Bestandteil der Palmette auf mitannischen, mittel- und neuassyrischen, spätethitischen, israelitischen, neubabylonischen und achämenidischen Bilddokumenten. Typisch für die Palmette auf mitannischen Siegelbildern ist die Krone, die aus fächerförmig angeordneten Strichen mit Kugeln an den Enden besteht. Sie erinnert an die Staubgefäße einer Blüte (Abb. 37, 38, 40, 41, 43–50, 52–55)[12]. Ein Charakteristikum der assyrischen Palmette ist der „Nimbus", eine Girlande, die die Krone kreis- oder halbkreisförmig (Abb. 72–74) oder den gesamten Baum stelenartig (Abb. 75, 80–84, 87) einfaßt[13]. Ein weiteres Proprium mittelassyrischer Siegelbilder ist der „*Kugelbaum*" (Abb. 68, 78)[14]. Er steht immer auf dem Berg, hat einen gewundenen, knorrigen Stamm und eine kugelförmige Krone, deren Äste tropfenförmige Blätter oder Früchte tragen. Vorbild ist offenbar ein Laubbaum[15].

[10] Es ist umstritten, ob die Palmette von der Palme, der Lilie, dem Lotos oder dem Papyrus abzuleiten ist. Für die *Palme* treten ein: H. Danthine, Le palmier dattier et les arbres sacrés, 1937; F. von Luschan, Entstehung und Herkunft der ionischen Säule (AO 13), 1912, 42; Y. Shiloh, The Proto-Aeolic Capital and Israelite Ashlar Masonry (Qedem 11), 1979, insbes. 26–49; für die *Lilie*: O. Puchstein, Die ionische Säule, 1907, 13; für den *Lotos*: O. Montelius, Die älteren Kulturperioden im Orient und in Europa II, 1916–23, 365f; für den *Papyrus*: B. Hrouda, Zur Herkunft des assyrischen Lebensbaumes, BM 3 (1964) 41–51.

[11] Beispiele: Abb. 7, 20, 21: Stamm und Krone naturnah, Voluten als stilisiertes Element; Abb. 19: Stamm und Schößlinge naturnah, anstelle der Krone drei nach oben gerichtete Doppelvoluten; Abb. 24: naturnahe Schößlinge; zwei nach unten gerichtete Doppelvoluten anstelle der Krone; die tropfenartige Gebilde, die aus den Voluten wachsen, sind Reminiszenzen an die Fruchtstände der Dattelpalme (vgl. die naturnahe Darstellung Abb. 4); Abb. 26: je zwei gegenläufige Doppelvoluten am Fuß und anstelle der Krone; naturnahe Zeichnung am unteren Teil des Stammes; naturnahe Darstellung der Fruchtstände, jedoch nicht nur im Bereich der Krone, sondern – im Gegensatz zur „Natur" – auch im unteren Teil des Stammes; Abb. 27: Krone aus naturnahen (Zweige, Fruchtstände) und abstrakten Elementen (Voluten); Voluten anstelle von Schößlingen am Fuß des Baumes.

[12] Auch beim mitannischen Volutenbaum sind manchmal unterhalb der Voluten Fruchtstände der Dattelpalme angedeutet. Vgl. die vereinfachte Darstellung auf Abb. 37, 38, 40, 45–46, 54, 55 mit der strukturierten Zeichnung der Dattelrispe auf Abb. 52.

[13] Die Girlande entstand durch Aneinanderfügen von Doppelvoluten (Abb. 70–73). In die Zwickel zwischen den Voluten sind Palmetten (Abb. 70, 73, 75) oder einzelne Blätter (Abb. 74) eingefügt. Auf Abb. 70, 71 umschließt die aus Doppelvoluten bestehende Girlande den Stamm, auf Abb. 72–74 die Krone, auf Abb. 75 den ganzen Baum. – Auch auf kassitischen Siegelbildern ist die Girlande, die die Krone (Abb. 61) oder den gesamten Baum (Abb. 60) umschließt, belegt.

[14] Der Kugelbaum kommt vereinzelt auch auf kassitischen Rollsiegeln vor (Abb. 69).

[15] Weitere Beispiele: E. Porada, Morgan, Nr. 600, 601, 603; A. Moortgat, Assyrische Glyptik des 13. Jhs., ZA NF 13 (1942) Abb. 29, 33, 53; ältestes Beispiel: Th. Beran, Assyrische Glyptik des 14. Jhs., ZA 52, NF 18 (1957) 165, Abb. 38.

In Ez 31;17 wird der Weltenbaum als *Zeder* klassifiziert. Der von Bäumen flankierte Baum als Zeder ist in der Ikonographie des Vorderen Orients nirgends sicher belegbar. Am ehesten ist bei der Darstellung auf einer altelamischen Schale aus Susa (Abb. 93; Anfang des 2. Jt.) an eine Zeder zu denken (weit ausladende Äste, nach oben stehende Zapfen, wie das für die Zeder charakteristisch ist). Möglicherweise sind die Nadelbäume, die auf einer mittelassyrischen Ritzzeichnung (Abb. 76) mit Palmen alternieren, als Zedern zu deuten. Hierauf weisen die für die Zeder charakteristischen eiförmigen Zapfen.

2. Der Weltenbaum als Kompositbaum

In Ez 17,22f; 19,10; Ps 80, 9–12 wird der Weltenbaum als Kompositbaum charakterisiert, der die Charakteristika der Zeder und des Weinstockes aufweist. Auch in der vorderorientalischen Ikonographie ist der von Tieren oder anderen Wesen flankierte Baum häufig als *Kompositbaum* dargestellt, der die Elemente verschiedener Pflanzenarten in sich vereinigt. Am Volutenbaum auf einer Goldschale aus Ras Schamra (Abb. 25) wachsen Papyrusdolden an rankenartigen Zweigen, die sowohl für die Palme als auch für den Papyrus atypisch sind. – Falls die „Krone" des Baumes auf mitannischen Siegelbildern als Blüte zu interpretieren ist, handelt es sich auch hierbei um einen Kompositbaum. Er trägt den Stamm des Volutenbaumes, anstelle einer Krone jedoch eine mächtige Blüte, vielleicht eine Papyrusblüte[16], und in einigen Fällen die Fruchtstände der Dattelpalme (Abb. 37, 38, 40, 44–46, 52, 54, 55). Auf kassitischen Siegelbildern (Abb. 63–65, 69) ist der gerade, hohe Stamm eines Baumes mit den Blättern und Früchten eines Weinstocks verbunden. Der säulenartige Stamm eines Baumes auf einer Gefäßscherbe aus Kuntilet ʿAǧrud (Abb. 33) ist ähnlich strukturiert wie ein Palmstamm und trägt statt der Krone eine Blütenknospe mit Voluten. An den Zweigen alternieren geschlossene und geöffnete lilienartige Blüten. – Die Schößlinge am Fuß von Palmetten auf einer Elfenbeinzierleiste aus Samaria (Abb. 29) tragen ebenfalls abwechselnd lilienartige Blüten und Knospen. Besonders vielgestaltig sind Kompositbäume auf mittel- und neuassyrischen Bilddokumenten ausgestattet. Hier sind folgende Verbindungen belegt: Palme und Weinstock (Abb. 75, 80–82; Palme: Stamm, Krone und umlaufende Palmetten; Weinstock: reben- oder rankenartige Zweige); Palme, Weinstock und Konifere (Abb. 83; Palme: Stamm und Krone; Weinstock: rebenartige Zweige; Konifere: Zapfen); Palme, Weinstock und Granatapfel (Abb. 85, 87 [s. Fig. 1]; Palme: Stamm und Voluten; Weinstock: rebenartige Zweige; Granatapfel: Früchte); Palme, Weinstock, Granatapfel und Lotos (Abb. 84; Palme: Stamm, Krone, umlaufende Palmetten; Weinstock: rebenartige Zweige; Granatapfel: Früchte an äußerer Girlande; Lotos: Knospen[17] an innerer Girlande). Auf einem syrischen (!) Siegel

---

[16] So B. Hrouda, Lebensbaum, 43f.

[17] Daß es sich um Lotosknospen handelt, legt ein Relief auf einer Türschwelle aus Ninive (W. Orthmann, Der Alte Orient, [PKG 18], 1985, Taf. 235) nahe: Auf der außen umlaufenden Borte alternieren geöffnete und geschlossene Lotosblüten. Letztere haben die Gestalt wie die Knospen auf Abb. 84.

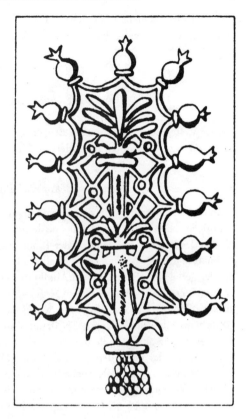

Fig. 1: Ausschnitt aus einem neuassyrischen Rollsiegelbild (vgl. Abb. 87).

neuassyrischer Zeit (Abb. 89, ca. 9. Jhdt.) ist ein Kompositbaum wiedergegeben, der Stil- und Bildelemente assyrischer Ikonographie aufweist: Eine Girlande mit Granatäpfeln umschließt die Krone des Palmettbaumes; Granatäpfel wachsen an den seitlichen Ästen[18].

Durch abstrahierende und stilisierende Darstellung wird der Baum von anderen Bäumen abgehoben und als besonderer Baum gekennzeichnet. Durch Ausgestaltung als Kompositbaum werden die Qualitäten und Kräfte verschiedener Bäume in einem Baum vereinigt.

In Ez 19, 10 werden die Reben des Weinstockes zu „kraftvollen Ästen", die als Herrscherstäbe verwendbar sind. Das erinnert an die verschiedenartige Ausgestaltung des Kompositbaumes in der neuassyrischen Ikonographie. Die Zweige des Kompositbaumes, die auf zahlreichen Darstellungen die gewundene Gestalt von Weinreben haben,

[18] Beispiele für Granatäpfel am sakralen Baum auf neubabylonischen Siegelbildern: Abb. 90–92.

sind auf einigen neuassyrischen und altbabylonischen Rollsiegelbildern zu geraden Stäben geworden (vgl. Abb. 83–85, 87 mit Abb. 88, 90, 91 und Abb. 80, 81 mit Abb. 86, 92).

II Die Universalität des Baumes

Der Weltenbaum repräsentiert den gesamten Kosmos. Er hat kosmische Ausmaße, er ist auf dem Weltenberg lokalisiert und in der Urflut verwurzelt.

1. Kosmische Ausmaße

In den genannten Texten des Alten Testaments überragt der Weltenbaum alle Berge und reicht über die Wolken hinaus bis in den Himmel hinein. Die kosmischen Dimensionen des Baumes sind auch in der Ikonographie belegt.

Im 1. und im 2. Jt. findet sich in allen Bereichen des Vorderen Orients das Bildmotiv der geflügelten Sonne, einem Abbild des Himmels, über dem Baum[19]. Dieses Bildmotiv ist erstmals auf altsyrischen Siegelbildern belegt (Abb. 8, 14–18). Als Ursprung dieses Bildmotivs ist die Säule, die den Himmel stützt, anzusehen (Abb. 14, 51). Die Säule wird mit Bildelementen des Baumes ausgestattet (Abb. 15, 16), schließlich tritt der Baum ganz an die Stelle der Säule (Abb. 17, 52)[20]. Hier findet die Vorstellung vom Weltenbaum, der bis in den Himmel reicht (Dan 4, 8), bildlichen Ausdruck.

Eine besonders nahe inhaltliche Parallele zu Ps 80 und Ez 19 bieten zwei kassitische Siegelabrollungen: Der Weinstock wächst wie ein Baum hoch über die Berge empor (vgl. Abb. 63 mit Ps 80, 11), er ragt bis in die Wolken hinein (vgl. Abb. 64 mit Ez 19, 11[21]).

2. Weltenbaum und Weltenberg

Durch Verbindung von Weltenbaum und Weltenberg werden die kosmischen Bezüge des Baumes zusätzlich herausgehoben.

---

[19] Zur geflügelten Sonne vgl. R. Mayer-Opificius, Die geflügelte Sonnenscheibe, ein Jahrtausende altes Motiv, in: FS Jürgen Thimme, 1983, 19–24.

[20] Beispiele für die geflügelte Sonne über dem Baum: mitannisch: Abb. 42, 43, 52, 54, 56–58; mittelassyrisch: Abb. 74; palästinensisch, 1. Jt: Abb. 36; neuassyrisch: Abb. 83, 88. A. Moortgat, Vorderasiatische Rollsiegel. Ein Beitrag zur Geschichte der Steinschneidekunst, 1940 = ²1966 (im folgenden abgekürzt: A. Moortgat, VR), Nr. 606, 632, 634, 636, 673–678, 749, 750; E. Porada, Morgan, Nr. 640–649, 706, 707, 709, 719; neubabylonisch: Abb. 90–92; a.a.O. Nr. 726–731, 734; achaemenidisch: a.a.O. Nr. 824. Anstelle der geflügelten Sonne tritt auf neuassyrischen und neubabylonischen Darstellungen häufig der „Gott im Flügelring" (Schamasch? Assur?): Abb. 80, 85, 86. Weitere Beispiele: E. Porada, Morgan, Nr. 705, 771–773.

[21] Zur Darstellung von Wolken vgl. das Ziegelglasurbild Tukulti-Ninurtas II., ANEP 536.

In Ez 31,3 wird der Baum auf dem Libanon, in Ez 17,22 „auf einem hohen und aufragenden Berg", dem Zion, lokalisiert. Auf Bilddokumenten des 3. Jt. steht der von Tieren flankierte Baum immer auf einem Berg (Abb. 1, 2). In der Ikonographie des 2. und 1. Jt. überwiegen Darstellungen mit dem Baum ohne Berg. In allen Epochen und allen Bereichen gibt es jedoch Belege dafür, daß die Überlieferung vom Baum auf dem Berg bekannt war. Sie findet insbesondere auf mittelassyrischen Siegelbildern Niederschlag[22].

Durch Lokalisierung auf dem Berg wird der Baum an herausragender Stelle plaziert. Sehr wahrscheinlich ist der Berg als Weltenberg zu interpretieren. Der Weltenbaum, der bis in den Himmel reicht und aus dem Weltenberg hervorwächst, ist auf Abb. 36, 52, 83, 85–87, 92 dargestellt.

3. Weltenbaum und Urflut

Der Weltenbaum durchmißt den gesamten Kosmos. Nach oben hin reicht er bis in den Himmel hinein (s. Abschn. I.1), nach unten hin ist er in der Tiefe der Urflut verwurzelt (Ez 31,7). Unerschöpflicher Reichtum an Wasser gewährt die Lebensgrundlage für den Baum und ermöglicht die Bewässerung der ganzen Erde.

Die enge Korrelation zwischen Baum und Wasser, auf die Ez 31,4f. 7 (vgl. 19,19) Bezug nimmt und die in der Ikonographie des Vorderen Orients bildhaften Ausdruck findet[23], klingt auch auf dem mitannischen Siegelbild Abb. 52 an, wo der Baum auf dem Berg im Kontext des Gottes mit der fließenden Vase erscheint[24]. Ähnliche Bezüge kommen auf dem kassitischen Siegelbild Abb. 65 zur Sprache: Ein doppelköpfiger Gott, dessen Unterkörper wie ein Berg gestaltet ist, wird von zwei aufbäumenden Greifen und zwei Bäumen, in denen Vögel sitzen, flankiert; in den Berg ist der Gott mit der fließenden Vase integriert. Der Berg wird dadurch als Quellort des Wassers gekennzeichnet[25], das Wasser wiederum ist Voraussetzung für das Wachstum des Baumes.

Diesen Tatbestand umschreibt auch das altsyrische Siegelbild Abb. 12: Der Hauptszene, einer Einführung vor Ea, dem Gott des Süßwassers, ist der von Tieren flankierte Baum als Nebenmotiv zugeordnet. Dadurch kommt zum Ausdruck, daß der Gott des Süßwassers das Gedeihen des Baumes und die Existenz der Tiere gewährleistet.

---

[22] Beispiele: altbabylonisch: Abb. 3; Syrien-Palästina, 2. Jt.: Abb. 18, 19; Syrien-Palästina, 1. Jt.: Abb. 33, 36; mitannisch: Abb. 52, 53; kassitisch: Abb. 63 (Baum zwischen Bergen); mittelassyrisch: Abb. 68, 74, 78; E. Porada, Morgan, Nr. 600; A. Moortgat, ZA NF 13, 59, Abb. 16, 18; Th. Beran, ZA NF 18, 165 Abb. 38; FS Moortgat 76, Abb. 53; neuassyrisch: Abb. 83, 85, 86, 87; neubabylonisch: Abb. 92.

[23] Vgl. hierzu: M. Metzger, Gottheit, Berg und Vegetation in vorderorientalischer Bildtradition, ZDPV 99 (1983) 54–94.

[24] Rollt man das Siegel weiter nach rechts ab, so erscheint der Gott mit der fließenden Vase in unmittelbarer Nähe des Baumes auf dem Berg.

[25] Die Doppelköpfigkeit der Berggottheit weist auf weitere Bezüge zum Wasser: Usmu, der Diener Eas, des Gottes des Süßwassers, wird doppelköpfig dargestellt. Beispiel: Abb. 12.

Andere Darstellungen verweisen auf die Versorgung des Baumes mit Regenwasser: die Krone des Baumes ist von Regenwolken umgeben (Abb. 64); aus dem Himmel, repräsentiert durch die Flügelsonne über dem Baum, wachsen Arme, die Regenwasser spenden (mittelassyrisches Siegelbild, Abb. 74). Auf einer syrischen Gefäßmalerei (Abb. 32) fließen vom Baum, der von Tieren flankiert wird, Wasserströme herab und laufen auf Fische zu[26].

III Tiere, Menschen und Götter am Baum

1. Tier am und unterm Baum

Nach Dan 4,9 und Ez 31,6 ist der Weltenbaum der Wohn- und Lebensbereich für wilde Tiere und Vögel, Ez 17,23 nennt nur Vögel.

In der vorderorientalischen Ikonographie sind die Tiere, die den Baum flankieren, fast immer Horntiere, vor allem Steinböcke, aber auch Rinder und Antilopen[27]. Auf Bilddokumenten des 3. Jt. (Abb. 1, 2) erscheinen die Tiere fast immer aufbäumend[28], auf denen des 2. und 1. Jt. auch stehend, sitzend oder liegend[29]. Auf mitannischen Siegelbildern überwiegt die Darstellung liegender und sitzender Tiere neben und unter dem Baum. Damit wird ein bestimmter Aspekt hervorgehoben: der Bereich des Baumes als Lagerstätte für Tiere. Nach Ez 31,6 bringen die Tiere des Feldes ihre Jungen unter dem Baum zur Welt. Dieser Aspekt klingt an, wenn auf einem mittelassyrischen Siegelbild (Abb. 68) Mutter- und Jungtiere unter dem Baum erscheinen[30].

---

[26] Zu dieser Interpretation des Bildes: O. Keel, Die Welt der altorientalischen Bildsymbolik. Am Beispiel der Psalmen, 1972, 120.

[27] *Steinböcke:* frühdynastisch III: Abb. 1; altbabylonisch: Abb. 3; altsyrisch: Abb. 8, 9, 12, 13, 32; Palästina, 1. Jt: Abb. 35, 36; mitannisch: Abb. 37, 38, 43, 45, 47–49; mittelassyrisch: Abb. 66, 68, 72, 73; neuassyrisch: Abb. 88; A. Moortgat, VR, Nr. 633, 740; E. Porada, Morgan, Nr. 625, 638, 648, 707; H. Hammade, Cylinder Seals from the Collections of the Aleppo Museum, Syrian Arab Republic. 1. Seals of Unknown Provenance, 1987, Nr. 270. *Rinder:* akkadisch: Abb. 2; kassitisch: Abb. 60 (rechts oben), 61, 62 (links); mittelassyrisch: Abb. 69; neuassyrisch: Abb. 84; H. Hammade, Aleppo, Nr. 248. *Antilopen:* mitannisch: 40, 42, 46; ägyptisch: 59; mittelassyrisch: 71, 76. – *Löwen* (Abb. 51, mitannisch) und *Pferde* (Abb. 77, mittelassyrisch) sind Ausnahmen.

[28] Meines Wissens einzige Ausnahme: W. Orthmann, PKG 18, Taf. 132a: liegende Wiesente zu beiden Seiten des Baumes auf dem Berg.

[29] *Aufbäumende* Tiere: altbabylonisch: Abb. 3; altsyrisch: Abb. 8, 9, 13, 32; Palästina, 1. Jt.: Abb. 33, 35, 36; mitannisch: Abb. 37, 38, 47; kassitisch: Abb. 60–62; mittelassyrisch: Abb. 66, 68–72; neuassyrisch: Abb. 84, 88; Moortgat, VR, Nr. 633, 740; Porada, Morgan, Nr. 625, 638, 648, 707; H. Hammade, Aleppo, Nr. 248, 270; auf vier Füßen *stehend:* altsyrisch: Abb. 11; mitannisch: Abb. 39, 40, 44; kassitisch: Abb. 61 (unteres Register); mittelassyrisch: Abb. 73, 76; *liegend:* altsyrisch: Abb. 12; mitannisch: Abb. 41–43, 45, 46, 48–51; kassitisch: Abb. 60 (unteres Register).

[30] Vgl. hierzu eine ägyptische Malerei auf einer Truhe aus dem Neuen Reich (Museum Bologna), Abb. 59, auf dem Antilopen, die am Baum aufbäumen, ihre Jungen säugen.

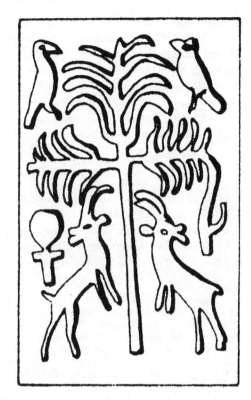

Fig. 2: Ausschnitt aus einem syrischen Rollsiegelbild, 2. Jtsd. (vgl. Abb. 13).

Vierfüßige Tiere und Vögel im Bereich des Baumes (Dan 4,9; Ez 31,6) sind auf Abb. 11, 13 (Fig. 2), 37, 38, 41, 43, 44, 51, 62, 69, 70, 76 dargestellt[31], Vögel allein (wie in Ez 17,23) auf Abb. 31 (am Baum) und auf Abb. 64, 65, 94 (im Baum).

2. Mischwesen, Adoranten und Gottheiten vor dem Baum

In der Ikonographie des 2. und 1. Jahrtausends – erstmals auf einem Wandbild im Palast von Mari[32] und auf syrischen Siegelbildern (Abb. 10) – erscheinen *Mischwesen*

---

[31] Auf Abb. 11, 13, 37, 41, 43, 70, 76 ist exakt die gleiche Situation beschrieben wie in Ez 31,6 und Dan 4,9: vierfüßige Tiere halten sich unterhalb des Baumes auf (Abb. 11, 70, 76 stehend, Abb. 13, 37 aufbäumend, Abb. 41, 43 liegend), Vögel im Bereich der Krone (auf Abb. 76 sitzen sie in den Zweigen). Auf Abb. 38, 44, 62 befinden sich die Vögel, wie in Ez 17,23, unterhalb des Baumes, auf Abb. 69 sowohl unter- als oberhalb.

[32] A. Parrot, Mission Archéologique de Mari II. Le Palais. Peintures Murales, 1958, Taf. VII–XIV, Farbtafel A; ders., Sumer, Universum der Kunst, ²1962, Abb. 347.

anstelle von oder zusätzlich zu Tieren am Baum: Sphingen[33] und Greifen[34] sowie geflügelte Vierfüßler[35]. Auf mittelassyrischen Siegelbildern kommen Löwendrachen (Abb. 79) und geflügelte vogelgesichtige Genien (Abb. 67) zum ersten Mal in diesem Zusammenhang vor[36]. Ebenfalls seit altbabylonisch-altsyrischer Zeit erscheinen vor dem Baum die Göttin im Falbelgewand mit fürbittend, segnend und schützend erhobenen Händen[37], sowie *Adoranten*[38] und *Prozessionen*[39], die sich auf den Baum zu bewegen.

Mischwesen, Gottheiten und Adoranten signalisieren die Heiligkeit des Baumes und seine Zugehörigkeit zum mythischen und kultischen Bereich.

3. Der Baum und der König

In Ez 37 und in Dan 4 dient der Baum als Metapher für den König, in Ez 17 und Ez 19 für die Dynastie. Enge Beziehungen zwischen dem Baum und dem König fanden bildhaften Ausdruck in der Ikonographie Syriens sowie auf neuassyrischen Bilddokumenten. Der König erscheint hier häufig spiegelsymmetrisch zu beiden Seiten des Baumes[40]. Diese Motivgruppe repräsentiert die durch den König geordnete Welt[41].

---

[33] *Sphingen:* Syrien und Palästina: Abb. 10, 25–27, 30; mitannisch: Abb. 52 (die Sphingen, die sonst den Baum flankieren, sind hier von der Gestalt rechts neben dem Baum verdrängt und erscheinen darum, in der Bildachse um 90 Grad gedreht, links neben dem Baum). 53; kassitisch: Abb. 61 (unten rechts); neuassyrisch: Porada, Morgan, Nr. 738, 739; neubabylonisch: a.a.O. Nr. 780.

[34] *Greifen:* Palästina, 1. Jhtsd.; Abb.34; mitannisch: Abb. 55; Syrien, 1. Jhtsd.: Abb. 89.

[35] *Geflügelte Stiere:* mitannisch: Abb. 56; kassitisch: Abb. 62; *geflügelte Löwen:* mitannisch: Abb. 54, 57; mittelassyrisch: Abb. 78; *geflügeltes Schaf:* mitannisch: Abb. 58 (links); *geflügelter Steinbock:* kassitisch: Abb. 60 (oben links). – Auf der Goldschale von Ras Schamra (Abb. 25) erscheint neben der Sphinx der geflügelte Löwe mit Hörnern.

[36] Geflügelte vogelgesichtige Genien auf neuassyrischen Bilddokumenten: Abb. 81, 82, 83, 85. Menschengesichtige geflügelte Genien: Abb. 80, 83.

[37] Altassyrisch: Abb. 5, 15, 16, 19. Auf dem Wandbild von Mari (A. Parrot, Mission archéologique de Mari II, 53 ff; ders., Sumer, Universum der Kunst, ²1962, Abb. 347; W. Orthmann, PKG 18, Taf. 187) stehen ebenfalls fürbittende Göttinnen vor dem Baum (links und rechts unten). – Die fürbittende Göttin im Falbelgewand (lama) ist auf akkadischen, neusumerischen und altbabylonischen Bilddokumenten sehr häufig, vor allem im Zusammenhang von Einführungsszenen, belegt (Beispiel: E. Porada, Morgan, Nr. 274–277; 315–320; A. Moortgat, VR, Nr. 285–302).

[38] Altsyrisch: Abb. 5, 15, 19 (der Fürst im Wulstmantel jeweils links neben dem Baum), 24; mitannisch: Abb. 47, 51.

[39] Altsyrisch: Abb. 15 (die drei Personen unten rechts); mitannisch: Abb. 45, 46, 53. Adorationen und andere Kulthandlungen vor dem Baum sind auf assyrischen und neubabylonischen Bilddokumenten häufig belegt. Mittelassyrisch: Abb. 74; neuassyrisch: Abb. 80–83, 85, 86, 88 (Libation); E. Porada, Morgan, Nr. 640–649, 704–707, 709; neubabylonisch: a.a.O. Nr. 726–731.

[40] Beispiele für den König zu beiden Seiten des Baumes: aus dem syrisch-palästinensischen Bereich: Abb. 14, 17, 18, 20, 28; in der neuassyrischen Ikonographie: Abb. 80, 83, 85.

[41] Vgl. hierzu: A. Moortgat, Die Kunst des Alten Mesopotamien, 1967, 136; H. Genge, Zum „Lebensbaum" in den Keilschriftkulturen, Acta Orientalia 33 (1971) 321–334; K. Nielsen, There is Hope for a Tree, 1989, 74–85; P. W. Coxon, The Great Tree of Daniel 4, Journal for the Study of the Old Testament. Supplement Series 42, 1986, 91–111; O. Winter, „Lebensbaum", insbes. 78–81; O. Keel, Zur Identifikation des Falkenköpfigen auf den Skarabäen der ausgehenden 13. und der 15. Dynastie, in: Studien zu den Stempelsiegeln aus Palästina/Israel II (OBO 88), 1989, 243–280, insbes. 252–257 und Anm. 13, S. 256.

Wenn es richtig ist, daß König und Baum zusammen die geordnete Welt repräsentieren, so ist der Schritt zur Verwendung des Baumes als Metapher für den König nicht mehr weit. Die Austauschbarkeit von König und Baum zeigt der Vergleich von vier Siegelbildern aus dem palästinensisch-syrischen Raum. Auf Abb. 21 ist der Falke mit der unterägyptischen „roten Krone", der den König repräsentiert, über dem aus Elementen der Palme und der Lotosblume bestehenden Kompositbaum dargestellt. Vor beiden steht der falkenköpfige Königsgott Horus[42] mit segnend und schützend erhobener Hand. Der spiegelbildlich dargestellte falkenköpfige Horus vollzieht dieselbe Handlung über dem Baum auf Abb. 22. An die Stelle des Baumes tritt auf Abb. 23 der König, über den der spiegelbildlich dargestellte Horus das Lebenszeichen hält.

Die Austauschbarkeit von Baum und König ist auch auf einer Reihe von neuassyrischen Bilddokumenten zu beobachten. Sie stellen Reinigungsriten[43], die von geflügelten Genien vollzogen werden, dar. Auf Abb. 80, 85 sind der Baum und der König gemeinsam in diesen Ritus einbezogen, auf Abb. 81 erfolgt der Ritus nur am Baum, auf Abb. 82 wird er am König allein vollzogen. König und Baum sind im Rahmen dieses Ritus austauschbar[44].

IV Die Qualität des Baumes

1. Die Unvergleichbarkeit des Baumes

Ez 31,5.8 betont die Unvergleichbarkeit des Weltenbaumes mit anderen hochqualifizierten Bäumen (Zedern, Zypressen und Platanen), selbst mit den Bäumen des Gottesgartens. Er übertrifft sie alle in seiner Größe, in seiner Schönheit, hinsichtlich seiner Zweige und seiner Qualität.

Auf Bilddokumenten des 2. und 1. Jt. wird der sakrale Baum durch typisierende und abstrahierende Darstellungsweise von anderen, in der Natur vorkommenden Bäumen abgehoben. Eine Zeichnung auf einem Gefäßfragment aus mittelassyrischer Zeit (Abb. 75) bildet den stilisiert dargestellten Sakralbaum mitten unter naturnah wiedergegebenen Nadelbäumen – möglicherweise Zedern – ab. Dadurch wird der sakrale Baum augenfällig herausgehoben. Seine Besonderheit gegenüber anderen Bäumen, seine Gewichtigkeit und seine Eigenprägung fallen unübersehbar ins Auge.

---

[42] Zu dieser Deutung vgl. die in Anm. 41 genannte Studie von O. Keel.

[43] Geflügelte Genien halten in einer Hand einen Eimer und erheben einen Koniferenzapfen in Richtung auf den König bzw. auf den Baum. Dieser Ritus am Baum ist bereits auf dem mitannischen Siegelbild Abb. 52 und dem mittelassyrischen Siegelbild Abb. 74 belegt. Zur Deutung dieser Handlung als Reinigungsritus vgl. neuerdings O. Magen, Assyrische Königsdarstellungen – Aspekte der Herrschaft (Baghdader Forschungen 9), 1986, 73–81. O. Magen weist allerdings nachdrücklich darauf hin, daß in neuassyrischen Texten eine Gleichsetzung von König und Baum nicht belegbar ist.

[44] Vgl. auch auf Abb. 83 die beiden Bildstreifen links neben dem Medaillon. Auf beiden Bildstreifen ist auf dem einen Bild der König, auf dem anderen der Baum zwischen zwei geflügelten Genien, die den Reinigungsritus vollziehen, dargestellt.

2. Der Baum als Lebensgrundlage

In Gen 2,9 wird der Baum in der Mitte des Paradiesgartens als ʿeṣ haḥajjim, als „Baum des Lebens", qualifiziert (s.a. Gen 3,22.24). In den Proverbien erscheint die Wendung ʿeṣ ḥajjim, „Lebensbaum", als Metapher für die Weisheit (Prv 3,18) und für den Ertrag rechten Verhaltens (11,30; 15,5). In beiden Wortverbindungen spricht sich die Vorstellung aus, daß der Baum Leben vermittelt. In den oben genannten Texten zum Weltenbaum kommt die Wendung „Lebensbaum" nicht vor, der Weltenbaum ist sicher nicht mit dem Lebensbaum der Paradieserzählung identisch. Es ist jedoch unübersehbar, daß der Weltenbaum die Lebensgrundlage für alle Lebewesen ist (Dan 4,9; Ez 31,6).

Der stilisierte Baum auf vorderorientalischen Bilddokumenten ist häufig, offenbar in Anlehnung an alttestamentliche Terminologie, als „Lebensbaum" bezeichnet worden[45]. H. Genge konstatiert, daß der Begriff „Lebensbaum" weder im Sumerischen noch im Akkadischen belegt ist und daher auch nicht auf die sakralen Bäume der vorderorientalischen Ikonographie angewendet werden dürfe[46]. Das schließt jedoch nicht aus, daß man in der vorderorientalischen Ikonographie den Zusammenhang zwischen Baum und Leben gesehen und zur Sprache gebracht hat. Hierauf weisen altsyrische Rollsiegelbilder, auf denen das Hieroglyphenzeichen ʿnḫ, „Leben", (das „Henkelkreuz") in Beziehung zum Baum gesetzt wird. Auf Abb. 19 steht der Volutenbaum zwischen der fürbittenden Göttin und dem Fürsten im Wulstmantel[47], über dem Baum und offenbar in Beziehung zu ihm steht das ʿnḫ-Zeichen. Auf Abb. 7 wird der stilisierte Baum von einem Gott oder König und von einem Adoranten flankiert, das ʿnḫ-Zeichen steht zwischen dem Baum und der Gottheit. Auf Abb. 13 (vgl. Fig. 2, S. 13) schließlich sind Vögel in der Krone des stark stilisierten Baumes, aufbäumende Steinböcke unterhalb des Baumes dargestellt. Das ʿnḫ-Zeichen links unterhalb der Krone des Baumes soll den Baum offenbar als Spender und Grundlage des Lebens für die Lebewesen, denen er Lebensraum gewährt, kennzeichnen.

Auf diesen drei Siegelbildern sind offensichtlich Bezüge zwischen dem Baum und dem Leben signalisiert, der Baum erscheint als Spender des Lebens, wird als Inbegriff des Lebens gekennzeichnet.

---

[45] Als ein Beispiel sei genannt: M. Moortgat, Die Kunst des Alten Mesopotamien. Die Klassische Kunst Vorderasiens, 1967, 136. Moortgat setzt jedoch die Bezeichnung „Lebensbaum" in Anführungsstriche.

[46] H. Genge, Zum „Lebensbaum" in den Keilschriftkulturen (Act. Orient. 33), 1971, 321–334, insbes. 324.

[47] Zum Fürsten im Wulstmantel: S. Schroer, Der Mann im Wulstmantel, ein Motiv der Mittelbronzezeit II B, in: O. Keel, S. Schroer, Studien zu den Stempelsiegeln aus Palästina/Israel I (OBO 67), 1985, 49–115.

Der Weltenbaum in vorderorientalischer Bildtradition

1 Intarsie aus Muschelkalk. Zeit der 1. Dynastie von Ur

2 Akkadisches Rollsiegel. Akkadisch III

3 Formschüssel aus Mari. Altbabylonische Zeit

4 Akkadisches Rollsiegel

5-13 Syrische Rollsiegelbilder (2. Jahrtausend)

14-19 Altsyrische Rollsiegel. 1720-1600 v.Chr.
20 Skaraboid, 8. Jh.

21 Altsyrisches Rollsiegel. 1720-1600 v.Chr.

22 Altsyrisches Rollsiegel. 1720-1600 v.Chr.   23 Skarabäus, 13. Jh.

24 Rollsiegel aus Ras Shamra/Ugarit. 15.-14. Jh.

25 Goldschale aus Ras Shamra/Ugarit (Ausschnitt). 15.-14. Jh.

26 Pyxis aus Nimrud

27 Aus Nimrud

28 Aus Arslan Taş

29.30 Aus Samaria

26-30 Syrische Elfenbeinarbeiten. 9.-8. Jh.

31 Gefäßbemalung aus Tell el-Mutesellim/Megiddo. 1450-1350 v.Chr.

32 Gefäßbemalung aus Tell el-Farʿa Süd. Späte Bronzezeit

33 Gefäßbemalung aus Kuntilet ʿAğrud. 850-750 v.Chr.

34   35   36

34-36 Stempelsiegel aus Palästina. 1. Jahrtausend v.Chr.

Der Weltenbaum in vorderorientalischer Bildtradition 19

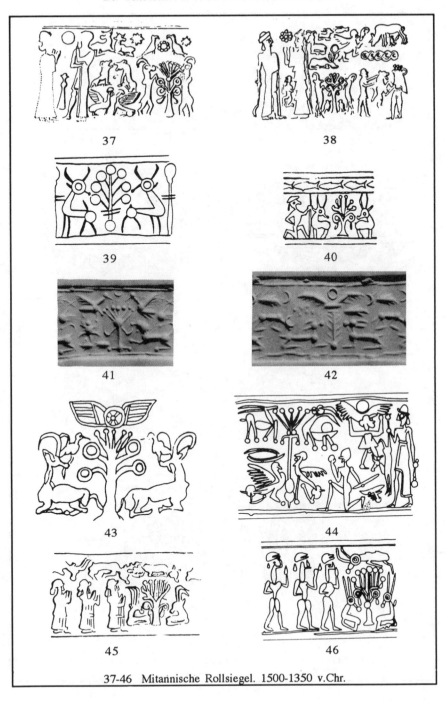

37-46 Mitannische Rollsiegel. 1500-1350 v.Chr.

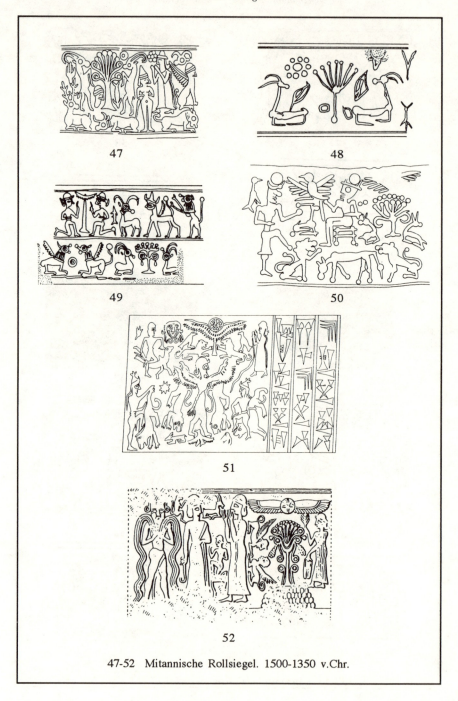

47-52 Mitannische Rollsiegel. 1500-1350 v.Chr.

Der Weltenbaum in vorderorientalischer Bildtradition 21

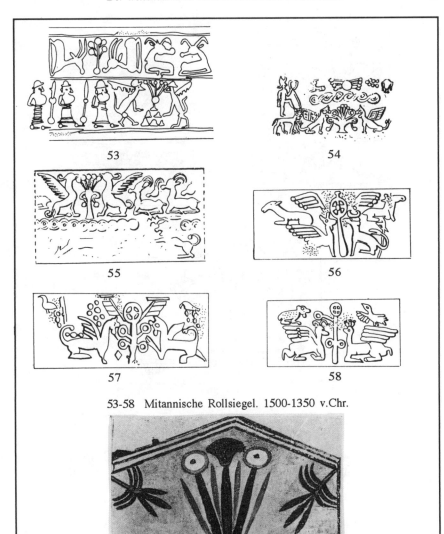

53-58 Mitannische Rollsiegel. 1500-1350 v.Chr.

59 Malerei auf einer Truhe. Ägypten, Neues Reich

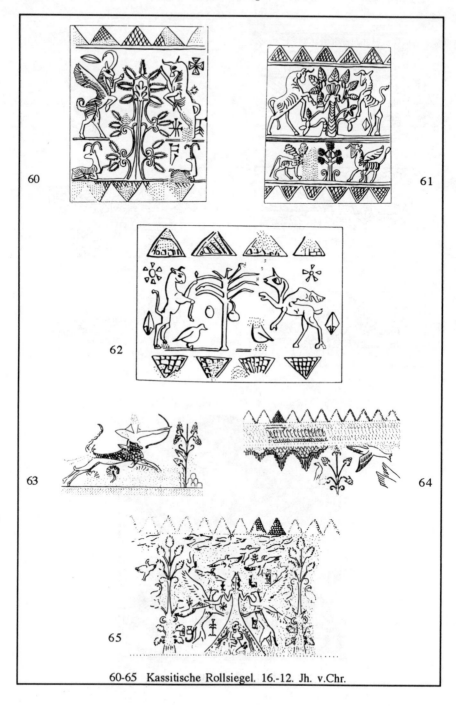

60-65 Kassitische Rollsiegel. 16.-12. Jh. v.Chr.

Der Weltenbaum in vorderorientalischer Bildtradition

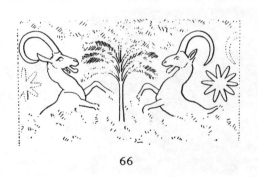

66

67

68

66-68 Antike Abrollungen aus Assur. Mittelassyrisch, 13. Jh.

69 Kassitisches Rollsiegel. 13. Jh.

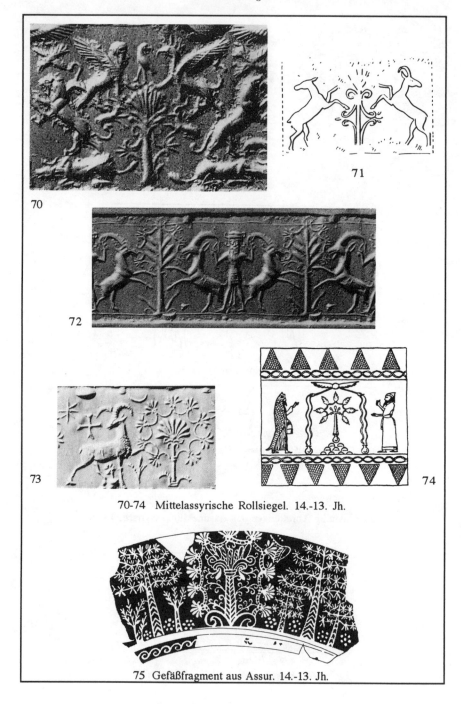

70–74 Mittelassyrische Rollsiegel. 14.–13. Jh.

75 Gefäßfragment aus Assur. 14.–13. Jh.

Der Weltenbaum in vorderorientalischer Bildtradition

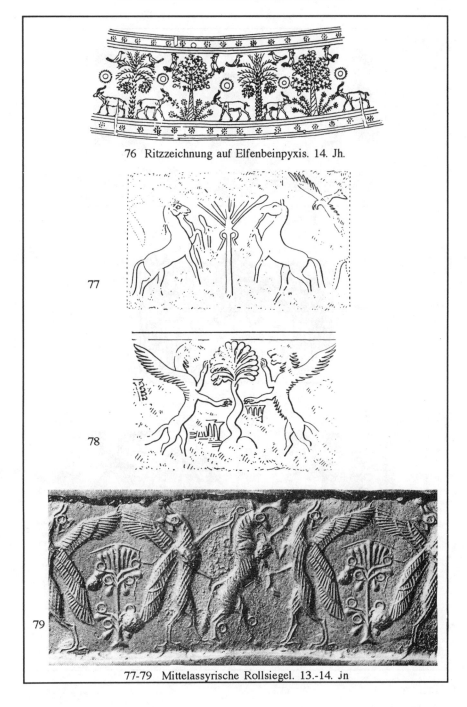

76 Ritzzeichnung auf Elfenbeinpyxis. 14. Jh.

77-79 Mittelassyrische Rollsiegel. 13.-14. Jh

80

81

82

80-82 Orthostatenreliefs aus dem Nordwestpalast Assurnasirpals II. (883-859 v.Chr.)

Der Weltenbaum in vorderorientalischer Bildtradition 27

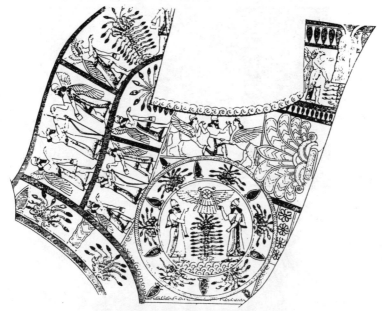

83 Gewandverzierung auf einem Orthostatenrelief aus dem Nordwestpalast Assurnasirpals II. (883-859 v.Chr.)

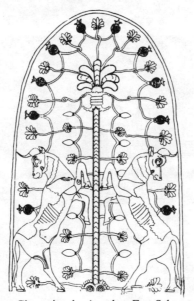

84 Wandverzierung aus Glasurziegeln. Aus dem Fort Salmanassar (858-824 v. Chr.)

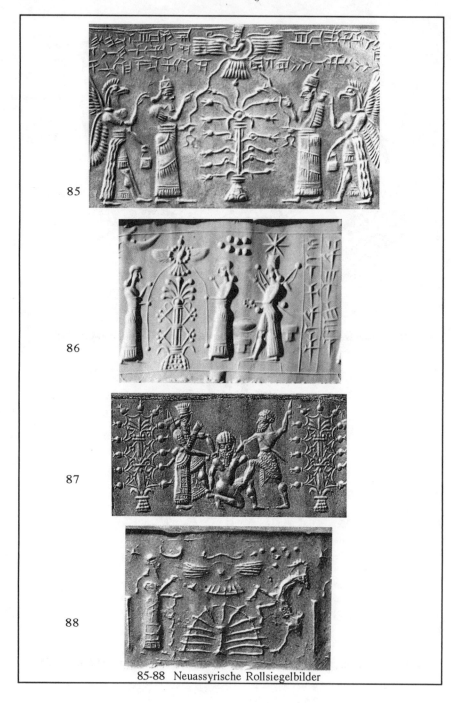

85-88 Neuassyrische Rollsiegelbilder

Der Weltenbaum in vorderorientalischer Bildtradition

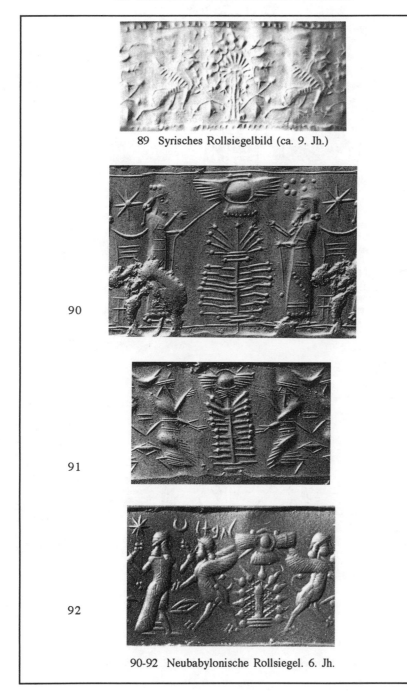

89 Syrisches Rollsiegelbild (ca. 9. Jh.)

90

91

92

90-92 Neubabylonische Rollsiegel. 6. Jh.

93 Steinschale aus Susa. Altelamisch, Anfang des 2. Jahrtausends

94 Silberbecher aus dem Iran. 2. Hälfte 2. Jahrtausend

Verzeichnis der Abbildungen und Quellennachweis

An erster Stelle ist jeweils die Quelle genannt, der die Abbildung entnommen ist oder nach der die Zeichnung angefertigt wurde.

Abb. 1: Intarsie aus Muschelkalk. Aus den Königsgräbern von Ur. Zeit der I. Dyn. von Ur. Nach einer Fotografie des Verf.
Abb. 2: Akkadisches Rollsiegelbild. Akkad. III. – Nach: R. M. Boehmer, Die Entwicklung der Glyptik während der Akkad-Zeit (UAVA 4), 1965, Abb. 251.
Abb. 3: Altbabylonische Formschüssel aus Mari. – Nach: A. Parrot, Mari, 1953, Abb. 88.
Abb. 4: Akkadisches Rollsiegelbild. Akkad. III. – H. Frankfort, Cylinders Seals. A Documentary on the Art and Religion of the Ancient Near East, 1939, Tf. XXIV d.

5–19, 21, 22, 24: Syrische Rollsiegelbilder

Abb. 5: Altsyrisch, Ausschnitt (ca. 1750–1600). – Ausstellungskatalog Archäologie zur Bibel. Kunstschätze aus den Biblischen Ländern, 1981, Nr. 215.
Abb. 6: Antike Abrollung aus Ras Schamra. 15.–13. Jh. – B. Brentjes, Alte Siegelkunst des Vorderen Orients, 1983, 141, oben; C. Schaeffer, Syria XVI (1935) Tf. XXXV, Mitte rechts.
Abb. 7: Altassyrisch (ca. 1750–1600). – A. Moortgat, Vorderasiatische Rollsiegel. Ein Beitrag zur Geschichte der Steinschneidekunst (im folgenden: VR), 1940, ^{2}1960, Nr. 548.
Abb. 8: Aus Ras Schamra. 1600–1200. – Ch. Kepinski, L'Arbre Stylisé en Asie Occidentale au 2e Millénaire avant J. C. III, 1982, Nr. 639; C. Schaeffer, Syria XVI (1935) Tf. XXXV, Mitte rechts.
Abb. 9: Altsyrisch (18./17. Jhdt), aus Tell Açana, Schicht VII. – D. Collon, The Alalakh Cylinder Seals. A New Catalogue of the Actual Seals Excavated by Sir Leonard Woolley at Tell Atchana, and from Neighbouring Sites on the Syrian-Turkish Border (BAR International Series 132), 1982, Nr. 37.
Abb. 10: Aus Ras Schamra. 1600–1200. – Ch. Kepinski, L'Arbre Stylisé III, Nr. 640; C. Schaeffer, Syria XVI (1935) Tf. XXXV, Mitte rechts.
Abb. 11: Aus Ras Schamra. 1600–1200. – Ch. Kepinski, L'Arbre Stylisé III, 636; C. Schaeffer, Syria XVI, 1935, Tf. XXXV, Mitte links.

12–19: Altsyrische Rollsiegel, ca. 1800–1600

Abb. 12: U. Winter, Frau und Göttin. Exegetische und ikonographische Studien zum weiblichen Gottesbild im Alten Israel und in dessen Umwelt (OBO 53), 1983, Abb. 263; B. Buchanan, Catalogue of Ancient Near Eastern Seals in the Ashmolean Museum I. Cylinder Seals, 1966, Nr. 864.
Abb. 13: D. Collon, First Impressions. Cylinder Seals in the Ancient Near East, 1987, Nr. 221 (vgl. auch den Ausschnitt Fig. 2, S. 9).
Abb. 14: O. Keel, H. Keel-Leu, S. Schroer, Studien zu den Stempelsiegeln aus Palästina/Israel II (OBO 88), 253, 1989, Abb. 22; A. Moortgat, VR, Abb. 535.
Abb. 15: O. Keel u.a., OBO 88, 253, Abb. 21; D. Collon, First Impressions, Nr. 217.
Abb. 16: O. Keel u.a., OBO 88, 253, Abb. 20; L. Delaporte, Catalogue des Cylindres Orienteaux et des Cachets de la Bibliothèque Nationale, 1910, Abb. 435.
Abb. 17: Aus Tell Açana, 1750–1700. – O. Keel u.a., OBO 88, 253, Abb. 23; D. Collon, The Aleppo Workshop. A Seal-Cutter's Workshop in Syria in the Second Half of the 18th Century B. C., UF 13 (1981) 42, Fig. 2, 19.
Abb. 18: Aus Karahöyük. – U. Winter, OBO 53, Abb. 233; A. Alp, Zylinder- und Stempelsiegel aus Karahöyük bei Konya (Türk Tarih Kurumu Yayınlarından V. Seri-SA. 26) 1968, Nr. 22.
Abb. 19: Aus Ras Schamra. – O. Keel u.a., OBO 88, 253, Abb. 19; C. F.-A. Schaeffer-Forrer, Corpus des Cylindres-Sceaux de Ras Schamra – Ugarit et d'Enkomi – Alasia I, 1983, 35–38; D. Collon, First Impressions, Nr. 218.

Abb. 20: Skaraboid mit aramäischer Inschrift, 8. Jh. – O. Keel u.a., OBO 88, 255, Abb. 34; S. H. Horn, An Early Aramaic Seal with an Unusual Design, BASOR 167 (1962) 17.

Abb. 21: Altsyrisches Rollsiegel. 1720–1600. – O. Keel u.a., OBO 88, 255, Abb. 35; B. Buchanan, Early Eastern Seals in the Yale Babylonian Collection, New Haven/Conn., 1981, Nr. 1259.

Abb. 22: Altsyrisches Rollsiegel. 1720–1600. – O. Keel u.a., OBO 88, 255, Abb. 36; G. A. Eisen, Ancient Oriental and Other Seals with a Description of the Collection of Mrs. W. H. Moore (OIP 47), 1940, Taf. 16, 180.

Abb. 23: Skarabäus aus Dēr el-Balaḥ. 13. Jh. – O. Keel u.a., OBO 88, 255, Abb. 38.

Abb. 24: Rollsiegel aus Ras Schamra. 15.–14. Jh. – B. Brentjes, Alte Siegelkunst, 141, unten.

Abb. 25: Dekoration auf einer Goldschale aus Ras Schamra. 15.–14. Jh. – C. Schaeffer, Ugaritica II (1949) 36, Fig. 25; Tf. III, IV, VIII.

26–30: Syrische Elfenbeinarbeiten

Abb. 26: Elfenbeinpyxis aus Nimrud/Kalaḥ. 9.–8. Jh. – K. Galling (Hg.), BRL^2, 35, Abb. 11.

Abb. 27: Aus Nimrud. 9.–8. Jh. – Y. Shiloh, The Proto Aeolic Capital and Israelite Ashlar Masonry (Qedem 11), 1979, 35, Fig. 45; R. D. Barnett, Catalogue of the Nimrud Ivories, 1957, Tf. XXI.

Abb. 28: Aus Arslan Taš. 9. Jh. – Nach: W. Orthmann, Der alte Orient (PKG 18), 1985, Tf. 431a.

Abb. 29: Zierleiste aus Samaria. 9.–8. Jh. – K. Galling, BRL^2, 71, Abb. 19, 6.

Abb. 30: Plakette aus Samaria. 9–8. Jh. – K. Galling, BRL^2, 71, Abb. 19, 6.

31–33: Malereien auf Gefäßen

Abb. 31: Aus Tell el-Mutesellim. 1450–1350. – U. Winter, OBO 53, Abb. 450; R. Amiran, Ancient Pottery of the Holy Land, 1969, Tf. 50, 3.

Abb. 32: Aus Tell el Farʿa Süd. Späte Bronzezeit. – U. Winter, OBO 53, Abb. 451; H. G. May, Material Remains of the Megiddo Cult (OIP 26), 1935, Tf. 40B.

Abb. 33: Aus Kuntilet ʿAǧrud. 850–750. – P. Beck, The Drawings from Horvat Teiman, TA 9 (1982) Abb. 4.

34–36: Stempelsiegel aus Palästina, 1. Jt.

Abb. 34: Aus Tell el-Mutesellim. 9.–8. Jh. – K. Galling, BRL^2, 35, Abb. 11, 4.

Abb. 35: K. Galling, BRL^2, 35, Abb. 11, 3.

Abb. 36: Aus Akko. – R. Giveon, T. Kertesz, Egyptian Scarabs and Seals from Acco. From the Collection of the Department of Antiquities and Museums, 1986, 45, Abb. 173.

37–58: Mitannische Rollsiegel (1500–1350)

Abb. 37: Antike Abrollung aus Nuzi. – E. Porada, Seal Impressions of Nuzi (AASOR 24), 1947, Abb. 653.

Abb. 38: Antike Abrollung aus Nuzi. – E. Porada, AASOR 24, Abb. 651.

Abb. 39: Aus Tell el-Duwer. Späte Bronzezeit. – U. Winter, OBO 53, Abb. 452; O. Tufnell u.a., Lachish II. The Fosse Temple, 1940, Tf. 33, 43.

Abb. 40: Aus Nuzi. 1500–1350. – R. F. S. Starr, Nuzi. Report on the Excavations at Yorgan Tepe Near Kirkuk. Iraq 1927–1931 II (1937) 444 II Pl. 118 E p. 30.

Abb. 41: B. Teissier, Ancient Near Eastern Cylinder Seals from the Marcopoli Collection, 1984, Nr. 623.

Abb. 42: B. Teissier, Marcopoli, Nr. 624.

Abb. 43: Antike Abrollung aus Kirkuk. – Ch. Kepinski, L'Arbre Stylisé, Nr. 7; G. Contenau, Les tablettes de Kerkouk et les origines de la civilisation assyrienne, Babylonica IX (1926), 72. Fig. 101.

Abb. 44: Aus Tell Açana. Schicht I. 14. Jh. – D. Collon, Alalakh Cylinder Seals, Nr. 110.

Abb. 45: Antike Abrollung aus Nuzi. – E. Porada, AASOR 24, Nr. 472.
Abb. 46: Aus Tell Açana, Schicht III. 15.–14. Jh. – D. Collon, Alalakh Cylinder Seals, Nr. 86.
Abb. 47: Aus Tell el-Mutesellim. Ca. 1500. – O. Keel u.a., OBO 88, 134, Abb. 056; B. Parker, Cylinder Seals from Palestine, Iraq 11 (1949) Nr. 128.
Abb. 48: Aus Tell Açana, Schicht I. 13.–12. Jh. – D. Collon, Alalakh Cylinder Seals, Nr. 45.
Abb. 49: Aus Tell Açana, Schicht IV. 1500–1365. – D. Collon, Alalakh Cylinder Seals, Nr. 75.
Abb. 50: U. Winter, OBO 53, Abb. 493; E. Porada, Morgan, Nr. 1029.
Abb. 51: Siegel des Königs Sauštatar von Mitanni, antike Abrollung. Mitte d. 15. Jh. – U. Magen, Assyrische Königsdarstellungen – Aspekte der Herrschaft (Baghdader Forschungen 9), 1986, Tf. 24, 2; E. Porada, Akkadica 13 (1979) Fig. 2.
Abb. 52: Antike Abrollung aus Assur. 15.–14. Jh. – W. Orthmann, PKG 18, 348, Fig. 103i.
Abb. 53: Aus Tell Açana, Schicht III. 15.–14. Jh. – D. Collon, Alalakh Cylinder Seals, Nr. 74.
Abb. 54: Antike Abrollung aus Nuzi. – E. Porada, AASOR 24, Nr. 743.
Abb. 55: Antike Abrollung aus Assur. 14. Jh. – Th. Beran, Assyrische Glyptik des 14. Jhs., ZA NF 18 (1957) 183. Abb. 70.
Abb. 56: Antike Abrollung aus Nuzi. – E. Porada, AASOR 24, Nr. 866.
Abb. 57: Antike Abrollung aus Nuzi. – E. Porada, AASOR 24, Nr. 836.
Abb. 58: Antike Abrollung aus Nuzi. – E. Porada, AASOR 24, Nr. 869.
Abb. 59: Malerei auf einer Truhe. Ägyptisch, Neues Reich. Mus. Bologna. – C. F. A. Schaeffer, Ugaritica III (1949) 204.

60–65. 69: Kassitische Rollsiegelbilder (16.–12. Jh.)

Abb. 60: 12. Jh. – Nach: W. Orthmann, PKG 18, Taf. 269i; B. Buchanan, Ashmolean I, Nr. 563.
Abb. 61: 13. Jh. – Nach: A. Moortgat, VR, Nr. 560.
Abb. 62: Um 1300. – Nach: E. Porada, Morgan, Nr. 591.
Abb. 63: Antike Abrollung aus Nippur. 1331 v. Chr. – W. Orthmann, PKG 18, Fig. 103e; Th. Beran, Die babylonische Glyptik der Kassitenzeit, AfO 18 (1957–58) 266f, Abb. 9.
Abb. 64: Antike Abrollung aus Nippur. 1329 v. Chr. – W. Orthmann, PKG 18, Fig. 103f; Th. Beran, AfO 18, 267, Abb. 10.
Abb. 65: Antike Abrollung aus Nippur. 1430–1424. – W. Orthmann, PKG 18, Fig. 103g; Th. Beran, AfO 18, 268ff, Abb. 13.

66–68. 70–79: Mittelassyrische Bilddokumente (14.–11. Jh.)

Abb. 66: Antike Abrollung aus Assur. 13. Jh. – A. Moortgat, Assyrische Glyptik des 13. Jh., ZA NF 13 (1942) 76, Abb. 49.
Abb. 67: Antike Abrollung aus Assur. 1244–1208. – A. Moortgat, ZA NF 13 (1942) 77, Abb. 55.
Abb. 68: Antike Abrollung. 13. Jh. – A. Moortgat, ZA NF 13 (1942) 76, Abb. 52.
Abb. 69: Kassitisch. Rollsiegel. Aus Babylon. 13. Jh. – Nach: W. Orthmann, PKG 18 Tf. 269g; Th. Beran, AfO 18, 270, Abb. 16.
Abb. 70: Rollsiegel, Ausschnitt. 14. Jh. – E. Porada, Morgan, Nr. 592.
Abb. 71: Antike Abrollung. 14. Jh. – Th. Beran, ZA NF 18 (1957) 160, Abb. 30.
Abb. 72: 13. Jh. – E. Porada, Morgan, Nr. 597.
Abb. 73: D. Collon, First Impressions, Cylinder Seals in the Ancient Near East, 1987, Nr. 916.
Abb. 74: H. Frankfort, Cylinder Seals, 213, Fig. 65; H. H. von der Osten, Ancient Oriental Seals in the Collection of Mr. Edward T. Newell (OIP XXII), 1934, Nr. 416.
Abb. 75: Gefäßfragment aus Assur. 14.–13. Jh. – W. Orthmann, PKG 18, 332, Fig. 101.
Abb. 76: Ritzzeichnung auf Elfenbeinpyxis aus Assur. 14. Jh. – A. Moortgat, Die Kunst des Alten Mesopotamien. Die klassische Kunst Vorderasiens, 1967, 118, Abb. 84.
Abb. 77: Antike Abrollung aus Aussur. 13. Jh. – A. Moortgat, ZA NF 13 (1942) 76, Abb. 51.
Abb. 78: Antike Abrollung. 1274–1245. – A. Moortgat, 77, Abb. 56.
Abb. 79: 14. Jh. – E. Porada, Morgan, Nr. 594.

80–88: Neuassyrische Bilddokumente (9.–8. Jh.)

80–83: Wandreliefs aus dem Nordwestpalast Assurnasirpals II. in Nimrud (883–859)

Abb. 80: Aus Raum B. – Nach W. Orthmann, PKG 18, Tf. 198.
Abb. 81: Aus Raum H. – J. Meuszynski, Die Rekonstruktion der Reliefdarstellungen im Nordwestpalast von Kalḫu (Nimrud) (Baghdader Forschungen 2), 1981, Tf. 11.
Abb. 82: Aus Raum G. – J. Meuszynski, Rekonstruktion, Tf. 6.
Abb. 83: Ritzzeichnung auf dem Gewand des Königs. Aus Raum G. – J. V. Canby, Decorated Garments in Assurnasirpal's Sculpture, Iraq 33 (1971) Tf. XIXa.
Abb. 84: Wandbild aus farbigen Glasurziegeln über einem Hoftor im Fort Salmanassars III. (Ausschnitt) (858–824). – W. Orthmann, PKG 18, 317, Fig. 98; M. E. L. Mallowan, Nimrud and its Remains II, 1966, ²1975, Nr. 373.

85–88. Neuassyrische Rollsiegelbilder (9.–7. Jh.)

Abb. 85: Zeit Salmanassars III., 858–824. – W. Orthmann, PKG 18, Tf. 2721.
Abb. 86: D. Collon, First Impressions, 78, Abb. 345.
Abb. 87: M. Moortgat, VR, Nr. 608.
Abb. 88: E. Porada, Morgan, Nr. 648.

Abb. 89: Syrisches Rollsiegel. Neuassyrische Zeit. – D. Collon, First Impressions, Nr. 383.

90–92: Neubabylonische Rollsiegelbilder (6. Jh.)

Abb. 90: E. Porada, Morgan, Nr. 726.
Abb. 91: E. Porada, Morgan, Nr. 727.
Abb. 92: Archäologie zur Bibel (Ausstellungskatalog), Nr. 110.

93–94: Bilddokumente aus dem Iran (2. Jt.)

Abb. 93: Relief auf Steinschale aus Susa. Altelamisch, Anfang des 2. Jt. – W. Orthmann, PKG 18, Tf. 302a.
Abb. 94: Silberbecher aus dem Iran. Protohistorische Zeit, 2. Hälfte des 2. Jt. – W. Orthmann, PKG 18, Tf. 306.

Zeichnerinnen und Zeichner:

K. Baden-Rühlmann (Abb. 2, 3, 28, 60–62, 68, 69, 80, 93, 94; Fig. 1, 2); Heidi Keel-Leu (Abb. 12, 14–23); Friedegard Metzger (Abb. 1).

Der Verfasser dankt folgenden Autoren und Verlagen für die freundlich gewährte Genehmigung zum Wiederabdruck von Abbildungen: B. Brentjes, E. A. Seemann Verlag, Leipzig (Abb. 6, 24); D. Collon, British Museum Publications, London (Abb. 13, 44, 46, 48, 50, 53, 73, 86, 89); O. Keel, Universitätsverlag Freiburg, Schweiz; Vandenhoeck & Ruprecht, Göttingen (Abb. 12, 14–23, 47, 50); Ch. Kepinski, Éditions Recherche sur les civilisations, Paris (Abb. 8, 10, 11); U. Magen, Verlag von Zabern, Mainz (Abb. 51) und W. Orthmann, Propyläen Verlag, Berlin (Abb. 52, 63–65, 75, 84).

SCHÖPFUNGSTHEOLOGIE UND ALTABENDLÄNDISCHE CHRISTOLOGIE

Zur Frage einer dogmengeschichtlichen Konzeption[1]

Karlmann Beyschlag

I Das dogmengeschichtliche Problem

Seit v. Harnack den konfessionellen Längsschnitt der Dogmengeschichte i.S. einer aufsteigenden Entwicklung des kirchlichen „Lehrbegriffs" durch das Querschnittproblem der „Hellenisierung des Christentums" unterlegte, hat die Dogmengeschichtsschreibung zunehmend profanhistorisches Kolorit assimiliert, während der theologische Zusammenhang des dogmengeschichtlichen Geschehens weitgehend in den Hintergrund trat. Damit kehrte die Forschung in den Bannkreis der von Semler ausgegangenen wissenschaftlichen Emanzipation zurück, ohne freilich die von Schleiermacher begründete Zuordnung von Theologie und Kirche gänzlich aufzugeben. Die Folgen dieser Umschichtung sind bekannt: Die für den altkirchlichen Glauben grundlegende Alternative zwischen Rechtgläubigkeit und Ketzerei verschwand hinter der Relation von „akuter" und „allmählicher Verweltlichung" des Christentums; der Normbegriff des Dogmas verwandelte sich in die Vorstellung einer weltanschaulichen Verkrustung des ursprünglich „undogmatischen" (d.h. unmetaphysischen) Evangeliums Jesu und von Jesus (Harnack, DG I, S. 65ff); Realbegriffe wie Theologie, Ökonomie, Soteriologie usw. wurden von wissenschaftlichen Formalbegriffen wie Konzeption, Reduktion, Reformation usw. überlagert. „Die Dogmengeschichte", schrieb Harnack vollendet abstrakt, „ist die Geschichte der sich steigernden Confusionen und der wachsenden Indifferenz nicht nur gegen das Absurde, sondern auch gegen die Widersprüche, weil die Kirche nur schwer imstande ist, irgendetwas Traditionelles aufzugeben" (DG III, S. 212, Anm.)[2].

---

[1] Das Folgende ist eine theologische Reflexion zu § 18/3 u. 4 meines „Grundrisses der Dogmengeschichte", Bd. II/1 (1991), S. 90ff u. 100ff. Gewisse Wiederholungen sind dabei unvermeidlich; einzelnes s. dort.

[2] Zu Semler s. G. Hornig, Hdb. der Dogmen- und Theologiegeschichte hrg. v. C. Andresen, Bd. III (1984), S. 137ff. Zum Begriff der „akuten" und „allmählichen Hellenisierung" des Christentums vgl. Harnack, Lehrbuch d. Dogmengeschichte (⁵1931) Bd. I, S. 250, 267, 340 u. 566f; darüber hinaus E. Troeltsch, A. v. Harnack und C. F. Baur (Festschr. f. Harnack 1925, S. 282ff) sowie Hornig a.a.O. S. 210ff („Harnacks Dogmenkritik ... und das Wesen des undogmatischen Christentums"). Typisch Harnack'sche Termini sind u.a. auch „Fixierung", „Umprägung", „Tenacität" (des Dogmas), „Complexio oppositorum". Eine stilkritische Untersuchung der Harnack'schen Dogmengeschichte würde zu erstaunlichen Resultaten führen.

Die Ausstrahlung der „historischen" Dogmenkritik seit Harnack hat sich inzwischen als überaus folgenreich erwiesen. Sieht man von dem relativ kurzen, wenn auch heftigen „kirchlichen" Intermezzo der Dialektischen und der Konfessionellen Theologie seit dem 1. Weltkriege ab, so hat sich der Begriff des „undogmatischen Christentums", zumal mit dem ausgedehnten come back von Aufklärung und Rationalismus seit dem 2. Weltkrieg, kirchlich weithin durchgesetzt: Pluralismus, Aktionismus und sog. Spiritualität sind großenteils an die Stelle der früheren Glaubensdisziplin getreten. Eine umfassende Entkirchlichung der Kirche scheint im Kommen. Von einem „Dogmenzwang" kann auf protestantischem Boden kaum noch die Rede sein.

Unter diesen Umständen wirkt es einigermaßen paradox, daß die Wende zur kirchlichen Weltlichkeit seitens der dogmengeschichtlichen Wissenschaft inzwischen längst durch den entgegengesetzten Trend zur Wiedergewinnung einer stabilen Kirchlichkeit flankiert wird, wobei auch ökumenistische Tendenzen eine nicht unbeachtliche Rolle spielen. So ist z.B. der überzogene Begriff einer angeblich allgemeinen „Hellenisierung des Christentums" schon lange obsolet geworden, und zwar in eben dem Maße, als die biblische Grundierung der altkirchlichen Glaubensgeschichte erkennbar wurde[3] . Ebenso hat das vorwiegend „spekulative" Porträt der dogmengeschichtlichen Verhältnisse in liturgischer und traditionsgeschichtlicher Sicht inzwischen kräftige Korrekturen erfahren. Hinzu kommen konkrete Forschungsergebnisse an fast allen dogmengeschichtlichen Brennpunkten. Zumal die Epoche des „christologischen Streites" seit dem 5. Jahrhundert (einschließlich der Entdeckung des „Neuchalcedonismus" im 6. Jahrhundert) ist inzwischen dem wissenschaftlichen Verruf entrissen. Überhaupt verrät die Verlagerung des dogmengeschichtlichen Interesses von den „ersten drei Jahrhunderten" der Harnack-Ära auf das vierte, fünfte, sechste und sogar siebente Jahrhundert ein ausgesprochen positives kirchliches Engagement[4].

---

[3] S. dazu meine atl. Aufstellungen zur altkirchlichen Logochristologie im Grundriß, Bd. I[2], S. 125ff (auch Ps 109, 1 ff/110, 1 ff ist hier präexistenzchristologisch gemeint, vgl. schon Mk 12, 36 parr und noch Leo d. Gr., Epist. 28, 4: Der Gottessohn kam zur Menschwerdung von seiner „sedes caelestis" herab). Eine „Dogmengeschichte als Geschichte der Auslegung der hl. Schrift" i.S. von G. Ebeling (dazu H. Conzelmann) intendiert C. Andresen in seinem 3bändigen „Hdb. der Dogmen- und Theologiegeschichte" (1980–84), Bd. I, S. XIII ff u. S. 1 ff, was freilich in den Beiträgen der 13 Mitarbeiter kaum zu eindeutigem Ausdruck kommt. Was diesem Konzept fehlt, ist vor allem der Einbezug der kirchlichen Traditionsgeschichte, wie sie z.B. das Werk von J. Pelikan, The Christian Tradition; A history of the Development of Doctrine (3 Bde. 1971 ff) an die Hand gibt.

[4] So ist z.B. die Freilegung eines von modern-theologischen Vorurteilen unabhängigen Gesamtbildes der sog. drei „katholischen Normen" (Amt, Schrift, Bekenntnis) im wesentlichen dem (leider unvollendeten) patristischen Spätwerk von H. v. Campenhausen zu verdanken (die Fragmente zur Bekenntnisfrage in dem Sammelband „Urchristliches und Altkirchliches", 1979). Daß das trinitarische Dogma nicht einfach die Ausgeburt einer revidierten spätorigenistischen Spekulation darstellt, vielmehr von einer umfassenden kirchlich-gottesdienstlichen Tradition getragen wird, haben H. Dörries, De Spiritu Sancto. Der Beitrag des Basilius zum Abschluß des trinitarischen Dogmas, (1956) und G. Kretschmar, Studien zur frühchristlichen Trinitätstheologie (1956) eindrucksvoll nachgewiesen. Auch A. Adam (Lehrbuch der Dogmengeschichte, hier Bd. I, [4]1981) und stärker noch W. Elert (Abendmahl und Kirchengemeinschaft in der Alten Kirche hauptsäch-

Eine spürbare Fehlanzeige betrifft dabei freilich nach wie vor die Frage der theologischen Sinngebung des dogmengeschichtlichen Ganzen, mithin das Problem der dogmengeschichtlichen Konzeption. Hier macht sich vor allem die zunehmende Spezialisierung der Forschung bemerkbar, die ein zusammenhängendes Konzept kaum noch zuläßt. Einen bevorzugten Gegenstand spezieller dogmengeschichtlicher Thematik bildet jedenfalls die altkirchliche Christologie. Und hier kehrt auch die Frage nach dem geschichtlichen *Längsschnitt* in die Dogmengeschichtschreibung zurück. So setzte der Erlanger Lutheraner Werner Elert in seiner tiefschichtig durchdachten „altkirchlichen Christologie" (posthum 1957) vom 7. Jahrhundert aus nahezu im Alleingang (d.h. noch ohne Kenntnis der neueren französischen Patristik) zum christologischen Rückwärtseinschnitt an, indem er vom antiken Begriff des „Apeiron" (Infinitum) ausgehend – die christologische „Entwicklung" seit dem 5. Jahrhundert als Anbruch einer grundlegenden *Enthellenisierung* des Christentums, d.h. konkret: als Wiederentdeckung des *„Christusbildes der Evangelien"* begreiflich zu machen suchte[5]. Damit war erstmals wieder ein biblisches Hauptmotiv als dogmengeschichtliches Leitmotiv erkannt. Inzwischen ist der Begriff des evangelischen „Christusbildes" und der „Enthellenisierung" auch katholischerseits weithin übernommen. Voran steht hier das (noch unabgeschlossene) Monumentalwerk von Alois Grillmeier (SJ) „Jesus der Christus im Glauben der Kirche" (Bd. I 1979, ²1981; Bd. II 1–2 1986 u. 1989; Bd. II 4 1990), das – auf breiter biblischer Grundlage ansetzend – mit seinem Fortgang vom sog. „Logos/Sarx-Schema" zum „Logos/Anthropos-Schema" ebenfalls entwicklungsgeschichtlich konzipiert ist[6].

Freilich ist es gerade der Gedanke kontinuierlicher „Entwicklung" – bei Elert konfessionell, bei Grillmeier teleologisch strukturiert – der zur weitergreifenden Fragestellung nötigt. Gewiß mag es dogmengeschichtliche Partien mit ausgesprochenem Entwicklungsgefälle geben, gleichwohl ist der Entwicklungsbegriff von Hause aus

---

lich des Ostens, ²1984) beziehen die Liturgiegeschichte in die Dogmengeschichte ein. Einen wertvollen subsidiären Beitrag bietet die Monographie von J. A. Jungmann (SJ), Die Stellung Christi im liturgischen Gebet (²1961).

[5] W. Elert, Der Ausgang der altkirchlichen Christologie; Eine Untersuchung über Theodor von Pharan und seine Zeit als Einführung in die alte Dogmengeschichte (posthum 1957), verlangt im Blick auf das „evangelische Christusbild" ausdrücklich eine „rückwärts gerichtete Diagnose" (S. 11). Von Elert ausgehend, jedoch mit ökumenistisch-systematischer Tendenz, ist die monumentale (leider nur maschinenschriftlich vorliegende) Dissertation von F. Hebart, Zur Struktur der altkirchlichen Christologie. Studien zur Vorgeschichte des Chalcedonense (2 Bde. 1973).

[6] Die entsprechenden Partien aus Grillmeier/Bacht, Das Konzil von Chalkedon (3 Bde. ²1962), hier Bd. I, S. 5–202 „Die theol. und sprachliche Vorbereitung der Formel von Chalkedon", hat Grillmeier (z.T. modifiziert) in „Jesus der Christus" (Bd. I) übernommen. Zu ergänzen ist Grillmeiers Aufsatzband „Mit ihm und in ihm; Christologische Forschungen und Perspektiven" (²1975). Eine m. E. nicht unbedenkliche Deviation bildet das auf Anregungen von K. Rahner beruhende dogmatische Riesenwerk „Mysterium Salutis" (7 Bde. 1965–76) mit seinem Versuch, die Seinsstrukturen der altkirchlichen Dogmas „heilsökonomisch", bzw. „soteriologisch" zu dynamisieren (vgl. auch B. Studer, Zur Soteriologie der Kirchenväter: Hdb. der Dogmengeschichte, hrg. von Schmaus, Scheffczyk und Grillmeier, Abt. III/2a, 1978, S. 55ff); s. hierzu meine Stellungnahme im Grundriß, Bd. ²I, S. 303ff.

kein Geschichtsbegriff, sondern ein Naturbegriff, d.h. ein solcher, der zur Erfassung eines geschichtlichen Gesamtsinnes im Grunde wenig geeignet ist[7]. Tatsächlich ist denn auch das Bewegungsgesetz der Dogmengeschichte etwas gänzlich anderes als dasjenige fortschreitender Evolution: Nicht die theologie- und geistesgeschichtliche „Entwicklung" führt zum Dogma, sondern die jeweils dogmatisch präzisierte (darum glaubensverbindliche) *Entscheidung*, Entscheidung nämlich zwischen „wahr" und „unwahr", „Lehre" und „Irrlehre", „Rechtgläubigkeit" und „Häresie", wie sie aus den ökumenischen Glaubenskrisen der Alten Kirche hervorgegangen ist[8].

Dem Entscheidungscharakter zugeordnet aber ist – jedenfalls auf altkirchlichem Boden – nur *ein* theologisches Gesamtmotiv, das alle sonstigen dogmengeschichtlichen Koeffizienten an Bedeutung weit überragt, das ist der biblische *Schöpfungsbegriff*, man könnte auch sagen: die schöpfungstheologische Basis des altkirchlichen Glaubens überhaupt. Hiervon ist im folgenden zu handeln. Freilich erlaubt es die thematische Begrenzung dieses Aufsatzes nicht, eine schöpfungstheologische Planskizze der altkirchlichen Epoche insgesamt vorzustellen. Statt dessen soll nur *ein* zugehöriger Bereich, nämlich das Verhältnis von Schöpfungstheologie und altkirchlicher Christologie im 5. Jahrhundert zur Diskussion gestellt werden.

Bekanntlich war schon der antignostische Kampf des 2. und 3. Jahrhunderts ein solcher um den Rang der alttestamentlichen Schöpfungsoffenbarung. Aber erst mit dem Ausgang des trinitarischen Ringens, d.h. mit dem – seit 381 erneuerten – Nicänischen Bekenntnis, war die schöpfungstheologische Grundlage des kirchlichen Glaubens voll verbürgt. Gegenüber dem arianisch/origenistischen Versuch, das Schöpfertum des präexistenten Gott-Logos in den kosmologischen Raum hinein zu erstrecken, behauptete sich die biblische Realität der göttlichen Transzendenz: Dem ποιητής-Sein Gottes des Vaters inhäriert im Nicaenum unmittelbar das οὐ ποιηθέντα des Sohnes. Eine Naturgeschichte des göttlichen Schöpfertums gibt es grundsätzlich nicht. Dies ist der trinitarische Kernverhalt. Allein das Nicaenum enthält nicht nur „theologische" Seinsaussagen („Gott von Gott ... wesenseins mit dem Vater" usw.), sondern zugleich auch „ökonomische" (d.h. christologische) Ereignisaussagen („menschgeworden ... gekreuzigt" usw.). Das heißt aber: In der Gestalt des „Deus incarnatus" sind „Creator" und „creatura" nicht mehr geschieden, sondern – wenn auch beide ganz ungleichgewichtig – in *einer* geschichtlichen Person vereint. Die Frage der Transzendenzgrenze verlagert

---

[7] Hierzu Th. Steinbüchel, Zerfall des christlichen Ethos im 19. Jahrhundert (posthum 1951), S. 8ff. Die Vorstellung eines dogmengeschichtlichen „Development" ist vor allem im anglikanischen Bereich zu Hause (s. dazu Andresen a.a.O. S. XIII, Anm. 2). Zur Sache vgl. E. Seeberg, Über Bewegungsgesetze der Welt- und Kirchengeschichte (SKG.G 4, 1924).

[8] Schon W. Schneemelcher (Das Problem der Dogmengeschichte, ZThK 48, 1951, S. 63ff, jetzt in: Ges. Aufs. 1974, S. 23ff) betrachtet die Dogmengeschichte als eine „Geschichte der Entscheidungen der Kirche" (S. 52). Dabei rangiert freilich, dem Barthschen Wort-Gottes-Ansatz zufolge, das „Daß" der Entscheidungen vor dem „Was". Demgegenüber kommt die „lehrbegriffliche" Auffassung Elerts nach dem Urteil von E. Wolf (Kerygma und Dogma, Festschr. K. Barth, 1956, S. 780ff) „dem katholischen Verständnis nahe" (S. 802). Das entspricht in der Tat dem dogmengeschichtlichen Selbstverständnis, während die Position der Dialektischen Theologie eine neo-protestantische Radikalisierung der Harnack'schen Dogmenkritik beinhaltet.

sich damit aus dem kosmologischen in den soteriologischen Bereich. Und hier erhebt sich das christologische Problem.

Wie verläuft dasselbe? Wenn man Elerts weiträumiger Konzeption folgt, so scheint sich der biblische Ansatz des 5. Jahrhunderts ausschließlich auf der cyrillisch/monophysitischen Seite zu befinden. Hier allein ist das neutestamentliche „Christusbild" dogmengeschichtlich eingebracht, d.h. es ist verstanden, daß Gott der Schöpfer nicht einfach seinshaft in sich und für sich existiert, sondern seinem schöpferischen Wesen gemäß stets energetisch tätig ist. Darum fällt auf monophysitischer Seite das ganze Gewicht auf das „Ereignis" der Inkarnation, überhaupt auf das irdische Schicksal Jesu im theopaschitischen Sinne. Demgegenüber verharren die antiochenischen Dyophysiten in leblosen wissenschaftlichen Seinsspekulationen, deren Obersatz durch das philosophische Inkapazitätsaxiom repräsentiert wird, ohne die gott/menschliche Identität Christi wirklich zu erreichen[9].

Diese kompakte dogmengeschichtliche Perspektive wirkt, zumal in ihrer wissenschaftlichen Begründung, auf Anhieb überzeugend. Und doch ist sie streng genommen nur zur Hälfte – nämlich in ihrer monophysitischen Hälfte – dogmengeschichtlich brauchbar. Tatsächlich steht Elerts christologisches Konzept (wenn auch e contrario) noch immer viel zu sehr im Schatten der Harnack'schen Unterscheidung von Glaube und Spekulation, als daß sich der gesamtbiblische Skopus der christologischen Frage wirklich durchsetzen könnte. Schon die Tatsache, daß bei diesem Verfahren die (im Grunde ganz unspekulative) Zweinaturenlehre des Abendlandes wie ein unerwünschter dyophysitischer Störfaktor behandelt werden muß, sollte hier zu denken geben[10]. In Wahrheit liegt dem christologischen Kampf des 5. Jahrhunderts nicht in erster Linie der formale Dualismus von biblischer und spekulativer Christologie zugrunde, sondern das – abermals schöpfungstheologische – Spannungsfeld von Protologie und Eschatologie, d.h. eine dogmengeschichtliche Struktur, die *beiderseits* auf biblischen Voraussetzungen beruht. Hierzu die folgende patristische Zusammenstellung.

---

[9] Elert (a.a.O. S. 37ff u.ö.) stellt das Inkapazitätsaxiom der Antiochener (Finitum non capax infiniti) und die cyrillische Christologie einander geradezu wie Calvinismus und Luthertum gegenüber (Zwar wird das „Finitum capax infiniti" expressis verbis nicht zitiert, doch vgl. man z.B. S. 59ff zu Philoxenus von Mabbug). Hiergegen ist einzuwenden: 1. Faktisch kennt auch Cyrill keine wirkliche „Kenosis" (Kenosis ist Henosis). 2. Die kosmische Weltherrschaft des Logos bleibt in der ganzen Alten Kirche durch die Inkarnation uneingeschränkt (vgl. schon Origenes, Princ. IV, 4,3f und meine Belege, Grundriß II/1, S. 14, Anm. 24; S. 30, Anm. 56; S. 37, Anm. 69). 3. Die antiochenische Theologie (mithin auch der Gebrauch des Inkapazitätsaxioms) ist wesentlich heilsgeschichtlich, bzw. schöpfungstheologisch grundiert (vgl. Grundriß II/1, S. 26ff). Zur Frage des Finitum/Infinitum s. H. Heimsoeth, Die sechs großen Themen der abendländischen Metaphysik (⁵1965), S. 61ff, sowie die Anregungen von E. Metzke, Coincidentia Oppositorum (hrg. v. K. Gründer, 1961).

[10] Vgl. Elert a.a.O. S. 114 u. 152: „Tatsächlich richtet sich der leidenschaftliche Widerspruch der Monophysiten jedoch gar nicht in erster Linie gegen die Formel von Chalkedon, sondern gegen den Tomus Leonis ... und in diesem wieder gegen den Satz: „agit utraque forma cum alterius communione quod proprium est". In ähnlicher Weise sieht sich Hebart (a.a.O. Bd. II, S. 652ff), der „Chalcedon" als neo-antiochenisch/neo-cyrillischen Ausgleich interpretiert, gezwungen, die dyophysitische Position des Tomus Leonis als „offene Frage des Chalcedonense" zu extrapolieren.

II Der patristische Befund

1. Der schöpfungstheologische Hintergrund des antiochenisch/alexandrinischen Gegensatzes

Einzusetzen ist mit Apollinaris von Laodicea, der als Protagonist des nicänischen Glaubens zugleich zum ersten spezifisch „christologischen" Häretiker wurde: ὦ καινὴ κτίσις sagt Apollinaris mit II Kor 5,17 von Christus: „O neue Kreatur und gottheitliche Mischung (μίξις); Gott und Mensch (σάρξ) sind zu *einer* Natur geworden" (Lietzmann Frgm. 10, ardua lectio). In der Tat ist für Apollinaris in Christus wirklich der „zweite Adam", d. h. der „himmlische Mensch" von I Kor 15, 45 ff (De un. 2; Frgm. 25 ff vgl. 106), mithin der personale Archetyp der „neuen Schöpfung" vorhanden, sofern Gottes Gottheit in eben dieser Gestalt heilsmächtig anschaulich geworden ist[11]. Das Fascinosum dieses Christusbildes ist zweifellos seine biblische Eschatologizität. Tatsächlich liegt in der unmittelbar, d. h. „physisch" geschlossenen gott/menschlichen Personeinheit Jesu eine der bedeutendsten dogmengeschichtlichen Entdeckungen: „Creator" und „creatura" sind hier keine übliche Duplizität mehr, sondern eine einzige zäsurlose Einheit[12]. Zwar hat Apollinaris die Menschseite Jesu durch die anthropologische Engführung seiner Christologie ungebührlich verkürzt, allein auch das zweinaturig angehöhte (ebenfalls monophysitische) Christusbild Cyrills verbleibt mit seiner physisch/hypostatischen Ambivalenz grundsätzlich innerhalb der von Apollinaris (für Cyrill „Athanasius") ausgegangenen Voraussetzungen.

Aber kann man hier – wenn auch im eschatologischen Sinn – wirklich von „Schöpfungstheologie" sprechen? Sieht man genauer hin – und die Gegner sahen genauer hin – so enthält das scheinbar rein biblische Christusbild der Monophysiten eine doppelte Unschärfe, ohne die es weder bestehen noch beeindrucken könnte. Denn zwar ist der einnaturige (bzw. gottnaturige) Christus „theologisch" gesehen „ganzer Gott",

---

[11] Die Frage, ob und wieweit Gottes Gottheit in der Gestalt Jesu und durch sie „anschaulich" geworden ist, berührt für die Alte Kirche des Ostens unmittelbar die Soteriologie (vgl. Grundriß II/1, S. 14f, Anm. 26; 20f; 34; 42, Anm. 79; 62; 67, Anm. 119; 76 u. 99). Schon Irenäus (Adv. haer. IV, 20, 4 ff) befaßt sich (unter johanneischem Einfluß) ausführlich damit, und noch Cyrill (Quod unus sit Christus) läßt die Gottheit mit dem Menschsein Jesu lediglich „bekleidet" sein (s. dazu Grillmeier, Register Bd. I, S. 824, „Bekleide-Schema"). Das Problem des „Gottschauens" (s. dazu Grundriß Bd. ²I, S. 121f und die Probleme von Röm 1,20) wird im Neuen Testament freilich von der Glaubensfrage aufgefangen (vgl. dazu Joh 1,14/I Joh 1, 1/II Petr 1,16; Joh 1,35 ff; 12,21; 20,18/I Kor 9,1; Joh 20,20 u. 29/I Petr 1,8, aber auch Perspektiven wie Jes 6, 1 ff/Luk 5,8 usw.). Zu Matth 5, 8 s. meinen Aufsatz, Zur Geschichte der Bergpredigt in der Alten Kirche (ZThK 74, 1977, S. 291 ff, hier S. 301 ff).

[12] In der zäsurlosen gott/menschlichen Einheit liegt das Hauptanliegen (aber auch das Hauptproblem) der apollinaristischen Christologie. Hierin unterscheidet sich der Monophysitismus auch von der Idiopoiesis-Vorstellung des Athanasius (s. dazu Grundriß II/1, S. 12ff mit Anm. 24; S. 73, Anm. 131, auch S. 66, Anm. 114; zu Cyrill Elert a. a. O. S. 89ff). Um dieser Einheit willen lehrte Apollinaris zu I Kor 15, 45 ff (vgl. Seeberg, Lehrb. d. Dogmengesch. Bd. II, S. 180) geradezu eine virtuelle Präexistenz des Menschseins Jesu, was von der Ketzerpolemik als reale Präexistenz hingestellt wurde.

indessen unter den irdischen Bedingungen des Geborenwerdens, Leidens und Sterbens jedenfalls nicht mehr eindeutig „Creator" im schöpfungstheologischen Sinn. Umgekehrt ist derselbe Christus „anthropologisch" gesehen zweifelsohne „ganzer Mensch", freilich als solcher wiederum nicht mehr eindeutig „creatura"; denn das Subjekt *dieses* Menschseins kann unter monophysitischen Voraussetzungen nur das Ich der Gottheit sein. Damit aber beginnen sich die schöpfungstheologischen Konturen der Christologie erlösungsideologisch zu verfärben; das neuschöpferische göttliche Heilsereignis verwandelt sich unter der Hand in ein gott/menschliches Naturereignis[13].

Von daher wird der antiochenisch/alexandrinische Gegensatz in seiner Grundsätzlichkeit verstehbar. Gewiß, auch die Antiochener sind insofern „ostkirchliche" Christologen, als sie das Menschsein Jesu – wenn auch nur indirekt – von der Herrlichkeit der Logosgottheit erfüllt und durchleuchtet finden; allein ein biblischer Gott unter kreatürlichen Existenzbedingungen ist ihnen schlechterdings ein blasphemisches Unding. „Numquid una natura ... factoris et facturae?" fragt Theodor von Mopsuestia (Adv. Apoll. I,2). Und Nestorius sekundiert ihm: „Verbum enim Deus temporum est opifex non in tempore fabricatus" (Schwartz, ACO I, 5, 1, p. 38). Die These, daß Gott seiner Gottheit nach nicht irdisch geboren werden kann, zieht sich durch den ganzen Theotokosstreit. Statt dessen stellen die Antiochener das eschatologische Einssein der Person Jesu, das auch sie nicht leugnen, unter den protologischen Vorbehalt einer substantiellen Unterscheidung von Gott und Mensch, d.h. sie unterlegen die gott/menschliche Christuseinheit durch die Vorstellung *zweier* in sich eigenständiger „Naturen" (bzw. Natur-Hypostasen), so daß ein gleichsam doppelt etagiertes Christusbild entsteht: Seiner Person nach ist Christus Einer, der aber wesenhaft *in* (nicht „aus") zwei Naturen besteht[14]. Beiden christologischen Parteien gemeinsam ist also das eschatologische Christusbild, nur daß die Antiochener – theologisch reflektierter als das monophysitische Heilsverlangen – die Unterscheidung zwischen „Creator" und „creatura" markieren, während die Alexandriner diese zu dissimulieren suchen.

2. Der schöpfungstheologische Hintergrund des Tomus Leonis

So viel zum alexandrinisch/antiochenischen Gegensatz. Etwas ganz anderes ist demgegenüber die neuerdings auffällig ins Abseits geratene christologische Position des

---

[13] Wenn Cyrill (Quod unus sit Christus, MPG 75, Sp. 1325 D) dem inkarnierten Logos-Sohn das irdische Leiden an „seinem" Fleisch zwar zuspricht, dagegen den Ausruf der Derelictio (Ps 22, 1/Matth 27, 46) in einem gleichsam stellvertretend ausgestoßenen Schrei der allgemeinen Menschheit uminterpretiert (s. dazu Elert a.a.O. S. 95f), so zeigt die Passage, daß das Leiden Christi im Zusammenschluß mit der (leidenslosen) Gottnatur letztlich doch ein uneigentliches bleibt. Zur Frage des „wahren Menschseins" Christi bei Cyrill s. die Auseinandersetzung von W. Pannenberg (Grundzüge der Christologie, ⁶1982, S. 298) gegen Elert.

[14] Vgl. hierzu den vorzüglichen Aufsatz von L. Abramowski, Zur Theologie Theodors von Mopsuestia (ZKG 1961, S. 261 ff) sowie dieselbe, ΣΥΝΑΦΕΙΑ und ʼΑΣΥΓΧΥΤΟΣ ἙΝΩΣΙΣ als Bezeichnung für trinitarische und christologische Einheit (in: Drei christologische Untersuchungen, BZNW 45, 1982, S. 63 ff).

Abendlandes, wie sie durch den berühmten „Tomus" (Epist. 28) Papst Leos d. Gr. von 449 repräsentiert wird[15]. Tatsächlich ist das päpstliche Schreiben eines der wichtigsten dogmengeschichtlichen Dokumente überhaupt. Die bedrohliche ökumenische Situation des „eutychianischen Streites" (ab 448) ist einschlägig bekannt. Unter diesen Umständen hätte man seitens des Papstes vielleicht eine ähnlich zurückhaltende Stellungnahme erwarten können, wie sie Leo i. J. 458 zur Zeit des Timotheus Ailurus und seiner monophysitischen Machenschaften in seinem „Tomus II" an Kaiser Leo I abgegeben hat. Allein das Gegenteil ist der Fall: Der christologische Lehrbrief von 449 beansprucht nicht nur, die christologische Frage ohne jeden weiteren Konzilskonsens, d. h. allein auf Grund der päpstlichen Autorität des „Vicarius Petri" zu entscheiden, sondern die römische Stellungnahme (vorgeprägt durch Tertullian, bes. Adv. Prax. 27, ausgearbeitet wahrscheinlich durch Prosper von Aquitanien, Gennadius, De vir. ill. 84) ist im Blick auf den christlichen Osten derart unangepaßt, daß man sie geradezu als dogmatische Provokation bezeichnen könnte[16]. Denn zwar vertritt der Papst eingangs, wie alle kirchlichen Christologen, die volle und untrennbare Personeinheit Christi, allein zugleich behandelt er das binnenchristologische Verhältnis der beiden „Naturen" derart disjunktiv, daß dieselben faktisch wie zwei selbständige Subjekte – doppelten Wesens, doppelten Willens und doppelter Energie – zu stehen kommen. Mit einem Wort: Nicht die gott/menschliche Zweiheit ist Einheit, sondern die Einheit ist Zweiheit. Wer es fassen kann, der fasse es[17].

Wie kam der Papst zu einer derart exorbitanten Position? Um diese Frage zu beantworten, muß man über die spezifisch dogmatischen Formulierungen des Tomus Leonis hinausblicken und das leonische Christusbild als ganzes ins Auge fassen. Dabei aber tritt eine höchst unvermutete Christusgestalt aus den dogmengeschichtlichen Kulissen hervor. Erstaunlich ist vorab schon der Ansatzpunkt des Papstes: Wie die antiochenische Christologie, so steht auch die römische eindeutig unter protologischem, d. h. schöpfungstheologischem Vorzeichen. Aber was bei den Antiochenern lediglich als „protologischer Vorbehalt" erscheint, das erhebt sich bei Leo zum schöpfungstheologischen *Prinzip* dergestalt, daß die dyophysitische Unterscheidung zwischen Gott

---

[15] Textnachweis: Schwartz ACO Tom. II, Vol. II/1 p. 24ss. (lateinische Fassung); Tom. II, Vol I/1 p. 10ss. (griech. Übersetzung). Zum Inhalt, s. E. Caspar, Geschichte des Papsttums Bd. I (1930), S. 478ff; ausführliche Besprechung bei Grillmeier, Jesus der Christus, Bd. I, S. 734ff; vgl. dazu auch die umfangreiche Dissertation von H. Arens, Die christologische Sprache Leos d. Gr. (1982).

[16] Leo hat seine christologische Stellungnahme von vornherein unter das Petrusbekenntnis von Matth 16, 17f gestellt (s. dazu Harnack, DG II, S. 379, Anm. 2, und Caspar a. a. O. S. 427ff, dazu auch Harnack, Christus praesens/Vicarius Christi, SBAW. PPH 1927, S. 415ff, hier bes. S. 430ff). Zwischen Petrus und dem Papst besteht – man vgl. Leo, Sermo 63, 1 – ein analoges „consortium" wie zwischen den beiden Naturen Christi.

[17] Dem „agit utraque forma cum alterius communione quod proprium est ..." des Tomus Leonis (Epist. 28, 4) entsprechen bei Leo auch andere Zeugnisse zur distinkten christologischen Zweinaturigkeit, vgl. z. B. Sermo 62, 1: „Sed multum nos ad intellectum juvat quod licet aliud sit Creator, aliud creatura ... in unam tamen personam concurrit proprietas utriusque ... substantiae". Sermo 63, 1 bezeichnet das „concurrere" als „consortium" (s. o.) Sermo 63, 2 als „connexio".

und Mensch von vornherein unter das Apriori der nicänischen (d.h. gott/göttlichen) Homousie gestellt wird. Christus ist also einerseits wirklich der „Schöpfer aller Dinge" (Creator omnium rerum) in untrennbarer Wesenseinheit mit dem Vater. Daraus folgt aber zugleich andererseits: „Der den Menschen erschuf, ist selbst Mensch (d.h. Geschöpf) geworden" (qui fecit hominem factus est homo, Epist. 28,3; so fast wörtlich noch bei Luther). Die beiden Naturen stehen sich also von vornherein nicht einfach als „Gott und Mensch", sondern als „Creator" und „creatura" gegenüber, wobei die kreatürliche „Arteigenheit" (proprietas ... generis) des Menschseins, wie ausdrücklich erklärt wird, auch unter den Bedingungen der „neuen Schöpfung" (per novitatem creationis) grundsätzlich unaufhebbar bleibt (Epist. 28,2)[18].

Damit ist die Naturenzweiheit schöpfungstheologisch von vornherein festgeschrieben. Wie aber kann unter diesen Umständen die Personeinheit Christi überhaupt glaubhaft gemacht werden? Sie kann es sicher nicht auf spekulativem Wege. Sie erhebt sich aber sofort, sobald man die typisch ostkirchliche Frage nach dem gott/menschlichen *Verhältnis* in Christo durch das abendländische Grundproblem des göttlichen und menschlichen *Verhaltens* ergänzt und vertieft, d.h. sobald man das „distincte agere" (Tertullian, Adv. Prax. 27) der beiden christologischen Naturheiten, welches sich der Tomus Leonis zu eigen macht, als einen einzigen göttlichen und menschlichen Impuls begreiflich machen kann, in welchem Wesen und Sinn der Person Jesu beschlossen liegen. Dasjenige Verhalten aber, welches Schöpfer und Geschöpf in dieser Weise christologisch zusammenschließt, kann gerade auf abendländischem Boden nicht hoch genug eingeschätzt werden. Es ist nicht, wie der griechische Christologe erwarten würde, die Erhebung des Menschseins Jesu in die Sphäre der göttlichen Doxa, sondern gerade umgekehrt die gottheitliche Erniedrigung (exinanitio, inclinatio) in die Elendsgestalt der menschlichen Humilität um der göttlichen miseratio willen, d.h. aber in eine Existenzform, die dem Creator-Sein des Schöpfers (s.o.) diametral widerspricht. Nicht die Gottheit in anthropologischer Kenntlichkeit – so der Osten – sondern das Menschsein Jesu bis hin zur göttlichen Unkenntlichkeit bildet die biblische Copula, welche beide Seiten der Personeinheit Christi zusammenschließt[19].

---

[18] Auch Athanasius spricht in „De incarnatione Verbi" selbstverständlich schöpfungstheologisch, aber Schöpfer und Geschöpf sind bei dem Alexandriner angesichts der Imago Dei (Gen 1,26f) von vornherein fast sympathetisch aufeinander bezogen: Der Logos steht uns schöpfungstheologisch nahe (c. 8), Gott muß die gefallene Kreatur retten um der Schöpfung, bzw. um seiner Gottheit willen (c. 7 u. 14); die Gemeinschaft von Gott und Mensch durfte nicht verloren gehen (c. 13). Vgl. dazu die Unterscheidung von R. Seeberg (DG Bd. II, S. 436): „Athanasius hat christozentrisch, Augustin hat theozentrisch gedacht, für jenen war Gott Christus, für diesen Christus Gott, dort ist das Heil Christi Werk, hier ist der Mensch Jesus Mittler des Heils" (vgl. auch S. 250 u. 427).

[19] Die Zeugnisse zur humilitas Christi bei Leo (im Tomus 28 dreimal, jeweils im Zusammenhang der Assumptio hominis) sind nicht selten, vgl. z.B. Sermo 74,1: „Sacramentum ... salutis nostrae ... a die corporalis ortus ad exitum passionis per dispensationem humilitatis impletum est. Et licet multa etiam in forma servi divinitatis signa radiaverunt, proprie tamen illius temporis actio ad demonstrandam suscepti hominis pertinuit veritatem". Zum abendländischen Demutsbegriff (Demut als Gehorsam, Unterwerfung) s. Seeberg DG Bd. II, S. 370ff; darüber hinaus vgl. A. Dihle, Art. „Demut" in RAC III, Sp. 735ff.

Damit aber wird zugleich auch klar, warum „Creator" und „creatura" in Christus so unvereinbar sind. Gewiß, die menschliche Natur kann in die Würde und Hoheit der Gottheit aufgenommen werden – auch Leo spricht gelegentlich davon (z. B. Sermo 63, 1) –, allein die Hoheit des Schöpfers kann sich um ihrer selbst willen der kreatürlichen Niedrigkeit niemals unmittelbar, vielmehr allein mittelbar, d. h. nur unter Hinzunahme der kreatürlichen Demutsgestalt des „homo Christus" als des „mediator Dei et hominum" mitteilen, wie es der seit Irenäus feststehende abendländisch-christologische ‚locus classicus' von I Tim 2, 5 formuliert. Jede Überschreitung der innerchristologischen Transzendenzgrenze würde das Faktum der göttlichen Entäußerung um die Humilität und damit um sich selbst bringen[20].

So viel zum Ansatz der leonischen Christologie. Daraus folgt aber (christologisch eingeschlossen) ein Doppeltes: einmal dies, daß auch das Heils*werk* Christi allein an seiner menschlichen Niedrigkeit abgelesen und nach ihr bemessen werden kann. In der Tat liegt die Heilsbeschaffung für Leo nicht in erster Linie beim Vorgang der göttlichen Inkarnation, sondern vielmehr auf dem tiefsten Punkt der menschlichen Verdemütigung Jesu, d. h. bei dem ganz und gar irdischen Vorgang des *passionalen* Leidens, insbesondere aber des zur Sündenvergebung vergossenen „kostbaren Blutes" (sanguis redemptionis Epist. 28, 5 f / I Petr 1, 19), durch das der „Hirt" seiner Herde zum Opferlamm wurde[21]. Zugleich ist damit aber auch die Heils*wirkung* der Humilitas Christi im Blick auf die Versöhnten präjudiziert, d. h. sie gewinnt ihre kirchlich-konkrete Gestalt in der humilitären *Imitatio* des „Vorbildes" (exemplum) Christi (Leo versteht dieselbe schon weitgehend asketisch), dessen Bild man, wie Leo in Sermo 70, 1 formuliert, unter dem Hören der Passionsgeschichte förmlich visuell vor Augen haben soll. Humilitas Christi und Imitatio Jesu gehören also christologisch zusammen, wie es der Tomus Leonis abschließend mit Nachdruck hervorhebt[22].

Mit alledem schürzt sich das dogmengeschichtliche Problem: Wenn man der monophysitischen Christologie des Ostens die dogmatische Entdeckung des eschatologi-

---

[20] Vgl. dazu Leo Epist. 28, 4: „ ... ut nullum est in hac unitate mendacium, dum in invicem (griech. μετ' ἀλλήλων) sunt et humilitas hominis et altitudo divinitatis. Sicut enim Deus non mutatur miseratione, ita homo non consumitur dignitate (p. 28, 10 ss). Es folgt das berühmte „agit utraque forma ...", vgl. ähnlich Sermo 63, 1 und Epist. 28, 3: „Inclinatio fuit miserationis non defectio potestatis (p. 27, 14). Zu I Tim 2, 5 s. Grundriß II/1, S. 96, Anm. 168.

[21] Jesaja 53 (s. dazu u.) wird im Tomus Leonis nicht zitiert (nur Sermo 63, 4 erwähnt Jes 53, 5). Statt dessen zitiert Leo in Sermo 65, 3 die Stelle Jes 50, 6: „Ich bot meinen Rücken denen, die mich schlugen ..." (vgl. schon Barn. 5, 14 und Justin, Apol I, 38, 2 f, hier mit Ps 22 zusammen). Vom vergossenen Blut Christi um der Sünde willen spricht Leo mehrfach: Sermo 37, 3; 62, 3; 64, 3; 67, 1 u. 3; 70, 1; 74, 1. Der Tomus Leonis zitiert dafür I Petr 1, 19 (28, 5).

[22] Epist. 28, 6: „ ... et bonus pastor ... qui venit animas hominum salvare non perdere, imitatores nos suae vult esse pietatis (pietas = forma servilis/humilitas), ut peccantes quidem justitia coerceat, conversos autem misericordia non repellat" (p. 32, 21 ss/33, 1), vgl. ähnlich Sermo 37, 3 (MPL 54, Sp. 258). Die zitierte Stelle erinnert im Zusammenhang nachdrücklich an das Argument des von Tertullian (De pud. 2, 1 f vgl. 1, 6) bekämpften (römischen?) Bischofs, dessen Aussage ich in THZ 19, 1964, S. 119 ff sowie KuD 17, 1972, S. 48 f (vgl. ZThK 74, 1977, S. 320, Anm. 6) dem griechischen Ideal der „Gottverähnlichung" zugewiesen habe. Näher liegt indessen angesichts der biblischen Begründung (vgl. I Clem 13, 2 u. Pol. ad Phil. 3, 2) die Imitatio Christi.

schen Christusbildes zugesteht, so befindet sich die abendländische Zwei-Naturenlehre (die antiochenische Christologie steht im Grunde zwischen den Fronten) im polaren Gegenüber dazu; d.h. mit dem Tomus Leonis erhebt sich eine eindeutig protologische Christusauffassung, mithin eine solche, welche die Bedingungen der „ersten Schöpfung" als Voraussetzung aller Christusaussagen bestimmt. Es liegt überhaupt etwas primär Alttestamentliches über der abendländischen Theologie. Von daher ist zu fragen, ob das hier auftretende komplexe Christusbild lediglich ein dogmengeschichtliches Gebilde des 5. Jahrhunderts darstellt oder auf ältere, womöglich urchristliche Herkunft zurückweist. Der traditionsgeschichtliche Befund ist in diesem Fall ebenso eindeutig wie überraschend:

3. Die traditionsgeschichtliche Legitimation des Tomus Leonis

(1) Auszugehen ist vom I. Petrusbrief. Bekanntlich ist dieser Brief (wenn man von Phil absieht) das einzige nachweislich abendländische Dokument des Neuen Testaments, zugleich auch das einzige neutestamentliche Schriftstück, welches Gott ausdrücklich als „Schöpfer" (κτιστής) betitelt (I Petr 4,19; im NT Hapaxlegomenon). Das Überraschende ist nun, daß der christologische Kernbestand des Schreibens, nämlich die von Bultmann aufgewiesenen „Bekenntnis- und Liedfragmente" (I Petr 1,18–20 vgl 1,2; I Petr 2,21–24 vgl. 2,20 u. 3,8f; I Petr 3,18–22), genau den gleichen christologischen Grundriß erkennen läßt, der auch dem Tomus Leonis zugrundeliegt, nämlich a) die wesentlich passionale Auffassung der „humilitas Christi", „der nicht schalt, da er gescholten ward, nicht drohte, da er litt", sondern das Gericht Gott anheimstellte (I Petr 2,23f vgl Röm 12,14ff u. 14,4ff), und zwar unter ausdrücklicher Zitation von Jes 53 (I Petr 2,22f u. 24f; neben Matth 8,17, Apg 8,32f und Röm 4,25 im Neuen Testament bekanntlich singulär), b) der Hinweis auf das „kostbare Blut" Christi als eines unschuldigen (Opfer-)Lammes, der „für uns alle" litt, indem er „unsere Sünden ἐν τῷ σώματι αὐτοῦ hinauftrug an das Holz" (I Petr 1,2/1, 19 u. 2,21 mit V24; hier das atl ξύλον wie in Gal 3,13 statt des paulinischen σταυρός, vgl. ebenso Leo, Epist. 28,4: ligno pendere), also der Inbegriff der urchristlichen Sühnetheologie, c) der in das Passionskerygma unmittelbar einbezogene Aufruf zur „Nachahmung" des „Vorbildes" Christi (I Petr 2,21) in Demut und Unterordnung, der den ganzen Brief durchzieht (vgl. z.B. I Petr 2,13ff u. 5,5f) und in den Anschlußstellen (I Petr 2,20 u. 3,8f) deutlich durch synoptische Herrenworte (Matth 5,10/ 5,44/7,1f, vgl. Röm 12,14ff) unterlegt ist. Es kann kaum zweifelhaft sein, daß der Verfasser des I Petr – wer immer es war – diese ganze Überlieferung für „apostolisch", d.h. aber in diesem Fall für „petrinisch" hielt[23].

---

[23] Die zahllosen Probleme des I Petr können hier nicht ausgebreitet werden (s. dazu die Kommentare von Goppelt 1978 und Brox 1979). Zur Überlieferungsfrage R. Bultmann, Bekenntnis- und Liedfragmente im I Petrusbrief (in: Exegetica, hrg. von E. Dinkler, 1967, S. 285ff), dazu auch J. Jeremias in ThWNT Bd. V, S. 705 u. 708f. Die durch das atl ξύλον und das vergossene Blut Christi gezeichnete Redemptionslehre des I Petr hat bemerkenswerte Parallelen in Melitos Passa-

(2) Schon die wenigen am I Petr aufgewiesenen Indizien (Schöpfungstheologie, Sühn- und Blutopfer Christi, Humilitas-Christologie nach Jes 53) weisen auf archaische Herkunft. Mit der Beziehung von „Leib" (σῶμα) und „Blut" (αἷμα) Christi auf den Zuspruch des „für euch" (ὑπὲρ ὑμῶν I Petr 1, 2/1, 19; 2, 21 u. 24) bilden die Fragmente des I Petr das wahrscheinlich älteste Testimonium der neutestamentlichen Abendmahlsworte (Mk 14, 24/I Kor 11, 23), während der Gebrauch von Jes 53 auf das Urkerygma von I Kor 15, 3 ff zurückweisen könnte. Mit alledem zeigt sich, daß diese Christologie zwar paulusnahe, gleichwohl nicht paulusabhängig ist (näher liegt vielmehr das Umgekehrte). Was dem I Petr fehlt, ist nicht nur die paulinische Form der Kreuzestheologie, sondern auch die gesamte Thematik von „Gesetz und Evangelium" einschl. der paulinischen Glaubensgerechtigkeit. Umgekehrt fehlt bei Paulus (abgesehen von den urchristlichen Traditionsstücken) die gesamte synoptisch-passionale Nuance des I Petr[24]. Das alles spricht schon für sich. Den stringenten Beweis für die urchristlich-apostolische Herkunft der vom I Petr vertretenen Humilitas-Christologie erbringt aber erst der römische Clemensbrief (um 96/97), der – ohne vom I Petr literarisch abhängig zu sein und doch in größter Nähe dazu – in Kap. 7 ff genau die gleiche Christologie vertritt wie jener[25]. Bekanntlich ist der I Clem. *das* Schulbeispiel altabendländischer Schöpfungstheologie schlechthin. In diesen (vorchristlichen) Rahmen eingelassen ist das römische Christuskerygma, nämlich a) die abermals passionale Auffassung des Leidens Christi (und seiner Nachfolger), d.h. die παθήματα αὐτοῦ, die man visuell „vor Augen" haben, bzw. „anschauen" soll (s. o. Leo, Sermo 70, 1), wie man seine λόγοι im Herzen trägt (2, 1 vgl. 13, 2), b) das um unseres Heiles willen ver-

homilie (vgl. Grundriß II/1, S. 102, Anm. 178) und wird hier, wie in Röm 3, 25/4, 25 mit Jes 53 verbunden (s. dazu u. Anm. 26). Zur Ergänzung vgl. E. Fascher, Jesaja 53 in christlicher und jüdischer Sicht (1958) sowie D.D. Bundy, Isaiah 53 in East and West (in: Typus. Symbol und Allegorie bei den östlichen Vätern und ihre Parallelen im Mittelalter, 1982, S. 54 ff; Weiteres im Grundriß).

[24] Zu beachten ist, daß die synoptischen „Herrenworte" den paulinischen Gemeinden ursprünglich offenbar weitgehend unbekannt waren (s. dazu H. v. Campenhausen, Die Entstehung der christlichen Bibel, 1968, S. 130 f), während sie den der petrinisch-apostolischen Verkündigung zugehörigen Gemeinden (auswendig) geläufig waren (vgl. I Clem. 2, 1 mit dem μεμνημένοι bzw. μνημονεύοντες von I Clem. 13, 2/46, 7 und Pol. ad Phil. 2, 3). Auch die Herrenwort-Exegesen des Papias von Hierapolis (Euseb, h. e. III, 39, 3 ff) gehören in diesen Zusammenhang. Über die Christologie der „Fragmenta Q" (hrg. von A. Polag, 1979) sind die Meinungen bekanntlich geteilt (s. Grillmeier, Jesus der Christus, Bd. I, S. 25 ff). Zur jüdischen Herkunft des christlichen Nachahmungs/Nachfolgeschemas s. die Abhandlung von H. Crouzel, L'imitation et la ‚suite' de Dieu et du Christ dans les premiers siècles chrétiens ainsi que leur sources gréco-romaines et hébraiques (JAC 20, 1978, S. 7 ff).

[25] Die verbalen und inhaltlichen Übereinstimmungen zwischen I Petr und I Clem. gehen erheblich weiter, als der kurze Überblick von Goppelt (Der I Petrusbrief, 1978, S. 52 f) an die Hand gibt. So wird z.B. bisher gänzlich übersehen, daß die beiden LXX-Gottestitel des ἐπίσκοπος (I Petr 2, 25) und des κτιστής (I Petr 4, 19) – beide Hapaxlegomena im NT – im großen römischen Kirchengebet (I Clem. 59, 3) nebeneinander stehen. Zur πειρασμός- und δόκιμος-Überlieferung von I Petr 1, 6 f (vgl. I Clem. 47, 4) wäre die ganze, bei Tertullian (De praescr. 1 ff) versammelte „Probati"-Überlieferung heranzuziehen (s. meine Monographie, Clemens Romanus und der Frühkatholizismus, 1966, S. 92 ff).

gossene „kostbare Blut" Christi (I Clem. 7,4 wörtlich wie I Petr 1,19; vgl. I Clem. 12,7; 21,6 u. 49,6); dazu wird Jes 53 in I Clem. 16 vollständig zitiert, c) der pauschale Aufruf zur „Nachahmung" des „Beispiels" Christi in Demut und Unterordnung (vgl. I Clem. 17,1), welcher auch hier den ganzen Brief durchzieht. Bekanntlich hat der Verfasser des Clemensbriefes sein Schreiben nicht einfach ad hoc entworfen, sondern auf Grund älterer homiletischer und liturgischer Überlieferungen zusammengestellt. Dabei erscheint Petrus – mit den πόνοι von Jes 53,4 beladen – in Kap. 5,4 (vgl. 42,1f u. 44,1) an der Spitze der (römischen) Apostel. Es kann demnach kein Zweifel sein, daß auch der Verfasser des I Clem. die von ihm vertretene Christologie – wie derjenige des I Petr – für petrinisch-apostolisch gehalten hat[26].

(3) Über die beiden urchristlichen Zeugnisse (I Petr/I Clem.) hinaus läßt sich die altabendländische Humilitas-Christologie sodann ohne Schwierigkeit bis ins 5. Jahrhundert verfolgen: a) Einen wichtigen Übergang zwischen der urchristlichen und der altkatholischen Epoche bildet der römische Canon Muratori (um 200), der die Argumente zu den vier Evangelien mit einem Auszug der „Regula veritatis" beschließt (Z. 18ff), welcher (ähnlich wie Irenäus, Adv. haer. I, 10,1) mit dem Hinweis auf die doppelte Parusie verbunden ist. Wörtlich: „primo in humilitate dispectus, quod foit (sic!) secundum in potestate regali quod futurum est" (Z. 24ff – „dispectus" nach Jes 53,3)[27]. Hinzuzunehmen ist b) das auf älteste abendländische Tradition zurückgehende liturgische Stück des „TeDeum" (4. Jahrhundert), dessen schöpfungstheologische Grundierung wiederum unverkennbar ist[28]. Der in seinem zweiten Teil auf die christologische Auslegung von Ps 24 gestellte Text verbindet die humilitäre Erniedrigung des Gottessohnes („non horruisti virginis uterum") im dritten Teil abermals mit der redemptorischen Auffassung des „kostbaren Blutes" Jesu („quos pretioso sanguine

---

[26] In diesem Zusammenhang ist auf die bemerkenswerten Affinitäten zwischen I Petr (vgl. I Clem.) und dem Sondergut des paulinischen Römerbriefes hinzuweisen (s. schon meinen Clemens Romanus, S. 349f). Sie lassen darauf schließen, daß Paulus es für geboten hielt, dieser nichtpaulinischen Gemeinde (ihr Antlitz zeigt der I Clem.) theologisch entgegenzukommen. Vgl. hierzu Röm 1,3f mit I Petr 3,18b; Röm 3,25/5,9 mit I Petr 1,2/1,19; Röm 4,25 (Jes 53) mit I Petr 2,21ff; Röm 12,16ff mit I Petr 3,8f; Röm 13,1ff mit I Petr 2,13ff (dazu Acta Scilitan. 9). Daß die ἱλαστήριον-Überlieferung von Röm 3,25 vorpaulinisch ist, wird heute durchweg anerkannt (s. dazu jetzt L. Schenke, Die Urgemeinde, 1990, S. 139ff samt Fußnoten). Wie stark die römische Tradition mit Jes 53 zusammenhängt zeigen die πόνοι bzw. πόνος und πληγή des Petrus bzw. Christi in I Clem. 5,4 u. 16,4. Wie dem I Petr, so fehlt auch dem paulinischen Römerbrief durchweg das Wort σταυρός.
[27] Abendländische Parallelen zu dieser Ausdrucksweise b. Th. Zahn, Geschichte des ntl. Kanons Bd. II/1 (Neudruck 1975), S. 44 Anm. 2. Das „dispectus" des Can. Muratori erscheint bei Justin, Dial. c. Tryph. 14,8 (vgl. 40,4 u. 49,2; Goodspeed) sowie bei Hippolyt, De antichr. 44 (griech. ἄτιμος). Bei Justin, Dial. 40,4 treten auch das Passalamm und das Blut Jesu hinzu.
[28] Vgl. Zeile 2: „te aeternum patrem omnis terra veneratur" mit Can. Muratori Z. 56: „una ecclesia per omnem orbem terrae deffusa esse denoscitur"; Weiteres dazu in meinem Clemens Romanus, S. 281, Anm. 3 und S. 287, Anm. 2. Der atl locus classicus hierfür ist Mal 1,11 (s. dazu G. Kretschmar in TRE Bd. I, S. 63).

redemisti"). Mit dem dritten Fragment des I Petrusbriefes (3, 8 ff) ist der Text überdies durch das Motiv des christologischen Descensus/Ascensus verbunden[29].

(4) Daß die afrikanische Kirche von der römischen Autorität ausgegangen sei, sagt Tertullian ausdrücklich in De praescr. 36,2. In der Tat bestätigen die drei großen Afrikaner – Tertullian, Cyprian und Augustin – das bisher gewonnene Christusbild voll und ganz: a) Mit Tertullians Zwei-Naturenlehre, die der Tomus Leonis übernommen hat (doch vgl. schon Hermas, Sim. V, 6, 5f) kommt die altabendländische Schöpfungstheologie in der Unterscheidung von „Creator" und „creatura" auch binnenchristologisch unmittelbar zur Ausprägung. Dabei geht Tertullian, wie nach ihm auch Cyprian und Leo d.Gr., vom „Descensus a coelo" aus[30]. Die Humilitas-Christologie findet sich bei ihm sowohl in Adv. Marc. II,27 als auch in De carne Christi 3f und De idolatria 18, hier auch mit Jes 53. Vom „Blute" Christi spricht Tertullian (auch abendmahlstheologisch) freilich kaum (vgl. dagegen Novatian, De trin. 125 und Cyprian, Epist. 63). Nimmt man hinzu, daß schon Tertullian – wie später Augustin – die Kirche unmittelbar mit „Christus" identifizieren kann (De paen. 10,6), so wird die Intensität verständlich, mit der die Abendländer die Leidensnachfolge Christi (De praescr. 3, 12: „quae patimur ad exemplum ipsius Christi") mit der Christologie verbinden. b) Daß Cyprian nicht durchweg von seinem „magister" Tertullian abhängig ist, habe ich in meiner Monographie über „Clemens Romanus" (1966) zu zeigen gesucht. Von daher ist bemerkenswert, daß auch er die Humilitas-Christologie einschl. Jes 53 vertritt, so besonders in De bon. pat. 6ff. In diesem Zusammenhang ist darauf hinzuweisen, daß der Begriff der „humilitas", und zwar seit dem I Petr, durchweg mit dem Gegenbegriff der „superbia" (z.T. auch mit dem der „invidia") des Teufels konfrontiert wird, wobei seit I Clem. die Kain/Abel-Typologie hinzutritt, während die Imitatio Christi zunehmend allgemeine, speziell aber asketische Gestalt annimmt (z.B. Cyprian, Ad virg. 7)[31].

---

[29] Zur Anwesenheit von Jes 53 im abendländischen TeDeum s. die vorzügliche Monographie von E. Kähler, Te Deum laudamus. Studien zum TeDeum und zur Geschichte des 24. Psalms in der Alten Kirche (1958), hier S. 56 zu Ps 24,8 (LXX 23, 8): „Warum müssen die Archonten Gott fragen: Wer ist dieser König der Herrlichkeit?... Sie fragen, weil sie ihn nicht erkennen... weil er... die Gestalt des Gottesknechtes von Jes 53 angenommen hatte." Vgl. dazu auch Irenäus, Epideixis, § 84. Der Ausdruck „kostbares Blut" ist verbreitet, s. Lampe A patristic-greek Lexikon, S. 1394 u. Kähler a.a.O. S. 100, Anm. 2.

[30] Vgl. De carne Christi 4: „Propter eum (scil. hominem) descendit (scil. Christus), propter eum praedicavit, propter eum omni se humilitate deiecit usque ad mortem". „Sehr alt", sagt Harnack b. Hahn, Bibliothek d Symbole, ³1897, S. 382f, „müssen jene Formeln gewesen sein, in denen ‚descensus a coelo' und ‚ascensus' zusammengefaßt wurden" (zu den dortigen Belegen ergänze noch Melito, Passahom. 66; Irenäus, Epideixis § 84; Cyprian, De bon. pat. 6; Lactanz, Div. Inst. Epit. 38; Leo, Epist. 28,4 u. 5; Sermo 74,1. Die Vorstellung ragt in die Frage der sog. „Engelchristologie" hinein (s. dazu Kähler a.a.O. S. 56, Anm. 4) und spielt zumal im Bereich des Gnostizismus eine dominierende Rolle (s. meine Monographie „Simon Magus und die christliche Gnosis", 1975, S. 171 ff). Als jüdischer Hintergrund gelten Weisheitslehre und Menschensohnapokalyptik (Schenke a.a.O. S. 130. 137 u. 148).

[31] Wie weit die (gegenüber Tertullian auffällige) Hervorhebung des „Blutes Christi" und der priesterliche Nachvollzug des Opfers Christi im Sakrament bei Cyprian (s. bes. Epist. 63, dazu Seeberg, DG Bd. II, S.655 ff) mit der altabendländischen Christologie im Zusammenhang steht, ist nicht auszumachen.

(5) Die universalste Entfaltung der abendländischen Demutschristologie bietet zweifellos Augustin. Liest man dazu Harnacks berühmte Augustin-Darstellung (bes. DG III, S. 122 ff), so könnte zunächst der Eindruck entstehen, als sei der „Christus humilis" Augustins ureigenste Entdeckung. Dagegen hat schon Harnacks Kritiker O. Scheel den Nachweis geführt, daß die konstitutiven Elemente dieser christologischen Humilität bereits bei Ambrosius, z.T. auch schon bei Hilarius von Poitiers nachweisbar, d.h. abendländische Tradition sind. Das Neue bei Augustin ist lediglich – aber in diesem „lediglich" steckt eine geistige Welt! – deren allseitige Entfaltung. Der Kunstgriff, welcher hierzu führt, ist von wahrhaft genialer Einfachheit: Stärker als alle seine Vorgänger rückt Augustin innerhalb der Zweinaturigkeit Christi die Präsenz der Gottheit an das humilitäre Menschsein Jesu heran. Die Menschennähe des „mediator Dei et hominum" (I Tim 2, 5) ist also zugleich Gottesnähe, die „*divina* humilitas" der primäre Inbegriff von Christi Person und Werk. Damit aber gewinnt Augustin eine christologische Intensität des gott/menschlichen Gnadenverhältnisses, wie sie – abgesehen von Luther – von keinem abendländischen Theologen wieder erreicht wird: Gott selbst überwindet in der Demutsgestalt des „Christus humilis" den Hochmut menschlicher Selbstverwirklichung: „Christus mediator occisus est ut humana superbia per humilitatem *Dei* argueretur et sanaretur" (Enchir. 108), oder mit Harnacks Meisterformulierung: „Die ... Demuth Gottes ... bricht unseren Stolz" (DG III, S. 130). Daraus folgt aber, daß auch die Nachfolge der humilitas Christi universal entgrenzt wird. Demut in diesem Sinn ist daher der Inbegriff des geistlichen Lebens überhaupt, jenes „adhaerere Deo" von Ps 73, das Augustin nicht müde wird zu wiederholen. Die Erfahrung der Demut reicht von der Selbsterkenntnis coram Deo bis zur weltgeschichtlichen Betrachtung. Bekanntlich sind die 22 Bücher „De civitate Dei" abermals über dem Grundgegensatz von „superbia" und „humilitas" im Sinne der Kain/Abel-Typologie errichtet[32].

III Dogmengeschichtliche Konsequenzen

Wir brechen das patristische Anhörverfahren hier ab. Die gebotenen Nachweise werden trotz aller Kürze deutlich gemacht haben, daß die von Leo d. Gr. vertretene altabendländische Christologie tatsächlich urchristlich ist. Der Anspruch des Papstes, christologisch im Namen Petri zu sprechen, war keine Anmaßung, sondern ist von einer jahrhundertelagen Tradition getragen. Die biblische Legitimation der römischen Christologie ist traditionsgeschichtlich nachweisbar. Natürlich könnte man den Weg

---

[32] Scheels Belege (Die Auffassung Augustins über Christi Person und Werk, 1901) zur Humilitätschristologie bei Augustin, Ambrosius, Hilarius und den Gregoren von Nazianz und Nyssa (a.a.O. S. 347ff; 380ff; 390ff; 401ff) brauchen hier nicht wiederholt werden; zur Ergänzung vgl. vor allem O. Schaffner, Die Lehre des hl. Augustinus von der Humilitas (1949), partienweise auch W. Geerlings, Christus Exemplum; Studien zur Christologie und Christusverkündigung Augustins (1978); zur Christologie des Ambrosiaster s. die Bemerkungen von A. Stuiber, TRE Bd. I, S. 360.

der abendländischen Demutschristologie über das 5. Jahrhundert hinaus bis ins hohe Mittelalter und von dort bis zum frühen Luther fortsetzen[33]. Indessen dürften die bisherigen Aufstellungen hinreichen, um die schöpfungstheologische Basis der altkirchlichen Christologie im Spannungsfeld von Protologie und Eschatologie evident zu machen. Letztlich stehen sich die Kontrahenten des Mono- und Dyophysitismus – wenn auch gegensätzlich – auf gemeinsamem biblischen Urgrund gegenüber. Daß die Kirche imstande war, beide Seiten im chalcedonischen Bekenntnis zusammenzuführen, hat freilich den ökumenischen Zerbruch des christlichen Ostens – nestorianisch, reichskirchlich, monophysitisch – nicht aufhalten können. Umso bedeutsamer wiegt demgegenüber der abendländische Befund. Hierzu abschließend folgende Gesichtspunkte:

(1) Mit dem biblischen Schöpfungsbegriff ist ein prinzipiell *theologisches* Grundmotiv als tragendes dogmengeschichtliches Element des Abendlandes sichtbar geworden, das sich in christologischer Hinsicht über mehr als ein halbes Jahrtausend verfolgen läßt. Damit wird der dogmengeschichtliche Zusammenhang zwischen Kirche und Urchristentum im historischen *Längsschnitt* (s. o. S. 37) auf neue Weise wiederherstellbar. Freilich ist die Identität des abendländischen Christusbildes nur aufweisbar unter dem Kriterium der kirchlichen Kontinuität. Ihre formale Signatur hat diese Kontinuität im kirchlichen Lehrbegriff (denn nur die Lehre der Wahrheit, nicht das punktuelle Ereignis hat zeitübergreifende Mächtigkeit); ihre inhaltliche Autorisation bildet das Prinzip der „Apostolizität" (denn nur die Autorität des christlichen Ursprungs verbürgt die Heilsfrage)[34]. Unter diesen Voraussetzungen ist zu fragen, ob der dogmengeschichtliche Verlauf unter dem Apriori historischer „Entwicklung" bzw. der ständigen „Veränderung" der Glaubensidentität wirklich angemessen demonstrierbar ist.

(2) Das Primärzeugnis für die altabendländische Demuts- und Sühnechristologie bildet, wie gezeigt, der I. Petrusbrief (im Verbund mit dem römischen Clemensbrief). Entscheidend ist dabei nicht in erster Linie die umstrittene Verfasserfrage, wohl aber die (beiden Schriften gemeinsame) Berufung auf „apostolische", näherhin „petrinische" Herkunft[35]. Mit diesem Anspruch kreuzt sich freilich die Communis opinio der

---

[33] Im Mittelalter führte die zunehmende Imperialisierung der Kirche zu einer Dissoziation zwischen kirchlichem Christusdogma und mönchisch humilitärer Christusnachfolge (s. dazu Grundriß II/1, S. 99f sowie die wichtige Fußnote Harnacks, DG Bd. III, S. 345f, Anm. 3) bis hin zum polaren Gegenüber zwischen Weltkirche (Christusdogma) und Armutsbewegung (Christusbild); Armut und Demut sind im damaligen Sprachgebrauch nahezu identisch (s. schon Leo d. Gr. Sermo 95,2).

[34] Hierzu vgl. die Abhandlung von R. Staats, Der theologiegeschichtliche Hintergrund des Begriffs ‚Tatsache' (ZThK 70, 1973, S. 316ff), bes. im Hinblick auf die Auseinandersetzung zwischen Lessing und dem Hannover'schen Lyceumsdirektor Schumann im „Beweis des Geistes und der Kraft".

[35] Der I Petr ist bekanntlich ökumenisch früh bezeugt (Polykarp, II Petr, Papias von Hierapolis, Mart. Lugdunense, Passio Scilitanorum, Irenäus, Tertullian, Hippolyt (Weiteres b. Th. Zahn, Gesch. d. ntl. Kanons Bd. I, S. 303ff). Sein Fehlen im Muratorischen Fragment (vgl. auch Hebr und Jak) könnte darauf beruhen, daß die Petrusschriften dort zusammen mit dem (abgebrochenen) Mk-Argument referiert waren (ähnlich wie der I Joh mit dem Joh-Ev.). Offenbar geht es bei

heutigen „kritischen" Forschung am Neuen Testament, wonach zumal die Sühnopferchristologie (einschl. Jes 53) nicht als „apostolisch", vielmehr als „hellenistisch" i.S. von Apg 6,1, bzw. der von den „Hellenisten" begründeten antiochenischen Urgemeinde (Apg 11, 19) anzusehen sei[36]. So interessant und diskussionswirksam derartige Hypothesen auch beschaffen sein mögen, so wenig kommen sie über bloße Vermutungen hinaus. Wenn bereits Paulus als „Apostel" die Sühnopferchristologie als schlechthin urchristliche Autorität behandelt (I Kor 11,23 ἀπὸ τοῦ κυρίου; I Kor 15,3ff ὃ καὶ παρέλαβον; vgl. I Clem. 7,2f u. 42,1f, dazu Pol. ad Phil. 7,2), so kann es sich dabei niemals bloß um das Christologumenon einer bestimmten urchristlichen Gruppe handeln, das vom Apostelkreis der „Zwölf" nicht autorisiert war[37].

(3) Schon K. Holl hat in seiner Abhandlung zum urchristlichen Kirchenbegriff die Auffassung vertreten, daß „Rom" seit dem 2. Jahrhundert die Nachfolge von „Jerusalem" angetreten habe[38]. In diesen Zusammenhang ist auch die altabendländische Christologie einzubringen (I Clem. 7,2 gibt ihr den Titel eines κανὼν τῆς παραδόσεως ἡμῶν). Gewiß ist die Gemeinde Rom keine Gründung des Petrus bzw. des Petrus und Paulus (Dionys.Cor.; Euseb, h.e. II, 25,8), so wenig deren beider römischer Märtyrertod (I Clem. 5,4ff) zu bestreiten ist. Ebenso ist auch die altkirchliche Schöpfungstheologie als solche nicht einfach ein Teil der Verkündigung Jesu, so wenig man mis-

---

der Evangelienreihe des Can. Mur. durchweg um die Frage der (apostolischen) Epoptie. Dem würden I Petr 5,1/1,8 und II Petr 1,16 (nach damaligem Verständnis) entsprechen. Auffallend sind die motivischen Übereinstimmungen zwischen I Petr und dem römischen Hermasbuch: Vgl. I Petr 1,17/Vis. IV, 3,4 (Gold im Feuer); I Petr 2,4f/Vis. III, 4,3ff u.ö. (lebendige Steine); I Petr 5,7/Vis. IV, 2,5 (alle eure Sorgen werfet auf ihn); I Petr 5,8/Vis. IV, 1ff (der Teufel als Untier: widerstehe im Glauben); I Petr 1,1; 1,17; 2,11/Sim. I (die Fremdschaft); I Petr 1,19/Mand. I (der Schöpfer); I Petr 5,1ff/Vis. V (Christus als Hirte) usw. Zur Traditionsgebundenheit neutestamentlicher Briefe vgl. E.G. Selwyn, The first Epistle of St. Peter (London ³1949), hier bes. S. 24. 365 u. 466. Goppelts Bemerkung: „Das Joh.-Ev. wird (im I Petr) nirgends wahrnehmbar" (a.a.O. S. 53), verstehe ich nicht. Der Brief steckt voller „johanneischer" Affinitäten. Hier liegt ein noch ungelöstes Problem!

[36] Daß Jesus selbst seine Passion bereits als Sühnopfer verstanden habe, vertreten vor allem J. Jeremias (ThWNT Bd. V, S. 708ff), L. Goppelt, Theologie des NTs (³1979, hrg. von J. Roloff), S. 241ff und P. Stuhlmacher, Das neutestamentliche Zeugnis vom Abendmahl (ZThK 84, 1987, S. 1ff). Zur Frage der „Hellenisten" maßgeblich M. Hengel, Zwischen Jesus und Paulus (ZThK 72, 1975, S. 151ff). Die Zuweisung der Sühnopfervorstellung an die „Hellenisten" vertreten mit verschiedenem Nachdruck J. Becker, Paulus der Apostel der Völker (1989), K. Lönning, Die Anfänge des Christentums (hrg. von J. Becker, 1987) und L. Schenke, Die Urgemeinde, Geschichtliche und theologische Entwicklung (1990), s. dazu meine Kritik in den „Nachrichten der evang.-luth. Kirche in Bayern 46, 1991, S. 266. Das Stichwort „Hellenisten" wird hier zum Kautschukbegriff, dessen Träger umso anonymer werden, je mehr ntl. „Material" man ihnen „zuweist".

[37] Man wende nicht ein, nur die „Hellenisten", nicht aber die Urapostel hätten Kritik am Jerusalemer Tempel geübt. So lange Matth 16,18 die grundlegende Erklärung des Namens „Petrus" enthält, gehört der Begriff der Gemeinde als des geistlichen Tempels in diesen Zusammenhang, nur daß hier Petrus, nach Paulus (I Kor 3,11) dagegen Christus den Baugrund bildet.

[38] Von welchen Schwierigkeiten diese These freilich umstellt ist, spürt man am zugehörigen Kontext bei Holl (S. 65ff samt Fußnoten).

sionarisch auf sie verzichten konnte[39]. Jedenfalls hatte die römische Form der Christusbotschaft – wer immer ihre ersten Verkünder waren (Röm 16,7?) – von Hause aus jerusalemisch-apostolisches Gepräge und traf in Rom – vielleicht nicht zufällig – auf eine alttestamentlich-synagogale (seit Tertullian auch juristisch unterlegte) Disposition. Welches Gewicht der von Rom ausgegangenen schöpfungstheologischen Dominante des Abendlandes tatsächlich zukommt, beweist allein schon der Clemensbrief, der das Christuskerygma nahezu alttestamentlich absorbiert. Sieht man von dogmengeschichtlichen Ausnahmen ab, so hat der zweite Glaubensartikel im Abendland stets unter der Vormundschaft, freilich auch unter der Verheißung des ersten gestanden[40].

---

[39] Bekanntlich vollzieht Jesus das Gottesverhältnis für sich und die Seinen nirgends unter dem Titel des „Schöpfers" bzw. des „Pantokrator" (vgl. I Clem. 59,2; 61,1f), sondern allein unter dem des „Vaters" (hierzu G. Schrenk, ThWNT Bd. V. S. 981ff). Die Schöpferpropädeutik der kirchlichen Verkündigung (Hermas, Mand. I; Kerygma Petri b. Clem. Alex. Strom. VI, 39,2, vgl. Origenes, Princ. praef. 4 und I, 4, 3f; Athanasius, De decr. Nic. syn. 18,3f usw.) war als jüdisch-hellenistisches Erbe für die Heidenmission freilich unentbehrlich. Sie scheidet die Kirche vom christlichen Gnostizismus.

[40] Der Versuch von Tuomo Mannermaa (Der im Glauben gegenwärtige Christus; Rechtfertigung und Vergottung; Zum ökumenischen Dialog, 1989), der Rechtfertigungslehre Luthers per analogiam die Struktur einer „ontisch-real" gemeinten Vergottungslehre zu imputieren, kann sich nicht auf den christologischen Archetyp des Abendlandes berufen. Auch die Textgrundlage bei Luther reicht dazu nicht aus. In der von Mannermaa als Hauptbeleg angezogenen Auslegung von Gal 2,20 (S. 48ff) terminiert Luther das Einssein mit Christus an der entscheidenden Stelle (WA 40/1, S. 285,24ff) lediglich als „*quasi* una persona" und unterscheidet daher (nach dem Textus receptus) das Ich des Sünders von demjenigen Christi durch ein doppeltes „ut" („Ego sum *ut* Christus ... Ego sum *ut* ille peccator").

DIE WELT ALS GOTTES KÖRPER?

Schöpfungstheologische Überlegungen zu einer Analogie Rāmānujas

Michael Biehl

I Bilder

Eine Bergkuppe, im Vordergrund kahl, hinten eine Reihe kahler toter Baumstämme, davor einige umgestürzte Stämme. Ein Bild aus unserer unmittelbaren Gegenwart. Eine Zeichnung von Günther Grass von den Opfern des Waldsterbens in den deutschen Mittelgebirgen mit der Unterschrift: „Wanderer, berichte, du hast uns liegen sehn, wie das Gesetz es befahl"; ein Nachruf[1] auf den Wald, eine Mahnung angesichts der Gefahren der Umweltverschmutzung, eine Anklage angesichts des Umgangs des Menschen mit der Natur. Für mich evoziert der erklärte Atheist Grass durch seine Bildunterschrift auch das Bild vom Menschen, der das Gesetz an der Natur vollstreckt, ein Schächer, statt das Geschaffene in seiner Eigengesetzlichkeit zu achten.

Das klassische Gegenbild zu dieser modernen Auffassung von Natur und dieser Deutung von ihrem Leiden als Kreatur wäre wohl die bildliche Umsetzung des geozentrischen Weltbildes, z.B. an einer Seitenwand des Campo Santo in Pisa[2]. Der Künstler hat hier die „Welt" als „Summe" konzentrischer Kreise dargestellt, mit aufsteigender Hierarchie, die ein außerweltlicher Gott in Armen hält. Bauprinzipien sind Maß und Ziel, Ordnung und Gesetz, Gott selbst verharrt außerhalb der Welt – so der Künstler zu seiner Darstellung[3].

In der klassischen christlichen Darstellung ist die Welt Schöpfung, sie kennt Maß, Ordnung und besitzt ein Ziel; im postchristlichen Bild wird die Schöpfung zur Welt, die durch den Eingriff der Menschen ihre Ordnung und ihr Maß eingebüßt hat. Die Frage nach dem Ziel läßt sich hier nicht mehr systemimmanent stellen.

---

[1] Vgl. Günther Grass, Totes Holz. Ein Nachruf, Göttingen 1990.
[2] Ich beziehe mich gerade auf dieses Bild, weil Wölfel es seiner Eingangsmeditation zu „Die Welt als Schöpfung" zugrundelegt, vgl. E. Wölfel, Welt als Schöpfung. Zu den Fundamentalsätzen der christlichen Schöpfungslehre heute (Theologische Existenz heute, 212), München 1981, S. 10–13.
[3] Vgl. a.a.O., S. 12.

II „Welt als Schöpfung"[4]

Eine theologische Schöpfungslehre ist sicherlich nur noch im Gespräch mit den Ergebnissen der modernen Naturwissenschaften zu formulieren[5]. Die entscheidende Konsequenz daraus ist die Neuformulierung der theologischen Fragen: was bedeutet es, ernstzunehmen, daß die Welt Natur ist, und doch die Welt als Schöpfung wahrzunehmen? Welche Kriterien, welche Leitlinien gestatten uns, Natur, Welt und Umwelt, Menschen und Tiere, Pflanzen und unbelebte Natur als Geschöpfe und von Gott Erschaffenes zu erkennen?

Als Natur kennt die Welt Regeln und besitzt innere Ordnung, als Schöpfung kennt sie zudem ein Woher und ein Wohin. Das eine ist eine Tatsachenfeststellung, die die Theologie mit den Naturwissenschaften teilen kann, das zweite ist die Zuschreibung einer Bedeutung. Der Bezugsrahmen für diese Bedeutungszuschreibung ist die menschliche Fähigkeit des Denkens und Deutens. „,Sinn' entsteht erst dort, wo ein *Subjekt* die als solche unverbundenen Gedankenbilder, die die Mannigfaltigkeit der Weltbausteine repräsentieren, zueinander in Verbindung setzt; d. h. wo es sie durch *Sinn*gebung miteinander koordiniert und so konstruktiv Teleologie in die Welt hinein-trägt"[6]. Der so als Geschöpf verstandene Mensch hat teil an der Transzendenz (Gen 1,26f.), als Wille und Bewußtsein, und hat teil an der Geschöpflichkeit, der er zuzurechnen ist[7].

Was einstmals Bewußtsein von der Welt war – in der Darstellung des 14. Jh. ist es das kosmologische Wissen von einem Gott, der die Welt von außen hält – wird hier zum Bewußtsein vom Menschen in der Welt[8].

III Ein indisches Bild von Schöpfung

Es ist aufschlußreich, eine Schöpfungslehre ins Gespräch mit den Vorstellungen anderer theistischer Religionen zu bringen[9]. Ich möchte hier in dieses Gespräch eintreten mit dem indischen Theologen Rāmānuja. Der dem Westen recht gut bekannte große Denker des Advaita-Vedānta ist Shankara; der weniger bekannte Rāmānuja sein Gegenspieler. Rāmānuja (11./12. Jh.) lebte nach Shankara und hat in seinen Hauptwerken

---

[4] Nach dem Buch von Wölfel, vgl. a.a.O.
[5] Vgl. a.a.O., S. 8.
[6] S. a.a.O., S. 36.
[7] Vgl. a.a.O., S. 38.
[8] Für Wölfel führt der Weg über die Deutung der so eingeführten Gottebenbildlichkeit durch Christus als dem wahren Ebenbild Gottes zurück zu dem eingangs zitierten Bild: Was von außen kam, kommt nun von innen: der dienende Christus. Vgl. a.a.O. S. 46–48.
[9] In gewissem Sinne beginnt ein solches Gespräch ja bereits in der Auseinandersetzung mit den Schöpfungsvorstellungen des Alten Testamentes. Dazu vgl. z.B. O. H. Steck, Welt und Umwelt (Biblische Konfrontationen), Stuttgart u.a. 1978, S. 44ff. Vgl. auch J. Moltmann, Gott in der Schöpfung: Ökologische Schöpfungslehre, München 1985, S. 13, der mit seiner ökumenischen Methode das Gespräch auch mit der jüdischen Theologie sucht.

– Kommentare zu den bedeutenden indischen religiösen Schriften (Vedānta-Sūtras und Bhagavad Gītā) – eine eigene systematische Theorie des Advaita-Vedānta begründet, die in Indien einflußreich geblieben ist.

Der Begriff Advaita sollte nicht verkürzend mit Monismus übersetzt werden. Es geht tatsächlich darum, wie Gott als reines Sein (Brahman) und seine Geschöpfe als Entitäten gedacht werden können, die von ihm unterschieden, aber nicht getrennt existieren. Rāmānujas Advaita-Vedānta ist näherhin als viśiṣṭādvaita oder qualifizierter Nicht-Dualismus zu kennzeichnen, was sich als Identität in der Differenz übersetzen läßt. Gegen den pauschalen Vorwurf des Monismus spricht auch, daß Rāmānuja (im Unterschied zu Shaṅkara) Theist ist. Die beiden geistigen Rivalen kommentieren daher die gleichen Texte (Vedānta-Sūtras und die Bhagavad Gītā) sehr unterschiedlich: Shaṅkara findet darin die nicht-dualistische Theorie der Identität von *ātman* und *brahman*, während Rāmānuja in ihnen die Botschaft von einem persönlichen Gott findet, in dem die Glaubenden leben, aber von ihm verschieden sind[10].

Beide Variationen des Advaita-Vedānta zogen immer wieder den westlich-christlichen Verdacht des Pantheismus oder Panentheismus auf sich. Doch die spannende Frage an die christliche Schöpfungslehre angesichts der heutigen ökologischen Krise ist wohl, wie der moderne Bezugspunkt vom Subjekt als Bewußtsein in der Welt festgehalten werden kann und doch die bekannten Gefahren (objektivierend, reduzierend, partikularisierend) dieses modernen Denkens vermieden werden[11], die aus den Kreisen des „New Age" so eloquent kritisiert werden[12]. In diesem Zusammenhang lohnt die Auseinandersetzung mit einer nicht-christlichen Theologie besonders, die von Gewährsleuten des New Age als in Übereinstimmung mit den Prinzipien des propagierten neuen ganzheitlichen Denkens gesehen wird[13].

IV Die Welt als Gottes Körper

Weder Shaṅkara noch Rāmānuja sind explizit an Fragen der Entstehung der Welt, an einer Schöpfungslehre interessiert[14]. Aber natürlich teilen beide ein kosmologisch zu nennendes Interesse, warum Gott die Welt geschaffen hat und in welcher Beziehung er zu ihr steht. Für Rāmānuja ist Gott zugleich das voraussetzungslose reine Sein, das die

---

[10] Zu Rāmānujas Kommentaren vgl. J. B. Carman, The Theology of Rāmānuja. An Essay in Interreligious Understanding (Yale Publications in Religion, 18), New Haven / London 1974, S. 50ff. Rāmānujas Kommentar zu den Vedānta-Sūtras ist übersetzt in SBE, Bd. 48, 1904. Shaṅkaras Kommentar ist übersetzt als SBE, Bde. 34, 1973; 38, 1977.

[11] Vgl. dazu Moltmann, zit. Anm. 9, S. 52.

[12] Vgl. dazu z. B. den Klassiker F. Capra, Wendezeit. Bausteine für ein neues Weltbild, München 1988, S. 51ff, 107ff.

[13] Capra betont dabei die Übereinstimmung in den Vorstellungen westlicher und östlicher Mystiker, vgl. a.a.O., S. 2ff.

[14] Für Shaṅkara vgl. z. B. M. von Brück, Einheit der Wirklichkeit. Gott, Gotteserfahrung und Meditation im hinduistisch-christlichen Dialog (Kaiser-Traktate, N. F. 18), München 1987, S. 79ff; für Rāmānuja, Carman, zit. Anm. 10, S. 114ff.

Welt aus sich heraussetzt, und der Herr, der fortwährend schöpferisch eingreift und sich seinen Geschöpfen in Gnade persönlich zuwendet[15]. Lipner kennzeichnet Rāmānujas theologische Methode daher so:

> (A) polarity expressed in terms of two modes of discourse: a „centripetal" one and a „centrifugal" one. The centri-petal mode of discourse emphasises Brahman's identity with the world, the centrifugal way of speaking his difference from the world.
>
> ...
>
> In fact, it is distinctive of his theological method to identify, on the basis of equal hermeneutic status given to all kinds of scriptural texts (dualist, non-dualist etc.) and the (mutually) counterbalancing modes of discourse, within the general framework of the self-body model, to articulate and comprehend the unique sort of identity-in-difference he sought to preserve between his God and the world[16].

Diese Identität in der Differenz hat Rāmānuja immer wieder durch eine Analogie zu erläutern und zu erhellen versucht: Gott steht in Beziehung zur Welt wie ein Selbst, wie eine Seele zu ihrem Körper[17].

> For Rāmānuja the rationale underlying this affirmation is derived from his view that we participate most directly in Brahman in and through our ātmans; we share the basic spiritual nature in a relation of identity-in-difference whereby we are his bodies$_m$ and he our self$_m$[18].

Die Vorstellung von der Welt als Gottes Körper wird als śarīra-śarīrī-bhāva bezeichnet. śarīra bedeutet dabei Leib, Körper, Person, śarīrī, was einen Körper besitzt (bhāva kommt von bhu, sein).

Rāmānuja schreibt im *vedārtasaṃgraha*[19]:

---

[15] „Everything originates from Brahman directly"; Rāmānuja, zit. a.a.O., S. 117. Carman argumentiert für mich überzeugend, daß Rāmānuja Gott in seiner den Menschen unzugänglichen Souveränität (paratva) und zugleich als liebenden, seinen Geschöpfen zugeneigten Herrn (saulabhya) denkt. Vgl. dazu a.a.O., 65ff, 77–87.

[16] S. J. J. Lipner, The World as God's Body. In Pursuit of Dialogue with Rāmānuja, in: Religious Studies 20, 1974, S. 145ff, hier S. 157.

[17] Vgl. neben den bereits genannten Arbeiten von Carman und Lipner auch E. J. Lott, God and the Universe in the Vedāntic Theology of Rāmānuja. A Study in His Use of the Self-Body Analogy, Madras 1976.

[18] S. Lipner, zit. Anm. 16, S. 159. „bodiesm" und „selfm" sind metasprachliche Ausdrücke Lipners, mit denen er auf deren Modellcharakter verweist.

[19] Vgl. Carman, zit. Anm. 10, S. 50–52.

> The Finite self (jīvātmā) has Brahman as its Self, for it is His mode (prakara) since it is the body (śarīra) of Brahman ... All things having one of the varieties of characteristic physical structure, such as the divine form or the human form, are the modes of finite individual selves, since they are their respective bodies. This means that these physical objects, too, are ensouled by Brahman. Therefore all words naming these objects ... first signify these objects they signify in ordinary parlance, then through these objects, the finite selves dwelling in them, and finally these words extend in their significance to denote the Supreme Self (Paramātma) who is their Inner Controller (antaryāmī). Thus all terms do indeed denote this entire composite Being (saṃghāta). Thus (this section of Scripture) explains in detail that this entire created universe (prapañca) of intelligent and material entitites has Being (sat) as its material cause, its instrumental cause, and its support (ādhāra); it is controlled (niyāmya) by Being and is the śesha of Being[20].

Rāmānujas Überlegungen lassen sich zu drei aufeinander definierten Begriffspaaren ordnen, die die Konsequenzen seiner Definition eines Körpers beschreiben: (1) Was von einem Bewußtsein abhängig ist, (2) einzig dessen Zwecken dient und (3) ohne es nicht lebensfähig ist[21]. Die Beziehung ist also asymmetrisch.

(1) Das erste Paar besagt, daß Brahman das Sein selbst ist und daher die Grundlage und Stütze der Welt ist, die er stützt *(ādheya)* und erhält. Das ergibt sich aus Rāmānujas Auffassung der Kausalität, nach der die Wirkung eine Transformation der Ursache ist, aber keine neue Substanz[22]. Danach ist ein Körper ein spezifischer Modus eines Subjektes, das diesen Modus als „Körper" besitzt[23]. Lipner erkennt hier zwei Aspekte: Als ein Modus existiert ein Körper nur als ein Ausdruck des ihm ontologisch Vorgegebenen, das nicht aufhört zu existieren. Ein empirischer Körper existiert als Modus der bewußten Einzelseele, der Gott Leben verleiht. Ein Modus hängt daher bezüglich seiner Intelligibilität vom Modus-Besitzer ab, d.h. daß ein Körper als Modus unabhängig von seinem Modusbesitzer „sinnlos" existiert. Die Folgerung daraus lautet:

> Thus it does not matter really whether the mode in general is a substance or not; for something to be a mode it must either be essentially incapable of existing apart from the mode-possessor or be unintelligible as the sort of thing it is apart from the mode-possessor or both[24].

---

[20] Zit. n. Carman, a.a.O., S. 124.
[21] Carman, a.a.O., nennt ādhāra/ādheya (S. 134f), niyantā/niyāmya (S. 135ff) und śeṣa/śeṣi (S. 147ff). Vgl. Lipner, zit. Anm. 16, S. 149–154; die Definition eines Körpers dort, S. 147. Lott, zit. Anm. 17, S. 121ff, der ausführlicher auf Rāmānujas Verhältnis zu verschiedenen indischen Schulen eingeht, zeigt die Auseinandersetzung auf, in der dieser hier mit dem Sāṃkhya-System steht, das in seine Definition die Materialität des Körpers aufnimmt.
[22] Vgl. Carman, zit. Anm. 10, S. 134.
[23] So Lipner, zit. Anm. 16, S. 149, der viel Wert auf den sprachtheoretischen Aspekt legt.
[24] S. a.a.O., S. 151; vgl. S. 151f.

Durch diese Definition eines „Körpers" als Modus läßt sich Rāmānujas Auffassung von der Welt als Gottes Körper in zweierlei Hinsicht interpretieren. Als Analogie versucht er das Unterschiedene, Welt und Gott, in eine definierte Beziehung zu setzen: nur in ihrer Bezogenheit auf Gott („Seele") wird die Welt („Körper") verständlich, besitzt sie Einheit und Sinn. Dieser Sinn bedarf allerdings sozusagen ebenfalls eines „Körpers", eines Trägers innerhalb der Welt; die Analogie von der Welt als Gottes Körper führt hier zu einer Sicht, der wir uns bereits angeschlossen haben: daß es nämlich denkender Subjekte bedarf, um in und aus der Vielfalt des Geschaffenen (Differenz) diesen Sinn zu erkennen und dadurch die Einheit der Wirklichkeit konstruktiv zu entdecken (Identität). Der Mensch ist für Rāmānuja die Krone der Schöpfung, er ist die Instanz, die kraft ihrer geistigen Fähigkeit durch Reflexion Sinn in der Welt entdecken kann[25]. Das Geschöpf Mensch hat teil an Gottes Sein *(ātman)* und der einzelne *ātman* steht zu seinem materiellen Körper in analoger Beziehung wie Gott zur Welt. Durch die Identität *(ātman)* in der *Differenz* (die von Gott unterschiedenen Geschöpfe mit der Fähigkeit zur Reflexion) erfährt der Körper seine Bestimmung.

Was diese Auslegung der Brahman-Ātman-Beziehung durch das Bild von der Welt als Gottes Körper für eine Schöpfungstheologie m. E. interessant macht, ist, daß neben diesem „zentrifugalen" analogischen Gesichtspunkt (vgl. o.) bei Rāmānuja gleichberechtigt der „zentripetale" kosmologische Gesichtspunkt tritt. Als Körper ist die Welt ohne Gott nicht nur ohne Sinn, sondern auch von ihm, dem Sein, abhängig, sie kann unabhängig von Gott nicht existieren[26]. Gott ist nicht nur die erste Ursache der Welt, sie bleibt auf ihn und sein fortwährendes schöpferisches Handeln bezogen.

(2) Dieser Aspekt wird mit dem zweiten Begriffspaar von Rāmānuja aufgenommen, das die willentliche Dimension bezeichnet, die Kontrolle der Seele über ihren Körper: Gott als Herrscher der Welt und die (Einzel-) Seele als Herrscher ihres Körpers[27]. Weil die Welt Gottes Körper ist, leben alle Geschöpfe in Gott, er lebt aber auch als innerer Herrscher (antaryāmī) in ihnen: „This name is, in fact, Rāmānuja's favorite name for God in His nature of the Self within the body"[28]. Gott ist die Grundlage der Welt, die ein Modus seines Wesens ist, und bestimmt ihr Schicksal. Darüberhinaus ist er in ihr und in den Geschöpfen präsent[29]. Er bestimmt, kontrolliert, lenkt – doch bleibt den einzelnen Geschöpfen, die ja ebenfalls Herrscher ihres Körpers sind, eine relative moralische Autonomie, die sie in Abhängigkeit vom eigenen *karma* ausüben können[30]. Rāmānuja selbst sah die Kontrolle wesentlich als Zustimmung Gottes zu den Hand-

---

[25] Vgl. a.a.O.; S. 154, vgl. u.
[26] Vgl. a.a.O.
[27] Das Paar lautet niyantṛ/niyāmya. Beide Begriffe sind aus einer Wurzel yam – mit Präfix ni- – gebildet, die in mehrerer Hinsicht wichtig für die Sanskritterminologie ist. Sie bedeutet zurückhalten, kontrollieren, eingrenzen, zügeln etc. Sie ist als Wurzel in vielen Bezeichnungen der Bhagavad Gītā enthalten, die mit Yoga, Kontrolle von Körper und Geist zusammenhängen, vgl. Lipner, zit. Anm. 16, S. 153.
[28] S. Carman, zit. Anm. 10, S. 136.
[29] Vgl. a.a.O., S. 137.
[30] Vgl. Lipner, zit. Anm. 16, S. 153.

lungen der Geschöpfe, ob gut oder böse. Die spätere Tradition hob immer stärker die bedingungslose Gnade Gottes hervor[31].

> God's most intimate control of the finite self is thus both an expression of His supremacy over that self and of His will to prepare that self for a state of uninterrupted communion with Him, a communion of which there may be some foretaste in this life for one whose devotion is animated or encouraged by the indwelling Ruler. Here supremacy and accessibility meet without paradox[32].

(3) Das dritte Paar bei Rāmānuja sieht die Beziehung Gott-Welt als das der Hauptsache zu einer Ergänzung[33].

> The śeṣa-śeṣi relationship in any situation means just this: the śeṣa is that whose essential nature consists solely in being useful to something else by virtue of its intention to contribute some excellence to this other thing, and this other (paraḥ) is the śeṣī ... Likewise, the essential nature of all entities, eternal and non-eternal, intelligent and non-intelligent, is solely their value for the Lord by virtue of their intention to contribute some excellence to Him. Thus everything is in the state of being subservient ... to the Lord, and He is the master and owner (śeṣī) of everything ... [34]

Rāmānuja beschwört immer wieder die absolute Reinheit Gottes[35]. Obwohl die Geschöpfe zu Gottes Herrlichkeit beitragen, wäre es für Rāmānuja daher unvorstellbar, daß Gott davon in irgendeiner Weise in seiner essentiellen Natur verändert würde[36]. Rāmānuja hat diese Unterscheidung aus der Tradition übernommen, in der das Verhältnis von Hauptsache und Ergänzung wesentlich performativ verstanden wurde: Worte, z.B. sind Imperative, die Hauptsache ist, was sie bewirken sollen. Rāmānuja beharrt dagegen darauf, daß sich Worte auf das beziehen, was ist[37]. Die Beziehung von Herr und Knecht dient als Beispiel: Der Knecht schuldet dem Herrn seine Dienste, aber er kann sich auf Grund der besonderen Natur ihrer Beziehung auf die Fürsorge seines Herrn verlassen. Übertragen: Die Natur der Geschöpfe ist, Gott zu dienen,

---

[31] Rāmānuja betont sehr das direkte Eingreifen Gottes, zu ungunsten von *karma*. Nach ihm handelt es sich dabei nicht um eine blinde Kraft, sondern das Gefallen oder Mißfallen, das der Herr an den Handlungen seiner Geschöpfe findet, vgl. Carman, zit. Anm. 10, S. 176f. Zur Tradition vgl. a.a.O., S. 178f.

[32] S. a.a.O., S. 186.

[33] Vgl. Carman, a.a.O., S. 147f.

[34] Es handelt sich um ein Zitat von Rāmānuja, zit. bei Carman, a.a.O., S. 148.

[35] Vgl. a.a.O., S. 103ff.

[36] Vgl. auch Lott, zit. Anm. 17, S. 149, für die Abhängigkeit der Welt von Gottes Willen, der allerdings frei bleibt von den kausalen Relationen der Welt (S. 150), und von ihren Veränderungen und Unvollkommenheiten nicht erfaßt wird (S. 152).

[37] Vgl. a.a.O., S. 148.

der sie erhält[38]. Lipner sieht eine wichtige Anwendung auf das Verhältnis von der Einzelseele zu ihrem Körper, die uns zurückführt zum reflexiven Subjekt in der Welt (vgl. o.):

> The material body is meant to „set off" the jewel that is its inner spirit. And the material body does this by its beauty, its prowess, its various capacities, its subservience to the atman. Further, in so far as the whole inanimate world can be regarded as „extension" of the (human) atmanic composite – for it is the human atmanic composite that best encapsulates in this world the principal/acessory relationship – by functioning as the extended body of the finite atman (its self), the human person in and through its spiritual principle, its atman, is not only the bestower of meaning to the world in a real sense, but it is also the material world's value-giver; more, that it is in some way the seat of value, that it is an end-in-it self[39].

V Creatio Continuata

Die Schöpfung der Welt wird in der indischen Tradition als Tatsache akzeptiert, jedoch, soweit ich sehe, anders bewertet als etwa die Vorstellung der guten Schöpfung (Gen 1, 31) in der christlichen Tradition, die erst durch den Fall pervertiert wurde. Und doch können sich die vedāntischen und die reformatorischen Verhältnisbestimmungen von Gott und Welt strukturell und in der Intention der christlichen Tradition sehr nahe sein[40]. In beiden soll ja festgehalten werden, daß (1) die Welt von Gott geschaffen wurde und ohne ihn nicht existieren könnte und daß (2) Gott in völliger Freiheit allein aus Gnade durch seine Gegenwart die Menschen befähigt, sich zu ihm hinzuwenden. In beiden soll festgehalten werden, daß Gott, der die Welt stützt und erhält, nicht nur ihre erste Ursache, sondern der fortwährend aktive Schöpfer ist und bleibt (Es ist ja bekannt, wie nahe Luther, wohl in Anknüpfung an die vorreformatorische Mystik, dieser Gedanke der *creatio continua* war.). In beiden Traditionen kann dies nur gedacht werden, weil einerseits die unüberbrückbare Unterschiedenheit von Gott und Geschöpf festgehalten wird (Differenz) und andererseits, über die Teilhabe des Geschöpfes an der Transzendenz (Identität) hinaus, die ständige Präsenz Gottes in seiner Schöpfung und seinen Geschöpfen festgehalten wird.

Für Moltmann ist gerade diese Präsenz einer der Eckpunkte seiner „ökologischen Schöpfungslehre":

---

[38] Vgl. a.a.O.
[39] S. Lipner, zit. Anm. 16, S. 154.
[40] Von Brück hat das ausführlich und schön für die vorreformatorische Mystik demonstriert, von der auch Luther geprägt war, vgl. von Brück, zit. Anm. 14, S. 150ff.

> Gott *der Schöpfer* von Himmel und Erde ist *in* jedem seiner Geschöpfe und in ihrer Schöpfungsgemeinschaft durch seinen *kosmischen Geist* präsent. ... Schöpfung ist auch die differenzierte Gegenwart Gottes des Geistes, die Präsenz des Einen *in* den Vielen[41].

Was für Rāmānuja durch die Analogie von der Welt als Gottes Körper ausgedrückt wird, läßt sich christlicherseits also durch eine pneumatologisch ausgerichtete Schöpfungslehre einholen. Dafür muß systematisch-theologisch das trinitarische Denken vorausgesetzt werden. In der Folge solcher Bibelstellen, die zwei Personen und ihr jeweiliges Werk gleichsetzen[42], kann über die Perichorese das dem Vater appropriierte Werk der Schöpfung dem Heiligen Geist zugesprochen werden *(opera ad extra sunt indivisa)*. In anderen Zusammenhängen als der Rechtfertigungslehre spricht Luther auch von einem *creator spiritus* so, daß dieser an der Schöpfung des Vaters beteiligt ist. Das Amt des Geistes in der Schöpfung ist hier *vivificare* und bezieht sich auf den Kosmos, die Schöpfung[43]. Es handelt sich dabei um eine Nebenlinie der Pneumatologie, und Luther ließ sie unvermittelt neben der soteriologischen Ausrichtung der Pneumatologie bestehen[44]. Beintker unterscheidet daher bei Luther zwischen einem *vivificare* „im Horizont der Schöpfung und einem *vivificare* im Horizont des Heilsgeschehen"[45]. Ich halte diese Differenzierung für nötig, mir ist aber auch diese Nebenlinie der Pneumatologie wichtig, weil sonst die Pneumatologie allzusehr soteriologisch oder ekklesiologisch funktionalisiert wird, da sie den Geist Gottes nur an sein Wirken am Menschen bindet. Eine solche Einstellung wird allzu leicht anthropozentristisch. Gerade wenn wir jedoch bei der Schöpfungslehre im Gespräch mit den Naturwissenschaften bleiben wollen, kann das schaden, denn diese reihen den Menschen (zu Recht) in die Naturgeschichte der Welt ein. Auch Moltmann will das: Der Mensch ist *imago dei*, aber er ist kraft seiner Position in der Naturgeschichte auch *imago mundi*. „Als *imago mundi* verstanden sind die Menschen *priesterliche Geschöpfe* und *eucharistische Wesen*. Sie treten vor Gott für die Schöpfungsgemeinschaft ein"[46]. Von hier verstehe ich Beintkers Folgerung aus Luthers Vorstellung vom *creator spiritus* und beziehe sie auch auf die Welt: „Es gibt ein Wirken des Geistes, welches aller Kreatur – Christen und Nichtchristen – zugute kommt und – vom Pfingstereignis herkommend – eben auch buchstabiert und dechiffriert sein will"[47].

---

[41] S. Moltmann, zit. Anm. 9, S. 28, Hervorh. im Orig.
[42] Joh 1,32f empfängt Christus den Geist, Joh 15,26 gibt er den Geist, Joh 14,16 sendet der Vater den Geist.
[43] Vgl. M. Beintker, Creator Spiritus. Zu einem unerledigten Thema der Pneumatologie, in: EvTh 46, 1986, S. 12–26, hier 14–20.
[44] Vgl. a.a.O., S. 12, S. 20f.
[45] S. a.a.O., S. 19.
[46] S. Moltmann, zit. Anm. 9, S. 197. Ein ähnlicher Gedanke bei Wölfel, zit. Anm. 2, S. 38.
[47] S. Beinkter, zit. Anm. 43, S. 20.

VI Bilder ...

Dechiffriert werden können und müssen auch die Bilder, die symbolischen Repräsentationen, die wir uns als reflexive Wesen von der Welt und Gottes Präsenz in ihr machen. Auch diese Bilder sind kreative Akte, kreative Akte des Bewußtseins in der Welt, durch die wir uns – wollen wir nicht in eine primitive Abbildungstheorie zurückfallen – Tatsachen, Dinge und Erlebnisse als etwas präsentieren, das für uns verständlich und sinnhaft ist[48]. Ich meine, daß Rāmānujas Analogie von der Welt als Gottes Körper ein solches Bild ist, das zu unserer Wahrnehmung der Welt beitragen kann. Es kann helfen, neben dem Bild von der Gemeinde als Leib Christi die Welt als Leib so in den Blick zu nehmen, daß unter Kreatur nicht nur der Mensch verstanden wird. Es harrt nicht nur der Mensch auf die Vollendung, sondern die ganze Schöpfung seufzt und ängstigt sich mit (Röm 8, 19–22). Rāmānujas Analogie kann angesichts der ökologischen Krise – die ja auch eine Krise des sie mit erzeugenden und sie reflektierenden Bewußtseins ist: mit welchen Bildern von Natur und Schöpfung haben wir diese Entwicklung begünstigt? – m. E. daran erinnern, daß wir Menschen *coram deo* immer auch *coram natura* existieren. Wir sind, wie es Moltmann ausdrückt, eucharistische Wesen, deren priesterliche Funktion nicht die Erlösung der Natur ist, sondern die Bewahrung der Schöpfung. Ich denke, daß wir Menschen, um dieser Aufgabe gerecht zu werden, einer Erneuerung durch den Geist bedürfen.

Gerade die Differenzierung Beintkers in der Folge Luthers weist aber auf eine Gefahr hin, der wir nicht erliegen dürfen. Wir dürfen uns von den Bildern nicht so überwältigen lassen, daß die naturwisssenschaftlich beschriebene Natur einfach theologisch mit Schöpfung gleichgesetzt wird, eine Gefahr, der m. E. Moltmann trotz gegenteiliger Beteuerungen letztlich erliegt[49]. Das Gespräch mit den Naturwissenschaften und den Vorstellungen anderer Religionen sollte unter der Formel „Welt als Schöpfung" geführt werden: In einem naturwissenschaftlich verstandenen und beschriebenen Kosmos mit einem Geist ohne Subjekt treten Christen mit dem Glauben auf, daß ihre Subjekthaftigkeit ihren letzten Grund in der Personalität Gottes findet, der an seinem Charakter als schöpferische Kreativität erkannt werden will[50].

> Erst durch alles, was in der Dimension der Subjekthaftigkeit geschieht (und d.h. unter Voraussetzung von Subjekthaftigkeit als einer Wirklichkeit!) wird die Welt zu einem wirklich evolutiven Prozeß im Vollsinn des hier wiedergewonnenen ursprünglichen Begriffs; wird die „Naturgeschichte" zum Fußpunkt einer „Weltgeschichte"[51].

---

[48] Vgl. zu diesem Thema z.B. E. Wölfel, Fides Quaerens Intellectum. On the Range of a Principle – Once and Now, in: R. Veldhuis, A. F. Sanders, H. J. Siebrand (Hgg.), Belief in God and Intellectual Honesty, Maastricht 1990, S. 59–81, besonders seine Ausführungen zu Whitehead, S. 72ff.

[49] Vgl. z.B. Moltmann, zit. Anm. 9, S. 35, 53, und die Verknüpfung von Schöpfung und Evolution, S. 197ff.

[50] Vgl. dazu Wölfel, zit. Anm. 2, S. 22, 35f.

[51] S. a.a.O., S. 36.

Die eucharistische Schöpfungsgemeinschaft lebt in Gott und kann die Schöpfung Gottes als seine Werkoffenbarung erkennen. Seine Selbstoffenbarung, so Moltmann, ist der Sabbat, der in einem Gottes Ruhen ist, in dem er die Schöpfungsgemeinschaft als Umwelt annimmt, und der futurisiert und universalisiert auch die Erlösung und Vollendung der Schöpfung meint[52].

In einem geht eine solche pneumatologische und trinitarische Schöpfungstheologie allerdings über Rāmānujas Bild hinaus: Gottes Geist stellt uns in Christus, dem Erstgeborenen der Neuen Schöpfung, vor Augen, wie wir als Geschöpfe gemeint sind. In diesem Bild, der *imago dei,* können wir, durch Gottes Geist erleuchtet, unsere Möglichkeit erkennen, nicht zum Schächer der Natur zu werden, sondern in ihrer Mitte wahrhaft als Geschöpfe zu leben:

> Die Nachfolge Christi weitet sich dabei gerade im Zeichen einer „analogia entis" ... und einer Entfaltung unserer eignen Kreativität wieder, bis sie unsere Wiedereingliederung ins Ganze der Schöpfung erreicht[53].

Literaturverzeichnis

Beintker, M., Creator Spiritus. Zu einem unerledigten Thema der Pneumatologie, in: EvTh 46, 1986, S. 12–26.

von Brück, M., Einheit der Wirklichkeit. Gott, Gotteserfahrung und Meditation im hinduistisch-christlichen Dialog (Kaiser-Traktate, N. F. 18), München 1987.

Capra, F., Wendezeit. Bausteine für ein neues Weltbild, München 1988.

Carman, J. B., The Theology of Rāmānuja. An Essay in Interreligious Understanding (Yale Publications in Religion, 18), New Haven and London 1974.

Grass, G., Totes Holz. Ein Nachruf, Göttingen 1990.

Lipner, J. J., The World as God's Body. In Pursuit of Dialogue with Rāmānuja, in: Religious Studies 20, 1974, 145 ff.

Lott, E. J., God and the Universe in the Vedāntic Theology of Rāmānuja. A Study in His Use of the Self-Body Analogy, Madras 1976.

Moltmann, J., Gott in der Schöpfung. Ökologische Schöpfungslehre, München 1985.

Steck, O. H., Welt und Umwelt (Biblische Konfrontationen), Stuttgart u. a. 1978.

---

[52] Vgl. Moltmann, zit. Anm. 9, S. 282 f, 290 ff.
[53] S. Wölfel, zit. Anm. 2, S. 48.

Vedānta-Sūtras with Rāmānuja's Commentary/Thibaut, G., (Übers.), (SBE, 48), Oxford 1904.

Vedānta-Sūtras with the Commentary by Śaṇkara, Teil 1/Thibaut, G., (Übers.), (SBE, 34), Delhi, u.a. 1973 (1904).

Vedānta-Sūtras with the Commentary by Śaṇkara, Teil 2/Thibaut, G., (Übers.), (SBE, 38), Delhi, u.a. 1977 (1904).

Wölfel, E., Fides Quaerens Intellectum. On the Range of a Principle – Once and Now, in: R. Veldhuis, A. F. Sanders, H. J. Siebrand (Hgg.), Belief in God and Intellectual Honesty, Maastricht 1990, S. 59–81.

–, Welt als Schöpfung. Zu den Fundamentalsätzen der christlichen Schöpfungslehre heute (Theologische Existenz heute, 212), München 1981.

BEMERKUNGEN ZUM FRANZISKANISCHEN SCHÖPFUNGSVERSTÄNDNIS

Ulrich Köpf

In einem Strauß von Geburtstagsgaben für Eberhard Wölfel zum Thema der Schöpfung sollte gerade jene Tradition nicht fehlen, deren scharfsinnigstem Vertreter der Jubilar eine umfangreiche und grundlegende Untersuchung gewidmet hat[1].

Die nachfolgenden Ausführungen können allerdings nur einige ganz fragmentarische Bemerkungen zu einem weitgespannten Problembereich bieten.

I Voraussetzungen und Probleme

Schenkt man den gängigen Darstellungen der Dogmen- und Theologiegeschichte Glauben, so ist die mittelalterliche Schöpfungslehre wie viele andere Inhalte von Theologie und kirchlicher Lehre weitgehend ein Feld von Spekulation und Theoriebildung ohne erkennbaren Bezug zur Wirklichkeit des allgemeinen und des religiösen Lebens[2]. Die Grundlage der christlichen Schöpfungslehre bildet der biblische Schöpfungsbericht (Gen. 1–2), der durch das altkirchliche Bekenntnis zu Gott dem allmächtigen Vater, Schöpfer von Himmel und Erde, zugleich zusammengefaßt und bekräftigt wird. Der alttestamentliche Schöpfungsbericht genügt freilich bei weitem nicht, um alle Fragen zu beantworten, die sich im Blick auf Entstehung und Sein der äußeren Welt stellen. Deshalb griff die christliche Theologie schon früh auf vorchristlich-antike Erklärungen zurück. Vor allem in Platons Dialog ‚Timaios' fanden die Theologen der Alten Kirche eine Lehre von der Entstehung und der Gestalt der Welt, die in wichtigen grundsätzlichen Punkten mit ihren aus der Genesis gewonnenen Vorstellungen übereinzustimmen schien[3]. Bereits die Erwähnung eines Weltbaumeisters (δημιουργός) im ‚Timaios' und seine Verbindung mit dem Vaternamen (Tim. 41a7) mußte als grundlegende Übereinstimmung mit der christlichen, den Schöpfergott mit dem Vater

---

[1] Eberhard Wölfel, Seinsstruktur und Trinitätsproblem. Untersuchungen zur Grundlegung der natürlichen Theologie bei Johannes Duns Scotus, Münster 1965 (BGPhMA 40, 5).

[2] So z.B. Leo Scheffczyk, Schöpfung und Vorsehung, Freiburg – Basel – Wien 1963 (HDG II, 2a). Zur Kritik dieser Darstellungsweise vgl. Ulrich Köpf, Literatur zur Dogmengeschichte des Mittelalters, VF 29 (1984) 31–59, zu Scheffczyk: 47.

[3] Natürlich lesen sie dieses Werk immer im Zusammenhang der antiken Auslegungstradition. Vgl. dazu Matthias Baltes, Die Weltentstehung des platonischen Timaios nach den antiken Interpreten. Teil I, Leiden 1976; Teil II: Proklos, Leiden 1978 (PhAnt 30; 35).

Jesu Christi identifizierenden Auffassung verstanden werden[4]. Das platonische Schöpfungsmodell hatte jedoch schon früh Widerspruch durch den Platonschüler Aristoteles erfahren, dessen Lehre von der Ewigkeit der Welt sich bereits in der vorchristlichen Philosophie in wachsendem Maße Geltung verschaffte. Während sich mit Plotin und Porphyrios das nichtzeitliche Schöpfungsverständnis auch im Platonismus endgültig durchsetzte, hielt die christliche Tradition an der wörtlichen, dem biblischen Schöpfungsbericht entsprechenden Auslegung des ‚Timaios' fest und griff bis ins 12. Jahrhundert immer wieder darauf zurück. Die Anschauung von der Ewigkeit der Welt und damit der Widerspruch gegen eine reale Weltschöpfung in der Zeit wurde für die christliche Theologie erst seit den dreißiger Jahren des 13. Jahrhunderts zu einem bedrängenden Problem, als die ‚Libri naturales' des Aristoteles und die Kommentare des Averroes dazu von den Universitäten zunehmend rezipiert wurden[5].

Auch die franziskanische Universitätstheologie hat an der Diskussion um dieses Problem mitgewirkt, obwohl sie grundsätzlich andere Wege im Umgang mit Aristoteles einschlug als jene Theologen wie vor allem Thomas von Aquin, die das Werk des ‚Philosophus' entschlossen in ihre Arbeit aufnahmen. So widmet Bonaventura in seiner scholastischen Phase[6] der Frage nach der Ewigkeit der Welt beachtliche Überlegungen. In seinem Sentenzenkommentar behandelt er sie an zwei Stellen: Innerhalb der Lehre von der *omnipotentia Dei* stellt er die Frage, ob Gott die Welt älter machen konnte als er sie tatsächlich gemacht hat, was in dem Sinn verstanden werden kann, daß er sie von Ewigkeit her (also ohne Anfang) schuf, und am Beginn der Schöpfungslehre fragt er ausdrücklich danach, ob die Welt in der Zeit oder von Ewigkeit her geschaffen sei[7].

Solche Erörterungen halten sich in einem von der akademischen Diskussion vorgegebenen Rahmen und lassen wenig Möglichkeit zu individueller Ausgestaltung. Allerdings bewegen sich auch die Ausführungen im Sentenzenkommentar keineswegs immer in denselben Geleisen, und Bonaventura kann durchaus eigene Akzente setzen: etwa in seiner Ausgestaltung der Ideenlehre oder der Buchmetaphorik[8]. Doch soll diesen Überlegungen hier nicht weiter nachgegangen werden.

Einer Betrachtung, die sich nicht mit der doxographischen Feststellung von Lehrmeinungen und ihrer Analyse auf der rein gedanklichen Ebene begnügt, sondern der

---

[4] Zur Ausbildung einer christlichen Schöpfungslehre vgl. Gerhard May, Schöpfung aus dem Nichts. Die Entstehung der Lehre von der creatio ex nihilo, Berlin – New York 1978 (AKG 48).

[5] Dazu jetzt zusammenfassend: Richard C. Dales, Medieval Discussions of the Eternity of the World, Leiden – New York – København – Köln 1990 (Brill's Studies in Intellectual History 18), der die Diskussion von der Antike bis ins 14. Jahrhundert verfolgt.

[6] Vgl. dazu besonders Joseph Ratzinger, Die Geschichtstheologie des heiligen Bonaventura, München – Zürich 1959, 121–159; Fernand van Steenberghen, Die Philosophie im 13. Jahrhundert, München – Paderborn – Wien 1977, 185–253.

[7] 1 Sent. d. 44 a. 1 q. 4: Utrum Deus potuerit facere mundum antiquiorem; 2 Sent. d. 1 p. 1 a. 1 q. 2: Utrum mundus productus sit ab aeterno an ex tempore.

[8] Vgl. Winthir Rauch, Das Buch Gottes. Eine systematische Untersuchung des Buchbegriffes bei Bonaventura, München 1961 (MThS.S 20); über das ‚Buch der Schöpfung' und seine Lektüre: 28–171.

Verankerung von theologischer Theorie und kirchlicher Lehre im religiösen Leben nachspürt, stellt sich die Frage, ob sich nicht auch hinter den hochmittelalterlichen Diskussionen über die Probleme der Schöpfung ihre lebens- und erfahrungsmäßigen Voraussetzungen erkennen lassen.

Wo liegt eigentlich der religiöse Quellgrund der Schöpfungsvorstellung? Gewiß hat der Christ den alttestamentlichen Schöpfungsbericht vor Augen, der Gottes positives Urteil über seine Schöpfung (Gen. 1, 31) einschließt. Alle weiteren Überlegungen über den Zusammenhang zwischen trinitarischem Gottesverständnis und Schöpfung, über das Verhältnis von Schöpfung und Zeit, über die Einzelheiten des Schöpfungsvorgangs usw. sind unmittelbare oder mittelbare Folgerungen aus den biblischen Aussagen oder auch nur aus dem ersten Glaubensartikel unter mehr oder weniger ausgiebiger Zuhilfenahme von Elementen der philosophischen Schöpfungslehre. Die mittelalterliche Scholastik begnügt sich weitgehend damit, auf Grund theologischer und philosophischer *auctoritates* (darunter die als Axiome betrachteten *articuli fidei*) mit Hilfe eines reich ausgebildeten logischen Instrumentariums Erörterungen anzustellen. Hinter die gedankliche Ebene geht sie kaum zurück.

Die Frage nach lebens- und erfahrungsmäßigen Grundlagen von Theorien ist ein Anliegen der neuzeitlichen, historischen Betrachtungsweise. In der Scholastikforschung wird sie selten gestellt. Aber gerade für die franziskanische Theologie hat Werner Dettloff sie in einer Reihe gehaltvoller und anregender Studien über die spezifisch franziskanischen Voraussetzungen theologischer Theoriebildung verfolgt, in denen er auch mehrfach auf das Thema der Schöpfung eingeht[9]. Mit Recht verweist er dabei – durch Arbeiten Kajetan Eßers[10] angeregt – auf den Gegensatz der franziskanischen Auffassung zu zeitgenössischen Heterodoxien.

Wer das christliche, insbesondere auch das franziskanische Schöpfungsverständnis würdigen möchte, muß sich klarmachen, daß ein positives Verhältnis zur bestehenden Welt auch für den Christen keineswegs selbstverständlich ist. Nicht erst heute entstehen immer wieder Zweifel an Sinn und Güte der Schöpfung – insofern man diese Welt überhaupt als Ergebnis eines Schöpfungsvorgangs versteht. Seit ihren Anfängen ist die Geschichte der Christenheit von Strömungen begleitet, die der materiellen Welt ab-

---

[9] Werner Dettloff, Die Geistigkeit des hl. Franziskus in der Theologie der Franziskaner WiWei 19 (1956) 197–211, besonders 201–203, 209f; „Christus tenens medium in omnibus" – Sinn und Funktion der Theologie bei Bonaventura, WiWei 20 (1957) 28–42, 120–140, besonders 29–33; Die Geistigkeit des hl. Franziskus in der Christologie des Johannes Duns Scotus, WiWei 22 (1959) 17–28; Die franziskanische Vorentscheidung im Denken des heiligen Bonaventura, MThZ 13 (1962) 107–115; Weltverachtung und Heil. Eine Interpretation der allgemeinen Einleitung Bonaventuras zu seinem Ecclesiasteskommentar, in: S. Bonaventura 1274–1974, IV, Grottaferrata 1974, 21–55; Die franziskanische Theologie des hl. Bonaventura, MF 75 (1975) 495–512; Die Rückkehr zum Evangelium in der Theologie. Franziskanische Grundanliegen bei Bonaventura, WiWei 38 (1975) 26–40; Die franziskanische Theologie des Johannes Duns Scotus, WiWei 46 (1983) 81–91, und anderes.
[10] Kajetan Eßer, Die religiösen Bewegungen des Hochmittelalters und Franziskus von Assisi, in: Erwin Iserloh – Peter Manns (Hg.), Festgabe Joseph Lortz, Baden-Baden 1958, II, 287–315; ders., Franziskus von Assisi und die Katharer seiner Zeit, AFH 51 (1958) 225–264.

lehnend begegnen. Es genügt nicht, diese Strömungen traditionsgeschichtlich zu erklären – so wichtig der Nachweis der von ihnen aufgenommenen Traditionen auch ist. Die Aneignung bestimmter Traditionselemente hat gewiß nicht immer, aber ebensogewiß wenigstens zuweilen einen tieferen Grund in persönlicher Disposition, in Erfahrungen und Entscheidungen. Wenn etwa Markion Insekten und Reptilien verspottet und wenn er alles Geschlechtliche verabscheut[11], so muß diese mehr emotionale als rationale Einstellung in irgendwelchen Erfahrungen gründen. Auch der Dualismus im Mittelalter läßt sich zwar auf der Ebene des Gedanklichen fassen und in den Zusammenhang von Lehrtraditionen einordnen. Doch hätten die von der Mehrheitskirche längst verworfenen und vom christianisierten Staat mit empfindlichen Sanktionen belegten Anschauungen nicht so lange und so zäh fortbestehen und gelegentlich wieder in breitestem Umfang öffentlich aufleben können wie bei den Katharern des 12. und 13. Jahrhunderts[12], wenn ihnen nicht eine Überzeugungskraft innewohnte: erfahrungs- und lebensmäßig bewährte und nachvollziehbare Wahrheitsmomente – wenigstens aus der Sicht einzelner, aber mit gemeinschaftsbildender Kraft. Leider fehlt den Quellen für die Lehre der Katharer weitgehend die Unmittelbarkeit, die ihren Hintergrund in Leben, Erleben und Glauben erkennen ließe. Sie stammen fast durchweg aus der katholischen Kirche und sind dementsprechend theologisch überformt. Aber auch die wenigen katharischen Originalwerke, die wir besitzen – wie der ‚Liber de duobus principiis'[13] –, übernehmen in hohem Maße die Argumentationsweise der kirchlichen Theologen und verhüllen dadurch die eigentümlich katharischen Erfahrungen.

Besonders reichen Einblick in die religiösen Grundlagen der theologischen Diskussion bietet dagegen die franziskanische Literatur – vor allem die zahlreichen Schriften, die um die Person des Franz von Assisi herum entstanden sind. Zu den Themen, die dabei besonders hervortreten, gehört die geschaffene Welt. Dieser Sachverhalt ist nicht neu; das intime Verhältnis des Heiligen zur Natur zählt vielmehr zu den bekanntesten und für den Menschen unserer Zeit anziehendsten Zügen seiner Persönlichkeit. Es ist nicht nur häufig dargestellt worden[14], sondern hat auch dadurch besondere Aktualität

---

[11] Vgl. die Nachweise bei Adolf von Harnack, Marcion. Das Evangelium vom fremden Gott, Leipzig ²1924 (Nachdruck Darmstadt 1960/1985), 270*. 273*.

[12] Vgl. Arno Borst, Die Katharer, Stuttgart 1953 (SMGH 12); Georg Schmitz-Valckenberg, Grundlehren katharischer Sekten des 13. Jahrhunderts. Eine theologische Untersuchung mit besonderer Berücksichtigung von Adversus Catharos et Valdenses des Moneta von Cremona, München – Paderborn – Wien 1971 (VGI 11), besonders 105–121; Christine Thouzellier, Controverses vaudoises – cathares à la fin du XIIe siècle, AHDL 27 (1960) 137–227; jetzt in: dies., Hérésie et hérétiques. Vaudois, Cathares, Patarins, Albigeois, Rom 1969 (SeL 116), 81–188, besonders 103–118: II. De la création.

[13] Livre des deux principes. Introduction, texte critique, traduction, notes et index de Christine Thouzellier, Paris 1973 (SC 198).

[14] Aus der fast unüberschaubaren Literatur zu diesem Thema, die vielfach mehr erbaulichen als wissenschaftlichen Charakter hat, hebe ich in subjektiver Auswahl nur wenige Titel hervor: Edward A. Armstrong, Saint Francis: Nature Mystic. The derivation and significance of the nature stories in the Franciscan Legend, Berkeley – Los Angeles – London 1973; Hans-Joachim Werner, Eins mit der Natur. Mensch und Natur bei Franz von Assisi, Jakob Böhme, Albert

erlangt, daß Papst Johannes Paul II. in dem Apostolischen Schreiben (Breve) ‚Inter sanctos praeclarosque viros' vom 29. November 1979 Franz von Assisi zum Patron der Ökologen erklärt hat[15].

Eine Schwäche der bisherigen Untersuchungen zum Thema wie überhaupt eines Großteils der Franziskus-Literatur besteht freilich darin, daß sie Quellen aus den verschiedenen Schichten der franziskanischen Überlieferung weitgehend ununterschieden heranziehen – bis hin zu den späten, aber besonders bekannten und in ihrer literarischen Gestaltung besonders reizvollen ‚Fioretti di S. Francesco'. In der neueren Franziskus-Forschung scheint sich aber immer stärker die Einsicht durchzusetzen, daß die ursprünglichen Nachrichten über die Absichten des Heiligen in seinen eigenen Schriften vorliegen, an denen die späteren Texte gemessen werden müssen. Allerdings sind auch die ‚Opuscula Francisci'[16] mit Vorsicht und Kritik zu benützen, da nur zwei Autographen des Heiligen erhalten sind[17] und er seine Werke in der Regel diktierte oder gar von Mitbrüdern überarbeiten bzw. ausarbeiten ließ. Im folgenden werde ich aus einigen frühen Quellen Äußerungen zum Thema ‚Schöpfung' zusammenstellen, die den Schöpfungsbegriff verwenden. Dabei trenne ich die einzelnen Überlieferungsschichten voneinander, ohne freilich auf die ‚franziskanische Frage' eingehen und die literarkritischen Probleme im einzelnen erörtern zu können[18].

II Die Schriften des Franziskus

In den eigenen Schriften des Franziskus erscheint das Schöpfungsthema nicht sehr häufig, jedoch an einigen bedeutsamen und hervorgehobenen Stellen, die ihm ein gewisses Gewicht innerhalb der Aussagen des Heiligen verleihen. Vor allem aber ist es der Gegenstand eines Gedichts, das unter dem sekundären und fragwürdigen Titel ‚Sonnengesang' berühmt geworden ist[19]. Treffender und auch durch frühe biographi-

---

Schweitzer und Pierre Teilhard de Chardin, München 1986 (Beck'sche Schwarze Reihe 309), 13–37; Oktavian Schmucki, Die Naturmystik des hl. Franziskus, Franziskuskalender 1989, 82–87.

[15] AAS 71 (1979) 1509–1510.

[16] Ich benutze die Ausgabe: Kajetan Eßer, Die Opuscula des hl. Franziskus von Assisi. Neue textkritische Edition. 2. Auflage besorgt von Engelbert Grau, Grottaferrata 1989 (SpicBon 13), abgekürzt zitiert: Opusc. Eine vorzügliche deutsche Übersetzung mit wertvollen Erläuterungen liegt vor in dem Band: Die Schriften des heiligen Franziskus von Assisi. Einführung, Übersetzung, Erläuterungen [von] Lothar Hardick und Engelbert Grau, Werl ⁸1984 (FQS 1).

[17] Die ‚Chartula fratri Leoni data': Opusc. 134–146, und die ‚Epistola ad fratrem Leonem': Opusc. 216–224.

[18] Vgl. neben den Einleitungen in der Edition der ‚Opuscula' besonders: Kajetan Eßer, Studien zu den Opuscula des hl. Franziskus von Assisi, herausgegeben von Edmund Kurten und Isidoro de Villapadierna, Rom 1973 (Subsidia scientifica Franciscalia 4).

[19] Auf die umfangreiche Literatur über dieses Werk kann ich hier gar nicht eingehen. Vgl. die Bibliographie neuerer Arbeiten (1976–1987) in Opusc. XXIXf.

sche Quellen gestützt[20] ist die Rubrik, die sich in der ältesten Handschrift der ‚Opuscula Francisci', dem höchstwahrscheinlich gegen Mitte des 13. Jahrhunderts geschriebenen codex 338 der Biblioteca comunale von Assisi, findet: *Incipiuntur* (sic!) *laudes creaturarum quas fecit beatus Franciscus ad laudem et honorem Dei, cum esset infirmus apud sanctum Damianum*[21]. Durch diese Formulierung sind neben den Umständen der Entstehung auch literarischer Charakter, Absicht und Inhalt der Dichtung angegeben.

Das Werk hat den Charakter eines Lobliedes (*laudes*). In seiner endgültigen Fassung beginnen acht der vierzehn Strophen mit der Anrede: *Laudato si, mi signore* ...[22]; die erste Strophe setzt mit Lob, Verherrlichung, Ehrung und Preis des Herrn durch den Sprecher ein[23], während die letzte Strophe die Hörer dazu auffordert, den Herrn zu loben und zu segnen, ihm zu danken und zu dienen[24]. Nach den beiden einleitenden Strophen fügt der Lobpreis der dritten Strophe Schöpfer und Geschöpf zusammen: *Laudato si, mi signore, cun tucte le tue creature*, und die sechste Strophe schließt einen Dank für die Erhaltung der Geschöpfe durch das Wetter ein[25]. Im übrigen entfaltet Franziskus den in der dritten Strophe gebrauchten allgemeinen Schöpfungsbegriff in die Bezeichnung der einzelnen Geschöpfe: Sonne (Strophe 3f), Mond und Sterne (Strophe 5), Wind, Luft, Wolke, Himmelszelt und Wetter (Strophe 6), Wasser (Strophe 7), Feuer (Strophe 8) und Erde mit ihren Gewächsen (Strophe 9). Daß im folgenden der Lobpreis auch durch Menschen von einer bestimmten Haltung (Strophe 10) und durch den körperlichen Tod (Strophe 12) vermittelt wird, läßt sich aber eher aus nachträglicher Entstehung und Einfügung der letzten Strophen als aus einer Erweiterung des Schöpfungsbegriffs erklären.

So kunstvoll das Lied auch aufgebaut ist – es verrät doch den Ursprung des franziskanischen Schöpfungsverständnisses im unmittelbaren religiösen Erleben. Dieser Lobpreis geht nicht aus einer nüchtern-distanzierten Betrachtung der natürlichen Umgebung oder gar aus einer theoretischen Erörterung über Entstehung und Bau der Welt hervor. Er entspringt vielmehr der inneren Überwältigung durch Eindrücke, die Franziskus von dieser Welt gewonnen hat. Freilich ist es nicht die bloß ästhetische Wahrnehmung der Natur, die zu solcher Äußerung drängt. Es wäre falsch, Franziskus zu einem Vorläufer des modernen, entscheidend durch die Romantik geprägten Naturge-

---

[20] Vgl. 2 Celano 213 (AFranc 10, 253, 16f): *Laudes de creaturis tunc quasdam composuit, et eas utcumque ad Creatorem laudandum accendit.* 217 (AFranc 10, 255, 13–15): *Invitabat etiam omnes creaturas ad laudem Dei,* ...

[21] Opusc. 123. Vgl. dazu auch Kajetan Eßer, Die älteste Handschrift der Opuscula des hl. Franz. (cod. 338 von Assisi), in: ders., Studien (wie Anm. 18), 1–22.

[22] Nämlich die Strophen, 3, 5, 6, 7, 8, 9, 10, 12.

[23] *Altissimu onnipotente bon signore, tue so le laude la gloria e l'honore et onne benedictione.* (Opusc. 128).

[24] *Laudate et benedicete mi signore, et rengratiate et serviateli cun grande humilitate.* (Strophe 14, Opusc. 129)

[25] *Laudato si, mi signore, per frate vento, et per aere et nubilo et sereno et onne tempo, per lo quale a le tue creature dai sustentamento.* (Opusc. 129)

fühls oder auch nur zu einem Wegbereiter der Renaissance zu machen[26]. Gewiß ist sein Verhältnis zu der ihn umgebenden Welt für seine Zeit neu, und das Ungewöhnliche seiner Einstellung zur Natur und seines Umgangs mit ihr fällt besonders ins Auge, wenn man sie mit dem Dualismus der Katharer oder der besonders im Mönchtum verbreiteten Haltung des *contemptus mundi* vergleicht[27]. Aber gerade die ‚Laudes creaturarum' zeigen, daß das Schöpfungsverständnis des Franziskus durch und durch religiös ist, d. h. über die Geschöpfe hinaus unweigerlich zum Schöpfer führt. Franziskus steht auch allen Vorstellungen von einer selbsttätig schöpferischen (Göttin) Natur ganz fern. Sein Lobpreis richtet sich durch die Geschöpfe hindurch auf den einen, persönlich gedachten Schöpfer. Daß er damit das altkirchliche Bekenntnis zu Gott dem Schöpfer aufnimmt, mindert nicht die Bedeutung seiner spontan wirkenden Aussagen, die dogmatische Sätze gleichsam wieder in das Leben zurückführen, dem sie entsprungen sind.

Persönlicher Lobpreis und Ermahnung anderer zum Schöpferlob sind die Grundformen, in denen Franziskus mit der Schöpfung umgeht. Dies zeigen auch andere Schriften. So fordert eine nur von zwei späten Zeugen überlieferte, neuerdings nachdrücklich für Franziskus in Anspruch genommene ‚Ermahnung zum Lobe Gottes' alle Geschöpfe auf, den Schöpfer zu preisen[28]. Die ‚Regula non bullata' enthält vor dem Schlußkapitel ein großes Gebet (cap. 23), das durch eine feierliche Danksagung an Gott für die Erschaffung der geistigen und körperlichen Wesen im allgemeinen und des Menschen im besonderen eingeleitet wird[29]. Der Dank für das Schöpfungswerk mit all seinen Konsequenzen – Liebe zum Schöpfergott, Verlangen nach ihm, Freude an ihm, Glaube, Dienst, Ehrerbietung usw. – durchzieht das ganze Gebet. Zuvor (cap. 21) hatte Franziskus die Brüder eindringlich aufgefordert, den trinitarischen Gott, den Schöpfer aller Wesen, zu fürchten und zu ehren, zu loben und zu preisen, ihm zu danken und ihn anzubeten[30]. Sogar die Kranken werden gebeten, dem Schöpfer „für alles" zu danken[31]. Franziskus schließt nirgends eine distanzierte Betrachtung

---

[26] So in klassischer Weise Henry Thode, Franz von Assisi und die Anfänge der Kunst der Renaissance in Italien, Berlin ³1926, besonders 48–66.

[27] Zum *contemptus mundi* vgl. Francesco Lazzari, Mistica e ideologia tra XI e XIII secolo, Milano – Napoli 1972, mit mehreren einschlägigen Beiträgen. Der freundschaftliche Umgang mit Tieren ist allerdings ein altes monastisches Thema; vgl. Gregorio Penco, L'amicizia con gli animali, VM 17 (1963) 3–10.

[28] Exhortatio ad laudem Dei 11 (Opusc. 283): *Omnes creaturae benedicite* (so die Handschrift aus dem 15. Jahrhundert; Wadding schreibt in seiner Edition in den Annales Minorum I, 1625, Ad annum 1213, a. 17: *laudate*) *Dominum*.

[29] Regula non bullata 23,1 (Opusc. 399): *Omnipotens, sanctissime, altissime et summe Deus, Pater sancte et iuste, Domine rex caeli et terrae, propter temetipsum gratias agimus tibi, quod per sanctam voluntatem tuam et per unicum Filium tuum cum Spiritu Sancto creasti omnia spiritualia et corporalia et nos ad imaginem tuam et similitudinem factos in paradiso posuisti*.

[30] Regula non bullata 21,2 (Opusc. 394): *Timete et honorate, laudate et benedicite, gratias agite et adorate Dominum Deum omnipotentem in trinitate et unitate, Patrem et Filium et Spiritum Sanctum, creatorem omnium*.

[31] Regula non bullata 10,3 (Opusc. 387): *Et rogo fratrem infirmum, ut referat de omnibus gratias Creatori*.

oder wissenschaftliche Untersuchung der Schöpfung aus; aber sein eigenes Verhältnis zu ihr ist von anderen Motiven bewegt – von durchweg positiven Empfindungen, die sich in Dank und Lobpreis niederschlagen.

Für solche Äußerungen seiner Erfahrungen und Gefühle muß er sich freilich keine neuen sprachlichen Mittel schaffen. Mehrfach kleidet er seine Empfindungen des Dankes in Worte der Heiligen Schrift, so in Anlehnung an Ps. 102, 22[32] oder Apc. 5, 13[33]. Über die Entlehnungen aus der Bibel hinaus führen Formulierungen, die zeigen, daß in die Schriften des Franziskus theologisches Traditionsgut eingegangen ist – ein Sachverhalt, der es problematisch macht, einfach von Franziskus als Verfasser zu sprechen. So verbindet das große Gebet in cap. 23 der ‚Regula non bullata' den Dank für die Schöpfung (23, 1) mit dem für die in der Menschwerdung und in der Passion Jesu begründete Erlösung (23, 3) und dem für die künftige Wiederkehr des Sohnes zum Gericht (23, 4)[34]. Was hier in verbaler Form ausgedrückt wurde, das wird im folgenden verbal und substantivisch wiederholt: Unsere Liebe zu Gott ist darin begründet, daß er uns geschaffen und erlöst hat und uns durch seine Barmherzigkeit erretten wird (23, 8)[35]. Unser einziges Sehnen, Wollen und Wohlgefallen ist auf unseren Schöpfer, Erlöser und Retter gerichtet (23, 9)[36]; alle religiösen Regungen und Verhaltensweisen zielen auf Gott als den Schöpfer aller Dinge und Retter aller, die an ihn glauben, auf ihn hoffen und ihn lieben (23, 11)[37]. Die Zuordnung der Schöpfung zur Erlösung, ihre Einordnung in ein Schema, das über die Erlösung zur endgültigen Rettung führt, ist kein unmittelbarer Ausdruck von Erfahrungen und Einstellungen mehr, sondern stellt eine theologische Deutung der Schöpfung im großen Zusammenhang der Heilsgeschichte dar.

---

[32] Exhortatio ad laudem Dei 11 (Opusc. 283): *Omnes creaturae benedicite Dominum*; vgl. Psalterium Gallicanum 102, 22 (rec. R. Weber): *benedicite Domino omnia opera eius*.

[33] Epistola ad fideles II, 61 (Opusc. 211): *Ei autem qui tanta sustinuit pro nobis ... omnis creatura, quae est in caelis, in terra, in mari et in abyssis, reddat laudem Deo, gloriam, honorem et benedictionem*; Laudes ad omnes horas dicendae 8 (Opusc. 320): *Et omnis creatura, quae in caelo est et super terram et quae subtus terram et mare et quae in eo sunt: Et laudemus et superexaltemus eum in saecula*; vgl. Apc. 5, 13 (rec. R. Weber): *et omnem creaturam quae in caelo est et super terram et sub terram et quae sunt in mari et quae in ea omnes audivi dicentes sedenti in throno et agno benedictio et honor et gloria et potestas in saecula saeculorum*.

[34] Regula non bullata 23 (Opusc. 399): *(1) ... gratias agimus tibi, quod per sanctam voluntatem tuam et per unicum Filium tuum cum Spiritu Sancto creasti omnia spiritualia et corporalia ... (3) Et gratias agimus tibi, quia sicut per Filium tuum nos creasti, sic ... ipsum verum Deum et verum hominem ... nasci fecisti et per crucem et sanguinem et mortem ipsius nos captivos redimi voluisti. (4) Et gratias agimus tibi, quia ipse Filius tuus venturus est in gloria maiestatis suae ...*

[35] Regula non bullata 23, 8 (Opusc. 400): *Omnes diligamus ... Dominum Deum, qui ... nos creavit, redemit et sua sola misericordia salvabit ...*

[36] Regula non bullata 23, 9 (Opusc. 401): *nihil ergo aliquid aliud desideremus, nihil aliud velimus, nihil aliud placeat et delectet nos nisi Creator et Redemptor et Salvator noster ...*

[37] Regula non bullata 23, 11 (Opusc. 401): *... creatori omnium et salvatori omnium in se credentium et sperantium et diligentium eum ...*

Mit diesem Schema nimmt die ‚Regula non bullata' Gedanken aus der theologischen Tradition[38] auf, deren Kenntnis eine gewisse theologische Bildung und deren sinnvolle Verwendung tieferes theologisches Verständnis voraussetzen. Man muß fragen, ob Franziskus solche theologische Kompetenz überhaupt zugetraut werden kann. Auch wenn man die Selbstbezeichnung des Heiligen als *ignorans et idiota*[39] nicht zu eng verstehen darf, kennzeichnet sie doch richtig seinen Mangel an literarischer, wissenschaftlicher und speziell theologischer Bildung[40]. Gewiß konnte Franziskus viele Schriftworte auswendig; aber der Bericht Jordans von Giano, Franziskus habe den von ihm in einfachen Worten konzipierten Text der ‚Regula non bullata' durch den gelehrten Caesarius von Speyer mit Worten des Evangeliums ausschmücken lassen[41], scheint zuverlässig zu sein. Wenn aber nicht einmal die Schriftzitate der Regel durchweg von Franziskus stammen, so ist die Vermutung nicht von der Hand zu weisen, daß die heilsgeschichtliche Einordnung der Schöpfung mit präzisen theologischen Begriffen das Werk theologisch gebildeter Mitbrüder ist. Doch mag diese Frage hier auf sich beruhen; in unserem Zusammenhang ist nur wichtig, daß sich bereits in den Schriften, die auf Franziskus zurückgehen, über den Ausdruck religiöser Erfahrungen und Haltungen hinaus Formulierungen finden, die Ansatzpunkte für eine theologische Theoriebildung darstellen. Im Übergang von der verbalen zur substantivischen Ausdrucksweise läßt sich noch die begriffliche Verfestigung des heilsgeschichtlichen Schemas nachvollziehen. Aber natürlich setzt bereits die verbale Formulierung des dreifachen göttlichen Werks (Regula non bullata 23, 1–4) eine theologische Vorstellung der Heilsgeschichte voraus.

Eine kleine Gruppe weiterer Äußerungen ergänzt die behandelten Stellen und spitzt das Verständnis der Schöpfung im allgemeinen auf die Sicht des Menschen als Geschöpf Gottes und seiner Stellung innerhalb der geschöpflichen Welt zu.

Mehr beiläufig, aber aus einem tieferen Grund redet Franziskus in seinem ‚Brief an den ganzen Orden' von Gott als dem Schöpfer. Er begründet hier seine Ermahnung, die liturgischen Gefäße und die für den Gottesdienst bestimmten Bücher zu bewahren, mit dem Zweck, uns die Erhabenheit des Schöpfers und unsere Unterwerfung

---

[38] Vgl. z.B. die Schemata bei Bernhard von Clairvaux, De gratia et libero arbitrio 49 (Opera ed. Jean Leclercq u.a., III, Rom 1963, 201): creatio, reformatio, consummatio – auf das Wirken der göttlichen Gnade im individuellen Willen bezogen; Sermo in Nativitate 2,1 (Opera IV, Rom 1966, 251): prima nostra creatio, praesens redemptio, futura glorificatio – Werke Gottes im einzelnen religiösen Subjekt.

[39] Epistola toti ordini missa 39 (Opusc. 262); vgl. Testamentum 19 (Opusc. 440).

[40] Vgl. dazu die sorgfältige und ausgewogene Darstellung von Oktavian Schmucki, „Ignorans sum et idiota" – Das Ausmaß der schulischen Bildung des hl. Franziskus von Assisi, in: Studia historico-ecclesiastica, Rom 1977 (BPAA 19), 283–310. Ohne Kenntnis dieses grundlegenden Beitrags kommt Giovanni Lauriola, Intorno alla cultura di Francesco d'Assisi, StFr 78 (1981) 307–327, zu problematischen Ergebnissen.

[41] Chronica fratris Jordani 15, ed. Heinrich Boehmer, Paris 1908 (Collection d'études et de documents 6), 15: *Et videns beatus Franciscus fratrem Cesarium sacris litteris eruditum ipsi commisit, ut regulam, quam ipse simplicibus verbis conceperat, verbis ewangelii adornaret. Quod et fecit.*

unter ihn einzuprägen⁴². Auch wenn die nähere Ausführung des Gedankens singulär ist, führt er doch in den Mittelpunkt von Franziskus' Denken: Der ganze Gottesdienst ist dazu bestimmt, den Schöpfer zu verherrlichen.

Ein Kapitel der ‚Admonitiones' stellt den Adel des Menschen als Geschöpf in seiner ursprünglichen Verfassung kontrastierend seiner realen Situation gegenüber. Während Gott den Menschen körperlich nach dem Bilde und geistig nach der Ähnlichkeit seines Sohnes erschaffen hat, dienen, erkennen und gehorchen doch alle anderen Geschöpfe ihrem Schöpfer besser als der Mensch, der ihn gekreuzigt hat und ihn noch immer durch das Vergnügen an den eigenen Lastern und Sünden kreuzigt⁴³.

Schließlich betont Franziskus in seinem ‚Zweiten Brief an die Gläubigen' mit Worten von 1. Petr. 2, 13, wir dürften nicht danach verlangen, über anderen Menschen zu stehen, sondern müßten Gottes wegen Sklaven und Untergebene jedes menschlichen Geschöpfes sein⁴⁴. Während die Forderung hier im Kontext von Ausführungen über Einfachheit, Demut, Reinheit und Verachtung des Körpers steht, findet sie sich in der ‚Regula non bullata' als Gegensatz zur Streitsucht.

Die ‚Regula non bullata' faßt beide Aspekte – den ethischen und den dogmatischen – in einer Anweisung für die Heidenmissionare im Orden zusammen. Die Brüder haben zwei Möglichkeiten, unter den Heiden ein geistliches Leben zu führen: In ihrem Verhalten sollen sie sich als wahre Christen zeigen und jeden Streit vermeiden, indem sie sich ihren menschlichen Mitgeschöpfen unterwerfen; in ihrer Lehre sollen sie den Glauben an den trinitarischen Gott, den Schöpfer aller Dinge, Erlöser und Heilbringer verkünden⁴⁵. Auch diese Anweisung setzt theologische Überlegungen voraus und führt sie in die Praxis religiösen Lebens zurück.

III Ausblick auf die frühesten biographischen Quellen

Zum Schluß werfen wir noch einen Blick auf die frühesten biographischen Quellen, ohne sie jedoch in der gleichen Ausführlichkeit betrachten zu können wie die ‚Opus-

---

⁴² Epistola toti ordini missa 34 (Opusc. 261f): *debemus ... nos ... etiam ad insinuandam in nobis altitudinem Creatoris nostri et in ipso subiectionem nostram vasa et officialia cetera custodire, quae continent verba sua sancta.*

⁴³ Admonitiones 5,1f (Opusc. 109): *Attende, o homo, in quanta excellentia posuerit te Dominus Deus, qui creavit et formavit te ad imaginem dilecti Filii sui secundum corpus et similitudinem secundum spiritum. Et omnes creaturae, quae sub caelo sunt, secundum se serviunt, cognoscunt et obediunt Creatori suo melius quam tu ...*

⁴⁴ Epistola ad fideles II, 47 (Opusc. 210f): *Numquam debemus desiderare esse super alios, sed magis debemus esse servi et subditi omni humanae creaturae propter Deum.*

⁴⁵ Regula non bullata 16,5–7 (Opusc. 390): *Fratres vero, qui vadunt* [sc. inter saracenos et alios infideles], *duobus modis inter eos possunt spiritualiter conversari. Unus modus est, quod non faciant lites neque contentiones, sed sint subditi omni humanae creaturae propter Deum et confiteantur se esse christianos. Alius modus est, quod, cum viderint placere Domino, annuntient verbum Dei, ut credant Deum omnipotentem, Patrem et Filium et Spiritum Sanctum, creatorem omnium, redemptorem et salvatorem Filium ...*

cula Francisci'. Ich beschränke mich dabei auf die beiden Viten des Thomas von Celano (1228 und 1246–47), die Dreigefährtenlegende (1246) und die anonyme Sammlung mündlicher Überlieferungen, die 1310/12 entstand und unter verschiedenen problematischen Namen ediert und benützt wurde, richtig aber als ‚Compilatio Perusina' zu bezeichnen ist[46].

Alle diese Quellen bestätigen eindrucksvoll, was wir an den ‚Opuscula' des Franziskus über seinen ursprünglichen Umgang mit der Schöpfung erfahren haben. In diesen erzählenden Schriften tritt die unmittelbare Beziehung des Heiligen zu den Geschöpfen sogar ganz in den Vordergrund. Mit großer Anschaulichkeit schildern sie typische Episoden aus seinem Leben, seinen Umgang mit Tieren und sein Verhalten gegenüber Pflanzen, aber auch gegenüber der unbelebten Natur. Diese Bestandteile der Überlieferung gehören zu den bekanntesten Elementen des volkstümlichen Franziskusbildes; aus ihnen ist auch unsere Vorstellung von Franziskus zu einem guten Teil geformt. Sie berichten von der großen Liebe des Heiligen zu allen Geschöpfen[47], die bei ihm geradezu ein geschwisterliches Verhältnis zu ihnen schafft[48] und die wiederum bei den Tieren, ja selbst bei seelenlosen Geschöpfen wie dem Feuer Respekt, Zuneigung und Verehrung gegenüber Franziskus auslöst[49].

Der unmittelbare Ausdruck dieser Beziehung zur Schöpfung sind die Freude, die Franziskus bei der Betrachtung der Geschöpfe empfindet, und das Lob, in das er spontan ausbricht. Aber auch die erzählenden Quellen heben durchweg eindringlich den religiösen Charakter seiner Einstellung zur Schöpfung hervor. Franziskus empfindet keinen ästhetischen Naturgenuß, sondern er genießt Süße, wenn er in den Geschöpfen die Weisheit des Schöpfers betrachtet; er freut sich unaussprechlich, wenn er bei dieser Betrachtung die Sonne, den Mond und die Gestirne anschaut, und er entbrennt vor Liebe beim Anblick von Würmern, wenn er an das auf Christus gedeutete Psalmwort denkt: „Ich bin ein Wurm und kein Mensch." (Ps. 21, 7)[50]. Franziskus freut

---

[46] Einen ausgezeichneten Überblick über die biographischen Quellen bietet Engelbert Grau in: Thomas von Celano, Leben und Wunder des heiligen Franziskus von Assisi. Einführung, Übersetzung, Anmerkungen [von] E. Grau, Werl ⁴1988 (FQS 5), 29–71. Zu den in der Literatur gebräuchlichen Namen der Compilatio Perusina: 61f.

[47] 1 Celano 77 (AFranc 10, 57): *Affluebat spiritu charitatis, pietatis viscera gestans, non solum erga homines necessitatem patientes verum etiam erga muta brutaque animalia, reptilia, volatilia et caeteras sensibiles et insensibiles creaturas.* Im folgenden berichtet Thomas über das Verhältnis des Heiligen zu Tieren.

[48] 1 Celano 81 (AFranc 10, 60): *Omnes denique creaturas fraterno nomine nuncupabat, ...*; vgl. 1 Celano 58–61, 79; 2 Celano 47, 75, 111, 165, 170–172, 200 und öfter.

[49] 1 Celano 59 (AFranc 10, 46), 2 Celano 166 (AFranc 10, 227): die Geschöpfe erwidern die Liebe des Heiligen zu ihnen; 2 Celano 168 (AFranc 10, 228): die Geschöpfe verehren in ihm den Liebhaber des Schöpfers – auch diese Zuneigung transzendiert also die geschöpfliche Ebene.

[50] 1 Celano 80 (AFranc 10, 59f): *Quis enarrare sufficeret dulcedinem qua fruebatur contemplans in creaturis sapientiam Creatoris, potentiam et bonitatem eius? Revera miro atque ineffabili gaudio ex hac consideratione saepissime replebatur, cum respiciebat solem, cum lunam cernebat, cum stellas et firmamentum intuebatur ... Circa vermiculos etiam nimio flagrabat amore, quia legerat de Salvatore dictum: Ego sum vermis et non homo.*

sich über die Geschöpfe aus Liebe zum Schöpfer[51]; er lobt in den Geschöpfen den Schöpfer und lädt alle Geschöpfe zum Lob ihres Schöpfers ein. Besonders anschaulich sind die Szenen geschildert, in denen er Tiere aller Art zum Preis des Schöpfers auffordert: die Vögel, denen er eine Predigt hält[52], den Fasan, der ihm zum Verzehr geschenkt wird[53], die Grille, die in seiner Nähe wohnt[54]... Sein Verhältnis zu all diesen Geschöpfen ist durch und durch religiös; es ist in der gemeinsamen Beziehung zum Schöpfer begründet, die ja ebenso Brüderlichkeit zwischen den Menschen schafft[55].

So sehr sich auch die erzählenden Quellen als bloße Schilderungen eines vergangenen Lebens geben mögen, deren historische Zuverlässigkeit hier nicht zur Diskussion steht – sie enthalten doch wichtige Ansatzpunkte zu einem theologischen Verständnis der Schöpfung. Besonders Thomas von Celano hat eine theologische Konzeption im Auge, die er im Umgang des Franziskus mit der Schöpfung begründet sieht[56]. Eine neue Stufe erreicht das franziskanische Schöpfungsverständnis mit Bonaventura, der zugleich als Franziskusbiograph wie als scholastischer Theologe und außerhalb des Rahmens schulmäßiger Diskussion literarisch tätig war. Er hat das spezifisch franziskanische Verhältnis zur Schöpfung erstmals umfassend und in verschiedenen Zusammenhängen theologisch durchdacht. Doch mit ihm verlassen wir bereits den Kreis der Quellen, die in diesen fragmentarischen Bemerkungen ausgewertet werden konnten.

---

[51] Compilatio Perusina 110 („Compilatio Assisiensis" dagli Scritti di fr. Leone e Compagni su S. Francesco d'Assisi, a cura di Marino Bigaroni, Porziuncola 1975 [Pubblicazioni della Biblioteca Francescana Chiesa Nuova – Assisi 2], 344): *Nam beatus Franciscus in tantum letabatur in creaturis propter amorem Creatoris* ...

[52] 1 Celano 58 (AFranc 10, 45): *Fratres mei, volucres, multum debetis laudare creatorem vestrum et ipsum diligere semper* ...

[53] 2 Celano 170 (AFranc 10, 229).

[54] 2 Celano 171 (AFranc 10, 229).

[55] Leg 3 Soc 58 (ed. Th. Desbonnets, AFrH 67 [1974], 132): ... *[illi, qui delicate vivunt et curiose ac superflue induuntur] fratres sunt in quantum ab uno creatore creati* ...

[56] 2 Celano 165 (AFranc 10, 226): *In artificio quolibet commendat Artificem, quidquid in factis reperit, regerit in Factorem. Exsultat in cunctis operibus manuum Domini, et per iucunditatis spectacula vivificam intuetur rationem et causam. Cognoscit in pulchris Pulcherrimum; ... Per impressa rebus vestigia insequitur ubique dilectum, facit sibi de omnibus scalam, qua perveniatur ad solium.*

DER ABSCHIED VON DEN KOSMISCHEN ENGELN IM WERK ALBERTS DES GROSSEN

Ludwig Hödl

Längst nach der Zeit Alberts d. Gr. schrieb Dante Alighieri in der Divina Comedia, im 7. Gesang des Paradiso[1]:

> Die Engel, Bruder, und das reine Leben,
> in dem du stehst, kann man geschaffen nennen,
> so wie sie sind, in ihrem ganzen Wesen.
>
> Jedoch die Elemente, die du nanntest,
> und jene Dinge, die man daraus machte,
> sind von geschaffner Kraft gebildet worden.
>
> Geschaffen ward der Stoff, draus sie bestehen,
> geschaffen ward die Kraft, die sie gebildet
> in diesen Sternen, die hier um sie kreisen.
>
> Die Seele jedes Tiers und jeder Pflanze
> empfängt je nach der Mischung ihrer Kräfte
> Strahl und Bewegung dieser heiligen Sterne.
>
> Doch euer Leben atmet ohne Mittler
> die höchste Güte, die euch so mit Liebe erfüllt,
> daß ihr euch ewig danach sehnt.
>
> Und daraus kannst du eure Auferstehung
> auch noch begreifen, mit der Überlegung,
> wie einst der Menschen Fleisch geschaffen wurde
> bei der Erschaffung unsrer ersten Eltern.

Auch der Engel und der Mensch sind im biblischen Verständnis Geschöpfe Gottes. Die Elemente aber – Luft, Feuer, Wasser, Erde – und alles was aus ihnen wurde, sind in einem anderen, potenziertem Sinne geschaffen: „geschaffen ward der Stoff ... geschaffen ward die Kraft, die sie gebildet". Die elementare, stoffliche Wirklichkeit ist in

---

[1] Dante Alighieri, Die Göttliche Komödie, ital.-dt. von H. Gmelin. III. Teil: Das Paradies, Stuttgart o. J., 89.

einem doppeltem Sinne geschaffen und darum auch ganz und gar vergänglich, weil nicht nur die Materie geschaffen ist, sondern auch die kosmischen Intelligenzen, die sie unter dem Einfluß der Erstursache geschaffen haben. Die Geistwesen – der Engel und der Mensch in seinem „reinen Wesen" – sind allein von Gott abhängig. „Man kann sie geschaffen nennen", aber dieses Geschaffensein hat noch die Kraft und den Glanz des Ursprünglich-Entsprungenen. Die Nähe und der unmittelbare Einfluß der Erstursache verleiht den Geistwesen ihre Beständigkeit und Unvergänglichkeit, die allerdings auch den Geistwesen immer nur im ewigen Verlangen und Hoffen zuteil werden können.

Die den Kosmos durchwaltende und formende Kraft des Geistes ist für Dante auch das kosmische Unterpfand der Auferweckung des Fleisches. Unter Anspielung auf die von Paulus in 1. Kor 15,40 erwähnte Analogie, daß „die himmlischen Leiber anders strahlen als die irdischen", belehrt Beatrice den Dichter, daß bei der Auferweckung des Fleisches noch einmal Gottes Geisteskraft in den kosmischen Geist-Wesen neu zum Leuchten kommt. Die kosmischen Energien des Geistes, Engel und Geist-Wesen, sind Anzeige der Herrlichkeit Gottes, deren die ganze Schöpfung voll ist, wie es im Trishagion (vgl. Jes. 6,3) heißt.

Die elementare untere Welt wird von der letzten Himmelssphäre gelenkt. Die Himmelskörper sind ebenso geschaffen wie ihre geistmächtigen Beweger. Diese strahlen die schöpferische Herrlichkeit Gottes, der Erstursache, über den Kosmos aus und gründen sie in die Kräfte und Formen des kosmischen Lebens ein. Die substanzialen Geisteskräfte des Kosmos, die diesen in seinem Lauf und Bestand sichern, sind Träger und Mittler der schöpferischen Macht Gottes. In ihnen verdichtet sich die Herrlichkeit des Schöpfers und die Hoffnung der Schöpfung. Der Feuerhimmel Gottes bildet nach diesem Verständnis den Horizont der Schöpfung. In ihm ist die absolute Einheit des Vielfältigen und der Friede des Ruhelosen vorgegeben; ihm ist die ganze Hoffnung der Schöpfung eingestiftet. Im 2. Gesang des Paradiso dichtete Dante[2]:

> Im Innern von des Gottesfriedens Himmel
> dreht sich ein Körper, und in dessen Kräften
> ruht alles noch in ihm beschloßne Wesen.
>
> Der Himmel, der ihm folgt so vielgestaltet,
> teilt dieses Wesen in verschiedne Formen,
> von ihm verschieden und in ihm enthalten.
>
> Die nächsten Sphären müssen dann verschieden
> die Unterschiede, die sie in sich tragen,
> zu ihrem Zweck und ihren Saaten leiten.

---

[2] Ebd. 27.

So regen, wie du nunmehr hast gesehen,
die Glieder dieser Welt sich stufenweise –
von oben nehmend und nach unten wirkend.

Weltanschauung ist allererst Sache der Mentalität und dann erst Sache des Erkennens und des Wissens. Die Entdivinisierung des Kosmos war in der mittelalterlichen Philosophie und Theologie ein unendlich mühsamer und angestrengter Weg, der nicht in einem kühnen Sprung bewerkstelligt werden konnte. Einen Markstein in dieser Geschichte setzte Albert d. Gr., indem er kosmische Beweger (Intelligenzen) und biblische Engel kritisch unterschied. Von Alberts Kosmologie bis zur Himmelsmechanik des Kopernikus (1473–1543) und des Galilei (1564–1642) ist noch ein weiter Weg, Alberts Lehre von den kosmischen Intelligenzen und den biblischen Engeln ist aber ein entscheidender Schritt auf diesem Weg.

I Alberts Theorie von den kosmischen Intelligenzen

Schöpfungstheologie und philosophische Kosmologie begegnen sich in der mittelalterlichen Geisteswelt in der Grundannahme, daß die Welt eine ist und auch die einzige. Für die Theologie ist die eine und einzige Welt mit dem Glauben an den einen Gott und Schöpfer des Himmels und der Erde gegeben; die neuzeitliche Philosophie postulierte diese These, da eine Vielheit von gleichzeitig oder nacheinander existierender Welten philosophisch nicht zu bewältigen ist. In den Kommentaren zu des Aristoteles Schrift De caelo et mundo begründeten die scholastischen Theologen und Philosophen die Einheit und Einzigkeit der Welt.

1. „mundus unus et unicus"

Albert schrieb um 1251 seine Erklärung „Über den Himmel und die Welt"[3]: die eine Welt ist zugleich die einzige, die sein kann, und auch umgekehrt muß gelten: diese einzige Welt muß als solche und in sich die eine sein: „unus et unicus"[4]. Diese Einheit und Einzigkeit erklärte er mit Aristoteles aus der durchgehenden und umgreifenden Einheit und Differenz des Seienden. Form und Materie konstituieren ebenso die untere stoffliche Weltwirklichkeit wie auch die Himmelskörper. Während die stoffgebundenen Formen die sublunarische Welt in ihrer mannigfachen Vielfalt und je unterschiedlichen Vereinzelung bestimmen, stehen die Himmelskörper in den acht Sphären unter der Formkraft und Energie der Intelligenzen, die ihrerseits einfach und unteilbar, unbewegt und alles bewegend, lichtmächtig und geistbegabt sind[5].

[3] Alberti Magni OP, De caelo et mundo, ed. P. Hossfeld, Opera omnia V. 1, Münster 1971.
[4] Ebd. Lib. I tr. 3 c. 4, ed. 61–65: „De probatione metaphysica, quae est per primum motorem, quod caelum est unum …"
[5] Ebd.

Diese Differenz des Vielfachen und Kosmischen kommt in der Bewegung zur Einheit, Ganzheit und Fülle. Bewegung ist der Vollzug der Einheit in der kosmischen Vielfalt; Bewegung ist die Ganzheit in der unterschiedlichen Fülle. So wie die Geisteskraft im Menschen das Stoffliche, Vegetative und Sensitive erfaßt, durchformt, eint und aufhebt, so muß auch in den Himmelssphären die Geistenergie die Himmelskörper in ihrer Ordnung und Bewegung leiten und lenken. In der kreisenden Bewegung der Himmelssphären, in der jeder Punkt der Peripherie Anfang und Ende ist, offenbart sich die Geistesmacht und Ordnung der kosmischen Beweger, der Intelligenzen. Die kreisende Bewegung der Himmelskörper darf nicht getrennt von diesen gesehen werden, darf aber auch nicht in diese eingegründet werden. Die Bewegung ist ein „mo(vi)mentum" der Himmelskörper in ihrer Sphärenbewegung. Entsprechend der Differenzierung der Formen und der Empfänglichkeit und Empfindsamkeit der Materie erlangt die Bewegung ihre Fülle und Vollkommenheit. Die Materialität der Himmelskörper ist so beschaffen, daß sie unter der Formkraft des Geistes ihre vollkommene kosmische Bewegung erlangt. Die Theorie von beseelten Himmelskörpern – analog zum menschlichen Körper – lehnte Albert definitiv ab[6], denn in dieser Sicht müßte auch die Materialität der Himmelskörper von der Potenz und dem ihr anhaftendem Mangel her verstanden werden, und die Formkraft der Intelligenzen wäre so gesehen „forma corporis".

Die Bewegung der Himmelskörper ist einerseits bestimmt und geformt von der überströmenden Kraft der kosmischen Intelligenzen, andererseits aber bedingt durch die Materie in ihrem reinen Streben nach Vollendung. Die Formkraft der Intelligenzen ist als solche unbegrenzt und erhält die an sich begrenzten Himmelskörper in immerwährender kreisender Bewegung. Die „vis motiva" des Himmels ist lichtmächtig, geistbestimmt und im ewigen Verlangen nach Vollkommenheit bewegt. In jeder Materie ist aber der Bezug zu Ort und Zeit mitgegeben, auch in der Stofflichkeit der Himmelskörper. In deren stetiger Bewegung sind Raum und Zeit erfüllt. Die Himmelssphären sind der räumliche und zeitliche Horizont der elementaren unteren Welt, die Heimat unserer Welt. Die kosmischen Intelligenzen sind keine freischwebenden Geister, sondern Energien des Kosmos. Ihr Ort ist die Ordnung des Kosmos[7]. Die kosmischen Geist-Beweger haben ihren unvergleichlichen und unvertauschbaren Ort im Kosmos. Albert konnte darum die kosmischen Intelligenzen nicht mit den Engeln des Himmels identifizieren. Doch darüber ist später ausführlich zu handeln. Kraft und Ordnung der Bewegung der Himmelskörper konnte Albert nicht aus den diesen Körpern eingründenden Gesetzen (der Trägheit und der Massenanziehung) erklären; er verselbständigte diese in den separaten Substanzen der kosmischen Intelligenzen.

Die Himmelskreise brauchen einen Beweger, und dieser Motor, welcher der Bewegung Ebenmaß, Ordnung und Zielbestimmung verleiht, muß geistmächtig sein.

---

[6] Ebd. c. 4, ed. 65
[7] Ebd. c. 4, ed. 63f.

„… idem est ibi intelligens movens et intentum in opere constituto per intellectum …"[8] Der menschliche Intellekt ist nur im Akt des Erkennens mit dem Erkannten eins; der universale kosmische Intellekt ist von Natur aus und vom Wesen her mit dem Erkannten als Intelligiblen eins. Für diesen gilt der Grundsatz, den Albert in allen seinen Schriften wiederholt anführt: „opus naturae est opus intelligentiae"[9]. Die Wirklichkeit der Natur ist das kosmische Leben, das in seiner Fülle Erkennen ist, und dieses umfaßt den Schichtenbau des Lebendigen: das organische, sensitive und psychische Leben. „Weil die Bewegung des Himmels die Bewegung durch die Intelligenz ist, darum läßt sie das ganze Werk der Natur Werk der Intelligenz sein, und wenngleich es Bewegung des Körpers ist, so ist doch die Kraft der Intelligenz in ihr wirksam, ebenso wie in der Bewegung des beseelten Körpers"[10].

Albert wußte sehr wohl, „daß der Philosoph Aristoteles an keiner Stelle seiner Schriften, soweit wir davon Kenntnis haben"[11], ausdrücklich von den Intelligenzen spricht; die Ausdrucksweise stammt von den arabischen und neuplatonischen Philosophen. Sie ist aber als Interpretament der aristotelischen „substantiae separatae" nach Albert nicht falsch. Einerlei ob man die Beweger der Himmelssphären „Intelligenz oder caelestis animus sive mens caelestis oder mit einem anderen Namen benennt"[12], entscheidend ist die Erkenntnis, daß die „natura", das Leben im Kosmos vom Intellekt umfangen und durchformt ist. Die natürliche Vollkommenheit durch den Intellekt ist die intelligible Vollkommenheit der Natur. Die Lebensenergie des Lichtes, die sich in der Bewegung des Himmels und im Wachstum auf der Erde durch den ganzen Kosmos verbreitet und entfaltet, ist vom Ursprung und Bestand her Energie der Intelligenz. Im Verständnis der „natura intellectualis" kommen Licht und Intellekt zusammen, wirken synergetisch im Leben des Kosmos. Die Redeweise vom Licht des Intellekts ist eine kosmologische Metapher, die im Makrokosmos und im Mikrokosmos ihre unauslotbare Bedeutung hat[13].

Die kosmische Intelligenz der Himmelssphäre ist in ihrem Bestand und in ihrem Ursprung von der Erstursache abhängig. In ihr spiegelt sich die Herrlichkeit des Schöpfers, die über der Schöpfung aufstrahlt. Von ihrem schöpferischen Ursprung her sind die Intelligenzen selbständig (substanzial) und selbsttätig. „Wie die Sonne aus sich die Strahlen hervorbringt, so bringt jede Intelligenz aus sich die Formen der Naturwirklichkeit hervor. Sie erwirkt diese, indem sie sie in der Bewegung des Himmels

---

[8] Ebd. c. 4, ed. 64.32f.
[9] Albertus M., De unitate intellectus p. II rat. 14, ed. A. Hufnagel, Opera omnia XVII.1, 1975, 16; zu den weiteren Stellen vgl. Anm. 18.
[10] De caelo et mundo II tr. 2 c. 6, ed. 139.4–7.
[11] Ebd. I tr. 3 c. 4, ed. 63.64–66.
[12] Ebd. II tr. 2 c. 6, ed. 138.67–70.
[13] Vgl. J. Ratzinger, Licht und Erleuchtung. Erwägungen zur Stellung und Entwicklung des Themas in der abendländischen Geistesgeschichte, in: Stud. Gener. 13, 1960, 368–378: „Hier ist Leben, Bewegung, Erkennen, ja Gott selbst alles in einen einzigen Lichtbegriff zusammengefaßt."

ausformt"[14]. In der Einfachheit und Fülle der substanzialen Geist-Formen ist die Fülle aller kosmischen Lebensformen beschlossen. Die Erstursache allein ist um ihrer selbst willen da, alles andere um ihretwillen. Die Erstursache, Gott der Schöpfer, steht in keinem meßbarem Verhältnis zur Schöpfung, ist unvergleichlich in seinem Wesen. Die kosmischen Intelligenzen offenbaren und vollziehen die schöpferische Macht und Weisheit Gottes[15]. Sie sind Werkzeuge der Erstursache und Knotenpunkte des kosmischen Lebens. Sie vermitteln Gottes Macht in das „opus naturae", und zwar so, daß alle zusammen und jede einzelne die Herrlichkeit des Schöpfers, dessen Geist und Licht ausstrahlen.

In zweifacher Hinsicht hat Albert die arabisch-neuplatonische Theorie von den kosmischen Intelligenzen korrigiert. Jede derselben ist Werkzeug der schöpferischen Erstursache, die frei und souverän ihre Lichtmächtigkeit und Geistherrlichkeit über alle Himmelskreise ausgießt[16]. Er lehnte darum die Vorstellung ab, daß mit der Entfernung der Himmelskreise die Mächtigkeit der Erstursache abnähme. In jeder Sphäre ist Gottes schöpferische Macht unverkürzt wirksam, allerdings nach der Fassungskraft der unterschiedlichen Geist-Substanzen. Die Wirksamkeit der niederen Intelligenzen geschieht ebenso in der Teilhabe an der Lichtherrlichkeit der Erstursache wie die der höheren Substanzen. Die mittleren und unteren Intelligenzen kommen auch nicht trennend und entfernend dazwischen, vielmehr vermitteln sie in der Ordnung ihrer Empfänglichkeit und Formkraft die Lebensmacht der Erstursache. „Est enim in omnibus intelligentiis ordo formarum practicarum"[17].

Mit dieser Klarstellung hat Albert gleichzeitig den kosmischen Nezessitarismus aufgebrochen, der nach der Auffassung der arabischen Philosophen das ganze kosmische Geschehen bestimmt, das in der Deszendenz der Intelligenzen eindeutig von oben nach unten verläuft. Und damit hat er gleichzeitig die noch folgenschwerere Annahme zurückgewiesen, daß die menschliche Geistseele von der Intelligenz der unteren Himmelssphäre abhängig sei, und daß die Tätigkeit des menschlichen Intellekts in der Verbindung und Abhängigkeit („per continuationem") der kosmischen Intelligenz geschähe, die ihrerseits als „intellectus agens" gegenüber dem im Menschen wirksamen „intellectus possibilis" gedacht wird. Wir rühren an den Problemkreis der averroistischen Intellektlehre, mit dem sich Albert im Laufe seiner Lehrtätigkeit in zunehmendem Maße auseinandersetzen mußte.

2. „opus naturae est opus intelligentiae"

Bereits bei der Erklärung des 2. Sentenzenbuches und wiederum in seiner frühesten (vor 1243 verfaßten) Schrift De bono erklärte Albert die Herkunft der menschlichen Geistseele mit dem von ihm als aristotelisch bezeichnetem Axiom „opus naturae est

---

[14] Albertus M., De caelo et mundo II tr. 3 c. 14, ed. 174.68–70.
[15] Ebd., ed. 171–176.
[16] Ebd. I tr. 3 c. 5, ed. 64.59; II tr. 3 c. 5, ed. 150–153 u. ö.
[17] Albertus M., De intellectu et intelligibili I tr. 1 c. 4, ed. Borgnet IX, 1890, 482.

opus intelligentiae"[18], von dem bereits oben die Rede war[19]. Die Geistseele des Menschen ist in ihrer Gottebenbildlichkeit unmittelbar von der Erstursache abhängig; der vegetativen und sensitiven Seele aber so eingegründet, daß sie deren formende und erfüllende Kraft ist. Weil der Intellekt in seiner Einfachheit alle spezifischen animalischen Lebensformen umfaßt und überformt, darum kommt er dem Menschen nicht äußerlich und additiv, sondern inwendig und integrierend zu. Im 3. Buch des Anima-Kommentars (1260/61) spricht Albert von Gott als dem „dator formarum"[20].

Ausführlich handelte Albert über das Thema in der nach 1262/63 verfaßten Schrift De natura et origine animae[21]: „Über den Ursprung und die Natur der Geistseele, ihre Erhabenheit über die Materie, über die Ähnlichkeit zum reinen Intellekt und über die Einheit mit dem vegetativen und sensitiven Seelenleben"[22]. Der Intellekt kann nicht von irgendeiner zweitrangigen Intelligenz der animalischen Seele eingestiftet werden, sondern nur vom ursprünglichen, schöpferischen Intellekt Gottes. Das „opus naturae" der Zeugung ist das „opus intelligentiae", in dem im Simultangeschehen das vegetative und sensitive Leben, das vom fraulichen und männlichen Samen stammt, durch das intellektuale erhöht wird[23], niemals „extra opus naturae" sondern in und mit diesem zusammen. „... intellectus qui est auctor naturae, non est extrinsecus naturae ..."[24].

Zwischen den beiden Schriften über die Seele des Menschen schrieb Albert den Doppeltraktat „De intellectu et intelligibili", der wie der Titel besagt, ganz in der neuplatonischen-avicennischen Tradition steht, der aber auch der aristotelischen Anima-Lehre verpflichtet ist[25]. Der Traktat ist eine systematische, vollständige Darlegung der Erkenntnislehre Alberts. Das Intelligibile, das Wahre und Erkennbare, leuchtet vor und über unserem Intellekt auf und ist so unserem Erkennen immer schon vor und über, es ist der eigentliche Gegenstand des Intellekts. Es wäre sicher nicht falsch zu sagen, das Intelligibile leuchtet in uns auf, aber diese Feststellung erklärt nicht, daß und wie das Erkennbare von unserem Intellekt überhaupt erkannt wird. Diese „fideistische" Theorie erklärt erst recht nicht, daß und wie unser Intellekt im Erkennen zu seiner Vollendung gelangt und so zur Seligkeit der Gottähnlichkeit kommt. Die augustinische Erkenntnistheorie muß sich der Kritik der Erkenntnislehre stellen. Albert und Thomas sahen dies gleichermaßen. Es kommt nicht nur darauf an, daß unser Erkennen wahr ist, sondern daß es diese Wahrheit als wahr erkennen und begrün-

---

[18] Sent. II d. 7 a. 7; De bono tr. 1 q. 1, ed. H. Kühle u. B. Geyer, Opera omnia XXVIII, 1951, 2.37; De caelo et mundo II tr. 2 c. 6, ed. P. Hossfeld V. 1, 1971, 139.5; Physica I tr. 3 c. 17, ed. ders. IV. 1, 1987, 74.14; De natura et origine animae tr. 1 c. 5, ed. B. Geyer XII, 12; Metaphysica IV tr. 3 c. 1, ed. ders. XVI, 186.34f; vgl. Anm. 9. Vgl. J. Weisheipl, The Axiom ‚Opus naturae est opus intelligentiae' and its Origins. „Albertus M. Doctor universalis". WSAMA.P, Bd. 6, 1980, 441–463.
[19] Anm. 9.
[20] De anima III tr. 2 c. 4, ed. Cl. Stroick , Opera omnia VII. 1 1968, 183.
[21] Ed. B. Geyer XII, 1955.
[22] Ebd. Tr. 1 c. 5., ed. 12–14.
[23] Ebd.
[24] Ebd. 14.
[25] Ed.Borgnet IX, 1890, 477–521.

den kann. Die wechselseitigen Verweisstellen in der Metaphysik-Paraphrase und im Doppeltraktat über den Intellekt und das Intelligibile lassen auf eine synchrone Bearbeitung der beiden Werke um 1262 schließen[26], und zeigen die Zusammengehörigkeit der aristotelischen Metaphysik und der neuplatonischen Lehre von der Vollendung menschlichen Erkennens an. Der Prozeß, das Wachstum und Reifen, unseres Erkennens bis zur Gottverähnlichung ist nichts anderes als die Rückwendung der kosmischen Lichtoffenbarung in unserem kreatürlichen Intellekt. Weil alles Intelligibile notwendig seinen Ort in einem Intellekt hat, gelangen wir nur auf dem Weg des Aufstiegs, d.h. der Analogie über die kosmischen Intelligenzen und das Intelligibile, das von ihnen her über uns aufgeht und aufleuchtet, zur Erkenntnis der göttlichen Erstursache.

In der Rangordnung der kosmischen Intellekte ist der menschliche der unterste: intellectus agens und possibilis[27]. Sofern er vom schöpferischen erstursächlichen Intellekt abhängt, ist er seinerseits einfach, wesenhaft und wirksam, sofern er aber die intelligiblen Formen empfangen muß, ist er intellectus possibilis. Die Aktivität ist nicht die der Erstursache und die Potentialität nicht die der Materie. In seiner Empfänglichkeit und Wirksamkeit ist darum der Intellekt des Menschen „imago formae mundi, minor mundus"[28]. Eine gegenteilige Sicht des Menschen wäre für Albert philosophisch indiskutabel. Glücksstreben und Sinnerfüllung im Leben sind dem Erkennen eingegründet.

Seit der Mitte des 13. Jahrhunderts wurde in zunehmendem Maße die These von den kosmischen Intelligenzen von den Theologen in Paris kritisch reflektiert, verband sich doch mit der These im Verständnis des Averroes die umstrittene Theorie von der überindividuellen Einheit des menschlichen Intellekts. Die Identität und Selbigkeit des Gedankens und des Erkannten in den erkennenden Individuen gründet nach dieser Doktrin in der Aktivität des umgreifenden kosmischen Intellekts, der „per continuationem" in der Selbständigkeit und Eigenmächtigkeit seiner selbst auch im Menschen die Fähigkeit und Tüchtigkeit der Erkenntniskraft erweckt. Aus dieser Theorie folgerten die Theologen die Leugnung der postmortalen individuellen Existenz der menschlichen Geistseele und damit auch die Leugnung der individuellen Seligkeit bzw. Verdammung im Tode. Wie wir wissen, hat Albert 1256/57 bzw. 1261 an der Kurie Papst Alexanders IV (1253–1261) über die Frage der überindividuellen Einheit des Intellekts eine Disputation gehalten[29]. Diese hat er Ende der sechziger Jahre veröffentlicht, als in Paris die averroistischen Auseinandersetzungen in Gang kamen[30]. Später wurde diese

---

[26] Albert bezog sich in der Metaphysik-Paraphrase auf das 2. Buch De Intellectu et intelligibili, wie B. Thomassen, Metaphysik als Lebensform. BGPhThMA 27, 1985, 47 Anm.148 bemerkt, und er verweist umgekehrt in diesem 2. Buch De intellectu et intelligibili (c. 1, 2, 9, 10) auf die Metaphysikerklärung. Beide Schriften müssen darum um 1261 angesetzt werden.
[27] Albertus M., De intellectu et intelligibili, II tr. unic. c. 3, ed. Borgnet, IX, 1890, 506–508.
[28] Ebd.507.
[29] Albertus M., Summa theol. II tr. 13 q. 77 membr. 3, ed. Borgnet XXXIII, 75: „... contra hunc errorem iam quidem disputavi cum essem in curia."
[30] Albertus M., De unitate intellectus contra Averroistas, ed. A. Hufnagel, Opera omnia XVII. 1, Münster 1975. Die zeitliche Festlegung der Schrift auf c. 1263, ebd. X, ist zu früh.

Quaestio in einer Überarbeitung, die wohl nicht von Albert stammt, in dessen Summe aufgenommen[31].

Albert sammelte in der genannten Quaestio „De unitate intellectus"[30] Argumente, die von den Vertretern dieser These, von den sogenannten Averroisten, geltend gemacht wurden. Er wertete und würdigte diese sehr kritisch, fand aber einzelne „bemerkenswert und gut" (arg. 5, ed. 6.32) oder „stark" (arg. 18 ed. 9.77f), ja „überaus stark und schwierig zum Auflösen" (arg. 17 ed. 9.40). Er hat sich die Auseinandersetzung nicht leicht gemacht und zog nicht einfach als Theologe zu Felde. In den 36 Gegenargumenten suchte er die aristotelische Intellektlehre gegen deren averroisierende Verfremdung zur Geltung zu bringen. Kritischer als in seinen Frühschriften begegnete er nun auch dem Begriff der (kosmischen) Intelligenzen, der, wie er wiederholt feststellt, nicht von Aristoteles, sondern von den arabischen Philosophen stammt[32]. Albert spricht nun lieber von der „substantia intellectualis", bzw. von der „natura intellectualis" – ein bemerkenswerter Wandel in der Ausdrucksweise – und definiert den Begriff der Geist-Natur, und zwar im Anschluß an die Bestimmung des Aristoteles im 2. Buch der Physik:[33]

> Natur nenne ich das, was „Ursprung für Bewegung und Stand ist, und zwar an und für sich, nicht beiläufig". Es sind nämlich die Himmelskörper eher der Ort und der Ursprung der Natur als die natürlichen Körper. Weil diese intellektuale Natur der Beweggrund (motor) des natürlichen Körpers ist – und dies weil sie durch die Erstursache (Be-)Stand hat – müssen von ihr selbst, sofern sie Beweggrund ist, die Lebenskräfte resultieren, mit denen sie entsprechend den Lebensfunktionen die Natur des Körpers bewegt, und sofern sie (Be-)Stand hat durch die Erstursache, entströmen ihr jene Kräfte, mit denen sie abhängig ist von der Erstursache; und darum bleibt sie selbst eins in der Substanz, hat aber ein zweifaches Sein ...

In den Argumenten verwendet zwar Albert nach wie vor den Begriff der kosmischen Intelligenzen, aber er ordnet diesen dem der Natur unter. Das Axiom „opus naturae est opus intelligentiae", das auch hier wieder angeführt wird[34], ermöglicht es Albert, die Geistnatur in ihren bestimmenden und bestimmten Formkräften als eigenes selbständiges Prinzip zu betrachten. Sofern diese Geistnatur von der Erstursache konstituiert wird, ist sie ihrerseits substanzial und wesenhaft; in sich betrachtet ist sie aber abhängiges, potentiales Sein. Auch das doppelte, nicht zweifache Sein der mensch-

---

[31] Summa theol. (Anm. 30) 75–106.
[30] Albertus M., De unitate intellectus contra Averroistas, ed. A. Hufnagel, Opera omnia XVII. 1, Münster 1975. Die zeitliche Festlegung der Schrift auf c. 1263, ebd. X, ist zu früh.
[32] De unitate intellectus (Anm. 31) Praelibatio ed. 2.43: „Est autem ... Arabum positio ...", p. 3 § 1, ed. 22.27: „... quam Arabes philosophi vocant intelligentiam ..."
[33] Ebd. 22.48–59.
[34] Ebd. p. 2 ratio 14, ed. 16.89f.

lichen geistigen Natur zeigt das doppelte Gesicht der Menschen als imago Dei und imago formae mundi.

„Contra Averroistas", wie der Titel des Traktates besagt[35], hat Albert in dem Traktat die These von den kosmischen Intelligenzen als „Philosophumenon" der arabischen Philosophen aufgedeckt, das sich jedenfalls nicht terminologisch im Einklang findet mit der aristotelischen Philosophie. Auch die Geistnatur des Menschen braucht ebenso wie die Himmelskörper die Bewegkraft des Intellekts. Wenn diese aber die Natur des Menschen ist, muß er ihr eingegründet sein. Ein anderer Kausalnexus zwischen „opus intelligentiae" und „opus naturae" verkennt ebenso die Natur des Menschen wie die Kraft des menschlichen Intellekts. Dieser ist Wesens- und Lebensform des Menschen. Albert löste den menschlichen Intellekt aus seiner kosmischen Einbindung in der neuplatonischen Philosophie und machte ihn gottunmittelbar und weltüberlegen.

Die Ablösung der aristotelischen Intellektlehre vom neuplatonischen Kontext war auch ein literarisches Problem, das durch die pseudo-aristotelischen Schriften, den „Liber de causis" und die „Epistola de principio universi esse" bedingt war. In seinem Doppelbuch „über die Gründe und den Hervorgang des Universums", das Albert 1269/70 schrieb, suchte er die neuplatonische Lehre von den Intelligenzen aristotelisch zu überdenken. Er erkannte, daß der „Liber de causis" ein Extrakt aus den Schriften des Proclus und des Alexander von Aphrodisias war und sprach Ibn Daud (Avendaud) als Verfasser an. Die „Epistola de principio universi esse", die von Alexander von Aphrodisias stammt, hielt er aber für aristotelisch. Im 1. Buch „Über die Gründe ..." trug er alles zusammen, was er über die Ersturache bei den Philosophen geschrieben fand: das Wesensnotwendige, aus dem alles hervorgeht, ist die schenkende schöpferische Natur des Geistes. Im 2. Buch legte er die neuplatonische Lehre von den Intelligenzen dar. Jeder Himmelskörper braucht den geistmächtigen Beweger, dessen reine Form-Kraft alles bestimmt und erfüllt. Die Geistseele des Menschen ist gottunmittelbar in der alles erfüllenden Natur des Geistes; sie kann nicht von einer kosmischen Intelligenz geschaffen werden, denn sie ist gottebenbildlich[36].

Nicht nur gegenüber den averroisierenden Theorien der Artisten mußte Albert diese seine Überzeugung durchsetzen, in den siebziger Jahren kam innerhalb der Kirche und der Theologie eine Diskussion auf, in der Albert Stellung nehmen mußte gegen die kosmischen Intelligenzen, nämlich in der Frage nach dem Verhältnis von biblischen Engeln und kosmischen Geistwesen. Sind die kosmischen Intelligenzen der Philosophie identisch mit den Engeln der Theologie?

---

[35] Vgl. Anm. 31.
[36] Vgl. A. de Libera, Albert le Grand et Thomas d'Aquin interprètes du Liber de causis, in: Rev. sc. ph. th. 74, 1990, 347–378.

II Theologische Anfrage an Albert über Engel und Intelligenzen

Im Frühjahr 1271 übersandte der General des Predigerordens Johannes von Vercelli an die führenden Theologen des Ordens, Robert Kilwardby, Albert und Thomas, eine Liste von 43 Fragen (Problemen), die ihm seinerseits von einem Ordenslektor in Venedig übergeben wurden und die offensichtlich die Theologen dort beschäftigten. Thomas von Aquin erhielt dieses Schreiben am Karmittwoch 1271 und beantwortete es umgehend unter Hintansetzung sonstiger Verpflichtungen am folgenden Gründonnerstag, dem 2. April 1271[37]. Albert hatte sich wohl etwas später dieses Auftrags entledigt, wie J. Weisheipl auf Grund der Regesten über Alberts Wirken in Köln in diesen Monaten schließt[38]. Albert beantwortete die Anfrage gründlicher als Thomas.

Da der Ordensgeneral nur die Liste der Anfragen übermittelte, kennen wir die näheren geschichtlichen Umstände dieser Befragung nicht. Auch Thomas bedauerte es, daß er die Argumente der Fragesteller nicht kannte. Seine Antwort wäre entschieden leichter, schrieb er, wüßte er die Gründe, „mit denen die Artikel behauptet bzw. bekämpft wurden"[39]. Weithin betrafen die 43 Fragen philosophisch-theologische Grenzprobleme, wie etwa die 1. Frage: „Bewegt Gott einen Körper unmittelbar?"[40] Die 18 folgenden Fragen, schrieb Albert, betreffen die Engel und die kosmischen Intelligenzen: „Sind die Engel die Beweger der Himmelskörper?"[41] Die Gutachter sollten sich in gebotener Kürze zu den vorgelegten Artikeln äußern: ob die Väter, die sancti, dieser Ansicht wären, die der Artikel besagt, bzw. wenn die Väter nicht dieser Meinung und Ansicht wären, ob diese nach dem Urteil der Gutachter toleriert werden könnte[42]. Thomas stellte ausdrücklich fest, daß ein Großteil der Fragen nur die Philosophie beträfe, und warnte, etwas, das die Glaubenslehre gar nicht betrifft, zu einer Frage des Glaubens zu machen. Es erscheint ihm sicherer, das was die Philosophen lehren und was den Glauben nicht betrifft, nicht als Glaubenswahrheit zu behaupten, auch wenn sie als solche vorgestellt wird, und desgleichen diese Wahrheit nicht als dem Glauben widersprechend zu lehren. In beiden Fällen gibt man nur den Weltweisen Anlaß, die Glaubenslehre zu verachten[43]. Thomas hatte nur zu recht mit dieser Bemerkung, die wenige Jahre später der Bischof von Paris Stephan Tempier bei der Verurteilung der 219 philosophischen Thesen nicht bedachte. Die Folgen waren für die Theologie und die Philosophie gleichermaßen verhängnisvoll, denn beide Fakultäten gingen geraume Zeit auf Gegenkurs.

---

[37] Thomas v. Aquin, Responsio ad fr. Ioannem Vercellensem De articulis XLII, ed. Marietti 1954, 209–218.
[38] Albertus M., Problemata determinata. Opera omnia XVII. 1 1975, ed. I. Weisheipl XXVII–XXIX.
[39] Thomas v. Aquin, Responsio (Anm. 37), Proeom., ed. 211.
[40] Albertus M., Problemata (Anm. 38), art. 1, ed. 45.
[41] Ebd. art. 3.
[42] Thomas v. Aquin, Responsio. Prooem., ed. 21.
[43] Ebd., ed. 211: „... ne sapientibus huius mundi contemnendi doctrinam fidei, occasio praebeatur ..."

Des Thomas hermeneutische Bemerkung ist aber keineswegs so eindeutig, wie sie klingt. Die erste Frage lautet, wie erwähnt: „Bewegt Gott einen Körper unmittelbar?"[44] In der Beantwortung dieser Frage machte Thomas die allgemeine und universale Ordnung der Natur geltend, in der Gott seine schöpferische Macht offenbart, ohne diese aber damit zu binden[45]. Albert holte indes weit aus in seiner Antwort[46]. Er stellte zuerst fest, daß in der hypostatischen Union des menschgewordenen Wortes Gottes dieses das ganze leibliche Leben angenommen und erfüllt hat. Im Blick auf die Schöpfung gilt aber nicht weniger, daß Gott erstursächlich und in der Entäußerungsbewegung der kreatürlichen Formen und Kräfte, die von ihm abhängig sind, formgebend lenkt und regiert. Geist, Seele, Leben – die bekannte neuplatonische Trias – sind von ihm erfüllt und dürfen nicht ohne seinen Einfluß gedacht werden. Damit zeigte Albert, daß auch kosmologische und naturphilosophische Fragen religiös-theologische Bewandtnis haben können. Um dieser Bewandtnis willen müssen sich Theologen auch um philosophische Fragen und Antworten kümmern; nicht als ob sie diese allein zu verantworten hätten, aber die Theologen müssen darüber mit den Philosophen im Gespräch bleiben.

Eine Reihe von Thesen, die am 10. Dezember 1270 und am 7. März 1277 vom Pariser Bischof verurteilt wurden, bedeuteten eine Herausforderung für das kirchliche und theologische Lehramt, der sich die Theologen stellen mußten[47], und zwar in zweifacher Weise: Sie mußten einerseits das Wort des Glaubens (Röm. 10, 8), das betroffen war, im Ganzen der biblischen und theologischen Überlieferung klarstellen, und sie mußten andererseits auch den philosophischen Verstehenshorizont sondieren, in dem das Wort des Glaubens zu verstehen und zu verkünden ist. Die Verstehenshorizonte des Glaubens und der Erkenntnis dürfen nicht eilfertig identifiziert werden, und die Diskussion widerstrebender, gegensätzlicher Erkenntnisse muß in der Geduld des Forschers und des Heiligen bewältigt werden. Ein Schulbeispiel dieser notwendigen Diskussion war die Frage der Identität von Engeln und Intelligenzen.

Der Grund dieser Identifikation war für die Theologen sehr komplex, vor allem aber ein gnoseologischer[48]. Die Selbstüberschreitung unseres Erkennens in der Betrachtung des Göttlichen bedarf der Vermittlung durch das Intelligibile, das an und für sich erkennbar ist, das vor und über unserem Erkennen aufleuchtet. Dieses Vor-Erkannte hat seinen Ursprung in den separaten Geistwesen; alles Erkennbare muß auch ein Erkanntes sein. Bonaventura († 1274) hat in seiner Spätschrift, den Collationes in

---

[44] Albertus M., Problemata, ed. 45.
[45] Thomas v. Aquin, Responsio, ed. 211 f.
[46] Albertus M., Problemata, ed. 46–48.
[47] Vor der 1. Pariser Verurteilung 1270 hatte bereits Albert von einem Mitbruder Aegidius, der wohl der von Lessines ist, wie allgemein angenommen wird, eine Anfrage erhalten, die 15 Fragen betraf, die auch in den beiden Irrtumslisten von 1270 und 1277 auftauchen. Vgl. Albertus M., Problemata XIX–XXI.
[48] Dafür war vor allem die Lehre des Pseudo-Dionysius Über die himmlische Hierarchie grundlegend.

Hexaemeron, diese Begründung präzis zusammengefaßt[49]. Er betrachtete die Engel als Intelligenzen, denn die Engel sind Spiegel und Strahl des göttlichen Lichtes, dessen wir in der Wahrheitserkenntnis bedürfen. Als Geistwesen lenken sie die Himmelskreise; sie dienen dem Heil der Menschen, denn sie schenken das Licht, das sie selber empfangen dürfen.

Von den kosmischen Funktionen der Engel haben die Philosophen unterschiedliche, ja widersprüchliche Vorstellungen und Begriffe, die Bonaventura nur en passant erwähnt, um die er sich aber nicht kümmert[50]. Er hielt daran fest, daß die Himmelskörper in ihrer Bewegung geistgesteuert sind. Den Heilsdienst der Engel sah er darin, daß sie das göttliche Licht der Offenbarung der Geistseele mitteilen. Geist und Seele des Menschen müssen in das rechte Verhältnis zu Gott gebracht werden, müssen zu ihm erhoben werden. Die Engel bringen unsere Erkenntnis des Guten zu Wege. Sie sind die wesentlich und bleibend Denkenden und als solche auch die Dankenden „luminum susceptivi et gratiarum activi"[51]. Das personale Gotterkennen ist in dieser Sicht vom Grunde her personalisiert, alles Sachlich-Gegenständliche hat Heilsbedeutung.

Bonaventura nahm die Identität von Engel und kosmischen Intelligenzen einfach zur Kenntnis und reflektierte die naturphilosophischen und theologischen Probleme nicht eigens. Diese konnten nur in mühsamen und kleinen Schritten einer Lösung näher gebracht werden. Ein erster und entscheidender Schritt dazu war die naturphilosophische und mathematische Erforschung des Lichtes, wie sie in der Perspectiva angegangen wurde[52]. Witelo, der älteste schlesische Gelehrte, widmete sich in einer Paraphrase der Optik des Alhazen (Ibn al-Heithma) der Erforschung des Lichtes, seiner Strahlung und seiner Brechung. Auch er blieb dem neuplatonischen Weltbild samt den kosmischen Intelligenzen verpflichtet, auch er sprach vom „lumen divinum" in seiner kosmischen, hierarchischen Entäußerungsgestalt, gleichzeitig aber machte er das Licht zum Gegenstand der mathematisch-optischen Forschung. Die scholastische Lehre vom Licht überschritt damit die Grenze zur Naturwissenschaft[53]. Dieser Überschritt zur mathematisch-naturwissenschaftlichen Erforschung des Lichtes führte auch die Philosophie und Theologie zu neuen Ufern der Erkenntnis, wie Cl. Baeumkers Untersuchung gezeigt hat.

Ein anderer zeitgenössischer Naturphilosoph vertrat dasselbe Anliegen: Roger Bacon († post 1292), der englische Franziskaner, der sich am Ende durch seine astronomischen Vorausberechnungen des Zukünftigen im Orden verdächtig machte. Im „Opus tertium", das er für Papst Klemens IV (1265–1268) schrieb und in dem er auch Reformvorschläge für die Schultheologie begründete, meinte er: „Indes fragen die

---

[49] Visio I col. 3 § 2, ed. Delormme, 88–90.
[50] Ebd. 86: „Nam nomine intelligentiae hic utimur pro nomine angeli".
[51] Ebd. 88.
[52] Boethius übersetzte den griechischen Terminus Optik mit Perspectiva. Vgl. HWPh VII, 1989, 363–375 von G. König.
[53] Cl. Baeumker, Witelo, ein Philosoph und Naturforscher des XIII. Jhs., BGPhMA II. 2, 1908, Neudruck mit Einleitung von L. Hödl, Münster 1991.

Theologen viel über das Licht, sein Wesen, seine Vervielfachung und Tätigkeit, aber von all diesem kann ohne geometrische Tüchtigkeit nichts Wichtiges gewußt werden."[54] Gleichwohl identifizierte auch Roger Bacon die Beweger der Himmelskreise mit den Engeln. „Wir wissen auch, daß Engel die Beweger der Himmelskreise sind, 60 an der Zahl, neben den ‚tausendmal tausenden und zehntausendmal tausenden' (Dan 7,10), den für uns unzählbaren, von denen wir nur durch den Glauben der Kirche, der Schrift und der Heiligen (Väter) wissen"[55].

Wie schon erwähnt, schrieb der Dominikanergeneral Johannes von Vercelli nicht, was den Lektor des Ordensstudiums in Venedig bewogen haben könnte, nach der Identität der Engel und der kosmischen Intelligenzen zu fragen. Ein wacher, kritischer Dozent, der das Unterscheidende der mathematisch-naturwissenschaftlichen Betrachtung des Lichtes in acht nahm, mußte sich sehr wohl fragen:

> Wird alles, was natürlicherweise bewegt wird, durch den kosmischen (= Himmelskörper bewegenden) Dienst der Engel bewegt? (Art. 2) Sind die Engel Beweger der Himmelskörper? (3) Wird dies untrüglich bewiesen ...? (4) Wird es auch untrüglich bewiesen ... unter der Voraussetzung, daß Gott nicht der unmittelbare Beweger dieser Körper ist? (5) Wird auch die sublunarische Wirklichkeit, die durch (Werde-)Bewegung zum Sein kommt, durch die kosmischen Engel gelenkt? (6) Wird durch die Engel in den Himmelsbewegungen alles Sublunarische, das natürlicherweise entsteht, wenn diese Entstehung aus der Potenz in den Akt natürlichen Ursachen zuerkannt wird? (7) Kann der Schmied ohne den kosmischen Dienst der Engel den Hammer schwingen? (8) Kann er in der natürlichen Ordnung die Hand zu irgend einem Werk bewegen ...? (9) Haben wir alle äußeren Wohltaten, die von der Potenz zum Akt entstehen, von den kosmischen Engeln? (10) Sollen wir sie wegen der diesbezüglichen Wohltaten, die wir von den Engeln haben, verehren? (11) Sind die kosmischen Engel auch die Verursacher aller menschlicher Körper, deren Wirkung den natürlichen Ursachen zugeschrieben wird, weil sie von der Potenz in den Akt überführt werden? (12) Sind die kosmischen Engel die Verursacher aller nicht-geistbegabter Seelen, die zu Wasser und zu Lande entstehen, deren Wirkung den natürlichen Ursachen zugeschrieben wird, weil sie von der Potenz in den Akt überführt werden? (13) Sind die kosmischen Engel die Verursacher aller Lebewesen der Erde, die natürlicherweise hervorgebracht werden, weil sie von der Potenz in den Akt überführt werden? (14) Sind die kosmischen Engel die Hervorbringer aller natürlicherweise hervorgebrachten Stoffe (Metalle), weil diese von der Potenz in den Akt überführt werden? (15) Hat der Engel hier unten unendliche Kraft? (16) Kann der Engel die ganze Masse der Erde bis zum Ball des Mondes bewegen, wenngleich er selber nicht

---

[54] Fr. Rogeri Bacon, Opus tertium, c. 57, ed. J. S. Brewer, London 1859 (Nachdruck 1965) 227.
[55] Ebd. c. 49., ed. 181.

bewegt und beweglich ist? (17) Gehören die kosmischen Engel zu den Kräften der Engelsordnung? (18) Muß das Wort des (atl.) Predigers (1, 6) „allezeit bewegt sich im Kreise der Windhauch (spiritus)" so ausgelegt werden: Der Geist, d.h. der Engel bewegt sich in der Sphäre des Himmels, er kreist bzw. er macht, daß sich der Himmel im Kreise bewegt? (19)[56]

Wenn die biblischen Engel auch die Geistenergien des Kosmos sind, dann müßte man am Ende sogar fragen, ob der Schmied ohne deren Dienstleistung überhaupt den Arm bewegen und den Hammer schwingen könnte. Der Fragesteller kann eigentlich auf seine Fragen nur ein Nein erwarten. Daß der Ordensgeneral die drei großen Gelehrten um diese Antwort bemüht, zeigt aber, welche theologischen Probleme die scholastische Theologie mit den kosmischen Intelligenzen hatte. Die naturphilosophische Begründung der Werdewirklichkeit von der Möglichkeit her und deren Betrachtung als das Wirklich-Mögliche ist in sich schlüssig und einsichtig und bedarf keiner anderen Erklärung. Der Fragesteller wollte offensichtlich die herrschende Theologie des Ordens provozieren. Albert tadelte die Fragen nicht, sondern stellte sich ihrer Problematik.

III Alberts Antwort auf die Frage nach den kosmischen Engeln

„Man muß wissen, daß man bei den alten Peripatetikern keine Überlieferung über die Engel findet, sondern nur bei den neuen, bei manchen Arabern und Juden, wie bei Avicenna und Algazel, den Arabern, und bei Jsaak und Moses, dem Ägypter, den sie Rabbi Moses nennen, d.h. den Magister Moses. Diese sagen übereinstimmend, daß die Intelligenzen Substanzen seien, die man allgemein, wie sie sagen, als Engel bezeichnet"[57]. Die psychologisch allegorisierende Auslegung der Patriarchengeschichte durch Maimonides, durch Philo und dessen Schüler hat zu dieser Identifizierung beigetragen. Im biblischen Bericht über die Schändung Thamars durch ihren Halbbruder Amnon (2. Sam 13, 1–33) spricht Maimonides vom Boten der Begierde („angelus concupiscentiae"), und nach Pseudo-Philo sandte Gott dem David im Kampf gegen Goliath (1. Sam 17, 41–54) den Engel Cerviel (Zervihel)[58], die Kraft von oben. Die Herkunft dieser Sprechweise von den kosmischen Engeln ist nicht philosophisch und muß darum in der Philosophie mit Zurückhaltung aufgenommen werden.

Eine andere Quelle dieses theologischen und philosophischen Mißverständnisses, Intelligenzen und Engel zu verwechseln, dürfte nach Albert in den naturalen Religionen zu suchen sein. Dort wurden Naturkräfte, die man nicht erklären konnte, als himmlische Kräfte verehrt[59]. So wurden im alten Heidentum Ceres, Vulkan und Aes-

---

[56] Albertus M., Problemata, ed. 45.
[57] Ebd. q. 2, ed. 48.
[58] Ebd. q. 2, ed. 48, Anmerkungen.
[59] Ebd. q. 21, ed. 53.

kulap verehrt. Diese Verehrung ist aber schlichtweg „idolatria", Aberglaube und Götzendienst. Dort wo den Engeln kosmische Kräfte zuerkannt werden, bzw. wo solche Kräfte als Engel betrachtet wurden, erkennt Albert auf Aberglauben und Unglauben. Der Gerichtsengel der neutestamentlichen Apokalypse wird davon nicht betroffen, denn sein Werk ist nicht „opus naturae" sondern „opus oboedientiae".

Durchgehend unterschied Albert die Dienstleistung der Engel in der Heilsgeschichte als „motus oboedientiae" von den Funktionen der kosmischen Intelligenzen, die im aristotelischen Verständnis „substantiae separatae" sind und als „causae naturales" im „ordo naturae" zu verstehen sind. Vom Gehorsamsdienst der Engel weiß nur die Heilige Schrift, und von den kosmischen Intelligenzen handelt die Philosophie. Immer wieder muß Albert in seinem Antwortschreiben auf diesen Unterschied hinweisen[60]. Er mußte dem Fragesteller einfach erklären: „Dicta non sunt philosophiae"[61]. Ob der Engel die Masse der Erde zum Mond tragen könne, ist philosophisch gesehen keine sinnvolle Frage. Albert unterschied in allen seinen Schriften theologische und philosophische Erkenntnis sehr kritisch. So stellte er im Kommentar zu De caelo et mundo sehr definitiv fest, daß die Frage nach der Erschaffung des Himmels und der Erde keine Frage der Philosophie, sondern der Prophetie sei[62].

Alberts Unterscheidung zwischen Theologie und Philosophie wird häufig in Zusammenhang gebracht mit der sogenannten averroistischen Lehre von der zweifachen Wahrheit, daß philosophisch etwas als wahr erkannt und begründet wird, was theologisch als Irrtum bezeichnet wird, z.B. in der Frage nach der Ewigkeit der Welt[63]. In der Tat stand Albert bei den Artisten in hohem Ansehen, weil er als zuverlässiger Interpret des Aristoteles und des Averroes galt. Die sogenannten albertistischen Averroisten in Paris folgten weithin seiner Auslegung. Diese geistesgeschichtliche Betrachtung Alberts darf aber nicht übersehen: Albert sprach nicht von gegensätzlichen oder widersprüchlichen Erkenntnissen und Wahrheiten, sondern von der unterschiedlichen Quelle und Ordnung philosophischen und theologischen Erkennens. In der unterschiedlichen Ordnung philosophischer und prophetischer Erkenntnis ist der menschliche Intellekt einerseits an der Naturordnung und andererseits an der Heilsordnung orientiert. Da aber die unterschiedlichen Erkenntnisse der beiden Ordnungen dasselbe Subjekt betreffen – Gott, Welt und Mensch – muß sich der Theologe auch auf dem Feld der philosophischen Naturerkenntnis umsehen. Die gegensätzliche und widersprüchliche Wahrheitserkenntnis kann und darf nicht das letzte Wort sein.

Obwohl sich der Begriff der (kosmischen) Intelligenzen nicht auf den Sprachgebrauch des Aristoteles berufen kann, sondern von den neuplatonisch-arabischen Philosophen herrührt, ließ ihn Albert als Interpretament der „substantiae separatae"

---

[60] Ebd. q. 5, ed. 51.6.
[61] Ebd. q. 17, ed. 55.23.
[62] De caelo et mundo II tr. 1 c. 1, ed. 105.45–47.
[63] Vgl. Verurteilungsdekret vom 7. März 1277, Prooemium, ed. Chart. Univ. Paris. I, 543–555; R. Hisette, Enquête sur les 219 articles condamnés à Paris le 7 mars 1277, PhMed 22, 1977, 13f.

gelten⁶⁴. Diese geistmächtigen Substanzen gehören zum Nexus zwischen Beweger, (bewegtem) Körper und Bewegung des Himmels. Da die Bewegung dem Köper nicht inne sein kann, d. h. nicht als Element des bewegten Körpers zu sehen ist, müssen diese substanzialen kosmischen Beweger einerseits in der Entsprechung zum Himmelskörper in seiner Sphäre stehen, andererseits aber als unbewegte Beweger Halt und (Be-)Stand der Himmelskörper bestimmen. Die Intelligenzen bewegen die Himmelskörper nicht violenter, gewalttätig, aufwendig, aber auch nicht freiwillentlich, sondern leicht und stetig in der Ordnung der Himmelssphäre; die Himmelskörper gleiten mühelos und unbeschwert, sofern sich ihnen kein Hindernis entgegenstellt. Die Intelligenzen bestimmen die Finalität der Bewegung und Naturordnung, und so ordnet die schöpferische Ersturache in der Vermittlung der kosmischen Intelligenzen das Ganze des Kosmos in seiner Einheit und Vielfalt. Jede Ungleichmäßigkeit im Ablauf der Bewegung geschähe „per aliud, per accidens"⁶⁵.

Trotz der Übernahme des Begriffes aus der neuplatonischen Philosophie haben die Intelligenzen in Alberts Kosmologie eine betont naturkausale, keine kausalnoetische Funktion. Die höheren und niederen Geistenergien des Kosmos sind gleichermaßen Werkzeug der umgreifenden, überfließenden schöpferischen Macht Gottes. In allen und jedem einzelnen ist die schöpferische Macht der Ersturache unverkürzt wirksam. Sie unterscheiden sich nur nach dem Maß der in ihnen wirksamen schöpferischen Macht. Auch sie sind nur „causae secundae", endlich und geschaffen, als „substantiae separatae" in ausnehmender Weise aktiv. Sie fügen sich in das Ganze, in das System der kosmischen Ursachen, das als solches die Ordnung der Natur bestimmt. Für dieses System kosmischer Ursachen, das „totum esse causarum"⁶⁶, sind die Intelligenzen Werkzeuge der Ersturache, der „causa universi esse"⁶⁷. Diese „causa in se dives" ist die zentrierende Mitte, der entspringenlassende Ursprung der Ordnung natürlicher Ursachen. Diese letzteren müssen durch die Naruwissenschaft erforscht werden. Immer wieder verweist Albert in seinem Antwortschreiben auf die Mathematik und Astronomie, auf die Optik, ja sogar auf die Alchemie⁶⁸. Die Naturordnung umfaßt ein System eigenständiger, aber nicht autarker Ursachen, die ihre erkennbare Gültigkeit haben und vom Schöpfungsglauben her neue Bedeutung erlangen. In diesem System der Naturordnung haben die kosmischen Intelligenzen ihren unverzichtbaren Ort, gewissermaßen auf Widerruf in der Geistesgeschichte. Sobald der Kausalnexus zwischen bewegender Kraft, bewegtem Körper und Bewegung anders und kritisch bestimmt werden kann, verlieren diese bewegenden Kräfte ihre Gültigkeit.

In dreifacher Hinsicht hat Albert dieser geistesgeschichtlichen Entwicklung vorgearbeitet: 1. Er hat das „corpus mobile" zum eigentlichen Gegenstand der Physik gemacht. 2. Er hat die „causae secundae" in das System umfassender kosmischer

---

⁶⁴ Albertus M., Problemata, q. 2, ed. 49.71–73; De unitate intellectus, Praelib., ed. 1.32f.
⁶⁵ Albertus M., Problemata, q. 10, ed. 53.5.
⁶⁶ Ebd. q. 13, ed. 53.56.
⁶⁷ Ebd. q. 10, ed. 53.5.
⁶⁸ Ebd. q. 2, 8, 9, ed. 47f, 51f, 56f.

Ursachen eingefügt, und er hat 3. diese Naturordnung der naturwissenschaftlichen Forschung zugeführt. Dabei war er zu sehr christlicher Theologe, um für die Schöpfungswahrheit zu fürchten; er war allerdings auch so sehr Naturphilosoph, um vom Schöpfungsglauben her eine Gefahr für die Wissenschaft zu sehen.

Es bedarf keiner langen Ausführungen mehr, um deutlich zu machen, daß für Albert die kosmischen Intelligenzen keineswegs mehr die Aufgabe einer illuminativen Wahrheitserkenntnis haben können. Sie können und brauchen den menschlichen Intellekt nicht zu informieren, denn dieser gehört zur Geistnatur, die ihren schöpferischen Grund in der Erstursache hat. Diese Erstursache schafft das Zwischen und Mitten der Himmelskreise und Himmelskörper nicht, um ihre Macht und Herrlichkeit angestrengt und mühsam nach außen und unten zu bringen, sondern um sie in der Fülle des Kosmos zu offenbaren. Im Traktat „De intellectu et intelligibili" (und ähnlich auch in der Metaphysik-Paraphrase) führte Albert den Aufstieg des fünffach zu vervollkommnenden Intellekts – als intellectus possibilis, formalis, adeptus, assimilatus, divinus – über sich und die kosmischen Intelligenzen hinaus zur Gotteinigung und Gottverähnlichung[69]. In der Streitschrift gegen die Averroisten analysierte er den Intellekt in seiner geistnatürlichen Potentialität und Aktivität und begründete so dessen formale Identität und numerische Einheit[70]. Im Antwortschreiben an den Ordensgeneral heißt es: „... illi (homini) non influitur vita intellectualis per motum caeli, sed per causam Primam"[71]. Das geistige Leben entströmt diesem ruhenden Grund und bleibt auch daraufhin orientiert im Vollzug[72].

Die modernen Interpretationsversuche, menschliche Geistseele und kosmischen Geist wiederum im Sinne einer „continuatio" zu koordinieren, und die Selbstaufhebung des Einzelintellekts als Selbstbefreiung im kosmischen Geist zu verstehen[73], können sich nicht auf Albert berufen. Die Intelligenzen sind ein Postulat der Intelligibilität des Kosmos, seiner Bewegung und seiner Ordnung. Mit der Trennung von Intelligenzen und biblischen Engeln versagte Albert ersteren die theologische Legitimität; mit der naturwissenschaftlichen Erforschung der Himmelskörper leitete Albert gleichzeitig auch die Revision der philosophischen Intelligenztheorie ein. Ein wesentlicher Beitrag zu dieser Revision war überdies auch die kritische Analyse des Erkenntnisaktes auf Grund der Potenz-Akt-Struktur des menschlichen Intellekts. Jede Form einer illuminativen Erkenntnis schafft mehr gnoseologische Probleme als sie zu lösen vermag.

*

[69] De intellectu et intelligibili II tr. unic. c. 9, ed. Borgnet XI, 1890, 516f, vgl. oben Anm. 27.
[70] De unitate intellectus, p. 3 § 1, ed. 21–23.
[71] Problemata q. 21, ed. 56.51 f.
[72] Ebd., ed. 56.43 f.
[73] Vgl. W. U. Klünker u. B. Sandkühler, Menschliche Seele und kosmischer Geist, Stuttgart 1988.

Mit sicherem theologischem Griff hat Albert die Engel aus dem System der kosmischen „causae" gelöst; im Unterschied zum „motus naturalis" der Himmelskörper muß ihre Bewegung als „motus oboedientiae" bestimmt werden[74]. Die Engel sind Geistwesen, „substantiae separatae" und als solche metaphysisch den Intelligenzen vergleichbar. In ihrer Funktion als Botschafter und Vollzieher des Willens Gottes gehören sie einer anderen Ordnung an, in der Gottes gutes Wollen, das in der Schöpfungsordnung tief verborgen ist, seinen Austrag im Glaubensgehorsam findet. Dieser Herrschaftserweis Gottes bringt die Engel auf den Plan; sie sind das raumzeitliche, geschichtliche Datum der Selbstbezeugung und Selbstmitteilung Gottes. In der Vorstellungsweise des Pseudo-Dionysius, die sich Albert mit allen mittelalterlichen Theologen zu eigen machte, stehen die Engel als Lichtträger der Theophanie und als Wortträger der Theoria in der Offenbarungsgeschichte[75]. Weil der Mensch im System der Sekundärursachen Gott nicht mehr als Urgrund zu verstehen vermag, weil er das Sekundäre mit dem Primären vertauscht, darum müssen diese Primaten des Geistes die Ordnung der Gotteserkenntnis und des Glaubensgehorsams wiederherstellen.

Da ist die ratlose Maria aus Magdala, die am Ostermorgen am Grabe des Auferstandenen steht (Joh 20, 1–2, 11–18), ein Realsymbol für die ganze ratlose Schöpfung. Der Engel Gottes am Grabe müßte eigentlich mit weinerlicher Stimme sein tröstendes Wort sagen. „Haben die Engel, die Magdalena am Grab des Herrn nach dessen Auferstehung sah, mit weinerlicher Stimme sie getröstet?" lautet die 38. Frage des Dominikanerdozenten in Venedig[76]. Diese exegetisch und theologisch gleichermaßen seltsame Frage resultiert aus dem menschlich-psychologischen Bedenken: Kann ein Gottesbote überhaupt unsere Situation verstehen, und wie soll er seine Botschaft in unserer Situation zu verstehen geben? Albert antwortet kurz: Mitweinen tröstet noch lange nicht. Wirklicher Trost muß den Zu-Tröstenden aus seiner verlorenen Situation herausreißen. Das Antlitz, so meint Albert, zeigte Maria von Magdala an, daß etwas Großes, ein Geheimnis hinter ihr warte, zu dem sie sich umkehren lassen muß. „Da wandte sie sich ihm zu und sagte ... Meister ..." (Joh 20, 16). Der Engel am Grabe ist das Wort des Auferstandenen, das gesucht und gefunden wird, das erhebt und tröstet[77].

Postscriptum: Wenigstens zum Schluß nahm der Aufsatz noch eine evangelische Wende! Ihnen, verehrter, lieber Kollege, werden aber auch andere Wendepunkte in den Ausführungen aufgefallen sein: die Wende vom philosophischen Wissen zur prophetischen Kunde, von der Schöpfungsordnung zur Gehorsamsordnung im Glauben. Um wieder zur einen und einenden Glaubenserkenntnis zurückzufinden, dürfen wir den Weg in die Geschichte nicht scheuen!

---

[74] Albertus M., Problemata, q. 5, ed. 51.6 f.
[75] Ebd. q. 2, ed. 49 f, q. 6, ed. 51.
[76] Ebd., ed. 46.
[77] Ebd. q. 38, ed. 62 f. „... tam magnum aliquod eum esse credidit quod angelis demissis ab ipso sollicite de eo quem quaerebat, sciscitata est et instructionem consolationis accepit."

DIE AUSLEGUNG DER SCHÖPFUNGSGESCHICHTE IM HEPTAPLUS DES PICO DELLA MIRANDOLA

Rolf Peppermüller

I Oratio und Heptaplus

In der Geschichte der mittelalterlichen Exegese[1] spielt die Auslegung des Sechstagewerks (Hexaemeron[2] Gen 1) eine besondere Rolle. Das ist nicht verwunderlich, bildet doch vor allem dieser Text die Grundlage für eine biblisch-theologische Kosmologie und Anthropologie. Mit dem Fortschreiten der wissenschaftlichen Erkenntnis – und das bedeutet zu dieser Zeit: der Kenntnis antiker (griechischer und arabischer) Quellen – wird nun das Hexaemeron immer wieder neu ausgelegt und jeweils aktualisiert[3]. Dies geschieht meistens in einem eigenständigen Werk[4]. Spannungen zum „wissenschaftlichen" Weltbild können dabei durch Anwenden der allegorischen Auslegungsmethode[5] ausgeglichen werden. Höhepunkt der Hexaemeron-Auslegungen ist das 12. Jahrhundert (Schule von Chartres[6], Wilhelm v. Conches[7], Honorius v. Autun[8], Abaelard[9], Robert v. Bridlington[10] u.a.), doch finden sich auch in der Folgezeit unter

---

[1] Abkürzungen nach S. Schwertner, Internationales Abkürzungsverzeichnis für Theologie und Grenzgebiete, 1974. Verzeichnis der Quellen bei F. Stegmüller, RBMA, 11 Bde., 1949–1980. Überblick bei C. Spicq, Esquisse d'une histoire de l'exégèse latine au Moyen Age, 1944; H. de Lubac, Exégèse Médiévale, 4 Bde., 1959–1964; B. Smalley, The Study of the Bible in the Middle Ages, ³1984.
[2] Zum Begriff s. J. C. M. van Winden, RAC 14, 1251f.
[3] Überblick: F. E. Robbins, The Hexaemeral Literature. A Study of the Greek and Latin Commentaries on Genesis, 1912; Y.-M. Congar, Le thème de Dieu-Créateur et les explications de l'Hexaméron dans la tradition Chrétienne, in: L'homme devant Dieu. Mélanges offerts au père H. de Lubac I, 1963, 189–222; zuletzt J. Zahlten, Creatio Mundi. Darstellungen der sechs Schöpfungstage und naturwiss. Weltbild im Mittelalter, 1979.
[4] So beginnt etwa Hugo v. St. Victor sein „De Sententiis" mit einer Auslegung des Hexaemeron; vgl. dazu M. Grabmann, Gesch. d. schol. Meth. II, 1911, 256f.
[5] Vgl. dazu vor allem de Lubac (oben Anm. 1)!
[6] Zahlten a.a.O. 86–101; vgl. auch N. M. Häring, Die Erschaffung der Welt und ihr Schöpfer nach Thierry von Chartres und Clarembaldus von Arras (1955) in: Platonismus in der Philosophie des Mittelalters, hrsg. v. W. Beierwaltes, 1969, 161–267.
[7] RBMA Nr. 2880.
[8] RBMA Nr. 3566.
[9] RBMA Nr. 6376. Vgl. dazu E. F. Kearney, Peter Abelard as Biblical Commentator: A Study of the Expositio in Hexaemeron, TThSt 38, 1980, 199–210.
[10] RBMA Nr. 7371.

den Verfassern einschlägiger Werke so bekannte Namen wie Robert Grosseteste[11], Heinrich von Gent[12] und Bonaventura[13]. Sozusagen am Ende dieser Reihe[14] steht ein Autor, dessen Name aus verschiedenen Gründen berühmt geworden ist: Pico della Mirandola[15]. Er wurde 1463 als Sohn des Grafen von Mirandola und Concordia (bei Modena) geboren und starb schon 1494 in Florenz – möglicherweise vergiftet von seinem eigenen Sekretär[16].

Das Bild von Pico della Mirandola ist bis in unsere Zeit bestimmt durch die Sicht Jakob Burckhardts[17] sowie Ernst Cassirers[18]. Sie sahen in ihm einen typischen Vertreter des italienischen Humanismus, bei dem Willensfreiheit und Autonomie des Menschen das Zentrum des Denkens bildeten; spätere Autoren standen weithin unter ihrem Einfluß[19], und so kann man z.B. noch 1989 im Nachwort zu einer Übersetzung der „Oratio" (De dignitate hominis) lesen[20]: „... Der Mensch ist nicht determiniert, ihm ist gegeben, ‚das zu haben, was er wünscht, und das zu sein, was er will'; er ist sein ‚eigener, vollkommen frei und ehrenhalber schaltender Bildhauer und Dichter'. Er kann absteigen zu den Tieren und aufsteigen zu Gott; Richtschnur seines Aufstiegs ist ihm aber die Philosophie, das heißt die dogmenfreie menschliche Wahrheitssuche und Urteilsbildung. Mit diesem Gedanken weist Pico weit über das Quattrocento hinaus auf Reformation und Aufklärung und markiert den Beginn des neuzeitlichen Men-

---

[11] RBMA Nr. 7399.
[12] RBMA Nr. 3174.
[13] RBMA Nr. 1772.
[14] Stegmüller nennt (RBMA Nr. 1509,1) noch die Cosmopoeia des Augustinus Steuchus von 1535, doch gehört dieser bereits einer anderen Epoche an, auch wenn seine Ansichten z.T. denen Picos ähnlich sind.Eine Hexaemeron-Auslegung verfaßte auch Egidius von Viterbo (1465–1532), vgl. F. Secret, Pico della Mirandola e gli inizi della cabala cristiana, Conv, NS 25, 1957, 31–57, dort S. 39.
[15] RBMA Nr. 4864: Heptaplus. De septiformi sex dierum Geneseos enarratione ad Laurentium Medicem. Editio princeps: Robertus Salviatus, Florenz 1489. Lateinisch-italienische Ausgabe von Eugenio Garin: De hominis dignitate, Heptaplus, De ente et uno, e scritti vari, Firenze 1942, der Heptaplus dort S. 168–383; diese Ausgabe wird im folgenden neben der editio princeps zitiert.
[16] So neuerdings wieder Antonio Niero, DSp 12.2 (1986),1421: „Empoisonné par son secrétaire pour des mesquines questions d'argent, il mourut le 17 novembre 1494." Garin schreibt (Giovanni Pico della Mirandola, Comitato per le celebrazioni centenarie in onore di Giovanni Pico, Parma 1963, 25–73, auf S. 39, vielleicht hätten Gegner Picos wegen dessen Parteinahme für Savonarola den Sekretär zu dieser Tat veranlaßt. Vgl. zur Diskussion, ob Pico eines natürlichen Todes gestorben ist, H. de Lubac, Pic de Mirandole. Etudes et discussions, 1974, 390.
[17] Die Kultur der Renaissance in Italien, 1860, dort bes. 147.
[18] Vor allem: Giovanni Pico della Mirandola, JHI 3, 1942, 123–144, 319–346, wieder abgedruckt in: P. O. Kristeller – P. Wiener, Renaissance Essays from the „Journal of the History of Ideas", 1968, 11–60.
[19] Vgl. dazu A. Buck, Die italienische Renaissance aus der Sicht des 20. Jahrhunderts. Sitz.-Ber. d. wiss. Ges. an der Joh.-Wolfg.-Goethe-Univ. Frankfurt a.M. 24, 2, 1988, 35–49; zur Beurteilung Picos vor allem das Buch von W. G. Craven: Giovanni Pico della Mirandola – Symbol of his Age. Modern interpretations of a Renaissance Philosopher, Genf 1981!
[20] Giovanni Pico della Mirandola, Über die Würde des Menschen, aus dem Neulat. übertr. v. H. W. Rüssel, mit der Lebensbeschreibung Picos von Thomas Morus (1510), 2. Aufl. o. J. (Zürich 1989), S. 94 (gezeichnet mit J. G. J.).

schenbildes." Ähnlich faßt Cl. Zintzen zusammen: „Bei Pico zeigt sich das Bewußtsein des Renaissance-Menschen in deutlichster Ausprägung"[21].

Diese Sicht gründet sich auf die „Oratio"[22] von 1486, die als Eröffnungsrede für eine große Disputation von 900 Thesen gedacht war, die Pico 1487 in Rom veranstalten wollte[23]. Da aber eine päpstliche Kommission 13 der Thesen beanstandete, wurde dieses Vorhaben von Innocenz VIII. untersagt, und Pico wurde sogar als Häretiker verurteilt und zeitweise gefangengesetzt[24]. Die „Oratio" wurde erst nach dem Tode des Autors posthum von seinem Neffen Giovanni Francesco herausgegeben[25] und, in zahlreiche Sprachen übersetzt[26], zum bekanntesten Werk Picos überhaupt.

Liest man diese Schrift, so erhält man in der Tat den Eindruck, daß Pico nicht aufhört, die besondere Würde und Einmaligkeit des autonomen Menschen zu preisen, der ganz allein Herr seines Schicksals ist und dem alle Möglichkeiten offenstehen, sein Leben zu gestalten und sich selbst zu verwirklichen[27].

Dagegen hat jedoch vor allem W. G. Craven[28] mit Nachdruck gefordert, daß man sich, um ein Bild von Picos Denken zu gewinnen, nicht auf die „Oratio" beschränken dürfe. Picos nächste Schrift nach den Conclusiones mit der einleitenden Oratio ist der „Heptaplus". Ch. Trinkaus sieht in ihm ein zentrales Werk[29], und R. B. Waddington fordert sogar, man müsse ihn eigentlich als eine Art Vorwort zur „Oratio" lesen, da hier die theologischen und anthropologischen Voraussetzungen entwickelt würden, auf denen die „Oratio" gründe[30]. Offen bleibt dabei die Frage, ob bei Pico eine gedankliche Entwicklung stattgefunden hat, so daß man eventuell zwischen einem „jungen", nämlich dem Verfasser der „Oratio", und einem „späteren", möglicherweise stark von Savonarola beeinflußten Autor zu unterscheiden hätte. Diese Entwicklung

---

[21] Cl. Zintzen, Grundlagen und Eigenarten des Florentiner Humanismus. AAWLM.G Nr. 15, 1989, das Zitat S. 28.

[22] Ed. Garin (vgl. Anm. 15), 102–164; Einzelausg. mit dt. Übers. u. Einl. v. Garin 1968. Die Ergänzung „de dignitate hominis" stammt nicht von Pico, sondern findet sich erst in der Edition Basel 1557 (de Lubac, Pic S. 58).

[23] Kritische Edition: Conclusiones sive theses DCCCC ... par B. Kieszkowski, Genf 1973.

[24] Vgl. de Lubac a.a.O. 39–56. Erst 1493 wurde Pico (auf Betreiben Lorenzos de'Medici, aber erst nach dessen Tod) von Papst Alexander VI. die Absolution erteilt.

[25] In der zweibändigen Edition Bologna 1496.

[26] Vgl. die Bibliographie bei P. O. Kristeller, Giovanni Pico della Mirandola and His Sources, in: L'opera e il pensiero di G. P. d. M. nelle storie dell' Umanesimo, 2 Bde. Firenze 1965, I, 35–133, dort 124–133. Ergänzungen: ders.: Acht Philosophen der Italienischen Renaissance, 1986, 155–158, 161.

[27] Vgl. E. Monnerjahn, Pico della Mirandola. Ein Beitrag z. philos. Theol. d. it. Humanismus, 1960, S. 35 ff. Anders A. Dulles, Princeps Concordiae. Pico della Mirandola and the Scholastic Tradition, 1941, 121. De Lubac meint (Pic S. 115), Pico spreche hier vom Menschen im Urstand, im Besitz der iustitia originalis, Ch. Trinkaus (In Our Image and Likeness. Humanity and Divinity in Italian Humanist Thought, 2 Bde. 1970, I, S. 507), vom Menschen vor dem Fall und nach der Erlösung durch die Inkarnation.

[28] A.a.O. 82–87; ähnlich auch Ch. Trinkaus, a.a.O.

[29] A.a.O. 507–524.

[30] The Sun at the center: structure as meaning in Pico della Mirandola's Heptaplus. Journal of Medieval and Renaissance Studies 3, 1973, 69–86, dort S. 86. Vgl. auch Trinkaus a.a.O. 507!

müßte allerdings geradezu einen Bruch darstellen, denn der „Heptaplus", in dem sich der „spätere" Pico artikuliert, ist bereits 1488/89 entstanden, also ganze drei Jahre nach der „Oratio"[31]. Vielleicht dürfte daher eher Craven zuzustimmen sein, der darauf hinweist, daß die „Oratio" für einen ganz bestimmten Zweck zu einem ganz konkreten Anlaß verfaßt wurde und daß daher nicht anzunehmen sei, daß Pico vorgehabt habe, in ihr eine Gesamtsicht seiner Theologie und Philosophie zu geben. In der Tat dürfte der „Heptaplus" eher geeignet sein, einen Eindruck von Picos Sicht des Menschen und der Welt – wenigstens zur Zeit der Abfassung – zu vermitteln; da der Autor davon überzeugt ist, daß das Hexaemeron alle Geheimnisse der Natur enthalte (totius secreta naturae![32]), muß folglich auch seine Auslegung dieser Universalität Rechnung tragen.

Wenn man nun von Picos Werken als erstes den „Heptaplus" liest, wird man schwerlich auf den Gedanken kommen, der Autor verfechte die Autonomie des Menschen und rücke dabei von kirchlich-religiösen Traditionen ab. Vielmehr ist dieses Werk ausgesprochen christologisch orientiert, wie die folgende Betrachtung zeigen wird. Vorausgegangen ist eine Zeit intensiver theologischer Arbeit, wie Pico im ersten Prooemium schreibt, in dem er den „Heptaplus" Lorenzo de' Medici widmet[33]. Hat Pico nach seiner Verurteilung in diesem Werk auch seine Rechtgläubigkeit beweisen wollen, evtl. sogar auf Anregung Lorenzos[34]?

II Die Prooemien

1. Prooemium

Im ersten Prooemium geht Pico zunächst auf die Bedeutung Moses, des „propheta noster" ein. Er habe sein Werk verfaßt „deo plenus ac caelesti spiritu dictante", nach dem Zeugnis selbst heidnischer Autoren sei er äußerst vertraut mit aller menschlichen Weisheit, insbesondere der der Ägypter gewesen, der Lehrmeister der Griechen[35],

---

[31] Vgl. Lubac a.a.O. 352–360. Garin warnt in seinem Beitrag Le interpretazioni del pensiero di Giovanni Pico, in: L'opera e il pensiero. (vgl. Anm. 26) 3–33, dort S. 8 ausdrücklich: „... il modo dello sviluppo del pensiero pichiano non consente né l'ipotesi di una frattura o conversione, né una periodizzazione rigorosa di stadi successivi ...", derselbe Autor im selben Jahr (Pico della Mirandola, vgl. Anm. 16, 64f): „L'ultimo periodo della vita di Giovanni, dall'estate dell' 88 alla morte, è improntato a un' austerità nuova, con una patina più solenne ...", und er spricht 1968 (Einl. S. 8) gar von einer „Zäsur". Vgl. auch Kristeller, Giovanni Pico della Mirandola and His Sources 77; Monnerjahn a.a.O. 162: „Picos Denken beschreibt einen großen Bogen, der bei der ‚Rede über die Würde des Menschen' anhebt ..., über den ‚Heptaplus' führt und in den Briefen des Jahrs 1492 auf dem der ‚Rede' entgegengesetzten Punkte endet."

[32] Prooem. 1, Ed. princeps 2r; Ed. Garin I, 170; vgl. auch 176!

[33] Anlaß war die Erhebung von Lorenzos Sohn Giovanni zum Kardinal durch Papst Innocenz III. Er wurde 1513 (37jährig!) als Leo X. zum Papst gewählt.

[34] Vgl. Garin in der Einleitung zur Edition 1942 S. 32; Monnerjahn a.a.O. 146; dagegen aber Craven a.a.O. 84.

[35] Pico zitiert hier den bekannten Ausspruch des Numenios, Platon sei ein „attisch sprechender Moses" gewesen (vgl. dazu Überweg-Prächter, Gesch. d. Philos. d. Altertums, [11]1927, 520.

auch wenn dem auf den ersten Blick die Darstellungsweise des Moses zu widersprechen scheine[36].

Danach beschreibt Pico dann die Struktur seines geplanten Werkes. Er will nicht bereits Gesagtes wiederholen[37], übernimmt aber aus der exegetischen Tradition[38] die Einteilung in sieben Bücher. Neu[39] ist nun aber, daß er diese wieder in jeweils sieben Kapitel unterteilt: Er will in ihnen eine siebenfältige Auslegung je eines Schöpfungstages sowie des Sabbats geben[40]. Der Grund dafür soll im zweiten Prooemium verdeutlicht werden, wo er zunächst versuchen werde, die Vorstellung (idea) von jemand nachzuzeichnen, der über die Erschaffung der Welt schlechthin schreiben wolle, um die Natur selbst nachzubilden. Danach solle dann bewiesen werden, daß Moses von dieser Vorstellung – gewissermaßen als Archetyp – in nichts abgewichen sei[41]. Mit anderen Worten: Pico will zunächst den Kosmos beschreiben, um seine Beschreibung dann im Hexaemeron wiederzufinden[42]!

2. Prooemium

Im zweiten Prooemium wird zunächst die Welt als dreistufig dargestellt, wie sie die Antike beschrieben habe[43]: Auf der höchsten Stufe steht der mundus ultramundanus, von den Theologen mundus angelicus, von den Philosophen mundus intellectualis genannt. Er ist die Welt des Lichts und wird durch Feuer bezeichnet. In ihm ist ewiges Leben und beständige Tätigkeit; er besteht aus göttlicher, geistiger Natur. Eine Stufe tiefer befindet sich der mundus caelestis. Er ist aus Licht und Finsternis gemischt und wird durch Feuer und Wasser bezeichnet. In ihm herrscht zwar Beständigkeit des Lebens, aber Wechsel der Tätigkeiten und Orte. Er besteht aus unverdorbenem Körper und Geist, der aber dem Körper untertan ist; regiert wird er vom mundus angelicus.

---

[36] 2r/v; 170/172.
[37] 4r; 176/178.
[38] 10v/11r; 202. Pico nennt Basilius und Augustin. Aus P. Kibre, The Library of Pico della Mirandola, 1936, geht hervor, daß Pico keine der scholastischen Hexaemeron-Auslegungen besaß; in seiner Bibliothek standen lediglich die entspr. Werke des Basilius (Kibre 208, Nr. 661) und Ambrosius (ebda. 152, Nr. 231). Bonaventuras Collationes in Hexaemeron sind nicht aufgeführt.
[39] „Nostra inventa et meditata", „... quid omnino sit novum hoc quod afferre molimur ...", 4v; 180.
[40] Dies ist auch der Grund, weshalb Pico sein Werk nicht, wie üblich, Expositio in Hexaemeron o.ä., sondern „Heptaplus" bzw. „De septiformi sex dierum geneseos enarratione" nennt.
[41] 5r; 182. Waddington erklärt das damit, daß der Heptaplus nicht in erster Linie als exegetischer Kommentar gesehen werden dürfe, sondern als literarische Konstruktion, die das Vorbild der ursprünglichen Schöpfung entfalte (a.a.O. 72f). Aber das gilt nicht nur für Picos Kommentar! Dieser selbst sieht sich jedenfalls in einer exegetischen Tradition (10v/11r), vgl. oben Anm. 38! Trinkaus weist zu Recht auf die Parallelität zu Bernard Silvestris hin, a.a.O. 520; auch Thierry v. Chartres wäre hier zu nennen, vgl. Häring a.a.O.!
[42] Vgl. hierzu auch 9v; 196 (unten S. 106).
[43] 6r; 184f: „Tres mundos figurat antiquitas". Damit dürfte die Kabbala gemeint sein (vgl. F. A. Yates, Giovanni Pico della Mirandola and Magic, L' opera e il pensiero ... I, 159–203; Kristeller, a.a.O. (vgl. Anm. 31), 73f; Trinkaus a.a.O. 507).

Die unterste Stufe nimmt der mundus sublunaris ein, in dem wir leben. Er ist die Welt der Finsternis und wird durch Wasser bezeichnet. Leben und Tod wechseln in ihm, er besteht aus hinfälliger, körperlicher Substanz und wird vom mundus caelestis bewegt.

Moses hat – nach Pico – diese drei Welten bereits bei seiner Konstruktion der Stiftshütte figuriert, die in drei Teile unterteilt war[44]. Charakteristisch für den „Heptaplus" ist, daß Pico hier nun sogleich einen christologischen Bezug herstellt: Daß beim Tode Christi der Vorhang im Tempel zerriß[45], sei deshalb geschehen, weil uns durch Christi Kreuz und Blut der Weg zum mundus supercaelestis, zu Gott aufgeschlossen sei, der wegen der Sünde des Urvaters durch die Gesetze der Gerechtigkeit verschlossen war[46].

Picos besonderes Anliegen ist nun, zu zeigen, daß die drei Welten zusammen eine Welt bilden; darauf gründe sich seine gesamte Auslegung. Der Grund sei, daß das, was sich in allen drei Welten finde, auch in den einzelnen jeweils vorhanden sei und umgekehrt[47]. Unterschiede gebe es nur im Grad der Vollkommenheit[48]. Ausführlicher als es eigentlich nötig sei, gehe er auf die Hierarchien der drei Welten ein[49]: In der höchsten Welt, dem mundus angelicus, steht Gott, die unitas prima, neun Ordnungen der Engel[50] gleichsam als ebenso vielen Sphären vor[51]. Selbst unbewegt, bewegt er alle auf sich hin. Im mundus caelestis steht das caelum empyreum neun himmlischen Sphären[52] gleichsam wie ein Führer dem Heere vor. Während diese einzeln in unablässiger Bewegung kreisen, ist das caelum empyreum, Gott nachahmend, unbewegt. Auch in der Elementarwelt, dem mundus sublunaris, gibt es nach der prima materia, ihrem Fundament, neun Sphären vergänglicher Formen: drei von leblosen Körpern, drei der Pflanzenwelt und drei mit empfindender Seele, doch ohne Vernunft, also der Tiere.

Auf dem Zusammenhang, der concordia der drei Welten, beruht nach Pico die Lehre eines jeden allegorischen Sinnes. Die Väter, aller Dinge kundig und vom heiligen Geiste geleitet, hätten die Natur einer Welt durch das, was ihr in den übrigen entspreche, aufs passendste dargestellt.

---

[44] 6v; 186/188.
[45] Mt 27,51.
[46] 7r; 188.
[47] Ebda.: „..quoniam quicquid in omnibus simul est mundis, id et in singulis continetur, neque est aliquis unus ex eis in quo non omnia sint quae sunt in singulis." Ebenso kurz darauf 8r; 194.
[48] Ebda. Auch im Ps 135,5 Vg und Hebr 1,7 sieht Pico den wechselseitigen Zusammenhang der drei Welten angezeigt, 7v; 190/192.
[49] Ebda.
[50] Vgl. schon Conclusiones, Ed. Kieszkowski 50 Nr. 2!
[51] Picos „Sphären" dürften die zehn Sefirot der Kabbala zugrunde liegen, vgl. G. Scholem, Die jüdische Mystik in ihren Hauptströmungen, 1957, 232–235; R. Goetschel, TRE 17, 1988, 492. Einen guten Überblick über Picos Beziehungen zur Kabbala gibt H. Greive, Die christl. Kabbala des Giovanni Pico della Mirandola, AKuG 57, 1975, 141–161.
[52] Vgl. Conclusiones 88 Nr. 48!

Neben den drei erwähnten Welten kennt Pico jedoch noch eine vierte, in der sich alles zugleich finde, was in den übrigen vorkomme: Dies sei der Mensch[53], der, wie Pico schreibt, allgemein [54] als Mikrokosmos bezeichnet werde.

Wenn man nun von der Existenz dieser vier Welten ausgehe, sei anzunehmen, daß Moses sich über sie alle geäußert habe, so daß seine Schrift ein Abbild der Welt insgesamt sei[55]. Daher habe er von keiner der Welten sprechen können, ohne daß er zugleich unter denselben Worten und demselben Kontext auch von allen Welten gehandelt habe[56]. Für Pico bedeutet das, daß zunächst jede Stelle vierfach ausgelegt werden muß[57]. Damit aber nicht genug: Obwohl die Naturen untereinander vermischt seien und sich gegenseitig enthielten, hätten sie doch jeweils ihre Proprietäten, was in einer fünften Auslegung gezeigt werden soll[58]. Daraus ergibt sich wiederum die Notwendigkeit, in einer sechsten Auslegung die 15 verschiedenen Arten aufzuzeigen, aus denen ihre Verbindungen bestehen. Auch dies habe der Prophet klar gezeigt, so daß Aristoteles niemals etwas Deutlicheres über die Natur der Dinge geschrieben habe[59]. Schließlich will Pico noch in einer siebten und sozusagen „Sabbat"-Auslegung über das Glück der Geschöpfe und die Rückkehr zu Gott[60] das zeigen, was Moses ganz offenkundig verborgen habe, so daß klar werde, daß man hier eine ganz ausdrückliche Vorhersage der Ankunft Christi, des Fortschrittes der Kirche und der Berufung der Heiden lesen könne[61].

Pico kündigt noch an, er werde nicht dem Beispiele anderer Autoren folgen und anläßlich der Auslegung enzyklopädisch alles zum Thema ausbreiten. Die Leser sollten hier nicht zum ersten Male lernen, sondern das, was sie bereits als wahr erkannt hätten, in den Worten des Propheten wiederfinden[62].

Es folgt der lateinische Text Gen 1,1–27a, also ohne den Bericht über den siebenten Tag, den Pico doch in einer eigenen Auslegung behandeln will[63]! Dann beginnt die eigentliche Exegese. Es würde hier zu weit führen, sie vollständig darzustellen; doch

---

[53] 8r; 192. Daher werde er nach den „catholici doctores" von Jesus Mk 16,15 als „omnis creatura" bezeichnet! Der Gedanke auch 27r; 268.

[54] „Tritum in scholis verbum est, esse hominem minorem mundum, in quo mixtum ex elementis corpus et caelestis spiritus et plantarum anima vegetalis et brutorum sensus et ratio et angelica mens et Dei similitudo conspicitur." Ebda. Dieser Gedanke findet sich auch im Buche Zohar, vgl. Goetschel, La Kabbale, 1985, 104; TRE 17, 497. – Allgemein: R. Allers, Microcosmos from Anaximander to Paracelsus, Tr 1, 1944, 319–408; Lubac a.a.O. 160–169.

[55] „... ut sit vere sricptura haec Moseos imago mundi expressa" (mit Verweis auf Ex 25,40), 8r; 192/194.

[56] 8r; 194.

[57] Ebda.

[58] 8v; 194, ähnlich 31v; 286.

[59] 8v; 194/196.

[60] Vgl. dazu schon die Conclusiones 85 Nr. 16!

[61] 9r; 196: „... reserantes quae de his in praesenti scriptura Moses apertissime occultavit, ut fiat palam de Christi adventu, de Ecclesiae profectu, de gentium vocatione, expressissimum hic vaticinium legi."

[62] 9v; 196/198.

[63] Vgl. oben S. 101! Picos Text entspricht ziemlich genau dem der heutigen Vulgata.

soll wenigstens an einigen exemplarischen Beispielen Picos Art auszulegen gezeigt werden, in der die Lehre vom mehrfachen Schriftsinn auf die Spitze getrieben wird.

III Die Expositionen

1. Expositio

Die Expositio prima de mundo elementari beginnt bezeichnenderweise mit den Worten: „Naturales philosophi ...", und es folgt zunächst eine kurze Darstellung des aristotelischen Vier-Ursachen-Schemas[64] samt einigen Ergänzungen mittelalterlicher Autoren[65] sowie die Harmonisierung mit der (neu)platonischen Vorstellung eines Weltschöpfers, die auch die Peripatetiker anerkannt hätten[66].

Diese allgemeinen Aussagen der Philosophen über die vergänglichen Dinge habe nun Moses im Werk des ersten Schöpfungstages in vollkommener Weise zusammengefaßt[67].

Das wird im zweiten Kapitel am ersten Schöpfungstag verifiziert: Caelum bedeute die causa agens, terra die causa materialis. Sie werde „inanis et vacua" genannt, weil sie noch ohne Formen gewesen sei. Allerdings wird nach Pico durch das hebräische „tou" et „bou" bereits der Beginn einer Formierung angezeigt[68]! Diese inchoatio werde verdeutlicht durch den Zusatz „et tenebrae erant super faciem abyssi", wobei „abyssus" die dreidimensionale Materie, „tenebrae" die privatio bezeichneten. Im folgenden meine „aquae" die „accidentes materiae qualitates et affectiones", der „spiritus Domini" die „vis causae efficientis, Domini organum et instrumentum", die mittelbar durch jene Qualitäten wirke. Das Licht, „formae species et decor", sei Vertreiber der Finsternis = privatio. Es entstehe auf Gottes Befehl hin, da die causae naturales nichts wirkten, was nicht der „divinae artis ordo" vorgeschrieben habe. So werde aus Abend und Morgen ein Tag (nicht der erste Tag), indem aus der Natur von Potenz und Akt eine dritte Substanz, das sogenannte compositum, hervorgehe[69].

---

[64] Met A 3, 983 a 26 ff.
[65] Genannt wird Averroes, 11v/12r; 204/206.
[66] 11v/12r; 204/206.
[67] „... ut neque certius neque aptius de his quicquam dixerint philosophi probatissimi", 12r; 206. Zum Gedanken vgl. schon 5r; 182, dazu oben S. 101!
[68] Pico beruft sich bei dieser Interpretation auf „plures Hebraei". Die inchoatio formae hätten Albertus Magnus, mehrere Peripatetiker und sogar die alten Hebräer angenommen, wie er aus den monumenta des sehr alten Simeon zusammengestellt habe (12v; 208). Gemeint ist wohl das Buch Zohar des Moses v. Leon, das als Werk des Simeon Ben Jochai galt, F. Secret, Les Kabbalistes Chretiens de la Renaissance, 1964, 40; Goetschel, La Kabbale, 94.96. – Zur Herkunft dieser Deutung aus der Kabbala (Abraham bar Chija) G. Scholem, Ursprung und Anfänge der Kabbala, 1962, 54.
[69] 12v/13r; 208/210.

2. Expositio

Im zweiten Buch sollen dieselben Worte der Genesis auf den mundus caelestis hin gedeutet werden[70]. In ihm steht an zehnter und höchster Stelle das unbewegte empyreum, darunter der neunte orbis, das caelum cristallinum, das als erster Körper bewegt, aber nur geistig erfaßbar ist. Es folgen das Firmament, die octava sphaera, die als inerrans qualifiziert wird, schließlich die sieben Planeten[71].

Für die Werke des ersten Schöpfungstages heißt das: Caelum meine jetzt speziell das empyreum[72], terra die letzten acht Sphären. Zwischen empyreum und sphaera octava gebe es das caelum crystallinum, hier bezeichnet durch die Wasser, über denen der Geist Gottes schwebte. Daß die Erde inanis et vacua genannt werde, bedeute, daß sich das Licht (und mit ihm die übrigen virtutes) noch nicht von der höchsten Sphäre, dem caelum primum, bis zu den acht Sphären der terra verbreitet hatte[73]. Daß der Geist Gottes über den Wassern schwebte, heißt nach Pico, daß das empyreum sein Licht zunächst dem mundus crystallinus mitteilte, von wo aus es auf die übrigen Sphären überging[74].

Das Schlußkapitel der expositio secunda ist eine Mahnung an den Menschen, nicht das zu verehren, was Gott allen Völkern zum Dienst erschaffen habe, die Himmelskörper[75]. Vielmehr sollten wir den fürchten, lieben und verehren, in dem alles geschaffen sei, Unsichtbares und Sichtbares: Christus als principium[76].

3. Expositio

Im Prooemium seiner dritten Auslegung, de mundo angelico et invisibili, schreibt Pico[77] nach einem gebetsartigen Eingang, daß über die natura angelica et invisibilis vieles sowohl von den alten Hebräern als auch von Dionysius überliefert werde. Sein ursprünglicher Plan sei daher gewesen, die Worte Moses nach beiden Traditionen aus-

---

[70] „... ut palam omnibus sit eisdem verbis, quibus de elementari nobis tot natura monstrata sunt, de caelestibus item altissima dogmata a Propheta comprehensa ...", 16r; 220.

[71] So schon in den Conclusiones 88 Nr. 48. Zur Herkunft der Vorstellung aus der Kabbala vgl. oben Anm. 54!

[72] Pico sagt, dieses hätten bereits Strabo (gemeint: Glossa Ordinaria zu Gen. 1, 1) und Beda (Hexaem. zu Gen. 1,1), „plures Hebraei" sowie „philosophi et mathematici quidam" angenommen. Von ihnen werden zwei genannt: Abraam Hispanus, astrologus maximus (wohl Abraham Ben Chija, Vf. des Zurat ha-arez), und Isaac philosophus (vielleicht Isaak der Blinde, der u. a. den Sefer Jezira kommentierte, Goetschel a. a. O. 40); letzterer habe die 10 orbes bei Ezechiel (1, 26) und Sacharja (4, 2 f) bezeichnet gefunden. Allerdings lassen sich die Auslegungen der Glossa Ordinaria und Bedas schwerlich im Sinne Picos auffassen!

[73] 18r; 228.

[74] 18r/v; 229.

[75] Hier klingt Picos Abneigung gegen die Astrologie an, die er später in einer ganzen Schrift thematisiert hat: Disputationes adversus Astrologiam Divinatricem (Ed. Garin, 2 Bde. 1946.1952); vgl. dazu Craven a. a. O. 151 f.

[76] Nach Paulus, Kol. 1, 16, und Joh. 8, 25.

[77] 22r/v; 246/248.

zulegen. Da die der alten Hebräer jedoch ungewohnt und schwer zu verstehen sei, hätte er sie fast vollständig darlegen müssen; daher wolle er hier darauf verzichten, auf sie einzugehen[78] und inzwischen auf Spuren des Dionysius[79] oder besser: des Paulus und Hierotheus, denen jener gefolgt sei[80], versuchen, die Finsternis des Gesetzes zu erleuchten[81].

Pico beschreibt zunächst die „unitas" und überträgt die ihr zukommenden Prädikate „ad divina more pythagorico"[82]: Alles übrige sei durch Gott, er allein habe die Aseität. Die Erschaffung von Himmel und Erde bedeutet nun für den mundus angelicus, daß Gott einmal die essentia rudis ac informis expers vitae et esse schuf, nach Moses die terra inanis et vacua, zugleich den Himmel: den actus jener essentia und die Teilhabe in der multitudo an der unitas (= Gottheit), am ipsum esse[83], die intellectualis proprietas [84].

Bevor der Engel seine Aufgaben erfüllen könne, nämlich intelligere und contemplari, müsse er von Gott mit Licht = species intelligibiles versehen werden. So lange seien daher noch tenebrae über der abyssus = intellectualis proprietas.

Der Geist Gottes = spiritus amoris schwebte über den Wassern, denn die Liebe führe stets zu Gott; sie sei Voraussetzung dafür, daß das „Licht" entstehe: So wie das Auge nicht mit Licht erfüllt werde, wenn es sich nicht der Sonne zugewandt habe, so werde auch der Engel nicht mit geistlichem Licht, d.h. mit formae intelligibiles, erfüllt, wenn er sich nicht Gott im motus amoris zugewandt habe.

Am Ende der Auslegung ist wieder vom Menschen die Rede. Er steht nach Pico so in der Mitte, daß er finis et terminus des mundus angelicus ebenso wie principium et caput der natura corruptibilis ist[85].

Ein Einwand wäre nun, daß der Mensch Fischen, Vögeln und Landtieren vorstehen soll, die nach Picos Expositio hier die naturae angelicae bezeichnen[86]. Er löst dieses

---

[78] Hieraus wird deutlich, daß Pico sich dessen bewußt war, daß die Kabbala für seine Leser etwas Neues darstellte. Ob er Begründer oder nur Mitbegründer der christlichen Kabbala ist, bleibe dahingestellt; vgl. Secret, Les Kabbalistes. 24–43, bes. 40 f; Kristeller a.a.O. (vgl. Anm. 31), 74; Greive a.a.O. 141 f; E. G. Schmidt, HWP 4, 1976, 664; Scholem, Considérations sur l'histoire des débuts de la Kabbale chrétienne (Kabbalistes Chrétiens, hrsg. v. A. Faivre u. F. Tristan, 1979, 19–46), 22–31; Ch. Wirszubski, L'ancien et le nouveau, dans la confirmation kabbalistique du christianisme par Pic de Mirandole (Kabbalistes Chr. 183–193), 185; E. Benz, La Kabbale chrétienne en Allemagne, du XVIᵉ au XVIIIᵉ siècle (Kabbalistes Chr. 91–148), 55–59. Zur Schwierigkeit F. Secret, Pico della Mirandola e gli inizi della cabala cristiana (vgl. Anm. 14), 45: „Lo studio della cabala cristiana si presenta, quindi, come un lungo gioco di pazienza ..."

[79] Gemeint: De caelesti hierarchia.

[80] Vgl. dazu Überweg-Geyer, Die patrist. u. scholast. Philosophie, 12. Aufl. 1927, 293 f!

[81] 22r/v; 246/248.

[82] Vgl. Calcidius, comm. in Plat. Tim. 295 (ed. Waszink, Corpus Platonicum medii Aevi, Plato latinus 4, 1962, 297).

[83] 23r; 250.

[84] 23v; 252.

[85] Zur Herkunft auch dieses Gedankens aus der Kabbala vgl. oben Anm. 54, zu Picos Anthropologie unten S. 108.

[86] Kap. 6, 26r/v; 264.

Problem mit dem Hinweis darauf, daß Christus als Mensch – nach Dionysius[87] – die Engel lehre, erleuchte und vollende. Aber auch wir, denen die Fähigkeit gegeben sei, Kinder Gottes aus Gnade zu werden, deren Geber Christus sei, könnten über die angelica dignitas hinausgelangen[88].

4. Expositio

Damit im folgenden das Verständnis leichter sei, schickt Pico der vierten Auslegung Bemerkungen über die Natur des Menschen voraus[89]: Er bestehe aus Körper und vernunftbegabter Seele[90]. Diese werde caelum genannt. Der Körper heiße terra, weil er eine erdhafte und schwere Substanz sei. Zwischen ihm und der himmlischen Seele sei nun ein Band erforderlich gewesen, das die beiden so unterschiedlichen Naturen miteinander verbinden konnte: Dies sei jene zarte und geistige Korpuskel, die die Ärzte und Philosophen „spiritus" nennen[91]. Dieser spiritus heiße Licht. Wie nach Avicenna alle Kraft der Himmel vermittelst des Lichtes zur Erde gelange, so verbreite sich auch alle geistige Kraft, die er caelum genannt habe, alles Vermögen (Leben, Bewegung und Sinneswahrnehmung) durch Vermitlung eines lucidus spiritus zu diesem irdischen Körper hin, den er Erde genannt habe[92]. Schließlich spreche auch der Prophet (= Moses) davon, daß zunächst Himmel und Erde, die Extreme unserer Substanz, nämlich geistige Kraft und irdischer Körper, geschaffen worden seien. Als später das Licht entstand, d.h. ein lucidus spiritus hinzutrat, seien sie so vereinigt worden, daß aus Abend und Morgen, d.h. aus der „nächtlichen" Natur des Körpers und der „morgendlichen" der Seele, ein Mensch entstanden sei. Da erst durch dieses Licht alle Kraft (virtus) des Lebens und Empfindens zu unserer „Erde" herabgekommen sei, sei zu Recht vor der Geburt des Lichtes die Erde wüst und leer genannt worden[93].

Danach wird wieder Gen 1,2 ausgelegt: Hier werde zunächst eine undifferenzierte und allgemeine Lehre über die Wasser überliefert, die am folgenden Tage präzisiert werde, wenn zwischen Wassern oberhalb und unterhalb des Himmels unterschieden werde. Der Sinn des ganzen werde klar, wenn man die Natur um Rat frage[94]: Nachdem drei Teile der menschlichen Substanz erwähnt seien (Vernunft, sterblicher Körper, verbindender spiritus), blieben noch zwei übrig. Denn zwischen dem vernunftbegabten Teil, durch den wir Menschen seien, und allem Körperlichen sei in der Mitte die pars sensualis, die uns mit den Tieren gemeinsam sei. Ebenso gebe es oberhalb der ratio die intelligentia, durch die wir Gemeinschaft mit den Engeln hätten. Wenn nun

---

[87] A.a.O. 4.
[88] 26v; 264/266, vgl. Trinkaus a.a.O. 510f.
[89] Genauso ist er methodisch ja auch zu Beginn der 1. Expositio verfahren, vgl. oben S. 104.
[90] 27v; 270. Pico setzt hier anima und animus gleich.
[91] Vgl. Thomas, 4 Sent 49,3,2c: „spiritus qui est proximus instrumentum animae in operationibus, quae per corpus exercentur".
[92] 28r; 272.
[93] 28r/v; 272–276.
[94] 28r/v; 272/274.

die ratio als caelum bezeichnet werde, sei klar, was in uns die aquae supercaelestes und was die subcaelestes bedeuteten: die pars intellectualis, weil sie den Strahlen der göttlichen illuminatio besonders zugänglich sei, und die pars sensualis, weil sie den hinfälligen Dingen offenstehe. Wenn es nun heiße, daß der Geist Gottes über den Wassern schwebte, könnten damit nach Pico nur die Wasser über dem Himmel gemeint sein. Dadurch aber werde uns eine sehr große Lehre (dogma) von der Seele entschlüsselt: Den Intellekt, der in uns sei, erleuchte ein größerer, göttlicher Intellekt[95].

Nur kurz geht Pico in dieser Expositio im sechsten Kapitel auf die Erschaffung des Menschen ein: Er sei geschaffen nach der imago Gottes, damit er über Fische, Vögel und Landtiere herrsche, d. h.: Er sei von Natur aus so veranlagt, daß die ratio die Sinne beherrschen solle und daß durch sie die Affekte gezügelt werden sollten. Aber durch die Befleckung der Sünde sei die imago Dei ausgelöscht worden, und wir hätten begonnen, elend und unglücklich unseren bestiae zu dienen, wobei wir unser Vaterland, unseren Vater, das Königreich und die uns als Privileg gegebene frühere Würde vergessen hätten[96].

Lediglich aus einer einzigen Bemerkung besteht das abschließende siebente Kapitel: So wie wir alle im ersten Adam, der Satan mehr gehorcht habe als Gott und dessen Söhne wir dem Fleische nach seien, vom Menschen zum Tier degenerierten, so würden wir im jüngsten Adam Jesus Christus, der den Willen des Vaters erfüllt habe und mit seinem Blut die geistige Verdorbenheit besiegt habe, aus Gnade erneuert und wiederhergestellt[97].

5. Expositio

Die fünfte Expositio „De omnibus mundis divisim ordine consequenti" soll die Proprietäten der vier Welten von einander abgrenzen, denn auch dies sei in den Worten des Propheten zu finden[98]. So will Pico nun der Reihe nach die einzelnen Welten durchgehen.

Dabei beschäftigt sich das sechste Kapitel erneut mit dem Menschen. Er sei die complexio und collegiatio der drei genannten Welten[99]. Sein Privileg, die imago Gottes zu haben, könne nicht die äußere Gestalt meinen[100], sondern müsse auf die Natur von ratio und mens bezogen werden, die – wie Gott – intelligens, invisibilis und incorporea sei. Durch sie sei der Mensch Gott ähnlich, zumal dort, wo in der Seele das Ebenbild der Trinität vergegenwärtigt werde[101]. Da dies aber auch für die Engel zutreffe, so-

---

[95] 28v/29r; 274/276.
[96] „... obliti patriae, obliti Patris, obliti regni et datae nobis in privilegium pristinae dignitatis", 31r; 284.
[97] 31r; 286.
[98] 31r; 286.
[99] 35r; 300/302.
[100] „Melitonis explosa insania, qui humana effigie Deum figuravit", 35r/302.
[101] „praesertim qua parte in animo Trinitatis imago representatur", ebda. Vgl. dazu Augustin, De trin. 9, 4, 4. 7; 9, 12,18; 10, 11, 18 (Ed. Mountain-Glorie, CC 50, 297.299.309.330f)!

gar in weit stärkerem Maße, müsse etwas anderes das spezifisch Menschliche sein, nämlich die menschliche Substanz, die in sich real die Substanzen aller Naturen vereine, ähnlich, wenn auch in anderer Weise, wie Gott selbst[102]. Dies könne von keinem anderen Geschöpf, weder von einem englischen noch von einem himmlischen noch von einem irdischen gesagt werden. Der Unterschied zu Gott bestehe darin, daß dieser als principium omnium alles in sich enthalte, der Mensch aber als medium omnium[103]. Im Körper des Menschen fänden sich die vier Elemente in reinster Form[104]; es gebe außerdem noch einen anderen, „geistigen" Körper, göttlicher als die Elemente, der dem Himmel entspreche[105]. Ferner gebe es im Menschen das (vegetative) Leben der Pflanzen, die Sinneswahrnehmungen der Tiere, die Seele, die durch die himmlische Ratio stark sei, und die Teilhabe am geistigen Vermögen des Engels[106], also den wahrhaft göttlichen Besitz aller dieser zugleich in eins zusammenfließenden Naturen, so daß man den bekannten Ausspruch Merkurs zitieren könne: „Ein großes Wunder, o Asklepius, ist der Mensch!"[107]. Diesem Menschen dienten alle Geschöpfe, Erde und Elemente. Für ihn streite der Himmel, für ihn sorgten die englischen Geistwesen für Heil und Gut, er werde von allen geliebt, da in ihm alle etwas von sich wahrnähmen[108].

„Dem Menschen wird das Irdische übergeben, dem Menschen ist das Himmlische geneigt, da er Verbindung und Knoten des Himmlischen und Irdischen ist und beides mit ihm Frieden haben muß, wenn er nur selbst mit sich Frieden hat, der in sich ihren Frieden und ihre Bündnisse bekräftigt."[109]. So beginnt das siebente Kapitel von Picos Expositio quinta. Es folgt die Mahnung, sich dieser Stellung stets bewußt zu sein und stets vor Augen zu haben, daß wir alles zu Feinden haben werden, wenn wir durch Sünde, durch Übertretung des Gesetzes aus der Bahn geraten. Denn da wir nicht nur uns, sondern dem Universum, das wir in uns umfassen, dem Urheber der Welt selbst, dem allmächtigen Gott Unrecht täten, erführen wir auch alles, was in der Welt ist, und Gott vor allem als mächtigste Bestrafer und strengste Rächer[110].

Andererseits sei richtiges Leben und richtige Verfassung des Menschen allen angenehm und zu Gefallen, denn alles müsse an seinem Guten und Schlechten notwendigerweise teilhaben, da es ihm mit solch einem engen Band verbunden sei[111]. Hier werde auch die Art und Weise jenes seit Jahrhunderten verborgenen Mysteriums klar, daß

---

[102] „... quod hominis substantia ... omnium in se naturarum substantias et totius universitatis plenitudinem re ipsa complectitur ...", 35r; 302.
[103] Ebda.
[104] „per verissimam proprietatem naturae suae", 35v; 304.
[105] „quod caelo proportione respondet", ebda.
[106] „angelicae mentis participatio", ebda.
[107] Asklepius in: Hermetica, Ed. W. Scott, 1 (1924), 294. Dieses Zitat findet sich schon in der Oratio, Ed. Garin (1968), 26.
[108] 36r; 304.
[109] Ebda.
[110] 36r/v; 306/308.
[111] Pico paraphrasiert zum Beweis Lk 15,7; es handelt sich nicht um ein wörtliches Zitat!, 36v; 308.

unsere im ersten Adam verdorbene und geschändete Natur durch das Kreuz Christi wiederhergestellt werden sollte. Unseretwegen wurde der Sohn Gottes Mensch und ans Kreuz geschlagen. Denn es war passend, daß der, der die imago des unsichtbaren Gottes ist, der Erstgeborene der ganzen Schöpfung, in dem alles geschaffen ist, jenem in einer unaussprechlichen Vereinigung verbunden wurde, der nach der imago Gottes geschaffen ist, der das Band der ganzen Schöpfung ist[112]. Auch war, wenn mit dem Menschen die ganze Natur in Gefahr war, sein Schaden weder zu vernachlässigen noch durch einen anderen zu reparieren als durch den, durch den die ganze Natur geschaffen worden war[113].

6. Expositio

Wie Pico im Prooemium zur Expositio sexta „de mundorum inter se et rerum omnium cognatione" schreibt, will er hier die Einheit aufzeigen, durch die die verschiedenen Teile durch ein wechselseitiges Band miteinander verbunden seien[114].

Er schickt seiner Auslegung im ersten Kapitel voraus, daß er bei der Beschäftigung mit allen Lehren von Philosophen, deren Erforschung er sich von Kindheit an gewidmet habe[115], nicht mehr als 15 Arten von Verbindungen zwischen Dingen entdeckt habe[116]. Diese habe er dann in vollkommener Weise bei Moses dargestellt gefunden[117]. Das wird im folgenden näher ausgeführt.

Aus dem Schöpfungswerk des ersten Tages ergibt sich für uns, wie Pico sagt, die Mahnung, uns mit den besseren Naturen zu vereinen. Unser ganzes Bestreben müsse sein, daß wir, dem Höheren zugewandt – was durch die heilige Religion, durch Mysterien, durch Gelübde, durch Hymnen, Bitten, Gebete geschehe – von dort Kräfte für unsere Schwachheit suchten[118].

Wieder fragt Pico im sechsten Kapitel, was die Anordnung von Wasser und Land uns lehren solle. Von der Erde sollten wir lernen, daß wir keine Frucht hervorbrächten, wenn wir nicht den Ansturm der gegen uns andringenden unbeständigen und hinfälligen Materie unterdrückten und von unseren Wohnstätten die Strudel und Gießbäche der Vergnügungen, gewissermaßen der Wasser, abwehrten. Erst nachdem die Wasser sich zu einer Gesamtheit ihres ganzen Elementes gesammelt hätten, seien sie imstande gewesen, Fische hervorzubringen. Auch wir seien nur dann fähig, eine unserer Göttlichkeit würdige Nachkommenschaft ans Licht zu bringen, wenn wir uns ganz, mit allen Kräften darum bemühten.

---

[112] 37r; 308.
[113] Ebda.
[114] 38r; 310.
[115] „... discurrenti per omnia dogmata philosophorum, quibus a puero insudavi", 38r; 312.
[116] 38r; 312.
[117] „Quae deinde, accedens ad Mosem, ita dilucide, ita apposite, subindicata ab eo vidi, ut nusquam melius erudiri de illis quemquam posse crediderim.", ebda.
[118] Pico führt dazu profane Autoren an, die ihre Werke mit Gebeten beginnen und beenden; 40r/v; 320.

Auch hier sei ein tieferes Geheimnis enthalten: Wie die Wassertropfen das Glück hätten, zum Ozean zu gelangen, wo die Fülle der Wasser sei, so sei es unser Glück, daß der Teil des lumen intellectuale, der sich in uns befinde, sich einmal mit dem primus intellectus selbst, der prima mens, wo die Fülle, wo die Gesamtheit alles Erkennens sei, verbinde[119]. Das größte von allem aber sei das, was uns die Lehre vom Firmament zeige, wo wir sähen, daß die unteren Wasser mit den oberen nur durch das Dazwischentreten des Himmels Kontakt haben könnten: Darin könnten wir erkennen, daß eine Verbindung der Extreme nur durch diejenige Natur geschehen könne, die in der Mitte zwischen ihnen sei, beide in sich enthalte und dabei beide vereinige, da sie sie in sich durch die Proprietät ihrer Natur schon zuvor vereinigt habe[120]. Wir würden hier an jenes große Sakrament erinnert, daß der Mensch nur mit Gott vereint werden könne durch den, der in sich selbst Gott und Mensch vereine und so wahrer Mittler geworden sei. Er könne die Menschen an Gott binden, daß sie so durch ihn Kinder Gottes würden, wie er selbst den Menschen „angezogen" habe[121]. Wenn Extreme nur durch ein Medium verbunden werden könnten, das Medium aber in sich bereits die Extreme vereinen müsse, dann könne allein durch den fleischgewordenen Christus das Fleisch zum Verbum emporsteigen[122].

7. Expositio

a) Prooemium

Der Expositio septima „De felicitate, quae est vita aeterna" schickt Pico ein langes Prooemium voraus[123]. Er beginnt mit der Unterscheidung der felicitas naturalis, die wir durch die Natur, und der felicitas supernaturalis, die wir durch Gnade erreichen könnten[124]. Über die erstere habe Moses schon genügend gesagt, da wir zusammen mit der Natur der Dinge auch ihre natürliche Glückseligkeit kennten[125]. Es bleibe also noch übrig, daß er uns über die zweite Glückseligkeit belehre, eher als Prophet denn als Lehrer, da zu seiner Zeit ja die gratia noch ausgestanden habe.

---

[119] „... ita esse nostram felicitatem ut, quae in nobis intellectualis luminis portio est, ipsi primo omnium intellectui primaeque menti, ubi plenitudo, ubi universitas omnis intelligentiae, aliquando coniungatur.", 40v; 322.
[120] 40v/41r; 322.
[121] Picos Formulierung ist hier der umstrittenen Habitus-Lehre des Petrus Lombardus (3 Sent 6, 4, Ed. Grottaferrata II, 1981, 55) sehr ähnlich!
[122] Kap. 7, 41r; 322.
[123] 41v–45r; 324–338.
[124] Vgl. Thomas v. Aquin, STh II/1, 62, 1c: „Est autem duplex hominis beatitudo sive felicitas, una quidem proportionata humanae naturae, ad quam scilicet homo pervenire potest per principia suae naturae. Alia autem est beatitudo naturam hominis excedens, ad quam homo sola divina virtute pervenire potest secundum quamdam Divinitatis participationem ...".
[125] 41v; 324/326.

Nach einer Polemik gegen sogenannte Philosophen, die sich über gratia und felicitas supernaturalis nur lustigmachten[126], definiert Pico dann die felicitas[127]: Sie sei die Rückkehr einer jeden Sache zu ihrem Ursprung. Denn die felicitas sei das höchste Gut, dies aber sei das, wonach alles strebe. Wonach aber alles strebe, das sei gerade das, was der Ursprung von allem sei. Also sei das Ziel von allem dasselbe, was sein Ursprung sei: der eine, allmächtige, gepriesene Gott, das beste von allem, was sein oder gedacht werden könne[128]. Hierher stammten die beiden Bezeichnungen der Pythagoräer „unum" und „bonum", wobei ersteres den Ursprung, letzteres das Ziel bezeichne[129].

Felicitas sei nun der Erwerb dieses ersten Guten. Dies könnten geschaffene Dinge auf zweifache Weise erreichen: entweder in sich selbst oder in ihm selbst. Das erste sei die naturalis felicitas: Da jede Natur in sich auf irgendeine Weise Gott habe, da sie ja soviel von Gott habe, wie sie auch an Güte habe, gut aber alles sei, was Gott geschaffen habe, folge daraus, daß sie Gott auch in sich erreiche, wenn sie ihre eigene Natur in jeder Beziehung vollkommen habe und so sich selbst erwerbe. Diese natürliche Glückseligkeit hätten die verschiedenen Dinge entsprechend ihrer natürlichen Verschiedenheit in größerem oder geringerem Maße bekommen. So übertreffe der Mensch, der mit Einsicht und Willensfreiheit begabt sei, wie durch seine Natur so auch durch seine natürliche Glückseligkeit andere Geschöpfe wie Feuer, Pflanzen, Tiere[130]. Doch sogar das höchste unter den Geschöpfen, die angelica mens, erreiche diese felicitas nur in sich selbst, nicht in Gott selbst. Selbst die Engel – bei den Philosophen mentes und intellectus – könnten bestenfalls von Gott nur so viel erkennen, wie an Substanz Gottes in ihrer Natur repräsentiert werde. Daher hätten auch die Philosophen nur über dieses Glück gesprochen und die felicitas jeder Sache in der besten Tätigkeit ihrer Natur gesehen [131].

Wenn jedoch Glückseligkeit sich hierin erschöpfe, warum heiße es dann auch bei den Philosophen, allein der Mensch sei zur Glückseligkeit geboren, zumal doch gerade er – im Gegensatz zu den anderen Kreaturen – gewissermaßen ständig aus der Bahn zu seinem natürlichen Ziel gerate[132]? Hier müßten wir, wie Pico meint, auf die heiligen Theologen hören, die uns an unsere Würde erinnerten und daran, welche Güter uns darüber hinaus von dem allerfreigiebigsten Vater gewährt würden, damit wir sie nicht, grausam gegen uns selbst und undankbar gegen den Schöpfergott, zurückwiesen.

---

[126] 41v; 326.
[127] Er gebraucht immer diesen Begriff, während sich bei Thomas häufiger das synonyme „beatitudo" findet, vgl. oben Anm. 124!
[128] 41v; 326, mit Verweis auf Alexander von Aphrodisias und griechische Kommentatoren der Aristotelischen Ethik. Zum Ausdruck „optimum omnium quae aut esse aut cogitari possunt" vgl. Anselm v. Canterbury, Proslog. 2 (Ed. Schmitt I, 101f)!
[129] 42r; 326.
[130] 42v; 328/330.
[131] 42v; 330. Vgl. Aristoteles, Eth. Nik. I, 5!
[132] Ebda.

Die natürliche Glückseligkeit sei nun aber eher ein Schatten der wahren Glückseligkeit als diese selbst, denn die Natur, in der man Gott erreiche, sei nicht die summa bonitas selbst, sondern nur deren schwacher Schatten. Die Dinge würden durch die natürliche Glückseligkeit eher sich selbst als Gott zurückgegeben, ohne zu erreichen, daß sie zu ihrem Ursprung zurückkehrten. Wahre und vollkommene Glückseligkeit indessen führe uns zur Schau von Gottes Angesicht und zur vollkommenen Vereinigung mit dem Ursprung, aus dem wir hervorgegangen seien[133]. Zu dieser unio könnten die Engel emporgehoben werden, aber nicht selbst hinaufsteigen; der Mensch könne nur gezogen werden[134]. Niedrigere Naturen als der Mensch könnten nicht zu ihr gelangen, allein der Mensch und der Engel also seien zum wahren Glück hin geschaffen. Dazu sei aber die gratia notwendig, da sie Mensch und Engel Gott angenehm mache[135]. Pico will hierfür bei den Philosophen offenkundige Beispiele gefunden haben[136].

Dieses Glück habe der Teufel (daemon) verloren, da er zu ihm emporsteigen, nicht sich ziehen lassen wollte. Zusätzlich habe er dabei auch die natürliche Glückseligkeit verloren[137].

Wir könnten zu höchstem Elend oder höchstem Glück gelangen: Wer selbst verschulde, daß er den Beweger nicht aufnehme, schließe nicht nur die gratia von sich selbst aus, sondern schädige auch die Natur. Deshalb verlören, nachdem Christus erkannt worden sei, diejenigen, die ihn nicht annähmen[138], nicht nur die erste, übernatürliche Glückseligkeit, sondern zu Recht auch die zweite, d.h. die natürliche, denn die Gnade nicht zu wollen, sei Zeichen der verdorbenen und gefallenen Natur[139]. Auch die Väter, die unter dem alten Gesetze lebten, hätten fest an das künftige Kommen Christi geglaubt und darauf gehofft; allerdings hätten sie die Frucht davon erst nach dessen Kreuzestod erfahren, als er zu ihnen hinabgestiegen sei.

Zu dieser (übernatürlichen) Glückseligkeit bewege uns die Religion, so wie wir zur natürlichen als Führer die Philosophie gebrauchten. Wenn aber die Natur erster Anfang (rudimentum) der Gnade sei, sei jedenfalls auch die Philosophie Beginn (inchoatio) der Religion, und es gebe keine Philosophie, die den Menschen von dieser entferne. Daher wolle auch er, nachdem er, von Moses ausgehend, mehr als sechs Tage über die Natur philosophiert habe, am siebenten Tage über die felicitas supernaturalis sprechen[140].

---

[133] 43v; 332.
[134] Ebda. 332/334 mit Verweis auf Joh 6, 44.
[135] „... quia Deo et hominem et angelum gratos efficiat", 43v; 334.
[136] 44r/v; 336.
[137] „ideoque illud amisit quod habuisset, si permansisset", 44v; 336. Pico äußert dann, daß die ungetauft sterbenden Kinder in dem Stande blieben, daß sie ihre natürlichen Güter (sua bona) behielten, nicht aber mit den göttlichen beschenkt würden (ebda.).
[138] induunt nach Rö 13, 134.
[139] 44v; 338.
[140] Ebda.

b) Auslegung

Im ersten Kapitel der Auslegung werden die Worte Gen 1,2a von neuem gedeutet: Der Prophet beschreibe hier den Zustand der verdorbenen Natur, bezeichnet durch „terra". Sie sei – verglichen mit den Engeln – von Anfang an, da sie sogleich gesündigt habe, leer von der ursprünglichen Gerechtigkeit gewesen, ihre Oberfläche, d. h. die ratio, verdunkelt von der Finsternis der Sünde. Dies sei nicht von Gott aus geschehen, sondern durch die Schlechtigkeit des Menschen, der sich willentlich dieses Gutes beraubt habe. Aber auch zur Zeit, als die Wasser von Finsternis bedeckt waren, habe der Geist Gottes sie erwärmt: einmal, weil durch das Licht des göttlichen Antlitzes, d. h. der natürlichen Erkenntnis, die Menschen gelenkt wurden; zum anderen, weil durch die Sorge der göttlichen Vorsehung damals das menschliche Geschlecht nicht verlassen gewesen sei[141].

Die Entstehung des Lichtes bedeute, daß Abraham als erster den Dämonen, die Fürsten der Finsternis hießen, den Kampf angesagt habe und so zu Recht „Licht" genannt worden sei[142].

Das vierte Kapitel der Expositio septima ist (abgesehen vom Prooemium des siebenten Buches) das längste des gesamten Werkes. Es behandelt den vierten Schöpfungstag. Er ist nach Pico die Erfüllung der Tage wie die Zahl vier die der Zahlen sei[143].

„Es kam der vierte Tag, an dem die Sonne, als Herr des Firmaments, d. h. Christus als Herr des Gesetzes, und die mondähnliche (lunaris) Kirche als Gefährtin und Braut Christi und die apostolischen Lehrer, die viele zur Gerechtigkeit erziehen sollten, am Firmament für alle Ewigkeiten erstrahlten, wie die Sterne, indem sie nämlich die Welt zum ewigen Leben riefen." Wie die Sonne das Firmament nicht auflöse, sondern vollende, so sei auch Christus nicht gekommen, das Gesetz aufzulösen, sondern es zu vollenden[144].

Das Licht des ersten Schöpfungstages, nämlich Abaraham, habe den vierten Tag, d. h. den Tag Christi, bereits gesehen und sich gefreut. Er habe wahrgenommen, daß der Strahl seines Lichtes, d. h. der wahren Religion, den er durch die Sonne der Gerechtigkeit in die Welt gebracht hatte, durch das wahre Licht, das alle Menschen erleuchtet, über die ganze Welt weit und breit ausgegossen werden sollte. Er habe bereits gesehen, daß Jesus Christus für die aufleuchtete, die in Finsternis und im Schatten des Todes saßen, und daß der Fürst der Finsternis, der Fürst dieser Welt, hinausgeworfen und aus den Menschen vertrieben wurde[145].

Pico verspricht dann, die Wahrheit seiner Auslegungsweise noch genauer aufzuzeigen und dabei den „christlichen Brüdern" auch äußerst wirksame Waffen gegen das

---

[141] Mit Verweis auf Rö 8,26.
[142] 45v; 342.
[143] Zugrunde liegt die letztlich auf Pythagoras zurückgehende Lehre, daß die Vier die „vollkomene Zahl" sei, vgl. schon Hippolyt, Adv. haeres. I,2.
[144] 47r; 346.
[145] Ebda.

steinerne Herz der Hebräer aus deren eigenen Arsenalen zu liefern[146]. Zunächst solle aus Zeugnissen der Juden bewiesen werden, daß uns durch die Werke des vierten Tages die Ankunft Christi bezeichnet werde[147], sodann, daß uns durch nichts der Messias passender vergegenwärtigt werde als durch die Sonne. Auch werde er aus der Berechnung der Zeiten ganz evident machen, daß Christus nicht erst in Zukunft kommen werde, sondern daß Jesus aus Nazareth, der Sohn der Jungfrau, der den Hebräern versprochene Messias gewesen sei[148].

Im fünften Kapitel wird gezeigt, daß auch die Schöpfungswerke, die nach dem vierten Tage stattfanden, dem entsprächen, was nach der Ankunft Christi geschehen sei. Wenn durch Wasser und Erde bereits Juden und Heiden bezeichnet worden seien[149], könne die Schaffung des Menschen am sechsten Tage nicht die des irdischen, sondern nur die des himmlischen bedeuten. Dies sei durch das Sakrament der Taufe geschehen, durch das die Kraft Christi auf uns ausgegossen werde und durch das wir wieder zu Kindern Gottes würden[150]. Nachdem nämlich Heiden und Juden sich zu Gott bekehrt hätten, sei dies noch übrig geblieben, daß sie sich durch das allerheiligste Bad dem Kreuz des Herrn gleichmachten und so nach dem Ebenbild Gottes wiederhergestellt wurden[151]. Als Kinder Gottes seien wir Erben Gottes, Miterben Christi, bestimmt zur ewigen Erbschaft, die die Kinder Gottes, die im Geiste lebten, als Lohn für Glauben und gut geführtes Leben glücklich im himmlischen Jerusalem besitzen würden[152].

8. Schlußbemerkungen des Heptaplus

Der siebenfachen Auslegung der Schöpfungsgeschichte wird noch eine kabbalistische Deutung der Anfangsworte „In principio" angefügt[153]. Ziel sei es, durch eine andere Auslegungsweise den Lesern eine Kostprobe von der Tiefe Moses zu geben[154]. Den Abschluß des ganzen Werkes bildet dann die Ermahnung: „Laßt auch uns dem allerheiligsten Bündnis der Welt nacheifern, damit wir durch gegenseitige Liebe unter-

---

[146] 47v; 348.
[147] 48v; 352.
[148] 50r; 358.
[149] So Kap. 5, 50v/51r, 360/362.
[150] 53v; 372.
[151] 53v; 372.
[152] Ebda.
[153] 54v–57r; 374–382. Im Buch Tiqqunej Zohar (wohl von einem Schüler des Moses v. Leon) finden sich 70 verschiedene Auslegungen des Wortes Bereschit (Goetschel, La Kabbale, 95)!
[154] 54v; 374. Voraussetzung für das Verständnis sei allerdings, daß man das Wissen über die behandelten Gegenstände bereits besitze, denn man könne durch diese Methode keine Lehrsätze und Wissenschaften neu lernen, sondern sie nur wiedererkennen („Neque enim dogmata et doctrinas ibi discere possumus, sed solum agnoscere"). 55r; 376. Vgl. Wirszubski a.a.O.!

einander eine Einheit bilden und zugleich alle durch wahre Gottesliebe mit jenem glücklich zu einer Einheit werden."[155].

*

Picos Auslegung des Hexaemeron ist der Versuch, die Welt in ihrer Gesamtheit als Schöpfung Gottes darzustellen und die besondere Verantwortung des Menschen in ihr aufzuzeigen. Er ist nicht autonom und Herr der Schöpfung, es geht auch nicht nur um sein persönliches Heil, sondern an ihm liegt es, ob die ganze Welt und ihre irdischen und kosmischen Bewohner das von Gott gesetzte Ziel, die felicitas, erreichen. Durch Christi Tod und Auferstehung ist der Mensch nach dem Fall hierzu wieder in die Lage versetzt worden. Kaum ein anderer Autor hat vor Pico diesen universalen Aspekt so hervorgehoben. Sicher wird man heute nicht mehr mit seiner exegetischen Methode einverstanden sein können; auch hier hat die Reformation einen Bruch bewirkt, und auf dem Wege von der allegorischen zur historisch-kritischen Exegese bedeutet Pico sogar einen Rückschritt gegenüber Autoren wie Nicolaus v. Lyra und selbst Thomas v. Aquin mit seiner Hochschätzung des Litteralsinnes[156]. Auch die Beschäftigung mit der Kabbala ist für uns heute vornehmlich von historischem Interesse[157], selbst wenn sie zum Studium der orientalischen Sprachen, besonders des Hebräischen, angeregt hat. Trotzdem lohnt es sich auch heute noch, sich mit der Person und dem Wirken Picos zu beschäftigen, denn: „Es gehört gerade zum Wesen moderner Theologie, ‚Geschichtlichkeit' ernstzunehmen, und das heißt zugleich, da ‚geschichtlich' immer noch von ‚Geschichte' kommt, sich auf die Quellpunkte der Vergangenheit als auf Orte zukünftiger Möglichkeiten zu besinnen – ohne doch dem Saeculum, das uns trägt, untreu zu werden. Zu imitieren ist uns verwehrt, zu hören geboten, Hilfe anzunehmen erlaubt. Wie anders als im ständigen Dialog, in der Durcharbeitung der Tradition und dem Lauschen auf die großen Stimmen der Kirchengeschichte sollte sich der Weiterweg der Christenheit vollziehen?"[158].

---

[155] „Imitemur et nos sanctissimum foedus mundi, ut et mutua caritate invicem simus unum et simul omnes per veram Dei dilectionem cum illo unum feliciter evadamus.", 57r; 382.

[156] Smalley a.a.O. 30f. Vgl. aber Craven a.a.O. 123: „He does not deny the literal truth of the account, but presupposes it, even if he is somewhat supercilious towards these who are satisfied with it ..."; ähnlich a.a.O. 106.

[157] Einen Eindruck von dem Einfluß der christl. Kabbala auf Theologen in Italien, Frankreich, Deutschland und England gibt Secret, Les Kabbalistes Chrétiens (vgl. Anm. 78) sowie die Beiträge von J. Fabry, G. Javary, E. Benz und S. Hutin in „Kabbalistes Chrétiens" (vgl. A. 78) 51–64. 67–88. 91–148. 151–156.

[158] E. Wölfel, Seinsstruktur und Trinitätsproblem. Untersuchungen zur Grundlegung der natürlichen Theologie bei Johannes Duns Scotus, BGPhMA 40,5, 1965, S. 255.

WELTBEWUSSTSEIN UND ALLMACHTSERFAHRUNG

Zur Wahrnehmung der Geschöpflichkeit in Pascals frg. 72.

Joachim Ringleben

Die maßvolle Besonnenheit, die zum Ideal des honnête homme gehört, trägt in sich eine Nötigung für den Menschen, vor aller fachwissenschaftlichen Einzeluntersuchung sich über die Natur überhaupt und seine Stellung in ihr oder zu ihr klar zu werden zu versuchen: qu'il la considère une fois sérieusement et à loisir, qu'il se regarde aussi soi-même, et connaissant quelle proportion il y a ... (72). Pascals berühmtes Fragment 72 führt vor, wie die Selbstbesinnung über diese Proportion auf die erschütternd maßlose disproportion de l'homme stößt, in deren zerreißender Widersprüchlichkeit sich erst notre état véritable zu erfahren gibt. Als eine solche Neubestimmung menschlicher Endlichkeit soll der Text hier gelesen werden[1].

I Verlust der Mitte

Ausgehend von der unmittelbaren Größe und erhabenen Schönheit der geschaffenen Welt (la nature entière dans sa haute et pleine majesté, 72), wird dem betrachtenden Menschen sogleich seine natürliche, geozentrische Position – die Erde gleichsam als größte unmittelbare Umwelt – entrissen und vom unvergleichlich Größeren der Sonne und ihrer Sphäre verwinzigt: que la terre lui paraisse comme un point au prix du vaste tour que cette astre décrit (72). Aber das eigentlich Bestürzende an dieser Erfahrung des qualitativen Umschlags eines großen Ganzen zu einem verschwindenden Punkt liegt in ihrem unaufhaltsamen Fortgetriebenwerden zu immer noch gesteigerten Wiederholungen dieses Umschlags. Denn indem auch das Riesengebäude des Sonnensystems angesichts noch größerer Weiten der Milchstraßen ins Winzige umschlägt, entsteht ein abgründiger Schauder vor dieser alle bestimmten Maße verschlingenden Unendlichkeit des sichtbaren Weltalls: et qu'il s'étonne de ce que ce vaste tour lui-même n'est qu'une pointe très délicate à l'égard de celui que les astres qui roulent dans le firmament embrassent (72). Wo die Sichtbarkeit für uns endet, da vermag allenfalls die ruhelose Einbildungskraft (l'imagination) dem unerschöpflichen Sichzeigen neuer

---

[1] Ich zitiere nach der klassischen Anordnung und Numerierung von Léon Brunschvicg (1897). Als Textgrundlage liegt vor: Pascal, Pensées (par D. Descotes), Paris 1976. Verglichen wurde mit: Blaise Pascal, Pensées. Über die Religion und über einige andere Gegenstände; übertragen und herausgegeben von Ewald Wasmuth, Heidelberg [8]1978.

und weiterer Welten zu folgen (cf. ib.). Eine schwindelerregende Unendlichkeit tut sich auf: Tout ce monde visible n'est qu'un trait imperceptible dans l'ample sein de la nature (72). Denn auch in äußerster Anstrengung unserer Vorstellungskraft erreichen wir immer nur des atomes au prix de la réalité des choses (72).

Angesichts des Makrokosmos, wie ihn die neuzeitliche Naturerfahrung erschließt – das Teleskop wurde um 1600 erfunden, cf. 266! –, erfährt der Mensch eine progressive Disproportion zu seiner immer unfaßbarer werdenden Welt. Das Universum als id quo maius cogitari non potest, als das Immer-noch-Größere schlechthin, bewirkt mit der unbegrenzten Überschreitbarkeit jeder seiner quantitativen Grenzen eine dynamische Dezentralisierung des Menschen. In jenem unendlich sich wiederholenden qualitativen Umschlagen des Großen ins Nichtig-Kleine erfährt er ständig wieder den „Verlust der Mitte"[2], und daß er nicht das Zentrum der natürlichen Welt, des kosmischen Seins ist, vielmehr das schlechthin nicht-festgestellte Wesen, das kommt ihm bereits aus seiner Welterfahrung entgegen.

Damit ist die Frage nach der Endlichkeit des Menschen neu gestellt: Qu'est-ce qu'un homme dans l'infini? (72). Ihre Erfahrung manifestiert sich als metaphysischer Schauder (étonner) vor dem Abgrund, der sich mit der Unendlichkeit der Wirklichkeit auftut: Je vois ces effroyables espaces de l'univers, qui m'enferment et je me trouve attaché à un coin de cette vaste étendue (194). Sie führt zum Gefühl einsamster Weltverlorenheit: Le silence éternel de ces espaces infinis m'effraie (206, cf. 205)[3]. Baudelaire noch hat dieser Seinserfahrung Pascals in den Nouvelles fleurs du mal entsprechen können[4].

---

[2] Pascal kennt ihn auch als sündigen, der aus der présomption des Menschen folgt: Il a voulu se rendre centre de lui-même et indépendant de mon secours (430, cf. 406, 427, 431). Augustins experimentum suae medietatis ist hier aufgenommen (De Trin. XII 11, 16; PL 42, 1006 s).

[3] Auf das unermeßliche Weltall mit seinen endlosen Räumen ist der Mensch in der zerbrechlichen Position eines roseau pensant gleichwohl dialektisch bezogen: par l'espace, l'univers me comprend et m'engloutit comme un point; par la pensée, je le comprends (348, cf. 346, 365 u. 347).

[4] Le Gouffre.
Pascal avait son gouffre, avec lui se mouvant.
– Hélas! tout est abîme, – action, désir, rêve,
Parole! et sur mon poil qui tout droit se relève
Maintes fois de la Peur je sens passer le vent.

En haut, en bas, partout la profondeur, la grève,
Le silence, l'espace affreux et captivant ...
Sur le fond de mes nuits Dieu de son doigt savant
Dessine un cauchemar multiforme et sans trêve.

J'ai peur du sommeil comme on a peur d'un grand trou,
Tout plein de vague horreur, menant on ne sait où,
Je ne vois qu'infini par toutes les fenêtres,

Et mon esprit, toujours du vertige hanté,
Jalouse du néant l'insensibilité.
– Ah! ne jamais sortir des Nombres et des Êtres!

Cf. auch Baudelaire, Raketen XVI (Jan. 1862). Dazu B. Fondane, Baudelaire et l'expérience du gouffre, Paris ³1972; M. Nøjgaard, La place du Gouffre dans l'univers imaginaire baudelairien, in: Elévation et expansion, les deux dimensions de Baudelaire, Odense 1973.

Doch um die abgründige Stellung des Menschen im Kosmos vollends zu gewahren, ist auch die Richtung ins Mikrokosmische einzuschlagen – seit ca. 1590 gab es Mikroskope, cf. 266! – und un autre prodige aussi étonnant (72) zu erfahren. Ausgehend von dem winzigsten Lebewesen, der Milbe[5], zeigt sich an ihm eine nicht abschließbare Teilbarkeit ins immer noch Kleinere ihrer Gliedmaßen, Adern, Säfte, Tropfen, Moleküle usf. bis zur Erschöpfung der Vorstellungskraft. Aber die Meinung, hier an letzte Grenzen gelangt zu sein, wird in bestürzender Weise über den Haufen geworfen: il pensera peut-être que c'est là l'extrême petitesse de la nature. Je veux lui faire voir là-dedans un abîme nouveau (72). Ein neuartiger qualitativer Umschlag tritt auf: die unbegrenzte Teilbarkeit erschließt im unermeßlich Kleinen nur wieder neue vollständige Weltsysteme. Zeigen läßt sich l'immensité … dans l'enceinte de ce raccourci d'atome. Qu'il y voie une infinité d'univers, dont chacun a son firmament, ses planètes, sa terre, … dans cette terre, des animaux et enfin des cirons, dans lesquels il retrouvera ce que les premiers ont donné; et trouvant encore dans les autres la même chose sans fin et sans repos, qu'il se perde dans ces merveilles, aussi étonnantes dans leur petitesse que les autres par leur étendue (72).

Das eigentlich Schwindelerregende ist, daß sich mit diesem erneuten Umschlagen die absoluten Unterschiede von Groß und Klein schlechthin verlieren; sie gehen unter im Wirbel einer Unendlichkeit, in der eine Welt sich als Atom und ein Atom sich als Weltsystem darstellt. Der unendliche Fortschritt ins immer noch Größere verkehrt sich aus sich selber in die Richtung zum Kleinsten und umgekehrt. Jede erreichte scheinbare Unendlichkeit erweist sich als eingeschachtelt in eine weitere, die sie aber zugleich längst schon in sich selber eingeschachtelt trug. Werden Elemente von Welten selber zu Welten, so kollabiert das Unterscheidungsvermögen, zumal sich dabei alles nur wiederholt: das Element zeigt sich, eben die Welt schon in sich selber zu haben, als deren Element es sie erst aufbauen sollte. Von einer Welt auf ihr Element zurückzugehen, bedeutet nur, diese Welt unendlich wiederzufinden. Das Kleinste ist in ihm selbst schon das Größte, und das Größte ist nur das Kleinste noch einmal[5a]. An seinem Körper als einem unstabilen Zwischen von Unfaßbarkeiten bereits kann der Mensch diesen Wirbel des Unendlichen erschaudernd erfahren: entre ces deux abîmes de l'infini et du néant, il tremblera dans la vue de ces merveilles (72).

Seine Stellung ist die einer höchst dialektischen „Mitte", wie in unvergeßlicher Formulierung gesagt wird: Car enfin, qu'est-ce que l'homme dans la nature? Un néant à l'égard de l'infini, un tout à l'égard du néant, un milieu entre rien et tout (72).

---

[5] ciron; nach Aristoteles, hist. anim. V,32 (E 557b).

[5a] „Erhaben ist das, mit welchem in Vergleichung alles andere klein ist. Hier sieht man leicht: daß nichts in der Natur gegeben werden könne, so groß als es auch von uns beurteilt werde, was nicht in einem andern Verhältnisse betrachtet bis zum Unendlichkleinen abgewürdigt werden könnte; und umgekehrt, nichts so klein, was sich nicht in Vergleichung mit noch kleinern Maßstäben für unsere Einbildungskraft bis zu einer Weltgröße erweitern ließe. Die Teleskope haben uns die erstere, die Mikroskope die letztere Bemerkung zu machen reichlichen Stoff an die Hand gegeben." (I. Kant, Kritik der Urteilskraft, Analytik des Erhabenen, A. Vom Mathematisch-Erhabenen, § 25.)

II Unendliche Sphäre

Für die Neubestimmung der Endlichkeit, die Pascal mit dem bisher Ausgeführten vorgenommen hat, dürfte kennzeichnend sein, daß sie sich gleichsam als Verhältnis nach zwei Seiten – dem des unendlich Kleinen (bzw. Kleineren) und des unendlich Großen (bzw. Größeren) – bestimmt. Darum ist die Stellung des endlichen Menschen im Kosmos die einer „Mitte" als Ort des zerreißenden Widerspruchs beider Unendlichen bzw. von All und Nichts. Da weiterhin die beiden Seiten, die jede endliche Größe über ihre Grenzen hinausreißen, sich auch ständig ineinander verkehren, ist hier Endlichkeit nicht als Begrenzung eines Endlichen durch ein anderes, selber wieder Endliches (d.h. nur relativ Anderes) charakterisiert, sondern als grundstürzendes Widerfahrnis eines schlechthin und qualitativ Anderen, des Unendlichen (l'infini), das zugleich Abgrund (abîme) des Endlichen ist. Statt, wie es im klassischen Argument e contingentia mundi auf der Suche nach einer Letztursache vorausgesetzt ist, von einem Endlichen zu einem anderen geführt und so einem unendlichen Regreß ausgesetzt zu sein, ist hier jede gegebene Größe dem zerreißenden Wirbel permanenten Umschlagens der Extreme ineinander und des Sichzeigens von Grenzen allein in ihrem Überholtwerden ausgeliefert. Die Erfahrung solcher Endlichkeit bedeutet für den Menschen das unaufhaltsame Gestoßenwerden von einer Ortslosigkeit in die andere, denn nicht einmal an einer Grenze seiner selbst kann er Halt finden, sofern gerade sie nur Ausgang eines Weitergetriebenwerdens ist, bei dem sich überdies die Richtungen noch verkehren.

Weil sich im Darüber-hinausgehen-Müssen jede erfahrene Grenze erweist, keine wirkliche Grenze gewesen zu sein, findet der endliche Mensch in solcher Wirklichkeit weder einen festen Mittelpunkt – oder wäre gar er selbst ein solcher! –, in bezug auf dessen ruhenden Ort sich das Verhältnis zu allem anderen Sein verläßlich bestimmen ließe, noch findet er einen festen Umkreis, der als unüberschreitbar letzte Grenze alles andere horizontartig umgriffe und in sich beschlösse.

Darum ist es einsichtig, wenn Pascal die Wirklichkeit des dem Menschen begegnenden Alls in die Formel faßt: C'est une sphère infinie dont le centre est partout, la circonférence nulle part (72). Pascal zitiert einen traditionsreichen Satz[6] neuplatonischer

---

[6] Aus Forschungen zur Vorgeschichte der sphère infinie eben bei Pascal ist die materialreiche, klassische Monographie zum Thema erwachsen: D. Mahnke, Unendliche Sphäre und Allmittelpunkt. Beiträge zur Genealogie der mathematischen Mystik, Halle 1937 (cf. S. V.). Mahnke leitet die Tradition, die Pascal erreicht hat, von Nikolaus von Cues her (a.a.O. VI, cf. 48) und sieht das Motiv, das in Frankreich u.a. auch bei Mad. de Gournay (der Montaigne-Herausgeberin, a.a.O. 43) und bei Rabelais (Pantagruel, 3. Buch, 13. Kapitel) nachzuweisen ist (a.a.O. 43f), unmittelbar durch Charles de Bouvelles (Bouvillus: De nihilo V, 67) an Pascal vermittelt (a.a.O. 117; zu weiteren Gemeinsamkeiten: 109).

Zum gleichen Ergebnis gelangt die neuere Arbeit von M. de Gandillac, Sur la sphère infinie de Pascal, in: Revue d'Histoire de la Philosophie et d'Histoire Générale de la Civilisation, 1943, S. 32–44, bes. 43f. Vor Mahnke hat bereits J. Huizinga einen knappen Überblick über wichtige Belege des Denkbildes seit der Scholastik gegeben: Über die Verknüpfung des Poetischen mit dem Theologischen bei Alanus de Insulis, in: Mededeelingen der Koninklijke Akademie van

Herkunft, der ursprünglich Gottes Sein beschreiben sollte: Deus est sphaera infinita cuius centrum est ubique, circumferentia nusquam[7], und er wendet ihn auf die Welt an[8] – freilich so, daß auch er ihn zu Gott in Beziehung setzt (dazu III)[9]. Aus dem Umschlag von „überall" (Zentrum) zu „nirgends" (Peripherie) wird bei Pascal der von „All" zu „Nichts" und umgekehrt. Wenn der Mittelpunkt „überall" ist, so ist er auch an der bzw. selber die Peripherie, und indem die Peripherie „nirgends" ist, ist auch der Mittelpunkt nicht mehr nur er selber, sondern „überall". Der Mittelpunkt, der überall ist, ist nicht mehr bloßer Mittelpunkt, sondern auch das noch, was in bezug auf ihn als Mittelpunkt allererst (bestimmt) sein können sollte, d. h. er ist selber auch der durch ihn bestimmte Umkreis. Ein Mittelpunkt, der überall ist, ist sein eigenes Gegenteil. Ist der Mittelpunkt überall, so hat er auch seinen Umkreis überall. Zugleich ist dieser, weil nicht auf den bestimmten Ort eines Mittelpunktes bezogen, auch nirgends. Die Peripherie, deren Mittelpunkt überall und nirgends nur als solcher ist, ist nur als ihr eigenes Gegenteil. Denn was sie einschließen sollte, ist immer schon außerhalb ihrer und hebt sie als Umkreis auf.

In diesen paradoxen Verkehrungen bringt sich eine Dialektik zur Geltung, nach der das Eine stets nur als (auch) sein Anderes es selbst und d. h. gerade nicht es selbst ist. Die Bewegung des Umschlagens ineinander veranschaulicht – in paradoxer Brechung der Anschaulichkeit – „das Unendliche", das als solches auf keine Bestimmung festgelegt, aber auch konkret von keiner Bestimmung bloß ferngehalten werden kann. Die Dynamik des selbstbewegten Ineinanderübergehens gegeneinander bestimmter Größen bietet sich – gleichsam als vervollständigte negative Theologie – zur Beschreibung eines qualitativ Nicht-Endlichen an, das unendlich nur ist als zugleich auch nicht nur nicht-endlich. Pascal findet in der Formel eben die Unendlichkeit ausgesprochen, die die Wirklichkeitserfahrung des neuzeitlichen Menschen zum Ort grundstürzender Verunsicherung und dezentralisierender Verendlichung macht.

Genauer gilt sogar, daß eben das doppelte Umschlagen von centre zu partout und von circonférence zu nulle part das Ineinanderübergehen der beiden Unendlichkeiten (deux infinis) beschreibt, deren zutiefst irritierender Wechsel in der makro- und mikrokosmischen Perspektive nur der von sich selbst bewegte Austausch des einen Unendlichen mit sich selber ist, das die Endlichkeit des Menschen dadurch „festlegt", daß sie ihn jeder Festlegbarkeit beraubt.

Wetenschappen (74, Serie B), Amsterdam 1932, S. 11f. Zu Pascal cf. auch schon E. Jovy: La „sphère infinie" de Pascal, in: Études Pascaliennes, Paris 1930, S. 7–50.
Übrigens zeigt Mahnke, daß Leibniz insbesondere durch Pascals frg. 72 stark beeindruckt worden ist: a. a. O. 24f u. 26.

[7] Die beiden frühesten bisher nachgewiesenen Fundstellen sind bei Alanus de Insulis, der freilich sphaera intelligibilis schreibt (Regulae theologicae 7, PL 210, 627A), und im pseudohermetischen Liber XXIV philosophorum (2. Satz, hg. von Cl. Bäumker (in: Studien und Charakteristiken zur Geschichte der Philosophie des Mittelalters, S. 208).
[8] Darin war bereits G. Bruno Pascal vorausgegangen, cf. Mahnke, a. a. O. 52f; über H. More s. u. Anm. 10.
[9] Wohl wegen dieser Verbindung gelangt nach Mahnkes Urteil „Pascal zur tiefsten religiösen Deutung dieses mystischen Symbols" (a. a. O. 29).

III Bewegung der Gegensätze

Das paradoxe Bild von unendlicher Sphäre und Allmittelpunkt wird von Pascal, obzwar das Universum beschreibend, zugleich als Hinweis auf Gottes Allmacht verstanden: Enfin c'est le plus grand caractère sensible de la toute-puissance de Dieu (72). Nur im mathematischen, d. h. sinnlich bestimmten, Denkbild läßt sich für uns Menschen veranschaulichen, was göttliche Allmacht ist[10]. Ihm gilt es nachzudenken: que notre imagination se perde dans cette pensée (ib.).

Zum Verständnis der Allmacht führt ein späteres Fragment. Um das Unvorstellbare von Gottes Unendlichkeit und schlechthinniger Einheit, seine absolute Unteilbarkeit denkbar zu machen, bedient Pascal sich wiederum des mathematischen Bildes: Croyez-vous qu'il soit impossible que Dieu soit infini, sans parties? ... Je vous veux donc faire voir une chose infinie et indivisible. C'est un point se mouvant partout d'une vitesse infinie; car il est un en tous lieux et est tout entier en chaque endroit (231). Das ist eine Reformulierung klassischer Aussagen über Gottes Allgegenwart, d. h. seiner Allmacht über den Raum: ubique totus ... et nusquam locorum[11]. Pascal liest also die Formel von der unendlichen Sphäre dynamisch und veranschaulicht die Unteilbarkeit Gottes durch die unendliche Bewegung eines Punktes: was als unbewegt Prinzip aller Teilbarkeit wäre, hebt diese im Zuge absoluter Selbstbewegung auf: der Punkt, der kraft eigener Dynamik überall ist und zwar als er selbst, ist die Selbsthervorbringung seiner eigenen Allheit. Unserem auf Teilbarkeit in Raum und Zeit sowie endliche Bewegung beschränkten Vorstellungsvermögen (cf. 89, 232 1. Abschn., 308) wird die Idee einer vitesse infinie als caractère sensible de la toute-puissance entgegengehalten. Seit die Einsteinsche Relativitätstheorie die Endlichkeit der Lichtgeschwindigkeit (c) erwiesen hat, kann „unendliche Geschwindigkeit" als mathematisches Symbol dem Sein Gottes vorbehalten bleiben. In ihr koinzidieren wie Hier und Überall auch Jetzt und Immer: L'Être éternel est toujours, s'il est une fois (559b, cf. 559). Gott ist sein eigener Mittelpunkt nur so, daß er zugleich auch seine unendliche Sphäre ist; er ist *unendlich einer* in der Macht der Selbstbewahrung im Sichäußern. Nur in solcher schöpferischen Einheit mit seinem Gegenteil ist Gott der ewig Lebendige, allmächtige Allgegenwart und allgegenwärtige Allmacht, und hat sein Sein in solcher unendlichen Bewegung: Le mouvement infini, le point qui remplit tout, le moment de repos: infini

---

[10] Die Rede vom caractère sensible de la toute-puissance erinnert an die berühmte Formulierung Newtons vom unendlichen Raum als „Sensorium Gottes": ... does it not appear from phaenomena, that their is a being incorporal, living, intelligent, omnipresent, who, in infinite space, as it were in his sensory, sees the things themselves intimately and throughly perceives them ... (Treatise of optics, quest. 28, in: Opera, ed. Horsley, London 1779, Vol. IV, p. 238).
Bereits für Henry More ist der unendliche Raum ein Ausdruck der Allgegenwart Gottes (Enchir. met. C 6ff: reale saltem si non divinum); zu More cf. auch Mahnke, a.a.O. 22. Ähnliches findet sich dann bei R. Clarke u.a. wieder.

[11] Augustinus, Conf. VI 3,4. Cf. Bonaventura: Quia simplicissimum et maximum, ideo totum intra omnia et totum extra, ac per hoc „est sphaera intelligibilis, cuius centrum ubique et circumferentia nusquam" (Itin. V 8).

sans quantité, indivisible et infini (232). Weil Gottes Sein im Werden, seine Einheit mit sich absolute Bewegung ist, fallen bei ihm vitesse infinie und repos zusammen: semper agens, semper quietus[12].

Gottes Allmacht, so hat sich gezeigt, besteht für Pascal im schöpferischen Einigen und Durchdringen von qualitativen Gegensätzen. Das läßt sich im paradoxen mathematischen Bild der unendlichen Sphäre bzw. unendlicher Geschwindigkeit ihres Mittelpunktes „sinnlich" darstellen. Aber Pascal spricht es auch entschieden aus, wenn er von den beiden Unendlichen des „Nichts" und des „Alls" sagt: Ces extrémités se touchent et se réunissent en Dieu, et en Dieu seulement (72). Daß die unendlichen Extreme sich „*in*" Gott berühren, d.h. ineinander übergehen, und so schöpferisch eins werden, besagt nur, weil dies kraft seiner Allmacht geschieht, daß Gott selbst diese Vereinigung *ist*. Darin ist er allein der lebendige Eine, daß er die Vereinigung des Entgegengesetzten selber ist. Gott ist die „unendliche Bewegung" der Einheit der Gegensätze, und „unendliche Geschwindigkeit" ist ein mathematisches Bild ihres Einswerdens und -seins in Gott selbst.

Solche unendliche Einheit stellt sich für unsere Erfahrung als das qualitative Umschlagen der Gegensätze von Größtem und Kleinstem, All und Nichts dar, und sie ist die endliche Brechung göttlicher Allmacht. Auch in diesem Sinne also gilt: on comprend que la nature ayant gravé son image et celle de son auteur dans toutes choses, elles tiennent presque toutes de sa double infinité (72).

Umfaßt Gott derart in schöpferischer Allmacht die Extreme, so kann der geschaffene Mensch dem allenfalls und im kleinsten Maßstab durch eine sehr relative sittliche „Größe" entsprehen: On ne montre pas sa grandeur pour être à une extrémité, mais bien en touchant les deux à la fois, et remplissant tout l'entre-deux (353, cf. 378). Unsere Tugend, eigentlich ohnehin nur par le contrepoids de deux vices opposés bestehend (359), ist bei solcher agilité de l'âme (353) nur ein schwaches Abbild des mouvement infini. Statt göttlicher toute-puissance, die sich absolut vereint, ist uns nur das Ausbalancieren der Extreme im Alltag gewährt (352, cf. 70). Denn für den endlichen Menschen gilt: C'est sortir de l'humanité que de sortir du milieu (378).

IV Die ausschließende Mitte

Dieselbe Begrenztheit, wie menschliche Sittlichkeit sie aufweist, gilt überhaupt und ausnahmslos von der condition humaine. Der Mensch nimmt den äußerst labilen Ort einer „Mitte" zwischen zwei Unendlichkeiten ein, ihrem zerreißenden Sog ausgesetzt, statt wie Gott sie schöpferisch umgreifen und einen zu können: Bornés en tout genre, cet état qui tient le milieu entre deux extrêmes se trouve en toutes nos puissances (72). Die „Mitte", als die wir sind, erfahren und verstehen, ist nur ein winziger Ausschnitt

---

[12] Augustinus, Conf. I 4,4; cf. XIII 37,52. Bei Cusanus ist zu lesen: infinitus motus coincidit cum quiete in primo (De coniect. I, VIII).

aus dem All unendlicher Realität: enfin les choses extrêmes sont pour nous comme si elles n'étaient point, et nous ne sommes point à leur égard: elles nous échappent, ou nous à elles (72). Mitte sein heißt eben, daß einem die Extreme des Unendlichen konstitutionell entgehen: Ce milieu qui nous est échu en partage étant toujours distant des extrêmes (72). „Mitte" sein bedeutet, auf die Endlichkeit beschränkt, an einen ganz schmalen Ausschnitt von Wirklichkeit gebunden zu sein, aus dem alles Übermaß ausgeschlossen bleibt. Diese Borniertheit reduziert uns in allen Vermögen der Wirklichkeitserfassung, vorab den sinnlichen: Nos sens n'aperçoivent rien d'extrême: trop de bruit nous assourdit; trop de lumière éblouit; trop de distance et trop de proximité empêchent la vue; trop de longueur et trop de brièveté de discours l'obscurcissent; trop de vérité nous étonne ... trop de plaisir incommode; trop de consonances déplaisent dans la musique; et trop de bienfaits irritent ... Nous ne sentons ni l'extrême chaud ni l'extrême froid. Les qualités excessives nous sont ennemies, et non pas sensibles ... (72). Die maßvolle Mitte antiker Lebensweisheit im „ne quid nimis" hat sich unter den Bedingungen neuzeitlicher Natur- und Unendlichkeitserfahrungen zum Index radikaler Endlichkeit, Reduziertheit und Bedrohtheit verkehrt[13]. Pascal reagiert als einer der ersten auf diese durch moderne Naturerkenntnis verschärfte Situation mit der Sensibilität des homo religiosus[14].

Schon zwei frühere Fragmente notieren unter dem Titel „Deux infinis, milieu" aphoristisch diese spezifische Endlichkeit des Menschen: Quand on lit trop vite ou trop doucement, on n'entend rien (69). Eine Rede zu vernehmen, wie auch das Lesen, ist als menschliche Möglichkeit derart auf ein Mittel-Maß eingegrenzt, daß sie die Lesbarkeit der Welt auf ein sehr kleines Segment beschränken; sie als totale bleibt dem Autor vorbehalten (s.u.)[15]. Auch für unser Sehen (la vue, cf. das vorhergehende Zitat

---

[13] Voilà notre état véritable. C'est ce qui nous rend incapables de savoir certainment et d'ignorer absolument. Nous voguons sur un milieu vaste, toujours incertains et flottants, poussés d'un bout vers l'autre. (72)

[14] Müßte der zum Denken bestimmte Mensch mit wahrer Selbsterkenntnis beginnen und hängt diese von der Erkenntnis über son auteur et sa fin ab (146), so kann sie bei seiner radikalen Endlichkeit nicht erreicht werden: également incapable de voir le néant d'où il est tiré, et l'infini où il est englouti (72). Darum muß die Selbsterkenntnis scheitern: L'homme est à lui-même le plus prodigieux objet de la nature (72). Das, was wir selber sind, eine Zusammensetzung von Körper und Geist, ist für uns am allerwenigsten verständlich (cf. ib. u. 230, 221), eben weil wir es immer schon *sind*. Andererseits hindert gerade unser Zusammengesetztsein uns, die schlechthin einfachen Sachverhalte, les choses simples, spirituelles ou corporelles, zu begreifen (72). Die Endlichkeit unserer Erkenntnis spiegelt also nur die unserer Stellung im Weltall: Notre intelligence tient dans l'ordre des choses intelligibles le même rang que notre corps dans l'étendue de la nature (72). Mehr noch, weil unsere geschaffene Intelligenz leibgebundene Intelligenz ist, also die eines räumlichen Wesens, ist sie auch unentrinnlich räumlichen Vorstellungen verhaftet, so daß auch die Philosophen auf die Metaphorik aus dem einen Bereich für den anderen angewiesen bleiben (cf. 72 u. 75). Das wahre Unendliche ist aus diesen Gründen nur in paradoxer Aufhebung räumlichen Außereinanders aussagbar, wie am Denkbild der sphère infinie deutlich wird.

[15] Nicht nur die absolute „Geschwindigkeit" göttlicher Allmacht in der Natur, sondern auch die für uns zu große „Langsamkeit" göttlichen Redens durch die Natur muß daher uns entgehen: „Natur ist uns ansichseiende Vernünftigkeit. In unserer Religion ist sie das gesprochene Wort Gottes. Diese Sprache ist gemessen an unserem kurzen Erdenleben *langsam*. Daher hören

aus 72) gilt, daß es nur im Einnehmen des uns gemäßen, mittleren Abstandes uns ein Bild erfaßbar werden läßt (cf. 381) – so wie ein Maler zurücktretend Abstand nimmt (cf. 144)[16]. Diese Begrenztheit gilt auch für menschliche Wahrheitsfähigkeit, wie frg. 71 leicht humoristisch feststellt: Trop et trop peu de vin; ne lui en donnez pas, il ne peut trouver la vérité; donnez-lui en trop, de même. Ist „zuviel Wahrheit" für uns unfaßbar (cf. das vorhergehende Zitat aus 72), so kommt Wahrheitserkenntnis nur zustande aus der Balance von „in vino veritas" mit „sobria ebrietas".

Was dem endlichen Menschen so etwas wie Wahrheit ermöglicht, schließt ihn aber gerade vom Begreifen letzter Wahrheit aus: Infiniment éloigné de comprendre les extrêmes, la fin des choses et leur principe sont pour lui invinciblement cachés dans un secret impénétrable ... (72). So bleibt er unentrinnbar verwiesen d'apercevoir [quelque] apparence du milieu des choses, dans un désespoir éternel de connaître ni leur principe ni leur fin ... (72).

Aus der Verwechselung dieser apparance du milieu des choses mit ihrem wahren centre bzw. aus der falschen Meinung, das unendlich Kleine sei uns zugänglicher als das unendlich Große (cf. 72), entspringt ein menschliches Mißverstehen der bewegten Dialektik von Allmittelpunkt und unendlicher Sphäre: On se croit naturellement bien plus capable d'arriver au centre des choses que d'embrasser leur circonférence. L'étendue visible du monde nous surpasse visiblement; mais comme c'est nous qui surpassons les petites choses, nous nous croyons plus capables de les posséder, et cependant il ne faut pas moins de capacité pour aller jusqu'au néant que jusqu'au tout ... (72). Die Täuschung erklärt sich daraus, daß das Zentrum überall, aber darum (uns) gerade nicht unmittelbar gegeben ist, und die Peripherie nirgends ist, und darum keine letzte Grenze faßbar[17].

V Die versöhnende Mitte

Nur eine capacité infinie comme la nature vermag zu den Extremen des Unendlichen zu gelangen, vermag ces étonnantes démarches vom Nichts zum All und umgekehrt mitzugehen. Dazu gehört le mouvement infini (232), das allein Gott in seiner Allmacht zukommt, in der sich diese Gegensätze vereinigen. Er ist kraft seines Seins derjenige, qui aurait compris les derniers principes des choses und darum auch der, der pourrait aussi arriver jusqu'à connaître l'infini (72).

Indem gilt: Toutes choses sont sorties du néant et portées jusqu'à l'infini (72), ist der Mensch als Geschöpf definiert und in die Endlichkeit des Seins und Verstehens gebannt[18]. Zugleich aber ist so Gott als der Schöpfer ausgezeichnet: L'auteur de ces mer-

---

wir sie als Sprache nicht." (Br. Liebrucks, Sprache und Bewußtsein, Bd. 6/3: Der menschliche Begriff, Frankfurt a.M. und Bern 1974, S. 577).

[16] Euripides, Hekuba 807: ὡς γραφεύς – ἀποσταθείς; zitiert bei Hamann, Werke (Nadler), Bd. II, S. 63.

[17] Darum verkleinert die menschliche Imagination stets die Größe Gottes, wenn sie von ihm zu sprechen versucht (84), s.o. Anm. 14.

[18] Cf: nous sommes quelque chose, et ne sommes pas tout; ce que nous avons d'être nous dérobe la connaissance des premiers principes, qui naissent du néant; et le peu que nous avons

veilles les comprend. Tout autre ne le peut faire (72). Ihm, der an der Dialektik von la fin des choses et leur principe die sinnliche Erscheinung (caractère sensible) seiner Allmacht hat, sind die Extreme der Wirklichkeit nicht invinciblement cachés dans un secret impénétrable, sondern er ist die absolute Fähigkeit, sie zu durchschauen (capable de voir). Sein Schöpfer ist auch der absolute Leser des Buches der Natur, und das l'auteur ... les comprend besagt eben: „Der Autor ist der beste Ausleger seiner Worte"[19]. Denn allein in dem einen Autor einer Schrift kommen die in ihr sich widersprechenden Stellen zur Übereinstimmung: Pour entendre le sens d'un auteur, il faut accorder tous les passages contraires (684). Indem das Widersprechende in ihm eins ist, hat die Schrift *einen* Sinn (cf. ib.). Wir aber, als endliche Leser, erreichen ihn nur, indem wir zu jedem Satz seinen Gegensatz hinzunehmen, den Widerspruch als solchen denken: et même, à la fin de chaque vérité, il faut ajouter qu'on se souvient de la vérité opposée (567).

Darum macht es die göttliche Dignität der Hl. Schrift aus, die Widersprüchlichkeit selber zu wissen: si c'est une marque de force d'avoir connu ces contrariétés, estimez-en l'Ecriture (428). Für *die* Schrift schlechthin ist der *eine* Sinn in Jesus Christus gegeben, der damit zur Selbstauslegung ihres Autors wird: ... en Jésus-Christ toutes les contradictions sont accordées (684, cf. auch 862).

Dieser Satz deutete den Zusammenhang der misère de l'homme sans Dieu (60) und des mystère du Rédempteur an (556). Denn wie einerseits gilt: on ne peut connaître Jésus-Christ sans connaître tout ensemble et Dieu et sa misère (ib.), so andererseits: La connaissance de Jésus-Christ fait le milieu, parce que nous y trouvons et Dieu et notre misère (527). In dieser „Mitte" sind das Wissen von Gott und von uns, von Leben und Tod vermittelt, und hier entspringen sie auch (cf. 548). Darum ist Er, der unser Weltbewußtsein mit Gottes Allmacht vermittelt, selber die wahre Mitte aller Wirklichkeit: Jésus-Christ est l'objet de tout, et le centre où tout tend (556).

---

d'être nous cache la vue de l'infini (72). Gerade, weil wir nicht Nichts, sondern Etwas sind, können wir nicht Alles sein und erkennen. Genau die Bedingung dafür, daß wir überhaupt etwas Bestimmtes erkennen können – nämlich unser Etwas-Bestimmtes-Sein –, ist zugleich der Grund, warum wir weder die ersten Prinzipien noch das Unendliche erkennen. Unser Sein inkraft der ersten Prinzipien und auf das Unendliche zu verbirgt uns gerade das Unendliche, d.h. Anfang und Ende; so gilt paradoxerweise: les premiers principes ont trop d'évidence pour nous (72).

[19] Hamann, Werke (Nadler), Bd. II, S. 203f. Vgl. auch Hamanns Prägung in einem Brief an Kant (Dez. 1759): „Die Natur ist ein Buch, ein Brief ... Die Natur ist eine Aequation einer unbekannten Größe; ein hebräisch Wort, das mit bloßen Mitlautern geschrieben wird, zu dem der Verstand die Puncte setzen muß." (Hamanns Briefwechsel (Ziesemer/Henkel), Bd. I, S. 450 = Kant's Briefwechsel, Bd. I (Akad. Ausg. Bd. 10), S. 28). Dies zitiert wiederum Hegel in seiner Naturphilosophie (Zusatz zu § 246 der „Enzyklopädie"), [Suhrkamp-Werkausgabe Bd. 9, S. 19] = Jubiläumsausgabe (Glockner), Bd. 9, S. 43. Ähnlich sagt Lichtenberg: „Wir sehen in der Natur nicht Wörter, sondern immer nur Anfangsbuchstaben von Wörtern, und wenn wir alsdann lesen wollen, so finden wir, daß die neuen sogenannten Wörter wiederum bloß Anfangsbuchstaben von andern sind." (Sudelbücher J 2154, Schriften und Briefe (Promies), Bd. II, S. 394). Damit ist Pascals Wahrnehmung der Natur ins Sprachliche übersetzt.

LEIDEN ALS FELS DES ATHEISMUS?

Analysen und Reflexionen zum Philosophengespräch in „Dantons Tod"

Wilfried Härle

I Ortsbestimmung

Das Verständnis der „Welt als Schöpfung"[1] war vermutlich nie selbstverständlich, unter neuzeitlichen Lebensbedingungen wird seine Plausibilität öffentlich in Frage gestellt, ja bestritten. Dabei scheinen es vor allem zwei Begründungszusammenhänge zu sein, von denen aus diese Bestreitung erfolgt: einerseits der ungeheuere[2] Fortschritt naturwissenschaftlicher Welterklärung; andererseits die geschärfte Wahrnehmung des Übels bzw. Leidens in der Welt. Gegen beide Erklärungsversuche für den Plausibilitätsschwund des Schöpfungsglaubens lassen sich freilich auch Einwände geltend machen:

Was den Aufschwung der Naturwissenschaften betrifft, wird immer wieder zurecht darauf hingewiesen[3], daß die naturwissenschaftliche Forschungsaktivität nicht nur eine ihrer Wurzeln im biblischen Schöpfungsglauben hat[4], sondern daß sie selbst auch zur Quelle einer ausgedehnten und intensiven Schöpfungsfrömmigkeit und -theologie geworden ist[5]. Neuzeitliche Naturwissenschaft hat – und zwar nicht nur in ihren Anfängen – den Schöpfungsglauben weniger in Frage gestellt als vielmehr bestätigt und vertieft. Die Ambivalenz von Infragestellung und Bestätigung läßt sich ihrerseits

---

[1] E. Wölfel, Welt als Schöpfung. Zu den Fundamentalsätzen der christlichen Schöpfungslehre heute (ThExh Nr. 212), München 1981.
[2] Ich wähle bewußt dieses doppeldeutige Adjektiv, das dem Gefühl der Bewunderung und der Bedrohung gleichermaßen Ausdruck verleiht.
[3] Siehe hierzu etwa die Aussage von G. Süßmann im Art. „Naturwissenschaft und Christentum", in RGG³, Bd. IV, Sp. 1377: „Die meisten Begründer der neuzeitlichen N(aturwissenschaft) hatten ein ausgesprochen positives Verhältnis zum Chr(istentum) ... Um 1700 war die Auffassung weit verbreitet, die n(aturwissenschaftlich)e Forschung sei ähnlich wie die Schriftauslegung Gottesdienst: Die N(aturwissenschaft) studiert in der ‚biblia naturae' die Offenbarung Gottes in der Schöpfung, wie die Theologie in der Hl. Schrift die Offenbarung Gottes in der Geschichte studiert ...". Vgl. auch E. Hirsch, Geschichte der neuern evangelischen Theologie, Bd. I, Gütersloh ⁵1975, S. 170–174.
[4] Daß dies auch schon für Luther gilt, hat E. Wölfel, Luther und die Skepsis. Eine Studie zur Kohelet-Exegese Luthers, München 1958, S. 212 gezeigt: „Hier regt sich nichts anderes, als der auf die Erforschung der Welt und Menschheit gerichtete empirische Wissenschaftsbegriff der Neuzeit".
[5] Auf seine Weise hat K. Barth diese Schöpfungsfrömmigkeit ausführlich dokumentiert und gewürdigt in KD III,1, S. 454–474.

verdeutlichen anhand des Begriffs „naturwissenschaftliche Welterklärung". Er kann genommen werden als Programm für eine Letzterklärung der Welt aus naturwissenschaftlichen Prinzipien, das – jedenfalls seiner Intention nach – jeden Rekurs auf transzendente Instanzen überflüssig macht bzw. ausschließt; *oder* er steht für das Unternehmen einer Welterklärung, die sich bewußt auf die innerweltlichen und als solche naturwissenschaftlich faßbaren Zusammenhänge beschränkt, die Möglichkeit einer transzendenten Fundierung dieser Zusammenhänge jedoch offenläßt oder sogar ausdrücklich als philosophische bzw. theologische Frage formuliert. Eine methodologisch reflektierte Naturwissenschaft hat gute Gründe für eine solche – nicht taktische, sondern prinzipielle – Selbstbegrenzung.

Was andererseits die in der Theodizeefrage zum Ausdruck kommende geschärfte Wahrnehmung des Übels bzw. Leidens in der Welt betrifft, läßt sich zeigen, daß es sich um kein spezifisch neuzeitliches Phänomen handelt. Nicht nur der Verweis auf die biblischen Klagepsalmen oder auf das Hiobbuch, sondern zahllose weitere Belege für vorneuzeitliche Leidenswahrnehmung sind dazu angetan, die Rede von der *geschärften* Wahrnehmung des Übels bzw. Leidens in der Welt zu relativieren. Zudem ist auch hier wieder ein durchaus ambivalenter Befund zu konstatieren: Die Neuzeit bringt ja nicht nur Leibniz' Essais de Théodicée[6] hervor, sondern auch Voltaires Candide[7]; nicht nur Kants Schrift „Über das Mißlingen aller philosophischen Versuche in der Theodizee"[8], sondern auch Hegels Inthronisierung der Philosophie als „wahrhaftige Theodizee"[9].

Und doch ist nicht zu bestreiten, daß die Neuzeit im Hinblick auf das Verständnis der Welt als Schöpfung einen neuen Befund erbringt, der die Überzeugungskraft dieses Verständnisses in Frage stellt. Wenn ich es recht sehe, besteht dieser neue Befund in den – partiell gezogenen – *atheistischen Konsequenzen* aus der naturwissenschaftlichen Welterklärung und/oder der geschärften Wahrnehmung des Übels bzw. Leidens in der Welt. Als eines der frühesten Dokumente hierfür kann das sogenannte „Philosophengespräch"[10] in Georg Büchners Drama „Dantons Tod"[10] aus dem Jahre 1835 gelten, in dem der 22jährige medizinisch-naturwissenschaftlich gebildete junge Schriftsteller seine literarischen Figuren im Medium eines Diskurses einen Beweis für die Nicht-Existenz Gottes führen läßt, also sozusagen einen Gottesbeweis mit umgekehrtem Vorzei-

---

[6] G. W. Leibniz, Essais de Théodicée sur la bonté de Dieu, la liberté de l'homme et l'origene du mal (1710). In: Philosophische Schriften, Bd. II, 1. und 2. Hälfte, hg. und übs. von H. Herring, Darmstadt 1985.

[7] F. M. Arouet-Voltaire, Candide ou l'optimisme (1759; dt. 1776), Genf 1990.

[8] I. Kant, Über das Mißlingen aller philosophischen Versuche in der Theodizee (1791). In: Akademie-Ausgabe Bd. VIII, Berlin und Leipzig 1923, S. 253–271.

[9] G. W. F. Hegel, Vorlesungen über die Geschichte der Philosophie (1805/6; 1816/7). In: Werke in zwanzig Bänden, Band 20, Frankfurt 1971, S. 455. Die Philosophie ist für Hegel die wahrhafte Theodizee, weil und sofern sie die „Versöhnung des Geistes" ist, „und zwar des Geistes, der sich in seiner Freiheit und in dem Reichtum seiner Wirklichkeit erfaßt hat" (a.a.O.).

[10] G. Büchner, Dantons Tod. Ein Drama. In: G. Büchner, Sämtliche Werke, hg. von P. Stapf, Wiesbaden o.J., S. 48–50.

chen[11]. Die Bedeutung dieses Textstücks für den Autor zeigt sich u.a. gerade an der vergleichsweise isolierten Stellung des Philosophengesprächs im Aufbau des Dramas. Büchner benötigt diese Szene nicht um des Handlungsablaufs willen, sondern er fügt sie um ihrer selbst willen ein[12]. Trotzdem wird man vorsichtig sein müssen, die im Text vertretene atheistische Position einfach mit Büchners eigener Auffassung zu identifizieren[13]. Wenn im folgenden der Versuch gemacht wird, den argumentativen Gehalt und die Bedeutung des Philosophengesprächs zu analysieren, so nicht mit der Absicht, einen Beitrag zur Büchner-Forschung zu leisten, sondern mit dem Interesse, die Tragfähigkeit und das Gewicht des hier exemplarisch durchgeführten Gedankenganges zu überprüfen und die darin enthaltene theologische Herausforderung wahrzunehmen.

Dazu sei zunächst der Text dieser Szene im vollen Wortlaut wiedergegeben[14].

II Der Text

Dantons Tod, Dritter Akt

Das Luxembourg. Ein Saal mit Gefangenen
(Chaumette, Payne, Mercier, Hérault-Séchelles und
andere Gefangene)

CHAUMETTE *zupft Payne am Ärmel.* Hören Sie, Payne, es
könnte doch so sein, vorhin überkam es mich so, ich habe heute

---

[11] Diese Eigenart des Textes ist einer der Gründe, warum ich ihn als Sujet für die FS zu Ehren von E. Wölfel gewählt habe, hat dieser sich doch (in enger Verbindung mit seinem frühverstorbenen Freund und Kollegen H. G. Hubbeling) auf höchst anspruchsvollem Niveau mit dem Thema „Gottesbeweise" beschäftigt. Vgl. vor allem E. Wölfel, Was heißt: ‚Gott existiert'? Zum Sinn des Wortes ‚Gott' und zur Bedeutung der Lehre vom Gottesbeweis. In: Das Wort und die Wörter. FS für G. Friedrich, hg. v. H. Balz und S. Schulz, Stuttgart 1973, S. 181–191, sowie ders., Fides quaerens Intellectum. On the range of a principle – Once and Now. In: Belief in God and Intellectual Honesty, hg. v. R. Veldhuis, A. F. Sanders und H. G. Siebrand, Assen (Maastricht) 1990, S. 59–81.

[12] So auch J. Kahl (unter Verweis auf ältere Literatur): „Büchner verleiht dem Philosophengespräch bereits durch seine äußere Anordnung inhaltliches Gewicht. Die Szene besitzt keinerlei dramaturgische Notwendigkeit im sonstigen Handlungsgeschehen" („Der Fels des Atheismus". Epikurs und Georg Büchners Kritik an der Theodizee. In: Georg Büchner Jahrbuch 2/1982, S. 112).

[13] Vor einer solchen Identifikation warnt W. Wittkowski, Georg Büchner. Persönlichkeit – Weltbild – Werk, Heidelberg 1978, S. 217. Demgegenüber tritt Kahl (a.a.O. S. 112ff) für sie ein. Die Parallelen zum Philosophengespräch, die sich in Büchners Spinoza-Notizen finden (s.u. Anm. 30) sprechen für eine große Nähe zwischen Büchners und „Paynes" Position – jedenfalls zur damaligen Zeit. Büchners *letztes* Wort zur Gottesfrage und zur Religion war dies aber offenbar nicht. Vgl. G. Büchner, Sämtliche Werke (s.o. Anm. 10), S. 488.

[14] Wir zitieren nach der in Anm. 10 genannten Ausgabe, die von der ältesten Druckfassung (Frankfurt 1835) und vom Text der Hamburger Ausgabe (G. Büchner, Sämtliche Werke und Briefe, Bd. 1, Hamburg o.J. S. 47–49), abgesehen von einer Ausnahme (s. Anm. 15), nur in orthographischer Hinsicht abweicht. Die in Klammern gesetzten Zahlenangaben im folgenden Text beziehen sich stets auf die Zeilen des zitierten Philosophengesprächs.

Kopfweh, helfen Sie mir ein wenig mit Ihren Schlüssen, es ist mir ganz unheimlich zumut.

5 PAYNE. So komm, Philosoph Anaxagoras, ich will dich katechisieren – *Es gibt keinen Gott*, denn: Entweder hat Gott die Welt geschaffen oder nicht. Hat er sie nicht geschaffen, so hat die Welt ihren Grund in sich, und es gibt keinen Gott, da Gott nur dadurch Gott wird, daß er den Grund alles Seins enthält. Nun 10 kann aber Gott die Welt nicht geschaffen haben; denn entweder ist die Schöpfung ewig wie Gott, oder sie hat einen Anfang. Ist letzteres der Fall, so muß Gott sie zu einem bestimmten Zeitpunkt geschaffen haben, Gott muß also, nachdem er eine Ewigkeit geruht, einmal tätig geworden sein, muß also einmal eine 15 Veränderung in sich erlitten haben, die den Begriff *Zeit* auf ihn anwenden läßt, was beides gegen das Wesen Gottes streitet. Gott kann also die Welt nicht geschaffen haben. Da wir nun aber sehr deutlich wissen, daß die Welt oder daß unser Ich wenigstens vorhanden ist, und daß sie dem Vorhergehenden nach also auch ihren 20 Grund in sich oder in etwas haben muß, das nicht Gott ist, so kann es keinen Gott geben. Quod erat demonstrandum.

CHAUMETTE. Ei wahrhaftig, das gibt mir wieder Licht; ich danke, danke!

MERCIER. Halten Sie Payne! Wenn aber die Schöpfung ewig ist?

25 PAYNE. Dann ist sie schon keine Schöpfung mehr, dann ist sie eins mit Gott oder ein Attribut desselben, wie Spinoza sagt; dann ist Gott in allem, in Ihnen, Wertester, im Philosoph Anaxagoras und in mir. Das wäre so übel nicht; aber Sie müssen mir zugestehen, daß es gerade nicht viel um die himmlische Majestät ist, 30 wenn der liebe Herrgott in jedem von uns Zahnweh kriegen, den Tripper haben, lebendig begraben werden oder wenigstens die sehr unangenehmen Vorstellungen davon haben kann.

MERCIER. Aber eine Ursache muß doch da sein.

PAYNE. Wer leugnet dies? Aber wer sagt Ihnen denn, daß diese 35 Ursache das sei, was wir uns als Gott, d.h. als das Vollkommene[15] denken? Halten Sie die Welt für vollkommen?

MERCIER. Nein.

PAYNE. Wie wollen Sie denn aus einer unvollkommenen Wirkung auf eine vollkommene Ursache schließen? – Voltaire wagte es 40 ebensowenig mit Gott als mit den Königen zu verderben, des-

---

[15] In der Druckfassung von 1835 heißt es stattdessen „Vollkommenste" (a.a.O. S. 91). Diese Lesart bietet auch der auszugsweise Textabdruck im „Phönix" Jg. 1835, Heft vom 30. März, S. 302.

wegen tat er es. Wer einmal nichts hat als Verstand und ihn nicht einmal konsequent zu gebrauchen weiß oder wagt, ist ein Stümper.

MERCIER. Ich frage dagegen: kann eine vollkommne Ursache eine vollkommne Wirkung haben, d. h. kann etwas Vollkommnes was Vollkommnes schaffen? Ist das nicht unmöglich, weil das Geschaffne doch nie seinen Grund in sich haben kann, was doch, wie Sie sagten, zur Vollkommenheit gehört?

CHAUMETTE. Schweigen Sie! Schweigen Sie!

PAYNE. Beruhige dich, Philosoph! – Sie haben recht; aber muß denn Gott einmal schaffen, kann er nur was Unvollkommnes schaffen, so läßt er es gescheuter ganz bleiben. Ists nicht sehr menschlich, uns Gott nur als schaffend denken zu können? Weil wir uns immer regen und schütteln müssen, um uns nur immer sagen zu können: wir sind! müssen wir Gott auch dies elende Bedürfnis andichten? – Müssen wir, wenn sich unser Geist in das Wesen einer harmonisch in sich ruhenden, ewigen Seligkeit versenkt, gleich annehmen, sie müsse die Finger ausstrecken und über Tisch Brotmännchen kneten? aus überschwenglichem Liebesbedürfnis, wie wir uns ganz geheimnisvoll in die Ohren sagen. Müssen wir das alles, bloß um uns zu Göttersöhnen zu machen? Ich nehme mit einem geringern Vater vorlieb; wenigstens werd ich ihm nicht nachsagen können, daß er mich unter seinem Stande in Schweineställen oder auf den Galeeren habe erziehen lassen. Schafft das Unvollkommne weg, dann allein könnt ihr Gott demonstrieren; Spinoza hat es versucht. Man kann das Böse leugnen, aber nicht den Schmerz; nur der Verstand kann Gott beweisen, das Gefühl empört sich dagegen. Merke dir es, Anaxagoras: warum leide ich? Das ist der Fels des Atheismus. Das leiseste Zucken des Schmerzes, und rege es sich nur in einem Atom, macht einen Riß in der Schöpfung von oben bis unten.

MERCIER. Und die Moral?

PAYNE. Erst beweist ihr Gott aus der Moral und dann die Moral aus Gott! – Was wollt ihr denn mit eurer Moral? Ich weiß nicht, ob es an und für sich was Böses oder was Gutes gibt, und habe deswegen doch nicht nötig, meine Handlungsweise zu ändern. Ich handle meiner Natur gemäß; was ihr angemessen, ist für mich gut und ich tue es, und was ihr zuwider, ist für mich bös und ich tue es nicht und verteidige mich dagegen, wenn es mir in den Weg kommt. Sie können, wie man so sagt, tugendhaft bleiben und sich gegen das sogenannte Laster wehren, ohne deswegen ihre Gegner verachten zu müssen, was ein gar trauriges Gefühl ist.

CHAUMETTE. Wahr, sehr wahr!

HERAULT. O Philosoph Anaxagoras, man könnte aber auch sagen: damit Gott alles sei, müsse er auch sein eignes Gegenteil sein,
85 d.h. vollkommen und unvollkommen, bös und gut, selig und leidend; das Resultat freilich würde gleich Null sein, es würde sich gegenseitig heben, wir kämen zum Nichts. – Freue dich, du kömmst glücklich durch; du kannst ganz ruhig in Madame Momoro das Meisterstück der Natur anbeten, wenigstens hat sie dir
90 die Rosenkränze dazu in den Leisten gelassen.
CHAUMETTE. Ich danke Ihnen verbindlichst, meine Herren! *Ab.*
PAYNE. Er traut noch nicht, er wird sich zu guter Letzt noch die Ölung geben, die Füße nach Mekka zu legen und sich beschneiden lassen, um ja keinen Weg zu verfehlen.

III Analyse des Philosophengesprächs

Die These, die Payne[16] zu beweisen ankündigt, wird in dem (im ganzen Drama als einzigem gesperrt gedruckten) Satz formuliert: „*Es gibt keinen Gott*" (6). Nach Abschluß des ersten Beweisganges behauptet Payne freilich implizit, noch mehr bewiesen zu haben, nämlich: Es „kann ... keinen Gott geben" (21). Demzufolge wäre nicht nur die Nicht-Existenz Gottes, sondern sogar die Unmöglichkeit der Existenz, also die *notwendige* Nicht-Existenz Gottes bewiesen. Will man die Schlüssigkeit und Bedeutung dieses Beweisganges analysieren, so empfiehlt es sich, nicht nur die einzelnen Schlußfolgerungen und die verwendeten Prämissen herauszupräparieren, sondern sich zunächst die angewandte Argumentationsstrategie zu vergegenwärtigen.

1. Die Argumentationsstrategie des Beweisganges

Payne steht mit seinem Beweisvorhaben vor einem schwierigen grundsätzlichen Problem: Wie kann überhaupt eine negierte Existenz-Aussage bewiesen werden? Setzt nicht die Behauptung: „Es gibt kein(e/n) ...", wenn sie nicht durch Zeit- und Ortsangaben eingeschränkt ist, ein prinzipiell unbegrenztes Wissen über alles, was es im Universum zu irgendeinem Zeitpunkt oder an irgendeinem Ort gibt, voraus, das keinem

---

[16] Es handelt sich um den Anglo-Amerikaner Thomas Paine (1737–1809), der in den nordamerikanischen Kolonien dem Unabhängigkeitsgedanken zum Durchbruch verholfen hatte, später französischer Staatsbürger (Verleihung des Titels „französischer Bürger" am 26. 8. 1792) und Abgeordneter wurde. 1793–94 war Paine (auf Betreiben Robespierres) im Luxembourg in Haft. Danach veröffentlichte er sein im Geist des Deismus verfaßtes Werk „The Age of Reason" (2 Bde. 1794–95; dt.: Das Zeitalter der Vernunft, 1794–96). Zu Recht weisen A. Behrmann und J. Wohlleben (Büchner: Dantons Tod. Eine Dramenanalyse, Stuttgart 1980, S. 110) darauf hin, daß Büchners Inanspruchnahme des Deisten Paine für die Sache des Atheismus „nicht historisch" sei: „Vermutlich sollte der Atheismus durch eine Person von geschichtlicher Bedeutung, die zudem als philosophischer Schriftsteller einen Namen hatte, vertreten werden".

Menschen und auch nicht der Menschheit als ganzer zur Verfügung steht? Das scheint tatsächlich der Fall zu sein. Freilich läuft dieser Einwand im Blick auf den negativen Gottesbeweis auf eine leicht nachvollziehbare Weise ins Leere. Denn es fällt außerordentlich schwer, ja ist letztlich unmöglich, „Gott" unter dasjenige zu subsumieren, „was es im Universum zu irgendeinem Zeitpunkt oder an irgendeinem Ort gibt". Und selbst wenn man formulierte, Gott sei eben dasjenige Wesen, das es im Universum immer und überall gebe, so bliebe doch die Frage, in welchem Sinn es eigentlich angemessen sein könne, von Gott zu sagen: „Es gibt ihn im Universum". All diese Probleme lassen sich – wenn schon nicht eliminieren, so doch – relativieren, indem die Frage nach der Existenz Gottes transformiert wird in die nach der *Unmöglichkeit* oder *Notwendigkeit* der Existenz Gottes. Aus der erwiesenen Unmöglichkeit läßt sich dann – modallogisch gültig[17] – auf die Nicht-Existenz Gottes schließen.

Insofern ist es kein Zufall, daß auch Payne den zu beweisenden Satz: „Es gibt keinen Gott" unter der Hand verwandelt in den Satz: „so kann es keinen Gott geben". Dieser modallogische „Umweg" ist strategisch erforderlich, um überhaupt das Beweisziel erreichen zu können.

Aber wie kann es gelingen, die *Unmöglichkeit* der Existenz Gottes zu beweisen? Dafür böte sich der Aufweis der inneren Widersprüchlichkeit des Gottesbegriffs an. Diesen Weg beschreitet Payne jedoch nicht. Er wählt stattdessen eine andere Strategie: Er geht von der grundlegenden Aussage über Gott bzw. den Gottesbegriff aus: „Gott [wird] nur dadurch Gott ..., daß er den Grund alles Seins enthält" (8f). Die Formel: „den Grund alles Seins enthalten" wird dabei von Payne (jedenfalls im Anfangsteil seines Textes) implizit gleichgesetzt mit „die Welt schaffen bzw. geschaffen haben" (6f). Und nun untersucht Payne, ob gesagt werden *könne*, daß Gott die Welt geschaffen hat. Sollte der Beweisgang die *Unmöglichkeit* des Schöpferseins Gottes ergeben, so ließe sich daraus schließen, daß es Gott nicht geben *kann*, ihn also auch nicht *gibt*.

Die gewählte Strategie läßt also *nicht* den Ausweg zu, nach Widerlegung des Satzes: „Gott hat die Welt geschaffen", auszuweichen auf die Behauptung: Aber Gott könnte trotzdem (z.B. als Garant der moralischen Weltordnung oder als coincidentia oppositorum) existieren. *Wenn* einerseits die Aussage gilt: „Gott wird nur dadurch Gott, daß er den Grund alles Seins enthält" bzw. „dadurch, daß er die Welt geschaffen hat"; *und wenn* sich andererseits zeigen läßt, daß Gott nicht den Grund alles Seins enthalten *kann* bzw. die Welt nicht geschaffen haben *kann*; *dann* ist gültig erwiesen, daß es Gott nicht geben kann, also nicht gibt.

Diese philosophische Argumentationsstrategie liegt dem Beweisgang von Payne offenbar zugrunde. Von daher erweisen sich die abschließenden Erwägungen zum Gottesbeweis aus der Moral (70–81) und zu Gott als complexio oppositorum (82–86)

---

[17] Vgl. H. E. Hughes/M. J. Cresswell, Einführung in die Modallogik, Berlin/New York 1978, S. 22–26. Da diese elementare Operation nur auf der Anwendung des im Standardsystem T gültigen Notwendigkeitsaxioms Np p basiert, ist sie auch in jedem anderen modallogischen System gültig.

für das ganze Beweisunternehmen als unerheblich[18]. Vielleicht ist ihre Anfügung ein Indiz dafür, daß für *alle* Beteiligten gilt, was zum Schluß von Chaumette[19] gesagt wird: „Er traut noch nicht" (91), und daß sie darum von den Versuchen, Gott bzw. die Nicht-Existenz Gottes zu beweisen, nicht recht loskommen.

2. Die Argumentationsstruktur des Philosophengesprächs

In diesem Abschnitt soll eine Rekonstruktion der im Philosophengespräch vorliegenden Argumentation versucht werden. Unter einer Rekonstruktion verstehe ich dabei nicht ein Referat, sondern den expliziten Aufweis der Schritte, die Payne (im Zusammenspiel mit Mercier) vollzieht, um seinen Beweis erfolgreich voranzubringen. Für eine solche Rekonstruktion ist es sinnvoll, ggf. eine andere Anordnung zu wählen, als sie im literarischen Text vorkommt. Teilweise ist es auch nötig, Gedankenschritte zu ergänzen, die von Payne offenbar vorausgesetzt, aber gar nicht oder erst an späterer Stelle benannt werden.

Dem Wortlaut des Textes nach setzt der Argumentationsgang ein mit der Alternative: „Entweder hat Gott die Welt geschaffen oder nicht" (6f). Analysiert man den Text jedoch gründlich, so zeigt sich, daß dabei schon eine ganze Reihe von Prämissen, Definitionen und Gedankenschritten vorausgesetzt sind, die erst im Laufe des Gesprächs expliziert werden.

An erster Stelle zu nennen ist hier die Wesensaussage über Gott mit definitorischem Charakter für den Gottesbegriff: „Gott [wird] nur dadurch Gott ..., daß er den Grund alles Seins enthält" (8f). Das, was Payne hier (ebenso 20) als „Grund" bezeichnet, kann er an anderer Stelle auch „Ursache" nennen (35, 39)[20]. Um diese definitorische Bestimmung jedoch für den negativen Gottesbeweis verwenden zu können, braucht Payne noch zwei weitere Annahmen, die ausdrücklich benannt werden. Einerseits: Wir wissen „sehr deutlich ..., daß die Welt oder daß unser Ich wenigstens vorhanden ist" (17–19). Andererseits: Es muß eine Ursache bzw. einen Grund der Welt geben (33f).

Mit der ersten Annahme schneidet Payne dem Gegner seiner Argumentation die Ausflucht ab, die Welt habe gar kein Sein, sei also bloße Illusion. Wenn es kein Sein

---

[18] Sie werden darum in der weiteren Analyse nicht berücksichtigt, obwohl sie *in sich* durchaus interessante Gedankengänge enthalten.
[19] Es handelt sich um Pierre-Gaspard Chaumette (1763–94), der sich Anaxagoras genannt hatte und deswegen auch im Philosophengespräch immer wieder so tituliert wird. Nähere Angaben zu Chaumette finden sich bei Behrmann/Wohlleben (s.o. Anm. 16) S. 30. Dort (S. 36ff) finden sich auch biographische Angaben über die beiden anderen Gesprächsteilnehmer: Hérault de Séchelles (1759–94) und Mercier (1740–1814).
[20] Auch in Merciers Argumentation in Z. 43–47 werden beide Begriffe promiscue gebraucht.

der Welt gäbe, so müßte Gott auch nicht den Grund (des Seins) der Welt enthalten[21]. Folglich könnte aus dem Nachweis, daß Gott nicht den Grund (des Seins) der Welt enthalte, auch *nicht* auf die Nicht-Existenz Gottes geschlossen werden. Diesem möglichen Gegenargument schiebt Payne mit der ersten Annahme einen Riegel vor.

Auch die zweite Annahme dient teilweise diesem Ziel. Sie verwehrt nämlich das Gegenargument, die Frage nach dem Grund oder der Urache des Seins sei sinnlos, da sie sich auf nichts beziehe. Indem Payne die These Merciers: „Aber eine Ursache muß doch da sein" (33) akzeptiert, schneidet er freilich nicht nur einen Ausweg ab, sondern schafft für seine eigene Position ein Problem, von dem später noch die Rede sein muß.

Aus den bisher rekonstruierten Prämissen:
- Gott enthält (notwendigerweise) den Grund alles Seins;
- es gibt das Sein der Welt (bzw. des Ich);
- das Sein der Welt hat einen Grund;
läßt sich bereits zwingend folgern: Gott enthält (notwendigerweise) den Grund des Seins der Welt.

Diese Formulierung lehnt sich zwar eng an den Wortlaut des Dramas an, gibt aber die Intention Paynes nur mißverständlich wieder. Diese wird genauer erfaßt durch folgende Formulierung: *Wenn es Gott gibt, dann enthält er (notwendigerweise) den Grund des Seins der Welt*. Erst die so formulierte Implikation zeigt, daß die Widerlegung des Consequens die Falschheit des Antecedens erweist[22].

Nun ist nur noch ein kleiner Zwischenschritt nötig, um zur Ausgangsformulierung des Beweisganges zu gelangen. Dieser Schritt besteht darin, daß die Formel „Grund des Seins der Welt" zur Formel „Schöpfung der Welt" in Beziehung gesetzt wird. Die naheliegende Vermutung, beide Formeln seien äquivalent, erweist sich bei näherem Zusehen als unzutreffend. Es gibt für Payne die Möglichkeit, auch dort noch vom „Grund" oder von der „Ursache" der Welt zu sprechen, wo er den Begriff „Schöpfung" ablehnt[23]. Das Umgekehrte gilt jedoch nicht. Zwischen „Schöpfung" einerseits und „Grund" bzw. „Ursache des Seins der Welt" andererseits besteht also ein Implikations-, aber kein Äquivalenzverhältnis. Daß dies so ist, wird freilich erst im Verlauf des Diskurses deutlich.

Zunächst erweckt Payne den Eindruck, mit der Widerlegung des Satzes: „Gott hat die Welt geschaffen", sei bewiesen, daß es Gott nicht gibt, ja nicht geben kann[24]. Um dies zu zeigen, argumentiert er wie folgt: Er formuliert zunächst die Disjunktion:

---

[21] Die Behauptung, daß es zum Gottsein Gottes gehöre, den Grund alles Seins zu enthalten, würde dadurch nicht sinnlos; sie würde sich allerdings nur auf das Sein Gottes selbst beziehen können. Die Aussage: „Gott enthält den Grund alles Seins" wäre dann *identisch* mit der – weder sinnlosen noch trivialen – Aussage: „Gott enthält den Grund seines Seins", also mit der Behauptung der Aseität Gottes.
[22] Dieser Nachweis erfolgt durch die Anwendung des „modus (tollendo) tollens". Vgl. dazu W. Härle, Systematische Philosophie, München ²1987, S. 103.
[23] Siehe dazu den Dialog zwischen Mercier und Payne Z. 24–26 und 33–36.
[24] Man beachte das triumphierende: „Quod erat demonstrandum" (21), das freilich, wie schon die nächste Zeile zeigt, viel zu früh kommt und später nicht mehr wiederholt wird.

„Entweder ist die Schöpfung[25] ewig wie Gott oder sie hat einen Anfang" (10f). Den ersten Teil dieser Alternative läßt Payne aber im Fortgang zunächst ganz außer acht und konzentriert sich auf die Widerlegung des zweiten Teiles. Dabei argumentiert er folgendermaßen: Wenn die Schöpfung einen Anfang hat, dann muß Gott (dadurch, daß er nach ewiger Ruhe tätig geworden ist) „einmal eine Veränderung in sich erlitten haben, die den Begriff *Zeit* auf ihn anwenden läßt" (14–16). Da dies beides (das Erleiden einer Veränderung wie die Anwendbarkeit des Zeitbegriffs) jedoch „gegen das Wesen Gottes streite(t)" (16), könne Gott die Welt nicht geschaffen haben (16f). Daß diese Folgerung (trotz des „Quod erat demonstrandum" [21]) logisch nicht gültig ist, zeigt der Fortgang des Textes selbst. Aus den bisher von Payne eingeführten Prämissen folgt nur: Also kann die Schöpfung (= Welt) keinen Anfang haben.

Während Chaumette auf den Scheinbeweis hereinfällt[26], weist Mercier präzise auf die Argumentationslücke hin: „Halten Sie, Payne! Wenn aber die Schöpfung ewig ist?" (24).

Paynes Einwand, daß sie dann „schon keine Schöpfung mehr" sei (25), hilft hier nicht weiter und wird auch von ihm selbst gleich übergangen mit Hilfe des Hinweises auf Spinoza, demzufolge die Welt (die „natura naturata") als *ewiges Attribut* Gottes (der „natura naturans") zu denken ist.

Jetzt erst kommt der Argumentationsgang auf die entscheidenden Fragen und Beweisgründe zu sprechen. Sie spitzen sich – nach einem deftig-vulgären Intermezzo (26–32) – zu in den beiden von Payne und Mercier vertretenen Thesen. Payne: Aus der unvollkommenen Welt kann nicht auf (Gott als) eine vollkommene Ursache geschlossen werden (35–39). Dagegen Mercier: (Auch) eine vollkommene Ursache kann nur eine unvollkommene Wirkung haben (43–47). Die These von Mercier zeigt sich, weil logisch begründet, als überlegen; denn allein die Tatsache, daß etwas die Wirkung eines anderen ist, also „nie seinen Grund in sich haben kann" (46), erweist sich als Element der Unvollkommenheit. Das heißt, eine Welt, die – wie Payne zugestanden hat – ihren Grund nicht in sich selbst hat, ist *notwendigerweise* unvollkommen. Dies schließt also nicht aus, daß sie in etwas Vollkommenem gründen könnte.

Payne konzediert die Schlüssigkeit dieses Einwandes[27], gibt der Argumentation aber eine ganz neue Wendung: Wenn es so ist, daß (auch) Gott „nur was Unvollkommenes schaffen [kann], so läßt er es gescheuter ganz bleiben" (50f). Damit hat Payne faktisch das Thema des Beweisganges verlassen. Es geht nun nicht mehr um die Frage: Kann Gott als den Grund des Seins der Welt enthaltend (und also als existierend) gedacht werden? Sondern um die ganz andere Frage: Warum sollte ein vollkommener Gott eine (notwendigerweise) unvollkommene Welt geschaffen haben?

---

[25] Den Begriff „Schöpfung" gebraucht Payne hier offensichtlich nicht im Sinne von „creatio", sondern gleichbedeutend mit „creatura" bzw. genauer: mit „Welt".
[26] „Ei wahrhaftig, das gibt mir wieder Licht; ich danke, danke!" (22f).
[27] „Sie haben recht" (49).

An dieser Stelle wird die *logische* Argumentation zugunsten einer *psychologischen* Argumentation verlassen, und zwar in dreifacher Hinsicht:
– Die Frage nach Gott als dem existierenden *Grund* alles Seins wird ersetzt durch die Frage nach dem möglichen *Motiv Gottes* für die Erschaffung der Welt (54–59).
– Die Frage nach der *Denkbarkeit* Gottes als Grund alles Seins wird transformiert in die Frage nach den *Motiven der Menschen,* sich Gott als Grund des Seins bzw. als Schöpfer zu denken (51–54 und 59).
– Die Frage nach der *gedanklichen Vereinbarkeit* einer unvollkommenen Welt mit einem vollkommenen Schöpfer wird zur Frage nach dem *gefühlsmäßigen Aushaltenkönnen* dieser Spannung (63–69).

Es scheint zunächst so, als würde Payne seine gegebene Zustimmung (49) zur *notwendigen Unvollkommenheit* einer von Gott geschaffenen Welt revozieren, wenn er trotzig darauf beharrt: „Schafft das Unvollkommne weg, dann allein könnt ihr Gott demonstrieren" (63 f). Aber schon der übernächste Halbsatz zeigt, daß hier eine metabasis eis allo genos vollzogen wurde: „nur der Verstand kann Gott beweisen, das Gefühl empört sich dagegen" (65 f). Und dieses *Gefühl*, in dem das Leiden, der Schmerz *empfunden* wird, ist für Payne „der Fels des Atheismus" (67).

3. Sinn und Ertrag des Argumentationsganges

Für den Versuch, diesen „negativen Gottesbeweis" aus dem Philosophengespräch kritisch zu würdigen, bieten sich mehrere[28] Möglichkeiten an.

Man kann den Beweis zunächst an seinem eigenen *Beweisanspruch* messen und von da aus die Plausibilität der vorausgesetzten Prämissen und die Schlüssigkeit der logischen Verknüpfungen untersuchen. Dabei werden sehr schnell (über das bereits im vorigen Abschnitt hinaus Angemerkte) einige gravierende Schwachstellen erkennbar: So ist z. B. darauf hinzuweisen, daß aus der Nicht-Ewigkeit der Welt keineswegs notwendig die Anwendung des Zeitbegriffs auf Gott resultiert, wenn man nämlich – mit Augustin[29] – die Zeit als *mit* der Welt geschaffen versteht. Ebenso läßt sich zeigen, daß

---

[28] *Eine* sachlich ergiebige, hier aber nicht weiter verfolgte Fragestellung besteht m. E. darin, anhand der Struktur der Argumentation *das Verhältnis* zu untersuchen, das zwischen dem syntaktischen, dem semantischen und dem pragmatischen Aspekt eines solchen Beweisganges besteht (vgl. dazu neuerdings I. U. Dalferth, Umgang mit dem Selbstverständlichen. Anmerkungen zum ontologischen Argument. In: Archivio di Filosofia 58/1990, S. 631–664). Dabei läßt sich gerade am Philosophengespräch zeigen, daß die (syntaktische) Korrektheit der Schlußfolgerungen und die (semantische) Wahrheit der Prämissen auch zusammengenommen noch keine Beweiskraft besitzen, wenn und solange beides nicht als solches (pragmatisch) *gewußt* wird, also *evident* geworden ist. Zugleich zeigt sich, daß diese Gewißheit offenbar in eine noch tiefere Schicht reichen muß, als sie durch Argumente *als solche* erreicht wird. Letztere bleiben freilich – reformatorisch gesprochen – unverzichtbares „verbum externum" (CA V).

[29] A. Augustinus, De civitate Dei – Vom Gottesstaat, Buch XI, Kap. 6. Vgl. dazu die instruktive Studie von I. U. Dalferth, Zeit der Zeichen, in diesem Band S. 161–179.

Spinozas Verständnis der Welt als Attribut Gottes keineswegs die von Payne persiflierend angedeuteten Konsequenzen für das Gottesverständnis hat[30].

Schließlich läßt sich (mit Leibniz[31]) zeigen, daß die prinzipielle Unvollkommenheit der Welt kein durchschlagendes Argument gegen ihr Geschaffensein von einem vollkommenen Gott darstellt. Aber zumindest dies letzte sieht und sagt der Text selber, ja er macht kein Hehl daraus, daß der rationale Beweis für die Nicht-Existenz Gottes gescheitert ist: „nur der Verstand kann Gott beweisen" (65 f)[32].

Man kann den (negativen) Beweis aber auch auf die von ihm vorausgesetzte *positive Alternative* hin befragen. Diese wird von Payne an zwei Stellen zumindest angedeutet. Einerseits in der rhetorischen Frage: „Aber wer sagt Ihnen denn, daß diese Ursache [sc. der Welt] das sei, was wir uns als Gott, d.h. als das Vollkommenste denken?" (34–36). Andererseits in dem Bekenntnis: „Ich nehme mit einem geringern Vater vorlieb; wenigstens werd ich ihm nicht nachsagen können, daß er mich unter seinem Stande in Schweineställen oder auf Galeeren habe erziehen lassen" (60–62). Der gemeinsame Nenner beider Aussagen ist darin zu sehen, daß Payne die Frage nach einer Ursache (einem „Vater") zwar akzeptiert, dieser Ursache aber keine Vollkommenheit zuschreiben kann und will. Es bleibt ganz unbestimmt, welche Größe in Frage kom-

---

[30] Büchner kannte, wie seine ausführlichen Exzerpte und Notizen beweisen (vgl. Sämtliche Werke und Briefe, Bd. 2, Darmstadt 1971, S. 227–290), Spinoza viel zu gut, um das nicht selbst zu wissen. Es ist freilich eine kuriose Argumentation, wenn Kahl formuliert: „Wie der Entwurf zur Spinoza-Vorlesung ausweist, war Büchner ein zu guter Spinoza-Kenner als daß ihm dieses anthropomorphistische Mißverständnis, das er Payne in den Mund legt, selbst anzulasten wäre" („Der Fels des Atheismus", s.o. Anm. 12, S. 114, Anm. 52). Wem denn sonst? muß man fragen. In seinen Notizen zu Spinoza erhebt Büchner übrigens gegen Spinozas Gottesbeweis dieselben Einwände wie Payne gegen Mercier: „Wir sind durch die Lehre von dem, was in sich oder in etwas Anderm ist freilich gezwungen auf etwas zu kommen, was nicht anders als seyend gedacht werden kann; was berechtigt uns aber deßwegen aus dießem Wesen das absolut Vollkommne, Gott, zu machen? – Wenn man auf die Definition von Gott eingeht, so muß man auch das Daseyn Gottes zugeben. Was berechtigt uns aber, dieße Definition zu machen? – Der *Verstand*? – Er kennt das Unvollkommne. – Das *Gefühl*? – Es kennt den Schmerz" (Sämtliche Werke und Briefe, Bd. 2, S. 236f). Diese Argumentation läßt noch einmal erkennen, warum der Beweis für die *Nicht*-Existenz Gottes nach Büchners eigener Einsicht gar nicht gelingen *kann*: Er ist ja nur möglich, „wenn man auf die Definition von Gott eingeht". Hat man das aber getan, „so muß man auch das Daseyn Gottes zugeben". Der „insipiens" kann also Anselms Argumentation nicht entrinnen.

[31] Essais de Théodicée (s.o. Anm. 6) Bd. II/1, S. 240ff.

[32] Insofern ist es zumindest mißverständlich, wenn Kahl (s.o. Anm. 12) im Blick auf die „unzweideutig atheistische These": „Es gibt keinen Gott", sagt, Payne habe für sie „die durchschlagende Argumentation" (a.a.O. S. 112) geliefert. Sehr viel differenzierter und genauer äußern sich hierzu Behrmann/Wohlleben (s.o. Anm. 16), S. 111f: „Wie sich Denknotwendigkeit (oder das, was sich dafür ausgibt) und Gefühl in den Demonstrationen Paynes durchdringen, wie das Gefühl dabei überwiegt, geht am deutlichsten aus dem Schluß … hervor: *nur der Verstand kann Gott beweisen*, sagt er da, *das Gefühl empört sich dagegen*. Eben noch hatte er dargelegt, daß der Verstand Gott *nicht* beweisen, vielmehr: beweisen könne, daß Gott *nicht* sei. Warum diese Berufung auf das Gefühl, da der Verstand die Sache bereits entschieden hat? Weil Payne kein Philosoph ist, dem der Verstand die letzte Instanz wäre, sondern jemand, dem die philosophische Argumentation zum Ausdruck eines Gefühls dient, das ihn entscheidend beherrscht. Dies Gefühl ist die Sehnsucht nach einer Vollkommenheit, die durch nichts verdunkelt oder entstellt wird".

men könnte, zwar als ens necessarium der Grund bzw. die Ursache der Welt zu sein, zugleich aber nicht als ens perfectissimum gelten zu können. Irgendeine welthafte Instanz scheidet dafür per definitionem aus. Was für eine Art von „Gottheit", Dämon oder Prinzip könnte an diese Stelle treten? Möglicherweise denkt Payne dabei an die von ihm selbst (75) und von Hérault (88) herangezogene „Natur". Aber wie sollte die Natur als die (unvollkommene) Ursache der *Welt* gedacht werden können? Doch allenfalls im Sinne Spinozas als „natura naturans", die aber dann als unvollkommen zu denken wäre. Hier darf und muß nun umgekehrt die (psychologische) Frage gestellt werden, welches Motiv Payne veranlaßt, auf einem *unvollkommenen* Weltgrund zu insistieren, obwohl sich logisch bereits die Vereinbarkeit eines vollkommenen Weltgrundes mit einer unvollkommenen Welt erwiesen hatte. Beim Bedenken dieser Frage zeigt sich einerseits ein klassisches Theodizeemotiv in modifizierter Gestalt, andererseits – und damit verbunden – das Motiv der menschlichen Selbstachtung. Einem vollkommenen Vater, so darf man gewiß das Argument verstehen, würde Payne „nachsagen" *müssen*, daß er ihn (sc. Payne) – erheblich – „unter seinem [sc. des Vaters] Stande ... habe erziehen lassen". Dieser Vorwurf bliebe als Makel an dem Vater, der eigentlich besser könnte, hängen; aber nun eben doch auch am Sohn, der dem Vater offenbar nicht mehr wert ist. Dagegen „rechtfertigt" und entlastet die Unvollkommenheit des Weltgrundes diesen, und sie stabilisiert die Selbstachtung des Sohnes: Der Vater *kann* ja, weil er unvollkommen ist, nicht besser[33]!

Man kann den Argumentationsgang des Philosophengesprächs aber schließlich auch daraufhin befragen, ob und inwiefern er das Lebensgefühl des neuzeitlichen Menschen erfaßt und zum Ausdruck bringt. Dabei wäre es m. E. eine einseitige und folglich abstrakte Betrachtungsweise, *lediglich* in dem Skeptiker oder Atheisten Payne den Anwalt des nachaufklärerischen Menschen zu sehen. Verkörpern nicht auch der scharfsinnig-ruhig argumentierende Mercier und der verunsicherte, hin- und hergerissene Chaumette, der in seinem *Un*glauben angefochten ist, Seiten dieses Menschen? Gewiß kann es keine Frage sein, daß Payne dabei die Mittelpunktstellung innehat. Er artikuliert mit seinem empörten: „warum leide ich?" (67) den Protest des Menschen, der nicht nur gegen das unsägliche Leid geschundener und gequälter Opfer aufbegehrt, sondern – aus seiner Sicht völlig konsequent – schon das „leiseste Zucken des Schmerzes, und rege es sich nur in einem Atom" als „Riß in der Schöpfung von oben bis unten" (68f) anprangert und sich nicht damit abfinden kann, weil sich eben „das Gefühl" (66) dagegen auflehnt. In der Artikulation dieses *Lebensgefühls*, in dem sich so etwas wie ein *Anspruch des Menschen auf Leidensfreiheit und Glück* Ausdruck verschafft, liegt wohl die eigentliche Bedeutung des Philosophengesprächs, wobei die *Form* des philosophischen Beweisganges, in die dies eingebettet ist, m. E. keineswegs unerheb-

---

[33] Es handelt sich also um eine etwas schwächere Variante des von Odo Marquard (Rechtfertigung, in: Gießener Universitätsblätter 1980, H. 1, S. 82) konstatierten Freispruchs Gottes „wegen der erwiesensten jeder möglichen Unschuld: der Unschuld wegen Nichtexistenz", nämlich hier um den Freispruch Gottes wegen „erwiesener Unvollkommenheit".

lich ist, sondern als „Rationalisierung" wiederum ein spezifisch neuzeitliches Element darstellt.

Erst auf dieser dritten Ebene der Würdigung verzichtet man bewußt darauf, die argumentativen Schwächen des Philosophengesprächs dazu zu benutzen, sich das vom Text präsentierte Sachproblem vom Leibe zu halten. Positiv formuliert: Von hier aus wird die Frage dringlich, in welcher Weise die christliche Theologie sich mit den von Büchner artikulierten Positionen, Anfragen und Einwänden konstruktiv auseinandersetzen kann.

IV Die Realität des Leidens und der Glaube an Gott

Das Philosophengespräch aus „Dantons Tod" ist insofern eine gewichtige Herausforderung an die Theologie, als es den Finger auf den Aspekt des Theodizeeproblems legt, der im Bewußtsein der meisten Menschen den entscheidenden Stein des Anstoßes, wenn nicht sogar den Felsen des Atheismus bildet. Während man im Blick auf das metaphysische Übel (die Endlichkeit) mit gutem Grund sagen kann, es gehöre notwendig zum Kreatursein, und während man im Blick auf das moralische Übel (das Böse, die Sünde) sagen kann, seine *Möglichkeit* gehöre notwendig zur personalen Freiheit, kann man beim physischen Übel (dem Leiden) eine solche Notwendigkeit nicht ohne weiteres erkennen. Es ist offensichtlich „der härteste Brocken". Läßt er sich sprengen, beiseiteschaffen oder durch geduldiges Nachdenken auflösen?

1. Die Bedeutung des Leidens für das menschliche Leben

Wer sich Leiden wünscht, ist entweder seelisch krank oder in geistlicher Hinsicht übermütig, also hybride. Christen bitten auf Jesu Geheiß um Erlösung vom Übel bzw. vom Bösen. Etwas ganz anderes ist es jedoch, daß Menschen sehr oft Leiden bewußt in Kauf nehmen, um eines anderen (vielleicht höheren) Gutes willen. In solchen, aber auch nur in solchen Fällen halten wir es darum auch für gerechtfertigt, anderen Menschen Leiden zuzufügen oder zuzumuten. Von daher könnte es so scheinen, als sei es menschlich und christlich geradezu geboten, Leiden, das nicht einem anderen, höheren Zweck dient, zu vermeiden und einen möglichst leidensfreien Zustand für sich und andere anzustreben. Aber stimmt das wirklich?

Wer sich auch nur einen oberflächlichen Rückblick auf sein Leben gestattet, wird in der Regel entdecken, daß Zeiten des Leidens (Krisen, Konflikte, Verluste, Krankheiten, Mißerfolge etc...) für die menschliche Reifung und Entwicklung besonders wichtige Zeiten waren. Das rührt vermutlich daher, daß die wirklich wichtigen Entwicklungs- und Veränderungsprozesse im menschlichen Leben kaum einmal ohne Schmerzen, insbesondere nicht ohne den Abschiedsschmerz von Liebgewordenem abgehen[34].

---

[34] Vgl. dazu bes. V. E. Frankl, Homo patiens (Versuch einer Pathodizee). In: ders., Anthropologische Grundlagen der Psychotherapie, Stuttgart 1975, S. 241–377, bes. 310–377.

Man kann von da aus einen Schritt weitergehen und versuchen, sich einmal ein menschliches Leben – sei es eigenes oder fremdes – ohne jedes Leiden vorzustellen. Was wäre das Resultat? Wäre ein solches Leben das Paradies auf Erden? Bekanntlich hat Aldous Huxley in seinem Zukunftsroman „Brave new World"[35] diese Fiktion eines leid- bzw. leidensfreien Lebens durchgespielt, bei dem die Abwesenheit von Leiden genetisch, erzieherisch und medikamentös durchgehend gesichert ist. Huxleys schöne, neue Welt ist insofern eine Welt, die den Ansprüchen Paynes genügt, in der nämlich auch „das leiseste Zucken des Schmerzes" vermieden ist und in der niemand fragen kann: „warum leide ich?" – es sei denn, er wäre als einziger zufällig den Bedingungen dieser Welt entkommen. Und Huxley kommt zu dem m. E. unmittelbar überzeugenden Ergebnis: Eine solche Welt ohne Leiden (und Böses) ist keine menschliche Welt, sondern eine Form der Dehumanisierung, ja geradezu eine Hölle[36]. Das scheint nun – im Umkehrschluß – die überzeugendste Rechtfertigung für das Leiden in der Welt zu sein: Ohne Leiden keine Menschlichkeit und Reife, also ist das Leiden der notwendige Preis für menschliche Reifung und personale Entwicklung und somit generell gerechtfertigt.

Aber man spürt sofort: Wenn man es *so* sagt, wird es problematisch, weil dann eine Teilwahrheit generalisiert und verabsolutiert wird. Es ist richtig, daß Menschen oftmals im Rückblick den Sinn und die Bedeutung von Leiden erkennen. Aber gilt das denn *immer*? Und was ist in den Fällen, in denen es gar keinen Rückblick mehr gibt? Was ist dort, wo Menschen am Leiden irre werden, zerbrechen, den Lebensmut und die Kraft zum Leben endgültig verlieren?

Es ist zwar richtig, daß Menschen oftmals durch erlebtes und erlittenes Leiden einfühlsam und mitfühlend, daß sie geduldig und barmherzig werden, und es ist ebenfalls richtig, daß äußeres Wohlergehen Menschen keineswegs notwendig zu besseren Menschen macht. Aber ist das notwendigerweise so? Gibt es nicht auch Menschenschicksale, in denen das Leiden Bitterkeit, Härte, Gefühllosigkeit, Haß hervorgerufen und dauerhaft erhalten hat? Lehrt Not nur das Beten und Teilen oder nicht auch das Fluchen, Stehlen und Raffen?

Was sich mit gutem Grund sagen läßt, ist, daß eine irdische Welt oder ein Leben ohne Leiden wohl keine menschlichere, sondern eine unmenschlichere Welt oder ein unmenschlicheres Leben wären. Aber das ist keine ausreichende Rechtfertigung für alles mögliche oder wirkliche physische Übel in der Welt. Es zeigt nur einen Denkansatz und eine *Möglichkeit* – aber *die* zeigt es immerhin.

---

[35] A. Huxley, Brave new World, 1932; dt.: Schöne neue Welt (1953), Frankfurt a. M. 1990.
[36] An dieser Stelle wird ein unmittelbarer Zusammenhang zwischen dem Theodizeeproblem und aktuellen ethischen Fragestellungen erkennbar. Für die christliche Ethik ist jeder gentechnische Eingriff in die menschlichen Erbanlagen bzw. in die Keimbahn unter Berufung auf die Menschenwürde, und das heißt, auf die Gottebenbildlichkeit des Menschen abzulehnen. Das gilt auch dann, wenn durch solche gentechnischen Eingriffe alles krankheitsbedingte Leiden ausgeschaltet oder abgeschafft werden könnte.

2. Die Bedeutung des Leidens für den christlichen Glauben

Als einen besonders schweren Anstoß empfinden viele Menschen das Leiden in den Fällen, in denen wir geneigt sind oder guten Grund dazu haben, die Opfer des Leidens als „unschuldig" zu bezeichnen. Immer wieder in Literatur[37] und Theologie[38] ist darum das Leiden der Unschuldigen als massivste Anfrage an die Gerechtigkeit, Güte oder Existenz Gottes zur Sprache gebracht worden. Dabei wird jedoch nicht immer bedacht, wie nahe man sich mit diesem Einwand am Zentrum des christlichen Glaubens befindet. Tangiert wird damit die paulinisch-reformatorische Einsicht, daß christliche Theologie wesentlich und unaufgebbar „theologia crucis" ist. Daß Gott einen, ja *den* Unschuldigen leiden läßt, heißt nicht, daß er ihm das Leiden zufügt, wohl aber, daß er dieses Leiden zuläßt. Aber gerade dieses Leiden ist für den christlichen Glauben das Geschehen, in dem Gott sein innerstes Wesen offenbart und zwar als *Liebe*. Das Kreuz Christi gilt für den christlichen Glauben als der Ort der tiefsten Erniedrigung Gottes und gerade so als der Ort, an dem Gott sein Herz enthüllt. Anders gesagt: Das Leiden Jesu Christi ist der Ort der Selbstoffenbarung Gottes; denn niemand hat größere Liebe als die, daß er sein Leben gibt für seine Freunde, ja für seine *Feinde* (Joh. 15,13; Röm. 5,10).

An dieser Stelle wird erkennbar, daß gerade die Liebe, die das größte ist, was es im menschlichen Leben gibt (1 Kor. 13,13), und die das Wesen Gottes selbst beschreibt (1. Joh. 4,16), die Bereitschaft zum Leiden, ja das Leiden um der Liebe willen notwendig mit einschließt. Vielleicht gilt sogar generell (vom körperlichen Schmerz abgesehen), daß man nur an dem leiden kann, was man liebt. Beim Verlust und Tod eines Menschen wird das jedenfalls evident.

Deswegen wird man Luther, Bonhoeffer und anderen durchaus Recht geben müssen, wenn sie im deutlichen Gegensatz zum Philosophengespräch in „Dantons Tod" das Leiden nicht von Gott trennen, sondern ausdrücklich vom Leiden oder Mitleiden Gottes sprechen. Am einprägsamsten hat dies wohl Bonhoeffer in seinem bekannten Gedicht „Christen und Heiden"[39] formuliert.

Mit Gewißheit läßt sich sagen: Wer das Theodizeeproblem nicht im Horizont der theologia crucis reflektiert, der bedenkt es jedenfalls nicht im Kontext des christlichen Glaubens. Vom Kreuz Christi her tut sich auf eine durchaus geheimnisvolle Weise ein Zusammenhang von Leiden und Liebe auf, der das Tragfähigste sein könnte, was in diesem Zusammenhang überhaupt zu sagen ist.

---

[37] Besonders eindrucksvoll geschieht dies bekanntlich bei F. Dostojewski, Die Brüder Karamasoff, II. Teil, 5. Buch, Abschn. 4 „Die Auflehnung".

[38] So z.B. J. Moltmann, Trinität und Reich Gottes, München 1980, S. 63: „Das Leiden eines einzigen unschuldigen Kindes ist eine unbestreitbare Widerlegung der Vorstellung des allmächtigen und gütigen Gottes im Himmel. Denn ein Gott, der Unschuldige leiden läßt, der sinnlosen Tod zuläßt, ist es nicht wert, Gott genannt zu werden."

[39] D. Bonhoeffer, Widerstand und Ergebung, München ³1985, S. 382. Vgl. dazu W. Huber, Theodizee (1982). In: Ders., Konflikt und Konsens, München 1990, S. 99–132, bes. S. 130ff.

Aber diese Tragfähigkeit ist *eschatologisch offen*. Das heißt, sie kann geglaubt, aber sie kann noch nicht aufgewiesen und verifiziert werden. Daß die Liebe die größte unter den Gaben ist, die bleiben, ist eine Verheißung. Und daß nichts uns scheiden kann von der Liebe Gottes (Röm. 8, 38f), ist ein Satz hoffender Gewißheit. Wir müßten, und darin hat Kant[40] recht, Gott und damit auch das Ende der Wege Gottes mit der Welt jetzt und hier schon so erkennen können, wie wir von Gott erkannt sind, um die Rätsel des Theodizeeproblems definitiv lösen zu können. Das ist uns verwehrt. *Und diese Begrenzung ist selbst eines der metaphysischen Übel, die notwendig zur kreatürlichen Existenz gehören.*

3. Begründete Hoffnung

Was haben die beiden (anthropologischen und christologischen) Überlegungen, die in den beiden zurückliegenden Abschnitten entwickelt wurden, im Blick auf die durch Büchner formulierte Herausforderung erbracht? Sie haben Denkmöglichkeiten und existentielle Gewißheiten gezeigt, aber sie konnten zu keiner restlosen Lösung oder Auflösung des Theodizeeproblems führen. Mehr noch: Sie haben beide gezeigt, daß und warum eine solche Lösung unter endlichen, geschichtlichen Bedingungen gar nicht möglich ist. Beide Ansätze haben damit gezeigt, daß ohne eine eschatologische Perspektive, das heißt, ohne eine gehaltvolle Hoffnung über den Tod hinaus das Theodizeeproblem schlechterdings unlösbar bleibt und bleiben muß. *Ohne Eschatologie gibt es keine Theodizee*[41]. Die beiden Gedankengänge haben aber mit dem Aufweis von Denkmöglichkeiten und existentiellen Gewißheiten auch ergeben, daß die Hoffnung auf eine eschatologische Lösung des Theodizeeproblems eine *begründete* Hoffnung ist. Sie hat Anhaltspunkte in der menschlichen Lebenserfahrung, und sie hat im Kreuz Christi ihren tragenden Grund.

Wem eine solche begründete Hoffnung auf eine Lösung des Theodizeeproblems nicht genügt, wer an dieser Stelle also mehr will, nämlich hier und jetzt schon eine Lösung und Antwort, der will (ob er es weiß oder nicht) sein wie Gott. Und das kann in Rückerinnerung an Gen. 3 eigentlich kein erstrebenswertes Ziel, sondern nur eine zu vermeidende Gefahr sein. Ob freilich der bewußte Verzicht auf eine hier und jetzt mögliche Lösung des Theodizeeproblems und ob das Leben mit einer begründeten Hoffnung auf eine eschatologische Lösung den Verstand und das Gefühl eines Menschen befriedigen, kann jeder nur für sich selbst beantworten.

---

[40] S. o. Anm. 8.
[41] Das hat in eindrucksvoller Weise Luther am Ende von De servo arbitrio in der Rede von den drei Lichtern, dem lumen naturae, gratiae und gloriae gezeigt (WA 18, 784f).

RECHTFERTIGUNG, MYSTIK, NEUE SCHÖPFUNG

Mystische Elemente in der Theologie Werner Elerts

Sigurjón Árni Eyjólfsson

Der Erlanger Theologe Werner Elert, der zu Recht ein „Lutheranissimus" genannt wurde[1], wird meistens im Zusammenhang der Unterscheidung von Gesetz und Evangelium erwähnt. Diese Unterscheidung bildet nach Elert den hermeneutischen Schlüssel zu aller theologischen Arbeit. Daher ist es nicht verwunderlich, daß er als „der" Hauptgegner von Barths Reihenfolge Evangelium und Gesetz aufgetreten ist[2]. Von seiner Stellungnahme in dieser Auseinandersetzung ist die Bewertung der Theologie Elerts bis heute deutlich geprägt. Sie wird deshalb fast ausschließlich vor dem Hintergrund des Kirchenkampfes in Deutschland bewertet[3]. Diese Voraussetzung der Aus-

---

[1] Vgl. Reinhard Hauber, „Werner Elert: Einführung in Leben und Werk eines ‚Lutheranissimus'". In: NZSTh 29, 1987, S. 113–146.

[2] Siehe hierzu „Karl Barths Index der verbotenen Bücher". Theologia militans, Schriften für lutherische Lehre und Gestaltung, Heft 2, Leipzig 1935; Gesetz und Evangelium, in: Zwischen Gnade und Ungnade: Abwandlungen des Themas Gesetz und Evangelium, München 1948, S. 132–169, jetzt in: Ein Lehrer der Kirche, hrsg. von M. Keller-Hüschemenger, Berlin und Hamburg 1967 (= LK), S. 51–75, sowie das IV. Kapitel seiner Dogmatik „Gesetz und Evangelium", in: Der christliche Glaube: Grundlinien der lutherischen Dogmatik (1. Aufl. Berlin 1940), Sechster unveränderter Neudruck, Erlangen 1988 (= CG), S. 113–155; Das christliche Ethos: Grundlinien der lutherischen Ethik, Tübingen 1949, zweite und erneut durchgesehene und ergänzte Auflage hrsg. von E. Kindler, Hamburg 1961 (= CE) S. 370–378. Vgl. hierzu Die Lehre des Luthertums im Abriß, München 1924, 2. Aufl. ebd. 1926. 3. Aufl. (Nachdruck der 2. Aufl.) München 1978 (= LLA), S. 140–144.

[3] Diese eintönige Bewertung von Elerts Theologie wird fast ausschließlich vor dem Hintergrund des Ansbacher Ratschlags (1934) dargestellt. Vgl. Torleiv Austad, Laeren om skaperordningene i det 20. arhundres sosialetik, in: Tidskrift for Teologie og Kirke 3, 1975, S. 204–215; Den rene laere som prinsippteologisk problem hos Werner Elert, in: Tidskrift for Teologie og Kirke 4, 1975, S. 261–277; Oswald Bayer, Barmen zwischen Barth und Luther, in: Luther und Barth. Veröffentlichungen der Luther-Akademie Ratzeburg 13, 1989, S. 21–36; Friedrich Duensing, Gesetz als Gericht: Eine lutherische Kategorie in der Theologie Werner Elerts und Friedrich Gogartens, FGLF 10/40, München 1970; Helmut Gollwitzer, Zur Einheit von Gesetz und Evangelium, in: Antwort. K. Barth zum siebzigsten Geburtstag am 10. Mai 1956, Zürich 1956, S. 287–309, wieder abgedr. in: ders., Ausgewählte Werke, München 1988, Bd. 8, S. 154–184; Ernst Wolf, Art. Barmen, in: RGG 3. Aufl. (Tübingen 1959), Tübingen 1986, Bd. 1, Sp. 878; den Art. Gesetz V. Gesetz und Evangelium, dogmengeschichtlich, ders., a. a. O. Bd. 2, Sp. 1519–1526; ders., Habere Christum omnia Mosi, in: Für Kirche und Recht. Festschrift für Johannes Heckel, Köln/Graz 1959, S. 287–303, wieder abgedr. in: Gesetz und Evangelium, hrsg. von E. Kindler/K. Haendler, WdF 142, Darmstadt 1986, S. 167f; W. Tilger, Volksnomostheologie und Schöpfungsglaube. Ein Beitrag zur Geschichte des Kirchenkampfes, Göttingen 1966, S. 201–211; Berndt Hamm, Schuld

einandersetzung mit Elert führt zwangsläufig zu einer einseitigen Wertung seiner Theologie und besonders seines Gesetzesverständnisses. Elerts umfassendes Verständnis des Gesetzes, das er mit der ganzen weltlichen Wirklichkeit gleichsetzen kann, fällt hier in den Schatten einer Polemik, die in ihrer schärfsten Form darauf ausgerichtet ist, bei Elert in seiner Unterscheidung von Gesetz und Evangelium einen Dualismus im Sinne Marcions finden zu wollen[4]. Unstreitig ist, daß Elert dazu neigt, den Gegensatz zwischen Gesetz und Evangelium mit starken Worten zu beschreiben und dabei eine Terminologie zu benutzen, die auf uns heute befremdlich wirkt. Hier wird übersehen, daß er immer ein Erfahrungstheologe gewesen ist[5], was darin zum Ausdruck kommt, daß er sich verpflichtet fühlte, den Menschen als geschichtliches Wesen ernst zu nehmen. Nach Elert muß die Predigt des Evangeliums die Gesetzeserfahrung des Menschen ernstnehmen und in Hinblick auf das Evangelium analysieren, wenn sie ihre Aufgabe erfüllen will. Dem Menschen ist klarzumachen, daß es Sinn dieses Unternehmens ist, sich vor Gott zu rechtfertigen[6]. Die Aufgabe der Kirche und damit der Theologie ist es, diese Rechtfertigungspflicht in ihren Zusammenhang mit der Gesetzeserfahrung, d.h. der Welterfahrung, zu bringen. Die Verwandtschaft mit Rudolf Bultmanns Anliegen seines Entmythologisierungs-Programms ist hier auffällig[7]. Elert ist sich stets bewußt, daß die Form einer Gesetzes- und Evangeliums-Interpretation nur zeitabhängig möglich ist.

Die Bewertung der Auseinandersetzung Elerts mit Barth und deren Folgen haben andere Themenbereiche in Elerts Theologie, die allerdings nicht ohne seine Unter-

---

und Verstrickung der Kirche. Vorüberlegungen zu einer Darstellung der Erlanger Theologie in der Zeit des Nationalsozialismus, in: Kirche und Nationalsozialismus, hrsg. von Wolfgang Stegemann, Stuttgart 1990, S. 11–56. Gegen dieses nicht mehr hinterfragte und einseitige „Vorurteil" wendet sich mit recht Karlmann Beyschlag, In Sachen Althaus/Elert – Einspruch gegen Berndt Hamm, in: Homiletisch-Liturgisches Korrespondenzblatt – NF 8, Nr. 30, 1990/1991. In der Elertforschung fehlt eine krichenhistorische Arbeit zur Entstehung und Wirkung des Ansbacher Ratschlags von 1934. Vgl. zum Thema weiter Wolf Krötke, Das Problem „Gesetz und Evangelium" bei W. Elert und P. Althaus (ThSt. 83), Zürich 1965; Leo Langemeyer, Gesetz und Evangelium. Das Grundanliegen der Theologie Werner Elerts, Paderborn 1970; John Michael Owen, Der Mensch zwischen Zorn und Gnade. Das Anliegen W. Elerts in seiner Lehre von Gesetz und Evangelium. Diss. Heidelberg 1971; Albrecht Peters, Gesetz und Evangelium, in: Handbuch Systematischer Theologie, hrsg. von C. H. Ratschow, Bd. 2, Gütersloh 1981; ders., Rechtfertigung, a.a.O. Bd. 12, Gütersloh 1984; ders., Art. Werner Elert, in: TRE Bd. 9, Berlin 1982, S. 493–497; ders., Unter Gottes Heimsuchung, in: KuD 31, 1985, S. 250–292; ders., Das Ringen um die Rechtfertigungsbotschaft in der gegenwärtigen lutherischen Theologie, in: Theologische Strömungen der Gegenwart, Evangelisches Forum 4, Göttingen 1965.

[4] So z.B. Wolf, Art. Gesetz (s. Anm. 3), Sp. 1525; ders., Art. Gesetz und Evangelium (s. Anm. 3), S. 167f. Vgl. hierzu auch Krötke (s. Anm. 3), S. 37; Duensing (s. Anm. 3), S. 22f.

[5] Vgl. Max Tratz, Was ist geblieben? Erinnerung und Besinnung zum 10. Todestag W. Elerts, in: JMLB 18, 1964, S. 19f.

[6] CG S. 23f.

[7] Vgl. hierzu die Betonung von Bultmanns Verbundenheit mit der lutherischen Unterscheidung zwischen Gesetz und Evangelium bei Eberhard Hauschildt, Rudolf Bultmanns Predigten – Existentiale Interpretation und lutherisches Erbe (MThS 26) Marburg 1989. S. 144–157; Gerhard Gloege, Luther und die Mythologie, 3. erweiterte Auflage, Göttingen 1963, S. 158f.

scheidung zwischen Gesetz und Evangelium zu verstehen sind, in den Hintergrund treten lassen. Eines dieser Themen ist die Mystik.

Ein kurzer Überblick über Elerts Schriften zeigt, daß Elerts Auseinandersetzung mit der Mystik und dem Mystikbegriff nicht nur gelegentlich in seinen Schriften vorkommt, sondern daß er ihr einen Teil seiner Veröffentlichungen widmet. Schon der junge Elert setzt sich intensiv mit der Mystik Jakob Böhmes auseinander[8], diese Auseinandersetzung mit der Mystik nimmt er auf in den dreißiger Jahren[9], und sie wird in seiner Dogmatik weitergeführt[10]. Auffallend ist, daß Elert den Mystik-Begriff stets in Verbindung mit der Rechtfertigungslehre und dem Glaubensbegriff behandelt. Diese Verbindung ist nicht verwunderlich, wenn wir Elerts theologische Verwurzelung im Luthertum bzw. in der Alt-Lutherischen Kirche Preußens und seine Verbundenheit mit der Erlanger Theologie beachten. Die Glaubenserfahrung bzw. Glaubensgewißheit sind der Gegenstand der theologischen Durchdringung des jungen Elert[11]. Seinem Lehrer Ludwig Ihmels folgend, betont Elert, daß der Glaube nur in Wort und Sakrament begründet sein kann, d.h. in der Betonung des „Christus für uns"[12]. Aber in seiner Auseinandersetzung mit der Deutung der Glaubenserfahrung versucht er, ein Bild von dem Verhältnis des „Christus für uns" und des „Christus in uns" zu gewinnen[13], d.h. er setzt sich mit der Lehre von der „unio mystica" auseinander. Dementsprechend behandelt er die Mystik.

Wir wenden uns erst Elerts Kritik an einem falschen Mystikverständnis zu (I), konzentrieren uns dann auf seinen Glaubensbegriff, der vom Zuspruch Gottes an das transzendentale Ich (II) zur „unio mystica" führt (III), und betrachten im folgenden die Glaubenserkenntnis über Gott, das Selbst und die Welt als Neue Schöpfung (IV). Am Schluß wird zusammenfassend versucht, Elerts Theologie von seinem Mystik-Verständnis her zu bewerten (V).

---

[8] Die voluntaristische Mystik Jakob Böhmes. Eine psychologische Studie (Neue Studien zur Geschichte der Theologie und der Kirche XIX) Berlin 1913, 2. Aufl. = Neudruck der Ausgabe von Berlin 1913, Aalen 1987; Jakobs Böhmes deutsches Christentum (Biblische Zeit- und Streitfragen IX/6), Berlin–Lichterfelde 1914 (= JBdC).
[9] Innen und Außen bei Tauler und Luther, in: Arbeit und Stille. Die Frau im Dienst des Evangeliums. 14, Leipzig 1932, S. 8–12, wieder abgedr. in LK, S. 19–22; Morphologie des Luthertums. Bd. I: Theologie und Weltanschauung des Luthertums, München 1931 (= ML I), S. 71ff, 123–154.
[10] CG S. 93–98.
[11] Rudolf Rocholls Philosophie der Geschichte (Phil. Dissertation Erlangen vom 21. Mai 1910) (Abhandlungen zur Philosophie und ihrer Geschichte 12) Leipzig 1910; Prolegomena der Geschichtsphilosophie. Studie zur Grundlegung der Apologetik (Theol. Dissertation Erlangen vom 18. Mai 1911), Leipzig 1911 (= PdG); Die Religiosität des Petrus. Ein religionspsychologischer Versuch, Leipzig 1911; Die Grenzen der Religionspsychologie, in: Theologisches Zeitblatt 1912, S. 156–166, 193–205, 244–255.
[12] Vgl. hierzu Friedrich Wilhelm Kantzenbach, Von Ludwig Ihmels zu Paul Althaus, in: NZSth 11, 1969, S. 103–105.
[13] Die Definition der Christusmystik von P. Althaus paßt gut zu Elerts Vorhaben: „Der ‚Christus für uns' wird auch ‚Christus in uns' … die Einwohnung Christi geschieht nicht anders als durch den Glauben an den in seinem Worte und Sakramente gegenwärtigen geschichtlichen Herrn"; in: Art. Christusmystik. RGG 3. Aufl. (Tübingen 1959) Tübingen 1986, Bd. 1, Sp. 1798.

I Elerts Kritik an einem falschen Mystikbegriff

Nach Elert ist der gesamte Lebensgehalt des Menschen empfangen, weil der Mensch erst durch die Welt, durch das Andere, was er nicht ist, zu einem Ich wird, bzw. ein Ichbewußtsein erhält[14]. Der Mensch ist mit der Welt eng verbunden. Die Gesetze der Welt durchdringen ihn und gestalten sein Leben, doch gleichzeitig kann er sie in seine Dienste nehmen, indem er entweder sich an die Gesetzmäßigkeit der Welt anpaßt oder indem er sie bewußt bricht. Aber gerade in der Gestaltung seines Lebens stößt der Mensch auch auf den Widerstand der Welt: er erlebt sie als das Andere. Dieses Andere, das den Menschen so bestimmt, bräuchte nicht seinen Widerstand hervorzurufen, wenn er sich auf das Gemeinsame konzentrieren könnte, d.h. auf den Ursprung der Gemeinsamkeit, in dem das Andere wie das Ich ihre Wurzel haben.

Elert geht der Frage nach, ob der Mensch die Spannung umgehen kann, die zwischen dem Ich und dem Anderen besteht, wenn er sich auf den gemeinsamen Grund besinnen würde. Um das zu erreichen, versucht der Mensch, sich auf das zu besinnen, was er kennt, nämlich sein eigenes inneres Leben. Über dieses versucht er zu dem Einen zu finden, welches den Ursprung des Ichs und des Anderen bildet. Wenn der Mensch sich mit diesem Einen identifizieren könnte, wäre er in der Lage, sein Ich von seinem Selbst her als Ort des Einen bestimmen zu können. Er würde seinen Lebensgehalt nicht von außen empfangen, sondern ihn aus sich selbst schöpfen, vorausgesetzt, daß das Ich in sich selbst produktiv wäre. Dazu müßte sich der Mensch auf dieses Eine in sich konzentrieren und sich langsam Schritt für Schritt zurück zu seinem Ursprung bewegen, in dem er und die Welt ihren Anfang haben. Am Anfang, bevor das Etwas aus dem Einen entstand, waren das Ich und das Andere, beide ein Ding. Von daher könnte der Anfang als das mystische Nichts gesehen werden.

Bei Erreichung dieses Zustandes wäre die Spannung zwischen Ich und dem Anderen überwunden, weil das Andere Ich wäre und Ich das Andere. Der Mensch könnte sich sozusagen im Schöpfungsakt Gottes wiederfinden und von ihm aus in seinem Leben die Schöpfung Gottes „fortsetzen"[15]. Der Mensch bekäme in Gott ein neues Leben, das in sich selbst ursprunghaft wäre, aber weder als empfangene Existenz zu betrachten wäre, noch von dem Anderen bzw. der Welt zur Verantwortung gezogen werden könnte. Wenn der Mensch Anteil an dem Einen hätte, wäre das Gegenüber von Ich und dem Anderen verwischt. Ich und Es wären in ihrem Urgrund eins, in dem Einen, in Gott. Eine solche Haltung der Welt gegenüber ist nach Elert die Haltung der Mystik. Mit ihr distanziert sich der Mensch von dem Zwang der Außenwelt, indem er sich anhand bestimmter Techniken auf sein Innerstes besinnt[16].

---

[14] CG S. 94.
[15] Ebd. In dieser Darstellung beruft Elert sich auf die Lehre von Nicolai Berdjajew, die er schon ausführlich in seinem Aufsatz „Russische Religionsphilosophie der Gegenwart" (= RRG) behandelt hat, in: ZSTh 3, 1925, S. 548–588.
[16] CG S. 95.

Gott und Mensch werden hier ein „Ding"[17]. Der Mensch stieße sich weder an dem Zwang des Müssens noch am Gesetz der Verantwortung, noch unterläge er dem Zwang der Entscheidung. Die Zeit richtete nicht mehr, da wir eins wären mit der Ewigkeit. Der Mensch könnte sich nicht mehr an den Dingen stoßen, weil er und sie im Ursprung eins wären. „Wer sich Gott völlig überläßt, dem wird nichts geringeres als Gott selbst zuteil"[18]. Alle Kreatur würde hier ein lauteres Nichts, das Ich versänke, in seinem Innern, in das Meer des „ungeschaffene[n], namenlose[n], Nichts Gottes" und erlebte „den süßen Frieden der Gottesgemeinschaft"[19].

Der großartige Versuch der Mystik scheitert Elerts Meinung nach weder daran, daß er aus reiner Subjektivität zu leben versucht, noch daran, daß er die Welt als Einheit von ihrem Ursprung her betrachtet. Er scheitert vielmehr daran, daß er das „Eine", mit der reinen Subjektivität in eins setzt. Dieses Eine ist nicht *nichts*, auch nicht für die Mystiker, sondern es trägt konkrete Inhalte, z. B. das Gute, und ist deshalb etwas anderes als das „Mannigfaltige", weil es nicht mehr unterschiedslos ist. Das Nichts oder das Eine „kann demnach niemals mit einer qualifizierten Existenz identisch sein"[20]. Das Eine steht also immer dem Ich gegenüber, weil wir nie unser eigenes Objekt werden können. Aber nicht nur ausgehend von dem „Einen", ist ein Unterschied zu machen zwischen uns und dem Urgrund, sondern auch von uns aus. Die Entledigung von der Kreatürlichkeit ist ein Akt, der nur von einem konkreten Ich vollzogen werden kann und erlebt wird. Elert zeigt, daß wir uns „nicht von der gefesselten Subjektivität lösen" können[21].

Aber auch von außen ist das Ich durch die Gesetzmäßigkeiten der Welt in Anspruch genommen. Diese Gesetzmäßigkeiten setzt Elert gleich mit den *Schöpfungsordnungen*, die für ihn keine statische, sondern dynamische Wirklichkeit darstellen. Gerade ihr dynamischer Charakter fordert den Menschen auf, stets aufs neue die Gesetzmäßigkeit der Welt zu durchdringen. Anhand der Erfahrung von der Welt und der Erkenntnisse, die der Mensch aus ihr schöpft, muß er sein Leben gestalten: Er erkennt, daß die Gesetzmäßigkeit der Welt einen Tun-Ergehens-Zusammenhang bildet. Elert unterscheidet hier zwischen den Gesetzen des Müssens, d. h. den Naturgesetzen, die er als *Seinsgefüge* definiert und denen des Sollens, d. h. den Gesetzen des zwischenmenschlichen Verhaltens, die er als *Sollgefüge* charakterisiert[22]. Den Tun-Ergehens-Zusammenhang der Welt muß der Mensch beachten, um überhaupt leben zu können. Er muß also, von außen gesehen, in den konkreten Ordnungen leben und ihnen gegenüber verantwortlich handeln. Weigert er sich, geschieht das Böse, für das er dann zur Verantwortung gezogen wird. Der Mystiker kann also weder seine Ichheit verleugnen, noch das Gesetz der Verantwortung umgehen.

---

[17] CG S. 95. Vgl. ML I S. 71.
[18] LK S. 19.
[19] LK S. 20. Vgl. ML I S. 70f.
[20] CG S. 97.
[21] Ebd.
[22] CE S. 81–83, 100–110. Vgl. ML I S. 44–52; ML II S. 37–48; CG S. 79–88.

Elert radikalisiert diesen Gedanken und betont, daß das „Eine", auf das die Mystiker stoßen, das Gleiche sei, was wir in den Gegebenheiten unseres Lebens vorfinden. Dieses Eine, wie die Welt als das Andere, setzt er gleich mit dem Schicksal[23]. Den Gegensatz zwischen Schicksal und Ich kann der Mensch nicht mit seiner Subjektivität zur Deckung bringen, weil das Schicksal sich weigert, seine eigene Identität zu enthüllen. Der Mensch ist gebunden an sein Ich, d.h. an das, das in dem Schicksal seinen Gegner hat. Es ist dem Menschen eine Macht, die ihn in seinem Außen- wie Innenleben hemmt und beschränkt. Das Nichts, das der Mensch in seinem Inneren entdeckt, ist nicht das süße Meer der Gottesgemeinschaft, sondern er „sieht, wenn er in seine Seele blickt, den alten Drachen der Sünde" und die „gottwidrige Macht wohnt in unserem Herzen und zwar in seiner letzten Tiefe, aus deren Abgründen das Böse auch dann aufsteigt, wenn wir alle Kreaturen um uns vergessen haben"[24]. In der Seele ist das Meer der Sünde. Die Rettung kann deshalb nicht von innen, sondern nur von außen kommen. Der Mensch ist in seiner Stellung zur Welt auf einen Ruf der Erlösung von außen hin ausgerichtet. Er ist sozusagen, von „Natur" aus, ein antwortendes Wesen, ein Wesen, das zur Verantwortung bestimmt ist. D.h. er ist auf eine Ich-Du-Beziehung angewiesen, wenn er die Spannung, die zwischen ihm und der Welt als Schicksalsmacht besteht, überwinden will. Er ist durch das Schicksal in eine solche Beziehung hineingestoßen. Der Mensch sucht deshalb überall nach dem Ruf des Schicksals als eines gemeinschaftsbildenden Du – ob in sich selbst oder in der Welt –; er trachtet nach der Selbstoffenbarung des Schicksals als eines „Du". Dieses wiederum entzieht sich ihm in die Verborgenheit eines „Es" und überläßt dem Menschen das Rätsel seines Schweigens, ja der völligen Entzogenheit. Je tiefer der Mensch trachtet und je intensiver er nach dem Verborgenen Ausschau hält, desto klarer wird ihm die Gegnerschaft, die zwischen ihm und dem Schicksal besteht. Den Grund dieser Feindschaft findet der Mensch in seiner Lebensbehauptung, durch die er der Forderung der Welt widersprechen muß, um sich selbst zu erhalten.

In diesem Zusammenhang setzt Elert das Schicksal und den Deus absconditus in eins. Er ruft dem Menschen in seiner Ausweglosigkeit zu: „tua culpa!", ein Urteil, dem der Mensch weder folgen kann noch will. Der Deus absconditus begegnet ihm infolgedessen als Vernichtungsmacht. Das Nichts, dem der Mensch hier begegnet, ist der Tod[25]. Der Mensch schrumpft zu einem mathematischen Punkt, der in seinem empirischen Leben nichts gegenüber dem Deus absconditus vorzuweisen hat[26]. Das Gesetz wird in diesem Zusammenhang als Schöpfungsordnung zum Instrument der Judikatur Gottes, d.h. die Ordnungen sind ein „*Qualitätsgefüge*", weil sie den Menschen als Sünder vor Gott „qualifizieren". Die ganze Weltwirklichkeit wird in dieser Funktion des Gesetzes ein Mittel des Zornes Gottes, und die Welterfahrung des Menschen wird zur Gerichtserfahrung. Angesichts des Zornes kann der Mensch nicht mehr zwischen

---

[23] CG S. 98. Vgl. ML I S. 70ff, 146.
[24] LK S. 20f.
[25] ML I S. 19.
[26] ML I S. 17.

den verschiedenen Funktionen der Ordnungen als Seins-, Soll- und Qualitätsgefüge differenzieren. Diese Erfahrung nennt Elert das Urerlebnis[27]. Alle Wege der natürlichen Offenbarung führen zu dieser Erkenntnis[28]. Diese Erkenntnis gewinnt der Mensch aus seinen täglichen Erfahrungen in der Welt. Der einzige Unterschied, der zwischen den Menschen besteht, ist die Schärfe der Erkenntnis und die daraus gezogenen Konsequenzen. Der Mensch kann von sich aus diesen Widerstreit nicht überwinden, er steht dem Schicksal gegenüber im Unrecht und kann sich nicht „rechtfertigen". Diese Macht besitzt nur das Schicksal. Der Mensch als „Ver-Antwortliches-Wesen" kann keine Antwort auf diesen Ruf der Welt geben.

Die Dialektik des menschlichen Daseins besteht für Elert nicht in einer Dialektik zwischen einem Diesseits und einem Jenseits oder einer Transzendenz Gottes gegenüber dem Geschöpf, wie bei Barth[29], sondern der Mensch steht in seinem geschichtlichen Dasein als Geschöpf in einer Auseinandersetzung mit einer negativen „natürlichen" Offenbarung. Das Wort, das er aus der Natur vernimmt, ist ein Wort der Vernichtung, nicht der Erlösung. Die Dialektik besteht zwischen Gesetz und Evangelium.

II Der Zuspruch Gottes und das transzendentale Ich als dessen Empfänger

Die völlige Umwertung aller „natürlichen" Erfahrung des Menschen findet der Mensch im Ruf Gottes zur Gemeinschaft durch das Evangelium von Jesus Christus. In ihm bekommt der Mensch sein Recht und wird gerechtfertigt. Rechtfertigungslehre bildet für Elert den Schlüssel zur Überwindung des Widerstreits zwischen den Menschen und dem Schicksal. Elert entwirft seine Rechtfertigungslehre streng vom Kreuzesopfer Christi her[30], in welchem dem Menschen Recht zugesprochen und das Gottesgericht vollstreckt wird. Nur dem Kreuzestod Christi kommt eine sühnende Bedeutung zu[31]. Vor Gott trug Christus den Fluch des Gesetzes, erlitt den Akt der „Rechtfertigung", starb stellvertretend für alle Menschen und stellte damit den Frieden zwischen Gott und Menschen her[32]. Die einzige Möglichkeit, gerecht vor Gott zu sein, liegt für den Menschen darin, Anteil an der „fremden" Gerechtigkeit Christi zu erlangen. Der Mensch steht der Gerechtigkeit passiv gegenüber, die er nur Gottes

---

[27] ML I S. 17ff. Vgl. CG S. 109, 155.
[28] ML I S. 45, 48.
[29] Vgl. hierzu Eero Huovinen, Karl Barth und die Mystik KuD 34, 1988, S. 13–17.
[30] CG S. 468.
[31] LLA S. 39ff; ML I S. 103; CG S. 340ff.
[32] „Nach seiten der Heilslehre bringen wir das mit Paulus darin zum Ausdruck, daß wir glauben, Gott habe sich in Christus und durch ihn mit den Menschen versöhnt. Er habe an Stelle der Feindschaft den Frieden treten lassen"; Schwärmerische und evangelische Kulturkritik, in: AELKZ 59, 1926, Sp. 368. Vgl. CE S. 430; Friede durch Opfer, in: Erlanger Kirchenbote 1951, Karfreitag/Ostern, Sp. 2.

Zuspruch als Empfänger entnehmen kann[33]. In diesem Zusammenhang geht Elert der Frage nach, wie der Mensch überhaupt die Vergebung entgegennehmen könne, wenn er so durch die Sünde versklavt ist, daß ihre Vernichtung mit seinem Tod gleichgesetzt werden muß. Und weiter: lassen sich Glaube, Gerechtigkeit und Gnade „vom Bestand des menschlichen Seelentums aus überhaupt nicht qualifizieren", und Gott ist immer „das einzige und ausschließliche Subjekt" und bleibt dies auch[34] – wie kann dann der Glaube den Menschen zum Subjekt haben?

Elert greift hier zu der neukantianischen Teilung in ein empirisches und ein transzendentales Ich des Menschen[35]. Der Mensch als empirisches Ich definiert sich von seinem Tun her und kann sich nur anhand seines Mittelpunktdaseins behaupten; Mittelpunktdasein bedeutet, daß der Mensch sich als Maß der Welt versteht[36]. Glaube und Gerechtigkeit sind für Elert identisch, und er grenzt sie von dem empirischen Ich ab. Der Mensch empfängt die Gerechtigkeit Gottes nicht ein für allemal, er ist nicht durch einmaligen Zuspruch in einen dauernden Zustand der Gnade hineinversetzt, wo die zugesprochene Gerechtigkeit sein Besitz, sein Habitus, geworden wäre. Dann fiele die Rechtfertigung in den Bereich des empirischen Ichs und würde zu einem Instrument, mit dem sich der Mensch in seinem Mittelpunktdasein behaupten könnte[37]. Gegen eine solche Interpretation der Rechtfertigung wendet sich Elert. Die zugesprochene Gerechtigkeit müsse vielmehr stets neu im Glauben an den Zuspruch Gottes empfangen werden[38]. Das Sündersein wird gerade durch den Zuspruch des Evangeliums unterstrichen. Der Mensch erkennt das Gericht Gottes im Glauben an und mit der Annahme ist ihm die Erkenntnis seines Sünderseins mitgegeben[39]. Wird die Recht-

---

[33] ML I S. 97; Luthers Bedeutung für die Welt (= LBW), in: Schule und Evangelium 1, 1926/27, S. 201; Glaube und Bekenntnis der Kirche im Lichte von Marburg und Augsburg, in: Denkschrift über den lutherischen Weltkonvent zu Kopenhagen, Leipzig 1929, S. 46.

[34] ML I S. 69.

[35] Elert übernimmt diese Teilung von R. Seeberg; vgl. ders., Die Lehre Luthers. Lehrbuch der Dogmengeschichte IV/1, 1. Aufl. Leipzig 1917, 4. neu durchgesehene Auflage, Leipzig 1933, S. 222 f.

[36] Der Begriff „transzendentales Ich" kommt in Elerts Schriften bis 1934 vor. Siehe PdG. S. 76 ff; Die Grenzen der Religionspsychologie, in: Theologisches Zeitblatt 1912, (= GdR) S. 200 ff; JBdC S. 32 f; ML I S. 16 f, 54–57, 61 f, 69–75, 101 f, 123 f, 132, 134. Elert zitiert die Erlanger Schule, und zwar F. Frank (GdR S. 201–204) und L. Ihmels (GdR S. 245–252). Gewisse Ähnlichkeiten mit Thomasius sind auch hier zu beobachten, vgl. F. W. Kantzenbach, Die Erlanger Theologie, München 1960, S. 176, 223 f, über Thomasius und die Erlanger Schule. Elert will die Unterscheidung schon bei Luther finden und liefert dafür in ML I S. 61 f den Beweis. Der Begriff kommt in CG und CE nicht vor, aber der Sache nach ist er mit dem „Mittelpunktdasein" (CG S. 59 ff, 477 f, vgl. auch CE S. 205, 269 ff) gegeben. Elert mußte sich den Vorwurf gefallen lassen, daß ein nachwirkender Einfluß des deutschen Idealismus auf seine Darstellung zu beobachten sei, vgl. Peters (s. Anm. 3) 1984, S. 178, 114–116; Hauber (s. Anm. 1) S. 124. Bis 1934 verwendet Elert Termini, die denen des Neukantianismus zu entsprechen scheinen. Er ersetzt sie dann jedoch, um sich dem erwähnten Mißverständnis zu entziehen. Das erklärt seinen späteren Verzicht auf diese Begriffe.

[37] CG S. 479, 475.

[38] LBW S. 201.

[39] CG S. 479.

fertigung mit dem Mittelpunktdasein in Verbindung gebracht, wird sie notgedrungen immer zur Selbstrechtfertigung und muß gegen den reinen Gnadenakt Gottes in Christus gerichtet sein.

Die Sünde haftet also für Elert am empirischen Ich des Menschen. Das empirische Ich ist der Gegenstand von Gottes Gericht[40]. Gericht und Zuspruch treffen den Menschen gleichermaßen. Das Gericht trifft das empirische Ich, indem es den Menschen zu völligem Verzicht auf alles Äußere, auf die Welt und auf sinnliche Wahrnehmungen als Mittel der Selbstbehauptung nötigt. Es ist der radikale „Strich durch unseren gesamten seelischen Besitz, so daß nur noch das völlig entleerte Ich als rein empfangendes Ich übrig bleibt"[41]. Im Urerlebnis des Menschen, im Gericht Gottes, schrumpft das aufgeblasene Selbst des empirischen Ichs auf einen mathematischen Punkt, auf das transzendentale Ich, zusammen[42]. Diesem gilt der Zuspruch Gottes. Das transzendentale Ich, das nach Abzug aller Bewußtseinsinhalte übrigbleibt, ermöglicht erst die Einsetzung eines neuen Seins durch Christus[43].

Das bedeutet aber nicht, daß das transzendentale Subjekt des Menschen völlig inhaltslos wäre. Der Inhalt des Bewußtseins, das Ich, wird nicht vernichtet[44], sondern es steht im Glauben nicht mehr als Mittel der Selbstbehauptung zur Verfügung. Die Rechtfertigung ist das Wort, das der Sünder im Glauben empfängt, der Christus zum Inhalt hat. Der Glaube ist hier identisch mit dem Selbst des Menschen, das an seine Jenseitigkeit gebunden ist, d.h. im Glauben hat der Mensch Christus. In dieser jenseitigen Bezogenheit des Glaubens hat der Mensch durch den Zuspruch an sein transzendentales Ich Anteil an der Dimension Gottes[45]. Durch die Neueinsetzung des Menschen in Christus wird auch das empirische Ich neu eingesetzt. Ein „neues" Leben ist es strenggenommen nur in seiner Beziehung zu Gott.

Für Elert stellt sich hier die Frage nach dem Verhältnis zwischen transzendentalem Ich und Christus. Im Glauben findet ein vollkommener Wechsel des Menschen mit Christus statt[46]. Dieser Wechsel wird durch den Heiligen Geist bewirkt. Wir können hier bei Elert folgenden Aufbau finden: (1) Das transzendentale Ich ist das reine empfangene Ich, das wir mit dem Glauben identifizieren können. (2) Der Glaube ist nur von seinem Inhalt Jesus Christus her zu definieren. (3) Im Glauben empfangen wir den Zuspruch Gottes und haben dadurch vollen Anteil an Christi Versöhnung. (4) Dieser Anteil ist gleichzusetzen mit der Rechtfertigung. (5) Das Einswerden mit Christus bewirkt der Geist. (6) In ihm bekommen wir unser neues Leben[47]. Wir können sagen, daß für Elert vom Menschen aus gesehen der Glaube (der Mensch), Christus

---

[40] Glaube und Bekenntnis der Kirche im Lichte von Marburg und Augsburg, in: Denkschrift über den lutherischen Weltkonvent zu Kopenhagen, Leipzig 1929, S. 43; vgl. ML I S. 71–74.
[41] ML I S. 75.
[42] ML I S. 72.
[43] ML I S. 69f.
[44] ML I S. 75, 123f.
[45] ML I S. 123, 361f, 436.
[46] ML I S. 101.
[47] ML I S. 146f. CG S. 446, 448, 475f.

und die Rechtfertigung eins sind, von Gott aus gesehen sind Christus, die Rechtfertigung eins sind, von Gott aus gesehen sind Christus, die Rechtfertigung und der Mensch (der Glaube) eins. Deshalb kann er ohne weiteres sagen, daß Gott, indem er uns anschaut, Christus sieht[48].

III Der Glaube als Einssein mit Christus

Im Glauben richtet der Mensch seinen Blick auf Christus und tritt dadurch „mitten in der Zeit heraus aus der Zeit und lernt sein eigenes Leben mit Gottes Augen ansehen"[49]. Der Glaube stellt also den Menschen nicht nur vor Gott, sondern im Vertrauen auf die göttliche Verheißung in Christus „übersteigt er den Berg des göttlichen Zornes und vereinigt sich mit Gott"[50]. Die Vereinigung enthüllt die Liebe Gottes zu uns als seinen letzten beherrschenden Beweggrund. Der Glaube erkennt, daß der Vater dem Sohn hierin in allen Zügen gleich ist[51]. Unser Leben mit den Augen Gottes zu sehen, bedeutet nicht nur, die Liebe Gottes zu uns als sein letztes Motiv anzuerkennen, wodurch „unsere Zukunft ihrer Unheimlichkeit entkleidet" wird[52], sondern unser Ich selbst mit den Augen Gottes anzuschauen. Die Dimension des transzendentalen Ichs liegt im Urteil Gottes, wo das Leben des einzelnen von außen eben als Einheit betrachtet wird, obwohl es von innen her eine Vielzahl von Einzelakten darstellt. Diese Möglichkeit des Nachdenkens bedeutet nicht die Auflösung meines Bewußtseins, weil alles, was zu meinem empirischen Ich gehört, alles, was ich erfahre, empfinde, weiß und will, ein Teil meiner Selbst ist. „*Das transzendentale Ich ist ja nur eine Abstraktion. Diese ist zwar notwendig, aber doch nur möglich und sinnvoll, solange ein vom seelischen Leben erfülltes Konkretum da ist*". Der Zuspruch Gottes zum transzendentalen Ich kann selbst nie seelisches Faktum des empirischen Ichs werden, denn die Abstraktion ist „nur im Vollzogenwerden, nur Akt, niemals ein Vollzogenes – andernfalls wäre sie selbst zum seelischen Faktum geworden"[53].

Sowohl das Urteil Gottes im Gesetz als auch sein Urteil im Evangelium haben hingegen Auswirkungen auf das empirische Konkretum des Menschen. Der Freispruch Gottes, den der Mensch durch den Glauben im transzendentalen Ich passiv empfängt, wird für das empirische Ich zur aktiven Neugeburt. Der Glaube besitzt damit eine neue innere Einheit und Vitalität, die empirische Auswirkungen zeitigt. Elert kommt zu dem Schluß: Das, „was dem transzendentalen Ich widerfährt und widerfahren ist, kann auf den Gesamtbestand des Bewußtseins nicht ohne Wirkung bleiben"[54]. Aber

---

[48] Schwärmerische und evangelische Kulturkritik, in: AELKZ, 59, 1926, Sp. 388; vgl. ML I S. 55, 70f.
[49] LLA S. 48.
[50] LLA S. 49; WA 40 II. 336.
[51] LLA S. 49.
[52] Ebd.
[53] ML I S. 124.
[54] Ebd.

im Glauben erkennt der Mensch, daß die Rechtfertigung etwas Ganzes und Vollendetes ist, obwohl seine Heiligung immer Stückwerk bleibt[55].

Trotzdem bleibt der Glaube für Elert immer ein Vertrauen auf die Verheißung Gottes, und „die psychischen Tatbestände" des Menschen können nie vor Gott als gesichert gelten, sondern sind restlos gerichtet. Der Glaube ist nur in seiner Gemeinschaft mit Christus zugleich ein „mächtig, tätig, geschäftig Ding"[56]. In diesem Zusammenhang kommt Elert auf die Lehre von der „unio mystica" zu sprechen, die versucht habe, das Verhältnis von Glaube und Psyche zu erklären. Es stelle sich ihr die Frage, ob die Einwohnung Christi in uns ihn nicht zu einem seelischen Bestandteil des Glaubenden mache, so daß er dann nicht mehr als der Andere, als ein „Du" gelten könne. Nach Elert kommt der Mensch im Glauben an Christus zu einer wirklichen Gemeinschaft, in der er alles mit Ihm gemein habe, „was zum vollkommen Heil der Menschen gehört"[57]. Dieses „Einssein" ist die Folge der Rechtfertigung und geht über das gemeinte Glaubensverhältnis hinaus, denn in der Abendmahlslehre und aufgrund der Omnipräsenz Christi wohne nicht nur sein Geist im Herzen der Gläubigen, sondern die „essentia sua" überhaupt[58]. Deshalb habe der Glaubende Anteil an der göttlichen Natur und an der Dreieinigkeit. Der Ort für Gottes Einwohnung ist „das göttliche Ebenbild, das durch den Fall verloren war, durch Christum aber wiederhergestellt ist. Christus hat damit dem Menschen die Kapazität für Gottes Wesen zurückerworben"[59].

Mit der Einigung ist der Abstand zwischen Gott und Mensch jedoch nicht aufgehoben, weil der Mensch sie nur mit dem Glauben besitzt. Glaube, Rechtfertigung und Christus sind, wie oben erwähnt, für Elert nicht ohne einander denkbar, deshalb ist das neue Leben der Glaubenden mit der fremden Gerechtigkeit Christi gleichzusetzen[60]. Über dieses Verständnis von „Einwohnung" können wir sagen, daß das transzendentale Ich in gewisser Weise Christus sei. Elert setzt es jedoch nicht mit Christus gleich, obwohl auch er eine enge Verbundenheit des Glaubenden mit Christus beschreibt. Das Einswerden wird von ihm immer als „communio fidei" verstanden. Wir können seiner Meinung nach *nicht* sagen, mein Ich ist Christus. Mit Christus haben wir vollkommenen Anteil an der Versöhnung, aber nur in der Weise, daß unsere Identität bewahrt bleibt[61]. In diesem Zusammenhang greift Elert auf Luther zurück und zeigt, daß auch er im Gegensatz zu Mystikern wie Tauler nie das Ich des Menschen im „Meer des Göttlichen" auflösen wollte[62]. Soll die Einwohnung Christi als das Innerste des Menschen bedacht werden, muß sie außerhalb des Menschen in Christus ihren Grund haben, d.h. in dem pro me der Rechtfertigung. *Diese allein* begründet sie. „Daraus folgt, daß der ‚innere' Mensch an und für sich weder Gotteserkenntnis und

---

[55] ML I S. 133. vgl. CG S. 478; CE S. 431.
[56] ML I S. 134.
[57] ML I S. 137.
[58] ML I S. 139.
[59] ML I S. 142.
[60] ML I S. 145, 149.
[61] CG S. 478, 513.
[62] ML I S. 146; LLA 16ff; CG S. 93ff.

Gottesgemeinschaft begründen noch auch Christus je so in sich tragen kann, daß der Glaube sich auf einen ‚Christus in uns' richtet"[63]. Der „innere Mensch" ist deshalb bei Luther erst durch den Glauben gegeben. Wir können nicht sagen: ich bin Christus, sondern: Christus ist in mir. Luther redet davon, daß der Glaube uns mit Christus zu „quasi unum corpus"[64] macht. Gott macht aus dem Menschen ein heiles Ich, das in ein Ich-Du-Verhältnis treten kann. Für Elert ist das Entscheidende, daß die Einwohnung Christi unser Ich-Du-Verhältnis keineswegs aufhebt, sondern es befestigt. Elert zitiert Luther, der die Einwohnung Christi in uns mit einer Ehe vergleicht[65].

Die Rechtfertigung stellt das erste Moment der Vereinigung dar, zu der aber noch ein zweites Moment hinzukommt, das in dem Begriff der „Rechtfertigung" noch nicht enthalten ist. „Es ist das Moment der Liebe. Bräutigam will Christus heißen, weil er nicht als Herr und Richter, auch nicht als Vater oder Mutter kommt, sondern mit höchster Liebe ... Alles was er der Braut schenkt, stammt aus seiner Liebe"[66]. Die Gemeinschaft, die durch das „pro me" entsteht, wird erst in diesem Ich-Du-Verhältnis „zur wirklich persönlichen Gemeinschaft", nämlich dadurch, „daß der Glaubende weiß, Christus meine auch ihn persönlich, kenne ihn persönlich und liebe ihn persönlich ... Die Erkenntnis der göttlichen Liebe schließt also die Beziehung ‚pro me' notwendig ein. Sie ist deshalb mit dem Glauben identisch"[67]. Die Versöhnung Christi ist also nicht nur für die Menschheit überhaupt, sondern für mich persönlich bestimmt. Aus dieser Liebe entsteht wiederum als Antwort meine Liebe zu Gott[68].

Die wechselseitige Liebe des Ich-Du-Verhältnisses schließt aus, daß Gott für uns nur ein Gegenstand des liebenden Gedenkens sei: Gott „bleibt immer das Du – sonst könnte es kein Verhältnis der Liebe sein. Aber das Du Gottes und das Ich der Psyche sind durch Liebe verbunden, die aus dem Menschen und Gott ‚ein Ding' macht"[69]. Die Rechtfertigungslehre hat für Elerts mystische Grundeinstellung eine Schlüsselfunktion. So paradox dies klingen mag: durch das Einswerden des Glaubenden mit Gott in der Ich-Du Beziehung dringt der Mensch zu diesem Erleben vor, wie wir es bei klassischen Mystikern beschrieben finden. Durch Gottes Eindringen in uns wird uns auch die Sicht auf die Welt als seine Schöpfung geöffnet. Trotzdem kennt Elert die Gefahren der Mystik und die Grenzen der menschlichen Erfahrung[70].

---

[63] ML I S. 147.
[64] Ebd.
[65] Elert beruft sich unter anderem auf WA 10 III 352–361 und 41, 547–562; vgl. ML I S. 149–153.
[66] ML I S. 150.
[67] ML I S. 151.
[68] Der „ordo salutis" ist mit dem „pro me" gegeben: „Berufung, Erleuchtung, Heiligung und Erhaltung im Glauben, Sammlung der Christenheit, Vergebung der Sünden, Auferweckung, Gabe des ewigen Lebens ... sind alle Inhalte des Glaubens", CG S. 454; vgl. ML I S. 124f; CE S. 286ff.
[69] ML I S. 154.
[70] Vgl. K. Beyschlag, Was heißt mystische Erfahrung?, in: Evangelium als Schicksal. Fünf Studien zur Geschichte der Alten Kirche, München 1979, S. 131f.

Elert bewegt sich hier im Rahmen der Christus-Mystik[71]. Schon in den Evangelien wird das Ich-Du-Verhältnis als persönliche Beziehung beschrieben, wenn die Jünger „Auge in Auge" glaubten und die Macht seiner Liebe in seinen Taten und Worten erfuhren[72]. Die „augenscheinliche Präsenz Jesu" wurde durch seinen Tod und die Auferstehung aufgehoben, aber durch die Präsenz des Erhöhten, der seine Gegenwart „durch Wort und Geist bezeugt", besitzen auch wir dieses persönliche Verhältnis[73]. Das Ich-Du-Verhältnis hat sich gegenüber dem der Jünger nicht in seiner Lebendigkeit verändert, denn das Evangelium ist das Kerygma, „das sich zwischen den erhöhten Christus und uns, die wir nicht zu den Urjüngern gehören, eingeschoben hat, ohne das die Person Christi für uns stumm bliebe und daher auch keinen Glauben wirken könnte"[74]. Das Evangelium besitzt rettende Kraft, weil Christus in Person in ihm gegenwärtig ist. Das Evanglium verlangt von uns wie Jesus von seinen Jüngern Vertrauen, das wir wie sie in unserem Glauben ihm schenken. Diese Nähe der persönlichen Beziehung des Glaubenden mit Christus schließt ein Verständnis vom Glauben als Fürwahrhalten[75] bzw. als Gehorsam aus.

IV Die Erkenntnis des Glaubens

Rechtfertigung bedeutet nach Elert im Grunde die Wiederherstellung des verlorenen Ebenbildes des Menschen[76]. Aber das Ebenbild ist für ihn keine ontologische Vorgegebenheit des natürlichen Menschen. Er behält sein Ebenbild nur in seiner Verantwortlichkeit vor Gott, seine Daseinsführung in der Nicht-Verantwortung ist das Zeichen für sein verlorenes Ebenbild. Er will und kann dem Ruf Gottes nicht antwor-

---

[71] Elerts Hervorhebung der „realen" Gegenwart Jesu Christi in den Menschen durch Glauben erinnert an die Betonung der „real-ontischen" Gegenwart Jesu Christi durch die finnische Lutherforschung in dem Gläubigen bei Luther (vgl. T. Mannermaa, Der im Glauben gegenwärtige Christus (vgl. Arbeiten zur Geschichte und Theologie des Luthertums N. F. 8) Hannover 1989, S. 32, 189–192; S. Peura, Mehr als Mensch. Die Vergöttlichung als Thema der Theologie Martin Luthers von 1513 bis 1519, (Reports from Department of Systematic Theology University of Helsinki 10), Helsinki 1990, S. 131–145, 213–242). Elert unterscheidet sich jedoch von ihnen, da sie den Seinsbegriff mehr betonen. Bei Elert ist der Seinsbegriff mit dem Willensbegriff gegeben. Es ist richtig, in diesem Zusammenhang mit G. Ebeling zu fragen, ob es hier fruchtbar sei, auf „der alten Antithetik des Ontischen zum Forensischen" zu verharren; vgl. ders., Der Sühnetod Christi als Glaubensaussage. Eine hermeneutische Rechenschaft, in: ZThK Beih. 8., 1990, S. 21. Eine gute Übersicht zu dem Thema der Vergöttlichung in der Lutherforschung bietet S. Peura, ebd. S. 15–60, und R. Saarinen, Gottes Wirken auf uns. Die transzendentale Deutung des Gegenwart-Christi-Motivs in der Lutherforschung. (Veröffentlichungen des Instituts für Europäische Geschichte Mainz, Abt. Religionsgeschichte, 137), Stuttgart 1989. Siehe zu Christusmystik Althaus (s. Anm. 13) Sp. 1798; vgl. hierzu Mannermaa. 1989, S. 62–70; R. Slenczka, Art. Glaube III. Reformation/Neuzeit/Systematisch-Theologisch, in: TRE Bd. 1, Berlin 1984, S. 330–332.
[72] CE S. 318.
[73] CE S. 318.
[74] CE S. 320.
[75] CG S. 126ff.
[76] ML I S. 142f; CG. S. 463, 480–482, 493; CE S. 43ff, S. 296ff.

ten⁷⁷. Die Wiederherstellung des verlorenen Ebenbildes bedeutet also die Wiederherstellung der Verantwortung des Menschen.

Elert verbindet die Wiederherstellung des Ebenbildes mit dem Schöpfungsgedanken. Das „pro me" des Evangeliums vergleicht er mit der Schöpfung „ex nihilo"⁷⁸. Er setzt das Ebenbild mit der Neuen Schöpfung und der Wiedergeburt gleich. Die Neuschöpfung, die der Mensch durch das Evangelium erfährt, knüpft an sein Urverhältnis zum Schöpfer an. Der einzelne Mensch wird im Zuspruch des Evangeliums nicht nur in „seiner absoluten Einmaligkeit" begriffen, obwohl er als Teil in die Gesamtschöpfung Gottes eingegangen ist, sondern er wird durch den Zuspruch des Evangeliums, was er vorher nicht war. Er steht als Gerechtfertigter vor Gott, und diese neue Beziehung⁷⁹ will Elert ebenfalls als Schöpfung „ex nihilo" verstanden wissen.

Das Urverhältnis ist durch den Zuspruch Gottes wiederhergestellt und wird durch die Einwohnung Christi realisiert. Die „Imago Dei" wird deshalb bei Elert als „Imago Christi" dargestellt. Sie ist das Abbild Christi in uns, in dem „wir aus jedem Zwangsverhältnis gegenüber Gott gelöst sind und nunmehr wie Christus das irdische Leben in vollkommen freier Bezogenheit auf Gott führen"⁸⁰. Christus als der Sohn Gottes zeigt uns das Abbild Gottes. Hinter ihm wird das Urbild deutlich: Wer Christus sieht, sieht den Vater⁸¹. Christus wird damit der Mittelpunkt des menschlichen Ichs, an dem ich nicht nur mein Handeln in der Welt realisiere, sondern er ist das „aktbildende Subjekt unseres Lebensvollzugs"⁸².

Christus das Ebenbild ist mit seinem Eintreten in die Geschichte das Prinzip der Geschichte geworden. „Geschichte ist Gestaltwandel. Gestalt heißt Anschaulichkeit, Wandel, Vergänglichkeit. Das geschichtliche Bild des Menschen verändert sich unaufhörlich, bald langsam und kaum merklich, bald ruckartig und in Katastrophen"⁸³. Das neue Menschenbild in Christus transzendiert die Geschichte, weil es nicht wandelbar ist, „es ist trotzdem geschichtlich, weil es nach der gleichen Anschaulichkeit verlangt wie das Bild des irdischen Christus, an dem es sein Urbild hat. Geschichte als Raum der Menschwerdung Gottes heißt hinfort ... das Werden des Menschen Gottes"⁸⁴.

Das Gestaltnehmen Gottes in den Gläubigen der Geschichte greift über alle Völkergrenzen, Sozialschichten und Kulturkreise hinweg. Das Eingehen Gottes in die Ge-

---

[77] CE S. 50.
[78] CG S. 480.
[79] CG S. 480, 481.
[80] CG S. 493.
[81] „Zwischen Bild und Wort besteht hier kein sachlicher Unterschied. Christus ist als das von Gott gesprochene Wort historisches Wort, als sein Abbild historisches Abbild. Der Satz, daß ein geschichtlicher Mensch nicht Ebenbild Gottes sein könnte, ist durch Christus widerlegt. Es ist die Rehabilitation der Geschichte. Finitum infiniti capax"; CE S. 300.
[82] CE S. 303.
[83] CE S. 301.
[84] Ebd.

schichte verändert die Geschichte der Welt, weil es ihr eine neue Zielrichtung gibt[85]. Aber das Bild Gottes in uns und in der Geschichte ist außerhalb des Glaubens allen verborgen[86]. Die Rechtfertigung durch Christus ermöglicht uns, die Welt als Schöpfung Gottes in ihrer geschichtlichen, wie auch in ihrer kosmologischen Dimension zu erkennen. Der Christ sieht in der Schöpfung Gottes kreatorisches und gubernatorisches Tun und weiß sich in Gottes Tun miteingeschlossen. Die Rechtfertigungslehre ermöglicht uns, die Welt nüchterner zu betrachten. So kann der Mensch als Gottes Geschöpf die Funktion seines Lebens als Gottesdienst, d. h. als seinen Dienst in der Welt wahrnehmen. Hier fallen Weltverantwortung und Verantwortung vor Gott zusammen.

V Elert als Mystiker?

Die Aussagen Elerts über die „unio mystica" wie auch sein Freiheitsverständnis, besonders in Verbindung mit der Neuen Schöpfung Gottes, weisen auf eine mystische Grundhaltung, die trotz seiner strengen Abgrenzung gegen die Mystik bei ihm vorhanden sein muß. Seine theologischen Interpretationen tragen mystische Züge, in seiner Versöhnungslehre z. B., in der er streng juristisch denkt und sich auf Anselm bezieht, bleibt er dennoch vor dem letzten Geheimnis des Glaubens stehen. Der Inhalt des Glaubens kann für ihn nicht vollständig in Worte gefaßt werden. Den gleichen Sachverhalt beobachten wir in seiner Schöpfungs-, Zweinaturen-, Rechtfertigungs-, Abendmahls-, und Imago-Dei-Lehre. Der Glaubende steht letztendlich immer vor dem Geheimnis des Glaubens, und im Grunde ist es Aufgabe der Theologie, diese Grenzen des Beschreibbaren zu zeigen, um das Geheimnis vor Verfremdung zu bewahren. Ein schönes Beispiel liefert hier Elerts Beschreibung davon, wie sich das Christusbild der Evangelien gegenüber dem platonischen Bild durchgesetzt hat[87].

Die Rechtfertigungslehre hat für Elerts mystische Grundeinstellung eine Schlüsselfunktion. Wir können Elerts Theologie als Christusmystik auffassen, weil er den Zuspruch des Evangeliums „Christus für uns", als „Christus in uns" durch den Glauben versteht. Diese Mystik lebt von dem Zuspruch Gottes in Wort und Sakrament und der dadurch entstandenen Einwohnung Christi. Auch hier kann die Theologie Elerts neue Impulse auslösen und uns helfen, unsere religiöse Erfahrung zu deuten und zu vertiefen. Es ist zu fragen, ob uns nicht gerade die Nüchternheit der lutherischen Rechtfertigungslehre die Mystik neu erschließen kann.

[85] CE S. 554, 563 ff; CG S. 283. Vgl. Die Geschichtsauffassung der alttestamentlichen Poesie, in: Der alte Glaube 12, 1910/1911, Sp. 342; Grützmachers Kritik am Neuprotestantismus, in: NKZ, 32, 1921, S. 395; Die Transzendenz Gottes, in: NKZ 34, 1923, S. 534–37; Unsere Zeit vor Gott, in: Unser Blatt. Christliches Monatsblatt für die gebildete weibliche Jugend 1923, S. 38; RRG S. 564–572; ML I S. 419 ff.
[86] CE S. 298, 341.
[87] Siehe hierzu: Der Ausgang der altkirchlichen Christologie. Aus dem Nachlaß hrsg. von W. Maurer und E. Bergsträßer, Berlin 1957, S. 11–25, 71 ff.

ZEIT DER ZEICHEN

Vom Anfang der Zeichen und dem Ende der Zeiten

Ingolf U. Dalferth

Daß die Zeit unserer gegenwärtigen Existenz als Zeit der Zeichen zu begreifen ist, hat kaum ein anderer christlicher Theologe so richtig erkannt und so falsch verstanden wie Augustin. Auf der einen Seite gehören für ihn Zeit und Zeichen wesentlich zur geschöpflichen Existenz des Menschen: Ohne Schöpfung gibt es keine Zeichen, ohne Zeichen keine Zeit und ohne Zeichen und Zeit keine menschliche Existenz in dieser Welt. Auf der anderen Seite liegt für ihn das Ziel unserer geschöpflichen Existenz wesentlich jenseits von Zeichen und Zeit: Erst wenn wir von Zeichen und Zeit frei werden und in Gott selbst zur Ruhe kommen, haben wir das erreicht, wofür wir geschaffen sind. Denn – wie die *Confessiones* (I, 1,1) in bekannten Worten ausdrücken – „fecisti nos ad te et inquietum est cor nostrum, donec requiescat in te"[1].

Die zu unserer *Geschöpflichkeit* gehörende Zeit- und Zeichen-Struktur unserer Existenz scheint damit aber in unlösbarem Konflikt mit unserer *Bestimmung als Geschöpfe* zu stehen: Müssen wir, um zu werden, was wir sein *sollen*, werden, was wir *nicht* sein *können:* zeitliche Geschöpfe jenseits der Zeit und zeichengebrauchende Wesen, die ohne den Gebrauch von Zeichen existieren[2]?

Die geistesgeschichtlichen Wurzeln dieses Dilemmas sind bekannt: Sie liegen in den zwar christlich modifizierten, aber nie wirklich überwundenen neuplatonischen Überzeugungen, die Augustin aus Plotin und Porphyrios geschöpft hat. Doch das Dilemma ist nicht nur biographisch und geistesgeschichtlich zu erklären. Es ist auch Resultat einer folgenreichen *theologischen* Zweideutigkeit in Augustins Umgang mit dem Zeit- und Zeichenproblem. Einerseits bestimmt er Zeichen und Zeit protologisch als wesentliche Merkmale der *Schöpfung*[3]. Andererseits behandelt er sie soteriologisch als zu überwindende Merkmale der *gefallenen* Schöpfung. Die Veränderlichkeit und Vergänglichkeit zeitlicher Existenz wird dementsprechend mit der Unvergänglichkeit und

---

[1] A. Augustinus, Confessiones, CChr.SL XXVII, I, 1, 1, (1).

[2] Die Ambivalenz des Augustinischen Zeitverständnisses hat H. I. Marrou, L'ambivalence du temps de l'histoire chez S. Augustin, Paris 1950, aufgezeigt.

[3] Augustin kennt zwar durchaus eine creatura, die supra tempora existiert (Confessiones XI, 30, 40, [215]): die Engel. Vgl. Conf. XII, 9, 9, (220f); De Civitate Dei, CChr.SL XLVIII (XI–XXII), XII, 15–17, (369–373). Zu deren Wesen gehört aber gerade, daß sie als Geschöpfe der Veränderlichkeit und des Wandels fähig sind, aufgrund ihrer Seligkeit diese Disposition tatsächlich aber nicht realisieren und daher dem Wechsel der Zeiten nicht unterworfen sind.

Unveränderlichkeit ewiger Existenz kontrastiert und der zeichenvermittelte Vollzug geschöpflichen Lebens in dieser Welt mit der unmittelbaren Schau der Wahrheit Gottes in der kommenden Welt. Indem Augustin aber so schöpfungstheologische und hamartiologisch-soteriologische Analysen von Zeit und Zeichen vermischt, verbaut er sich den Zugang zu einer Eschatologie menschlicher Existenz, die nicht in Widersprüchen endet.

Dieses Augustinische Dilemma ist – in aller Kürze – das Problem, mit dem ich mich im folgenden auseinandersetzen will. In einem ersten *historischen Überlegungsgang* werde ich dazu das Verhältnis von *Schöpfung, Zeichen und Zeit bei Augustin* etwas genauer skizzieren (I). In einem zweiten *theologischen Überlegungsgang* wird dann das *christliche Schöpfungsbekenntnis* zu analysieren sein (II). Ein dritter *semiotischer Überlegungsgang* wird sich auf das *Zeichenproblem und seine ontologischen Implikationen* konzentrieren (III). Und ein abschließender *systematischer Überlegungsgang* wird einige schöpfungstheologische und eschatologische Folgen thematisieren, die sich aus der Kombination der beiden vorangehenden Überlegungsgänge ergeben (IV).

I Schöpfung, Zeichen und Zeit bei Augustin

Schöpfung und Zeit – daran läßt Augustin keinen Zweifel – gehören wesentlich zusammen. Denn Zeit kann es nur geben, wo es eine mobilis mobilitas gibt, und die gibt es nicht ohne Kreatur, die sich verändern kann und (anders als die Engel) auch tatsächlich verändert: „Ubi enim nulla creatura est, cuius mutabilibus motibus tempora peragantur, tempora omnio esse non possunt"[4]. Deshalb gilt im Blick auf den Anfang der Schöpfung: „procul dubio non est mundus factus in tempore, sed cum tempore"[5], denn „nullum tempus esse posse sine creatura"[6]. Und weil auch für den Anfang der Schöpfung nur gelten kann, was immer für sie gilt, ist die *Zeit ein Strukturmoment von Schöpfung überhaupt*: Sie ist Ausdruck der intrinsischen Veränderlichkeit und damit Endlichkeit geschöpflicher Existenz.

Diese Zusammengehörigkeit von Zeit und Schöpfung wird exemplarisch deutlich am Menschen. Wir erfahren und messen die Zeit, indem wir die Eindrücke (affectiones) der vorüberziehenden Dinge (res praetereuntes) in unserem Geist registrieren und vergleichen[7]. Wie unsere Geschöpflichkeit[8] ist uns auch die Zeit nicht direkt zugäng-

---

[4] De civ. XII, 16 (372).
[5] De civ. XI, 6 (326).
[6] Conf. XI, 30, 40, (215).
[7] Conf. XI, 27, 36, (213).
[8] Zwar ist Augustin der Auffassung, daß Himmel und Erde durch ihre Veränderlichkeit ihre Geschöpflichkeit manifestieren: „clamant, quod facta sint; mutantur enim atque variantur ... Clamant etiam, quod se ipsa non fecerint" (Conf. XI 4, 6, [197]). Aber dieses Rufen muß von unserem Geist über Zeichen wahrgenommen werden, wenn uns diese Selbstmanifestation der Geschöpflichkeit unserer Welt einsichtig werden soll. Und selbst dann wird uns nur die Geschöpflichkeit des endlichen Seienden, nicht aber sein Schöpfer einsichtig: „ich sehe nämlich, was mein

lich, sondern nur vermittelt über die Eindrücke und Zeichen, welche die Dinge in unserem Geist hinterlassen. Wir sind damit auf Zeichen angewiesen, um erkennen und leben zu können, existieren also in einer Zeichen-Welt. Und weil wir als Geschöpfe in einer Zeichen-Welt leben, existieren wir wesentlich temporal. Denn Zeichen gibt es nicht ohne Zeit, und ohne Zeit gibt es kein menschliches Leben in dieser Welt.

Augustin begründet das mit einer Reihe von Überlegungen, die den Zusammenhang von Zeichen und Zeit in *ontologischer, ontischer* und *eschatologischer* Hinsicht akzentuieren. Seine ontologische These lautet: *Zeichen sind zeitliche Sachen*; seine ontische: *Umgang mit Zeichen nötigt zu zeitlicher Existenz*; und seine eschatologische: *Zeitliche Existenz begreift im Umgang mit Zeichen ihr Ziel als zur Ruhe-Kommen jenseits von Zeichen und Zeit*. Ich erläutere alle drei Thesen in der gebotenen Kürze.

(1) Ontologisch gilt nach Augustin, daß alles, was in der Welt ist, res ist. Was keine res ist, ist nichts. Als res oder Sache aber kann alles gelten, was gezeigt, getan oder bezeichnet werden kann (ostendi, agi, significari)[9]. Diese semiotische Bestimmung der res mittels des signum-res-Schemas erlaubt, die Welt als einen differenzierten Seinsordo unterschiedlicher res zu entfalten: Res im eigentlichen Sinn ist dasjenige, was bezeichnet werden kann, selbst aber nicht zum Bezeichnen gebraucht wird. Wird es tatsächlich bezeichnet, ist es eine res significata. Wird es zum Bezeichnen gebraucht, eine res significans oder ein Zeichen (signum).

Auch signa sind also res. Sie sind res significantes, die zur Bezeichnung von anderen res gebraucht werden. Diese können ihrerseits signa oder res sein, so daß sich im Bereich der signa Bezeichnungshierarchien ergeben können. Auf jeder Ebene aber konstituiert der Bezeichnungs*gebrauch* die signa als Differenzverhältnisse zwischen dem, als was sie sich qua res den Sinnen präsentieren, und dem, was sie dadurch dem Geist zeigen[10]. Weil alle signa durch Gebrauch konstituiert sind, sind sie wesentlich auf Rezipienten oder Interpreten bezogen. Und weil dieser Gebrauch Zeit verbraucht, ist das significare der signa ein wesentlich temporales Geschehen. Zeichen sind damit nicht nur Sachen, sondern *zeitliche Sachen*, weil es sie ohne Gebrauch und damit ohne Zeit nicht gäbe. Und entsprechend ist die Zeit diejenige Differenzstruktur der Welt, die aufgebaut wird, wenn res als Zeichen gebraucht werden.

Nun können für Augustin die zeitlichen, vergänglichen und damit nicht eigentlichen Zeichen-Sachen nicht für sich existieren, sondern nur aufgrund ihres Seins-Zusammenhangs mit bleibenden, unveränderlichen, der Zeitlichkeit nicht unterworfenen und deshalb *wahren Sachen*. Dieser Zusammenhang mag kompliziert und vielfach vermittelt sein. Aber er besteht immer, und zwar in zweifacher Hinsicht. Einerseits setzt der

Gott geschaffen hat, nicht aber sehe ich meinen Gott selber, der dies geschaffen hat" (Ennarrationes in Psalmos, CChr.SL XXXVIII (I–L), XLI 7, [464]).

[9] De Magistro, CChr.SL XXIX, X, 34, (193); IV, 9, (166–168). Vgl. K. Kuypers, Der Zeichen- und Wortbegriff im Denken Augustins, Amsterdam 1934.

[10] De Dialectica: „Signum est quod et se ipsum sensui et praeter se aliquid animo ostendit". Zitiert nach E. Coseriu, Die Geschichte der Sprachphilosophie von der Antike bis zur Gegenwart. Eine Übersicht, Stuttgart 1969, 106.

Gebrauch von Zeichen voraus, daß es res gibt, die sich passiv (als Zeichen) gebrauchen lassen. Andererseits setzt er voraus, daß es res gibt, die andere res aktiv (als Zeichen) gebrauchen (können). Passiv als Zeichen gebrauchen lassen sich aber nur die *(sichtbaren) Sachen, die sinnlich erfahrbar* sind, da sich sonst das für Zeichen konstitutive Differenzverhältnis zwischen dem, „quod et se ipse sensui et praeter se aliquid animo ostendit", nicht herstellen läßt. Solche res aktiv als Zeichen gebrauchen zu können, zeichnet unter allen res die *Lebewesen* aus, und Worte (verba) als signa gebrauchen zu können, unter allen Lebewesen nur die Menschen. Zeit gibt es dementsprechend nur, aber auch notwendig, wo res als signa gebraucht werden und die Welt der res durch Zeichengebrauch in signa und res differenziert wird. Und genau das ist, wenn auch nicht ausschließlich, bei uns Menschen der Fall.

(2) Nun können wir aber – und das ist Augustins *ontische* These – als Menschen nicht nur Sachen als Zeichen gebrauchen und damit zeitlich existieren, sondern wir *müssen* es auch tun. Nur durch Zeichen können wir Wissen über die Welt erwerben[11]. Und nur durch Zeichen können wir unser Handeln so planen und kontrollieren, daß wir gemeinsam in der Welt leben können. Genau das macht unser Leben zu einer wesentlich temporalen Existenz. Unablässig müssen wir Sachen als Zeichen gebrauchen und damit Zeit in Anspruch nehmen. Zugleich werden wir durch diesen Gebrauch genötigt, nicht nur von Zeichen zu Zeichen, sondern vom Zeichen zum Bezeichneten weiterzugehen, indem wir uns von der sinnlichen Form auf den geistigen Inhalt und dadurch auf die von den Zeichen gemeinte Sache verweisen lassen. Sofern diese Sache allerdings von der Art ist, daß sie selbst als Zeichen fungiert, kommen wir bei ihr nicht zur Ruhe, sondern werden auch von ihr weiterverwiesen. Zwar können wir den Prozeß des Weiterverwiesenwerdens willkürlich abbrechen und bei dem stehen bleiben, was selbst noch Zeichen und nicht eigentliche und wahre Sache ist, statt uns zu dem weiterverweisen zu lassen, was nur und ausschließlich Sache ist und Zeichen weder ist noch sein kann: *Gott selbst*. Das wahre Wissen werden wir dann aber verfehlen, weil wir bei dem verweilen, was nur zum Gebrauch (uti) und nicht zum Genuß (frui) bestimmt ist.

(3) Durch dieses temporale Verweisungsgefüge von den Zeichen auf die Sachen, die ihrerseits als Zeichen auf den einen Grund aller Sachen: Gott verweisen, werden wir permanent daran erinnert, daß das *eschatologische Ziel* unserer Existenz ein Zur-Ruhe-Kommen jenseits von Zeichen und Zeit im Reich der wahren res ist. Hier und jetzt existieren wir in der Spannung zwischen signa und res, damit in der Zeit, vergänglich und in via. Folgen wir aber im Erkennen und Leben dem Weg, den uns die signa über die ihrerseits als res significantes fungierenden natürlichen res significatae zu der eigentlichen res weisen, die wir genießen können und nicht nur gebrauchen sollen, dann liegen Vergänglichkeit und Zeit hinter uns und wir sind in patria. Wir

---

[11] De doctrina Christiana, CChr. SL XXXII, I, 2, 2, (7f); vgl. auch II, 2, 3, (33).

werden dann diese res direkt schauen und keine signa mehr benötigen, um sie indirekt wahrzunehmen.

Genau das aber führt in das skizzierte Dilemma: Auch in der zeichenvermittelten Schau hören wir ja nicht auf, *Geschöpfe* zu sein. Die *Zeit der Zeichen* ist deshalb in Augustins Analysen als *Zeit geschöpflicher Existenz* noch nicht hinreichend bestimmt. Bei genauerem Zusehen entpuppt sie sich vielmehr als Zeit der *gefallenen* geschöpflichen Existenz, insofern wir – und hier kommen in christlicher Modifikation neuplatonische Motive zum Tragen – das Eine, von dem her und auf das hin alles ist und verweist, aufgrund unserer schuldhaften Verwicklung in die Vielfalt der Zeichen und Zeichenverweisungen nicht oder nur gebrochen, indirekt und schattenhaft erkennen können. Es ist unsere geschöpfliche Bestimmung, in der Bewegung auf die eine und unverstellte Wahrheit hin diese schuldhafte Verstrickung in die Undeutlichkeiten und Vieldeutigkeiten des Zeichengebrauchs unserer gefallenen Existenz zu überwinden, um zusammen mit der Engelwelt an der ewigen Ordnung, Klarheit und Gottesnähe der civitas Dei teilzuhaben.

Doch muß man, selbst wenn man dieser augustinischen Zielbestimmung menschlicher Existenz zustimmt, das Eschaton erneuerter Gemeinschaft mit Gott wirklich als Jenseits von Zeichen und Zeit denken? Offenbar doch nur, wenn die Zeit der Zeichen mit der Zeit der gefallenen geschöpflichen Existenz identifiziert wird. Eben das tut Augustin. Das aber heißt, daß er das Zeit- und Zeichenproblem damit in zwei nicht aufeinander zurückführbaren Differenzzusammenhängen thematisiert, die er bei seinen Analysen nicht unterscheidet: die (protologische) *Differenz zwischen geschöpflicher und göttlicher Wirklichkeit* und die (soteriologische) *Differenz zwischen sündiger und seliger Wirklichkeit*. Beide Differenzen sind keineswegs identisch und lassen sich daher nicht aufeinander reduzieren. Die zweite stellt vielmehr eine Differenzierung der *geschöpflichen* Wirklichkeit dar, die auf Seiten der *göttlichen* Wirklichkeit zu einer Differenzierung zwischen dem schöpferischen und erlösenden Handeln Gottes nötigt. Insofern Augustin die Unterscheidung dieser beiden Differenzzusammenhänge versäumt, weist sein Denken an entscheidender Stelle einen folgenreichen Mangel an interner Differenziertheit auf. Eine theologisch sachgemäße Behandlung des Zeit- und Zeichenproblems ist daher genötigt, über Augustins Versuche hinauszugehen.

Allerdings darf dieser Fortschritt nicht als Rückschritt hinter Augustins Einsichten vollzogen werden. Und zu diesen gehört auf jeden Fall, daß eine theologisch akzeptable Behandlung des Zeit- und Zeichenproblems den Bezug auf die protologische *Differenz zwischen geschöpflicher und schöpferischer Wirklichkeit* ebenso im Blick behalten muß wie den auf die soteriologische *Differenz zwischen sündiger und seliger Wirklichkeit*. Das kann eine Analyse des christlichen Schöpfungsbekenntnisses belegen, der ich mich im nächsten Schritt zuwenden werde.

II Schöpfungswirklichkeit

1. Das Bekenntnis zu Gott dem Schöpfer

Das christliche Schöpfungsbekenntnis zu „Gott, dem Vater, dem allmächtigen, dem Schöpfer des Himmels und der Erde", hat im Kontext des trinitarischen Glaubensbekenntnisses eine spezifische thematische Struktur, die beachtet werden muß, wenn es recht verstanden werden will. Zum einen spricht es nicht von der Welt als Schöpfung, sondern von *Gott als dem Schöpfer der Welt*. Zum anderen spricht es von Gott nicht allein als dem Schöpfer, sondern – indem es ihn im Kontext der übrigen Artikel als Vater Jesu Christi tituliert – zunächst und vor allem als dem *Erlöser der Welt*. So bekennt der christliche Glaube den Gott, der in Jesus Christus zum Heil unserer Welt gehandelt hat, als Schöpfer dieser Welt und damit (und nur in dieser Reihenfolge!) auch die Welt als Gottes Schöpfung. Das hat eine Reihe bedeutsamer Konsequenzen, von denen ich jetzt nur zwei hervorhebe.

(1) Zum einen geht es bei der Rede von der Schöpfung nicht primär um die Welt, sondern um das *schöpferische Handeln Gottes*. Dieses wird – wie die alttestamentliche Bundestheologie und ihre neutestamentliche Zuspitzung in Rm 4,16f belegt – ursprünglich im Erlösungshandeln erfahren, in dem Gott aus freien Stücken etwas Neues ins Leben ruft, was nicht von sich aus, sondern nur durch ihn ins Leben kommen konnte: eine mit ihm versöhnte Existenz. Die Gewißheit dieser Heilserfahrung verlangt, daß ich (als Volk oder als einzelner) den Gott, der mich in ein neues Leben ruft, als meinen Schöpfer und als solchen auch als den alles andere ins Leben rufenden Schöpfer bekenne: Er könnte nicht mein Schöpfer sein, wenn er nicht der Schöpfer aller wäre, und weil er mein Schöpfer ist, ist er auch der eines jeden anderen. Die christliche Rede von der Schöpfung ist daher *universalisierte Heilserfahrung, nicht generalisierte Endlichkeitserfahrung*.

Das erklärt den eigenartigen logischen und epistemischen Status des christlichen Schöpfungsbegriffs. Dieser ist kein deskriptives, sondern ein *lozierendes Prädikat*, das den Wesen, von denen es prädiziert wird, keine weitere charakterisierende Bestimmung hinzufügt, sondern diese zusammen mit all ihren Bestimmungen in Bezug auf Gott ortet, d.h. als ursprüngliche Setzung und permanentes Korrelat göttlichen Handelns ausgibt. Wird die Welt als Schöpfung thematisiert, dann wird sie als der gottgesetzte Ort alles von Gott unterschiedenen möglichen und wirklichen Geschehens coram deo begriffen. Dieser gottgesetzte Ort aber ist ebensowenig Gegenstand möglicher Erfahrung wie Gott selbst: Zwar gehört alles, was wir erfahren können, zur Schöpfung, wenn überhaupt etwas zu ihr gehört. Aber diese selbst gehört nicht zu dem, was erfahren werden kann, sondern markiert den Ort, an dem sich alles Erfahrbare coram deo befindet.

(2) Die Welt als dieser Ort wird durch die Schöpfungskategorie so bestimmt, daß ein spezifisches Licht auf sie fällt. Denn indem das Schöpfungsbekenntnis den *Erlöser*

als Schöpfer und damit die *von ihm erlöste Welt* als seine Schöpfung bekennt, macht es im Hinblick auf diese Welt drei wesentliche Aussagen. Es besagt,
– daß die Welt als Himmel und Erde, also als Inbegriff des Möglichen und Wirklichen nicht wäre, wenn Gott nicht wäre und wollte, daß sie ist: Ihr (mögliches und tatsächliches) Sein ist Gott verdankt;
– daß sie so, wie sie ist, dem Willen Gottes aber auf weite Strecken nicht (nicht mehr oder noch nicht) entspricht: Ihre Wirklichkeit ist erlösungsbedürftig, weil sie durch Übel, Böses und Sünde gekennzeichnet ist;
– daß Gott sich aber trotz ihrer schöpfungswidrigen Wirklichkeit nicht von ihr abwendet und sie sich selbst und damit der Vernichtung überläßt, sondern sich bis zur Selbsthingabe auf sie einläßt, um sie um ihrer selbst willen dazu zu bringen, seinem guten Willen aus freien Stücken zu entsprechen: Die Welt hat ein Ziel, an dem Gott unerschütterlich festhält und in der sie das sein wird, was sie sein soll: Gottes gute Schöpfung.

Das Sein der Welt wird damit im christlichen Schöpfungsbekenntnis unter drei Differenzgesichtspunkten begriffen:
– der *ontologischen Differenz* zwischen *Gott* und *Welt*: Weltliches Sein als Inbegriff des Möglichen und Wirklichen besteht nicht aus und in sich selbst, sondern ist von Gott konstituiertes und von ihm abhängiges Sein: Es ist geschöpfliches, nicht schöpferisches Sein;
– der *ontischen Differenz* zwischen *weltlicher Wirklichkeit* und *geschöpflicher Bestimmung*: Das faktische Sein der Welt ist nicht so, wie es sein soll und sein kann: Die Wirklichkeit der Welt entspricht nicht ihrer wahren Bestimmung als Gottes Schöpfung;
– der *eschatologischen Differenz* zwischen *gegenwärtigem Zustand* und *gottgewollter Vollendung*: Weltliches Sein ist global und individuell im Prozeß, seiner wahren Bestimmung zugeführt zu werden: Es wird zu dem, was es sein soll und sein kann, indem Gott ihm dazu verhilft, seine Bestimmungsverfehlung zu überwinden und im Kontrast zu seiner faktischen Wirklichkeit seiner schöpfungsgemäßen Wahrheit gerecht zu werden[12].

---

[12] Indem der christliche Glaube die Welt in diesem Sinne als Gottes Schöpfung bekennt, macht er zugleich drei korrespondierende Aussagen über Gott. So bekennt er:
(1) daß der einzige Grund dafür, daß überhaupt etwas ist und nicht vielmehr nichts, Gottes *Wille* ist: Gott läßt geschöpfliche Wirklichkeit sein, weil er will, daß anderes als er selbst ist;
(2) daß dieser Wille als *Liebeswille* zu begreifen ist, weil er will, daß anderes ist, und dieses nicht wieder vernichtet, wenn es nicht so ist, wie er will: Gott räumt der geschöpflichen Wirklichkeit Freiheit ein und zieht sich auch dann nicht wieder von ihr zurück, wenn diese ihn ignoriert und sich von ihm abwendet;
(3) daß dieser Liebeswille *allmächtig* ist, weil er das, was nicht so ist, wie er will, dazu bringen wird, so zu werden, wie er will: Gott hört nicht auf, geschöpfliche Wirklichkeit dazu zu verlokken, als freien Stücken ihrer Bestimmung gerecht zu werden, und – das ist die Pointe des die Allmachtsaussage präzisierenden christlichen Inkarnationsbekenntnisses – er geht selbst in die geschöpfliche Wirklichkeit ein, um dieses zu bewerkstelligen.

2. Theologische Reflexion des Schöpfungsbekenntnisses

Das hat Konsequenzen für die theologische Reflexion des christlichen Schöpfungsbekenntnisses. Denn wird die Welt im Denken christlicher Theologie als Schöpfung thematisiert, dann erfordert das, immer zugleich auch die faktische Verfehlung ihrer Schöpfungsbestimmung (durch – vor allem – unser Tun) und deren eschatologische Verwirklichung (allein durch Gottes Tun) zu berücksichtigen: Protologie, Hamartologie und Eschatologie bilden einen nicht auflösbaren Sachzusammenhang christlicher Lehre von der Schöpfung.

Dieser Zusammenhang wird mißverstanden, wenn er temporal gedeutet wird. Schöpfung und Vollendung sind keine Ereignisse der Vergangenheit bzw. der Zukunft, sondern ebenso wie der faktische Widerspruch zwischen weltlicher Wirklichkeit und geschöpflicher Bestimmung der Welt *Differenzmerkmale*, die alle geschöpfliche Wirklichkeit, individuell und insgesamt, charakterisieren: Es gibt nichts in der Welt, das theologisch nicht in dieser dreifachen Hinsicht befragt und bestimmt werden könnte und müßte, also
– hinsichtlich der ontologischen Differenz zwischen *gottverdanktem Sein* und *selbstverdankter Seinsgestaltung*,
– hinsichtlich der ontischen Differenz zwischen *wirklichem* und *wahrem Sein* und
– hinsichtlich der eschatologischen Differenz zwischen *altem* und *neuem Sein*.
Diese Differenzen sind weder aufeinander zurückführbar noch durcheinander ersetzbar. Wohl aber sind sie theologisch miteinander kombinierbar und können sich so wechselseitig präzisieren: Auch das alte Sein der Welt steht unter dem Differenzgesichtspunkt wirklichen bzw. wahren Seins, auch ihr selbstverdanktes Sein unter dem Differenzgesichtspunkt alten und neuen Seins, und auch ihr wirkliches Sein unter dem Differenzgesichtspunkt gottverdankten und selbstverdankten Seins.

Theologische Aussagen über die Welt als Schöpfung können nun in dem Maße als sachgemäß gelten, als sie diese für das christliche Schöpfungsbekenntnis zentralen Differenzen zwischen „selbstverdankt/ gottverdankt", „wirklich/ wahr" und „alt/ neu" so zur Sprache bringen, daß dies zu einer *Steigerung unserer Orientierungsfähigkeit in der Welt* führt. Denn genau das ist ja die Aufgabe der Theologie: das im christlichen Glaubenswissen implizierte Orientierungswissen und dessen kognitiv und praktisch wirksame Grundunterscheidungen als Orientierungshilfe für das gemeinsame und individuelle Leben der Christen argumentativ auszuarbeiten. Dazu muß sie die Differenzen explizieren, die dieses Wissen und das darin enthaltene Wirklichkeitsverständnis des christlichen Glaubens strukturieren, das christliche Wahrheitsbewußtsein prägen und dessen sprachliche und nichtsprachliche Darstellungen im christlichen Leben mehr oder weniger explizit steuern. Denn ein Wissen ist orientierend, wenn es uns hilft, uns in der Welt zu orten und die Welt für uns zu ordnen, so daß wir gemeinsam in ihr leben und handeln können. Und das leistet es genau dadurch, daß es kognitive Leitdifferenzen und Grundunterscheidungen bereit stellt, an denen wir uns im Lebensvollzug gemeinsam orientieren können.

In diesem Sinn *ordnet* uns das christliche Glaubenswissen die Welt in ihren Dimensionen als Natur, Kultur und Gemeinschaft von Personen, indem es diese durch die implizit wirksamen Leitdifferenzen „gottverdankt/selbstverdankt", „wirklich/wahr" und „alt/neu" insgesamt und in jeder Dimension auf ihre Weise als *erlösungsbedürftige Schöpfung* ausweist. Und es *ortet* uns in dieser Welt, indem es uns durch den gemeinsamen Schöpfungs- und Erlösungsbezug auf Gott in Natur, Kultur und Persongemeinschaft so lokalisiert, daß wir im Licht der genannten Leitdifferenzen kritisch zwischen schöpfungsgemäßem und schöpfungswidrigem Sein und Handeln unterscheiden können und damit in diesen Weltdimensionen realitätsgerecht zu leben vermögen. Dieses Ordnen und Orten vollzieht sich als ein Prozeß permanenter Deutung der Welt im Licht der grundlegenden Differenzgesichtspunkte, die im Deuterahmen des christlichen Glaubenswissens verankert und von der Theologie ausdrücklich auszuarbeiten sind. Es wird exemplarisch in den gottesdienstlichen Vollzügen eingeübt, die als lebenspraktische Einweisung in den christlichen Verweisungs- und Deutehorizont unserer Existenz- und Erfahrungswirklichkeit fungieren.

3. Semiotische Bedingungen des Schöpfungsbekenntnisses

Bisher habe ich die im christlichen Schöpfungsbekenntnis wirksamen Leitdifferenzen betont, denen dieses seine Orientierungskraft verdankt. Diese kommt zum Zug, wenn diese Differenzen kognitiv in Anspruch genommen und im Lebensvollzug praktisch gebraucht werden. Das ist um so besser und kontrollierter möglich, je klarer sie expliziert sind, und es ist die Aufgabe der Theologie, das zu leisten. Dabei muß sie nun aber einen grundlegenden Sachverhalt berücksichtigen.

Differenzen oder Unterscheidungen existieren nicht selbständig und von sich aus wie Dinge oder Gegenstände. Sie werden vielmehr durch Zeichenprozesse konstituiert und zur Wirkung gebracht, ohne die es sie nicht gäbe. Auch die orientierenden Differenzen des christlichen Glaubenswissens überhaupt und des christlichen Schöpfungsbekenntnisses im besonderen stehen daher unter den *Bedingungen der Semiose*, d.h. der Konstitution und des Gebrauchs von Zeichen. Da Zeichen einen unaufhebbaren Bezug zu Raum und Zeit haben, gibt es auch diese Differenzen nur unter den Bedingungen der Raumzeitlichkeit. So erfordern Unterscheidungen die Gleichzeitigkeit oder die geregelte Aufeinanderfolge der beiden Seiten des Unterschiedenen und damit das Nebeneinander oder Nacheinander von Differenzmomenten, die durch das Unterscheiden aufeinander bezogen sind, indem sie in einem einheitlichen Medium semiotisch kopräsent gehalten werden. Unterscheidungen implizieren also nicht nur den Organisationsfaktor Raum im kopräsenten Nebeneinander des Unterschiedenen, sondern auch den Organisationsfaktor Zeit als Minimalbedingung für den Übergang von einer Seite zur andern. Ohne die Berücksichtigung solcher Übergänge und damit ohne Zeit- und Raumbezüge kann es keinen Umgang mit Zeichen und damit keine Orientierung an Differenzen geben.

Die systematische Ausarbeitung der Leitdifferenzen des christlichen Schöpfungsbekenntnisses nötigt somit dazu, das Zeichenproblem grundsätzlich zu berücksichtigen. Was das heißt, ist im nächsten Schritt zu klären.

III Zeichen, Möglichkeit und Wirklichkeit

Alles irdische Leben ist durch *semiotische Prozesse*, also Prozesse der Zeichenbildung, Zeichenverknüpfung, Zeichentransformation und Zeichenverwendung zum Zweck des Nachrichtenaustausches zwischen Organismen und innerhalb von Organismen charakterisiert. Aktiv an solchen Prozessen partizipieren zu können, unterscheidet *Lebewesen* von unbelebten Dingen und Pflanzen. Den *Menschen* aber zeichnet aus, daß er diese Prozesse kreativ zu gestalten vermag. Denn zum einen kann unter allen Lebewesen er allein sowohl verbal wie auch nichtverbal Nachrichten konstituieren und kommunizieren, und zwar nicht nur als Verwender natürlich oder konventionell vorgegebener Codes, sondern als Schöpfer immer neuer Codes. Zum andern kann er aufgrund der Selbstthematisierbarkeit sprachlicher Zeichen nicht nur mit Sprache über Sprache kommunizieren, also auch Abstraktes, Fiktives und Abwesendes thematisieren, sondern im Unterschied zu Tieren auch Aussagen machen, Behauptungen aufstellen und bestreiten, also das Problem von Wahrheit und Falschheit aufwerfen. Er ist so in der Lage, sich selbst in ein Verhältnis zu diesen Konstitutions- und Kommunikationsprozessen zu setzen und, indem er zwischen Glaubens- und Wissenserwerb einerseits und Erkenntnisgewinn andererseits unterscheidet und damit im Gesamtzusammenhang seines Glaubens Irrtum und Wissen urteilend differenziert, sein Denken und Verhalten kritisch zu kontrollieren.

Daß alle Lebensvollzüge in der Gewinnung und Verarbeitung von Nachrichten bestehen und damit semiotisch konstituiert sind, hat zwei Konsequenzen. Zum einen sind sie aufgrund ihres Zeichenbezugs durch die *vier Grunddimensionen des Zeichens* begrenzt, nämlich das Verhältnis von Zeichen und Zeichen (syntaktische Dimension), das Verhältnis von Zeichen und Bezeichnetem (semantische Dimension), das Verhältnis von Zeichen und Zeichenbenutzer (pragmatische Dimension) und das Verhältnis von Zeichen und Zeichenträger (materiale Dimension). Zum anderen sind sie in eben dieser semiotischen Begrenztheit auf *vier Möglichkeitshorizonte* und *drei Wirklichkeitshorizonte* bezogen.

(1) Die *vier Möglichkeitshorizonte* unserer Lebensvollzüge sind der mit ihrem Zeichencharakter gegebene Bezug auf den *Inbegriff möglicher Zeichen*, den *Inbegriff des Bezeichenbaren*, den *Inbegriff möglicher Zeichenbenutzer* und den *Inbegriff des Erfahrbaren*:

– Über die syntaktische Zeichendimension sind wir auf den *Inbegriff möglicher Zeichen (codes)* bezogen, aktualisieren also (mindestens) eine Möglichkeit aus der Gesamtheit der möglichen Zeichen- und Kommunikationsrepertoires.

– Über die semantische Dimension sind wir auf den *Inbegriff des Bezeichenbaren* bezogen, aktualisieren also eine – sofern sie den Gesetzen der Logik entspricht – mögliche Welt.
– Über die pragmatische Dimension sind wir auf den *Inbegriff möglicher Zeichenbenutzer* bezogen, aktualisieren also eine unter allen möglichen Zeichen- und Kommunikationsgemeinschaften.
– Über die materiale Dimension schließlich sind wir auf den *Inbegriff des Erfahrbaren* bezogen, aktualisieren und verwenden als Zeichenträger also eine mögliche Art der von uns rezipierbaren Energiefortpflanzung.

Jeder Lebensakt vollzieht sich als spezifische Verbindung dieser vier Möglichkeitshorizonte, indem er unter Inanspruchnahme bestimmter Zeichen(codes) eine mögliche Welt für einen oder mehrere konkrete Zeichenbenutzer mit Hilfe bestimmter Mittel der realen Welt aktualisiert und (im Fall kognitiver Akte) als propositionalen Gehalt (Repräsentation eines möglichen Sachverhalts) bzw. als Proposition (Repräsentation einer Tatsache) präsentiert. In unseren Lebensakten transformieren wir beständig Möglichkeiten in reale Sachverhalte, und in unseren kognitiven Akten entsprechend Möglichkeiten in propositional strukturierte reale Repräsentationen von Wirklichkeit, die als konkrete Sinnentwürfe verfügbar, weil im Licht der Differenz von Wahrheit und Falschheit negierbar sind. In der Wirklichkeit wird so durch die Negation bestimmter Möglichkeiten bei der Bildung von Sinnstrukturen auf konkrete Weise Distanz zur Wirklichkeit geschaffen und damit Raum zur Freiheit eröffnet. Denn durch unsere kognitiven Akte entstehen in der realen Welt mögliche Welten, die jene nicht nur semiotisch transzendieren, ohne sie zu verlassen, sondern sie auch weniger komplex und damit überschaubarer repräsentieren und eben durch die so etablierte Differenz von Wirklichkeit und Komplexität reduzierendem Wirklichkeitsentwurf verantwortlichen Gebrauch von Freiheit überhaupt erst möglich machen.

(2) Die *drei Wirklichkeitshorizonte* unserer Lebensakte, durch die sie bei aller semiotischen Transzendierung bzw. Modifizierung des Gegebenen an Gegebenes konstitutiv gebunden bleiben, sind die dabei immer vorausgesetzte Existenz von Zeichenbenutzern (Personen), von Zeichencodes (Kultur) und von Zeichenträgern (Natur):
Als *Zeichenträger* kommen alle Arten der Energiefortpflanzung in Betracht, die wir mit unseren Sinnen direkt oder über Hilfsmittel zu rezipieren vermögen. Sie sind damit immer *Naturphänomene* und repräsentieren die uns vorgegebene, nicht von uns konstituierte Ordnung der *Natur*. Als Wesen, die Zeichen konstituieren und durch Zeichen Wissen und Erkenntnis produzieren und kommunizieren, sind wir auf materiale Zeichenträger angewiesen und deshalb bleibend an die Natur gebunden.
Zeichencodes, also das Repertoire von Zeichen und Zeichenverwendungsregeln, derer wir uns individuell oder gemeinsam bedienen, sind bei uns als sozialen Handlungswesen immer *Kulturphänomene*. Sie repräsentieren die uns zwar individuell immer auch vorgegebenen, von uns aber auch immer (mit)konstituierten und damit prinzipiell veränderbaren und gestaltbaren Ordnungen der *Kultur*. Kulturordnungen

sind Produkte unseres gemeinsamen Handelns und damit Ausdruck unserer Freiheit, die sich selbst Regeln gibt. Naturordnungen dagegen sind die uns vorgegebenen Rahmenbedingungen all unseres Handelns und damit Ausdruck der Notwendigkeiten, die sich in Gesetze fassen lassen. Sofern unsere kognitiven Akte Zeichen, und damit die Existenz von Zeichenträgern und von Zeichencodes, in Anspruch nehmen, sind sie jeweils konkrete Vermittlungen zwischen den gesetzmäßigen Ordnungen der Natur, die *vor* unserem Handeln gesetzt sind, und den regelmäßigen Ordnungen der Kultur, die *durch* unser Handeln gesetzt sind.

Konkrete symbolische Vermittlung von Natur- und Kulturordnungen können sie aber nur sein, weil sie immer auch die Existenz von *Zeichenbenutzern* voraussetzen, also die Existenz kommunizierender Personen. Nun sind menschliche Personen – um einen bekannten Satz Herders zu variieren – von Natur aus Kulturwesen, stehen also immer schon in der irreduziblen Spannung zwischen den von uns handelnd gesetzten, nach Regeln frei gestalteten *Kulturordnungen* einerseits und den dabei prinzipiell vorgegebenen, gesetzmäßigen und damit notwendigen *Naturordnungen* andererseits. Wir können diese sich immer wieder zum Konflikt der Ordnungen steigernde fundamentale Spannung nicht auflösen oder überwinden, weil wir dazu entweder die Natur (und damit uns selbst) als Produkt unseres eigenen Handelns begreifen können müßten (was unmöglich ist) oder uns als Handlungswesen, die unter identischen Umständen immer auch anders hätten handeln können, negieren müßten (was selbstwidersprüchlich ist). Die Spannung zwischen der *Bindung an Naturordnungen* und der *Freiheit zu Kulturordnungen*, an die wir auch, wenngleich auf andere Weise, gebunden sind, ist also eine fundamentale Strukturbestimmung menschlicher Personalität und Freiheit überhaupt, die sich in jedem Lebensakt manifestiert. Denn einerseits können wir nichts glauben, wissen, erkennen, planvoll tun oder kommunizieren ohne Zeichenträger, die uns nur ihre Funktion, nicht aber ihre Existenz verdanken. Andererseits können wir es auch nicht ohne Zeichencodes, die uns mit ihrer Funktion auch ihre Existenz verdanken.

Die drei semiotisch differenzierten Wirklichkeitshorizonte unserer Lebensakte markieren mit den Stichworten *Natur*, *Kultur* und *Person* die drei grundlegenden Wissens- und Erkenntnisfelder des Menschen. Diese erfordern je verschiedene Erkenntnisverfahren (Erklären nach Gesetzen; Verstehen von Regeln; Beobachten, Selbstbeobachten und Divinieren von Handlungen und Intentionen usf.). Sie nötigen zur Spezialisierung und Pflege theoretischer (Beschreibung und Rekonstruktion), hermeneutisch-pragmatischer (Interpretation und Konstruktion) und praktisch-reflexiver (Kommunikation und Reflexion) Erkenntnisfähigkeiten. Und sie geben Anlaß zur Ausbildung typisch verschiedener Welt-, Menschen- und Gottesbegriffe:

– So wird die *Welt* in der Naturperspektive als einheitlicher Ursache-Wirkungs-Zusammenhang begriffen; in der Kulturperspektive als Pluralität ineinandergreifender Sinnwelten; und in der Personperspektive als Interaktions- und Kommunikationszusammenhang zwischen Personen.

– Entsprechend wird der *Mensch* als physisch-psychischer Organismus, als zeichen-

und zwecksetzendes Handlungswesen oder als autonome Person in einer Gemeinschaft autonomer Personen gedacht.
– Und schließlich wird *Gott* als erste Ursache, als absoluter Sinngrund aller Freiheit und Ordnung oder als absoluter Bezugspunkt aller personalen Ortung begriffen.

Es liegt auf der Hand, daß diese differenzierende Sicht der Möglichkeit und Wirklichkeit der Welt auch für den Schöpfungsgedanken Konsequenzen hat. Ihnen wenden wir uns im letzten Schritt zu.

IV Schöpfung und Eschaton

1. Schöpfung als Zeiten-Welt

Die vier Möglichkeits- und drei Wirklichkeitshorizonte unserer Welt, die in den vorangehenden Überlegungen semiotisch erschlossen wurden, erlauben uns, den christlichen Schöpfungsgedanken und die für ihn konstitutiven Leitdifferenzen nicht nur theologisch herzuleiten, sondern ihn inhaltlich so zu konturieren, daß er für die praktische Lebensorientierung in unserer Erfahrungswelt Bedeutung gewinnt. Denn wird überhaupt Schöpfung und damit diese Welt als Schöpfung gedacht, ist der Schöpfungsgedanke auf diese Zeichendimensionen zu beziehen. Und wird er nicht mindestens so komplex und differenziert wie diese gedacht, bleibt er strukturell unterbestimmt.

So wird Gottes Schöpfertätigkeit theologisch unzureichend gefaßt, wenn sie *nur auf Wirkliches und nicht auch auf Mögliches* bezogen wird: Gott läßt anderes als sich selbst sein, indem er die Welt so schafft, daß sie den Inbegriff der Möglichkeiten von Zeichen, Bezeichnetem, Zeichenbenutzern und Zeichenträgern umfaßt. Aber auch im Blick auf Wirkliches wird seine Schöpfertätigkeit erst dann zureichend gedacht, wenn sie auf die *gesamte triadische Differenzstruktur der realen Welt als Natur, Kultur und Person* und nicht nur auf die eine oder andere dieser Dimensionen bezogen wird: Gott ist als Schöpfer nicht nur in der Natur, sondern auch in Kultur und Geschichte und im Leben von Personen am Werk.

Berücksichtigt man darüber hinaus, daß es um das *christliche* Schöpfungsbekenntnis geht, die christliche Heilserfahrung Gott aber *trinitarisch* zu denken nötigt, dann sind diese Differenzen des Schöpfungsgedankens mit der trinitarischen Struktur Gottes als Vater, Sohn und Geist zu kombinieren. Gott ist dementsprechend in dreifacher Weise als Schöpfer aller von ihm verschiedenen Möglichkeit und Wirklichkeit zu bestimmen:
– Als Vater ist er das *Prinzip aller Möglichkeiten* in den vier unterschiedlichen Zeichendimensionen, da ohne ihn nichts von ihm Verschiedenes möglich wäre und nur durch ihn etwas von ihm Verschiedenes möglich ist.
– Als Sohn ist er das *Prinzip der Aktualisierung* dieser Möglichkeiten, da ohne ihn nichts von ihm Verschiedenes als Natur, Kultur und Personwelt wirklich wäre und nur durch ihn etwas von ihm Verschiedenes wirklich ist.

– Als Geist schließlich ist er das *Prinzip der zielgerichteten Gestaltung des Wirklichen*, da ohne ihn unsere Welt in ihren natürlichen, kulturellen und personalen Dimensionen nicht ihrer Bestimmung, als Gottes gute Schöpfung zu existieren, gerecht werden könnte und nur durch seine wirksame und auf den faktischen Gang des Weltprozesses sensibel reagierende Präsenz in ihr ihrer Bestimmung näher gebracht wird.

Diese drei Weisen von Gottes Schöpfertätigkeit existieren nicht für sich, sondern nur in der Einheit eines in sich differenzierten Vorgangs. Gottes Schöpfersein besteht in der permanenten Ermöglichung, Aktualisierung und zielgerichteten Gestaltung einer komplexen Zeichen-Welt, die von ihm verschieden ist, aber auf ihn bezogen bleibt und von ihm angeleitet wird, ihrer geschöpflichen Bezogenheit und Bestimmung immer besser gerecht zu werden, indem sie diese externe Bestimmtheit in ihren eigenen geschöpflichen Zeichen- und Handlungsvollzügen intern immer deutlicher zur Geltung und zur Darstellung bringt.

Schöpfung vollzieht sich dementsprechend als permanente Transformation von Gott geschaffener Möglichkeiten in jeweils bestimmte Wirklichkeit und eben damit als sukzessive Überführung eines gegebenen Wirklichkeitszustands der Welt in einen neuen. So wird durch Selektion und Kombination je spezifischer Momente aus den vier Grunddimensionen möglicher Zeichen, Bezeichneter, Zeichenbenutzer und Zeichenträger die jeweils kontingente Wirklichkeit einer bestimmten Natur-Kultur-Person-Struktur, also eine jeweils konkrete Zeichen-Welt konstituiert. Nun sind einerseits nicht alle selegierbaren Möglichkeiten kompossibel kombinierbar. Andererseits gibt es mehr als nur eine kompossibele Kombination, so daß immer mehr als nur eine konkrete Zeichen-Welt möglich ist. Da Gottes Schöpferkraft unerschöpflich ist, kann sie sich aber nicht in der Konstitution nur einer konkreten Zeichen-Welt erschöpfen. Sie drängt vielmehr unablässig auf die Konstitution immer neuer Zeichen-Welten. Dennoch resultiert diese unerschöpfliche Kreativität nicht in einer Schöpfung, die als reale Pluralität wirklicher Welten beschrieben werden müßte. Die Vielzahl der jeweils kompossibel möglichen und konkret verwirklichten Zeichen-Welten steht nicht einfach diskret nebeneinander, wie der bisherige Gedankengang nahelegen könnte. Gott hat seine schöpferische Aktivität vielmehr so bestimmt, daß sie sich als dynamisches Zusammenwirken mit der geschöpflichen Aktivität der jeweils konkreten wirklichen Welt vollzieht. Das ist ein kontingenter, nur in Gott selbst begründeter Sachverhalt. Gott will nicht allein und in einseitigem Gegenüber zu seiner Schöpfung leben, sondern in reziproker Beziehung mit seinen Geschöpfen, wie der christliche Glaube aufgrund der Erfahrung des Heilshandelns Gottes in der Geschichte Israels und seiner Kulmination in der Geschichte Jesu Christi bekennt. Aufgrund dieses von Gott frei eingegangenen Zusammenwirkens mit seinen Geschöpfen stellt jede neu kombinierte kontingente Wirklichkeit keinen totalen Neuanfang, sondern eine sukzessive Fortentwicklung der jeweils gegebenen konkreten Zeichen-Welt dar. Daß es *eine* einheitliche, sich sukzessiv verwirklichende Welt und nicht vielmehr eine unendliche Pluralität wirklicher Welten gibt, ist damit selbst als Resultat des sich auf seine Schöpfung einlassenden und sie als Gegenüber ernst nehmenden Heilshandelns Gottes zu begreifen. Und das gilt auch für die Zeit. Konstituiert sich nämlich die Einheit der Welt durch eine Sukzession konkreter Weltzustände, die sich jeweils dem bestimmten Zusammenwirken schöpferischer und geschöpflicher Aktivität verdanken, dann vollzieht sich die Schöpfung als ein Prozeß, der Zeit in Anspruch nimmt. *Es gibt daher keine Schöpfung ohne Zeit, aber auch keine Zeit ohne Schöpfung:* Als permanenter Übergang semiotischer Möglichkeiten in konkrete natürliche, kulturelle und personale Wirklichkeit ist Schöpfung wesentlich und nicht nur kontingent und aufhebbar die *Zeit der Zeichen*. Und diese Zeichen- und Zeitstruktur der Schöpfung ist ebenso wie ihre Einheit und Einheitlichkeit Ausdruck des Heilshandelns Gottes, der sich auf ein Zusammenwirken mit seinen Geschöpfen einläßt, um sie zu einer freien Wahrnehmung ihres geschöpflichen Gegründetseins im Leben des Schöpfers zu führen.

Der augustinische Gedanke der Schöpfung als Zeit der Zeichen ist damit in spezifischer Weise präzisiert. Die Schöpfung ist ein umfassender Zeichennexus und Zeichenprozeß. Dessen Sinn und Pointe erschließt sich allerdings erst im Heilsgeschehen. Denn – um einen Gedanken Luthers zu variieren –: Niemand hat gewußt, warum die Schöpfung ein Zeichenprozeß ist, bis man erkannt hat, daß es um des Evangeliums willen geschehen ist[13]. Das heißt: Der Schöpfungsprozeß hat deshalb intrinsischen Zeichencharakter, weil Gott seinen Heilswillen für ein Zusammenleben mit seiner Schöpfung so realisieren will und auch nur so realisieren kann, daß er diesen Heilswillen in der Schöpfung selbst eindeutig zur Darstellung bringt, so daß die Geschöpfe ihm frei entsprechen können. Es gehört zum Heilswillen Gottes, wie er im Christusgeschehen einsichtig wurde, daß die Welt nicht nur Schöpfung ist, sondern sich auch als solche begreift und entsprechend existiert. Sie ist also nicht allein dadurch schon Schöpfung im Sinne Gottes, daß es sie faktisch ausschließlich aufgrund ihrer Bezogenheit zu Gott gibt. Sie wird dazu vielmehr erst in dem Maße, als ihre konstitutive Bezogenheit auf Gott in ihr selbst zur Darstellung kommt und ihr im Lebensvollzug der Geschöpfe frei entsprochen wird. Beides aber ist nur möglich in einer Zeichen-Welt, die *Raum* zur Darstellung und *Zeit* zur freien Entsprechung bietet. Und deshalb vollzieht sich die Schöpfung nicht zufällig, sondern wesentlich als Prozeß der Zeichen-Welt.

Nun hat diese Zeichen-Welt, wie wir sehen, verschiedene Wirklichkeitsdimensionen. Für den christlichen Glauben manifestiert sich die Geschöpflichkeit der Welt in diesen verschiedenen Dimensionen in unterschiedlicher, aber aufeinander bezogener Weise, nämlich in der Naturdimension als *Endlichkeit*, in ihrer Kulturdimension als bedingte *Freiheit* und in ihrer Persondimension als unbedingter *Glaube*. Zur vollen Klarheit und damit zu ihrem Ziel kommt Gottes Schöpferintention erst im Glauben, in dem die endliche Freiheit des Geschöpfs in den Zeichenprozessen der Welt der schöpferischen Zuwendung Gottes frei entspricht. Die Schöpfung kann dementsprechend als *Zeit der Zeichen* bestimmt werden, *in der endliche Freiheit im Glauben zur Einsicht in*

---

[13] „Niemant hat gewust, warumb Gott die sprachen erfuer lies komen, bis das man nu allererst sihet / das es umb des Euangelio willen geschehen ist" (WA 15, 37, 11–13).

ihren eigenen Grund und im Glaubensleben zur geschöpflichen Darstellung dieser Einsicht in den Zeichenprozessen der Welt kommt.

2. Protologische, hamartiologische und eschatologische Implikationen

Diese Bestimmung der Schöpfung hat protologische, hamartiologische und eschatologische Implikationen, die ich abschließend andeuten möchte.

(1) Gibt es ohne Zeichenprozesse keine Zeit und ohne Zeit- und Zeichenprozesse keine Schöpfung, dann ist der Anfang der Schöpfung nicht temporal, sondern semiotisch als *Anfang der Zeichen* zu fassen. Zeichenprozesse sind Vorbedingung für Zeitprozesse, und die absolute Vorbedingung für alles Geschehen in der Zeit ist daher die Ermöglichung und Aktualisierung von Zeichen, der Anfang der Zeichen. Daß dieser Anfang der Zeichen *Gott* und nur ihm zu verdanken sei, ist der Kernpunkt des christlichen Schöpfungsbekenntnisses, den die theologische These von der *creatio ex nihilo* auf den Begriff zu bringen sucht[14]. Gottes Schöpfungsakt hat keine Zeitstruktur, sondern konstituiert voraussetzungslos die semiotischen Voraussetzungen für geschöpfliche Zeitprozesse. Und weil dieser Akt in semiotischen Sachverhalten resultiert, wird er in der biblischen Tradition auch selbst als semiotischer Akt charakterisiert, indem von Gottes Schöpfung *durch das Wort* gesprochen wird. Durch diesen analogielosen schöpferischen Zeichenakt tritt bisher nicht Daseiendes als Möglichkeit und als Wirklichkeit ins Dasein: der *Anfang der Zeichen*, der Zeitprozesse im Fortgang von Zeichen zu Zeichen und von Zeichen zu Bezeichnetem freisetzt und damit allen übrigen geschöpflichen Anfängen zugrundeliegt.

(2) Zeichen- und Zeitprozesse charakterisieren damit alles geschöpfliche Sein. Aber nicht alles geschöpfliche Sein entspricht auch der Intention des Schöpfers, die dieser mit dem Zeichen- und Zeitcharakter der Schöpfung verfolgt. Statt seinen Heilswillen zur Darstellung zu bringen und ihm frei zu entsprechen, gebrauchen die Geschöpfe die natürlichen, kulturellen und personalen Möglichkeiten der Welt so, daß deren geschöpfliche Bezogenheit auf Gott verdeckt und verdunkelt wird:
– Die Endlichkeit der Natur-Welt wird so nicht als Korrelat von Gottes schöpferischen Konkretion des Möglichen zur Bestimmtheit des Wirklichen begriffen, sondern als Unendlichkeit und Unerschöpflichkeit der Natur selbst mißverstanden.
– Die endliche Freiheit der Kultur-Welt wird entsprechend nicht als Verantwortlichkeit gegenüber der schöpferischen Liebe Gottes praktiziert, sondern zur Willkür im Umgang mit der Welt als Natur, Kultur und Gesellschaft von Personen verkehrt.
– Und der freie Glaube endlicher Personen wird schließlich nicht als geschöpfliches Leben in Entsprechung zur schöpferischen Liebe Gottes vollzogen, sondern zum

---

[14] Vgl. E. Wölfel, Welt als Schöpfung. Zu den Fundamentalsätzen der christlichen Schöpfungslehre heute, München 1981, bes. 26 ff.

Unglauben pervertiert, der ohne Berücksichtigung eines Bezugs zu Gott meint, realitätsgerecht existieren zu können.

Die christliche Theologie thematisiert diese Perversionen des geschöpflichen Umgangs mit den Zeichenprozessen der Welt kategorial als *Sünde: Sünde ist jeder geschöpfliche Zeichengebrauch in den natürlichen, kulturellen und personalen Dimensionen der Welt, der deren konstitutive Bezogenheit auf Gottes Heilswillen und damit ihren Charakter als Schöpfung verdunkelt, verkehrt oder nicht eindeutig und unmißverständlich zur Darstellung bringt.* So verstanden manifestiert sich Sünde in der Mannigfaltigkeit geschöpflicher Zeichenprozesse in einer Vielzahl von Gestalten, nämlich in der Persondimension fundamental als *Unglaube*, in der Kulturdimension der Welt als *Böses* und in der Naturdimension der Welt als *Übel*. Als Unglaube, Böses und Übel ist Sünde aber pervertierter Umgang mit den Zeichenprozessen der Welt, der deren Schöpfungscharakter unkenntlich macht und ihr eine bestimmungswidrige Realität verleiht.

(3) Das hat schließlich auch Konsequenzen für das theologische Verständnis des Eschaton. Die Vollendung der Schöpfung und die Verwirklichung ihrer geschöpflichen Bestimmung in Überwindung ihrer bestimmungswidrigen Realität kann nicht – oder nur um den Preis der Negation des Schöpfungsgedankens – als Ende der Zeichen und damit der Zeiten gedacht werden. *Ein Ende der Zeichen wäre die Vernichtung, nicht die Vollendung der Schöpfung.* Das Eschaton kann daher nicht als *semiotisches Ende der Zeichen* verstanden werden, also als Zerstörung der vier Möglichkeitsbedingungen oder der drei Wirklichkeitsbedingungen von Zeichen überhaupt. Ohne mögliche Zeichen, Bezeichnete, Zeichenbenutzer und Zeichenträger könnte es keine Schöpfung (mehr) geben, und ohne eine wirkliche Konstellation bestimmter Zeichen, Zeichenträger und Zeichenbenutzer gäbe es keine Schöpfung (mehr). Deshalb wäre das Eschaton, als Ende der Zeichen gedacht, in strengem Sinn die annihilatio der Schöpfung.

Doch das ist nicht die einzige Möglichkeit. Das Eschaton kann nicht nur als semiotisches, sondern auch als *hermeneutisches Ende* gedacht werden. Beendet ist dann nicht die Möglichkeit von Zeichen überhaupt oder die Wirklichkeit unserer Zeichen-Welt als solcher, sondern die *Zweideutigkeit* unserer faktischen Zeichen-Wirklichkeit. An die Stelle vielsinniger und unabschließbarer Deuteprozesse, in die wir im Netz der Zeichen permanent verwoben sind, tritt dann die *Eindeutigkeit* des unmißverständlichen und unstrittigen Verweises geschöpflicher Zeichenprozesse auf den Schöpfer in der Gewißheit des Glaubens, von Gott zum Leben in der Gemeinschaft mit dem Schöpfer geschaffen zu sein. Die Schöpfung ist dann immer noch das Netzwerk aller möglichen und jeweils wirklichen Zeichen. Aber diese verweisen eindeutig und explizit und nicht nur indirekt und dunkel auf Gott als ihren Schöpfer, so daß man dieses nicht nur mehr oder weniger sicher vermuten oder bezweifeln kann, sondern sich dessen im Glauben gewiß ist. So verstanden ist das Ende der Zeichen die *Auflösung der Ambiguität der Welt als Schöpfung* und ihre Überführung in die Eindeutigkeit eines unzweideutigen Verweises auf ihren Schöpfer. Entsprechend besteht das Eschaton nicht in der annihilatio der Welt, sondern im eindeutigen Aufweis ihres Wesens als Gottes guter Schöpfung durch Überwindung ihrer bestimmungswidrigen, ihr wahres Wesen verdunkelnden Realität.

Dieses *hermeneutische Ende der Zweideutigkeit der Zeichen* kann sich jederzeit ereignen, sofern die Welt als Schöpfung und damit in ihrer Verweisfunktion auf ihren Schöpfer deutlich wird. Der christliche Glaube schreibt dies, wenn es geschieht, dem Wirken des Geistes Gottes zu, der diese Deutlichkeit und Gewißheit schafft. Damit dies selbst aber in bestimmter und nicht undurchsichtiger Weise geschieht, muß es *in* der Welt Zeichen- und Zeitprozesse geben, die aufgrund ihres eindeutigen Verweises auf den Schöpfer in der Zeichenwelt der Schöpfung selbst eine Differenz zwischen Zweideutigkeit und Eindeutigkeit, eben damit aber auch zwischen *alter und neuer Schöpfung* etablieren.

Solche Prozesse gibt es, wie der christliche Glaube behauptet und durch sich selbst belegt. Sie finden nicht jenseits der Schöpfung, sondern *in* dieser statt und verdanken sich damit selbst Gottes schöpferischem Handeln. Aber sie sind *eschatologische Prozesse*, insofern sie gerade dadurch die Differenz zwischen Alt und Neu etablieren, daß sie Gottes Schöpferhandeln nicht verdunkeln und verstellen, sondern dieses als solches zur Geltung bringen, indem sie es als Heilshandeln einsichtig machen. *Neu* verdienen deshalb genau diejenigen Zeichenprozesse unserer Welt genannt zu werden, die *Gottes Schöpferhandeln unmißverständlich als Heilshandeln* deutlich werden lassen.

Der christliche Glaube bekennt das vor allem von der Geschichte und Person Jesu Christi selbst. Er spricht die eschatologische Qualität des Neuen daher genau denjenigen Zeichenprozessen zu, die der Geschichte Jesu Christi ihre Bestimmtheit und dem Geist Christi ihre Vollzugsform verdanken. Neu sind diese nicht, weil sie keine geschöpflichen Zeichenprozesse zur Grundlage hätten. Neu sind sie vielmehr, weil sie Gottes Schöpferhandeln eindeutig als Heilshandeln zur Geltung bringen und gerade so zwischen *alter und neuer Zeit* differenzieren.

Hat diese christusbezogene Unterscheidung zwischen alter und neuer Zeit ihre Pointe also in der Verdunkelung bzw. Verdeutlichung des Schöpferhandelns Gottes als Heilshandelns für die Welt, dann sind *Zeichen der neuen Zeit* diejenigen, in denen das zur Geltung kommt, *Zeichen der alten Zeit* dagegen diejenigen, in denen das dunkel bleibt. Auch das Leben in der eschatologischen Neuzeit ist aber geschöpfliches Leben und vollzieht sich dementsprechend durch Zeichen- und Zeitprozesse. Das Ende der alten Zeit und der Anfang der neuen Zeit ist damit ebensowenig als Ende der Zeichen zu denken wie die Vollendung der neuen Zeit als endgültige Überwindung der Zeichenprozesse unserer Welt, wie Augustin meinte. Vollendet ist die neue Zeit vielmehr, wenn nicht nur einige, sondern alle geschöpflichen Zeichenprozesse auf Gott hin durchsichtig geworden sind. Und entsprechend ist das Ende der alten Zeit kein Abbruch der Zeichen-Welt, sondern ein Wechsel zur neuen Zeit in der Kontinuität der Zeichenprozesse der Schöpfung. Die christliche Kirche belegt das exemplarisch, insofern sie im symbolischen Ablauf des Kirchenjahrs das Ende der alten Zeit jedes Jahr aufs Neue vollzieht. Sie verdeutlicht so, daß es angesichts unserer faktischen Sündenwirklichkeit zwar ein Ende der Zeiten als Wechsel von der alten Zeit der Trennung von Gott zur neuen Zeit der Gemeinschaft mit Gott geben muß, daß es aber eben deshalb auch kein Ende der Zeichen geben kann. Denn ohne Zeichen ist freie geschöpfliche Gemeinschaft mit Gott nicht möglich, und ohne Ende der alten Zeiten wird sie nicht wirklich.

Damit entwirrt sich, was bei Augustin vermischt war. Die Zeichenproblematik gehört ganz auf die Seite schöpfungstheologischer Reflexion: Die *Zeit der Zeichen* ist die *Zeit des schöpferischen Handelns Gottes*. Die Differenz zwischen Alt und Neu dagegen gehört ganz auf die Seite soteriologischer Reflexion: Das *Ende der Zeiten* ist eine soteriologische, keine schöpfungstheologische Kategorie. *Alt* ist im Licht der Neuschöpfung also nicht die Schöpfung, sondern deren sündige Perversion in unserer faktischen Wirklichkeit. Und *neu* ist die Neuschöpfung nicht, weil sie eine neue Schöpfung wäre, sondern weil Gott selbst ihren Grundcharakter *durch* Jesus Christus und den heiligen Geist unzweideutig als Heilsgeschehen verdeutlicht. Die Schöpfung ist so permanent wie Gottes schöpferisches Sich-Beziehen auf das von ihm Verschiedene, und die Zeit der Zeichen damit nichts, mit dessen Ende man rechnen könnte oder müßte. Das Ende der alten Zeit und der Anfang der neuen Zeit ist dagegen nicht nur zu erwarten und zu erhoffen. Er hat schon längst stattgefunden und findet immer wieder statt, wo Gott seine Schöpfung durch Jesus Christus als Heilsgeschehen verdeutlicht und durch seinen Geist als solches im Glauben gewiß und wirksam werden läßt. Dieser eschatologische Prozeß vollzieht sich *in* der Schöpfung; er hat eine zugleich intensive (d.h. jedes Geschöpf betreffende) und eine extensive (d.h. alle Geschöpfe betreffende) Struktur; und er ist vollendet, wenn er individuell und universal bei jedem Geschöpf sein Ziel erreicht: den Schöpfer in den Zeichenprozessen, die es jeweils mitgestaltet, unzweideutig zur Geltung zu bringen und ihm im eigenen geschöpflichen Gebrauch der Zeichen frei und unverstellt zu entsprechen.

SPRACHE UND SCHÖPFUNG

Svend Andersen

Es gibt mindestens drei Weisen, durch die die menschliche Sprache mit dem Gedanken der Schöpfung verbunden ist. Dieser Gedanke besagt erstens, daß es einen Schöpfer von „Himmel und Erde" gibt; die Sprache muß also Mittel besitzen, *über den Schöpfer zu reden*. Zweitens ist die Welt geschaffen; was bedeutet es also für die Sprache, daß die Wirklichkeit, über die mittels ihrer gesprochen wird, *die geschaffene Welt* ist? Drittens ist der Mensch nicht nur Teil der geschaffenen Welt, sondern er nimmt laut biblischer Tradition eine Sonderstellung innerhalb der Schöpfung ein; welche Verbindung besteht zwischen diesem Glaubensinhalt und der Tatsache, daß *der Mensch ein sprachliches Wesen* ist?

I Eigenname und Kennzeichnung

Zunächst wende ich mich der Frage zu: Mit welchen sprachlichen Mitteln beziehen wir uns in der religiösen Rede auf Gott den Schöpfer? Mit dieser Frage gehört eine zweite eng zusammen: Welche Rolle hat die Rede über Gott den Schöpfer in der christlichen Rede von Gott insgesamt?

Ich verstehe die erste Frage als eine *religionsphilosophische;* ihre Beantwortung erfordert genauer gesagt *sprachphilosophische* Überlegungen[1]. In Anbetracht der Tatsache, daß die Sprachphilosophie innerhalb der sogenannten analytischen Tradition am eingehendsten betrieben worden ist, nehme ich einige ihrer Problemformulierungen als Ausgangspunkt. Wie sich zeigen wird, heißt das jedoch nicht, daß die analytische Sprachphilosophie das letzte Wort behalten muß.

Im Zuge unserer Beantwortung der Frage nach der Weise, in der wir uns sprachlich auf Gott den Schöpfer beziehen, ist zunächst zu klären, ob das Wort „Gott" ein *singulärer* oder ein *genereller Terminus* ist[2]. Befragt man die biblische und kirchliche Sprach-

---

[1] Das Folgende baut auf Untersuchungen auf, die ich im Buch *Sprog og skabelse. Fænomenologisk sprogopfattelse i lyset af analytisk filosofi med henblik på det religiøse sprog* (København 1989) vorgelegt habe. Der Titel würde auf deutsch lauten: „Sprache und Schöpfung. Phänomenologische Sprachauffassung im Lichte analytischer Philosophie im Blick auf die religiöse Sprache".

[2] Ich gehe von einer „Gemeinplatz-Definition" dieser Kategorien von Ausdrücken aus: singuläre Termini sind sprachliche Ausdrücke, mittels derer wir *auf einzelnes hinweisen* (Beispiel: „der Bundeskanzler"); generelle Termini sind Ausdrücke, die *von mehreren einzelnen wahr* sein können (Beispiel: „Politiker").

tradition, ist die Sache nicht ganz einfach zu klären. Im ersten Gebot etwa („Du sollst keine anderen Götter haben neben mir", Ex 20,3) scheint das Wort „Gott" als genereller Terminus zu fungieren; für einen solchen ist es ja gerade charakteristisch (wenn er ein Substantiv ist), daß er im Plural stehen kann. Nun gibt es aber sicher auch Verwendungen des Wortes als singulärer Terminus, ja es ist geradezu die Grundbehauptung des Monotheismus, daß „Gott" ein singulärer Terminus ist. Dieser anscheinend widersprüchliche Befund ist verwandt mit einem von Frege erwähnten Beispiel: das Wort „Mond" ist an sich ein genereller Terminus, fungiert aber in der Konstruktion „der Mond" als singulärer Terminus. Ein bestimmter Mond wird dank seiner besonderen Bedeutung durch den Terminus hervorgehoben[3].

Dieser Vergleich erweckt einen profanen Eindruck, was sicher darauf beruht, daß ein entscheidender Aspekt des Wortes „Gott" in seiner Verwendung zur *Anrede* besteht. Mit dem Wort wird nicht einfach auf „etwas" hingewiesen, sondern es wird ein *persönliches Wesen* angesprochen, etwa im Gebet. Ohne die Argumentation zu Ende zu führen, möchte ich diese Beobachtungen dahingehend zusammenfassen, daß das Wort „Gott" in der Sprachtradition des christlichen Glaubens primär als *persönlicher Eigenname* benutzt wird[4].

Wie steht es mit der Semantik von Eigennamen, d.h. wie läßt sich ihre Bedeutung explizieren? Es herrscht weitgehend Konsensus darüber, daß ein persönlicher Eigenname als solcher *keine Bedeutung* hat[5]. Eine entscheidende – obwohl nicht die einzige – Funktion von Eigennamen ist es, die Person, dessen Namen er ist, *eindeutig zu identifizieren*. Das heißt: um die „Bedeutung" eines Eigennamens zu verstehen, müßte ich die Frage „Welche Person ist mit dem Namen gemeint?" beantworten können. Dazu befähigt mich der Name als solcher aber gerade nicht, und in diesem Sinne hat ein Eigenname keine Bedeutung. Es muß etwas hinzukommen, damit der Eigenname seine identifizierende Funktion erfüllen kann.

Innerhalb der analytischen Tradition gibt es nun eine sehr verbreitete Theorie darüber, was diese ergänzende Rolle im Verhältnis zu den Eigennamen spielt. Es ist die sogenannte „description theory of proper names", die in Wirklichkeit von Frege vorgeschlagen und dann in gewisser Weise auch von Russell vertreten wurde. Die Theorie

---

[3] „Man darf sich nicht täuschen lassen, daß die Sprache einen Eigennamen, z.B. Mond, als Begriffswort verwendet und umgekehrt; der Unterschied bleibt trotzdem bestehen. Sobald ein Wort mit dem unbestimmten Artikel oder im Plural ohne Artikel gebraucht wird, ist es Begriffswort" (G. Frege: *Die Grundlagen der Arithmetik. Eine logisch-mathematische Untersuchung über den Begriff der Zahl*. Breslau 1884, S. 64. Freges „Begriffswort" entspricht im großen und ganzen „genereller Terminus" und sein „Eigenname" „singulärer Terminus".).

[4] M. Durrant gibt in seinem Buch *The Logical Status of „God" and The Function of Theological Sentences* (London 1973) viele Gründe dafür, daß das Wort „Gott" nicht eindeutig als Eigenname fungiert. Daß das Wort gleichzeitig als genereller Terminus fungieren könnte, weist er als „impossible demand" ab; ein eigentliches Argument für diese Abweisung gibt er jedoch nicht (S. 4 und 9).

[5] Man muß hier von etwaigen etymologischen Inhalten absehen wie etwa bei dem Namen „Peter" (petrus = Felsen). Solche Inhalte sind nicht irrelevant, aber sie haben nichts mit den entscheidenden Funktionen von Eigennamen zu tun.

besagt kurz formuliert, daß eine bestimmte Kategorie singulärer Termini – die sogenannten „definite descriptions"⁶ – sozusagen die Bedeutungsverleihung für Eigennamen leisten. Kennzeichnungen sind sprachliche Ausdrücke, bestehend aus einem oder mehreren generellen Termini, die so konstruiert sind, daß sie nur auf eine einzige Entität zutreffen. Als Beispiel sei genannt „Der erste Bundeskanzler des geeinten Deutschland": die Konstruktion „der erste" qualifiziert den generellen Terminus „Bundeskanzler des geeinten Deutschland", so daß er auf nur eine Person zutrifft. Diese Kennzeichnung hat die Fähigkeit, eine bestimmte Person von allen herauszuheben, und genau deshalb kann sie die identifizierende Funktion eines Eigennamens übernehmen. Fragt mich ein politisch uninteressierter Mensch „Wer ist Helmut Kohl?", kann ich antworten „der erste Bundeskanzler des geeinten Deutschland". Eigennamen erhalten somit ihre identifizierende Funktion durch einen *Identitätssatz* wie beispielsweise

Helmut Kohl = der erste Kanzler des geeinten Deutschland.

Russell, der die Bezeichnung „definite descriptions" eingeführt hat, hat in seinem klassischen Aufsatz⁷ eine Analyse von Kennzeichnungen in logischer Notation vorgelegt, die im wesentlichen folgendermaßen aussieht:

$\exists x \forall y [Fx \& (Fy \supset x=y)]$⁸

Eine Konsequenz von Russells Analyse ist, daß eine Aussage, die eine Kennzeichnung enthält, immer eine Existenzbehauptung ist. Diesem Gesichtspunkt ist P. F. Strawson mit der These entgegengetreten, die Existenz des durch die Kennzeichnung Identifizierten werde nicht behauptet, sondern vorausgesetzt⁹. Wir können hier von dieser Kontroverse absehen. Ich habe Russells Umschreibung nur erwähnt, weil sie meines Erachtens die entscheidenden Züge einer Kennzeichnung zum Ausdruck bringt. Eine Kennzeichnung muß demnach mindestens einen deskriptiven Ausdruck enthalten (F), und es wird vorausgesetzt oder behauptet, daß es eine und *nur eine* Entität *gibt,* auf die dieser Ausdruck zutrifft.

Wenn nun die „description theory" der Eigennamen haltbar ist, müssen drei Bedingungen erfüllt sein, damit einem Eigennamen sprachliche Bedeutung zugeschrieben werden kann: (1) Der *deskriptive Bestandteil* der mit dem Eigennamen korrespondierenden Kennzeichnung muß *verständlich,* bzw. sinnvoll sein. (2) Die *Existenzannah-*

---

⁶ Aus einem nicht ganz einleuchtenden Grunde wird der Ausdruck anscheinend mit „Kennzeichnung" ins Deutsche übersetzt.
⁷ *On Denoting,* in: Mind 14/1905.
⁸ „Es gibt ein x und für alle y gilt: x ist F (hat die Eigenschaft F), und wenn y die Eigenschaft F hat, ist x mit y identisch". Russell hat das nicht genau so formuliert, aber das wesentliche seiner Analyse wird hier festgehalten.
⁹ Vgl. *On Referring,* in: Mind 49/1950.

me der Kennzeichnung muß begründet sein[10]. (3) Die *Unizitätsannahme* der Kennzeichnung muß begründet sein[11].

II Die „Schöpfungs-Kennzeichnung"

Wir können uns damit wieder der Frage nach der Bedeutung des Eigennamens „Gott" zuwenden. Im Lichte der „description theory" müßte gefragt werden, ob es eine Kennzeichnung gibt, welche die identifizierende Funktion des Eigennamens „Gott" übernimmt, die also Antwort gibt auf die Frage „Wer ist mit ‚Gott' gemeint?" In diesem Zusammenhang könnte man versucht sein, auf den Doppelcharakter des Wortes „Gott" (singulär – generell) zurückzukommen und sagen: der Eigenname „Gott" erhält seine Bedeutung durch die Kennzeichnung „der (einzige, wahre) Gott". Dieser Versuch muß jedoch scheitern, denn der Ausdruck „der (einzige, wahre) Gott" erfüllt die oben genannten Bedingungen einer Kennzeichnung nicht. Der Ausdruck „Gott" ist als solcher nicht verständlich; daran kann keine Qualifizierung (etwa durch „wahr") etwas ändern. Und damit greift auch die Unizitätskonstruktion („der einzige") ins Leere. Der Ausdruck „der (einzige, wahre) Gott" ist mit anderen Worten eine Pseudo-Kennzeichnung[12].

Wir müssen uns also nach einer anderen Kennzeichnung umsehen, die die identifizierende Funktion des Eigennamens „Gott" übernehmen könnte. Ich möchte nun behaupten, daß die *fundamentale Rolle des Schöpfungsgedankens sprachlich darin zum Ausdruck kommt, daß er die Bedeutung des Namens „Gott" auf der fundamentalen Ebene bestimmt*. Der Schöpfungsgedanke tritt ja in der Tat in der Form von Kennzeichnungen auf, etwa „der Schöpfer des Himmels und der Erde". Meine Behauptung läuft somit darauf hinaus, daß die Bedeutung des Wortes „Gott" letztendlich durch den Satz

Gott ist der Schöpfer des Himmels und der Erde

bestimmt wird. Der Satz ist ein Identitätssatz, und er spricht meines Erachtens die *fundamentale Identifikation* aus, die das Wort „Gott" verständlich macht. Um diese

---

[10] Als Beispiel einer Kennzeichnung, wo diese Bedingung nicht erfüllt ist, sei genannt: „Der letzte Bundeskanzler der DDR".

[11] Als Beispiel einer Kennzeichnung, wo diese Bedingung nicht erfüllt ist, sei genannt: „Der deutsche Ministerpräsident" (derer gibt es inzwischen mehr als ein Dutzend!).

[12] Widerspricht dem Gesagten nicht *Luthers* berühmte Auslegung des Ersten Gebotes? Er versucht ja anscheinend, die Bedeutung des Wortes „Gott" zu explizieren. Dabei geht er jedoch von einer zweifelhaften Etymologie des *deutschen* Wortes „Gott" aus („Gott" – „gut"; vgl. *Der große Katechismus*, BSLK 560). Aber was könnte ein Franzose mit einer solchen Explikation der Bedeutung von „Dieu" anfangen? Das Vorhandensein ganz verschiedener sprachlicher Bezeichnungen für den christlichen Gott spricht übrigens schon für die Auffassung, daß „Gott" ein Eigenname ist: ein Eigenname kann nicht übersetzt werden, aber verschiedene Namen in verschiedenen Sprachen können dieselbe Person bezeichnen.

Behauptung zu begründen, muß ich zumindest andeutungsweise prüfen, ob die genannten drei Bedingungen für Kennzeichnungen im Falle des Ausdruckes „der Schöpfer des Himmels und der Erde" erfüllt sind.

(1) Ich gehe davon aus, daß der Ausdruck „Himmel und Erde" der biblischen Sprachtradition dem entspricht, was wir heutzutage „das Universum" nennen würden. Ist also der Ausdruck *„Schöpfer des Universums"* verständlich?

Fangen wir mit dem „Universum" an. Dieser Ausdruck ist wohl heutzutage innerhalb der Naturwissenschaft am geläufigsten. Es muß meines Erachtens klar betont werden, daß von dieser Bedeutung von „Universum" in unserem Zusammenhang *nicht* die Rede sein kann: in den Naturwissenschaften, etwa der Astrophysik und der Kosmologie, wird „das Universum" nicht zu einem Schöpfer in Beziehung gesetzt[13]. Wir versuchen, wie eingangs betont, einen philosophischen Diskurs zu führen, und das heißt, wir müssen von einem *metaphysischen* Begriff des Universums ausgehen. Ich möchte mich wiederum an einer „Gemeinplatz-Definition" orientieren und sage: das Universum ist der Inbegriff von *allem, was es gibt*[14]. Der Ausdruck „Universum" scheint also auch metaphysisch aufgefaßt verständlich zu sein.

Wie steht es aber mit dem Ausdruck *„Schöpfer* des Universums"? Es gibt bekanntlich innerhalb des philosophischen Denkens des Christentums eine starke Tradition, die behauptet, der Gedanke der Schöpfung müsse von dem Begriff der *Existenz* her verstanden werden – also von dem „es gibt". In der Tradition der sogenannten Gottesbeweise kommt dies in dem Argument e contingentia mundi zum Ausdruck, wie ihn etwa Thomas von Aquin durchführt[15]. Der Grundgedanke dieses Argumentes ist, daß Existenz, wie wir sie erfahren, immer kontingent ist: was ist, könnte auch nicht sein; darum muß man ein Wesen annehmen, welches der Grund des kontingent Existierenden und daher ein ens necessarium ist.

Obwohl wir nach Kant nicht beanspruchen sollten, man könne im strengen Sinne in dieser Weise die Existenz Gottes beweisen, sind doch in dem Grundmotiv dieses Argumentes wichtige Einsichten enthalten. Sie gilt es, in einer heute vertretbaren Form zu explizieren. Ich möchte hier kurz zwei neuere Versuche in dieser Richtung erwähnen.

In seinem Buch „Welt als Schöpfung" hebt *Eberhard Wölfel* im Zuge seiner Erläuterung des „ersten Fundamentalsatzes" der Schöpfungslehre hervor, daß man Schöpfung nicht kausal verstehen darf. In Anknüpfung an Thomas von Aquin betont er demgegenüber, daß es bei dem Schöpfungsgedanken um *Seinsmodalitäten* gehe, eben um

---

[13] Etwas ganz anderes ist es, daß es Naturwissenschaftler gibt, die zugeben, die gegenwärtige naturwissenschaftliche Theoriebildung über „das Universum" sei nicht an sich mit der Rede von einem Schöpfer unvereinbar.

[14] Den Unterschied zwischen einem naturwissenschaftlichen und einem metaphysischen Begriff vom Universum könnte man etwa so formulieren: bei letzterem wird vorausgesetzt, daß es *mehr gibt*, als was naturwissenschaftliche Theorien als existierend annehmen. Es ist zum Beispiel sehr zweifelhaft, ob in irgendeiner Naturwissenschaft die Existenz von Personen angenommen wird.

[15] Vgl. seine „tertia via", *Summa theologiae*, 1a. 2, 1.

den Unterschied zwischen kontingent und notwendig Existierendem. Kontingente Existenz versteht er dabei im Lichte des *ex nihilo* der traditionellen Schöpfungslehre: das kontingent Existierende sei „das Nichtige, weil Endende". Das notwendig Existierende, das dem kontingenten gegenübersteht, interpretiert Wölfel als *die Kreativität.* Dabei möchte er das Element der conservatio bzw. der creatio continua der Tradition hervorheben[16]. Ich verstehe Wölfels Gedankengang so, daß die Erfahrung der Endlichkeit und Vergänglichkeit alles Existierenden den Gedanken von einer Macht nahelegt, die das Endliche für eine Zeit in der Existenz erhält.

Habe ich das recht verstanden, sind die Überlegungen Wölfels denjenigen von *Knud E. Løgstrup* sehr verwandt. Auch Løgstrup versucht – in seinem neuerdings ins Deutsche übersetzten religionsphilosophischen Hauptwerk[17] –, den klassischen Gedanken der Kontingenz neu zu interpretieren. Er tut das von einer Analyse der Zeiterfahrung her, indem er diese als in einem Auflehnen gegen einen irreversiblen Vernichtungsprozeß begründet auffaßt. Von daher gelangt er zu dem Gedanken, Existenz oder Sein heiße, der Vernichtung ausgesetzt sein. Was seiner Vernichtung entgegeneilt, kann jedoch nicht die Macht zu sein aus sich selbst haben, diese muß vielmehr eine dem Existierenden transzendente Macht sein. So gelangt Løgstrup zum Gedanken von einer „Macht zu sein in allem, was ist"[18].

Wölfel spricht in seinem Buch von der „Erfahrung einer sich offenbarenden *Macht und Kraft*" (op.cit., S. 25). Auch das möchte ich als weitgehend mit Løgstrups Überlegungen übereinstimmend auffassen. Man könnte die Formulierungen beider vielleicht so zusammenfassen, daß die Rede von Schöpfung philosophisch gesehen letztlich *phänomenologisch* begründet werden muß: es muß überzeugend sein, daß wir tatsächlich Existenz – das „es gibt" – immer als mit Nichtigkeit (Vergänglichkeit) gekoppelt und daher über sich hinausweisend erfahren. Hier ist sicher noch einiges zu leisten, nicht zuletzt hinsichtlich des Gedankens von der „Macht zu sein" – ein Gedanke, der unter Verdacht steht, Occams Rasiermesser zum Opfer fallen zu müssen.

Trotz solcher offenen Fragen möchte ich zusammenfassend feststellen, daß der deskriptive Teil unserer Kennzeichnung: „Schöpfer des Universums" verständlich und damit sinnvoll ist.

---

[16] E. Wölfel: *Welt als Schöpfung. Zu den Fundamentalsätzen der christlichen Schöpfungslehre heute* (Theologische Existenz heute, Nr.212). München 1981, S. 28ff.

[17] Knud E. Løgstrup: *Schöpfung und Vernichtung. Religionsphilosophische Betrachtungen. Metaphysik IV.* Tübingen 1990.

[18] Vgl. op.cit., S. 61–63. Ich habe versucht, eine Einführung in Løgstrups Religionsphilosophie zu geben in meinem Aufsatz „Metaphysik und Religion im Spätwerk Knud E. Løgstrups" (in: *Religion im Denken unserer Zeit.* Hrsg. von W. Härle/E. Wölfel, Marburger Theologische Studien, Bd. 21, Marburg 1986).

III Die Existenz Gottes

(2) Wie steht es nun mit der Begründung der *Existenzannahme* der „Schöpfungs-Kennzeichnung"? Fassen wir diese in die übliche logische Notation, müßte sie etwa folgendermaßen lauten:

$\exists x$(x hat das Universum geschaffen), bzw. es gibt ein x, so daß: x hat das Universum geschaffen.

Wir stehen hier vor einem eigenartigen Tatbestand: das Prädikat, das dem x zugesprochen wird, enthält zwei Bestandteile, die eng mit dem Existenzquantor zusammenhängen. Wir haben ja „Universum" als „Inbegriff von allem, *was es gibt*" bestimmt. Und wir haben „geschaffen", bzw. „Schöpfung" von der Existenz, dem „*es gibt*" her, bestimmt. Kann man von einem „x", das solcherart prädikativ charakterisiert wird, noch sinnvoll sagen, es gebe es? Die Frage führt uns, meine ich, den Tatbestand vor Augen, daß wir versuchen, mit den Mitteln der Logik etwas auszudrücken, das die Begrenztheit der Logik demonstriert. In der Prädikatenlogik wird der Begriff der Existenz durch Verwendung des Existenzquantors vorausgesetzt. Wie dieser Begriff jedoch zu interpretieren ist, ist eine Frage jenseits der Logik; es ist eine metaphysische Frage. Philosophisch gesehen ist der Schöpfungsgedanke – unter anderem – genau eine metaphysische Interpretation der Frage, was es heißt, zu existieren. Deshalb kann dieser Gedanke streng genommen nicht mit den Mitteln der Logik adäquat formuliert werden. Ich komme auf die Frage nach dem adäquaten sprachlichen Ausdruck für den Schöpfungsgedanken zurück.

Man könnte die Frage zur Existenzannahme der „Schöpfungs-Kennzeichnung" vielleicht so beantworten: die Annahme der Existenz eines Schöpfers ist weder begründet noch widerlegt, sie ist vielmehr übertroffen.

(3) So wie der Begriff „Schöpfer" bzw. „Schöpfung" eingeführt wurde – nämlich als Macht zu sein –, ist er ein genereller Terminus. Wie läßt sich nun zeigen, daß es nur eine solche Macht „gibt", also die *Unizitätsannahme* begründen? Die Antwort liegt gewissermaßen schon in dem Gedanken von dem *Universum* als der Einheit dessen, was es gibt. Wenn es sinnvoll ist, von der Einheitlichkeit des Existierenden zu reden (was noch genauer untersucht werden müßte), dann ist auch die Einzigkeit des Schöpfers, bzw. der Macht zu sein, gegeben. Diesen Zusammenhang hat insbesondere Wolfhart Pannenberg oft betont[19], und hierin stimme ich ihm völlig zu.

Wir haben im Zuge der Überlegungen zu der Begründbarkeit der Bedingungen, welche die „Schöpfungs-Kennzeichnung" erfüllen muß, die traditionellen Gottesbeweise einbezogen. Das ist kein Zufall. Betrachtet man die Struktur dieser Beweise

---

[19] Vgl. z.B.: „Die philosophische Theologie hat den einen Gott als den Ursprung der Einheit des Kosmos gedacht", *Systematische Theologie*, Bd. I, S. 80.

genauer, zeigt sich, daß einige von ihnen den Charakter einer Begründung der Existenzannahme einer den Namen „Gott" bestimmenden Kennzeichnung haben. So beschließt etwa Thomas von Aquin in den genannten „viae" vier der fünf Argumente mit einer Bemerkung wie dieser:

> Ergo necesse est ponere aliquam causam efficientem primam, *quam omnes Deum nominant*[20].

Liest man sozusagen die fünf Beweise Thomas' „von hinten", kann man ihre Logik folgermaßen auffassen: wir benutzen den *Namen* „Gott"; es läßt sich zeigen, daß es etwas gibt, das die und die Eigenschaften hat und das wir mit diesem Namen benennen. Die Beweise enthalten also auch verschiedene deskriptive Bestandteile von Kennzeichnungen. In ähnlicher Weise kann man Thomas' Behandlung der Quaestio *„de unitate dei"* auffassen als Begründung der Unizitätsannahme der „Schöpfungs-Kennzeichnung". So lautet eines der Argumente für die Singularität Gottes: „Quae autem diversa sunt in unum ordinem non convenierent nisi ab aliquo uno ordinarentur" (1a. 11, 3).

Mit diesen Bemerkungen habe ich nur andeuten wollen, daß mit den traditionellen Gottesbeweisen ein Ziel verfolgt wird, das auch heute religionsphilosophisch und theologisch fundamental ist: eine Kennzeichnung (oder mehrere) zu finden, die dem Wort „Gott" Bedeutung verleihen kann[21].

---

[20] Eigentümlicherweise fehlt dieser Schluß in dem Argument der tertia via; in einigen Ausgaben ist er jedoch hinzugefügt. Vgl. St Thomas Aquinas: *Summa Theologiae. Latin text and English translation, Introductions, Notes, Appendices and Glossaries.* Vol. 2. London, New York 1964, S. 14.

[21] W. Pannenberg widmet im ersten Band seiner systematischen Theologie der Frage nach der Bedeutung des Wortes „Gott" einen eigenen Abschnitt. Es will mir jedoch nicht scheinen, daß es ihm gelungen sei, die Sache überzeugend auseinanderzulegen. Er stellt die entscheidende Frage, ob „Gott" ein Eigenname sei; er bejaht sie, findet jedoch gleichzeitig, das Wort müsse einen „prädikativen Inhalt" haben, bzw. eine „Gattungsbezeichnung" oder „allgemeine Kennzeichnung" sein. Nur so könne man den Anspruch des biblischen Monotheismus verstehen, von dem einzigen Gott zu reden: „der Inhalt der Behauptung liegt dann gerade in der Einschränkung einer allgemeinen Kategorie auf einen einzigen Fall ihrer Realisierung" (op. cit., S. 78).
Mit „Gott" verhielte es sich somit nach Pannenberg ähnlich wie bei Freges Beispiel „Mond". Um meine Terminologie zu benutzen: Pannenberg behauptet, das Wort „Gott" fungiere auch als genereller Terminus. Was aber ist nach Pannenberg die Bedeutung dieses generellen Terminus? Pannenberg verfolgt mit seiner These das Ziel, die Angewiesenheit der christlichen Rede von Gott auf einen allgemeinen Gottesbegriff zu zeigen. Dazu sagt er: „Es ist durchaus von Demselben die Rede, nämlich von ‚Gott' schlechthin, aber in anderer Weise, in der Weise einer fundamentalen Korrektur" (ibid.). Diese Formulierung ist nur sinnvoll, wenn „dasselbe", von dem innerhalb und außerhalb des biblischen Glaubens die Rede sein soll, die *Klasse* der Götter ist; mit „‚Gott' schlechthin" muß Pannenberg meinen: der biblische Glaube beinhaltet, daß diese Klasse nur ein Mitglied hat. Ich sehe aber in den Ausführungen Pannenbergs nirgends eine Definition der durch das Wort „Gott" bezeichneten Klasse. Wo Pannenberg etwas über die Bedeutung des Wortes „Gott" sagt, tut er das mit Hilfe von Wendungen wie „Das Göttliche als de(n) einen Ursprung des einen Kosmos" (op. cit., S. 79). Das ist aber eine Kennzeichnung, also ein singulärer Terminus! Überhaupt läßt sich das berechtigte Anliegen Pannenbergs besser so formu-

IV Die Rede vom Schöpfer und die Christologie

Ich möchte nun kurz auf die Frage zurückkommen, welche Bedeutung der Rede vom Schöpfer für das christliche Reden von Gott insgesamt zukommt. Mit dem Ausdruck „christliches Reden von Gott insgesamt" ist natürlich letztlich die Rede vom dreieinigen Gott gemeint. Ich beschränke mich im folgenden auf einige Bemerkungen zum Verhältnis zwischen der Rede vom Schöpfer und der Christologie.

Ich nehme als Ausgangspunkt einen möglichen Einwand gegen meine Behauptung, durch die Identifikation Gottes mit Hilfe einer „Schöpfungs-Kennzeichnung" werde auf der fundamentalsten Ebene dem Wort „Gott" Bedeutung verliehen. Ist nicht, so könnte man ja einwenden, laut christlichem Glauben die fundamentale Bedeutungsverleihung dadurch gegeben, daß Gott sich *in Jesus Christus offenbart*? Wir stehen hier vor dem Verhältnis zwischen Schöpfungs- und Offenbarungstheologie, sozusagen in sprachphilosophischem Gewand. Eine radikale Alternative zu meinem schöpfungstheologischen Ansatz läge vor, wenn auch die von mir übernommene Auffassung der Eigennamen – die „description theory" – bestritten würde. Das ist in der Tat in dem Buch von *Ingolf U. Dalferth*: „Religiöse Rede von Gott" (München 1981) der Fall. Dalferth vertritt bei seinen Überlegungen zur Identifizierbarkeit Gottes eine alternative Auffassung der Eigennamen: die Theorie der „rigid designators" von Saul A. Kripke. Diese Theorie muß kurz vorgestellt werden.

Nach Kripke[22] kann die „description theory" in zweierlei Weise verstanden werden: (a) die *Bedeutung eines Eigennamens* wird durch die entsprechende Kennzeichnung gegeben; (b) das *Referenzobjekt eines Eigennamens* wird durch die entsprechende Kennzeichnung bestimmt. In der Version (a) ist die Theorie nach Kripke schlicht falsch. Es kann beispielsweise die Behauptung, „Aristoteles" bedeute dasselbe wie „der Lehrer Alexanders des Großen" nicht zutreffen, denn Lehrer Alexanders zu sein ist keine notwendige Eigenschaft Aristoteles'. Mit der modallogischen Formulierung Kripkes: es gibt eine mögliche Welt, in der Aristoteles nicht Lehrer Alexanders ist; in allen möglichen Welten hingegen ist Aristoteles Aristoteles. Kripke geht also von der sehr zweifelhaften Voraussetzung aus, die Bedeutung eines Eigennamens müsse sich auf notwendige Eigenschaften des Benannten beziehen. – In der Version (b) akzeptiert Kripke die Theorie, allerdings mit der Konsequenz, daß Kennzeichnungen für die Bedeutung und Funktion von Eigennamen nicht entscheidend sind.

Entscheidend in dieser Hinsicht ist hingegen, was Kripke die „ursprüngliche Namensgebung" („original baptism") nennt, d.h. die erste Zuordnung eines Namens zu seinem Träger. Hier können Kennzeichnungen eine Rolle spielen. Für die Funktion von Eigennamen ist weiter entscheidend, daß jeder Gebraucher des Namens einer

---

lieren: Es gibt außerhalb der christlichen Tradition Kennzeichnungen, die dasselbe bezeichnen wie die „Schöpfungs-Kennzeichnung".

[22] Die Kritik der gängigen Theorie und die Vorstellung der Alternative findet sich im Buch *Naming and Necessity*, Oxford 1980.

Kommunikationsgemeinschaft angehört, die durch eine Kette von Gebrauchern mit der ursprünglichen Namensgebung verbunden ist.

Dalferth lehnt nun im Anschluß an Kripke eine „description theory" der Bedeutung des Namens „Gott" ab. Er gibt dafür zwei Gründe: (1) Es lasse sich denken, daß mehrere Kennzeichnungen vorkommen, die unter sich nicht vereinbar sind; wie kann man dann entscheiden, durch welche Gott identifiziert wird? (2) Die Theorie hat zur Konsequenz, daß die Aussage „Gott existiert" verschiedene Wahrheitswerte haben kann, indem das Individuum, auf das „Gott" verweist, dasselbe ist, obwohl keine der verwendeten Kennzeichnungen auf dieses Individuum zuträfen. (Op. cit., S. 597f.).

Als Alternative führt Dalferth in Anlehnung an Kripke den Gedanken einer „*christologischen Identifikation Gottes*" ein, wobei das Wort „Gott" ein rigider Designator sein soll. Innerhalb der christlichen Rede beruht die identifizierende Funktion des Wortes „Gott" nach Dalferth auf einer Art ursprünglicher Namensgebung durch die Hörer Jesu mit Hilfe des Ausdruckes „derjenige, der in Jesus den Menschen anspricht". Der heutige Redner identifiziert mit dem Wort „Gott" dasselbe Individuum, weil er mit den ursprünglichen Benutzern durch eine „historisch-epistemische Kausalkette" verbunden ist. (Op. cit., S. 597f.).

Fragen wir zunächst, wie es mit Dalferths Einwänden gegen die „description theory" von „Gott" steht. Soweit ich sehe, hängt der zweite Einwand vom ersten ab. Dieser scheint vorauszusetzen, daß die Kennzeichnungen, durch welche der Name „Gott" identifizierende Funktion erhält, mehr oder weniger willkürlich gewählt werden könnten. Genau das ist aber nicht der Fall! In der tatsächlichen christlichen Sprachtradition nimmt vielmehr die Kennzeichnung „der Schöpfer des Universums" eine grundlegende und normative Stellung ein. Es ist für diese Kennzeichnung charakteristisch, daß sie es jederzeit möglich macht, die Referenz des Wortes „Gott" zu bestimmen.

Was den konstruktiven Teil von Dalferths Überlegungen betrifft, seine Interpretation des Namens „Gott" als rigiden Designators, muß man, meine ich, fragen: Woher stammt die Rede davon, daß in der Verkündigung und im Schicksal Jesu von Nazareth „jemand den Menschen anspricht"? Diese Rede ist doch eine Interpretation der Verkündigung und des Schicksals Jesu durch die ersten Gläubigen. Und diese Interpretation beruht entscheidend darauf, daß Jesus *von Gott als dem Schöpfer* geredet, bzw. Ihn als solchen angeredet hat, etwa durch den Ausdruck „Vater". Ich möchte also behaupten, daß der Christusglaube nur verständlich ist vor dem Hintergrund eines Redens von Gott als dem Schöpfer. Um die christologischen Aussagen über die Identität Jesu („er war der Sohn Gottes") überhaupt verstehen zu können, muß man die Frage beantworten können, wen Jesus denn mit seiner Rede von und an „Gott" gemeint hat. Und dazu bedarf es letztlich einer „Schöpfungs-Kennzeichnung"[23].

---

[23] Ich kann ganz der Formulierung Pannenbergs zustimmen, die Grundfunktion des Redens von Gott in der christlichen Theologie sei: „Der Schöpfer der Welt wurde in Jesus Christus dem Menschen gegenwärtig und offenbar" (Systematische Theologie I, S. 80). Pannenberg muß denn auch Dalferths Interpretation des Namens „Gott" als rigiden Designators abweisen (vgl. op. cit.,

V Metaphysik und Erfahrung

Ich möchte nochmals zu den klassischen Gottesbeweisen zurückkehren. Der Grund für das Unbehagen, das sie bei dem heutigen Leser erwecken, sollte nicht darin gesucht werden, daß sie schlicht unschlüssig wären. Der Grund scheint mir vielmehr in der schon erwähnten Tatsache zu liegen, daß die benutzte logisch-rationale Sprache die Sache, um die es geht, nicht adäquat ausdrücken kann. Die Tatsache wurde deutlich an dem Versuch, die Begründung der Existenzannahme der „Schöpfungs-Kennzeichnung" durchzuführen. Das Problematische an diesem Versuch ist meines Erachtens eine Widerspiegelung dessen, daß die rationale Sprache der Gottesbeweise die Erfahrungsgrundlage der Rede von dem Schöpfer nur sehr einseitig zu artikulieren vermag. Das Problematische wurde nicht durch die Rekonstruktion der Gottesbeweise mit Hilfe der neueren Theorie über Eigennamen und Kennzeichnungen beseitigt. So stellt sich die Frage, welchen Stellenwert die durch diese Theorie erfaßten sprachlichen Ausdrucksmittel haben.

Die prominente Rolle, die die Diskussion über Eigennamen und andere singuläre Termini innerhalb der analytischen Sprachphilosophie gespielt hat, beruht auf der expliziten oder impliziten Voraussetzung, daß die *singuläre prädikative Aussage* innerhalb der Sprache einen fundamentalen Platz einnimmt[24]. Diese Voraussetzung legt wiederum die Annahme nahe, daß die Struktur der Alltagssprache mit Hilfe der Notation der Prädikatenlogik formuliert werden kann („Helmut Kohl ist Politiker" entspricht „a ist F", bzw. „Fa"). Es gibt denn auch innerhalb der analytischen Philosophie eine verbreitete Tendenz, an die Systematisierbarkeit der Alltagssprache zu glauben. Gegen diese hat es jedoch seit den 30er Jahren eine Gegenbewegung gegeben, vor allem vertreten durch Ludwig Wittgenstein. Gegen seine eigene frühere Behauptung von der logischen Einheitsstruktur der Sprache betont er in seiner Spätphilosophie die unerschöpfliche Mannigfaltigkeit der Alltagssprache.

All das ist bekannt. Es sei jedoch daran erinnert, daß es innerhalb der *phänomenologischen Tradition* eine Position gibt, die derjenigen Wittgensteins in sehr vielen Punkten vergleichbar ist. Ich denke an Hans Lipps[25], vor allem sein 1938 erschienenes Buch *Untersuchungen zu einer hermeneutischen Logik*. Im folgenden erwähne ich kurz zwei Themen seiner Sprachphilosophie, die für mein Anliegen wichtig sind.

S. 81). – Ich bin mir im klaren darüber, daß ich mit meinen Einwänden in keiner Weise den tiefschürfenden Untersuchungen des Buches von Ingolf Dalferth gerecht werde. Ich hoffe, an anderer Stelle eingehender zu ihnen Stellung nehmen zu können.

[24] So spricht W. v. O. Quine von der „basic combination" (*Word and Object*. Cambridge Mass. 1964, S. 96); dem folgt P. F. Strawson (*Subject and Predicate in Logic and Grammar*. London 1974, S. 3ff).

[25] Hans Lipps, geb. 1889, war Schüler Husserls in Göttingen; er war der wichtigste philosophische Inspirator Knud E. Løgstrups. Zur Philosophie von Lipps vgl. jetzt die Beiträge im *Dilthey-Jahrbuch für Philosophie und Geschichte der Geisteswissenschaften*, hrsg. von F. Rodi, Göttingen 1989.

Nach Lipps wäre es erstens verfehlt, anzunehmen, die singuläre Prädikation sei eine fundamentale oder elementare Form der Rede. Elementar gesehen ist Rede nach Lipps vielmehr etwa ein Mittel des existierenden Menschen, um das Entscheidende seiner jeweiligen Situation auszudrücken. Lipps nennt das Beispiel „*Es kam gerade der Postbote*". Seiner Auffassung nach wäre es falsch, diese Äußerung als singuläre Prädikation zu verstehen. Entscheidend ist nicht, daß auf eine Person identifizierend hingewiesen und von ihr etwas prädiziert würde. Was die Äußerung ausdrücken will, ist vielmehr, wie das Kommen des Postboten in die konkrete Situation des Redenden hineinwirkt, etwa als Störung. Dabei ist es wie gesagt irrelevant, ob der Postbote als einzelner identifiziert wird oder nicht: das ist nicht die Pointe der Bemerkung. Und streng genommen kann man im Sinne Lipps' nicht sagen, der Ausdruck „der Postbote" habe die Funktion der singulären Referenz[26].

Es *kann* jedoch nach Lipps Situationen geben, in denen es entscheidend wichtig ist, auf einzelnes hinzuweisen. Eine solche Situation könnte etwa durch folgende Äußerung ausgedrückt werden: „Es regnet – wo ist *mein Schirm*?" Nur in besonderen Fällen dient also ein sprachlicher Ausdruck, der grammatisch die Form eines singulären Terminus hat, in der Situation dazu, ein einzelnes herauszustellen. Zu dieser Thematik gehört bei Lipps seine Behauptung, ein persönlicher Eigenname habe nicht primär die Funktion, auf eine bestimmte Person hinzuweisen, sondern etwa die, einen anderen Menschen in seiner Verantwortlichkeit zu „stellen" (op.cit., S. 29f.).

Ein wichtiges sprachliches Phänomen ist nach Lipps – und das ist das zweite Thema, das ich erwähnen möchte –, was er *die Artikulation eines Eindrucks* nennt. Eines seiner Beispiele ist die Bemerkung „Der Vortrag war ledern" – wiederum scheinbar ein singulärer prädikativer Satz. Die Bedeutung der Bemerkung muß jedoch nach Lipps etwa folgendermaßen umschrieben werden. Ein Vortrag macht auf mich einen bestimmten Eindruck, und ich versuche, mit Hilfe der Sprache zu klären, was in dem Eindruck enthalten ist. Dabei fällt mir etwas ein, was mit dem Vortrag verwandt ist: Leder.

In dem genannten Beispiel dreht es sich um das, was Lipps den *sachlichen Eindruck* nennt. Damit meint er solche Eindrücke, mit denen man mittels der Sprache „zurechtkommen" kann. Dem stellt er den *überwältigenden Eindruck* gegenüber, wie er etwa in der Form von Grauen, Entsetzen, Schrecken oder Furcht gegeben ist. Bei dem überwältigenden Eindruck wird man nach Lipps gerade der sozialen Welt entrückt, in der man normalerweise sachlich handeln kann. Entscheidend ist, behauptet er, daß der überwältigende Eindruck nicht als „subjektiv" abgetan werden kann:

> Im Eindruck meldet sich hier das Eigenrecht einer unbezwinglichen Wirklichkeit, der gegenüber man es nicht hier- oder dorthin bewenden lassen kann. Gerade etwas den darin bezeichneten Grenzen Transzendentes scheint hier der Eindruck melden zu wollen (op.cit., S. 100).

---

[26] Vgl. *Untersuchungen zu einer hermeneutischen Logik*, S. 126.

Einen überwältigenden Eindruck zu haben bedeutet nicht notwendigerweise, völlig machtlos zu sein. Man kann versuchen, das auszudrücken, was sich meldet, es umschreiben bzw. ihm ein „Gesicht" geben, wie Lipps sagt. Im Unterschied zu dem Wort, das prägnant einen sachlichen Eindruck „zuspitzen" kann, läßt sich jedoch hier nicht endgültig mit dem Eindruck zurechtkommen. Etwas an ihm verbleibt unsagbar.

Ein wichtiger Gedanke sowohl in der Anthropologie als auch in der Sprachauffassung von Lipps ist in seiner Rede von der „Einheitlichkeit der menschlichen Natur" enthalten. Damit meint er etwa die Fähigkeit des Menschen, Zusammenhänge, Ähnlichkeiten und Gleichnisse zu stiften. Genau das ist bei der Artikulation des Eindruckes der Fall: es gibt eine Gleichheit des Erlebens bei dem Hören des Vortrages und dem Ansehen, bzw. dem Berühren von Leder. Eine andere Manifestation der Einheitlichkeit der menschlichen Natur sieht Lipps darin, daß Ausdrucksmittel – auch nichtsprachlicher Art – bei sogenannten „Primitiven" die gleiche Funktion haben können wie Verwendungsweisen unserer „höherentwickelten" Sprachen. So sieht er Phänomene wie Magie, Tabu, Totem und Maske als Mittel, dem überwältigenden Eindruck ein „Gesicht" zu geben. Obwohl er das nicht explizit sagt, kann man hinzufügen, daß wir in unserer Kultur den Eindruck mit *sprachlichen* Mitteln zu artikulieren versuchen, deren Funktion also derjenigen der „primitiven" Ausdrücke gleicht[27].

Ich meine, daß diese Beobachtungen von Hans Lipps für das Verstehen der Rede vom Schöpfer in höchstem Maße relevant sind. Das Problematische an dem Versuch, die Existenzannahme der „Schöpfungs-Kennzeichnung" zu begründen, könnte ja daran liegen, daß es letzten Endes verfehlt ist, das Wort „Gott" als singulären Terminus aufzufassen. Es könnte sein, daß es auch bei der Rede von Gott eine Ebene gibt, die elementarer ist als diejenige, wo die Unterscheidung zwischen singulären und generellen Termini und damit die singuläre Prädikation auftritt. Vielleicht gibt es so etwas wie eine *religiöse Situation,* wo das Wort „Gott" seinen ursprünglichen Ort hat. Ich möchte nun die Beobachtungen von Lipps dahingehend ausnutzen, daß ich sage: *Das Wort „Gott" ist der zentrale Bestandteil der sprachlichen Ausdrucksmittel, mit denen die jüdisch-christliche Tradition den überwältigenden Eindruck artikuliert.* Anders gesagt: die der christlichen Rede von Gott zugrundeliegende *religiöse Erfahrung* hat den Charakter dessen, was Lipps den überwältigenden Eindruck nennt. Der *Existenzannahme* der logisch-rationalen Ebene entspricht auf der Ebene der religiösen Erfahrung die *Intentionalität des Eindruckes.*

Daß ich den Versuch, die Rede von Gott mit Hilfe der Theorie über Eigennamen und Kennzeichnungen zu explizieren, „verfehlt" nenne, muß recht verstanden werden. Dieser Versuch hat seinen guten Sinn – soweit es um die rationale Begründung der Rede von Gott geht. Bei dieser führen wir einen *metaphysischen* Diskurs. Er hat seine Grenzen, weil er nicht die religiöse Erfahrung des Schöpfungsglaubens adäquat auszudrücken vermag.

---

[27] Vgl. *Die Verbindlichkeit der Sprache.* Frankfurt 1958, S. 118.

VI Die Artikulation des „Kreaturgefühls"

In seinem schon erwähnten Buch bemerkt Eberhard Wölfel, mit der Lehre der creatio ex nihilo „greif(e) der Glaube das religiöse Wissen der Menschheit auf": das „Kreaturbekenntnis" stehe allem Menschlichen offen. Allerdings werde die Erfahrung des Schöpferischen in der biblischen Sprache durch den Ausdruck „der Schöpfer" näher qualifiziert. (Op. cit., S. 26). Ich glaube, daß dieses wichtige Anliegen mit Hilfe der Einsichten von Hans Lipps sprachphilosophisch erläutert werden kann. Um das anzudeuten, möchte ich kurz auf die Auffassung von der religiösen Erfahrung bei Schleiermacher und Rudolf Otto eingehen.

Die Art, wie Schleiermacher in der *zweiten Rede über die Religion* die religiöse Erfahrung darstellt, läßt sich in der Tat im Einklang mit Lipps' Überlegungen zum Phänomen des Eindruckes verstehen. So benutzt er mehrmals das Wort „Eindruck", wenn er das „Gefühl" und die „Anschauung" des Universums beschreibt[28]. Nun ist die Terminologie im Umkreis von den Phänomenen Erfahrung und Wahrnehmung recht chaotisch, und so darf man diese rein sprachliche Übereinstimmung nicht überbewerten. Der Sache nach kommt Schleiermacher jedoch dem Phänomen Eindruck sehr nahe, wenn er von dem *„Handeln"* des Universums gegen das religiöse Subjekt spricht. Was er damit meint, macht die folgende Formulierung deutlich:

> Alles Anschauen geht aus von einem Einfluß des Angeschauten auf den Anschauenden, von einem ursprünglichen und unabhängigen Handeln des ersteren, welches dann von dem letzteren seiner Natur gemäß aufgenommen, zusammengefaßt und begriffen wird. (Op. cit., S. 31).

Mit Lipps müßte man präzisieren, daß das „aufnehmen", „zusammenfassen" und „begreifen" immer ein *Artikulieren durch ein Ausdrucksmittel*, gegebenenfalls die Sprache, ist[29].

Das religiöse Gefühl muß nach Schleiermacher bekanntlich nicht notwendig mit einem Gottesgedanken verbunden sein. Er konzipiert vielmehr die religiöse Erfahrung so, daß es vielerlei verschiedene Gestaltungen von ihr geben kann. Wieder könnte man mit Lipps sagen: der zugrundeliegende Eindruck läßt sich durch vielerlei Ausdrucksmittel artikulieren. Immer, wenn wirklich von einem religiösen Gefühl die Rede ist, wird das Universum „gesetzt als ursprünglich handelnd auf den Menschen" (op. cit., S. 71). Der Gottesgedanke in seiner „höchsten" Gestalt führt dieses Handeln auf „ein höchstes Wesen" zurück, ein „Geist des Universums, der es mit Freiheit und Verstand

---

[28] So etwa: „Je gesunder der Sinn, desto schärfer und bestimmter wird er jeden Eindruck auffassen" (F. Schleiermacher: *Über die Religion. Reden an die Gebildeten unter ihren Verächtern* (PhB 255), Hamburg 1958, S. 38.
[29] So hebt Schleiermacher auch hervor, das Handeln des Universums könne ein „Widergeben der religiösen Anschauung" und einen sich „mitteilenden Ausdruck des religiösen Gefühls" veranlassen (op. cit., S. 66).

regiert" (op. cit., S. 70). Das Wort „Gott" und die Ausdrücke, die seine Bedeutung bestimmen – „Geist", „Freiheit", „Verstand" – ist eine Weise, das im Universum Handelnde, d.h. das Etwas, das sich im Eindruck meldet, artikulierend zu benennen.

Bei Rudolf Otto finden sich wichtige Überlegungen, die man durchaus unter der Überschrift „Religiöse Erfahrung und religiöse Sprache" zusammenfassen könnte. Seine Unterscheidung zwischen „rational" und „irrational" ist eine Unterscheidung zwischen dem, was durch „klare und deutliche Begriffe" der *Sprache* ausgedrückt werden kann, und dem Erlebnis des „Numinosen". Entscheidend ist, daß nach Otto dieses grundlegende religiöse Erlebnis *intentional* ist. So heißt es bei der Einführung des Ausdruckes „Numinoses":

> Ich ... rede von einer eigentümlichen numinosen Deutungs- und Bewertungskategorie und ebenso von einer numinosen Gemüts-gestimmtheit, die allemal da eintritt, wo jene angewandt, das heißt, wo *ein Objekt als numinoses vermeint* worden ist[30] (Meine Hervorhebung).

Ähnlich hebt Otto hervor, mit „Gefühl" sei eine „vorbegriffliche(r) und überbegriffliche(r), gleichwohl *erkennende(r)* Objektbezogenheit" gemeint (op. cit., S. 14).

Der intentionale Gegenstand des numinösen Gefühls – das Numinöse, bzw. das Heilige – ist nun nach Otto, wie schon angedeutet, irrational in dem Sinne, daß es durch klare Prädikate nicht adäquat bezeichnet werden kann. Nun scheint Otto einerseits vorauszusetzen, daß Sprache (wenigstens „primär") die Funktion hat, klare Begriffe zu vermitteln. Andererseits hebt er bei seinen Erörterungen zum Ausdruck „Zorn Jahwes" hervor, dieser sei nicht ein rationaler Begriff, sondern ein „Ideogramm", ein „Deutezeichen" (op. cit., S. 21). Es ist hier von einer eigenen Funktion der Sprache die Rede, die Otto durch die kantische Lehre vom Schematismus zu erläutern versucht: Wörter der Sprache, die einem bekannten menschlichen Kontext angehören („Zorn"), werden benutzt, um ein letztlich Sprach-Transzendentes (das Heilige) auszudrücken.

Ich meine, daß das, was Otto hier über die Sprache als „Schema" und „Deutezeichen" in bezug auf das Gefühl des Numinösen sagt, sehr weitgehend mit Lipps' Beobachtungen zur Artikulation des überwältigenden Eindrucks übereinstimmt. Bei diesen Beobachtungen scheinen mir zwei Aspekte für unsere Fragestellung wichtig zu sein. Erstens könnte durch das Phänomen Eindruck Klarheit geschaffen werden in der schon erwähnten unübersichtlichen Rede von „religiöser Erfahrung". Wichtig ist hierbei, daß der Eindruck nicht – wie etwa Gefühl und sogar Erfahrung – einem Subjektivitätsverdacht ausgesetzt werden kann: der Eindruck ist wesentlich intentional. Zwei-

---

[30] R. Otto: *Das Heilige. Über das Irrationale in der Idee des Göttlichen und sein Verhältnis zum Rationalen*, München 1987, S. 7.

tens korreliert das Phänomen Eindruck mit der Artikulation, und das heißt letzten Endes: die religiöse Erfahrung weist wesensmäßig auf Sprache hin[31].

Die Auffassung Rudolf Ottos bedeutet, daß christliches Reden von Gott nicht in dem Sinne „höherstufig" ist, daß es das Irrationale hinter sich gelassen hat. Auch bei der christlichen Rede von Gott schwingt immer das Irrationale mit; man könnte es die eigentliche religiöse Dimension der Rede von Gott nennen. – Alles in allem möchte ich drei Dimensionen an der christlichen Rede von Gott dem Schöpfer unterscheiden. (1) Am spezifischsten ist eine Dimension, von der ich kaum geredet habe, die *personale*: das Anreden Gottes als des Schöpfers; hier hat der Eigenname „Gott" seinen genuinen Platz. (2) Gleichursprünglich mit der personalen und eng mit ihr verflochten ist die *religiöse* Dimension: der Charakter der Rede vom Schöpfer als Artikulation des überwältigenden Eindrucks des der Welt Transzendenten bzw. des Heiligen. (3) Die *metaphysische* Dimension; sie tritt in Erscheinung, wenn die genuine Rede von dem Schöpfer problematisiert wird, so daß die Frage entsteht: „Von wem ist die Rede?" Dann muß die Rede vom Schöpfer argumentativ dargelegt werden in Form der „Schöpfungs-Kennzeichnung".

VII Die Sprache des geschaffenen Menschen von der Schöpfung

Bis jetzt habe ich nur die erste der drei anfangs erwähnten Weisen, wie Schöpfung und Sprache zusammenhängen, behandelt. Um die Einleitung zu rechtfertigen, möchte ich abschließend zu den beiden übrigen Weisen schlicht Thesen aufstellen.

Die zweite Weise der Verknüpfung wurde ausgedrückt durch die Frage: Was bedeutet es für die Sprache, daß die Wirklichkeit, über die mittels ihrer gesprochen wird, die geschaffene Welt ist? Diese Frage wurde schon teilweise beantwortet im Zuge der Erwägungen zur Existenzannahme der „Schöpfungs-Kennzeichnung": Durch die Sprache beziehen wir uns auf die Welt u. a. mit Hilfe der „es gibt"-Konstruktion, die auf den Schöpfer als Seinsmacht verweist. Darüberhinaus möchte ich folgende *These* aufstellen: *Im Lichte des Schöpfungsgedankens ist eine realistische Sprachauffassung zu verteidigen, d. h. eine Auffassung, derzufolge die Wahrheitsbedingungen von Aussagen unabhängig von den Mitteln, sie zu erkennen, gegeben sind*[32].

Die dritte Weise des Zusammenhanges schließlich wurde formuliert mit der Frage: Welche Verbindung besteht zwischen dem Glauben an die Sonderstellung des Menschen innerhalb der Schöpfung und der Tatsache, daß der Mensch ein sprachliches

---

[31] Durch die Einsicht in die wesensmäßige Korrelation von Eindruck und Artikulation vermeidet man die Diskussion um die Priorität von religiöser Erfahrung oder Gottesgedanken, die etwa bei Pannenberg in Aporien endet (vgl. Systematische Theologie I, S. 74–77 und 128–131.).

[32] Ich beziehe mich hier auf eines der wichtigsten Diskussionsthemen der gegenwärtigen analytischen Sprachphilosophie: die sogenannte „Theory of Meaning" und die damit zusammenhängende Alternative Realismus – Antirealismus. Zu diesem Problemkomplex vgl. jetzt vor allem M. Dummett: *The Logical Basis of Metaphysics*, London 1991.

Wesen ist? Hierzu möchte ich die *These* aufstellen: *Die besondere Teilhabe des Menschen an der Kreativität zeigt sich auch an seiner Fähigkeit zur Sprache.* Der Mensch, so sagt man, „beherrscht" normalerweise mindestens eine Sprache. Diese Redeweise legt es nahe, anzunehmen, es ließe sich das Können der Sprachfähigkeit als Kenntnis von einer Art Theorie auffassen; diese Annahme ist eine entscheidende Voraussetzung der erwähnten Bemühungen um eine „Theory of Meaning". Eine solche Theorie und ihre Verfahrensregeln kann man in der Tat buchstäblich „beherrschen". Aber sie kann nicht die Fähigkeit zur Sprache adäquat darstellen, denn diese ist immer mehr als das als Theorie Formulierbare. Es gilt, die schöpfungstheologische Aktualität des Satzes *Wilhelm von Humboldts* festzuhalten: „die Sprache (ist) ... in ewiger Schöpfung begriffen"[33].

---

[33] W. von Humboldt: *Ueber die Verschiedenheit des menschlichen Sprachbaues und ihren Einfluß auf die geistige Entwicklung des Menschengeschlechts* (Werke in fünf Bänden, Bd. III). Darmstadt 1963, S. 567.

THEOLOGIE DER SCHÖPFUNG IM DIALOG ZWISCHEN NATURWISSENSCHAFT UND DOGMATIK

Christoph Schwöbel

I Zur Aktualität des Schöpfungsthemas

Eines der charakteristischen Merkmale der gegenwärtigen theologischen Situation ist die Renaissance der Schöpfungsthematik, die nach einer Periode relativer Marginalisierung zu einem zentralen Feld theologischer Arbeit geworden ist. Die Gründe dafür sind vielfältig und komplex. Betrachtet man die innertheologischen Faktoren, die zu dieser Renaissance beigetragen haben, wäre auf die Veränderung der Einschätzung schöpfungstheologischer Motive in der hebräischen Bibel in der alttestamentlichen Wissenschaft und auf die Wiederaufnahme der Diskussion um das Problem der „natürlichen Theologie" in der Systematischen Theologie hinzuweisen.

Nachdem für einen beträchtlichen Zeitraum Gerhard von Rads Vortrag auf dem Internationalen Alttestamentlerkongreß 1935 in Göttingen „Das theologische Problem des alttestamentlichen Schöpfungsglaubens"[1] mit seiner markanten These, daß der Schöpfungsglaube im Alten Testament kein unabhängiges Thema sei und konsequent dem Heilsglauben zugeordnet und untergeordnet sei, bis zum Beginn der siebziger Jahre die Sicht des Schöpfungsthemas bestimmt hatte, trat – vorbereitet durch Modifikationen nicht zuletzt durch von Rad selbst[2] – eine Neuorientierung ein, die ihren radikalsten Ausdruck in der These Hans Heinrich Schmids gefunden hat: „Der Schöpfungsglaube, das heißt der Glaube, daß Gott die Welt mit ihren mannigfaltigen Ordnungen geschaffen hat und erhält, ist nicht ein Randthema biblischer Theologie,

---

[1] G. von Rad, Das theologische Problem des alttestamentlichen Schöpfungsglaubens, in: Werden und Wirken des Alten Testaments (BZAW 66) Berlin 1936, S. 138–147; auch in ders., Gesammelte Studien zum Alten Testament, ThB 8, 4. Aufl. München 1971, S. 136–147. Richard J. Clifford hat auf den zeitgenössischen Hintergrund in der Auseinandersetzung mit dem ideologischen Mißbrauch der Schöpfungstheologie bei den Deutschen Christen und ihnen nahestehenden Theologen aufmerksam gemacht, vgl. ders., The Hebrew Scriptures and the Theology of Creation, Theological Studies 46 (1985), S. 507 Anm. 3.

[2] Die Verschiebungen in von Rads theologischer Bewertung der Schöpfungstraditionen im Alten Testament werden detailliert nachgezeichnet in R. Rendtorff: „Wo warst du, als ich die Erde gründete?", Schöpfung und Heilsgeschichte, in: G. Rau, A. M. Ritter, H. Timm (Hrsg.): Frieden in der Schöpfung. Das Naturverständnis protestantischer Theologie, Gütersloh 1987, S. 35–57. Zur Neuorientierung in der Behandlung des Schöpfungsthemas in der alttestamentlichen Theologie vgl. William H. Bellinger Jr., Maker of Heaven and Earth. The Old Testament and Creation Theology, Southwestern Journal of Theology 32 (1990), S. 37–35.

sondern im Grunde ihr Thema schlechthin"³. Obwohl diese Auffassung nicht unumstritten ist, hat sie doch dazu beigetragen, daß die Stellung des Schöpfungsglaubens in der alttestamentlichen Theologie – und seine Funktion für die Theologie überhaupt⁴ – auf breiter Basis diskutiert werden konnte.

Etwa gleichzeitig sind in der Systematischen Theologie Ansätze zu einer erneuten Beschäftigung mit dem Problem der „natürlichen Theologie" zu beobachten. Die hinter dem Unternehmen „natürlicher Theologie" stehende Einsicht in „die Universalität des mit dem Wort ‚Gott' erhobenen Anspruchs"⁵ kann nicht artikuliert werden, ohne sogleich in die Reflexion der Schöpfungsthematik zu führen. Die neue Zuwendung zu dieser Fragestellung machte zugleich deutlich, in welchem Maße bedeutende Strömungen neuzeitlicher Theologie das Problem der natürlichen Theologie – in kritischer und konstruktiver Absicht – unter Absehung von dem Problem einer Theologie der Natur verhandelt haben.

Diese innertheologischen Faktoren treten allerdings in den Hintergrund gegenüber der Vehemenz, mit der außertheologische Faktoren eine neue Bearbeitung der Schöpfungsthematik an oberster Stelle auf die Tagesordnung theologischer Arbeit gesetzt haben. Die weltweite ökologische Krise und die damit ins Bewußtsein getretene Wahrnehmung der ökologischen Dimension als einer alle Aspekte gesellschaftlichen und individuellen Lebens mitbestimmenden Strukturbedingung hat ihren Ausdruck nicht zuletzt in einem religiösen Bewußtsein gefunden, das den Begriff der Schöpfung weit über die Grenzen christlicher Theologie hinaus als Hinweis auf die Lebens- und Überlebensbedingungen kreatürlichen Daseins verbreitet hat. Für dieses den Schöpfungsgedanken profilierende religiöse Bewußtsein sind vor allem drei Aspekte charakteristisch. Es ist erstens getragen von einem Gefühl äußerster Dringlichkeit angesichts der Gefährdung der natürlichen Bedingungen und Resourcen des Lebens und gibt dem in dramatischen Metaphern Ausdruck (z. B. „Schöpfung am Abgrund"⁶ etc.). Zweitens präsentiert es die Schöpfungsthematik in der Perspektive eines unmittelbaren Handlungsdrucks zur „Bewahrung der Schöpfung". Drittens artikuliert sich dieses religiöse Bewußtsein in den Kirchen und über die Grenzen der Kirchen hinaus nicht nur in der Renaissance einer schöpfungszentrierten christlichen Frömmigkeitstradition (wie z. B.

---

³ H. H. Schmid, Schöpfung, Gerechtigkeit und Heil. „Schöpfungstheologie" als Gesamthorizont biblischer Theologie, ZThK 70 (1973), S. 1–19, auch in: ders., Altorientalische Welt in der alttestamentlichen Theologie, Zürich 1974, S. 9–30, hier: S. 25.

⁴ Auf die allgemeintheologischen Implikationen seiner These hatte Schmid schon in dem o. g. Aufsatz aufmerksam gemacht: „Die Schöpfungstheologie dürfte jedenfalls m. E. nicht mehr als theologisches Sonderproblem abgehandelt werden, sie wäre vielmehr sehr viel grundsätzlicher als wesentlicher Aspekt der Fundamentaltheologie ernst zu nehmen". A. a. O. S. 30, Anm. 46.

⁵ E. Jüngel, Das Dilemma der natürlichen Theologie und die Wahrheit ihres Problems. Überlegungen für ein Gespräch mit Wolfhart Pannenberg (1975), jetzt in: Entsprechungen: Gott-Wahrheit-Mensch. Theologische Erörterungen (BevTh 88) München 1980, S. 158–177, hier S. 174.

⁶ Vgl. G. Altner, Schöpfung am Abgrund, Theologie vor der Umweltfrage. Grenzgespräche Bd. 5, 1974.

des *Canticum fratris solis* von Franziskus von Assisi[7]), sondern auch in der Aufnahme von nicht-christlichen Impulsen naturreligiöser Frömmigkeit wie sie – so oder so – durch die „Rede des Häuptlings Seattle" dokumentiert ist[8].

Vor allem protestantische Theologen haben auf diese durch die religiösen Reaktionen auf die ökologische Krise ausgelöste Renaissance der Schöpfungsthematik schnell und positiv reagiert. Die theologische Literatur der letzten Jahre reflektiert in ihrer Mehrheit die konstruktive Aufnahme des Gefühls der Dringlichkeit, das das Bewußtsein der Schöpfungsgefährdung auszeichnet. Die große Anzahl von Arbeiten zur *Schöpfungsethik*[9] dokumentiert die theologische Reaktion auf den markant zum Ausdruck gebrachten Handlungsdruck zur „Bewahrung der Schöpfung", und vielfach finden sich Ansätze zu einer positiven Aufnahme der neuen Naturfrömmigkeit des ökologisch motivierten religiösen Bewußtseins. Im Blick auf die theologischen Reaktionen auf das Bewußtsein der ökologischen Krise sind allerdings auch einige kritische Fragen laut geworden[10]. Ich möchte im folgenden zwei Fragenkomplexe aus dem Problemfeld herausgreifen, die in der gegenwärtigen theologischen Diskussion zur Schöpfungsthematik vielleicht noch nicht genügend Beachtung gefunden haben und deren Reflexion dazu beitragen kann, die theologische Bearbeitung der durch die ökologische Krise ausgelösten Probleme vom Krisenmanagement zu unterscheiden.

(1) Das Verhältnis christlicher Theologie zu den Naturwissenschaften ist zwar in Zeiten verbreiteter theologischer und naturwissenschaftlicher Dialogabstinenz von einzelnen Theologen und Naturwissenschaftlern eingehend reflektiert worden[11], ist

---

[7] Vgl. A. Rotzetter, Der Sonnengesang des hl. Franziskus von Assisi als missionarisches Lied von aktueller Bedeutung, in: A. Camps, G. W. Hunold (Hg.): Erschaffe mir ein neues Volk. Franziskanische Kirchlichkeit und missionarische Kirche, Mettingen 1982, S. 44–61. Eine kritische Analyse gibt A. M. Ritter, „Gepriesen seist du, mein Herr, für unsere Schwester, die Mutter Erde ... ", Der Sonnengesang des Franziskus von Assisi im Lichte der altkirchlichen und frühmittelalterlichen Tradition, in: G. Rau, A. M. Ritter, H. Timm (Hrsg.), Frieden in der Schöpfung, a.a.O. (Anm. 2), S. 92–110. Zu den komplexen Interpretationsproblemen vgl. auch Th. Zweermann, Über eine neue Deutungsweise der Schriften des hl. Franziskus von Assisi, Wissenschaft und Weisheit 51 (1988), S. 213–218.
[8] Text bei H. Gruhl, Häuptling Seattle hat gesprochen. Der authentische Text seiner Rede mit einer Klarstellung: Nachdichtung und Wahrheit, 2. Aufl. 1984. Zur Rezeption naturreligiöser Frömmigkeit vgl. die erhellende Darstellung von Th. Sundermeier, „Jeder Teil dieser Erde ist meinem Volke heilig", in: G. Rau, A. M. Ritter, H. Timm (Hrsg.), Frieden in der Schöpfung (Anm. 2), S. 20–34.
[9] Vgl. den zusammenfassenden Literaturbericht von Chr. Frey, Theologie und Ethik der Schöpfung. Ein Überblick, ZEE 32 (1988), S. 47–62.
[10] Vgl. F. W. Grafs kritische Überlegungen in: Von der creatio ex nihilo zur „Bewahrung der Schöpfung". Dogmatische Erwägungen zur Frage nach einer möglichen ethischen Relevanz der Schöpfungslehre, ZThK 87 (1990), S. 206–223.
[11] Hier wäre von theologischer Seite vor allem an das Lebenswerk Karl Heims zu erinnern, von naturwissenschaftlicher Seite wären W. Heisenberg, P. Jordan und C. F. von Weizsäcker zu nennen. Außerhalb der deutschsprachigen Theologie hat das Werk des schottischen Theologen Thomas F. Torrance als entscheidender Brückenschlag im Gespräch mit den Naturwissenschaften Anerkennung gefunden. In der angelsächsischen Diskussion ist die Debatte zwischen Naturwissenschaften und Theologie von Autoren wie A. R. Peacocke und John Polkinghorne weiterge-

aber in seinen weitreichenden Implikationen gerade für die Bearbeitung der Schöpfungsthematik ein immer noch eher unterentwickeltes Feld theologischer Arbeit[12]. Der angesichts der ökologischen Krise immer wieder eingeklagte theologische und ethische Handlungsbedarf darf nicht darüber hinwegtäuschen, daß der Beitrag christlicher Schöpfungstheologie zur Ausarbeitung einer realitätsgerechten und konsensfähigen Schöpfungsethik größere Aussicht hat, gehört zu werden, wenn christliche Theologie den Nachweis ihrer Kompetenz zum Dialog mit den Naturwissenschaften erbringen kann. Es stellt sich darum die Frage, welche Aspekte naturwissenschaftlichen Wirklichkeitsverständnisses Anlässe und Gegenstandsbereiche für einen fruchtbaren Dialog zwischen Naturwissenschaften udn Theologie bieten, auf dessen Grundlage Leitlinien einer Schöpfungsethik erarbeitet werden können.

(2) Die relative Zentralisierung des Schöpfungsthemas in den letzten Jahren wirft analoge Probleme auf wie ihre vormalige Marginalisierung. Wird etwa eine ökologische Schöpfungsethik unter Absehung von den Grundaussagen der Schöpfungstheologie entwickelt, steht sie in Gefahr, die Fehler der negativen Isolierung des Schöpfungsthemas durch Nichtbeachtung in der positiven Isolierung durch Nicht-Integration zu wiederholen[13]. Es muß darum gefragt werden, wie die Stellung der Schöpfungstheologie im Gesamtzusammenhang christlicher Dogmatik zu bestimmen ist, und welche Konsequenzen sich daraus für die Ausarbeitung einer authentisch christlichen und dialogfähigen Schöpfungsethik ergeben.

*II Zur Relevanz naturwissenschaftlicher Wirklichkeitserkenntnis
für eine Theologie der Schöpfung*

1. Die Notwendigkeit des Dialogs

Als Martin Rade im Jahr 1898 die These formulierte: „ ... *Religion und Naturwissenschaft können, genau zugesehen, gar nicht in Konflikt kommen*"[14], gab er damit einen breiten Konsens in der zeitgenössischen protestantischen Theologie wieder. Im Rückblick ist zu sagen, daß die These von der notwendigen friedlichen Koexistenz von Theologie und Naturwissenschaft nicht nur durch das apologetische Interesse der Ver-

---

führt worden, deren Kompetenz in beiden Bereichen ausgewiesen ist. Vgl. A. R. Peacocke (Ed.), The Sciences and Theology in the Twentieth Century, Oxford International Symposia, Stocksfield 1981.

[12] Vgl. John Polkinghornes scharfzüngige Bemerkung: „Theology cannot just be left to the theologians, as is made clear by the recent spectacle of a distinguished theologian writing over three hundred pages on God in creation with only an occasional and cursory reference to scientific insight". John Polkinghorne, Science and Creation. The Search for Understanding, London 1988, S. 2.

[13] Als Hinweis auf diese Gefahr lassen sich F. W. Grafs Erwägungen in dem in Anm. 10 erwähnten Aufsatz verstehen.

[14] Martin Rade, Die Religion im modernen Geistesleben (1898), jetzt in: Martin Rade. Ausgewählte Schriften, Band 1: Wirklichkeit und Wahrheit der Religion. Mit einer Einleitung herausgegeben von Christoph Schwöbel, Gütersloh 1983, S. 27–79, hier: S. 38.

meidung ideologischer Auseinandersetzungen zwischen einer meta-naturwissenschaftlichen reduktionistischen Weltanschauung und einem ebenso reduktionistischen theologischen Fundamentalismus motiviert war, sondern auch eine Einschränkung des Verständnisses von Theologie und Naturwissenschaften reflektiert, die sich seitdem als unhaltbar erwiesen hat[15]. In der aktuellen Situation ist die Trennung von Theologie und Naturwissenschaften zunächst dadurch in Frage gestellt, daß sich christliche Theologie und moderne Naturwissenschaft zusammen auf der Anklagebank vorfinden, der Komplizenschaft in der Mitverursachung der gegenwärtigen ökologischen Krise verdächtigt[16]. Zwar erweist sich diese Anklage bei genauerer Analyse – zumindest in dieser generellen Form – als unhaltbar, da die Erkenntnis der Natur von der hemmungslosen Entfesselung ihrer Kräfte unterschieden ist[17] und sich die Erkenntnis

---

[15] Zum zeitgenössischen Hintergrund von Rades These vgl. meine Einleitung zu Bd. 1 der Ausgewählten Schriften, a.a.O. S. 9–26, bes. S. 11 ff. Rade belegt seine These mit einer vierfachen Gegenüberstellung von Naturwissenschaft und Religion: 1. „Die Naturwissenschaft hat es mit der *Erscheinungswelt* zu tun ... Die Religion dagegen hat es zu tun mit einer *unsichtbaren Geisteswelt*, die hinter, über und in der sichtbaren Erscheinungswelt sich aufbaut und mit ganz anderen Mitteln erkannt wird." (S. 38) 2. „Die Naturwissenschaft *kennt keine Autoritäten* ... Die Religion *ruht auf Autorität*". 3. „Die Naturwissenschaft als kritisch beobachtende Wissenschaft hält sich *an das Einzelne* in der Erscheinungswelt ... Dagegen Religion hat die Tendenz *aufs Ganze*". (S. 40) 4. „Die Naturwissenschaft hantiert ganz und gar mit dem einzigen *Kausalitätsbegriff* ... Die Religion hat ihre ganze Kraft im *Zweckbegriff*". (S. 41) Bei näherer Analyse ließe sich zeigen, daß es sich hier um eine stark idealisierte Darstellung von Naturwissenschaft und Religion handelt, die sich mehr neukantianischer Wissenschaftstheorie und der Theologie der Ritschl-Schule verdankt als der tatsächlichen Praxis von Naturwissenschaft oder Religion. Die Entwicklung moderner Naturwissenschaft scheint gerade die Punkte zu unterstreichen, die Rade als Charakteristika der Religion aufweist. Die Ausdehnung der Erscheinungswelt auf die mikroskopische Welt von Quarks und Gluons und die Mega-Welt intergalaktischer Ausmaße, die beide als Aspekte des Prozesses kosmischer Evolution zu begreifen sind, läßt den Gegensatz von Erscheinungswelt und unsichtbarer Geisteswelt als problematisch erscheinen. Die Diskussion der Funktion von Paradigmenwechseln in der Naturwissenschaft hat die Autoritätsbindung naturwissenschaftlicher Forschung zu einem wichtigen Problem nicht nur der Wissenschaftstheorie, sondern auch der Wissenschaftspraxis werden lassen. Das Verständnis der multi-dimensionalen Schichtung hierarchischer Systeme in der Natur, die in ihrer Interaktion im Prozeß kosmischer Evolution betrachtet werden müssen, unterstreicht die holistische Tendenz moderner Naturwissenschaft. Die Erkenntnis, daß Kausalität, verstanden als effiziente Verursachung, eine Kategorie von beschränkter und nicht universaler Gültigkeit ist, die der Ergänzung durch Kategorien wie Information, Spontaneität und Emergenz bedarf, hat die Untersuchung „teleonomer" Prozesse (z.B. im Zusammenhang der Hypothese von der „Selbstorganisation der Materie") zu einem der wichtigsten Gebiete moderner Naturwissenschaft gemacht. Ähnlich problematisch erscheint in mancherlei Hinsicht Rades Beschreibung von „Religion".

[16] Vgl. den mittlerweile klassischen Artikel von Lynn White, The Historical Roots of our Ecological Crisis, Science 155 (1967), Sp. 1203–1207; in deutscher Übersetzung: Die historischen Ursachen unserer ökologischen Krise, in: M. Lohmann (Hrsg.), Gefährdete Zukunft – Prognosen anglo-amerikanischer Wissenschaftler, München 1970.

[17] „... unravelling the cosmos and unleashing its forces are different things. If the latter becomes increasingly more threatening, this cannot be blamed (to put it bluntly) upon the fact that the earth revolves around the sun, nor consequently upon our knowledge of this fact". E. Wölfel, Fides Quaerens Intellectum. On the Range of a Principle – Once and Now, in: R. Veldhuis, Andy F. Sanders (eds.), Belief in God and Intellectual Honesty. Essays dedicated to the memory of Hubertus G. Hubbeling, Assen 1990, S. 59–81. hier: S. 65.

der ökologischen Krise selbst der Naturwissenschaft verdankt, und da weiterhin der Titanismus der Ausbeutung der Natur im Abendland erst dann einsetzte, als sich das Naturverhältnis im Gefolge der Aufklärung von seinen religiösen Grundlagen emanzipierte. Der Verdacht der Komplizenschaft ist aber – historisch betrachtet – nur die Schattenseite der engen Verknüpfung von christlicher Theologie und moderner Naturerkenntnis[18].

Die theologische Notwendigkeit zum Dialog mit der Naturwissenschaft liegt – um nur zwei Argumente zu nennen – erstens in dem umfassenden Charakter des Wirklichkeitsverständnisses des christlichen Glaubens begründet. Wenn theologische Aussagen auf die Konstitution, Verfassung und Bestimmung der Wirklichkeit als ganze abzielen, ist christliche Theologie damit verpflichtet, ihre Aussagen zu allen anderen Formen menschlichen Wirklichkeitsverständnisses in Beziehung zu setzen[19]. Wenn zweitens Gott nach dem Bekenntnis des christlichen Glaubens tatsächlich als die „alles bestimmende Wirklichkeit" zu sehen ist, dann wird diese Wirklichkeit Gottes von uns in unserer natürlichen Verfassung als biologische Organismen und in unserer gesellschaftlichen Lebenswirklichkeit personaler Interaktion erfahren, so daß die wissenschaftlichen Erkenntnisse von Natur- und Gesellschaftswissenschaften für theologische Erkenntnisbemühungen nie ganz irrelevant sein können[20].

Von der Seite der Naturwissenschaften gibt es aber auch ein Bedürfnis zum Dialog mit der Theologie, das sich am deutlichsten darin ankündigt, daß naturwissenschaftliche Reflexion – vor allem im Bereich der Kosmologie – explizit Fragen stellt, deren Diskussion ohne die Begriffe der Theologie wie „Gott", „Schöpfung" und „Eschatologie" nicht auskommt, auch wenn diese anders interpretiert werden als in der christlichen Theologie oder auch nur rein hypothetisch verwendet werden. Hier meldet sich eine Dialogmöglichkeit an, die sich aus den weltbildlichen Veränderungen der Rahmenbedingungen von Naturwissenschaft ergibt und insofern selbst Folge naturwissenschaftlichen Fortschritts ist.

Die weltbildlichen Veränderungen moderner Naturwissenschaft sind von Arthur Peacocke in seinem bahnbrechenden Werk *Creation and the World of Science* in vier Kontrastpaaren von „damals" (der Naturwissenschaft der Zeit von etwa 1850 bis 1900) und „heute" zusammengefaßt worden, die ich im folgenden paraphrasiere:[21]

---

[18] Vgl. die bahnbrechende Studie von Michael Foster, The Doctrine of Creation and the Rise of Modern Natural Science, Mind 43 (1934), S. 446–68; vgl. ebenso R. Hooykaas, Religion and the Rise of Modern Science, Edinburgh und London 1972; ebenso die umfangreiche Darstellung von Stanley L. Jaki, Science and Creation. From eternal cycles to an oscillating universe, Edinburg und London 1974, und die erhellende Untersuchung von Eugene M. Klaaren, Religious Origins of Modern Science. Belief in Creation in Seventeenth-Century Thought. Grand Rapids 1977.
[19] Vgl. J. Polkinghorne, Science and Creation (Anm. 12), S. 1ff. und Daniel W. Hardy, Rationality, the Sciences and Theology, in: G. Wainwright (Hrsg.), Keeping the Faith. Essays to Mark the Centenary of *Lux Mundi*, London 1989, S. 274–309, bes. S. 274–281.
[20] Vgl. Arthur Peacockes Einleitung zu dem Band: A. R. Peacocke (ed.), The Sciences and Theology, a.a.O. (Anm. 11), S. IX–XVIII, S. X.
[21] A. R. Peacocke, Creation and the World of Science. The Bampton Lectures 1978, Oxford 1979, S. 61–63.

Damals erschien die Natur als fundamental einfache Struktur von substantieller Verfassung, reduzierbar auf ein Grundmuster der Interaktion weniger Entitäten. *Heute* erkennen wir sie als eine komplexe Struktur von hochgradiger Variation und grundlegend relationaler Verfassung, die aus einer Hierarchie von Organisationsebenen besteht, die an entscheidenden Punkten irreduzibel sind und die sich von der Mikro-Welt subatomarer Teilchen über die Makro-Welt der Biosphäre und unserer Sinneswahrnehmungen bis zur Mega-Welt kosmologischer Prozesse in intergalaktischen Dimensionen erstreckt.

Damals wurde die Welt der Natur à la Laplace als mechanistisch determiniert und in ihren Prozessen von jedem gegebenen Zustand mit Hilfe von allgemeinen Gesetzen als vorhersagbar betrachtet. *Heute* erscheint die Welt der Natur als Bühne des Zusammenspiels von Kontingenz und sowohl statistischer wie kausaler Ordnung, in der es Unbestimmtheit auf der Mikro-Ebene und Unvorhersagbarkeit auf Grund der Komplexität von Kausalketten auf der Makro-Ebene gibt.

Damals erschien die Ordnung der Natur trotz des Darwinismus als weitgehend statisch, als vollständiges, unveränderliches geschlossenes System mit geringer Neuheit. *Heute* erscheint sie als grundsätzlich dynamisch, als Nexus evolvierender Formen wesentlich unvollständig, unerschöpfbar in ihrem Veränderungspotential und als zukunftsoffenes System.

Damals schien die Welt der Natur in ihre verstehbaren Grundbestandteile zerlegbar und dem Zugriff wissenschaftlicher Erkenntnis grundsätzlich faßbar zu sein. *Heute* erscheint es, als ob es keine einfache Basisebene zugänglicher gesicherter Gesetzmäßigkeiten gäbe, die nicht neue Ebenen von räumlicher und zeitlicher Komplexität erschlösse, die auf die Unabschließbarkeit der Forschungsprozesse hinweisen[22].

Christliche Schöpfungstheologie wäre schlecht beraten, wenn sie die im Gefolge der Abdankung der Newtonschen Absolute von Raum und Zeit und des substantiellen Gegenstandsbegriffs etablierte „offene Textur" des neuen Weltbildes der Naturwissenschaften zum Anlaß nähme, Grundaussagen des christlichen Schöpfungsglaubens erneut an den Rändern und in den Lücken naturwissenschaftlicher Erkenntnis anzusiedeln. Das Vertrauen auf den „God of the Gaps", den „Lückenbüßer", ist immer noch mit der Schwierigkeit konfrontiert, auf die schon Aubrey Moore in seinem Essay in *Lux Mundi* 1889 aufmerksam machte: „ ... people who take refuge in gaps find themselves awkwardly placed when the gaps begin to close"[23]. Ein Dialog zwischen Theologie und Naturwissenschaften sollte sich darum nicht auf Ausnahmen des naturwissenschaftlichen Wirklichkeitsverständnisses beziehen, sondern auf solche Themenbereiche, die von beiden Seiten als grundlegend betrachtet werden. Als solche

---

[22] Vgl. die in vielen Punkten parallele Charakterisierung des Weltbilds moderner Naturwissenschaften bei John Polkinghorne, One World. The Interaction of Science and Theology, London 1986, Kap. 4: The Nature of the Physical World, S. 43–61.

[23] Aubrey Moore, The Christian Idea of God, in: Charles Gore (ed.), Lux Mundi. Essays in the Religion of the incarnation, London 1889, S. 61.

Themenbereiche bieten sich die Kontingenz und Erkennbarkeit der Welt und die Interaktion von regelgeleiteten Strukturen und Spontaneität an.

2. Zur Kontingenz der Welt

Die weltbildlichen Veränderungen der Rahmenbedingungen naturwissenschaftlicher Forschung sind selbst das Ergebnis des wissenschaftlichen Forschungsprozesses, allerdings nicht auf dem Wege der geradlinigen induktiven Folgerung von Beobachtungen zu Gesetzeshypothesen zu weltbildlichen Grundannahmen, sondern in der kreativen Interaktion von Experiment, theoretischer Hypothesenbildung und weltbildlichem Entwurf. Die Voraussetzung für den Erfolg dieser Vorgehensweise ist die kontingente Ordnung einer kontingenten Welt, in der kontingente Regelmäßigkeiten von statistisch präzisierbaren Wahrscheinlichkeiten in ihrem Zusammenwirken mit kreativer Spontaneität empirisch-theoretischer Forschung zugänglich sind. Dabei sind die weltbildlichen Grundannahmen seit der Etablierung der Kosmologie als einer empirisch-theoretischen Disziplin in diesem Jahrhundert, die z.B. durch die Entdeckung der kosmischen Hintergrundstrahlung durch Penzias und Wilson im Jahr 1965 signifikante Bestätigung erfahren hat, selbst Gegenstand empirischer Verifikation bzw. Falsifikation geworden[24]. Das dadurch nahegelegte Verständnis des Universums als eines temporalen, expandierenden, endlichen singulären Geschehens historischen (d.h. irreversiblen) Charakters unterstreicht, daß die wissenschaftlichen Erkenntnisse und physikalischen Gesetzmäßigkeiten, die mit der Expansion des Universums auftreten, ebenso kontingent sind wie dieses selbst.

Wissenschaftsgeschichtlich gesehen ist die Einsicht in die kontingente Ordnung der Welt nicht nur ein Produkt des Fortschritts der Naturwissenschaft selbst, sondern ist ihr im Abendland durch den Einfluß des christlichen Schöpfungsgedankens zugewachsen, der durch die Behauptung einer nicht-notwendigen Relation Gottes zur Welt den Gedanken der kontingenten Ordnung der Erfahrungswirklichkeit gegenüber ihrer Sicht als bloßer Erscheinung ewiger rationaler Formprinzipien etablierte[25]. Eine christliche Theologie der Schöpfung ist heute vor die Aufgabe gestellt, die naturwissenschaftliche Auffassung der Kontingenz der Welt, die überhaupt erst die Untersuchung der Natur *acsi Deus non daretur* möglich machte, als genuines Implikat christlichen Schöpfungsglaubens einzuholen und im Dialog mit den Naturwissenschaften fruchtbar zu machen.

---

[24] Vgl. die ausführliche Darstellung von Ernan McMullin, How should cosmology relate to theology?, in: A. R. Peacocke (ed.), The Sciences and Theology, a.a.O. (Anm. 11), S. 17–57.

[25] Vgl. die detaillierten Ausführungen in Thomas F. Torrance, Divine and Contingent Order, Oxford 1981, Kap. 2: God and the Contingent Universe, S. 26–61.

3. Zur Erkennbarkeit der Welt

Die Tatsache, daß die Welt menschlicher Erkenntnis zugänglich ist, ist angesichts des Erfolgs der Naturwissenschaften nicht zu bestreiten. Im klassischen griechischen Erbe abendländischen Denkens wurde die rationale Verstehbarkeit der Welt in der Annahme einer notwendigen Relation zwischen Gott und Welt begründet, in der die rationale Ordnung der Welt als Erscheinung der dem Schöpfungshandeln Gottes vorgeordneten (Plato) oder von ihm exemplifizierten (Aristoteles) notwendigen rationalen Formprinzipien betrachtet wurde. Dieses begründete nicht nur ein logizistisches Verständnis der rationalen Erkennbarkeit der Welt, sondern auch einen konsistenten Dualismus von Form und Materie, Notwendigem und Kontingentem, demzufolge die Kontingenz der Erscheinungswelt allenfalls als niedere Form von rationaler Einsehbarkeit bewertet werden konnte. In der Begegnung des Hellenismus mit dem Christentum, die nur aus der Doppelperspektive der „Hellenisierung des Christentums" und der „Christianisierung des Hellenismus" korrekt beschrieben werden kann[26], wurde einerseits das Ideal der rationalen Erkennbarkeit der Welt beibehalten, aber andererseits so radikalisiert, daß es kontingente Vorgänge und Ereignisse einbezieht, was sowohl durch den zunehmend präzisierten Gedanken von der *creatio ex nihilo* als auch durch die Behauptung der letztgültigen Bedeutung raum-zeitlicher Ereignisse wie des Christusgeschehens ermöglicht wurde[27]. Die als Konsequenz des christlichen Schöpfungsgedankens zu betrachtende Notwendigkeit, rationale Einsehbarkeit und Kontingenz zusammenzudenken, steht – in ihrer von der Reformation radikalisierten Form[28] – am Anfang moderner Naturwissenschaft.

Die Erkennbarkeit der Welt wird heute weitgehend als multi-dimensionaler Zusammenhang irreduzibler Ebenen rationaler Beschreibung verstanden[29]. Die Frage der Einheit dieses Zusammenhangs ist in der letzten Zeit vor allem im Kontext der Debat-

---

[26] Vgl. Robert W. Jensons Darstellung des wechselseitigen Prozesses der Hellenisierung des Christentums und der Christianisierung des Hellenismus in der Ausarbeitung der Trinitätslehre in dem Locus „The Triune God", in: Carl E. Braaten/Robert W. Jenson (eds.), Christian Dogmatics, Philadelphia 1984, Vol. I, S. 79–191, bes. S. 118ff.

[27] Vgl. zu diesem Zusammenhang Thomas F. Torrances Vorlesung: Creation and Science, in: ders., The Ground and Grammar of Theology, Belfast, Dublin, Ottawa, S. 44–74.

[28] Der Beitrag reformatorischer Theologie zur Entstehung moderner Naturwissenschaft ist besonders prägnant (wenn auch mit gelegentlich einseitiger Betonung) herausgearbeitet von R. Hooykaas, Religion and the Rise of Modern Science, a.a.O. (Anm. 18), bes. S. 98–160.

[29] Vgl. hierzu A. R. Peacocke, Creation and the World of Science, a.a.O. (Anm. 21), S. 112ff.; vgl. weiterhin das Kapitel „Levels of Description" in John Polkinghorne, One World, a.a.O. (Anm. 22), S. 86–96, und ders. Science and Creation, a.a.O. (Anm. 12), S. 69–84. In der deutschsprachigen Theologie ist der Gedanke einer multidimensionalen Ordnung rationaler Beschreibungsebenen im Zusammenhang einer Sicht der Wirklichkeit als polydimensional geschichtet und strukturiert von E. Wölfel entwickelt worden, in ders., Welt als Schöpfung. Zu den Fundamentalsätzen der christlichen Schöpfungslehre heute (ThExh 212) München 1981, S. 20–26.

te um das sog. anthropische Prinzip diskutiert worden[30]. Dieses Prinzip besagt in seinen verschiedenen Formen, daß eine feinabgestimmte Balance im Charakter des Universums erforderlich ist, wenn es im Zuge des kosmischen Evolutionsprozesses eine solche Komplexität ausbilden soll, die bewußtes Leben ermöglicht. Das bedeutet, daß die Prozesse, die wir im Zuge wissenschaftlicher Forschung erwarten können zu beobachten, Beschränkungen unterliegen, die mit unserer Existenz als Beobachter vereinbar sind. Die rationale Struktur der Welt wird damit nicht nur als ihre Erkennbarkeit, sondern reflexiv als Selbst-Erkennbarkeit postuliert, die aufs engste mit den grundlegendsten Elementen ihrer Verfassung zusammenhängt[31]. Eine christliche Theologie der Schöpfung, die sich mit ihren Aussagen über die Welt als Schöpfung auf das Universum bezieht, das Gegenstand naturwissenschaftlicher Erkenntnisbemühungen ist, ist damit vor die Herausforderung gestellt, die Erkennbarkeit der Welt im Zusammenhang ihrer Aussagen über das Schöpfungshandeln Gottes zu thematisieren.

4. Die Welt als Interaktionsraum von regelgeleiteter Struktur und Spontaneität

Eine der signifikantesten Veränderungen der weltbildlichen Rahmenbedingungen naturwissenschaftlicher Forschung betrifft das klassische Problem des Verhältnisses von Zufall und Notwendigkeit, das in der Geschichte der Naturwissenschaften immer wieder zu einer Oszillation zwischen den extremen Grundpositionen des Determinismus und des Indeterminismus geführt hat. Die Forschungen von Ilya Prigogine und seinen Brüsseler Kollegen zur Erweiterung der Theorien der Thermodynamik in ihrer Anwendung auf irreversible Prozesse, die weit von Equilibrium entfernt sind, haben zu der Einsicht geführt, daß auf der Ebene makroskopischer Phänomene Prozesse auftreten können, in denen Fluktuationen, Zustände des Zusammenbruchs von strukturierter Ordnung, zu neuen Zuständen von Ordnung führen können[32]. Diese Beobachtungen, die dazu anregen, Zufall und Notwendigkeit nicht als Gegenspieler, sondern als komplementäre Akteure im Zusammenspiel von Spontaneität und Ordnung offener Struktur zu sehen und so die Offenheit der Zukunft als konstitutiv für physi-

---

[30] Die umfassendste Darstellung des sog. anthropischen Prinzips ist J. D. Barrow/ F. J. Tipler, The Anthropic Cosmological Principle, Oxford 1986. Die Diskussion und der Begriff gehen zurück auf den Artikel von B. Carter, Large number coincidences and the anthropic principle in cosmology, in: M. S. Longair (ed.), Confrontation of Cosmological Theories with Observational Data (IAU 1974) S. 291–298. Zu den theologischen Implikationen vgl. A. R. Peacocke, Creation and the World of Science, a.a.O. (Anm. 21), S. 67ff. und J. Polkinghorne, Science and Creation, a.a.O. (Anm. 12), S. 17–33, bes. S. 22ff.

[31] A. R. Peacocke (Creation and the World of Science, a.a.O. [Anm. 21], S. 66) formuliert diesen Zusammenhang folgendermaßen: „The material units of the universe – the subatomic particles, the atoms and the molecules they can form – are the fundamental entities constituted in their matter-energy-space-time relationships, and are such that they have built in, as it were, the potentiality of becoming organized in that special kind of complex system we call living and, in particular, in the system of the human brain in the human body which displays conscious activity. In man, the stuff of the universe has become cognizing and self-cognizing".

[32] Vgl. die Darstellung in I. Prigogine/ I. Stengers, Order out of Chaos, London 1984.

sche Prozesse anzunehmen, sind von Prigogine und seinen Kolleen selbst als Anlaß zu einer „reconceptualization of physics"[33] beschrieben worden.

Für eine christliche Theologie der Schöpfung ist damit ein weiter Bereich von Fragen neu eröffnet, die über die traditionelle neuzeitliche Alternative von Deismus und Interventionismus hinausführen. Die Herausforderung besteht darin zu überlegen, wie die regelgeleitete Struktur der Schöpfung, die eine notwendige Bedingung intentionalen menschlichen Handelns (einschließlich der Naturerkenntnis) ist und die theologisch als Ausdruck der Treue Gottes zu seiner Schöpfung zu verstehen ist, mit der Annahme von echter Neuheit und Spontaneität in den Prozessen der Natur zu vereinbaren ist, die theologisch die Zusage einer eschatologischen Zukunft der Schöpfung in Erinnerung ruft, die den prognostischen Horizont menschlicher Zukunftserwartung übertrifft.

III Zu den dogmatischen Grundaussagen christlicher Schöpfungstheologie

Die Fragen der Kontingenz und Erkennbarkeit der Welt und die Interaktion von regelgeleiteter Struktur und Spontaneität in der Prozessen der Welt sind deshalb geeignete Anlässe und Gegenstandsbereiche eines Dialogs von Naturwissenschaften und Theologie, weil in ihnen zentrale Aspekte des naturwissenschaftlichen Weltbildes und grundlegende Implikationen christlicher Schöpfungstheologie zusammentreffen. Als Bedingung für einen fruchtbaren Dialog muß allerdings nicht nur die wechselseitige Bezogenheit beider Partner gesichert sein, sondern auch ihre jeweilige Eigenständigkeit. Die Profilierung und plausible Vertretung der distinktiven Wahrheitsansprüche des Wirklichkeitsverständnisses des christlichen Glaubens ist eine der spezifischen Aufgaben der Dogmatik des christlichen Glaubens[34]. Die Grundlinien des dogmatischen Schöpfungsverständnisses lassen sich in drei Grundaussagen wiedergeben: der Lehre von der *creatio ex nihilo*, dem Verständnis der Schöpfung als *creatio continua* bzw. *creatio continuata* und der Auffassung vom *finis creationis*.

1. creatio ex nihilo

Die Lehre von der *creatio ex nihilo*, die innerhalb der ersten fünf Jahrhunderte der Christentumsgeschichte auf der Grundlage der Interpretation des biblischen Zeugnisses und in Auseinandersetzung mit zeitgenössischem kosmologischem Denken ihre

---

[33] A.a.O. S. XXX. Vgl. die eingehende Diskussion der weltbildlichen und theologischen Implikationen des Verhaltens dissipativer Systeme in J. Polkinghorne, Science and Creation, a.a.O. (Anm. 12), S. 34–50; vgl. T. F. Torrance, The Ground and Grammar of Theology, a.a.O. (Anm. 27), S. 141 ff.

[34] Vgl. dazu meinen Aufsatz: Doing Systematic Theology, King's Theological Revue X (1987), S. 51–57.

traditionsbestimmende Gestalt gewann[35], ist von außerordentlichen Auslegungsschwierigkeiten gekennzeichnet, die sich auf die Näherbestimmung des Schöpfungsbegriffs durch den Zusatz *ex nihilo* beziehen[36]. In klassischer Form ist dieser Ausdruck in Anselms *Monologium* analysiert worden, wo drei Deutungsmöglichkeiten der *Ex-nihilo*-Formel unterschieden werden[37]. Die erste Interpretationsmöglichkeit, die sich auf den Grundsatz beruft, daß aus nichts nichts wird, somit also nichts geschaffen wurde, ist als Aussage über die wirkliche Welt als sinnlos auszuscheiden. Die zweite Deutungsmöglichkeit, daß die Welt aus Nichts (*de nihilo ipso*) geschaffen wurde, verwickelt sich in den Selbstwiderspruch, daß „nichts" als „etwas" zu verstehen wäre und gerade so nicht „nichts" sein könnte. Es bleibt also nur die Möglichkeit *creatio ex nihilo* zu deuten als „geschaffen, aber nicht aus etwas".

Daraus ergeben sich weitreichende Konsequenzen für die Interpretation der Formel. Es läßt sich dabei zwischen den Aussagen unterscheiden, die von der Beziehung Gottes zur Welt gemacht werden, und den Aussagen, die von der Beziehung der Welt zu Gott festgestellt werden. In bezug auf Gott als Schöpfer kann die *Creatio-ex-nihilo*-Formel so gedeutet werden, daß sie besagt, daß Gott zu allem, was nicht Gott ist, in einem aktiven produktiven Verhältnis steht, so daß alles, was ist, in Gottes Schöpfersein begründet ist. Gottes Sein ist damit als schlechthinnige Kreativität bestimmt, die keine andere Voraussetzung außer ihrer selbst hat. Gottes Verhältnis zur Welt ist in dem Sinne einzigartig, daß es der Grund der Möglichkeit allen weltlichen Seienden und seiner Strukturen ist. Gottes Weltbeziehung, die in diesem Sinn durch die modaltheoretisch zu interpretierende *Creatio-ex-nihilo*-Formel bestimmt werden kann, ist insofern ein Akt der Freiheit, der den Charakter der Selbstbegrenzung hat, insofern Gott weltliches Sein als von sich unterschieden, weil geschaffen sein läßt[38]. In bezug auf die Welt als Schöpfung besagt die *Creatio-ex-nihilo*-Formel in dieser Interpretation, daß die Welt als kontingentes Seiendes in permanenter ontologischer Abhängigkeit von Gott als dem Grund der Möglichkeit ihrer Existenz und Verfassung existiert, die ihre eigentümliche Auszeichnung darin hat, nicht Derivat göttlicher Substanz, sondern *Welt* im Gegenüber zu Gott dem Schöpfer zu sein. Durch die Begründung des Seins der Welt im Handeln Gottes ist damit nicht nur die Erkennbarkeit der Welt be-

---

[35] Vgl. zur Geschichte der Formulierung dieser Lehre G. May, Schöpfung aus dem Nichts. Die Entstehung der Lehre von der creatio ex nihilo (AKG 48), Berlin 1978.

[36] Zur Analyse der creatio-ex-nihilo-Formel vgl. die ausgezeichnete Erörterung in E. Wölfel, Welt als Schöpfung, a.a.O. (Anm. 29), S. 20–35.

[37] Zur Interpretation von Anselms Analyse in Kap. 8 und 11 des Monologiums vgl. die aufschlußreiche Darstellung von David Kelsey, The Doctrine of Creation from Nothing, in: Ernan McMullin (ed.), Evolution and Creation. University of Notre Dame Studies in the Philosophy of Religion No. 4, Notre Dame 1985, S. 176–196.

[38] Vgl. die Explikation des schöpferischen Handelns Gottes durch den Begriff von Gott als „ultimate agent" in meinem Artikel: Divine Agency and Providence, Modern Theology 3 (1987), S. 225–244, S. 229–233. Zum Begriff von Gott als „ultimate agent" vgl. R. H. King, The Meaning of God, London 1974, S. 85–96.

hauptet, sondern ebenso ihre geschaffene Güte, die sie nicht aus sich selbst, sondern auf Grund ihrer Beziehung zum Schöpfer besitzt[39].

2. creatio continua

Die Lehre von der *creatio continua* erweitert und präzisiert die Aussage von der *creatio ex nihilo* dahingehend, daß sie Gottes schöpferisches Handeln als Existenzbegründung endlichen Seienden nicht auf einen einmaligen Akt beschränkt, sondern als der Schöpfung in jedem Moment gegenwärtige Bedingung der Möglichkeit ihres Seins und der Erhaltung ihrer Verfassung zum Ausdruck bringt. Theologiegeschichtlich ist z. B. in der altprotestantischen Orthodoxie zu beobachten, daß das Verständnis der *creatio continua* über die Auffassung der reinen *conservatio* hinaus in die Darstellung der fortwährenden Schöpfungsaktivität Gottes, durch den Begriff des *concursus* präzisiert, als *gubernatio* im Rahmen der Providenzlehre weiterentwickelt wurde[40].

---

[39] Einen Weg zur Begründung des Begriffs der Güte als Bestimmung der Schöpfung und als Qualität menschlichen Handelns aus der Eigenschaft der Güte Gottes habe ich in meinem Aufsatz God's Goodness and Human Morality, Nederlands Theologisch Tijdschrift 43 (1989), S. 122–138, vorgeschlagen.

[40] Ein aufschlußreiches Beispiel der begrifflichen Prägnanz und Differenziertheit der Ausarbeitung der Lehre von der *creatio continua* in der Providenzlehre bietet die Konzeption von J. Fr. König, die Carl Heinz Ratschow in Lutherische Dogmatik zwischen Reformation und Aufklärung (Teil II, Gütersloh 1966) zur Grundlage der Darstellung macht. König unterscheidet gemäß der *forma* der göttlichen Providenz *conservatio*, *cooperatio* bzw. *concursus* und *gubernatio*. Während der Begriff der *conservatio* die Entfaltung der Providenzlehre in den Rahmen der Schöpfungslehre einordnet und die Erhaltung der empfangenen Eigenschaften und Kräfte zum Ausdruck bringt, sichert der Begriff des *concursus* die theologische Möglichkeit, das Ganze des weltlichen Geschehens (und nicht etwa nur vermeintliche Ausnahmen der Naturgesetzlichkeit) als Bereich göttlichen Handelns zu beschreiben, ohne die Wirksamkeit der *causae secundae* aufzuheben. Die komplizierte Definitionsform macht das deutlich: „*Concursus est actus providentiae divinae, quo deus influxu generali in actiones et effectus causae secundae, qua tales, se ipso immediate et simul cum ea et iuxta exigentiam uniuscuiusque, suaviter influit*" (a.a.O. S. 209). Ratschow schreibt dazu kommentierend: „Also Gottes actus fließt in einen Vorgang oder eine Sache gnädig [wörtlich: eine Handlung unmerklich ...] ein nach dem Erfordernis wie zugleich mit der Ursache, die sowieso am Werke ist. Da ist also an einer Sache oder einem Vorgang nicht der natürliche Kausalnexus von dem göttlichen Einfluß zu unterscheiden! Der göttliche Einfluß ist vielmehr mit dem natürlichen Kausalnexus zugleich da. Zu diesem simul gehört das immediate: es gehört völlig unmittelbar wie zugleich dazu. Obgleich also die actiones et effectus der causa secunda, das heißt des natürlichen Kausalnexus, qua tales als solche, die sie sind, da und wirksam sind, so ist gleichwohl ein göttlicher Einfluß wirksam, der unvermittelt und zugleich mit dem natürlichen Kausalnexus geschieht! Man merkt diesen Formulierungen das zähe Ringen um die Positionen, die die erwachende Naturwissenschaft besetzte, an". (A.a.O. S. 219) Der Begriff des *concursus* beschreibt damit den Modus der Allgegenwart Gottes für seine Schöpfung (*Coincidit cum concursu isto quoad rem omnipraesentia divina*, König § 266; a.a.O. S. 209). Der Begriff der *gubernatio* hingegen betont in stärkerem Maße die Wirksamkeit des Willens des Schöpfers in den von ihm gnädig erhaltenen Strukturen der Schöpfung. König formuliert folgendermaßen: „*Gubernatio est actus providentiae divinae, quo deus creaturas in viribus, actionibus et passionibus suis decenter ordinat, ad creatoris gloriam et universi huius bonum, ac piorum imprimis salutem*". (a.a.O. S. 210)

Die Grundbegriffe der Providenzlehre bieten dabei eine wichtige Präzisierung der Aussage von der *creatio continua*. Die Lehre von der *permissio*[41] des Übels und des Bösen ist als Hinweis darauf zu verstehen, daß das Schöpfungshandeln Gottes die relative Autonomie der Schöpfung, die in der Freiheit der menschlichen Geschöpfe exemplarisch zum Ausdruck kommt, nicht aufhebt, sondern selbst ihren Mißbrauch als Widerspruch gegen Gott und als Selbstwiderspruch zuläßt. Gott der Schöpfer bleibt seiner Schöpfung treu, insofern er die endgültige Selbstzerstörung der Schöpfung als Folge des Mißbrauchs der Freiheit seiner Geschöpfe nicht zuläßt. Er bleibt der Schöpfer: das ist die Aussageintention des Begriffs der *impeditio*[42]. Daraus folgt, daß die endgültige Zielbestimmung der Schöpfung Gott selbst vorbehalten bleibt (*directio*[43]). Damit ist die relative Autonomie der Schöpfung in ihrer Abhängigkeit von Gottes fortwährendem schöpferischen Handeln als von Gott ebenso ermöglichte wie begrenzte bestimmt, was im Begriff der *determinatio*[44] zum Ausdruck gebracht wird.

3. finis creationis est Dei gloria

Die Intention der dogmatischen Schöpfungslehre, eine Sicht der Wirklichkeit zu präsentieren, die den Grund ihrer Möglichkeit und den Prozeß der Realisierung und Begrenzung ihrer Möglichkeiten in Gottes schlechthinniger Kreativität in Aussagen über das Handeln Gottes formuliert, findet darin ihren abschließenden Ausdruck, daß die Verherrlichung Gottes als das letztgültige Ziel der Schöpfung dargestellt wird[45]. Als Bestimmung des *finis ultimus* der Schöpfung dient der Begriff der *gloria Dei* zugleich als regulativer Begriff für die Interaktion des Menschen mit der Schöpfung, die von der altprotestantischen Dogmatik als *finis intermedius creationis* in der *hominum utilitas* zum Ausdruck gebracht worden ist. Damit ist eine deutliche Begrenzung für den Umgang des Menschen mit der Schöpfung ausgesprochen, der darin liegt, daß er nicht selbst das endgültige Ziel der Schöpfung ist und sich daher nie *ad maiorem gloriam hominis* vollziehen darf.

---

[41] Der Begriff der *permissio* wird bei König so definiert: „Permissio est actus providentiae gubernatricis, quo deus creaturas rationales ad peccandum sua sponte sese inclinantes, per impedimenta, quibus agens finitum resistere nequit vel quibus non restiturum novit, a malo lege vetito non retrahit, sed iustis de causis in peccata ruere sinit" (A. a. O. S. 210).

[42] „Impeditio est actus providentiae gubernatricis, quo deus actionem creaturarum pro arbitrio suo constringit, ne effectum dent, quod vel naturali, vel libera agendi vi alias efficerent". (a. a. O.)

[43] „Directio est actus providentiae gubernatricis, quo deus creaturarum actiones ita moderatur, ut ferantur in obiectum ab infinito agente intentum et in finem ab eodem praestitutum" (a. a. O.).

[44] „Determinatio est actus providentaie gubernatricis, quo deus creaturarum viribus, actionibus et passionibus certos terminos, intra quos se contineant, tum ratione temporis, tum ratione magnitudinis et gradus, constituit" (a. a. O.). Diese Definition illustriert exemplarisch die Funktion, die die Begriffe der Providenzlehre für die Darstellung der Verbindung von Schöpfungstheologie und Ethik spielen können.

[45] Vgl. die angegebenen Quellen bei Ratschow, a. a. O. S. 163 und 167. F. W. Graf (vgl. Anm. 10, bes. S. 207 ff.) macht diesen Gesichtspunkt zum Grundbegriff seiner Darstellung der Schöpfungslehre der altprotestantischen Orthodoxie und leitet daraus die Grundlagen seiner Kritik von Tendenzen gegenwärtiger Schöpfungsethik ab.

Mit dieser Auffassung vom Schöpfungsziel ist zugleich ein Zusammenhang angesprochen, der von den altprotestantischen Dogmatikern als der *usus practicus* des *locus 'De creatione'* herausgestellt worden ist[46]. In der sprachanalytischen Terminologie läßt sich dieser Zusammenhang so formulieren, daß die Grundaussagen der Schöpfungstheologie zusammen mit ihrem konstativen propositionalen Gehalt auch eine kommissive und präskriptive Funktion haben[47], die den Sprecher in den Aussagegehalt einbeziehen[48]. Als Aussagen über Gottes schöpferisches Handeln als Grund der Möglichkeit geschöpflicher Existenz verpflichten sie zu einer Grundeinstellung geschöpflicher Existenz, die im Dank, im Lob, in der Bitte und in der Klage gegenüber dem Schöpfer zum Ausdruck gebracht wird, und auf diese Weise zum Dank für die Gaben der Schöpfung, zum Lob der Welt als Schöpfungswerk Gottes und zur Klage angesichts des in der Welt verborgenen Willens des Schöpfers herausfordert. Christliche Schöpfungsfrömmigkeit ist von Naturfrömmigkeit gerade darin unterschieden, daß sie das Lob des Schöpfers als Grund und Grenze des Lobs der Schöpfung zum Ausdruck bringt.

IV Zur notwendigen Integration der Schöpfungslehre

1. Schöpfung, Erlösung und Vollendung

Nun ist mit diesen Spitzensätzen der Schöpfungslehre in der christlichen Dogmatik die Pointe christlicher Schöpfungstheologie noch nicht erreicht. Sie kommt vielmehr erst dort in den Blick, wo die Aussagen der Schöpfungstheologie in den Gesamtzusammenhang der Grundaussagen des christlichen Glaubens gestellt werden. Erst in diesem Zusammenhang kann der revolutionäre Charakter der Aufnahme und Erweiterung der Schöpfungsaussagen der Hebräischen Bibel im Neuen Testament konstruktiv in die Konzeption einer christlichen Schöpfungstheologie eingebracht werden. Der folgenreiche Charakter dieser Erweiterung wird dort ersichtlich, wo Christus, der Sohn, „durch den wir Erlösung haben, nämlich die Vergebung der Sünden" als „das Ebenbild des unsichtbaren Gottes, der Erstgeborene vor aller Schöpfung" beschrieben wird, von dem ausgesagt ist, daß „in ihm alles geschaffen ist, was im Himmel und auf Erden ist" (Kol. 1, 14–16). Eine ähnliche Herausforderung für die Schöpfungstheolo-

---

[46] Ratschow verweist S. 172 und S. 184 auf Hollaz' Examen theologicum acroamaticum (pI cIII q 28): „Accurata et seria meditatio creationis huius universi in nobis excitat fiduciam, in deo potentissimo, optimo et sapientissimo collocandam, sincerum amorem dei, filialem timorem dei, promtam obedientiam deo praestandam, invocationem et celebrationem nominis divini".
[47] Vgl. zu der hier verwendeten Terminologie: Vincent Brümmer, Theology and Philosophical Inquiry. An Introduction, London und Basingstoke 1981, S. 9–33.
[48] Dieser Aspekt ist in Donald Evans', The Logic of Self-Involvement, London 1963 in extenso behandelt worden. Vgl. in diesem Zusammenhang auch Kathryn Tanner, God and Creation in Christian Theology. Tyranny or Empowerment?, Oxford 1988.

gie stellen der Johannesprolog und die Eingangsverse des Hebräerbriefs dar[49]. Sie besteht darin, Schöpfung in strengem Zusammenhang mit der Erlösung zu denken, was durch die Behauptung der Identität des Schöpfungsmittlers mit dem gekreuzigten und auferweckten Christus zum Ausdruck gebracht wird. Analoge Verbindungen werden hergestellt, wenn der Geist, der da lebendig macht, der durch die Propheten geredet hat, als der Geist, der als der Geist der Wahrheit, die Glaubenden in alle Wahrheit führen wird oder als Erstlingsgabe der Kindschaft, der Erlösung unseres Leibes, beschrieben wird. Beziehungen wie diese, die vom Heiligen Geist ausgesagt werden, sind in der theologischen Tradition unter Aufnahme von klassischen Stellen wie Ps. 104, 29–30 als Beziehung zwischen dem Schöpfer-Geist und der eschatologischen Vollendung der Welt dargestellt worden[50]. Die Aufgabe, die damit gestellt war und die nach wie vor das Proprium christlicher Schöpfungslehre ausmacht, ist die Integration des Schöpfungsglaubens in den Zusammenhang des Glaubens an Versöhnung, Erlösung und Vollendung. Diese Integrationsaufgabe hat zwei komplementäre Aspekte. Einerseits ist es erforderlich, Vorstellungen von Erlösung und Vollendung zu entwickeln, die nicht die Negation des Schöpfungsglaubens oder die Bestreitung der geschaffenen Güte der Schöpfung einschließen. Andererseits muß der Schöpfungsgedanke so entfaltet werden, daß Gottes Schöpfungshandeln in seinem Erlösungshandeln vollendet wird.

Die mit der neutestamentlichen Erweiterung des Schöpfungsglaubens gestellte Aufgabe theologischer Lehrbildung hat eine unmittelbare Konsequenz für das Verständnis der Schöpfung. Ein Schöpfungsverständnis, das im Zusammenhang des Verständnisses von Versöhnung, Erlösung und Vollendung entwickelt wird, ist in der Lage, der Realität des Bösen in der Welt ohne Vertuschung Rechnung zu tragen[51]. Das Böse erscheint aus dieser Perspektive als Sünde, d.h. als der Widerspruch des menschlichen Geschöpfes gegen Gott den Schöpfer und damit als Verkehrung nicht nur des menschlichen Gottesverhältnisses, sondern auch als Verkehrung des Verhältnisses zu sich selbst, zu anderen Menschen und zu seinen Mitgeschöpfen. Ein im Zusammenhang des Erlösungsglaubens entwickeltes Schöpfungsverständnis ist damit vor die Aufgabe gestellt, die geschaffene Güte der Schöpfung und die Erlösungsbedürftigkeit des Menschen ohne Gott so zusammenzudenken, daß die in Christus zugesagte Versöhnung des entfremdeten Menschen mit Gott als Durchsetzung der Treue Gottes zu seiner Schöpfung und damit als Verheißung der Vollendung der Schöpfung im Reich Gottes verstanden werden kann. Dabei werden – und das ist von der reformatorischen Theologie

---

[49] Vgl. die erhellende Darstellung von Hartwig Thyen: „In ihm ist alles geschaffen, was im Himmel und auf Erden ist". Kosmologische Christushymnen im Neuen Testament, in G. Rau, A. M. Ritter, H. Timm (Hrsg.), Frieden in der Schöpfung (Anm. 2), S. 73–91; vgl. ebenso John Reumann, Creation and New Creation. The Past, the Present and the Future of God's Creative Activity, Minneapolis 1973.

[50] Vgl. Jürgen Moltmann, Gott in der Schöpfung. Ökologische Schöpfungslehre, München 1985, S. 23–27.

[51] Vgl. W. Härle, Auseinandersetzung mit dem naturwissenschaftlichen Fortschritt aus der Sicht der Theologie, NZSTh 29 (1987), S. 195–209, S. 202ff.

in der Auslegung des Rechtfertigungsbegriffs in besonderer Schärfe herausgearbeitet worden – entscheidende Charakteristika des Verständnisses von Gottes Schöpferhandeln an seinem Handeln in Versöhnung und Erlösung entdeckt. So ist die Voraussetzungslosigkeit von Gottes Schöpferhandeln als Ausdruck seiner Freiheit, das in der *creatio-ex-nihilo*-Aussage formuliert wird, auch ein unabdingbares Merkmal seines Versöhnungshandelns, das nicht an die Bedingung menschlichen Verdienstes gebunden ist, und seines Vollendungshandelns, dessen Durchsetzung gegen die Macht menschlichen Widerspruchs verheißen ist.

Die Integrationsaufgabe, die sich angesichts der Erfahrung der Versöhnung durch Christus im Geist für die christliche Gemeinde im Blick auf den Schöpfungsglauben stellt, und die darin besteht, Gottes Schöpfungshandeln im Zusammenhang der Einheit des Handelns Gottes in Schöpfung, Versöhnung, Erlösung und Vollendung zu verstehen, ist einer der Impulse, die zur Ausbildung der Trinitätslehre geführt haben. Die unterschiedlichen auf der ausgearbeiteten Trinitätslehre aufbauenden Lehrentwürfe haben alle in unterschiedlicher Weise den Gedanken entwickelt, daß das Verständnis des einen Gottes als Vater, Sohn und Geist die Einsicht erschließt, daß der Schöpfer der Versöhner der entfremdeten Geschöpfe ist, der auf diese Weise die Vollendung seiner Schöpfung bewirkt, und daß der Vollender und Versöhner kein anderer ist als der dreieinige Gott, der die Schöpfung *ex nihilo* ins Sein ruft, dessen Kreativität zu jeder Zeit die Bedingung ihrer Existenz und Verfassung ist und der sie zur Verherrlichung ihres Schöpfers herausfordert[52].

Wenn dieser durch die Trinitätslehre zum Ausdruck gebrachte Gedanke der Einheit des Handelns des trinitarischen Gottes die eigentliche Pointe des christlichen Schöpfungsgedankens ist, stellt sich die Frage, was diese Einsicht für eine Theologie der Schöpfung austrägt. Für das Verständnis des Handelns Gottes als Schöpfer ist im Rahmen des trinitarischen Verständnisses von Gottes Handeln zu betonen, daß Grund und Ziel des Handelns Gottes erst aus der Offenbarung Gottes als des Schöpfers im Versöhnungsgeschehen durch Christus im Geist für den christlichen Glaubens erschlossen werden. Für christliche Schöpfungstheologie ist insofern die Selbsterschließung Gottes durch Christus im Geist die Voraussetzung dafür, den Charakter des Handelns Gottes als in seinem Wesen begründete schöpferische, versöhnende und erlösende Liebe zu bestimmen. Die Tatsache, daß diese Einsicht am Christusgeschehen, genauer: am Kreuz und der Auferweckung Christi, gewonnen wird, macht ferner deutlich, daß der voraussetzungslose Wille Gottes des Schöpfers nicht als manipulative Machtdemonstration von außen aufoktroyiert wird, sondern in den Gegebenheiten der Schöpfung als Durchbrechung der Macht des Bösen *sub contrario*, in der Ohnmacht des Gekreuzigten, zur Durchsetzung kommt. Die Beibehaltung der *gloria Dei*

---

[52] Einige Aspekte einer trinitarischen Konzeption des Handelns Gottes habe ich dargestellt in: Die Rede vom Handeln Gottes im christlichen Glauben. Beiträge zu einem systematisch-theologischen Rekonstruktionsversuch, in: W. Härle/ R. Preul (Hrsg.), Vom Handeln Gottes, MJTh 1 (1987), S. 56–81.

als *ultimus finis creationis* verpflichtet somit keinesfalls zu einer *theologia gloriae*, die im Gegensatz zu einer *theologia crucis* konzipiert wäre.

2. Trinitarische Theologie und „Welt als Schöpfung"

Weiterhin stellt sich die Frage, was das Verständnis des Schöpfungshandelns Gottes als trinitarischen Handelns für das Verständnis der Welt als Schöpfung austrägt. Hier können wir uns auf die drei Aspekte konzentrieren, die wir als Anlässe und Gegenstandsbereiche des Dialogs zwischen Naturwissenschaft und Dogmatik herausgestellt haben.

a) Zur Kontingenz der Welt

Die Kontingenz der Welt und ihre kontingente Ordnung muß aus der Perspektive einer trinitarischen Theologie der Schöpfung nicht als unhintergehbares *brutum factum* der ontologischen Konstitution der Welt gesehen werden. Sie erscheint vielmehr als die von Gott in Freiheit konstituierte Schöpfung, die ihren Grund in der schöpferischen Liebe Gottes des Vaters hat, der in Jesus Christus, dem Sohn, ihre Versöhnung wirkt und sie im Geist zu ihrem Ziel in der Freiheit der Kinder Gottes führt. Wird die Schöpfung im Zusammenhang des Versöhnungs- und Erlösungshandelns Gottes gesehen, ist Gottes Präsenz für seine Schöpfung nicht als das zeitlose Gegenüber einer zeitlichen Welt zu sehen, sondern wird als die Gegenwart der Kreativität Gottes, die gegen die Macht der Sünde Versöhnung wirkt und gegen den Widerstand des Bösen Vollendung bringt, *in* den raum-zeitlichen Strukturen einer kontingenten Welt ersichtlich als der Grund ihrer Existenz und die wirksame Verheißung ihrer Zukunft in der Ewigkeit Gottes. Die Kontingenz der Welt kann in der Perspektive einer trinitarischen Theologie der Schöpfung als Ausdruck der schöpferischen Liebe Gottes gesehen werden, die in der Selbsterschließung Gottes als versöhnende und vollendende Liebe im Glauben erfahrbar wird. Insofern ist die theologische Ergänzung zum Grundsatz naturwissenschaftlicher Forschung *acsi Deus non daretur* der theologische Grundsatz: *nihil constat de contingentia nisi ex revelatione*[53].

---

[53] Zum Zusammenhang beider Grundsätze vgl. die Ausführungen von T. F. Torrance, Divine and Contingent Order, Oxford 1981, S. 26–61. Die These, daß die Schöpfung nur durch die Offenbarung zu erkennen sei, wurde in der altprotestantischen Orthodoxie am deutlichsten von Balthasar Meisner (vgl. Ratschow, a.a.O., S. 170 und 179) und dann von Quenstedt vertreten: „Creatio mundi ex nihilo in tempore facta ex lumine naturae cognosci aut rationibus philosophicis apodictice et evidenter demonstrari nequit, sed ex sola revelatione divina innotescit, adeoque est articulus purae fidei ac merae revelationis". Theologia didactico-polemica, 1685, pI cX sII qI th, zit. n. Ratschow, a.a.O. (Anm. 40), S. 179. Quenstedt fügt hinzu: „Nihil constat de liberis Dei actionibus nisi ex revelatione". pI cX sII qI bebII. Ratschow schreibt dazu: „Quenstedt zum Beispiel trägt in einer These den Grundsatz vor, die Schöpfung sei nicht abgesehen von der Offenbarung zu erkennen. Aber in der Ausführung sieht das dann schon anders aus. Ganz deutlich ist diese Position dann bei Hollaz eingerissen, da die Schöpfung als erkennbar, nur der modus der Schöpfung noch als auf Offenbarung angewiesen dargestellt wird. ‚Nur' der modus ist noch in dieser Angewiesenheit. Die Sache selbst ist der Vernunft zugänglich". (a.a.O. S. 171) Hollaz

b) Zur Erkennbarkeit der Welt

Die Erkennbarkeit einer kontingenten Welt ist aus der Perspektive einer trinitarisch konzipierten Theologie der Schöpfung ebenso nicht ein uninterpretierbares Grundfaktum menschlichen Deutungs- und Gestaltungshandelns. Wenn mit den schöpfungstheologischen Spitzensätzen des Neuen Testaments daran festzuhalten ist, daß die Offenbarung Gottes in Person und Werk Jesu Christi als die Inkarnation des Logos oder des Wortes Gottes im christlichen Glauben zu deuten ist, dann hat das die ebenso theologische wie erkenntnistheoretische Konsequenz, daß die rationale und kommunikative Struktur, die der Grund der Erkennbarkeit der Welt ist, in der raum-zeitlich verfaßten geschichtlichen Welt zur Erscheinung kommt und erfahrbar wird. Damit ist nicht nur theologisch dem raum-zeitlichen Zusammenhang des Christusgeschehens als Selbsterschließung Gottes letztgültige Bedeutung zugesprochen. Zugleich ergibt sich aus dem Theologoumenon der Schöpfungsmittlerschaft Christi eine theologische Bestätigung des erkenntnistheoretischen Grundsatzes, der moderne Naturwissenschaft begründet, daß Erfahrung der Königsweg zur Erkenntnis der Welt ist[54]. Das anthropische Prinzip naturwissenschaftlicher Kosmologie gewinnt aus dieser theologischen Perspektive den Sinn eines indirekten Hinweises auf das „Christusgeheimnis der Schöpfung"[55].

c) Die Welt als Interaktionsraum von regelgeleiteter Struktur und Spontaneität

Die Interaktion von regelgeleiteter Struktur und Spontaneität, die an die Stelle der traditionellen Dichotomie von Zufall und Notwendigkeit getreten ist, bietet einer trinitarisch konzipierten Schöpfungstheologie die Einladung, die Rolle des Schöpfergeistes in der Schöpfung neu zu überdenken. Die Verbindung, die die traditionelle Konzeption des Geisthandelns Gottes in der Schöpfung zwischen dem Geist Gottes als dem Lebensprinzip der Schöpfung und dem Geist als der Erstlingsgabe der eschatologischen Vollendung herstellt, kann im Kontext des neuen naturwissenschaftlichen Weltbildes eine Reihe theologisch fruchtbarer Fragen aufwerfen. Wird das Leben in der Welt im christlichen Glauben als durch Gottes Geist ermöglichtes und erhaltenes gesehen, und ist die Gegenwart dieses Geistes die Antizipation der Zukunft der Schöpfung, dann wird damit das gegenwärtige Leben nicht als in seinen strukturellen Regel-

---

folgt mit seiner Darstellung Abraham Calors *Systema locorum theologicorum* 1655 ff. Karl Barth radikalisiert die Quenstedtsche These folgendermaßen: „Der Satz: *Nihil constat de liberis actionibus Dei nisi ex revelatione* war wohl richtig. Ihm hätte aber immer vorangehen müssen der andere Satz: *Nihil constat de contingentia mundi nisi ex revelatione*". (Kirchliche Dogmatik III, 1, Zürich 4. Aufl. 1970, S. 5 vgl. S. 2) Ich danke Herrn Kollegen Theodor Mahlmann für zahlreiche Hinweise zur komplexen Entwicklungsgeschichte der Schöpfungslehre in der altprotestantischen Dogmatik, die hier nur angedeutet werden kann.

[54] Zum hier angesprochenen Zusammenhang von Erfahrung und Offenbarung vgl. meine Studie: Offenbarung und Erfahrung – Glaube und Lebenserfahrung. Systematisch-theologische Überlegungen zu ihrer Verhältnisbestimmung, in: W. Härle/ R. Preul (Hrsg.), Lebenserfahrung, MJTh III (1990), S. 68–122.

[55] Vgl. die erhellenden und weiterführenden Überlegungen, die Eberhard Wölfel unter dieser Überschrift angestellt hat in: Welt als Schöpfung, a.a.O. (Anm. 29), S. 39–48.

mäßigkeiten erschöpft betrachtet, sondern als offen für die Zukunft Gottes. Die Rede vom Geist Gottes stellt somit das gegenwärtige Leben der Welt in den Horizont der Verheißung ihrer Vollendung[56].

V Dialogfähige Schöpfungstheologie als Horizont einer Ethik der Geschöpflichkeit

Mit der Darstellung der Grundaussagen christlichen Schöpfungstheologie im Zusammenhang der christlichen Dogmatik habe ich zu zeigen versucht, daß eine Theologie der Schöpfung, die die zentralen Elemente der Lehrtradition der Schöpfungslehre im Kontext einer trinitarischen Konzeption des Handelns Gottes zu entfalten unternimmt, in der Lage ist, zumindest einige der Bedingungen für einen konstruktiven Dialog mit der Naturwissenschaft zu erfüllen. In einem solchen Dialog wird es in erster Linie darauf ankommen, daß christliche Schöpfungstheologie in ihrer Rede von der Welt als Schöpfung die Welt thematisiert, die auch Gegenstand naturwissenschaftlicher Forschung ist, und nicht eine vermeintliche theologische Alternative. Wie die Geschichte des Verhältnisses von Theologie und Naturwissenschaften auf mannigfache Weise belegt, bietet ein solcher Dialog vielfältige kritische und konstruktive Möglichkeiten. Der kritische Dienst, den die Naturwissenschaft der Theologie erbringen kann, besteht z.B. darin, daß sie theologische Reflexion zur Überprüfung des philosophischen Explikationsinstrumentariums ihrer schöpfungstheologischen Einsichten herausfordert. Das Verständnis der Welt in den Naturwissenschaften kann der Theologie gerade dadurch konstruktive Möglichkeiten eröffnen, das theologische Verständnis der Welt als Schöpfung in ihrer Begründung in Gottes schöpferischem Handeln zu entfalten[57]. Der kritische Dienst, den christliche Schöpfungstheologie der Naturwissenschaft leisten kann, besteht darin, daß die Sprache des christlichen Glaubens eine permanente Erinnerung daran bietet, daß die multi-dimensionale Struktur der Wirklichkeit nicht auf eine Erklärungsebene mit totaler Deutungskompetenz reduziert werden kann, ohne daß Naturwissenschaft auf diese Weise in eine meta-wissenschaftliche Ideologie

---

[56] Vgl. hierzu die Ausführungen von R. W. Jenson im Kapitel „The Cosmic Spirit" in seiner Pneumatologie in: C. E. Braaten/ R. W. Jenson (eds.), Christian Dogmatics, Vol. II, Philadelphia 1984, S. 105–178, besonders S. 165–178.

[57] Ein geradezu klassisches Beispiel der ebenso kritischen wie konstruktiven Funktion der Naturwissenschaften für die theologische Theoriebildung ist die Rezeption der weltbildlichen Implikationen des Darwinismus in der anglikanischen Theologie des ausgehenden 19. Jahrhunderts. Kritisch führte die Rezeption des Darwinismus zur Emanzipation der Schöpfungstheologie von dem Explikationsrahmen der aristotelisch-thomistischen Substanzmetaphysik, die das Schöpfungshandeln Gottes als Hervorbringen einer fixierten Struktur natürlicher Arten interpretierte und mit der neuen evolutionären Sicht der Ordnung der Natur unvereinbar war. Konstruktiv hatte diese Entwicklung eine Wiederaneignung und dynamische Reinterpretation der Logoslehre der griechischen patristischen Theologie zur Folge, deren Ausarbeitung neue Gesprächsmöglichkeiten mit den Naturwissenschaften ermöglichte. Vgl. E. Wölfel, Weltbildliche Aspekte der Darwinschen Theorie, in: Christina Albertina H. 18 NF 1983, S. 17–24. Vgl. auch meinen Artikel ‚Lux Mundi', in: TRE XXI, S. 621–626.

transformiert würde, die dann nicht mehr Dialogpartner, sondern Konkurrentin oder Surrogat der Theologie sein würde. Die konstruktive Funktion, die christliche Schöpfungstheologie gegenüber der Naturwissenschaft wahrnehmen kann, ist das Angebot eines Wirklichkeitsverständnisses, das alle natürlichen Vorgänge und die Prozesse ihrer Erforschung nicht als unbedingt und daher unbegrenzt deutet, sondern als im schöpferischen Handeln Gottes begründet und begrenzt.

Wir sind damit bei dem Beitrag, den christliche Schöpfungstheologie zur Begründung und Entfaltung einer Schöpfungsethik leisten kann. Der erste Schritt dazu besteht in einer Präzisierung des Begriffs der Schöpfungsethik. Die Schöpfung ist kein Feld menschlichen Handelns, das in Analogie zu den Formen kultureller und gesellschaftlicher Organisation menschlichen Handelns verstanden werden könnte, wie etwa die Wirtschaft oder die Wissenschaft. Im Begriff der Schöpfungsethik bezeichnet „Schöpfung" nicht ein Handlungsfeld der Ethik, sondern charakterisiert ihre Voraussetzung, die darin besteht, daß weder das menschliche Handlungssubjekt noch die Welt als Handlungsfeld das Produkt menschlichen Handelns ist[58]. Eine Ethik, die angesichts der Herausforderungen der ökologischen Krise Orientierung zu bieten beansprucht, sollte darum als Ethik der Geschöpflichkeit konzipiert werden, die im Begriff der Geschöpflichkeit ausdrücklich anerkennt, daß weder das menschliche Handeln noch die Welt als Handlungsfeld des Menschen als selbstkonstituiert zu betrachten ist.

Es wäre in diesem Sinne als Aufgabe der Theologie der Schöpfung zu beschreiben, daß sie einer Ethik der Geschöpflichkeit ein Wirklichkeitsverständnis anbietet, daß das schöpferische Handeln Gottes im Zusammenhang seines Handelns in Erlösung und Versöhnung als Begründung und Begrenzung menschlichen Handelns im Verhältnis zu den Mitgeschöpfen des Menschen darstellt. Ein Grundzug dieses Wirklichkeitsverständnisses ist es, daß Schöpfung, Versöhnung und Vollendung der Welt und des Menschen allein als das Werk des dreieinigen Gottes betrachtet werden, das als Grund der Möglichkeit menschlichen Handelns das Handeln des Menschen begrenzt und ihm so die Praxis geschöpflicher Freiheit als Gabe und Aufgabe zuweist. Die Funktion der Theologie der Schöpfung für eine Ethik der Geschöpflichkeit besteht insofern darin, daß sie die normativen und deontologischen Begriffe der Ethik, ihre Wert- und Gütervorstellungen und ihre Tugendkonzeption an ein Wirklichkeitsverständnis zurückbindet, das das Handeln Gottes als Grund und Ziel aller geschaffenen Wirklichkeit und als Grund und Maß geschöpflichen Handelns zur Darstellung bringt. Im Horizont christlicher Schöpfungstheologie ist Ethik der Geschöpflichkeit damit nicht ein Spezialgebiet der Ethik, das neben die Ethik der Gesellschaft, die Wirtschaftsethik usw. treten könnte. Vielmehr artikuliert sie die grundlegende Dimension allen menschlichen Handelns in allen diesen Handlungsfeldern, zu denen die Naturwissenschaft ebenso gehört wie die Theologie. Wird Geschöpflichkeit dabei nicht nur als abstrakte

---

[58] Vgl. hierzu die Kritik von Wolfgang Huber an der „Verwechslung von göttlicher und menschlicher Subjektivität" in neueren Konzeptionen der Schöpfungsethik: „Nur wer die Schöpfung liebt, kann sie retten". Naturzerstörung und Schöpfungsglaube, in G. Rau, A. M. Ritter, H. Timm (Hrsg.), Frieden in der Schöpfung, a.a.O. (Anm. 2), S. 229–248, S. 243 f.

theologische Kategorie gebraucht, sondern als Ausdruck des Eingebundenseins des Menschen in die kontingenten Strukturen einer kontingenten und kontingent erkennbaren Welt, so wie sie in den Naturwissenschaften erfaßt wird, ergibt sich damit ein gemeinsamer Bezugspunkt von Schöpfungstheologie und Naturwissenschaft, der einer Ethik der Geschöpflichkeit Konkretionsmöglichkeiten im Blick auf den Vollzug und die Folgen naturwissenschaftlicher Erkenntnis eröffnet[59].

Die Kategorie der Geschöpflichkeit hat dabei für die theoretische und praktische Reflexion der Ethik eine dreifache Funktion. Erstens hat Geschöpflichkeit als Leitbegriff der Ethik eine integrative Funktion, indem sie den Menschen als Handlungssubjekt in die Solidarität alles Geschaffenen hineinstellt und damit die Anerkennung seiner Mitgeschöpflichkeit zu einer zentralen Dimension menschlichen Handelns macht. Diese Dimension betrifft nicht etwa nur eine ökologische Ethik, sondern bietet eine ethische Qualifizierung allen menschlichen Handelns, die in allen Handlungsbereichen zur Geltung zu bringen ist. Zweitens hat der Begriff der Geschöpflichkeit eine orientierende Funktion, die darin besteht, menschlichem Handeln grundsätzlich bewußt zu halten, daß es als geschöpfliches und damit nicht selbstbegründetes Handeln keiner autonomen letztgültigen Orientierung fähig ist, also orientierungsbedürftig ist. Eine im Horizont trinitarischer Schöpfungstheologie entwickelte Ethik der Geschöpflichkeit wird dabei Orientierung nicht in vermeintlichen Schöpfungsordnungen suchen, sondern in der Erschließung des Willens Gottes des Schöpfers in Jesus Christus, dem Paradigma versöhnten Menschseins. Damit wird das Bewußtsein dafür wachgehalten, daß menschliches Handeln nicht nur fehlbar, sondern gefallen ist, und damit Orientierung nicht vom Gesetz, sondern nur vom Evangelium erfahren kann. Drittens hat der im Horizont der Schöpfungstheologie begründete Begriff der Geschöpflichkeit für menschliches Handeln eine regulative Funktion, die die Begrenzung menschlichen Handelns nicht als Restriktion, sondern als Bedingung der Möglichkeit seines Gelingens zu sehen auffordert.

Aus den Überlegungen zum Verhältnis von dogmatischer Schöpfungslehre zu den weltbildlichen Rahmenbedingungen naturwissenschaftlicher Forschung und ihrer Funktion für eine Ethik der Geschöpflichkeit wird die dialogische Orientierung der Theologie der Schöpfung noch einmal deutlich. Christliche Schöpfungstheologie ist nicht in einer sturmfreien Zone zwischen Naturwissenschaft und Dogmatik angesiedelt, wo sie in sicherer Distanz zu den Einsichten beider Seiten in beide Richtungen wohlmeinende Appelle laut werden lassen könnte, noch ist sie die Synthese auf höherer Ebene, die die Unstimmigkeiten zwischen Dogmatik und Naturwissenschaft versöhnt. Vielmehr habe ich zu zeigen versucht, daß Schöpfungstheologie dann an Dialogkompetenz für das Gespräch mit der Naturwissenschaft gewinnt, wenn sie den Reichtum der Darstellung des Schöpferhandelns des dreieinigen Gottes in der dogmatischen Tradition als Anregung zur Reflexion auf die komplexe Struktur der Welt als

---

[59] Vgl. den Anm. 51 zitierten Aufsatz von W. Härle, sowie ders., Ausstieg aus der Kernenergie? Einstieg in die Verantwortung!, Neukirchen 1986.

Schöpfung versteht. Und umgekehrt eröffnet das differenzierte Bild der weltbildlichen Grundannahmen moderner Naturwissenschaft Aneignungsmöglichkeiten der dogmatischen Tradition schöpfungstheologischer Reflexion, die durch die Veränderungen in den Grundstrukturen des Weltbildes der Naturwissenschaften neue Relevanz gewonnen haben. Das deutet auf die kritischen und konstruktiven Möglichkeiten hin, die der Theologie der Schöpfung im Dialog zwischen Naturwissenschaft und Dogmatik eröffnet werden. Obwohl sich mit dem Stichwort einer Ethik der Geschöpflichkeit ein gemeinsamer Bezugspunkt dogmatischer Reflexion und naturwissenschaftlicher Forschung abzeichnet, ist nicht damit zu rechnen, daß in diesem Dialog alsbald Übereinstimmung eintreten wird. Die Vollzugsgestalt des Dialogs ist nicht die Homophonie, sondern die kontrapunktische Polyphonie, die im Kontrast der unabhängigen Stimmen immer wieder zu Dissonanzen führen wird. Aber warum sollte die Dissonanz nicht auch von Zeit zu Zeit von einem vorausklingenden Echo der Harmonie unterbrochen werden, die als „Reigen seliger Geister" die *Synopsis* der *visio beatifica* im Eschaton begleitet?

VORSEHUNGSGLAUBE UND GESCHICHTSHANDELN
Überlegungen zu einer Neugestaltung der Providentialehre

Gottfried Hornig

Der christliche Gottesglaube besitzt ethische und ontologische Dimensionen. Denn als Glaube an den Schöpfer, Herrn, Richter und Erlöser umfaßt er die Vorstellungen von einer Person, die Ursache ihrer selbst ist, von einem höchsten Zweck, obersten Wert und absoluten Gut. Er dient der Begründung des ethisch Gebotenen wie der Deutung des Seins und alles Geschehens in Natur und Geschichte. Die Frage nach dem Inhalt und Ort der Gotteserkenntnis impliziert daher für den Menschen die Frage nach dem richtigen Handeln, zugleich aber auch die Frage nach dem Sinn der Geschichte und des eigenen Lebens.

Die Rede vom Handeln Gottes stellt eine metaphorische Rede dar. Als solche ist sie aber eine für die christliche Verkündigung unverzichtbare Ausdrucksweise. Nach reformatorischer Überzeugung handelt Gott in der Erschaffung der Welt sowie im gnadenhaften Zuspruch der Rechtfertigung und Versöhnung ganz allein, wirkt aber in seinem Geschichtshandeln durch das Handeln des Menschen hindurch, so daß von einem „Zusammenwirken" Gottes und des Menschen gesprochen werden kann[1]. Eine Begründung für die Art, wie dieses Zusammenwirken gedacht werden kann, liefert die traditionelle Providentialehre, insbesondere in ihren Aussagen zum concursus divinus. Mit ähnlicher Terminologie hatte schon Luther in seiner sogenannten Zwei-Regimenten-Lehre von diesem Zusammenwirken gesprochen. Blickt man jedoch in die nachreformatorische Theologiegeschichte und verfolgt man die Geschichte dieser beiden Lehren in der Dogmatik, so gewinnt man den Eindruck, daß lange Zeit die Providentialehre dominierte und dort, wo in jüngster Zeit auch die Zwei-Regimenten-Lehre Luthers positive Beachtung fand, doch beide Lehren noch ganz unverbunden nebeneinander stehen. Die Providentialehre bezieht sich, wenn auch abgestuft und differenziert, als conservatio, concursus und gubernatio auf die Gesamtheit des durch die Schöpfung begründeten Weltgeschehens[2]. Sie interpretiert die Wirklichkeitserfahrung des christlichen Glaubens, weil sie sowohl das Welt- und Geschichtshandeln Gottes als auch sein Heilshandeln als Ausdruck der göttlichen Vorsehung verstehen lehrt. Das

---

[1] Martin Seils, Der Gedanke vom Zusammenwirken Gottes und des Menschen in Luthers Theologie, Berlin 1962, bes. S. 114f und 163ff (Die Freiheit Gottes zur „cooperatio").

[2] Bengt Hägglund, De providentia. Zur Gotteslehre im frühen Luthertum, ZThK 83, 1986, S. 356–369.

Gleiche gilt in einem bestimmten Sinn aber auch für die Zwei-Regimenten-Lehre Luthers, die, wie Wilfried Härle in einer Studie jüngst überzeugend dargelegt hat, als eine Lehre vom Handeln Gottes entfaltet werden kann[3]. Denn Gott regiert die Welt durch sein weltliches und geistliches Regiment, durch Gesetz und Evangelium. Die Botschaft von Jesus Christus als unserem Versöhner und Erlöser ist Ursprung und Inhalt des Evangeliums, das uns Heilsgewißheit schenkt und zum Tun des Guten als des von Gott Gebotenen befreit. Das Gesetz aber dient in der Doppelgestalt des Naturgesetzes und des Sittengesetzes der Erhaltung der Welt. Dabei ist es für Luthers Verständnis der staatlichen Obrigkeit noch ganz selbstverständlich gewesen, daß nicht nur für das Handeln des Einzelnen, sondern auch für staatliche Gesetze und Verordnungen der im Dekalog formulierte Wille Gottes maßgeblich ist. Daher hat der Gehorsam, den der Christ gegenüber staatlichen Anordnungen leisten soll, seine Grenzen, aber die Gehorsamsverweigerung gilt eher als Ausnahmefall. Das Handeln Gottes durch das weltliche Regiment zielt durch die Androhung und Anwendung der Strafgewalt darauf ab, die Kräfte des Bösen zu begrenzen, und es ermöglicht ein rechtlich geordnetes Zusammenleben der Menschen innerhalb des bestehenden Staatsverbandes.

Nur wenn es gelingt, die Theorie des Zusammenwirkens Gottes und des Menschen im Welt- und Geschichtshandeln unter Berücksichtigung der modernen Naturauffassung einigermaßen plausibel zu begründen, lassen sich die Grundgedanken der überlieferten Providentialehre in modifizierter Gestalt aufrechterhalten. In der entscheidenden Problemstellung geht es um die Frage, wie der Glaube an Gottes Welterhaltung und Weltregierung mit der schöpfungsgegebenen Freiheit zum eigenständigen menschlichen Geschichtshandeln widerspruchsfrei gedanklich verbunden werden kann. Das so gestellte Problem hat anthropologische und sozial-ethische, aber auch schöpfungstheologische, geschichtstheologische und naturwissenschaftliche Aspekte.

I Der „Sitz im Leben" der Providentialehre

Die Wunderproblematik ist im Rahmen der Providentialehre unter dem Begriff der sogenannten providentia extraordinaria abgehandelt worden. Demzufolge kann Gott den Wirkungszusammenhang des Naturgeschehens und der Naturgesetze nicht nur benutzen, sondern auch durchbrechen. Dieser traditionelle religiöse Wunderbegriff umfaßt zwei Elemente: Das Wunder ist ein zielgerichtetes Handeln Gottes, und es ist als solches ein Geschehen contra naturam, also ein Geschehen, mit dem Gott seine eigenen Naturgesetze punktuell und vorübergehend außer Kraft setzt. Aus diesem theologischen Gedanken erklärt es sich, daß die Wunderproblematik zum eigentlichen Kampffeld zwischen dem am Kausalitätsgedanken orientierten naturwissenschaft-

---

[3] Wilfried Härle, Luthers Zwei-Regimenten-Lehre als Lehre vom Handeln Gottes, in: Marburger Jahrbuch Theologie I, hrsg. von W. Härle und R. Preul (= Marburger Theologische Studien, Bd. 22), Marburg 1987, S. 12–32.

lichen Denken und dem christlichen Vorsehungsglauben geworden ist. Bei der Interpretation biblischer Berichte wird man allerdings den vom Kausalitätsdenken bestimmten Wunderbegriff einer Durchbrechung der Naturgesetze und des Naturzusammenhangs nicht durchgängig voraussetzen dürfen. Häufig ist lediglich ein für damalige Erfahrungen außergewöhnliches und unbegreifliches Geschehen gemeint, so daß die biblische Verwendung des Begriffs ähnlich wie der Gebrauch in der Umgangssprache auch eine subjektive Deutung des Erlebten und der entsprechenden Berichterstattung beinhaltet. Aber in dem Sinne, daß Gottes Schöpfungshandeln sich nicht nur auf einzelne singuläre Ereignisse bezieht, sondern sein gesamtes Wirken umfaßt und daß Gott in der von ihm geschaffenen Welt und ihrer Geschichte auch Neues und Unerwartetes bewirken kann, muß an dem Begriff und der Vorstellung des „Wunders" wohl festgehalten werden. Das hier skizzierte Wunderverständnis unterscheidet sich erheblich von dem der älteren dogmatischen Tradition und ihrer objektivierenden Redeweise. Es dürfte deshalb dem Vorwurf der Subjektivierung ausgesetzt sein. Doch läßt es sich begründen und steht in einer sachlichen Nähe zu dem, was W. Trillhaas ausgeführt hat: „Das Wunder ist ein subjektiver Begriff. Es hat seinen ‚Sitz' in der unverrechenbaren Seite des Lebens, es bezeichnet die Erfahrung einer unverdienten und unvermuteten Möglichkeit, die wider Erwarten realisiert worden ist. Das Wunder ist aber zugleich ein persönliches Widerfahrnis, und darum im historischen Sinne nur sehr schwer objektivierbar, wenn auch diese Möglichkeit nicht ganz ausgeschlossen werden kann"[4].

Was den Geschichtsverlauf anbelangt, so ist der christliche Vorsehungsglaube sowohl von der Haltung eines bloßen Optimismus als auch von allem Fatalismus und Determinismus deutlich abzugrenzen. Er ist keine bloße Wiederholung des antiken Schicksalsglaubens, den Friedrich Schiller in der „Braut von Messina" so einprägsam formuliert hat.

„Denn noch niemand entfloh dem verhängten Geschick
Und wer sich vermißt, es klüglich zu wenden,
Der muß es selbst erbauend vollenden."

Trotz aller Leiderfahrung und dem unvermeidlichen Todesgeschick als sterbliches Wesen vertraut der christliche Glaube auf Gottes gütiges und zielgerichtetes Handeln. Er weigert sich, das Weltgeschehen als Ganzes, aber auch das auf einen kurzen Zeitraum begrenzte eigene Lebensschicksal in einem blinden Fatalismus einfach hinzunehmen oder als bloße Anhäufung von mehr oder weniger zufälligen Ereignissen zu betrachten. Sein vom Schöpfungs- und Heilsglauben geprägtes Vertrauen sieht die Welt als Gegenstand der gütigen Fürsorge Gottes, der sie zu ihrem vorausbestimmten Ziel führt. Aber mit dem Vorsehungsglauben ist nicht nur Gottes Handeln als Bewahren

---

[4] Wolfgang Trillhaas, Dogmatik, Berlin 1962, S. 169.

der Schöpfung und Regieren der Welt gemeint, sondern auch die gütige Führung des Einzelnen in seinem irdischen Lebenslauf.

Daß der Vorsehungsglaube in der Bibel vielfältig bezeugt und in der Glaubenserfahrung verankert ist, läßt sich an der Geschichte der christlichen Frömmigkeit, ihren Liedern und Gebeten, aber auch an einer umfangreichen Erbauungsliteratur und dem sogenannten asketischen Schrifttum aufzeigen. Als biblische Belege können aus dem Alten Testament vor allem die Psalmen, aus dem Neuen Testament die Reichgottesgleichnisse und die Bilder herangezogen werden, die Jesus bei seiner Aussendungsrede verwendet. Auch in den Situationen der Bedrängnis und Verfolgung dürfen die Jünger des göttlichen Beistandes gewiß sein und brauchen sich daher nicht zu fürchten. Denn kein Sperling fällt zur Erde „ohne euren Vater". Weil der Wille des Vaters ihr Geschick bestimmt, ergeht die tröstliche Mahnung: „Darum fürchtet euch nun nicht, ihr seid viel mehr wert als Sperlinge" (Matth. 10,31). Diese Metapher – wie auch die unmittelbar vorangehende Aussage, daß „eure Haare auf dem Haupte alle gezählt seien" – sieht das Handeln Gottes als Ausdruck seiner Allmacht, ja seiner Allkausalität. Gott weiß alles, und nichts geschieht ohne seinen Willen.

Es ist keine unzulässige Individualisierung oder gar Subjektivierung des christlichen Vorsehungsglaubens, sondern eher Ausdruck seiner Lebendigkeit, wenn er ganz unmittelbar auf die eigenen Wege und das persönliche Lebensgeschick bezogen wird und sich dabei als Quelle des Trostes und der Zuversicht erweist. Solche vom Vorsehungsglauben geprägte Frömmigkeit äußert sich in zahlreichen Kirchenliedern, Gebeten und Erbauungsbüchern. Es ist Gott der Schöpfer und Weltregent, in dessen Hände jeder Christ sein irdisches Geschick vertrauensvoll legen darf:

> „Es kann mir nichts geschehen, als was er hat gesehen
> und was mir selig ist. Ich nehm es wie ers gibet;
> was ihm von mir beliebet, dasselbe hab auch ich erkiest."

(Paul Fleming, 1633; 3. Strophe des Liedes „In allen meinen Taten". EKG 292)

II Die Gottesvorstellung der Vorsehungslehre

Der Begriff der Vorsehung besagt, daß alles was geschieht, auf Grund der Weisheit und des Willens Gottes geschieht, wenn auch vermittelt durch das Naturgeschehen und das geschichtliche Handeln der Menschen. Wie schon der Schöpfungsglaube so ist auch der Vorsehungsglaube mit ganz bestimmten Vorstellungen über die Eigenschaften oder Attribute Gottes verbunden. Wird von Gottes Handeln und seinen Werken gesprochen, so muß auch von den Eigenschaften oder Attributen gesprochen werden, mit deren Hilfe Gott seinen Willen verwirklicht. Allmacht ist für die Erschaffung des Kosmos, die Bewegung der Planeten und die Hervorbringung einer belebten Natur erforderlich, Weisheit und Güte für die ständige Aufgabe der Welterhaltung durch die Naturgesetze und die Begrenzung der zerstörerischen Macht des Bösen.

Die Frage, ob das providentielle Handeln Gottes schon im „Buch der Natur" zu lesen sei und durch eine für die Phänomene aufgeschlossene Naturbeobachtung wahrgenommen werden könne, wird man heutzutage wohl wesentlich zurückhaltender beantworten müssen, als es zur Blütezeit der Physikotheologie und ihrer Verherrlichung Gottes über den Schöpfungswundern geschehen ist[5]. Wenn das Gute, das wir täglich durch die Gaben der Natur und Mitmenschen erfahren, letztlich Gott als dem Geber alles Guten verdanken, wenn Gott, bei dem alles möglich ist, unser Leid und unsere Not wenden kann, dann muß Gott ein Wesen sein, das in einem bestimmten Sinne Allmacht und Allwissenheit, Weisheit, Güte, Liebe und Barmherzigkeit besitzt und zur Anwendung bringen kann. Es wäre höchst problematisch für den Charakter der Sprache als Mittel der Verständigung, wollte man behaupten, die biblische Rede von Gottes Liebe, Barmherzigkeit, Güte und Gerechtigkeit bezeichne zwar göttliche Eigenschaften, aber solche, die im Verhältnis zu den entsprechenden menschlichen Eigenschaften und Verhaltensweisen so andersartig seien, daß sie zu letzteren sogar in direktem Gegensatz stehen könnten. Wo immer solche Auffassungen vertreten werden, wird den genannten Begriffen ihr umgangssprachlicher Bedeutungsgehalt entzogen und auf diese Weise die biblische Rede von Gott wie auch die aktuelle Verkündigung hinsichtlich ihrer Verständlichkeit und Begreifbarkeit in Frage gestellt[6].

Daß Gott allmächtig ist, stellt eine Voraussetzung seiner Schöpfung, Welterhaltung und Weltregierung dar. Bei der Rede von der Allmacht Gottes handelt es sich um eines der ältesten Gottesattribute und zugleich um eine Aussage, die in unseren altkirchlichen und reformatorischen Bekenntnisschriften aufs engste mit der Vorstellung vom Handeln des dreieinigen Gottes verbunden ist. Unbestreitbar dürfte sein, daß der so schwierige Allmachtsgedanke neutestamentlich begründet ist in den Aussagen über die Macht Gottes, der sich selbst mit seinem Wollen gegen alle gottfeindlichen Mächte durchzusetzen vermag. Treffend formuliert Wilfried Joest in seiner Dogmatik: „Glauben an Gottes Allmacht ist Glauben an seine Heilsmacht"[7].

In diesem Sinne ist die Vorstellung von der Allmacht Gottes mit dem Zentrum des christlichen Glaubens unlösbar verbunden. Diese Feststellung gilt nicht nur für die Theologie des ersten Glaubensartikels mit ihren Aussagen über die Schöpfung und das Welthandeln Gottes, sondern ebenso auch für die Theologie des zweiten und dritten Artikels mit den Aussagen über die Versöhnung und Erlösung als Heilsgegenwart und noch ausstehende Heilszukunft.

---

[5] Wolfgang Philipp, Das Werden der Aufklärung in theologiegeschichtlicher Sicht, Göttingen 1957, bes. S. 123 ff.

[6] Diesen Einwand hat m.E. zu Recht der Norweger Johan B. Hygen, Guds allmakt og det ondes problem, Oslo 1974, S. 139, gegen die von Karl Barth, Gottes Gnadenwahl, ThEx Heft 47, München 1936, S. 50 vorgetragene Argumentation gerichtet. K. Barth schreibt: „Nochmals: Wir wissen nicht, was Liebe ist. Wir haben es zu lernen, indem wir Gott zu erkennen lernen. Seine Liebe ist eine andere als die menschliche. Und wir werden uns offen halten müssen dafür, daß sie unserem Begriff von Liebe widerspricht".

[7] Wilfried Joest, Dogmatik, Bd. I, Göttingen 1984, S. 184.

Eine wichtige Frage ist, ob die Vorstellung von der Allmacht Gottes im Sinne einer Allkausalität gedeutet werden darf. Wo dies der Fall ist oder als selbstverständlich angenommen wird, werden die vielfältigen Ereignisse und Begebenheiten, die wir als Geschichte und Naturgeschehen erfahren und erleiden, aus einem einzigen Ursprung, nämlich dem Willen und Wirken Gottes erklärt. Wenn der Allmachtsgedanke so verstanden wird, daß schlechthin alles, was sich ereignet, auch das grausamste Unrecht und Leid, deshalb geschieht, weil es von Gott gewollt ist, gerät der Allmachtsgedanke unvermeidlich in einen Konflikt mit anderen Gottesprädikaten, welche sein Verhalten bezeichnen, indem sie seine Liebe, Güte, Gnade und Barmherzigkeit rühmen. Und nahezu unauflösbar wird der Konflikt für diejenigen neueren Konzeptionen der Dogmatik, die in der neutestamentlichen Aussage von der Agape Gottes (I. Joh. 4,8) nicht nur eine der vielen Gottesprädikationen, sondern die maßgebende Definition und die entscheidende Wesensbestimmung Gottes sehen wollen.

Als der Allmächtige hätte Gott ein streng deterministisches Universum schaffen können. Aber dies hat er nicht getan, sondern mit der Freiheitsgewährung an seine Geschöpfe für die begrenzte irdische Weltzeit eine Selbstbegrenzung der eigenen Allmacht vorgenommen. Mit dieser Freiheit als einer Entscheidungsmöglichkeit zu bestimmtem Handeln und Verhalten ist noch nicht jene libertas christiana gemeint, die aus dem Glauben erwächst und die Erkenntnis impliziert, daß der Christ zum Dienst am Nächsten berufen, in geistlichen Dingen aber niemandem untertan sei. Der im Rechtfertigungsglauben gründenden Freiheit des Christenmenschen geht jene andere schöpfungsgegebene Freiheit voraus, die ein konstitutives Merkmal ist, weil Gott sich im menschlichen Geschöpf ein denkendes und sich selbständig entscheidendes Wesen gegenübergestellt hat, das auf den Willen des Schöpfers mit Zustimmung und Ablehnung, mit Gehorsam oder Ungehorsam reagieren kann. Zur Glaubenserkenntnis gehört freilich das Eingeständnis, daß wir die uns gewährte Freiheit in einem ichsüchtigen Streben zu einer gegen Gott und den Mitmenschen gerichteten Freiheit immer schon mißbraucht haben.

Die Realität der Sünde und die Destruktivität des Bösen haben nun für die Welt- und Geschichtsbetrachtung einen begrenzten Dualismus zur Folge: das Widereinander Gottes und der widergöttlichen Mächte. Die Botschaft von der Versöhnung als der Wiederherstellung der Gottesgemeinschaft und von der zukünftigen Erlösung als der endgültigen Überwindung der gottfeindlichen Mächte erhebt sich auf dem dunklen und bedrohlichen Hintergrund dieses begrenzten Dualismus, der nicht dem Schöpfungswillen Gottes entsprungen ist und doch zur Realität der von ihm geschaffenen Welt gehört. Entgegen einer streng und konsequent denkenden Metaphysik haben die lutherischen Bekenntnisschriften die Realität der Sünde und des Bösen nicht auf Gott als erste Ursache alles Geschehens zurückgeführt, sondern dafür den gottlosen Menschen und den Teufel verantwortlich gemacht (CA Art. 19). Nicht ausgesprochen, wohl aber gedanklich vorausgesetzt ist dabei, daß Gott die Entstehung des Bösen mit seiner Freiheitsgewährung an den Menschen zugelassen hat. Die uns zugesprochene und im Glauben empfangene Sündenvergebung macht uns frei zum Kampf gegen das Böse als das von Gott Nichtgewollte.

III Zur Lehre vom concursus divinus

Nach Luther ist der allmächtige Gott, zu dem sich der christliche Glaube bekennt, nicht der schlafende Gott des Aristoteles, sondern der inquietus actor in omnibus creaturis (WA 18, 711). Das ruhelose Wirken Gottes in allen Kreaturen ist Ausdruck seiner Schöpfermacht, seines Erhaltungswillens und seiner Weltregierung. Die zitierte Aussage Luthers kann im Sinne der unbegrenzten Allwirksamkeit Gottes, ja seiner Alleinwirksamkeit verstanden werden. Gott verstockt den Pharao, indem dieser sich selbst verstockt. In einer Art psychisch vermittelter Kausalität wirkt Gott auf das Handeln der Menschen ein, lenkt und determiniert er ihr Handeln.

Die nachreformatorische Theologiegeschichte des Protestantismus hat an dieser Position Luthers, wie er sie in der berühmten Streitschrift De servo arbitrio dargelegt hatte, ganz offensichtlich nicht mehr festgehalten. Schon gegen die lutherische Orthodoxie ist der Vorwurf erhoben worden, sie habe die Auffassung von der „Alleinwirksamkeit Gottes", wie Luther sie gelehrt hatte, zugunsten eines „Zusammenwirkens von Gott und Mensch" preisgegeben[8]. Aber den Gedanken, daß Gott die Freiheit zur cooperatio habe und sein Geschichtshandeln durch das Mitwirken von Menschen vonstatten gehe, finden wir auch bei Luther[9].

Die altprotestantische Lehre vom concursus divinus sollte Gottes Welterhaltung verdeutlichen, indem sie jeden Vorgang in Natur und Geschichte, also auch das menschliche Handeln, als Wirkung Gottes zu verstehen lehrte. Wenn gesagt werden muß, daß kein Zusammenwirken von Gott und Mensch stattfindet bei dem Erwerb des Heils, weil dieses allein aus Gottes Gnade stammt, so gibt es doch ein Zusammenwirken mit Gottes Handeln, das sich im geistlichen und weltlichen Regiment vollzieht. Wenn die im Namen Gottes zu verkündende Evangeliumsbotschaft erklingt, so ist dies ein menschliches Werk, aus dem die Freiheit zu einem vom Glauben motivierten Handeln erwächst. Alle Bürger, Christen wie Nichtchristen, werden durch die staatlichen Gesetze, Verordnungen und Strafandrohungen zu einer bürgerlichen Rechtschaffenheit angehalten. Gottes Handeln, das sich auf diese Weise durch menschliches Handeln hindurch vollzieht, ist demzufolge weit umfassender als jene Geschehnisse, die man als gottgewirkte „Wunder" zu bezeichnen pflegt, weil man sie als außergewöhnliche oder den Naturgesetzen zuwiderlaufende Ereignisse empfindet.

Das Zusammenwirken Gottes und des Menschen im Welt- und Geschichtshandeln erlaubt es, daß von einer „doppelten Täterschaft" in dem Sinne gesprochen werden kann, daß ein und dieselbe Handlung von Gott und dem Menschen (oder einer Gruppe von Menschen) verursacht gedacht werden kann. Gemäß der von Vincent Brümmer begründeten „Theorie der doppelten Täterschaft" darf gesagt werden, daß Gott seinen Willen durch die Handlungen von menschlichen Tätern verwirklicht, ohne daß durch

---

[8] Kurt Dietrich Schmidt, Kirchengeschichte, 4. Aufl., Göttingen 1960, S. 357.
[9] Vgl. hierzu neben der in Anm. 1 genannten Monographie von M. Seils vor allem die Studie von Gunnar Hillerdal, Luthers Geschichtsauffassung, Studia Theologica, Vol. VII, Lund 1954, S. 38–53.

diesen Vorgang die Freiheit und Verantwortlichkeit des menschlichen Täters negiert würde[10]. Für die Interpretation des Geschichtsverlaufs hätte diese Theorie zur Folge, daß widerspruchsfrei beide Thesen vertreten werden könnten: Gott handelt in der Geschichte, indem er sie leitet und lenkt; der handelnde Mensch ist sowohl Subjekt als auch Objekt der Geschichte. Er ist im begrenzten Rahmen seiner Wirkungsmöglichkeiten frei handelndes Subjekt und bleibt dabei voll verantwortlich für alle seine Entscheidungen, für alles, was er als geschichtlich handelndes Wesen tut und unterläßt. Wenn der letztere Aspekt der Geschichtsbetrachtung in dem skizzierten Sinne zutrifft, dann ist für das menschliche Handeln ein Raum der Freiheit gegeben, der sowohl vernunft- und sachgemäße Entscheidungen als auch Irrtümer, Versagen und Fehlentscheidungen zuläßt.

Im erforschbaren Geschichtsverlauf sind Glaubensmotive und religiöse Kräfte, aber auch rücksichtslose Machtinteressen und Aggressionen wirksam gewesen. Goethes Feststellung, die ganze Kirchengeschichte sei ein „Mischmasch von Irrtum und von Gewalt", läßt sich auf die Profangeschichte und Universalgeschichte ausdehnen. Die Kontingenz und Unübersichtlichkeit des stets überaus komplexen Geschichtsverlaufs ergibt sich nicht zuletzt daraus, daß die Menschen die Folgen ihres Tuns oft gar nicht überblicken oder gänzlich falsch einschätzen. Dieser Erfahrung korrespondiert die Verborgenheit des göttlichen Handelns, das wider den Augenschein geglaubt werden muß. Wenn mit dem Providentiaglauben an der Überzeugung von Gottes Welt- und Geschichtshandeln festgehalten wird, so darf angesichts der Heilsbedeutung, die dem Christusereignis zukommt, von besonderen geschichtlichen Einzelereignissen nicht behauptet werden, daß ihnen Offenbarungscharakter zukäme oder daß sie als solche normative Bedeutung hätten und mit dem Willen Gottes direkt identisch wären.

Zum Schöpfungsglauben gehört die anthropologische Aussage, daß Gott sich den Menschen als eine mit Vernunft und freiem Willen begabte Person gegenübergestellt und ihm damit die Möglichkeit gegeben hat, sich im Unglauben von Gott abzuwenden, also in vermeintlicher Autonomie und Eigenständigkeit sein Dasein zu gestalten. Weil diese Möglichkeit zur Wirklichkeit geworden ist, muß von der geschaffenen Welt gesagt werden, daß sie die von Gott abgefallene Welt ist. Allerdings wäre zu fragen, ob mit der Destruktivität der menschlichen Sünde und verhängnisvollen Entscheidung im menschlichen Geschichtshandeln auch das Gutsein der Schöpfung beeinträchtigt oder gar zerstört worden ist. Wenn Letzteres in dem Sinne behauptet wird, daß unsere Welt sich bereits definitiv auf dem abschüssigen Weg in das selbst gewählte Verderben befindet, dann müßte allerdings mit der von Carl Amery schon vor zwei Jahrzehnten als Buchtitel formulierten These „Das Ende der Vorsehung" (1972) proklamiert werden. Was sich gemäß dieser Annahme vollzogen hätte, wäre die mit dem Verlust des Glaubens an Gottes Geschichtshandeln einhergehende Übereignung der Welt an die zerstö-

---

[10] Zur Theorie der doppelten Täterschaft vgl. Vincent Brümmer, Was tun wir, wenn wir beten? Eine philosophische Untersuchung (= Marburger Theologische Studien, Bd. 19), Marburg 1985, S. 64f.

rerischen Kräfte des Bösen. Die auf ökumenischen Konferenzen eindringlich erhobenen Aufforderungen zur „Bewahrung der Schöpfung" kämen dann zu spät.

Wer im Bereich von Geschichte und Natur die Phänomene der Veränderung erfassen und beschreiben will, muß etwas benennen, das sich durchhält und gleichbleibt, und etwas anderes, das sich im Laufe der Zeit verändert und wandelt. Im Blick auf die Natur wird das konstante Phänomen als „Schöpfung" bezeichnet, während der Prozeß der Veränderung sich durch menschliche Eingriffe der Beherrschung und Dienstbarmachung der außermenschlichen Natur vollzogen hat und vollzieht. Weil der Mensch als Naturwesen von der außermenschlichen Natur als Lebensraum abhängig bleibt, will man ihrer Schädigung und Zerstörung Einhalt gebieten, sie soweit wie möglich renaturieren. Doch scheint es, als habe man bei den ernstgemeinten Appellen zur „Bewahrung der Schöpfung" die Weltregierung Gottes und sein Erhaltungshandeln gänzlich aus den Augen verloren. Der zum Handeln aufgeforderte Mensch rückt in die Position des alleinentscheidenden Handlungssubjektes. Das mag einer rein diesseitigen Betrachtung und der Überzeugung von der Immanenz aller Faktoren des geschichtlichen Ablaufs entsprechen, darf aber nicht die Sicht des christlichen Glaubens bestimmen. Vielmehr muß das Anliegen der traditionellen Providentialehre und ihrer Aussage vom concursus divinus geltend gemacht werden gegenüber der Ideologieanfälligkeit der Parolen, die gegenwärtig wie eine Flutwelle über Kirche und Christenheit hereinbrechen.

Die individuelle und kollektive Machtausübung von Menschen ist im Bereich zielgerichteten Handelns und erstrebter politischer Veränderungen mit Gefahren verbunden, weil auch das von guten Absichten geleitete Handeln fatale Nebenfolgen haben kann. Wenn Machtausübung an sich keineswegs böse ist, sondern durchaus dem Allgemeinwohl dienen kann, wird sie, wie die Erfahrung zeigt, doch oft aus egoistischen Motiven zum Schaden des Allgemeinwohls mißbraucht. Aus der Realität und Destruktivität menschlichen Machtmißbrauchs und den in der Geschichte wirksamen Kräften des Bösen erwachsen erhebliche Schwierigkeiten für die traditionelle Lehre von der göttlichen Providenz. Denn hinsichtlich der Handlungen, die durch die Sünde und das Böse bestimmt sind, darf kein Zusammenwirken Gottes mit dem Menschen angenommen werden, auch wenn der Mensch seine Fähigkeit zum sündigen Handeln Gott und nicht sich selbst verdankt. Von Gottes Geschichtshandeln ließe sich lediglich sagen, daß er solche verhängnisvollen und leidbringenden menschlichen Handlungen „zuläßt" und sie in ihren Auswirkungen begrenzt. Definitiv verhindern könnte er sie nur unter der Bedingung, daß dem Menschen die ursprünglich gewährte Handlungsfreiheit wieder entzogen würde.

IV Die Zielgerichtetheit des göttlichen Geschichtshandelns

Die Vorstellung von den historischen Gesetzen der geschichtlichen Entwicklung ist im 19. Jahrhundert in einer Analogie zu den Naturgesetzen entwickelt worden. Aber den universalgeschichtlichen Konzeptionen, welche Vergangenheit, Gegenwart und Zukunft zu einem Ganzen zusammenzuschließen suchen, ist es mit den methodischen Mitteln der historischen Wissenschaft nicht gelungen, die These zu verifizieren, daß es eine Zweckhaftigkeit und Zielgerichtetheit alles Natur- und Weltgeschehens gebe. Daher unterliegen alle Prognosen, daß sich in naher oder ferner Zukunft ein glücklicher Endzustand menschlichen Zusammenlebens als Folge menschlicher Aktivitäten und politischer Revolutionen ergeben werde, dem begründeten Verdacht der Illusion. Unter dem Eindruck der Kriege und Umweltkatastrophen unseres Jahrhunderts ist der frühere Fortschrittsglaube in eine Krise geraten und damit ist auch fraglich geworden, ob der Prozeß der Geschichtsentwicklung, sei er nun als gradlinige Bewegung oder dialektische Gesetzmäßigkeit gedacht, die Funktion der göttlichen Vorsehung übernehmen kann.

Eine gewisse Skepsis gegenüber dem Gedanken der Teleologie, der als solcher kaum mehr als eine religiöse Deutung sein kann, hat Wolfgang Trillhaas in seiner Dogmatik geäußert: „Wir meinen Zwecke doch immer nur insoweit wahrnehmen zu können, als sie irgendwie uns selbst gemäß oder doch in Analogie zu menschlicher Zwecksetzung gedacht sind. Jede allzudeutliche Teleologie der Theologen macht aus Gott einen anthropomorph gedachten Weltlenker und Weltregierer"[11].

Erscheint die Skepsis gegenüber der Annahme berechtigt, das von uns wahrgenommene Natur- und Weltgeschehen könne als zielgerichteter Geschichtsprozeß wissenschaftlich evident gemacht werden, so liegt doch im christlichen Schöpfungs- und Heilsglauben der Anlaß für eine solche Teleologie. Sie liegt in der christlichen Zukunftshoffnung auf die endgültige Überwindung des Bösen, sie liegt in dem Glauben an die allgemeine Auferstehung von den Toten und in der uns verheißenden Vollendung der Erlösung im Reiche Gottes. Ist unsere Welt eine Schöpfung, die ihr Dasein dem planenden Willen Gottes verdankt, und vollzieht sich in ihr durch Jesus Christus das entscheidende Heilsgeschehen, dann entspringt sie als Werk Gottes einer Absicht, und dann hat sie ein Ziel. Das Ziel der Geschichte ist Gott selbst und die Aufrichtung seiner Herrschaft. Als biblisch begründete Glaubensüberzeugung ist eine solche Aussage auch dann legitimiert, wenn die göttliche Verheißung und Zielsetzung dem empirisch wahrnehmbaren Naturgeschehen nicht anzusehen und aus den Ereignissen des Geschichtsgeschehens nicht wissenschaftlich zu demonstrieren ist.

Der christliche Glaube an die Schöpfung, Erhaltung und Weltregierung Gottes ist von allen innerweltlichen Utopien deutlich unterschieden. Aber er besitzt als solcher auch eine Hoffnung, die sich über die gegenwärtige Heilsgewißheit hinaus auf die Ewigkeit erstreckt. Der Begriff der Ewigkeit beinhaltet dabei keineswegs nur die Aussage über eine unendliche Fortsetzung der Zeit. Er erschöpft sich nicht in seiner chronologischen oder physikalischen Bedeutung, sondern ist ein qualitativer und religiös gefüllter Begriff. Dies zeigt die Bitte des Vaterunser: „Dein Reich komme" mit dem abschließenden Bekenntnis: „Denn dein ist das Reich und die Kraft und die Herrlich-

---

[11] Trillhaas, zit., S. 161.

keit in Ewigkeit". Die Bitte um das Kommen des göttlichen Reiches ist getragen von dem Glauben an Gottes Gerechtigkeit und an eine ewige Bedeutung des Individuums, das Gegenstand der Liebe Gottes ist. Dieses Bewußtsein gibt den irdischen Bemühungen um die „Bewahrung der Schöpfung" ihren rechten Stellenwert und könnte verhindern, sie als Selbstzweck erscheinen zu lassen. Im Unterschied zum Reiche Gottes ist unserer irdischen Welt keine Ewigkeit verheißen. Dies haben die altprotestantischen Dogmatiker klar erkannt, indem sie in einer deutlichen Parallelität der Schöpfungsaussage von der creatio ex nihilo die eschatologische Aussage von der annihilatio mundi gegenübergestellt haben[12]. Der Gedanke, daß unsere irdische Welt keinen dauerhaften Bestand haben kann, sondern vergehen wird, bestimmt bei allem Lobpreis der Schöpfung auch Paul Gerhardts Überzeugung in seinem schönen Morgenlied „Die güldne Sonne voll Freud und Wonne". Denn darin heißt es:

> „Alles in allen
> muß brechen und fallen,
> Himmel und Erden
> die müssen das werden,
> was sie vor ihrer Erschaffung gewest."

(EKG 346, Str. 7)

Mit dem Vergehen von Himmel und Erde vollzieht Gott die Aufhebung seiner im Schöpfungsakt erfolgten Selbstbegrenzung.

Die Hoffnung auf das kommende Reich des Friedens und der Gerechtigkeit, das Gott durch sein Handeln heraufführen wird, ist durch die Jahrhunderte hindurch ein wirksamer Impuls im Glauben, Denken und Welthandeln der Christen gewesen. Es wurde in christlicher oder säkularisierter Form zur Zielvorstellung, auf die sich das weltverändernde Handeln richtete. Aber auch für die Theorie des göttlichen Handelns ist die Verheißung des kommenden Reiches mit ihrer Zeitperspektive und Zielgerichtetheit von Bedeutung. Denn sie kündigt an, daß die gegenwärtig noch wirksamen Kräfte der Gottesfeindschaft, des Bösen, der Aggressivität und Zerstörung nicht die Oberhand gewinnen und nicht den endgültigen Sieg davontragen werden, daß unsere Zukunft die Zukunft der uneingeschränkten Herrschaft Gottes sein wird. Der uns oft so rätselhaft erscheinende Geschichtsverlauf, der für unser Vertrauen auf Gottes Weltregierung zur Anfechtung werden kann, behält also in der Sicht des Glaubens jene Zukunftsperspektive, jenen Trost und jene Hoffnung, von der der Apostel Paulus Röm. 8,18 gesprochen hat: „Denn die Leiden der Gegenwart, denke ich, stehen in keinem Verhältnis zu der Herrlichkeit, die sich an uns offenbaren wird".

---

[12] Zur Deutung der Formel von der creatio ex nihilo vgl. Eberhard Wölfel, Welt als Schöpfung. Zu den Fundamentalsätzen der christlichen Schöpfungslehre heute (TEH Nr. 212), München 1981, S. 27ff. – Auf den in der lutherischen Hochorthodoxie formulierten Gedanken der annihilatio mundi hat in einer sorgfältigen Analyse Martin Schloemann, Wachstumstod und Eschatologie. Die Herausforderung christlicher Theologie durch die Umweltkrise, Stuttgart 1973, S. 44ff, hingewiesen.

IMAGO CHRISTI ALS LEITBILD DER HEILIGUNG

Manfred Marquardt

„Imago Dei kann nur das sein, was Imago Christi in unserer Welt realisiert, indem es diese unter Einschaltung der gesamten Existenz nach Verstand und Wille in der Nachfolge praktiziert." Diese außerhalb ihres Kontextes vermutlich zunächst verblüffende These findet sich im Schlußabschnitt des schmalen, aber gewichtigen Bändchens, das Eberhard Wölfel vor einem Dezennium unter dem Titel „Welt als Schöpfung" publiziert hat[1]. Sie hat mich beim Wiederlesen angeregt, dem Zusammenhang von Imago Christi einerseits und der Lebensgestaltung in Verantwortung vor Gott als dem Schöpfer der Menschen und dem Urheber des neuen Seins in Christus andererseits weiter nachzugehen. Die Frage soll lauten: Welche Bedeutung hat die Imago Christi als inhaltliche Bestimmung des neuen Seins in Christus für diejenigen, die ihre Rechtfertigung im Glauben annehmen und sich auf neue, ihre Person und Lebensführung umfassende Weise nicht nur durch Gottes Handeln neu konstituiert verstehen, sondern sich selbst und ihre Lebensgestaltung als Aufgabe begreifen? Dieses Geschehen, in dem durch Gottes Gnade und unter Einbeziehung von „Verstand und Willen" sich die Hineinverwandlung eines Menschen, seiner Person und seiner Lebensführung, in die inhaltlich als Imago Christi näher zu bestimmende Existenz vollzieht, nenne ich Heiligung.

I Heiligung als prozeßhafte Erneuerung

(1) Um das hier vorausgesetzte Verständnis der Heiligung näher zu bestimmen, will ich im folgenden auf die für eine theologische Anthropologie grundlegende Vorstellung vom Menschen als dem Ebenbild Gottes zurückgreifen. Sie bezeichnet im Alten Testament und an wenigen Stellen auch im Neuen Testament[2] den Menschen in seiner spezifischen Gottesbezogenheit und der in ihr begründeten Welt- und Selbstrelation; d.h. sie bezieht sich auf ontologische, ontisch-relationale und ethische Aspekte des Menschseins, deren Verhältnis zueinander näher zu bestimmen ist. Der ontologische Aspekt bezieht sich auf die Erschaffung des Menschen, der im Unterschied zu allen

---

[1] E. Wölfel, Welt als Schöpfung. Zu den Fundamentalsätzen der christlichen Schöpfungslehre heute, München 1981 (TEH 212), S. 46.

[2] 1. Kor 11, 7; Jak 3, 9. Sonst ist die Metapher Imago Dei häufiger auf Christus bezogen.

anderen Geschöpfen dazu bestimmt ist, Ebenbild Gottes zu sein und als solches seinen spezifischen Ort und Auftrag innerhalb der ganzen Schöpfung zugewiesen zu bekommen. Durch sein Verhalten, mit dem er der ihm übertragenen Stellung vor Gott und den daraus resultierenden Beziehungen zur übrigen Schöpfung und sich selbst nicht entspricht, gerät er in Widerspruch zu seinem Schöpfer und damit in eine durch ihn selbst nicht wieder aufzuhebende Entfremdung von Gott. Zwar verliert er dadurch seine Gottebenbildlichkeit nicht, aber die Störung der Gottesbeziehung hat tiefreichende Folgen für seine Person wie für sein Verhalten.

Die Vorstellung von einem Verlust der Gottesebenbildlichkeit des Menschen, die in den biblischen Texten keinen Anhalt findet, wird in der neueren evangelischen Theologie m. W. nicht mehr vertreten. Auch im NT kann vom Menschen trotz seines Sünderseins gesagt werden, er sei Gottes Ebenbild (Jak 3, 9; 1. Kor 11, 7 – hier vom Mann)[3]
. Weder im Alten noch im Neuen Testament, auch bei Paulus nicht, wird davon gesprochen, daß das Ebenbild Gottes infolge der Sünde oder durch sie zerstört worden sei[4]. In der Frage, „ob die Gottebenbildlichkeit des Menschen als ursprünglich realisiert, dann aber durch die Sünde verloren angesehen wird, ... ist die Mehrzahl der Theologen dieses Jahrhunderts E. Brunner nicht gefolgt[5]." Die im Frühjudentum wurzelnde Vorstellung, „daß man mit dem Verlust der Gottesebenbildlichkeit zum Tier wird, d. h. daß man damit zugleich die Gotteserkenntnis und die ethische Erkenntnis verliert",[6] hat im Laufe der Dogmengeschichte verschiedene christliche Analogien (Verlust der Similitudo bei unzerstörter Imago, völlige Zerstörung der Ebenbildlichkeit) gefunden, die vor allem in den Zeiten der Reformation und der Aufklärung heftige Kontroversen ausgelöst haben. Sowohl eine genauere Auslegung der biblischen Belegstellen als auch eine konsistente dogmatische Interpretation der Imago-Dei-Lehre haben zur Trennung von dieser überlieferten Theorie geführt.

Der Mensch hat seine Ebenbildlichkeit nicht geschaffen und kann sie darum auch gegen den Willen seines Schöpfers, der sich selbst und seiner Schöpfung treu bleibt, nicht zerstören. Das bedeutet keinesfalls eine Entschärfung oder Verharmlosung der älteren Auffassung vom Verlust der Ebenbildlichkeit. Im Gegenteil: gerade weil der Mensch auch im Widerspruch gegen Gott in seiner spezifischen Gottesbezogenheit festgehalten wird, ist ein Reden von Widerspruch und Entfremdung überhaupt erst möglich, kann er dem ihn zur Rechenschaft ziehenden Gott gegenüber (Gen 3, 9; 4, 9) uneingeschränkt verantwortlich bleiben. Das Heilshandeln des Schöpfers nimmt darin seinen Anfang, daß „die Gottebenbildlichkeit und damit die Personalität des Men-

---

[3] Mit E. Lohse, Imago Dei bei Paulus, (in: Libertas Christiana, Fs. F. Delekat, BEvTh 26, München 1957, S. 124f) u. a. gegen J. Jervell, Art. Bild Gottes I., TRE 6, S. 494: „Für Paulus gibt es nur ein Gottesbild: Christus, den göttlichen und erhöhten Herrn."
[4] E. Lohse, a. a. O., S. 123f; W. Härle, Die Rechtfertigungslehre als Grundlegung der Anthropologie, in: W. Härle/E. Herms, Rechtfertigung. Das Wirklichkeitsverständnis des christlichen Glaubens, Göttingen 1979, S. 91f.
[5] W. Pannenberg, Anthropologie in theologischer Perspektive, Göttingen 1983, S. 56.
[6] J. Jervell, zit. Anm. 3, S. 497.

schen von Gott ... auch gegen den Widerspruch des Menschen in Schutz genommen und durchgehalten" wird[7].

(2) Im Licht des Evangeliums von Jesus Christus erkennt der Mensch sich selbst auf Grund seiner Erfahrungen mit sich selbst als Sünder und auf Grund der göttlichen Zusage als von Gott in die Würde seiner Ebenbildlichkeit eingesetzt. Seine Entfremdung von Gott ist durch Gottes Zuwendung überwunden, und er darf im Vertrauen auf die Gültigkeit des göttlichen Urteils wahr sein lassen, was ihm zugesprochen wird: daß er von seiner Schuld freigesprochen und als „Kind Gottes" angenommen ist (Gal 4,1–7; Röm 3,21–28 u.a.). Die so erneuerte und im Glauben wirksame Gottesbeziehung (Rechtfertigung) markiert jedoch zugleich den Beginn einer neuen Existenz, der mit der johanneischen Metapher von der Wiedergeburt/Neugeburt anschaulich gekennzeichnet wird. Die so beschriebene relationale und ontische Veränderung markiert den Beginn eines Umwandlungsprozesses, durch den die umprägende Kraft der Liebe Gottes den Glaubenden sowohl in seinem Selbstverständnis und seinen Grundeinstellungen als auch in seinem Verhalten und seiner Lebensführung verändert. Denken und Wollen entsprechen auch nach der glaubenden Hinkehr des Menschen zu Gott nicht von einem Tag auf den anderen der Ebenbildlichkeit, die zwar unsere Gottesbeziehung bestimmt, aber auch unserer ganzen Existenz erst Richtung und Ziel geben soll. Völlig zu Recht weist E. Wölfel darauf hin, daß unser Wille die erforderlichen „Kurskorrekturen" sogar immer verderben kann und daß er selbst darum der Umprägung bedarf „durch eine Kraft, die in ihm selbst, als dem Mittelpunkt des menschlichen ‚Ich' manifest werden muß"[8]. Dies ist in der Praxis der reformatorischen Kirchen vielfach nicht so deutlich gesehen worden[9]. Luther hat dagegen immer wieder betont, daß das Sünde-Tun im Sünder-Sein wurzelt, daß es darum der Verwandlung der Person selbst bedarf, um die Wirkkraft der Sünde zu überwinden, und daß dieser Prozeß unsere ganze irdische Lebenszeit andauert.

Als ein besonders eindrucksvoller Beleg sei hier ein kurzer Abschnitt aus Luthers „Grund und Ursach aller Artikel" von 1521 (WA 7,309–457) zitiert:

„... wilche nit angefangen haben frum zu sein, die streitten nit, klagen nit, bitten nit widder yhr fleisch und sund, ia sie fulen nichts widderspenstiges, faren und folgen, wie das fleisch wil ..." Das Gleichnis vom Sauerteig (Mt 13,33) wolle sagen: „Der selb new sawr teyg ist der glawb und gnade des geistes, aber er machts nit auff ein mal durch sawr, ßondern feyn und seuberlich mit d'weile macht er unß gar yhm gleich new und ein brot gottis. Das alßo ditz leben nit ist ein frumkeit, ßondern frumb werden, nit ein gesuntheit, ßondern ein gesunt werdenn, nit ein weßen, sunderen ein werden, nit ein ruge ßondernn eyn ubunge; wyr seyns noch nit, wyr werdens aber. Es ist

---

[7] W. Härle, zit. Anm. 4, S. 97.
[8] E. Wölfel, zit. Anm. 1, S. 43.
[9] „Im Luthertum wurde die Kampfformel ‚Gerechtfertigter und Sünder zugleich' entspannt zur Zustandsbeschreibung; dies führt entweder zum Quietismus oder zum Schwanken zwischen Ekstase und Angst." A. Peters, Art. Heiligung, 3. Dogmatisch, EKL II, S. 454.

noch nit gethan unnd geschehenn, es ist aber ym gang unnd schwanck. Es ist nit das end, es ist aber der weg, es gluwet und glintzt noch nit alles, es fegt sich aber alleß." (WA 7, 337f).

Die so verstandene Heiligung ist weder als mit der Rechtfertigung schon gegebene noch als durch bestimmte Handlungen erst zu verwirklichende personale Realität zu verstehen; sie setzt vielmehr die mit der Rechtfertigung bzw. Wiedergeburt konstituierte Gottesbeziehung und die durch sie geschaffene neue Handlungskompetenz voraus. Derjenige, „des Augen Gott geöffnet und dessen Verstand Er erleuchtet hat", sieht und erkennt die „Schönheit der Heiligung, die eine Erneuerung des inneren Menschen nach dem Bilde Gottes ist", und erfaßt, „wie erstrebenswert es ist, in das Bild dessen verwandelt zu werden, der uns geschaffen hat"[10].

II Heiligung als Wirken Gottes und als Aufgabe der Glaubenden

Jede theologische Reflexion über den Menschen in seiner Gottes-, Selbst- und Weltrelation muß die Frage nach der Unterscheidung und der Zuordnung von göttlichem und menschlichem Handeln bedenken[11]. Wenn der Glaube nicht ohne den Assensus des Glaubenden gedacht werden kann, will man diesen nicht in dem das neue Sein im ganzen bestimmenden Geschehen zum reinen Objekt des den Glauben wirkenden Gottes entpersonalisieren, dann kann auch die Heiligung als „Umwandlung durch das Neue Sein"[12] und lebenslange Erneuerung zu wahrem Menschsein in Freiheit und Liebe (Gal 5, 1–6) nicht vorgestellt werden als etwas, das Gott ohne den zu heiligenden Menschen oder der Mensch ohne den ihn heiligenden Gott vollenden könnte. Die Asymmetrie dieses Satzes zeigt jedoch schon die Aufgabe an, die Art und Weise dieses Miteinander von göttlichem und menschlichem Handeln genauer zu bedenken.

(1) Die wichtigste biblische Belegstelle für das hier zu erörternde Verständnis der Heiligung findet sich in der Mitte des Römerbriefes (8, 29): „Denn welche er (sc. Gott) ausersehen hat (proégno), die hat er auch vorherbestimmt (proórisen), gleichgestaltet (symmórphous) dem Bilde seines Sohnes (sc. zu sein)." Die Imago Christi dient Paulus hier als materiale Näherbestimmung des erneuernden Handelns Gottes, als Urbild der Erneuerung derer, für deren Befreiung Gott seinen Sohn gesandt hat, „auf daß die Gerechtigkeit, vom Gesetz gefordert, in uns erfüllt würde, die wir nun nicht nach dem Fleische wandeln, sondern nach dem Geist" (Röm 8, 3f). Es ist der Schöpfer, der das Licht geschaffen hat, der seine auf dem Antlitz seines Sohnes aufscheinende Doxa durch die Glaubenden zum Licht der Erkenntnis seiner selbst wirk-

---

[10] J. Wesley, Predigt 24 (über Mt 5, 13–16); in: J. Wesley, Die 53 Lehrpredigten, Stuttgart 1988, S. 457.
[11] Vgl. dazu vor allem das Marburger Jahrbuch Theologie I, hg. von W. Härle und R. Preul, Marburg 1987, dessen Beiträge diesem Thema gewidmet sind.
[12] P. Tillich, Systematische Theologie II, S. 193.

sam werden läßt (2. Kor 4,6). Mit dem die Person erneuernden, schöpferischen Wirken Gottes ist erst die Lebenswirklichkeit begründet, in der der Prozeß der Heiligung vonstatten gehen kann. Diese Erneuerung bezieht sich nicht primär auf ein bestimmtes Handeln, sondern auf die Menschen selbst, die „in Christus" zu neuen Geschöpfen werden. Es kann also gar keine Rede davon sein, die Heiligung, sofern sie Aufgabe der Glaubenden ist, in irgendeiner Weise dem neuschaffenden Wirken Gottes vor- oder nebenzuordnen; freilich wird ebensowenig hingenommen werden können, daß dieser Akt der Neuschöpfung durch Gottes Geist sich in der Rechtfertigung der Sünder erschöpft. Durch den Glauben, der uns mit Christus verbindet, wird ein Mensch „wahrhaftig ein Kind Gottes" (Luther), und damit beginnt eine neue Existenz in wachsendem Verlangen, nach dem Bilde Christi durch und durch erneuert zu werden. „Drumb solt das billich aller Christen eynigs werck und uebung seyn, das sie das wort und Christum wol ynn sich bildeten"[13]. Die reformatorische Lehrtradition – vor allem, aber nicht nur in ihrer calvinistischen Gestalt – hat weitgehend daran festgehalten, daß zum Heilshandeln Gottes auch die Renovatio gehört, in der der Heilige Geist die verbliebene Sünde überwindet, innere und äußere Antriebe (motus) hervorbringt, die dem göttlichen Willen angestaltet und darum gut sind, damit der Gerechtfertigte – mit neuer Gottesebenbildlichkeit beschenkt – zum Lobe Gottes nüchtern, fromm und gerecht lebe[14]. Diese reformatorische Zuordnung von Rechtfertigung und Erneuerung wird auch von Wesley durchgehalten und ausdrücklich hervorgehoben: „They to whom the righteousness of Christ is imputed are made righteous by the Spirit of Christ, are renewed in the image of God ..."[15] Die creatio continua gilt nicht nur für das schöpfungsmäßige Sein der Glaubenden, sondern auch für ihre Gottesbeziehung, in der sie unter dem Wirken des Heiligen Geistes nicht die bleiben, die sie waren, sondern sich hineinverwandeln lassen in das Bild Christi (Kol 3,9f; 2. Kor 3,17f: metamorphoumetha!).

(2) Die Aufgabe der Glaubenden kann in diesem Kontext nicht als kreativ selbständiges Handeln, sondern nur als ein An-sich-geschehen-Lassen des ganzheitlich erneuernden schöpferischen Handelns Gottes bestimmt werden: sie lassen sich in das Bild Christi, die Gesinnung Christi, die kindliche Freiheit zur Liebe hineinverwandeln. Gerhard Tersteegen (1697–1769), der große Mystiker der deutschen reformierten Kirche, hat dies in seinem bekannten Choral „Gott ist gegenwärtig" (EKG 128) eindrucksvoll zur Sprache gebracht:

---

[13] Luther, Von der Freiheit eines Christenmenschen, Abschnitt VII, WA 7,23.
[14] So Hollaz, Examen acroamaticum, ed. Teller, S. 947.
[15] Predigt 20, „The Lord Our Righteousness", II. 12; The Works of John Wesley, Bicentennial Edition, Band I, Nashville 1984 (= Lehrpredigten, zit. Anm. 10, S. 370).

> „Du durchdringest alles; laß dein schönstes Lichte,
> Herr, berühren mein Gesichte.
> Wie die zarten Blumen willig sich entfalten
> und der Sonne stillehalten,
> Laß mich so still und froh deine Strahlen fassen
> und dich wirken lassen.
>
> Herr, komm in mir wohnen, laß mein' Geist auf Erden
> dir ein Heiligtum noch werden;
> komm, du klares Wesen, dich in mir verkläre,
> daß ich dich stets lieb und ehre."

Die im Vertrauen darauf, von Gott bejaht und angenommen zu sein, bewußt vollzogene Hinwendung zu Gott ist nicht die Bedingung für das, worauf das Vertrauen sich als ein vor und unabhängig von ihm Bestehendes bezieht: Gottes bedingungslose Liebe. Da diese jedoch die Freiheit der Geliebten nicht beschränkt, sondern vielmehr konstituiert, restituiert und so zum Bewußtsein ihrer selbst kommen läßt, und da sie die Geliebten auch nicht einfach sich selbst überläßt, sondern sie in einen neuen Lebensvollzug hineinruft (Joh 10, 3), wird der Glaube „bildlich gesprochen der Kanal, durch den die Gnade dem Menschen vermittelt wird"[16]. Die mit der Wiedergeburt begonnene innere Umwandlung läßt sowohl das Verlangen nach dem „mit Christus gleichgestaltet werden" als auch die innere Freiheit wachsen, sich der schöpferischen Gestaltung der eigenen Person durch das Wirken des göttlichen Geistes auszusetzen. Denn ohne die Veränderung der Person wird auch die Lebensführung keine grundlegende Veränderung erfahren. Hierin liegt die unüberholbare Gültigkeit des – im übrigen durchaus mißverständlichen – Bildwortes vom Baum und seinen Früchten (Mt 7, 17–20 par.), das Luther so aufnimmt: „Wer da also gute Werke tun will, darf nicht bei den Werken anfangen, sondern bei der Person, die die Werke tun soll. Die Person aber macht niemand gut als allein der Glaube ... (Die Person wird) nicht durch Gebot und Werk, sondern durch Gottes Wort (das ist, durch seine Verheißung der Gnade) und den Glauben fromm und selig ..."[17] Erst der Glaubende begreift, welche Freiheit zur Selbstwerdung ihm mit der Annahme durch Gott eröffnet wird, aber auch, in wie unabdingbarer Angewiesenheit auf Gott sich allein diese Selbstwerdung vollzieht. Die „Annahme des Gottesbewußtseins" (Schleiermacher) ermöglicht „das Wachsen des frommen christlichen Selbstbewußtseins in Verbindung mit Christus"[18], sie läßt die göttlichen Kräfte nach und nach etwas von dem überwinden, was an Unglaube, Hochmut und Konkupiszenz den Menschen trotz seines Gerechtfertigtseins

---

[16] P. Tillich, Systematische Theologie II, Stuttgart ³1958, S. 192.

[17] Von der Freiheit eines Christenmenschen, 24 (WA 7,33; zitiert nach Luther Deutsch, Band 2, S. 267f). Vgl. seine Schrift „Von weltlicher Oberkeit etc." (WA 11,250ff). Daß Luther hier keineswegs menschlicher Untätigkeit das Wort redet, zeigen die vorangehenden Abschnitte.

[18] J. Riches, Art. Heiligung, TRE 14, S. 727.

durch Gott immer noch von ihm trennt (l. Joh 3, 3 ff; Gal 5, 16 ff; Röm 8, 7 ff). Die in der Erneuerung des Willens durch Gott möglich gewordene willentliche Bejahung der Gemeinschaft mit ihm schließt auch die intentionale Ausrichtung der gesamten personalen Existenz auf Gott ein, aus der heraus der Glaubende eine sein ganzes Leben umfassende, prinzipiell unabgeschlossene Veränderung erfährt. Prinzipiell unabgeschlossen ist diese Veränderung, weil kein Sterblicher die Begrenzungen seines Erkennens, Wollens und Handeln-Könnens zu überschreiten vermag; lebenslang ist diese Veränderung, weil Gottes Liebe keinen unberührt läßt, der sich ihr nicht selbst verschließt (1. Joh 3; 1. Kor 13, 8; Eph 2, 4–10).

In der Vereinigung mit Christus wird uns Schuld abgenommen, die Sorge um das Gelingen des eigenen Lebens aufgehoben in die Perspektive der Nachfolge, in der Verlust Gewinn werden kann und die Kraft Gottes sich in Schwachheit vollendet. In nichts anderem als darin, daß wir die Erneuerung durch Gottes Geist sich an uns vollziehen lassen, kann Heiligung als Aufgabe des Glaubenden bestehen. Nicht als Überbietung der Gottebenbildlichkeit des Menschen, sondern nur als Heilung ihrer Verletzungen und Wiederherstellung der in der Schöpfung intendierten Gemeinschaftsfähigkeit kann Heiligung als Erneuerungsprozeß verstanden werden. Insofern kann von der Gottebenbildlichkeit gesagt werden, sie sei „Gabe und Aufgabe, Indikativ und Imperativ"[19], Ermöglichung und Orientierungsrahmen einer Lebensführung ek pisteos eis pistin (Röm l, 17). Gott ist, wie G. Wainwright treffend formuliert hat, „both the source and goal of human freedom. When god and humanity are thus not conflicting but concurring, any thought of competition between them is out of place"[20]. Die Neuschöpfung durch Gott ist Voraussetzung für die Erneuerung des Menschen, seiner Person und seines Handelns, in einem am Evangelium orientierten Leben.

III Ebenbild Gottes: der Mensch – Christus

Bevor wir uns der Imago Christi in ihrer Leitbildfunktion zuwenden, wird es ratsam sein, die Zuordnung der beiden Imago-Dei-Relationen, wie sie in den biblischen Texten vorkommen, zu bedenken: der Mensch als Ebenbild Gottes und Jesus Christus als Ebenbild Gottes.

(1) Was die erstgenannte Zuordnung betrifft, so können und müssen wir uns mit kurzen Hinweisen begnügen; die Literatur zu diesem Thema ist umfangreich, infor-

---

[19] J. Moltmann, Gott in der Schöpfung, München 1985, S. 323.
[20] G. Wainwright, Doxology. The Praise of God in Worship, Doctrine and Life, New York 1980, S. 84. E. Wölfel hat in seiner Schöpfungs-Schrift (zit. Anm. 1, S. 33) die Inakzeptibilität des Konkurrenzgedankens mit einem unmittelbar einleuchtenden Beispiel erhellt: „‚Peter' und ‚Paul' können wohl zusammen einen Wagen ziehen; tritt aber statt ‚Peter' ‚Gott' unter die Deichsel, so soll das Gespann doch wohl zum Ein-Mann-Betrieb werden."

mativ und weitgehend konvergent[21]. Ohne daß ich die Argumentationsgänge für meine Position hier in extenso darlege, sei um der Verständigung im ganzen willen das folgende notiert: der biblische Ausdruck, den wir mit „Gottesbildlichkeit" oder „Gottebenbildlichkeit" wiedergeben, bezeichnet m.E. sowohl eine (doppelte) Seinsverfaßtheit als auch eine Seinsbestimmung des Menschen; die Seinsverfaßtheit läßt sich näher beschreiben als eine relational-ontologische (der Mensch als so und nicht anders geschaffenes Geschöpf Gottes, dem etwa Sprachlichkeit und aufrechter Gang zu eigen sind) und eine ontisch-relationale (der Mensch in seiner spezifischen, d.h. so keiner anderen Kreatur zukommenden Gottesbezogenheit). Die Seinsbestimmung ergibt sich aus Gottes Auftrag, in partnerschaftlicher Gemeinschaft Verantwortung für die übrige Schöpfung wahrzunehmen.

Die unverlierbare, aber verletzbare Würde des Menschen, die ihm aufgrund des schöpferischen Aktes Gottes zukommt, und sein Auftrag zur Weltverantwortung sind offenbar untrennbar miteinander verknüpft, ohne daß jedoch der Mißbrauch der mit dieser Verfaßtheit und Bestimmung geschenkten Freiheit, und das heißt: der Widerspruch zu seiner Gottesebenbildlichkeit, zu deren Verlust führte. Auf dieser Basis lassen sich die „Erfahrung der faktischen Nichtidentität, des Versagens und der Untreue gegenüber der eigenen Bestimmung als Mensch", aber auch die „Erfahrung einer Verpflichtung, als Mensch zu existieren"[22], theologisch orten.

(2) Diese spannungsvolle Selbsterfahrung hat schon sehr früh zu einer christologischen Neubestimmung der Imago Dei geführt: Christus ist das (wahre) Bild Gottes (Röm 8,29; 2. Kor 4,4; Kol 3,10 u.a.)[23], und ihm entspricht der neue Mensch in der Verwandlung durch Gott (2. Kor 3,18) sowie in seiner ihm aufgegebenen Lebensführung (Eph 4,24; vgl. Röm 13,14). Freilich ist Christus Gottes Ebenbild in einer die menschliche Gottesbildlichkeit in zweifacher Hinsicht übertreffenden Qualität: (1) in der Person Jesu Christi wird Gott in ursprünglicher, nicht erst kraft Geschaffenseins verliehener Ebenbildlichkeit sichtbar. Von daher kommt ihm in einer die menschliche Imago Dei schlechthin überbietenden Weise die Qualität des Repräsentanten und Offenbarers Gottes zu. (2) Deutlicher als die Aussagen über das menschliche Ebenbild Gottes sind diejenigen über die Imago Dei in Christus inhaltlich gefüllt. Sowohl von der menschlichen wie von der göttlichen Seite ist Christus das Ebenbild Gottes in Vollendung, der eschatologische Adam und das Bild des unsichtbaren Gottes, denn in

---

[21] Außer der exegetischen Literatur zu den einschlägigen Schriftstellen vgl. vor allem E. Jüngel, Der Gott entsprechende Mensch. Bemerkungen zur Gottebenbildlichkeit des Menschen als Grundfigur theologischer Anthropologie, in: Neue Anthropologie, hg. v. H.-G. Gadamer/P. Vogler, Band 6, 1. Teil, S. 342–371 (abgedruckt in: E. Jüngel, Entsprechungen: Gott – Wahrheit – Mensch, München 1980, S. 290–317); D. Ritschl u.a., Art. Anthropologie, EKL I, 1986, Sp. 155–171; O. Betz u.a., Art. Adam, TRE 1, 1977, S. 414–437 (Lit!); W. Härle/E. Herms, Rechtfertigung. Das Wirklichkeitsverständnis des christlichen Glaubens, Göttingen 1979, S. 78–100; A. Peters, Der Mensch (Handbuch Systematischer Theologie 8), Gütersloh 1979.
[22] W. Pannenberg, Anthropologie in theologischer Perspektive, Göttingen 1983, S. 55.
[23] Vgl. dazu J. D. G. Dunn, Christology in the Making. A NT Inquiry into the Origins of the Doctrine of the Incarnation, London 1980.

ihm ist uneingeschränkt wirksam, was den tiefsten Sinn der Imago Dei ausmacht: die bleibende Verbindung mit seinem Vater und mit seinen menschlichen Schwestern und Brüdern. Obwohl der Ausdruck eikon theou und seine Äquivalente in der Regel auf (den erhöhten) Christus bezogen sind, erhalten sie ihre inhaltliche Näherbestimmung verständlicherweise durch die Überlieferung vom irdischen Jesus, in dem sich Gott verherrlicht hat (2. Kor 4,4; Röm 8,29), bzw. durch die Zusammenschau des gekreuzigten mit dem erhöhten Sohn Gottes (Kol 1,13ff; Eph 1,3ff). Darauf werde ich gleich noch einmal zurückkommen.

Letztlich und authentisch ist Jesus Christus das Ebenbild des unsichtbaren Gottes, weil nur er unverfälscht Gottes Wesen offenbart. Nur von ihm kann gesagt werden, daß er „in der Einheit seines Wirkens und seines Geschicks als der neue Mensch und das Ebenbild Gottes das Urbild und Fundament der letztgültigen Bestimmung menschlicher Personalität ist", weil „in ihm der Widerspruch des Menschen überwunden ist"[24]. In Christus manifestiert sich die göttliche Initiative zur Vereinigung mit den zum Bilde Gottes Geschaffenen wie die Gestalt, in der diese Einheit irdisch wirklich geworden ist.

(3) Als den nach der „creatio ex nihilo" und der „Ebenbildlehre" „III. Fundamentalsatz der christlichen Schöpfungslehre" formuliert E. Wölfel: „In Christus erst ist Gott voll für uns Gegenwart geworden und läßt uns jetzt erst ‚Neues Sein in Christus' und mithin auch in einem Vollsinn Imago Dei werden[25]." Damit sind in einer bisher so nicht gekannten Deutlichkeit Schöpfungslehre und Soteriologie, Gottes schaffendes und neuschaffendes Handeln in ihrem inneren Zusammenhang gesehen und zur Sprache gebracht worden. Gott, der den Menschen zu seinem Bilde schuf, erneuert als der Schöpfer sein Werk, indem er die Menschen an der Ebenbildlichkeit seines Sohnes teilhaben läßt, d.h. sie in die so bestimmte Gottesbeziehung als Söhne und Töchter heimholt, und sie zugleich zu neuer bestimmungsgemäßer Gestaltung ihres Lebens befreit. Was sich schon jetzt und in die Zukunft hinein fortschreitend vollziehen soll und vollzieht, ist diese Partizipation an der Gottessohnschaft Jesu Christi und auf ihrer Basis das Sich-hineingestalten-Lassen in das Urbild des Menschseins, Jesus Christus. Davon soll im nächsten und letzten Abschnitt die Rede sein.

IV Sich Christus gleichgestalten lassen

„Non imitatio fecit filios, sed filiatio fecit imitatores[26]." Nicht nur die Reihenfolge, sondern auch die sachliche Zuordnung der Annahme als Söhne und Töchter Gottes einerseits als Grundlage und Ermöglichung dessen, was darauf (!) folgen kann und

---

[24] W. Härle, zit. Anm. 4, S. 98.
[25] Zit. Anm. 1, S. 46.
[26] „Nicht hat die Nachfolge (die Heiden) zu Söhnen gemacht, sondern die Annahme als Söhne hat sie zu Nachfolgern gemacht." M. Luther in seinem „kleinen" Galaterkommentar von 1519 zu Gal 3,14 (WA 2,518). Den Hinweis verdanke ich J. Asheim.

muß[27]: dem Vorbild Christi nachfolgen, andererseits, ist in dieser knappen Aussage klar bestimmt. Die Filiatio als schöpferischer Akt Gottes, der aus Feinden seine Kinder macht, gewinnt in der Lebensführung der Christen ihre konkrete Gestalt im Konformwerden mit Christus und in der freiwillentlichen Befolgung seiner Gebote[28]. Die im Glauben empfangene neue Existenz verwandelt den „alten" Menschen von seinem Personzentrum aus in allen Seins- und Lebensbereichen und orientiert diesen Prozeß am Willen Gottes, wie er sich in Christus offenbart hat; er ist ein Hineingestaltetwerden in das Christusbild „aus der stets erneuerten Rechtfertigung heraus"[29]. Sein Kern ist nichts anderes als Wachsen in der Liebe. Diese Eingestaltung in das Christusbild ist schon deshalb keine schlichte Nachahmung in der (illusionären) Annahme, daß ein Überspringen der geschichtlichen Differenz möglich wäre, weil sie ihren Ursprung nicht in menschlichen Handlungen hat, durch die ein bestimmter Habitus zu erreichen wäre; mit ihr wird den Glaubenden vielmehr durch das Wirken des Heiligen Geistes Christus eingeprägt, „eingebildet", damit diejenigen, die durch Christus leben, nicht mehr sich selber leben, sondern dem, der für sie gestorben und auferstanden ist (2 Kor 5, 15). Es ist also das „durch Christus" sowohl auf die Rechtfertigung wie auf die Heiligung zu beziehen, da auch diese kein eigenständiges, von Gottes Wort und Geist unabhängiges Geschehen, vielmehr sowohl in seiner Begründung als auch in seiner Ausgestaltung an Christus gebunden ist.

(1) „Leitbild" der Heiligung ist Christus, wie die neutestamentlichen Schriften ihn darstellen, insofern, als er uns werden läßt, was wir durch den Glauben sind: seine Brüder und Schwestern[30]. Es geht um das Vor-Bild Christi also in dem Sinne, daß er das Ur-Bild dessen ist, was Gotteskindschaft heißt. Jesus ist nicht primär unser Vorbild, aber er ist auch dies (Röm 15, 1 ff; Eph 5, 1; Joh 13, 15), und zwar weniger in seiner historischen Gestalt als vielmehr durch seine Selbsthingabe am Kreuz. Sie gibt seinen Jüngern nicht nur einen Gesinnungsimpuls, sondern setzt auch „eine bestimmte Grundrichtung christlichen Lebens aus sich heraus"[31]. Weil und wie Christus uns angenommen hat, sollen wir einander annehmen (Röm 15, 7); weil und wie Christus sich selbst erniedrigt hat, sollen wir einer den andern höher achten als uns selbst (Phil 2, 3); weil und wie Christus uns geliebt hat, sollen wir in der Liebe wandeln (Eph 5, 1 f). Die Befreiung zur kainè ktísis wird Verpflichtung zur kainè anastrophé; das Leben aus dem Geist erweist sich in der Frucht des Geistes. Es geht also keineswegs um

---

[27] Vgl. die Rede von der Notwendigkeit guter Werke CA XX (BSELK 80, 27 ff), Apol IV (197, 45–49), FC/SD IV (936–950).
[28] C. H. Ratschow, (Jesus Christus, HST 5, (Handbuch Systematischer Theologie 5), Gütersloh 1985, S. 36, weist auf Luthers Formulierung in einer Promotionsdisputation von 1537 (WA 39 I, 204, 10 ff) hin, wo es in These 34 heißt, „daß Christus ... kontinuierlich in uns formatur und daß wir in sein Bild formamur, solange wir hier leben". Vgl. auch O. Tarrainen, Der Gedanke der Conformitas Christi in Luthers Theologie, ZSTh 22, 1953, 26–43.
[29] A. Peters, zit. Anm. 21, S. 48.
[30] Den Begriff „Leitbild" gebrauche ich anders als R. Mayer (Ethik lehren, Stuttgart 1982, S. 120), der sich auf G. Brom bezieht.
[31] W. Schrage, Ethik des NT, Göttingen 1982, S. 199.

das Erreichen eines ethischen Ideals, sondern um die lebenskonkrete Ausgestaltung eines durch Gott geschaffenen neuen Seins; diese ist jedoch für die Wirklichkeit der Existenz „in Christus" keineswegs ohne Belang.

Paulus erleidet sogar von neuem Geburtswehen; „bis Christus", so schreibt er den Christen in Galatien, „in euch Gestalt annimmt" (Gal 4,19). Der Zusammenhang des ganzen Briefes zeigt, daß es ihm darin keineswegs um marginale Fragen, sondern vielmehr um die Grundausrichtung christlichen Lebens in Freiheit und Liebe geht. Die in alte Denk- und Verhaltensweisen zurückzufallen drohen, werden auf das Fundament des Evangeliums zurückgeholt. Nicht Forderung zuerst, sondern Verheißung ist das Evangelium; darum entspricht ihm der Glaube, der in der Liebe wirksam wird. Für beide ist die Imago Christi das Urbild, an dem die Jünger sich orientieren können. Christus gleichgestaltet zu werden, ist nicht nur ihre Bestimmung; von seinem Bild geht auch „umschaffende Kraft aus"[32]. Weil der Widerspruch des Sünders gegen Gott seine materiale Gottesebenbildlichkeit nicht unberührt gelassen hat, bringt Christus eine Erneuerung des Bildes Gottes, indem er selbst dieses Bild ist und die Glaubenden in dieses Bild hineingestaltet. Vollzieht sich diese Metamorphose auch als Handeln Gottes an Menschen, so geschieht sie doch nicht ohne oder gegen deren Wollen. Vielmehr ist es „nun an uns, dieses Bild anzuziehen, uns nach diesem Bilde zu erneuern und ihm gleichgestaltet zu werden"[33]. Die Imago Christi hat darum als erneuerte Imago Dei auch die Funktion, der wahrhaft menschlichen Lebensführung ihre Richtung zu geben, ihr Maß und Ziel zu setzen.

(2) Sich Christus gleich gestalten lassen, ist eine mögliche Beschreibung des Prozesses, in dem das Christwerden sich vollzieht. Ihm ist dieselbe Grundstruktur eigen, wie wir sie in der Analyse des Heiligungsgeschehens entdeckt haben: ein sich vertrauend auf das Wirken Gottes Einlassen, das schon Ursprung unserer ersten Sehnsucht nach erfülltem Leben, nach Befreiung und Geborgenheit war. Gottes Schöpferhandeln eröffnet die Möglichkeit des Lebens durch den Geist (Gal 5,25), in dem die Glaubenden sich als personale Subjekte erfahren, wenn sie an sich geschehen lassen, was Gottes Geist in ihnen bewirken will. Wie wenig das lebenskonkrete Christwerden ohne diesen Prozeß zu denken ist, beschreibt Luther an unerwarteter Stelle[34]: „... die wellt und die menge ist und bleybt unchristen, da sie gleych alle getaufft und Christen heyssen"; denn „on den heyligen geyst ym hertzen wirtt niemant recht frum, er thue wie feyne werck er mag".

Die Erneuerung des „alten" Menschen vollzieht sich als Erneuerung der Person durch den Heiligen Geist; sie ergreift den Menschen im Innersten, in seinem Gewissen als dem Ort der Einwurzelung der Gottesbeziehung, dem Herzen als Personzen-

---

[32] D. Bonhoeffer, Das Bild Christi, DBW 4, München 1989, S. 297. „Wer sich Jesus Christus ganz ergibt, der wird und muß sein Bild tragen. Er wird zum Sohne Gottes, er steht neben Christus als dem unsichtbaren Bruder in gleicher Gestalt, als das Ebenbild Gottes."

[33] W. Härle, zit. Anm. 4. S. 92.

[34] Von weltlicher Obrigkeit, wieweit man ihr Gehorsam schuldig sei, 1523 (WA 11, 251 f).

trum, von dem Lebensentwurf und Lebensgestaltung ihren Ausgang nehmen. Sie ist zuerst und bleibend ein phronein (Phil 2,5; Röm 15,5), das in der Metanoia seinen Ursprung hat: Laßt euch umgestalten durch die Erneuerung eures Sinnes, damit ihr beurteilen könnt, was Gottes Wille ist! (Röm 12,2). Die Hinwendung zu Christus wird zum Stimulus dieses Erneuerungsprozesses, in dem er die Differenz zwischen der Selbsterfahrung coram deo und der Imago Dei, wie sie in Christus erscheint, aufweist und zugleich auf die Zusage des Evangeliums verweist, in der die bedingungslose Annahme durch Gott, die iustificatio impii sola gratia zugesprochen wird. Was zum Stachel des Todes hätte werden können, treibt so in die Gemeinschaft mit Christus, in der die Wiederherstellung der Imago Dei als Imago Christi sich vollziehen kann.

Die Christusgemeinschaft hält uns offen für das, was wir sein können, und bewahrt so vor gefährlicher Genügsamkeit, die sich weniger auf Gottes Gnade als auf den eigenen Status des Christseins verläßt. Sie bewahrt zugleich vor lähmender Resignation, indem sie die Teilhabe am Heil nicht von bestimmten Stadien der geistlichen Reifung abhängig macht. Insgesamt also löst sie aus und hält in Bewegung genau jenen Prozeß, in dem die kainè ktísis sich lebenswirklich gestalten läßt. Gott selbst befähigt uns in unserem Inneren, die Hingabe Jesu als eine auch für uns geschehene zu bejahen und uns zugleich in ein Leben der Hingabe hineinführen zu lassen, in dem Lebensgewinn durch Autarkieverzicht und liebende Teilnahme am Leben anderer realisiert wird. Im ganzen vollzieht sich dieses fortdauernde Geschehen seinem Charakter entsprechend nicht als (Selbst-)Erfahrung solitärer Individuen, sondern in der Gemeinschaft der Glaubenden mit Christus. Imago Christi gibt es nicht als von anderen getrenntes Einzelbild; seine innerweltliche Gestalt ist nicht diejenige des die eigne Heiligkeit in anachoretischer Einsamkeit vollenden wollenden gläubigen Individuums; vielmehr wird sie in aller denkbaren Vielgestaltigkeit immer dem Leib Christi wesentlich zugeordnet bleiben.

(3) Eine weitere Beobachtung an Luthers Denken läßt folgendes erkennen: Der Prozeß des Umgestaltet-Werdens hat eine asymmetrische, aber reziproke Struktur. Christus gewinnt in uns Gestalt, und wir werden in sein Bild gestaltet[35]. Christus und die Christen sind unüberbietbar eng aufeinander bezogen, indem der Christus irdisch anschaulich wird in seiner Gemeinde und seine Gemeinde umgestaltet wird nach dem Bild dessen, der in ihnen Gestalt werden will. Die Erneuerung nach der Imago Christi hat also eine heilsame Wirkung keineswegs nur für die Glaubenden, sondern auch für diejenigen, denen Christus durch seinen irdischen Leib, die Gemeinde, begegnet und dient. Christus lebt in den Glaubenden, und diese leben in ihm. Das schließt nicht aus, sondern vielmehr mit innerer Notwendigkeit ein, daß „eyn Christen mensch lebt ... ynn Christo und seynem nehstenn, ynn Christo durch den glauben, ym nehsten durch die liebe"[36].

---

[35] WA 39 I, S. 204.
[36] M. Luther, Von der Freiheit eines Christenmenschen, Abschn. 30 (WA 7,38).

Sich Christus zuwenden, damit er in den Glaubenden Gestalt gewinne, ist eine Verhaltensweise, deren Ort auch die Feier des Gottesdienstes in ihrer Vielfalt von der einfachen Andacht bis zum festlichen Hochamt ist. Im Hören auf das Evangelium, im Anschauen der Bilder (vor allem des Gekreuzigten) und Symbole, im Nachsprechen der Gebetstexte und Singen der christlichen Lieder wird ein Lebensprozeß genährt, in dem die Erneuerung der Menschen nach dem Bilde Christi sich vollzieht. Zwei Liedstrophen sollen andeutend zeigen, in welche Tiefe der Erfahrung solche Innerung führen kann; sie sind nicht zufällig Passionsliedern entnommen:

> O Welt, sieh hier dein Leben
> am Stamm der Kreuzes schweben:
> dein Heil sinkt in den Tod.
> Der große Fürst der Ehren
> läßt willig sich beschweren
> mit Schlägen, Hohn und großem Spott[37].

> Erscheine mir zum Schilde, zum Trost in meinem Tod
> und laß mich sehn dein Bilde in deiner Kreuzesnot.
> Da will ich nach dir blicken, da will ich glaubensvoll
> dich fest an mein Herz drücken. Wer so stirbt, der stirbt wohl[38].

Wo im Gottesdienst das Bild des sich in Liebe hingebenden Christus sichtbar, hörbar, fühlbar, schmeckbar vergegenwärtigt wird, bekommt das Evangelium Zugang zu denen, die Christus in sein Bild erneuern will[39]. Ein sich „der aufnehmenden Einwirkung Christi" Hingeben, das sich „zu einem stetigen Von-Christo-bestimmt-sein-Wollen" befestigt[40], gehört zum verantwortlichen Existenzvollzug derer, die an Christus glauben. Ohne diese bewußte und willentliche Öffnung wird unterstellt, daß die Annahme durch Gott von jeder Konsequenz für die Lebensführung entbinde oder Gottes Geist auf unpersonal-magische Weise, d.h. am Wollen und Denken des Menschen vorbei, an den Gläubigen wirke; beidem aber steht die Botschaft des Evangeliums diametral entgegen. Insofern ist nicht einzusehen, warum nicht auch evangelische Frömmigkeit (wieder) Elemente der Anschauung Christi, der sinnlichen Aufnahme dessen, was Christus in seiner Hingabe, seiner Gesinnung und seinem Handeln für die Menschen bedeutet, in sich aufnehmen sollte. Ein liebendes Sich-hineinverwandeln-Lassen in das Bild Christi kann unter den Bedingungen körperlicher Existenz auf solche Medien sinnlicher Wahrnehmung schlechterdings nicht verzichten.

---

[37] EKG 64,1; Paul Gerhardt (1607–1676).
[38] EKG 63,10; Paul Gerhardt.
[39] Die evangelischen Gottesdienste müßten auch daraufhin überprüft und gegebenenfalls umgestaltet werden, ob bzw. damit sie diese zunächst äußere, intentional aber das Denken, Fühlen und Wollen der Gemeinde betreffende Präsentation Christi einschließen. Vgl. dazu die Ausführungen von G. Wainwright, zit. Anm. 20, S. 35–37.
[40] F. D. Schleiermacher, Glaubenslehre², § 110,1.

(4) Geschieht die Erneuerung der Glaubenden nach dem Bilde Christi auch wesentlich als Prägung der Person in der Ganzheit ihres Sinnens und Fühlens, ihrer Wertvorstellungen und Grundüberzeugungen, so gewinnt sie lebenswirkliche und auch von anderen wahrnehmbare Gestalt in der praktischen Lebensführung. Was in Jesus Christus anstößig und befreiend, mißdeutbar und doch in größter Klarheit sichtbar wurde, soll nun auch an Christen ablesbar werden: „Ist doch offenbar geworden, daß ihr ein Brief Christi seid, durch unseren Dienst zubereitet, geschrieben nicht mit Tinte, sondern mit dem Geist des lebendigen Gottes, nicht in steinerne Tafeln, sondern in fleischerne Tafeln des Herzens." (2. Kor 3, 3) Die im Inneren geschehene und geschehende Verwandlung wird im Verhalten der Christen – nicht unmißverständlich, aber doch wahrnehmbar – ihnen selbst und anderen manifest. Wo dieses „Offenbarwerden" des Neuen im Alten sich vollzieht, geschieht der Wille des scheidenden Jesus: „Daran werden sie erkennen, daß ihr meine Jünger seid: wenn ihr einander liebt." (Joh 13, 35).

Im Handeln Jesu Christi vollzieht sich, auf einzigartige Weise verbunden, was von menschlichem Handeln so nicht gesagt werden kann: die Jünger und Jüngerinnen aller Zeiten erfahren eine innere Umgestaltung durch seinen Geist, der in ihnen wirkt, und sie sehen in ihm das Urbild wahren Menschseins nach dem Bilde Gottes, das ihre Lebensführung orientiert. Aus der den Glaubenden geschenkten neuen Gottesebenbildlichkeit leiten sich deshalb „konkrete Forderungen und Weisungen ab, die den Wandel des Glaubenden in der Nachfolge bestimmen[41]." Ihre Nachfolge ist nicht Nachahmung, sondern – entsprechend der Einmaligkeit jeder Person – einzigartige und doch als solche identifizierbare Manifestation der neuschaffenden Kraft des göttlichen Geistes und eine Teilnahme am Weg Jesu. Die ursprüngliche Imago Dei wird so als Imago Christi in unserer Welt realisiert, „indem es diese unter Einschaltung der gesamten Existenz nach Verstand und Wille in der Nachfolge praktiziert. Insoweit wird Christologie und Imago-Dei-Sein zum Leitbild auch voller Menschlichkeit; ja, ‚Menschlichkeit' wird erst hier im Vollsinn erkannt und begründet[42]." Damit ist auch schon deutlich geworden, in welcher Weise sich die Verwirklichung der Imago Christi material näher bestimmen läßt: nicht als Überhöhung geschöpflichen Seins in eine Qualität oder Sphäre überirdischer Heiligkeit, sondern als Menschwerdung im Geist des menschgewordenen Christus, als wachsende Entsprechung zwischen der personalen Existenz und ihrer ursprünglichen, geschöpflichen Bestimmung zur Partnerschaft mit ihren menschlichen und außermenschlichen Mitgeschöpfen. In solcher Neugestaltung realisiert sich die Gottesherrschaft personal als Liebe[43]. Sie schließt Verhaltensweisen aus, durch die andere Menschen erniedrigt, verletzt oder um ihr Lebensrecht gebracht werden (Kol 3, 5–9; Gal 5, 19–21), und zeigt sich stattdessen durch Erbarmen, Güte

---

[41] E. Lohse, zit. Anm. 3, S. 135.
[42] E. Wölfel, zit. Anm. 1, S. 46.
[43] J. Wesley: Das Reich Gottes ist auch „das Leben Gottes in der Seele, das Bild Gottes, das eingeprägt ist ins Herz, jetzt erneuert nach dem Bilde dessen, der es schuf". Es ist nichts anderes als „die Liebe zu Gott, weil Er uns zuerst geliebt hat, und die Liebe zu den Menschen um Seinetwillen". (Predigt 21, II. 11; Lehrpredigten zit. Anm. 10, S. 394.)

und Sanftmut, Freude, Frieden und Geduld, Freundlichkeit, Treue und Selbstbeherrschung (Kol 3, 12 f; Gal 5, 22). Als Christus gleichgestalteter Mensch nimmt der Glaubende teil „an der Liebe Gottes und Christi zur Welt und zum Menschen. So ist er ein neuer Mensch, er sieht aber nicht sich und seine guten Werke, sondern einfältig schaut er nur auf Christus[44]." Denn auch dies gehört zur neuen Existenz: daß sie sich nach wie vor der schöpferischen Liebe Gottes verdankt und nicht den eigenen guten Taten, sowenig sie andererseits durch deren Ausbleiben als solche schon gefährdet ist. Sie weiß nur zu gut, daß die verbleibenden Auswirkungen widergöttlicher Kräfte vielfach noch vorhanden sind. Darum bleibt sie unter der Berufung, sich durch die Imago Christi zur Liebe bestimmen zu lassen.

Wie die in Christus manifest gewordene Liebe das Heil der Glaubenden begründet, wird sie auch zum letztlich einzigen Kriterium christlichen Handelns (Röm 13, 8–10; Gal 5, 14; Mt 22, 39 f). Auch wenn sie ihm immer nur partiell entsprechen können, wird so Christus für den Nächsten erkennbar: „Ey so will ich ... gegen meynem nehsten auch werden ein Christen, wie Christus mir geworden ist ... Sih also fleusset auß dem glauben die lieb und lust zu gott, und außer der lieb ein frey, willig, frohlich leben dem nehsten zu dienen umbsonst."[45] Liebe, die aus der Botschaft Jesu, aus dem Handeln Jesu und der Gemeinschaft mit ihm erwächst, ist das wesentliche Merkmal der Imago Christi, wie sie sich im Denken, Wollen und Handeln seiner Nachfolger manifestiert. In der Befähigung und Anleitung zu liebevollem Handeln, zur Überwindung des Bösen mit Gutem, zu vergebender und heilender Zuwendung zum Nächsten und zum Widerstand gegen alles Dämonische, das Menschen und die übrige Schöpfung zerstört oder sie zu widergöttlicher Verehrung überhöht, wird die befreiende und prägende Kraft der Imago Christi wirksam. „Die Lebensäußerungen des neuen Menschen sind Christi eigene Lebensäußerungen ..."[46] Sich Christus gleichgestalten lassen führt mit innerer Notwendigkeit – zwar nicht zur Imitatio (gegen Jervell, a. a. O.), aber doch – zu einer Nachfolge Jesu, in der Christus selber zu erkennen ist.

Die Bedeutung des Christentums in den multikulturellen und multireligiösen Gesellschaften Europas wird immer mehr davon abhängen, wieweit seine Repräsentanten sich vom Geiste Christi erneuern lassen und am Leitbild der Imago Christi orientieren, so daß die Verkündigung des Evangeliums ihre Glaubwürdigkeit nicht durch die tatsächliche Lebensführung der Christen verliert. Wie das Gespräch der Theologie mit der übrigen Geistes- und Naturwissenschaft in die gegenwärtige Verantwortung der Kirche gehört, werden nicht minder die ethische Kompetenz der Theologie und die am Evangelium sich orientierende Lebensführung der Glaubenden für die wirksame Vertretung der christlichen Botschaft von entscheidendem Gewicht sein. Nur wenn Menschen sich in das Bild Christi hineingestalten lassen, entstehen wenigstens schemenhafte Umrisse der Gestalt des Erlösers in der Gegenwart; nur dann geschehen

---

[44] J. Weißbach, Christologie und Ethik bei Dietrich Bonhoeffer (TEH 131) München 1966, S. 28.
[45] M. Luther, Von der Freiheit eines Christenmenschen, WA 7, 35 f.
[46] J. Jervell, zit. Anm. 3, S. 497.

Taten des Glaubens, wächst alle Grenzen übergreifende Gemeinschaft der Liebe, werden mit dem Mut der Hoffnung neue Wege aus der scheinbaren Ausweglosigkeit beschritten. Weniges ist dringlicher in unserer Zeit.

(5) Dennoch sollen dies nicht die abschließenden Bemerkungen sein. Die Vollendung des durch die Imago Christi Umgestaltetwerdens, das mit der Rechtfertigung und Neugeburt der Glaubenden hier seinen Anfang nahm, ist Inhalt der eschatologischen Hoffnung der Christen. Beide Aussagen, die die Spannung der christlichen Existenz zum Ausdruck bringen, müssen einander vor Fehlinterpretation bewahren: damit aus der Hoffnung auf die Vollendung im Eschaton keine Vertröstung auf eine ungewisse Zukunft wird, unter der ein resignativer Opportunismus und eine Vergleichgültigung der ethischen Implikate des Glaubens gedeihen, muß die gegenwärtige Wirkung des Heiligen Geistes zur Umgestaltung der Glaubenden nach dem Bilde Christi deutlich dargestellt werden. Damit nicht Verzweiflung über den unvollkommenen, fragmentarischen Charakter der lebenswirklichen Manifestation wahren Christseins oder die Überforderung durch einen ethischen Perfektionismus das private und gesellschaftliche Handeln der Christen lähmen, zum Rückzug aus der Verantwortung für andere und damit zum Ende der „Kirche für andere" führen, ist die andere Seite der Imago-Christi-Vorstellung aufzudecken: die Gleichgestaltung mit dem Bilde Christi wird erst bei der Parusie des Gottessohnes, in der Offenbarung der Gottesherrschaft ihre Vollendung erfahren. Der geschichtliche Prozeß der Menschwerdung in Entsprechung zur Imago Christi hat ein eschatologisches Ziel, an dem sich Korrektur und Vollendung der irdischen, raum-zeitlichen Existenz vollziehen sollen. Dem wird keine gleichmäßige Entwicklung, sondern eher eine solche mit Brüchen und Heilungen, „Rückfällen" und fortschreitender Reifung vorangehen.

Darum erscheint mir in Anbetracht eigener und fremder Erfahrungen zu euphorisch, was D. Bonhoeffer von diesem Prozeß zu sagen wagt: „Schon auf dieser Erde wird sich in uns die Herrlichkeit Jesu Christi widerspiegeln. Aus der Todesgestalt des Gekreuzigten, in der wir leben, in Not und Kreuz, wird schon die Klarheit und das Leben des Auferstandenen hervorleuchten, und immer tiefer wird die Umgestaltung zum göttlichen Ebenbild, immer klarer wird das Bild Christi in uns; es ist ein Fortschreiten von Erkenntnis zu Erkenntnis, von Klarheit zu Klarheit, zu immer vollkommenerer Gleichheit mit dem Bilde des Sohnes Gottes."[47] Christus allein bleibt ohne Einschränkung das wahre Ebenbild Gottes auf Erden, das in unverfälschter Identität mit sich selbst die göttliche Wirklichkeit widerspiegelt. Ihm ähnlicher zu werden, ist das einzig realistische Ziel unseres Wollens. Wenn es ernsthaft ist, führt es in das Gebet, damit Gott, der Schöpfer und Befreier, uns nach dem Bilde seines Sohnes zu wahrem Menschsein erneure, und in die bewußte, beständige Hinwendung zum Bild Christi, an dem wir Korrektur und Orientierung gewinnen. Mit diesem Leitbild kann christliche Lebensführung im Leben der Christen wirklich werden.

---

[47] D. Bonhoeffer, Nachfolge, DBW 4, München 1989, S. 302.

EIGENWERT UND VERANTWORTUNG.
ZUR NORMATIVEN ARGUMENTATION IN DER TIERETHIK

Robert Heeger

Der christliche Glaube, daß uns „Gott geschaffen hat samt allen Kreaturen", wird seit einiger Zeit eher mit dem Wort „Ehrfurcht" als mit Worten wie „Entzauberung der Natur" zum Ausdruck gebracht. Als richtiges Verhalten gegenüber unserer Welt gilt eher ein „Bebauen und Bewahren" des anvertrauten Lebensraums als ein „Herrschen" des mündigen Menschen über die Natur.

Eine solche Grundhaltung wird oft in den Begriffen „Eigenwert des außermenschlichen Lebens" und „moralische Verantwortung" durchdacht. Dies gilt zum Beispiel für eine schwedische Darstellung des christlichen Glaubens, die nach einer Integration von Glauben, Wissen und Moral strebt. Dort wird in kritischer Auseinandersetzung mit der ökologischen Erweckung gefordert, daß „anderen Lebewesen und der übrigen Natur Eigenwert zuerkannt wird. Diese Schöpfung ist um ihrer selbst willen da. Sie ist nicht nur da, um dem Menschen zur Verfügung zu stehen." Das heißt aber nicht, die Sonderstellung des Menschen abzulehnen und stattdessen von einer Gemeinschaft allen Lebens auf der Grundlage der Gleichheit zu reden. Gott hat den Menschen zu seinem „Bilde" geschaffen. Eine Folge dieser Theologie ist die Verantwortung des Menschen. „Der kategorische Imperativ richtet sich an den Menschen. Den Tieren moralische Vorschriften zu machen, hat wenig Sinn"[1]. Ähnlich wird in einer gemeinsamen Erklärung der christlichen Kirchen in der Bundesrepublik Deutschland betont: Die Mitgeschöpfe des Menschen haben „einen Eigenwert, nämlich darin, daß sie auf Gott als den Schöpfer bezogen sind, an seinem Leben Anteil haben und zu seinem Lob bestimmt sind." Dieser Gedanke kann „als Begrenzung und Korrektur dienen gegenüber einer Haltung, der das außermenschliche Leben nichts als Material und Verfügungsmasse in der Hand des Menschen darstellt"; denn der Mensch soll „Verantwortung für den Lebensraum Erde übernehmen", und „Eingriffe in fremdes Leben sind nicht selbstverständliches Recht des Menschen, sondern bedürfen einer ausdrücklichen Rechtfertigung"[2].

---

[1] Jarl Hemberg/Ragnar Holte/ Anders Jeffner, Människan och Gud. En kristen teologi, Lund 1982, S. 53–55, 83–84.

[2] Gott ist ein Freund des Lebens. Herausforderungen und Aufgaben beim Schutz des Lebens, in: Gottfried Brem/Martin Förster/Horst Kräusslich, Gentechnik in der Tierzüchtung. Darstellung, Motivation, Stellungnahmen, München 1991, S. 62–76, 75, 63.

Vielen Christen sind solche Gedanken nicht fremd. Daß der Wert des außermenschlichen Lebens nicht auf dessen Nutzwert reduziert werden darf und daß Eingriffe in dieses Leben moralisch gerechtfertigt werden müssen, gehört zum Mindestinhalt ihres Schöpfungsglaubens. Diese Grenzziehungen finden auch bei vielen andern Zustimmung. Sie sind seit einiger Zeit sogar ein Thema der Politik. Sie werden zum Beispiel in einer Denkschrift der niederländischen Regierung über die Nutzung von Tieren und den Tierschutz vertreten und spielen eine wichtige Rolle in der Auseinandersetzung über neue Gesetzesvorlagen[3]. Sie lassen die konkreten Fragen einer normativen Tierethik aber noch offen: Welcher Wert des außermenschlichen Lebens nicht angetastet werden darf und welche Eingriffe in dieses Leben moralisch gerechtfertigt sind, kann mit ihnen noch nicht entschieden werden.

Nun weiß jeder, der Einblick in die gesellschaftliche Praxis der heutigen „Biokultur" hat, wie komplex und wie schwierig solche Fragen sein können. Darum beklagen prominente Kritiker dieser Praxis, daß „wir – im Gegensatz zu unserer langen Tradition moralischer Sorge für Menschen – keine moralische Tradition haben, die unsere Pflichten gegenüber Tieren umreißt". Sie halten uns aber gleichzeitig vor, daß eine Tierethik dringend erforderlich ist, weil unsere Sorge um das Los der Tiere zunimmt und viele von uns Entscheidungen zu treffen haben, die „eine auf breite Zustimmung gegründete Ethik bezüglich unserer Pflichten gegenüber Tieren ... voraussetzen". Man denke zum Beispiel an Entscheidungen von Tierärzten im Spannungsfeld zwischen dem Wohlbefinden der Tiere und den Wünschen ihrer Besitzer[4].

Diese Vorhaltung ist berechtigt. Darum soll im folgenden skizziert werden, wie man zu Antworten auf Fragen einer normativen Tierethik gelangen kann, wenn man die Gedanken vom Eigenwert der Tiere und von unserer moralischen Verantwortung bejaht. Zunächst soll gefragt werden, wie der Begriff Eigenwert des außermenschlichen Lebens näher bestimmt werden kann, so daß er fruchtbar ist für unser Nachdenken über konkrete Fragen einer normativen Tierethik (I). Danach soll auf ein großes Problem der moralischen Verantwortung eingegangen werden: wie man in konkreten Fällen zu moralischen Urteilen gelangen kann (II), die man ehrlich als gerechtfertigt betrachten darf (III). Die Behandlung beider Probleme ist noch weit davon entfernt, eine Grundlegung zur normativen Tierethik zu bieten. Sie soll eher anregen als beweisen.

I Der Eigenwert des außermenschlichen Lebens

In der internationalen Debatte, die seit Anfang der siebziger Jahre über das Verhältnis Mensch–Tier geführt wird, kommt der Begriff Eigenwert vor allem in zwei Zusammenhängen vor: Einmal dient er als Kriterium bei der Beantwortung der Frage,

---

[3] Nota Rijksoverheid en Dierenbescherming, Tweede Kamer der Staten Generaal, Kamerstuk 16966–2, Den Haag 1981.

[4] Bernard E. Rollin, Veterinary and Animal Ethics, in: James F. Wilson (Hg.), Law and Ethics of the Veterinary Profession, Yardly PA 1989, S. 24–49, 35, 44.

ob Tieren – oder sogar allen außermenschlichen Lebewesen – moralische Sorge gebührt, das heißt, ob wir nur Menschen oder auch außermenschliche Lebewesen moralisch zu berücksichtigen haben, ob wir auch gegenüber diesen Lebewesen moralische Pflichten haben – und nicht nur gegenüber Menschen, deren Eigentum sie sein mögen oder deren sittliches Gefühl wir zu achten haben. Zum andern dient der Begriff Eigenwert als Kriterium bei der Beantwortung der Frage, welches Gewicht den Interessen von Lebewesen der einen Art im Vergleich zu den Interessen von Lebewesen einer anderen Art zukommt, wenn wir darüber zu entscheiden haben, welches Handeln moralisch richtig ist, und wenn wir diese Entscheidung abhängig machen von einer Abwägung von Interessen.

Es empfiehlt sich, diese Zusammenhänge nicht zu vermengen[5]. Dafür gibt es mindestens drei Gründe. Erstens ist man durch die positive Beantwortung der Frage, ob auch außermenschlichen Lebewesen moralische Sorge gebührt, noch nicht auf ein bestimmtes Urteil darüber festgelegt, welches Gewicht die Interessen des einen Lebewesens im Vergleich zu denen eines anderen Lebewesens haben sollten. Zweitens setzt eine gerechtfertigte Antwort auf die Frage, welches Gewicht Interessen verschiedener Lebewesen bei unserem moralischen Entscheiden haben sollten, voraus, daß man die Frage nach der moralischen Sorge bereits beantwortet hat; denn sonst ist ja noch gar nicht bestimmt, ob man nun vor einer Abwägung von miteinander streitenden moralischen Pflichten steht oder nicht. Drittens kann es zur Beantwortung der Frage nach der moralischen Sorge erforderlich sein, den Begriff Eigenwert so zu bestimmen, daß er überhaupt nicht in Frage kommt als Kriterium einer relativen Wichtung von Interessen verschiedener Lebewesen, mit der man über die moralische Richtigkeit unseres Handelns befinden könnte.

Eine Bestimmung des Begriffs Eigenwert kann also bereits dann fruchtbar sein, wenn sie es uns möglich macht, die Frage nach der moralischen Sorge zu beantworten. Sie ist nicht erst dann fruchtbar, wenn sie gleichzeitig ein Kriterium ergibt, mit dem wir Interessen abwägen können. Da die Frage nach der moralischen Sorge von grundlegender Bedeutung für jede normative Tierethik ist, konzentrieren wir uns im folgenden auf den Begriff Eigenwert im Zusammenhang dieser Frage. Wie kann man den Begriff Eigenwert näher bestimmen, so daß er bei der Beantwortung der Frage nach der moralischen Sorge als Kriterium dienen kann? „Er kann als Kriterium dienen" soll dabei heißen: Wir können die in ihm niedergelegten hinreichenden und notwendigen Bedingungen im Dialog vertreten, weil sie mit unserer Moral und/oder unserem Weltverständnis vereinbar sind.

---

[5] Auf die Notwendigkeit, Fragen nach „moral consideration" zu unterscheiden von Fragen nach „moral significance", wird bereits hingewiesen in Kenneth E. Goodpaster, On Being Morally Considerable, Journal of Philosophy 75 (1978), S. 308–325.

1. Inhärenter Wert

Nach der Meinung vieler darf der Wert außermenschlicher Lebewesen nicht auf deren Nutzwert reduziert werden, weil wir diese Lebewesen nicht nur – oder überhaupt nicht – wegen ihres kommerziellen Werts oder wegen ihrer praktischen Verwendbarkeit schätzen, achten oder wichtig finden. Sie können sich unser Mitgefühl, unser Erstaunen oder gar unsere Bewunderung zuziehen, weil sie sind, wie sie sind. Wir finden, daß ihnen kein Schaden zugefügt werden darf und daß sie nicht durch Nachlässigkeit verkommen dürfen, sondern erhalten werden müssen. Für viele Menschen haben ihre Haustiere einen solchen Wert; aber auch wilde Tiere und sogar Pflanzen können ihn haben. Sie werden von Menschen mit diesem Wert gleichsam „ausgestattet": Er wird den betreffenden Lebewesen zugeschrieben, weil sie sind, wie sie sind; aber er ist abhängig davon, daß jemand ihn festsetzt. Wird der Begriff Eigenwert in dieser Weise bestimmt, dann kann er *„inhärenter Wert"* genannt werden[6].

Kann der Begriff inhärenter Wert als Kriterium bei der Beantwortung der Frage nach der moralischen Sorge dienen? Er gibt an, daß manche außermenschlichen Lebewesen um einer Wichtigkeit willen zu schätzen sind, die unabhängig ist vom Nutzwert oder vom kommerziellen Wert dieser Lebewesen. Das macht ihn aber noch nicht geeignet als Kriterium zur Beantwortung der Frage, ob Tieren – oder sogar allen außermenschlichen Lebewesen – moralische Sorge gebührt. Dafür sind vor allem zwei – miteinander verbundene – Gründe anzuführen. Erstens haben Lebewesen, die nicht in der angegebenen Weise von Menschen geschätzt werden, keinen inhärenten Wert. Man denke zum Beispiel an Nutztiere in sogenannten intensiven Betriebssystemen, die nur als Produktionsmittel betrachtet werden, oder an bedrohte wilde Tiere, die sich nicht die Aufmerksamkeit der Menschen zuziehen. Daß diese Lebewesen keinen inhärenten Wert haben, berechtigt uns nicht zu dem Urteil, daß ihnen keine moralische Sorge gebührt; denn moralische Sorge mag auch dem gebühren, den wir nicht schätzen. Zweitens können auch andere Größen als Lebewesen einen inhärenten Wert haben. Man denke zum Beispiel an Kunstwerke, historische Monumente oder Naturdenkmäler. Daß manche Lebewesen einen inhärenten Wert haben, ist nicht hinreichend für den Anspruch, daß ihnen moralische Sorge gebührt; denn nicht allem, das wir schätzen, gebührt moralische Sorge.

Beide Gründe enthalten einen Appell an unsere normative Auffassung von moralischer Sorge: Ob jemandem moralische Sorge gebührt, steht und fällt nicht mit der Wertschätzung, die er genießt, und Dingen gebührt keine moralische Sorge. Es wird vorausgesetzt, daß dies einsichtig ist in unserer Moral „unter Menschen", ohne daß wir uns in die weitläufige meta-ethische Diskussion hierüber vertiefen. Weiterhin wird

---

[6] Dieser Terminus hat eine andere Bedeutung als „inherent value" in Tom Regan, The Case for Animal Rights, London 1984, S. 235–265. Wir folgen hier eher Clarence I. Lewis, An Analysis of Knowledge and Valuation, La Salle IL 1946, Kap. 13 und 14; William K. Frankena, Ethics and the Environment, in: Kenneth E. Goodpaster/K. M. Sayre (Hg.), Ethics and Problems of the 21st Century, Notre Dame und London 1979, S. 3–20, 13, 20; Paul W. Taylor, Respect for Nature, Princeton NJ 1986, S. 73–74.

vorausgesetzt, daß wir diese normative Auffassung von moralischer Sorge nicht aufgeben, wenn wir danach fragen, ob auch Tieren – oder sogar allen außermenschlichen Lebewesen – moralische Sorge gebührt. Der inhärente Wert, den außermenschliche Lebewesen haben können, steht und fällt aber mit der Wertschätzung, die sie genießen, und zeichnet sie nicht vor Dingen aus. Darum eignet sich der Begriff inhärenter Wert nicht als Kriterium bei der Beantwortung der Frage, ob ihnen moralische Sorge gebührt.

2. Eigenständiger Wert

Der vielleicht eindrücklichste Anspruch in der Debatte über das Verhältnis Mensch–Tier lautet: Tieren gebührt moralische Sorge, denn sie können leiden. Dieser Anspruch lenkt unsere Aufmerksamkeit auf das Erleben der Tiere. Wenn wir ihn nicht von der Hand weisen, dann deuten wir zum Beispiel einen pathologischen Befund oder ein beobachtetes Ersatzverhalten bei Nutztieren als Manifestationen unangenehmer Erfahrungen oder frustrierter Interessen. Wir bewegen uns damit nicht in einer Welt der Phantasie, sondern in der Tiermedizin und in der angewandten Ethologie. Schmerzempfindung oder ein nicht durch Anpassung zu kompensierender Mangel an Bewegungsfreiheit sind aber nicht einfach Tatsachen, die hinzunehmen sind. Sie sind zugleich Zustände, die eine negative Wertladung haben. Wir setzen sie nämlich in Beziehung zu Ereignissen oder Zuständen, die wir selbst direkt erleben und negativ bewerten. Diese Beziehung zwischen dem Erleben der Tiere und der Bewertung unseres eigenen Erlebens ist der Ausgangspunkt einer Bestimmung des Begriffs Eigenwert, die man *„eigenständiger Wert"* nennen kann: (1) Tiere können Schmerz erleiden oder sich wohl befinden, ihre Interessen können befriedigt oder frustriert werden, und (2) ihr Wohlbefinden und die Befriedigung ihrer Interessen sind in sich gut, wünschenswert oder wertvoll.

Der Begriff eigenständiger Wert, der hier angewandt wird, bezieht sich ursprünglich auf bestimmte Ereignisse oder Zustände im Leben von Menschen, nämlich auf die, die Menschen direkt als in sich erfreulich erleben und wegen der Erfahrung ihrer Erfreulichkeit positiv bewerten. Der Begriff kann sich auch auf Interessen beziehen, die sie als in sich der Mühe wert verfolgen, und auf Ziele, die sie als eigenständige Zwecke zu erreichen suchen[7]. Dies ist zu beachten, wenn der Begriff eigenständiger Wert auf Ereignisse oder Zustände im Leben von Tieren angewendet werden soll. Er muß sich dann auf ein Wohlbefinden beziehen, das von den Tieren erfahren wird, und er muß sich auf die Befriedigung von Interessen beziehen, die von ihnen verfolgt werden.

Nun ist es für jeden, der sich mit dem Wohlbefinden der Tiere zu befassen hat, besonders schwierig zu bestimmen, welche geistigen Zustände Tiere erleben. Nach dem Urteil von Fachleuten muß man sich hier vor voreiligen Festsetzungen hüten; denn

---

[7] Mit dieser Bestimmung wird wiedergegeben, was viele Ethiker mit dem Terminus „intrinsic value" meinen; s. z. B. William K. Frankena, Ethics, Englewood Cliffs NJ 1973, S. 80–83, 89–92.

man gerät leicht in die Gefahr, Wörter wie „Schmerz", „Furcht", „Angst", „Überbeanspruchung", „Leiden" und „Wohlbefinden" in einer veränderten Bedeutung zu gebrauchen oder Tieren gar ein gleichsam menschliches geistiges Leben zuzuschreiben, ohne glaubwürdiges Beweismaterial zu haben[8]. Aber wenn Ereignisse oder Zustände im Leben von Tieren einen eigenständigen Wert haben sollen, dann müssen Tiere Zufriedenheit und Unzufriedenheit, Erfüllung und Enttäuschung erleben können, es muß ihnen an dem, was ihnen geschieht, etwas gelegen sein, und sie müssen Wünsche oder ein Verlangen haben. Macht man geltend, daß die „Verwirklichung ihrer Interessen eigenständigen Wert hat", aber daß es für das Gegebensein dieser Interessen „nicht notwendig" ist, „Empfindungsvermögen, Bewußtsein oder Verstehen" zu besitzen, und daß auch „nicht mit Bewußtsein begabte Organismen, die weder gepeinigt noch erfreut, weder befriedigt noch frustriert werden können", Interessen haben, die sie „dazu befähigen, eigenständigen Wert zu haben"[9], dann gibt man den Begriffen Interesse und eigenständiger Wert einen anderen Inhalt als den hier beschriebenen.

Der Begriff eigenständiger Wert kann dazu dienen, die Frage nach der moralischen Sorge zu beantworten; denn er trifft etwas Wesentliches in unserer normativen Auffassung von moralischer Sorge, und er ist zugleich anwendbar auf manche außermenschlichen Lebewesen. Wir sind mit ihm zum Beispiel zur folgenden Antwort in der Lage: Unsere moralische Sorge hat eine Sorge um Erfahrungen von Leiden und Wohlbefinden zu sein, auch wenn sie nicht ausschließlich eine solche Sorge ist. Unsere Moral umfaßt gewöhnlich ein Prinzip der Wohltätigkeit und ein Prinzip, kein Übel zuzufügen. Nach diesen Prinzipien ist Wohlbefinden zu fördern und Leiden zu meiden, gleichgültig, ob dieses Wohlbefinden oder Leiden von uns selbst oder von anderen erlebt wird. Wohlbefinden ist ein positiver, und Leiden ist ein negativer eigenständiger Wert, auch wenn damit noch nicht alles über Wohlbefinden und Leiden gesagt ist. Es gibt Tiere, die Empfindungsvermögen, Bewußtsein oder Verstehen besitzen und die Wohlbefinden und Leiden – und entsprechend auch die Befriedigung von Interessen – erleben können. Ihre Erfahrungen von Wohlbefinden und Befriedigung können als positiver eigenständiger Wert, und ihre Erfahrung von Leiden kann als negativer eigenständiger Wert bezeichnet werden. Soweit es um Leiden, Wohlbefinden und Befriedigung geht, gebührt diesen Tieren darum unsere moralische Sorge. Anderen Tieren – und Pflanzen – gebührt unsere moralische Sorge nicht, und eine andere moralische Sorge als die um Leiden, Wohlbefinden und Befriedigung gebührt außermenschlichen Lebewesen nicht.

Ob der Begriff eigenständiger Wert aber auch dazu hinreicht, bei der Beantwortung der Frage nach der moralischen Sorge als Kriterium zu dienen, dürfte vor allem von zwei Gegebenheiten in unserem moralischen Denken abhängen. Erstens muß ein Prin-

---

[8] S. z.B. die Kritik an der American Veterinary Medical Association bzw. an der Auffassung von Tom Regan in Jerrold Tannenbaum, Veterinary Ethics, Baltimore MD 1989, S. 245–246, 99–100.

[9] Robin Attfield, The Ethics of Environmental Concern, Oxford 1983, S. 161, 145, 154–155.

zip der Wohltätigkeit oder ein Prinzip, kein Übel zuzufügen, in unserem moralischen Denken einen solchen Rang haben, daß Wohlbefinden ein eigenständiger Wert und zu fördern ist, gleichviel, ob dieses Wohlbefinden von Menschen oder von Tieren erlebt wird. Dieses Erfordernis ist erfüllt, wenn wir über das moralisch Richtige teleologisch denken und den Wert der Folgen unseres Handelns so beurteilen wie zum Beispiel Vertreter eines hedonistischen oder eines Präferenzutilitarismus dies tun[10]. Aber einem solchen Denken kann auch heftig widersprochen werden[11]. Zweitens ist der Begriff eigenständiger Wert nur dann als Kriterium hinreichend, wenn es sich mit anderen wohlüberlegten Urteilen in unserem moralischen Denken verträgt, daß unsere moralische Sorge um außermenschliche Lebewesen ausschließlich eine Sorge um Erfahrungen von Leiden und Wohlbefinden zu sein hat. Es kann unserer normativen Auffassung von moralischer Sorge aber widersprechen, mit außermenschlichen Lebewesen ohne Empfindungsvermögen, Bewußtsein oder Verstehen rücksichtslos umzugehen, und es kann ihr auch widersprechen, bei Eingriffen in das Leben sogenannter höherer Tiere keine anderen moralischen Fragen zu stellen als die nach Leiden, Wohlbefinden und Befriedigung. Wenn diese Widersprüche bestehen oder wenn ein Prinzip der Wohltätigkeit oder ein Prinzip, kein Übel zuzufügen, nicht den genannten erforderlichen Rang haben, dann dürfte der Begriff eigenständiger Wert als Kriterium nicht hinreichen.

3. Inhärente Würde

Eingriffe in das Leben sogenannter höherer Tiere können auch andere moralische Fragen aufwerfen als die nach Leiden, Wohlbefinden und Befriedigung. Solche Fragen können etwa die Einmischung in das Leben der Tiere betreffen. Verpflichtet uns eine Regel der Nichteinmischung dazu, bestimmte Eingriffe bei Tieren zu unterlassen, obwohl diese Eingriffe den Tieren bei sachkundiger Ausführung kein nennenswertes Leiden zufügen? Ein Beispiel aus der Auseinandersetzung in jüngster Vergangenheit: Soll man moralisch hinnehmen oder abweisen, daß Ohren und Schwänze von Hunden wegen eines Rassenstandards kupiert werden? Ein Beispiel aus der Gegenwart: Sind Produktionserhöhung und Systemanpassung eine hinreichende moralische Rechtfertigung für den Versuch, durch genetische Manipulation schwachsinnige Nutztiere zustande zu bringen, die zu wenig mehr in der Lage sind als zur Nahrungsaufnahme, Ausscheidung und Produktion, und die das nicht bekümmern mag? Andere moralische Fragen jenseits von Leiden, Wohlbefinden und Befriedigung können die Unbilligkeit unseres

---

[10] Peter Singer, Animal Liberation, New York 1977, S. 8ff., 24ff., und Bernard E. Rollin, Animal Rights and Human Morality, Buffalo NY 1981, S. 35f., 43, sind wichtige tierethische Beispiele in dieser Tradition.

[11] Ein deutliches Beispiel ist Bernard Williams, Ethics and the Limits of Philosophy, London 1985, bes. S. 117–119, 216.

Verhaltens gegenüber Tieren betreffen. Verbietet uns ein Prinzip der Billigkeit, Tiere in unserer Obhut, die in relevanter Hinsicht gleich sind, ungleich zu behandeln? Es kann Tierärzten moralisch Verdruß bereiten, daß zum Beispiel Haustiere und Nutztiere ungleich behandelt werden, etwa wenn Ferkel im Gegensatz zu Welpen ohne Anästhesie kastriert werden oder wenn ständig neue Einwände gegen die Euthanasie eines Haustiers vorgebracht werden, während man keinerlei Bedenken gegen die Tötung von Nutztieren hat. Aber wenn in unserem Denken über sogenannte höhere Tiere auch moralische Fragen wie die der Nichteinmischung oder der Billigkeit vorkommen, dann ist unsere moralische Sorge um diese Tiere nicht nur eine Sorge um Leiden, Wohlbefinden und Befriedigung.

Wir können außerdem der Auffassung sein, daß auch anderen außermenschlichen Lebewesen als den mit Empfindungsvermögen, Bewußtsein oder Verstehen begabten moralische Sorge gebührt. Es mag uns willkürlich erscheinen, bei Tieren mit diesen Fähigkeiten eine Grenze errichten zu wollen, jenseits der es keine Lebewesen gibt, auf die man moralisch Rücksicht zu nehmen hätte. Eine solche Grenzziehung wird zum Beispiel angefochten, wenn man in Tierschutzkreisen beklagt, daß sich das niederländische Gesetz über Tierversuche auf Wirbeltiere beschränkt, oder wenn Wissenschaftler mit einer langen Erfahrung auf dem Gebiet der tierexperimentellen Forschung Einspruch dagegen erheben, daß jemand sogenannte niedere Tiere rücksichtslos behandeln zu dürfen meint.

Ficht man diese Grenze an, dann kann man das damit begründen, daß auch andere Lebewesen als sogenannte höhere Tiere ein eigenes Wohl haben. Auch andere Tiere – und Pflanzen – entwickeln sich, wachsen und erhalten ihr Leben. Auch sie können durch eine erfolgreiche Anpassung an ihre Umgebung die normalen biologischen Funktionen ihrer Art während der ganzen Zeitspanne ihres Lebens behalten, und darin kann es auch ihnen gut gehen. Sie können gedeihen und blühen. Worin dieses eigene Wohl genau besteht, hängt davon ab, was für Tiere oder Pflanzen sie sind, welche artspezifischen Eigenschaften sie haben. Aber auch wenn hier große Verschiedenheit herrscht, ist es möglich, artspezifische Eigenschaften kennenzulernen und sachkundige Urteile über ein eigenes Wohl von Tieren und Pflanzen zu fällen.

Man kann noch einen Schritt weiter gehen. Wenn außermenschliche Lebewesen ein eigenes Wohl haben, dann kann man auch sachgerecht urteilen, daß etwas gut für sie ist. Es kann ihnen wohlgetan und geschadet werden, bestimmte Verhältnisse können günstig oder ungünstig für sie sein, und bestimmte Veränderungen können zu ihrem Vorteil oder zu ihrem Nachteil sein. Das gilt auch für sogenannte niedere Tiere und selbst für Pflanzen. Diese Lebewesen mögen keine Interessen *haben,* weil sie weder bewußt nach Zielen streben noch Mittel zur Erreichung dieser Ziele ergreifen, weil sie sich nicht darum kümmern, was ihnen geschieht, oder weil sie weder Zufriedenheit noch Unzufriedenheit, weder Erfüllung noch Enttäuschung erleben können. Aber das schließt nicht aus, daß bestimmte Verhältnisse oder Veränderungen in ihrem Interesse oder nicht in ihrem Interesse *sein* können. Es ist möglich, sachkundige Urteile über die Schädigung, Erhaltung oder Förderung des eigenen Wohls von Lebewesen zu fällen, auch wenn diese Lebewesen solche Urteile selbst weder fällen noch verstehen können[12].

Mit sachkundigen Urteilen über ein eigenes Wohl von Tieren oder Pflanzen oder über die Schädigung, Erhaltung oder Förderung dieses Wohls ist man nun aber noch nicht bei dem Anspruch, daß diesen Tieren oder Pflanzen moralische Sorge gebührt. Die sachkundigen Urteile haben nämlich den Charakter von Behauptungen über Tatsachen: Es wird festgestellt, daß Tiere oder Pflanzen ein eigenes Wohl haben, und es wird festgestellt, was, gemessen an diesem Maßstab, gut oder schlecht für sie ist. Daß Tieren oder Pflanzen moralische Sorge gebührt, ist aber ein normativer Anspruch: Mit ihm wird gefordert, daß wir Tiere oder Pflanzen moralisch berücksichtigen, daß wir anerkennen, ihnen gegenüber moralische Pflichten zu haben. Dieser Anspruch ist mit den sachkundigen Urteilen weder gleichbedeutend noch folgt er aus ihnen. Man widerspricht sich nicht, wenn man den sachkundigen Urteilen zustimmt und den normativen Anspruch ablehnt. Es ist kein Widerspruch, zu behaupten, daß Tiere oder Pflanzen ein eigenes Wohl haben, aber daß wir nicht die moralische Pflicht haben, dieses Wohl zu fördern oder seine Schädigung zu unterlassen.

Begründet man den Anspruch, daß Tieren oder Pflanzen moralische Sorge gebührt, dennoch mit Feststellungen darüber, worin ihr eigenes Wohl besteht und was gut oder schlecht für sie ist, dann braucht man mindestens noch eine weitere Prämisse, und zwar eine normative oder eine Wertprämisse, die besagt, warum wir diese Feststellungen moralisch berücksichtigen sollen. Diese Prämisse dürfte mit einer Bestimmung des Begriffs Eigenwert zu formulieren sein, die man „*inhärente Würde*" nennen kann. Was darunter zu verstehen ist, läßt sich am einfachsten in einer Gebrauchsdefinition ausdrücken. Zu sagen, daß ein Lebewesen inhärente Würde hat, heißt den folgenden Anspruch zu erheben: Ein Zustand, in dem das eigene Wohl dieses Lebewesens verwirklicht wird, ist besser als ein ähnlicher Zustand, in dem es nicht verwirklicht wird oder in geringerem Maße verwirklicht wird, und dies ist unabhängig davon, ob diesem Lebewesen nach menschlicher Wertung ein Nutzwert, ein inhärenter Wert oder ein eigenständiger Wert zukommt, und es ist auch unabhängig davon, ob dieses Lebewesen für das eigene Wohl irgendeines anderen Lebewesens tatsächlich nützlich ist[13].

Der Begriff inhärente Würde kann dazu dienen, die Frage nach der moralischen Sorge zu beantworten. Wir haben das soeben zu zeigen versucht. Er ist nicht nur auf sogenannte höhere Tiere anwendbar, sondern auf alle Lebewesen, die ein eigenes Wohl haben. Der Anspruch, daß diese Lebewesen eine inhärente Würde haben, hat zur Folge, daß ihr eigenes Wohl ihretwegen moralisch zu berücksichtigen ist. Dies verträgt sich mit der normativen Auffassung vieler, nach denen unsere moralische Sorge nicht nur empfindungsfähigen Tieren gebührt und nicht nur eine Sorge um Leiden, Wohlbefinden und Befriedigung zu sein hat.

[12] Zu einem solchen Gebrauch des Terminus „eigenes Wohl" bzw. „good of its own" s. z.B. Paul W. Taylor, a.a.O., S. 55, 63, 66–68, oder auch Robin Attfield, a.a.O., S. 144–145, 153.

[13] Diese Definition baut auf Gedanken, die entwickelt sind in Paul W. Taylor, a.a.O., S. 75–77, und Tom Regan, a.a.O., S. 237.

Kann der Begriff inhärente Würde aber auch als Kriterium dienen? Das hängt nicht nur davon ab, ob er sich mit einigen wohlüberlegten Urteilen über unsere moralische Sorge verträgt. Es hängt auch davon ab, ob wir uns dazu genötigt sehen, den Anspruch anzuerkennen, der mit dem Begriff inhärente Würde erhoben wird. Dieser Anspruch richtet sich an unsere Moral als ganze. Er besteht darin, daß wir einen Eigenwert achten sollen, der unabhängig ist von allem, was wir unter einem „eigenständigen Wert" verstehen. Es geht bei diesem Anspruch nicht um die ungereimte Aufforderung, eigenständige Werte wie Wohlbefinden für Zustände im Leben von Tieren oder Pflanzen geltend zu machen, die sie nicht erleben können, sondern es geht darum, Lebewesen mit einem eigenen Wohl der Achtung würdig zu befinden, so unähnlich dieses als Selbstzweck zu betrachtende Wohl dem von uns erlebten und um seiner Erfreulichkeit willen positiv bewerteten Wohlbefinden auch sein mag.

Ob wir uns zu einer solchen Achtung genötigt sehen, dürfte abhängen von der Grundhaltung, die wir unserer Welt gegenüber haben, und diese Grundhaltung ist eng verbunden mit unserem Weltverständnis. Eine Grundhaltung des Respekts gegenüber außermenschlichen Lebewesen kann eingegeben sein durch ein sogenanntes biozentrisches Verständnis der Natur, in dem jedes Glied der biotischen Gemeinschaft eines natürlichen Ökosystems inhärente Würde hat. Es gibt aber auch eine Grundhaltung der Ehrfurcht, die eingegeben ist durch den Glauben, daß uns Gott geschaffen hat samt allen Kreaturen, daß diese Schöpfung zu Gottes Lob bestimmt ist und daß das Lob Gottes im Gedeihen und Blühen aller seiner Geschöpfe besteht.

4. Rückblick

Wie kann man den Begriff Eigenwert näher bestimmen, so daß er bei der Beantwortung der Frage nach der moralischen Sorge als Kriterium dienen kann? Wir haben versucht, drei Bestimmungen, die in vielen Argumentationen vermischt werden, voneinander zu unterscheiden und herauszuarbeiten.

Der Begriff inhärenter Wert, der in der Auffassung von vielen eine bedeutende Rolle spielt, ist fruchtbar, soweit er darauf verweist, daß Tiere oder Pflanzen in unseren Augen einen Wert haben können, der unabhängig ist vom Nutzwert dieser Lebewesen. Er eignet sich aber nicht als Kriterium, weil es sich nicht mit unserer normativen Auffassung von moralischer Sorge verträgt, daß moralische Sorge mit der Wertschätzung steht und fällt, die jemand oder etwas zufällig genießt.

Der Begriff eigenständiger Wert ist fruchtbar, soweit er bestimmte Ereignisse oder Zustände im Leben mancher Tiere in Verbindung bringt mit bestimmten Prinzipien unserer Moral, das heißt mit einem Prinzip der Wohltätigkeit oder einem Prinzip, kein Übel zuzufügen. Ob er sich als Kriterium eignet, hängt davon ab, ob die Richtigkeit unseres Handelns nach unserer Moral allein durch den Wert seiner Folgen bestimmt wird und ob dieser Wert letztlich allein nach dem Maßstab solcher Erfahrungen zu beurteilen ist, die in sich erfreulich und darum erstrebenswert sind.

Der Begriff inhärente Würde ist fruchtbar, soweit er Feststellungen über das eigene Wohl aller Lebewesen und über die Schädigung, Erhaltung oder Förderung dieses eigenen Wohls in Verbindung bringt mit unserer Moral als ganzer. Ob er sich als Kriterium eignet, hängt davon ab, ob unsere Grundhaltung uns dazu nötigt, den Anspruch anzuerkennen, daß Lebewesen, die ein – unseren Wertvorstellungen vielleicht gänzlich unähnliches – eigenes Wohl haben, unserer Achtung würdig sind.

II Ein Weg verantwortlichen Entscheidens

Gegeben, wir bejahen den Gedanken vom Eigenwert der Tiere: Alle Tiere haben eine inhärente Würde, oder das Wohlbefinden sogenannter höherer Tiere ist von eigenständigem Wert. Dann gebührt nicht nur Menschen, sondern auch diesen Mitgeschöpfen moralische Sorge. Wir haben sie moralisch zu berücksichtigen. Wir haben gegenüber ihnen moralische Pflichten. Wir haben Eingriffe in ihr Leben moralisch zu verantworten. Aber wie können wir unser moralisches Denken auf Eingriffe in das Leben von Tieren beziehen? Welche Fragen sollte man im Hinblick auf die moralische Zulässigkeit oder Richtigkeit solcher Eingriffe stellen, und wie kann man in konkreten Fällen zu moralischen Urteilen gelangen, die man ehrlich als gerechtfertigt betrachten darf? Im folgenden soll ein methodischer Vorschlag zur Erwägung dieses Problems vorgelegt werden. Die moralischen Pflichten gegenüber Tieren, die dabei zur Sprache kommen, beschränken sich der Einfachheit halber auf ein Bewahren vor Leiden, und die konkreten Fälle, die verwendet werden, betreffen einige bekannte biotechnologische Projekte auf dem Gebiet der genetischen Modifikation von Nutztieren.

Für die Beurteilung solcher Projekte gelten bestimmte Rahmenbedingungen. Die wissenschaftliche Qualität, die Belastung der Tiere, die Bedeutung des Projekts, die Abwesenheit von Alternativen, die Einschätzung der Aussichten auf Erfolg und die Einschätzung der Folgen für die Natur, für das jeweilige Tier und für die Gesundheit und das Wohlbefinden von Menschen kommen etwa auf der Prüfliste vor, die ein Beratungsausschuß der niederländischen Regierung aufgestellt hat[14]. Damit ist das Problem der moralischen Urteilsfindung aber noch nicht gelöst. Es kommt vielmehr als letzter Punkt auf einer solchen Prüfliste in Betracht: als „Abwägung im strengen Sinne".

Diese Abwägung ist ein komplexer Denkprozeß, in dem sich viele Erwägungen verflechten. Sie erschöpft sich nicht in der Anwendung moralischer Prinzipien auf einen gegebenen Fall, sondern umfaßt verschiedene Arbeitsgänge, die sich davon erheblich unterscheiden. Zur Klärung komplexer moralischer Denkprozesse ist der Gedanke eines reflexiven Gleichgewichts vorgeschlagen und eine entsprechende Methode

---

[14] Advisory Committee Ethics and Biotechnology in Animals, Ethics and Biotechnology in Animals, Wageningen 1990.

der moralischen Rechtfertigung entwickelt worden[15]. Mit Hilfe dieser Vorschläge können wir die Abwägung als einen Prozeß beschreiben, in dem drei Elemente eine wesentliche Rolle spielen: intuitive moralische Urteile, moralische Prinzipien und moralisch relevante Tatsachen. Unser Denken besteht darin, diese Elemente ausfindig zu machen und miteinander zu konfrontieren. Diese Arbeitsgänge verlaufen nicht in einer festen Reihenfolge, sondern in einer ständigen Interaktion der Elemente, die in der gegenseitigen Bestätigung von Elementen oder in ihrer gegenseitigen Berichtigung resultieren kann. So mögen intuitive moralische Urteile uns darauf aufmerksam machen, daß bestimmte Tatsachen des Falles moralisch relevant sind. Diese Tatsachen mögen zur Auswahl von Prinzipien führen, die vielleicht zur Anwendung kommen können. Die Prinzipien mögen uns bei der weiteren Erhellung des Falles helfen. Neue Tatsachen mögen sich als moralisch relevant erweisen. Bestimmte intuitive moralische Urteile mögen uns dazu bringen, die Bedeutung eines Prinzips im vorliegenden Falle neu zu durchdenken. Andere Intuitionen mögen zurückgestellt werden, sobald wir einen allgemeineren und prinzipiengestützten Standpunkt erreicht haben. Wenn diese Interaktion zu einer maximal konsistenten Menge von intuitiven moralischen Urteilen, moralischen Prinzipien und moralisch relevanten Tatsachen führt, dann haben wir Grund, eine Entscheidung als moralisch gerechtfertigt zu betrachten[16]. Es sollen darum einige Fragen vorgeschlagen werden, die sich auf solche Urteile, Prinzipien und Tatsachen beziehen.

1. Intuitive moralische Urteile

Die erste Frage, die erwogen werden soll, lautet: Welche intuitiven moralischen Urteile können vor der Kritik bestehen? Diese Frage kann man am biotechnologischen Beispiel des Schafs von Edinburgh/Ohio 1985 erläutern. Hier geht es um einen genetischen Eingriff mit dem Ziel, tierfremde Eiweiße in der Milch eines Nutztiers zu produzieren, in diesem Fall den menschlichen Blutgerinnungsfaktor IX. Der Eingriff erfolgt durch Mikroinjektion.

Angenommen, der Eingriff ruft bei uns die spontane moralische Reaktion hervor, daß es richtig ist, den Blutgerinnungsfaktor IX zu produzieren. Diese Reaktion ist deutlich, und wir können sie in Worte fassen. Wir haben also ein *intuitives moralisches Urteil* über den Eingriff. Ein intuitives moralisches Urteil bezieht sich auf einen gegebenen Fall. Es hat eine kognitive Ladung: Es drückt eine Überzeugung von den Tatsachen des Falles aus, es ist eine Interpretation des Falles. Die Tatsachen bilden ein

---

[15] S. bes. John Rawls, A Theory of Justice, Oxford 1972, S. 20f., 46–53; Norman Daniels, Wide reflective equilibrium and theory acceptance in ethics, The Journal of Philosophy 76 (1979), S. 256–280; Kai Nielsen, In defense of wide reflective equilibrium, in: D. Odegard (Hg.), Ethics and Justification, Edmonton (Alberta) 1988, S. 19–37.

[16] S. für einen ausführlicheren Entwurf dieser Methode Theo van Willigenburg, Robert Heeger, Rechtfertigung moralischer Urteile. Ein Netzmodell, Zeitschrift für Evangelische Ethik 35 (1991), S. 88–95.

Muster, und der Fall erscheint als Fall einer bestimmten moralischen Art. Ein intuitives moralisches Urteil hat weiterhin etwas Emotionales an sich: Die Überzeugung ist mit positiven oder negativen Gefühlen verknüpft, so daß der Fall sich uns als etwas Beeindruckendes aufdrängt. Drittens hat ein intuitives moralisches Urteil etwas Konatives an sich: Überzeugung und Gefühle treiben unseren Willen an; sie bringen uns dazu, etwas zu bevorzugen, sie bewegen uns vielleicht zu wählen oder veranlassen uns gar zu handeln.

Warum muß ein intuitives moralisches Urteil vor der Kritik bestehen können? Die Antwort auf diese Frage ist leicht: Ein intuitives moralisches Urteil ist nicht unfehlbar. Es kann unangebracht, unvollständig, übertrieben, verkehrt oder sogar irreführend sein, weil die Gefahr besteht, daß wir nur dasjenige wahrnehmen, was wir wahrzunehmen wünschen. Wir müssen beim moralischen Argumentieren also zwar ernsthaft mit unseren intuitiven moralischen Urteilen rechnen, damit unser Argumentieren mit unserem tatsächlichen moralischen Unterscheidungsvermögen zu tun hat. Unsere intuitiven moralischen Urteile allein sind aber unzureichend, um zu einer gerechtfertigten Antwort zu kommen. (Das hier über intuitive moralische Urteile Behauptete unterscheidet sich mithin stark vom klassischen Intuitionismus in der Ethik, nach dem moralische Intuitionen selbstverständliche und nicht zu bezweifelnde Einsichten sind[17].)

Vor welcher Kritik muß ein intuitives moralisches Urteil nun aber bestehen können? Wenn wir kritisch nachdenken wollen über unser intuitives moralisches Urteil, dann können wir uns fragen: Sehen wir den gegebenen Fall wohl richtig, und fassen wir ihn klar in Worte? Bei diesem Nachdenken können *moralische Prinzipien* eine wichtige Rolle spielen. Aber welche moralischen Prinzipien kommen hier in Frage? Wir müssen die Prinzipien aufspüren, die eine kritische Auswirkung auf unser intuitives moralisches Urteil haben. Das ist indessen nicht schwierig. Wir verfügen ja bereits über einige Indizien. Unser intuitives moralisches Urteil macht uns nämlich auf einige wichtige Tatsachen des genetischen Eingriffs aufmerksam: zum Beispiel auf die Tatsachen, daß der Blutgerinnungsfaktor IX gewonnen wird und daß der Blutgerinnungsfaktor IX wichtig ist für die Behandlung von Menschen, die an Hämophilie B leiden. Hat ein moralisches Prinzip mit einer *moralisch relevanten Tatsache* zu tun, dann kann es wichtig sein beim kritischen Nachdenken über unser intuitives moralisches Urteil. Die moralisch relevanten Tatsachen führen unseren Gedanken zum Beispiel zu dem moralischen Prinzip, die Gesundheit von Menschen zu fördern. Vor diesem Prinzip kann unser intuitives moralisches Urteil bestehen.

2. Moralische Prinzipien

Die zweite Frage, die erwogen werden soll, lautet: Welche moralischen Prinzipien können den gegebenen Fall erhellen? Zur Erläuterung dieser Frage können einige Fälle dienen, die einen starken Widerspruch erregt haben: die Schweine von Beltsville/Ma-

---

[17] S. z.B. George Edward Moore, Principia Ethica, Cambridge 1903.

ryland 1985, die Wachstumshormongene des Rindes haben. Hier geht es um genetische Eingriffe mit dem Ziel, die Produktion zu erhöhen oder die Produkteigenschaften zu verbessern, zum Beispiel, den Wuchs zu beschleunigen, die Futterverwertung zu optimalisieren oder das Fleisch-Fett-Verhältnis zu verändern.

Angenommen, wir haben angesichts dieser Eingriffe ein negatives *intuitives Urteil*: Es ist moralisch verkehrt, die Schweine durch Wachstumshormongene wie Motoren zu „frisieren". Angenommen, wir fragen uns, ob unser intuitives moralisches Urteil vor der Kritik bestehen kann. Angenommen, unser intuitives moralisches Urteil macht uns auf einige *moralisch relevante Tatsachen* aufmerksam: Die genetisch modifizierten Schweine leiden an Lethargie, schwachen Muskeln, Streßempfindlichkeit, schlechter Koordination, Unfruchtbarkeit, Magengeschwüren und Arthritis. Welches *moralische Prinzip* kann die gegebenen Fälle dann erhellen? Nahe liegt das Prinzip, Tiere vor Leiden zu bewahren. Ein moralisches Prinzip unterscheidet sich von einem intuitiven moralischen Urteil vor allem durch das Niveau seiner Reflexion. Es drückt nicht die spontane moralische Reaktion gegenüber einem gegebenen Fall aus, sondern ist eine systematisierte Zusammenfassung vieler intuitiver moralischer Urteile über gegebene Fälle in der Vergangenheit. Es drückt unsere eigene moralische Erfahrung und die einer ganzen Gemeinschaft aus. Das heißt, es drückt die Erfahrung aus, die Menschen in zahlreichen früheren Fällen gewonnen haben, in denen moralische Entscheidungen getroffen werden mußten. Ein moralisches Prinzip ist darum im Unterschied zu einem intuitiven moralischen Urteil relativ allgemein, kontext-unabhängig und fundamental.

3. Moralisch relevante Tatsachen

Die dritte Frage, die erwogen werden soll, lautet: Welche Merkmale des gegebenen Falles sind moralisch relevante Tatsachen? Diese Frage kann man erläutern an den Beispielen des Huhns von East Lansing/Michigan 1987 und des Schweins von München 1987/88. Hier geht es um die ersten Tiere, die genetisch modifiziert wurden, um die Widerstandskraft von Nutztieren gegen Krankheit zu erhöhen.

Angenommen, unser *intuitives moralisches Urteil* angesichts dieser Fälle ist positiv: Es ist moralisch richtig, die Widerstandskraft dieser (und anderer) Nutztiere gegen Krankheit zu erhöhen. Angenommen, wir fragen, ob dieses Urteil vor der Kritik bestehen kann, und angenommen, das Urteil lenkt unsere Aufmerksamkeit auf folgende Tatsachen. Einige Infektionskrankheiten bei Nutztieren können durch Impfung bekämpft werden; aber bei vielen Krankheiten fehlt ein solches Mittel. Es zeichnet sich nun die Möglichkeit ab, einige dieser Krankheiten dadurch zu bekämpfen, daß man Nutztiere gegen sie genetisch resistent macht. Angenommen, diese (teils vermuteten) Tatsachen führen unseren Gedanken zu einem *moralischen Prinzip*, auf das wir uns berufen können: zum Prinzip, Tiere vor Leiden zu bewahren. Dann erhebt sich die Frage: Unterstützt dieses Prinzip unser positives intuitives Urteil über die genetische Erhöhung der Widerstandskraft von Nutztieren?

Die Antwort hängt davon ab, worin die *moralisch relevanten Tatsachen* bestehen. Mit diesem Ausdruck ist folgendes gemeint: Wir können die tatsächlichen Merkmale eines gegebenen Falles nicht willkürlich manipulieren. Wir können aber wohl untersuchen, ob ein bestimmtes Merkmal von einiger Bedeutung ist im Lichte eines intuitiven moralischen Urteils oder im Lichte eines moralischen Prinzips. Wir können auch untersuchen, ob ein Merkmal im Gegensatz zu einem Urteil oder einem Prinzip ist. Wir können also beurteilen, in welchem Maße ein bestimmtes Merkmal von Bedeutung ist für das moralische Nachdenken über die Zulässigkeit oder Richtigkeit eines Eingriffs. Ist diese Bedeutung nicht zu vernachlässigen, dann ist das betreffende Merkmal eine moralisch relevante Tatsache.

Das Prinzip, Tiere vor Leiden zu bewahren, macht uns auf einige Merkmale aufmerksam, die bisher noch nicht genannt wurden. Erstens leiden Nutztiere oft an sogenannten produktionsgebundenen Krankheiten. Die Tiere werden wegen der Effizienz in sogenannten intensiven Betriebssystemen gehalten. Dort werden sie durch unangepaßte Unterbringung, durch Übervölkerung, übermäßig hohe Produktion oder Transport oft so stark belastet, daß sie für Krankheiten anfällig werden. Ihr Abwehrsystem ist so geschwächt, daß auch gewöhnlich ungefährliche Faktoren pathogen werden können. Zweitens ist es unter diesen Umständen nicht angemessen, eine Krankheit zu reduzieren auf eine Reaktion auf einen einfachen Krankheitserreger; denn dann bleibt unaufgeklärt, warum die Tiere sich in einem solchen Zustand befinden, daß sie diesem Krankheitserreger preisgegeben sind. Man kann die Krankheit redlicherweise nicht behandeln, als ginge es allein um die Ausschaltung eines einzigen Faktors. Der freigewordene Platz kann ja schnell von einem anderen krankheitserregenden Agens besetzt werden, auch wenn dieses Agens unter normalen Umständen nicht gefährlich gewesen wäre. Krankheitsbekämpfung kann dann vergebliche Liebesmühe sein.

Bejahen wir das Prinzip, Tiere vor Leiden zu bewahren, dann dürfen wir diese Tatsachen nicht ignorieren. Dies bedeutet aber, daß unser positives intuitives Urteil über die genetische Erhöhung der Widerstandskraft von Tieren unvollständig ist: Es sagt zu wenig über die Krankheit der Tiere. Geht es darum, daß Tiere durch einen genetischen Eingriff vor Leiden an einer Krankheit bewahrt werden, gegen die es kein Heilmittel gibt, dann wird unser intuitives Urteil vielleicht durch eine Berufung auf das Prinzip unterstützt. Geht es aber um genetische Eingriffe zur Bekämpfung produktionsgebundener Krankheiten, dann kann unser Urteil mit dem Prinzip im Widerspruch stehen. Dies ist dann der Fall, wenn man die genetische Modifikation von Tieren in Angriff nimmt, weil man nicht bereit ist zu einer Modifikation der intensiven Betriebssysteme. Man versucht die Tiere genetisch resistent zu machen gegen das eine oder andere krankheitserregende Agens, aber das, was sie diesem Agens (und vielen folgenden in der Reihe) preisgibt, bleibt unvermindert bestehen. Man greift ein, um eine Krankheit zu bekämpfen, aber läßt die Belastung und Schwächung der Tiere fortdauern. Wenn genetische Eingriffe dieses Resultat haben, dann stehen sie im Widerspruch zu dem Prinzip, Tiere vor Leiden zu bewahren. Sie ähneln dann symptomatischen Maßnahmen, die Scheinlösungen sind, solange nicht die Ursachen der Probleme beseitigt werden. Kurz: Die genetische Erhöhung der Widerstandskraft von Nutztieren gegen Krankheit kann man nicht allgemein damit rechtfertigen, daß man sich auf das moralische Prinzip beruft, Tiere vor Leiden zu bewahren.

III Gegenseitige Berichtigung und Bestätigung

Wie können wir unser moralisches Denken auf Eingriffe in das Leben von Tieren beziehen? Welche Fragen sollte man im Hinblick auf die moralische Zulässigkeit oder Richtigkeit solcher Eingriffe stellen, und wie kann man in konkreten Fällen zu moralischen Urteilen gelangen, die man ehrlich als moralisch gerechtfertigt betrachten darf? Nach dem hier vorgetragenen Vorschlag kann man erwägen,
   a) welche intuitiven moralischen Urteile vor der Kritik durch moralische Prinzipien und moralisch relevante Tatsachen bestehen können, aber auch
   b) welche moralischen Prinzipien den gegebenen Fall erhellen können und
   c) welche Merkmale des gegebenen Falles moralisch relevante Tatsachen sind.

Jede dieser Erwägungen hängt mit den beiden anderen zusammen. Das Nachdenken über intuitive moralische Urteile, moralische Prinzipien und moralisch relevante Tatsachen vollzieht sich in einer fortlaufenden Interaktion. In dieser Interaktion können intuitive moralische Urteile, moralische Prinzipien und moralisch relevante Tatsachen einander bestätigen oder berichtigt werden.

Dies ist in den konkreten Fällen an einer sehr begrenzten Zahl von Beispielen zu sehen: Das positive intuitive Urteil über den Blutgerinnungsfaktor IX wird *bestätigt* durch das Prinzip, die Gesundheit von Menschen zu fördern (Schaf von Edinburgh); das Prinzip, Tiere vor Leiden zu bewahren, wird bestätigt durch moralisch relevante Tatsachen tierischen Leidens (Schweine von Beltsville); die moralische Relevanz der Tatsache, daß eine Krankheit produktionsgebunden ist, wird bestätigt durch das Prinzip über das Leiden der Tiere (Huhn von East Lansing); aber das positive intuitive Urteil über die Erhöhung der Widerstandskraft von Nutztieren muß *berichtigt* werden, weil es zu wenig über die moralisch relevanten Tatsachen sagt (Huhn von East Lansing).

Diese Arbeitsgänge werden ausgeführt, weil man auf der Suche ist nach kohärenten und konsistenten Antworten auf die Fragen nach intuitiven moralischen Urteilen, moralischen Prinzipien und moralisch relevanten Tatsachen. Hat man diese Antworten gefunden, dann bestätigen die Erwägungen einander und dann hat man Grund, eine moralische Entscheidung als gerechtfertigt zu betrachten.

Ob dies ein Weg verantwortlichen Entscheidens ist, hängt davon ab, ob die erreichten moralischen Urteile glaubwürdig sind oder an Subjektivität leiden. Darum soll abschließend noch in drei kurzen Bemerkungen zusammengefaßt werden, warum die Suche nach einer maximal konsistenten Menge von intuitiven moralischen Urteilen, moralischen Prinzipien und moralisch relevanten Tatsachen etwas anderes ist als das Streben, eigene Vorurteile kohärent zu machen.

Erstens gelten im moralischen Denkprozeß bestimmte methodologische Regeln. So wird vom moralischen Subjekt verlangt, daß es aufgeschlossen, wachsam, offen für Tatsachen ist und moralisches Feingefühl hat. Von intuitiven moralischen Urteilen wird verlangt, daß sie sich mit der Macht des Beeindruckenden, des Nötigenden aufdrängen, und von moralischen Prinzipien, die in Frage kommen sollen, wird verlangt, daß sie Bedingungen wie Universalität und Einfachheit erfüllen.

Zweitens ist die gegenseitige Berichtigung von intuitiven moralischen Urteilen, moralischen Prinzipien und moralisch relevanten Tatsachen nicht willkürlich, sondern abhängig von der relativen Stärke der gegensätzlichen Elemente. So können Prinzipien bereits eine bestimmte moralische Vertrauenswürdigkeit besitzen, und manche intuitiven moralischen Urteile können sich dem moralischen Subjekt mit größerer impressiver Macht aufdrängen als andere.

Drittens sind der intuitiven moralischen Urteilsbildung Grenzen gesetzt. Diese Grenzen sind bestimmt durch die persönliche Erfahrung des moralischen Subjekts, durch seine Teilhabe an einer moralischen Tradition und durch seine menschliche Natur, die es auch mit denen gemeinsam hat, die anderen Traditionen angehören. So sind die intuitiven moralischen Urteile, die sich ihm mit der Macht des Nötigenden aufdrängen, keine willkürlichen Überzeugungen beliebigen Inhalts.

Darum sind die moralischen Urteile, die wir durch die hier beschriebene Abwägung erreichen können, keine kohärent gemachten Vorurteile, sondern Entscheidungen, die wir verantworten können.

UNIVERSITÄTSREFORM ALS MENSCHLICHE SCHÖPFUNG[1]

Johannes Schreiber

In Gottes guter Schöpfung, im Paradies, lagen Leu und Lamm friedlich beisammen. Der Mensch brachte dann, so wie es auch heute noch ist, alles durcheinander. Reformen haben dem nicht abhelfen können, die Bemühungen um die universitas litterarum auch nicht. Daß hier auf Erden im besten Falle alles Stückwerk bleibt, solange es nicht zur Katastrophe gerät, haben Vernünftige noch nie bestritten. Die Ruhr-Universität, von der ich im folgenden ein wenig handle, macht da, trotz deutlich sichtbarer Erfolge, keine Ausnahme; ihre kurze Geschichte zeigt es. Der amtierende Rektor W. Maßberg erinnerte im Rückblick auf 25 Jahre Ruhr-Universität an das Wort des Kollegen und ehemaligen Kultusministers P. Mikat, jede Gründung einer neuen Hochschule sei ein „Abenteuer", von der Gegenwart gefordert „und in der Hoffnung auf die Zukunft" gewagt. So ist es; in der gefallenen Schöpfung müssen und dürfen wir dankbar sein für das, was trotz allem als menschliche Schöpfung gelingt.

Mein Festschriftbeitrag bedarf vielfältiger Nachbesserung in tatsächlicher und theologischer Hinsicht; ausführliche Studien zum Thema – beim Blättern im Blauen Gutachten und anderen alten Papieren hätte ich gerne weitergelesen – waren mir jetzt nicht möglich. Sie mögen später und durch andere geschehen. Aber sie können wegen des eingangs erwähnten Schadens prinzipiell nur graduelle Verbesserungen bewirken; hier auf Erden wird der Streit um Sachverhalte und Perspektiven immer bleiben. So ordne ich die folgenden Gedankensplitter – dem Freund zur Erinnerung –, z. T. anekdotisch dargeboten und sehr subjektiv, bescheiden auf den Artikel 30 der Verfassung der Ruhr-Universität Bochum (= VRUB 69) hin, die am 25. Juni 1969 durch den Konvent der Universität mit 194 gegen 72 Stimmen bei 7 Enthaltungen und einer ungültigen Stimme als „Totalrevision" der Verfassung von 1965 (= VRUB 65) angenommen wurde. Dieser Artikel erlaubte einem Erstsemester, Rektor der Ruhr-Universität Bochum zu werden – was nie geschah, Gott sei Dank! Diesen Dank möchte ich – polemisch zugespitzt, aber zur Buße bereit – etwas genauer in den folgenden Abschnitten I–IV formulieren.

---

[1] Der zu diesem Beitrag gehörende Anmerkungsapparat geriet so umfangreich, daß sein Abdruck im Rahmen der Festschrift nicht möglich war. Wird der persönliche Charakter meiner Darlegungen als Erinnerung an gemeinsam mit dem Freund erlebte Zeit durch diesen Umstand ungewollt unterstrichen, so darf der Leser gleichwohl annehmen, daß für behauptete Tatsachen und in Anführungszeichen gesetzte Worte Belege vorhanden sind, die vielleicht später einmal abgedruckt werden können.

Nach Karl Barth müht sich die Theologie um die in allen anderen Wissenschaften ungelöste Frage, „die nichts anderes als die letzte Antwort ist, um derentwillen Theologie, einst die Mutter der ganzen Universität, immer noch, wenn auch etwas gesenkten Hauptes, als die erste, als etwas Besonderes neben den anderen Fakultäten steht". Mein Rückblick ist praktisch-theologischer Natur und geschieht „gesenkten Hauptes"; die Installation der beiden theologischen Fakultäten geschah gleichsam in letzter Minute, aber der erste Rektor der Ruhr-Universität Bochum war ein Theologe. Ob sich bei dieser Natur und Haltung des kurzen Rückblickes beispielhaft im Kleinen zur Krone entfaltet, was aus Wurzeln und Stamm evangelischer Theologie an Säften und Kräften emporwächst? Nach Martin Luther erweist sich theologia practica im Lebensvollzug als wahrhaftig und so als die einzig wahre Theologie (vgl. Mt 7, 15–20; Gal 6, 7f), und nach Wilhelm von Humboldt geht es Staat und Menschheit bei der Universitätsreform nicht „um Wissen und Reden, sondern um Charakter und Handeln"[2]. Das sind schlechte Karten, wenn man im Lebensvollzug heutiger Theologie historisch-, empirisch- und ideologiekritisch verfährt. Wer zählt die Tatsachen, wer die Vielfalt möglicher Perspektiven? Wo bleiben da Charakter und Handeln? Etwa jenseits der Universität bei dem gerade aus der Mode gehenden Kaffeepflücken der auf die „evangelische Kirche" gestützten Gruppen in Nicaragua? Oder beim derzeitigen Rektor der Humboldt-Universität, einem Praktischen Theologen, der von Gregor Gysi am 31. 5. 1990 einen Scheck über 125 Millionen Mark entgegennehmen konnte?

Schon ohne Charakter und Handeln lauern beim bloßen Wissen und bei der Betrachtung eines vergleichsweise so kleinen Bereiches wie der Ruhr-Universität Irrtümer in der Fülle des geschichtlichen Materials auch bei besten Absichten und Bemühung um Präzision allenthalben auf den teilhabenden Betrachter; das die Schöpfung korrumpierende peccatum originale, selbst für Theologen oft nur noch eine Peinlichkeit vergangener Gedankengebäude[3], ist zäh. Das Folgende ist entsprechend zu lesen, am besten mit der Kneifzange, weil, seit dem „8. August 1967" amtlich genehmigt, Prometheus, der „Voraus-denkende", seinem Bruder Epimetheus, dem „Nach-denkende(n)" mit der Buchrolle in der Hand, das „den Göttern entrissene Feuer" im Siegel der Ruhr-Universität entgegenhält.

---

[2] W. v. Humboldt, Über die innere und äußere Organisation der höheren wissenschaftlichen Anstalten in Berlin (1810), Schriften zur Politik und zum Bildungswesen, Werke in fünf Bänden, 2. Aufl. 1969, hg. v. A. Flitner u. K. Giel, Bd. 4, S. 255–266: S. 258.

[3] Der Jubilar schreibt gegenüber dieser Tendenz erfrischend deutlich von der „Erbsünde", die „zugleich immer Sünde des Ich (ist), das sich als ‚natürlicher Mensch' mit den Maßstäben seines Handelns identifiziert" (E. Wölfel, Welt als Schöpfung. Zu den Fundamentalsätzen der christlichen Schöpfungslehre heute [Theologische Existenz heute Nr. 212], München 1981, S. 44).

I Reform oder Revolution?

Wo jetzt, von Süden her gesehen, majestätisch der Gebäudekomplex der Ruhr-Universität im Buscheyfeld aufragt, war vorher ein Naturschutzgebiet, schon in „der älteren Eisenzeit (bei uns um 600 v. Chr.)" freilich bewohnt, ganz zu schweigen von den Bandkeramikern auf Bochumer Boden 6000 v. Chr., als von den ersten Lurchen in den Urwäldern des Paläozoikums, aus denen die Kohle des Reviers entstand, noch niemand etwas wußte. Ein Fachmann war 1960 bei der Besichtigung des Geländes „begeistert", weil hier nach seiner Ansicht „eine einmalige, in dieser Form in Deutschland sonst nicht mehr vorhandene Gelegenheit zum Aufbau einer neuen Hochschule" gegeben war. So wurde die riesige Anlage wohl überlegt in einem „landschaftlich reizvollen Teil der Ruhrhöhen" „als einprägsames Signal über die stark bewegte Landschaft wie eine monumentale Plastik gestülpt". In vorbildlicher Zusammenarbeit aller Mitwirkenden und in einer einmaligen Kraftanstrengung entstand „auf der größten Baustelle der Bundesrepublik", ja Europas, in knapp 10 Jahren das heute dastehende Gehäuse als Heimstatt der ersten deutschen Reform-Universität nach 1945. Verdient diese gigantische Leistung rückhaltlose Bewunderung, schaut man als damals Beteiligter wie in einem Traum zurück auf jene Zeit, als sich Bagger und Baumaschinen lärmend in die Landschaft fraßen und sie in Staub und Morast verwandelten, während neben dem allen und der sogenannten „Feldfabrik" in zwei gerade fertiggestellten Gebäuden der Forschungs- und Lehrbetrieb schon begann, so bleibt die Frage, weshalb der nach 25 Jahren deutlich sichtbare Erfolg – bedeutende wissenschaftliche Leistungen sind unübersehbar, am Forschungsbetrieb sind statt der ursprünglich vorgesehenen 10 000 Studenten (bei ständig reduziertem Lehrpersonal) inzwischen über 36 000 beteiligt – mitunter auch negativ gewertet wurde.

Bei der Beantwortung dieser Frage lasse ich die von „den übrigen Universitätserbauern" in „einem neidvollen und argwöhnischen Wettstreit" geäußerte Kritik, die „manchmal glaubensartige Züge annahm", beiseite. Erwähnenswert an dieser Kritik ist für meinen Rückblick allenfalls, daß sie über den Kreis der Experten hinaus öffentlich zu dem Zeitpunkt wirksam wurde, in dem der ursprünglich allgemein gespendete Beifall in dem gleichen Maße nachließ, „wie die Studentenunruhen anschwollen". Entscheidend für die Antwort ist, daß in der ganzen Bundesrepublik nach der Gründerzeit eine durch den „Überfüllungsnotstand" und nunmehr fehlende Finanzen bedingte „Katerstimmung" aufkam. Wenn zur Abhilfe der Not jetzt, im Jahre 1991, „Revier-Kommunalpolitiker und Vertreter der Wirtschaft ... die Einrichtung einer Universität im nördlichen Ruhrgebiet" zusätzlich fordern, wird die wegen des fehlenden Geldes schon lange bestehende Misere verschärft und das eigentliche Problem langsam sichtbar. Vorläufig formuliert: Man verwechselt nach wie vor Quantität mit Qualität und verschlimmert damit das von vornherein bei den Reformbemühungen nicht hinreichend geklärte Verhältnis von Wissenschaft, Staat und Gesellschaft.

Schon die CDU-Regierung Meyers beschäftigte im einst üblichen „Gründungstempo" mit den Universitäts-Projekten Bochum, Dortmund, Düsseldorf und Bielefeld die

„ab Ende 1966" amtierende SPD-Regierung Kühn angesichts der „Überforderung des Landeshaushalts" vornehmlich „mit Planreduktionen" – doch nachfolgende Regierungskunst schuf gleichwohl sechs weitere Gesamthochschulen (Duisburg, Essen, Hagen, Paderborn, Siegen, Wuppertal), die sich alle schon bald Universität nannten! Sie wurden nunmehr betont „als Instrumente des gesellschaftlichen Wandels und ... der Wirtschaftsförderung verstanden"; „flächendeckend" soziale und „politische Belange der Regionalpolitiker" zu realisieren, war das erklärte Ziel. Die Verantwortlichen für diese Denaturierung der Universität interpretieren die wundersame Vermehrung der Hochschulen bis auf den heutigen Tag als eine einmalige Zukunftsinvestition. Aber das süße Gift der Inflation ist nicht umsonst zu haben; die Schulden der Vergangenheit, die finanziellen, vor allem aber die geistigen, holen die Zukunft allemal ein (s.o.: Gal 6,7).

Dieses Phänomen muß mein Rückblick auf die 1965 ihren Forschungs- und Lehrbetrieb gerade erst aufnehmende Ruhr-Universität genauer unter die Lupe nehmen. Es war zu Anfang wirklich so, daß der erste Rektor wie ein in letzter Minute auf den von der Werft schon zum Wasser gleitenden „Schiffs-Rohbau" als Kapitän eingesetzt wurde, „ans Ruder eilt" und versucht, den Ozeanriesen „in die Hand zu bekommen", während die „Mannschaft" (die Professoren, überwiegend sehr jung, Leichtmatrosen, bald in schwerer See), „von überall her angeheuert", „gerade erst Zeit gehabt (hat), sich durch Zuruf kurz zu verständigen". Man weiß aus der Zeitung, daß eine derartige „Jungfernfahrt" auch bei besten Absichten leicht dann zur Katastrophe führt, wenn Feuer ausbricht. Eben diese Gefahr deutete sich mit der sogenannten Studentenrevolte ab 1966 an, die jedenfalls, was die Universität anlangt, je länger je mehr der Versuch einer „Revolution" war, weshalb das in dieser Hinsicht gern benutzte Wort „Kulturrevolution" zu schön ist; an „Kultur" fehlte es dieser mit verbaler und körperlicher Gewalt (s.u. III) einhergehenden Revolution ganz und gar. Sie erinnerte mich in ihrer Borniertheit an den in Kindertagen erlebten Küstersohn, der blond und naiv plötzlich eine braune Uniform an hatte und später dann elend in Stalingrad umkam.

Der Versuch einer Revolution führte an deutschen Universitäten nicht zu einem Pariser Mai. Immerhin erinnere ich mich an die Fernsehdiskussion vom 29. 6. 1967 mit Bundeskanzler Kiesinger und anderen Politikern, bei der es verdächtig rumpelte, die Teilnehmer unruhig wurden, bis plötzlich die Türflügel aufflogen und die Randalierer, ob des unerwarteten Erfolges in den Fernsehkulissen offensichtlich verdattert, vor der überraschten Fernseh-Nation im Scheinwerferlicht standen, um dann, der energischen Bitte des Journalisten R. Appel folgend, ohne ein Widerwort hinter der Tür wieder zu verschwinden; die bekanntlich für deutsche Revolutionäre erforderliche Fahrkarte zur Erstürmung des Bahnsteigs fehlte, Buback lebte noch, es war erst der Anfang.

Zur sogenannten Studentenbewegung und speziell zu ihrer späteren Verbindung zum Terrorismus gibt es vielfältige Darlegungen und Analysen. Für meinen Rückblick genügen zwei Erinnerungen. Einmal ist zu betonen, daß diese Bewegung im Zuge der damals gegebenen politischen Großwetterlage – nach dem berühmten „Sputnikschock" wetteiferte der Westen mit dem Osten um mehr Wissen in Sachen Technik zwecks mehr Wohlstand, Sicherheit und Vernichtungskapazität, während dieser jenem zusätzlich durch revolutionäres Feuer in dafür geeigneten Winkeln der Erde einzuheizen versuchte – das Werk einer radikalen Minderheit war. Die von mir besuchten sogenannten Fachschaftsvollversammlungen der Studenten der Evangelisch-Theologischen Fakultät der Ruhr-Universität, in denen entgegen der vorläufig genehmigten Satzung scheindemokratische Beschlüsse zur Unterminierung des Forschungs- und Lehrbetriebes gefaßt wurden, waren damals von 10 bis 20 Studenten und Studentinnen besucht, obwohl z.B. bei einer solchen Vollversammlung im Wintersemester 1970/71 eigentlich 225 Studierende in Aktion hätten gewesen sein können. Die Borniertein waren in der Regel also unter sich und durchweg dominant, notfalls durch kurzfristige Anberaumung einer weiteren ‚Vollversammlung', bei der man dann, sicher wieder unter seinesgleichen, scheinbar legitime Beschlüsse zur Sabotage der bevorstehenden Fakultätssitzung fassen konnte. Gewiß meldete sich gelegentlich ein einzelner Student mutig zum Widerspruch, um dann doch sogleich oder kurz darauf angesichts der damals als legal geltenden Unordnung und der üblichen Schmähungen zu resignieren. Wer studieren, wer sein Geld nicht zum Fenster hinauswerfen wollte, wer keine Märtyrer-Karriere auf eine der Bonner Parteien hin anstrebte, konnte auf Dauer die Winkelangelegenheit, zu deren Gunsten alle Lehrveranstaltungen ausfielen, nur verachten, ihr fern bleiben und für sich arbeiten; die meisten Studenten genehmigten sich einen amtlich abgesicherten freien Tag. Das alles wurde in der Öffentlichkeit als jugendliche Übertreibung bei der Abschaffung der Ordinarienherrschaft und der insgesamt doch zu begrüßenden Demokratisierung der Universität verstanden. Exakte Widerlegungen dieser Sicht hatten in der damaligen Gesamtatmosphäre keinerlei Chance (s.u. III).

Die damals im Fernsehen immer wieder zu besichtigenden, heftig demonstrierenden Heerscharen der Studentenschaft (mitsamt den anderen aus Unlust Aufgeregten) hatten mit einer ernsthaften Universitätsreform nichts zu tun, wirkten sich aber z.T. verheerend auf den Forschungs- und Lehrbetrieb aus. Sie kamen durch den Vietnamkrieg, den Besuch des Schah Reza Pahlawi und ähnliche politische Ereignisse zustande, z.T. offenkundig kommunistisch und von der DDR her gesteuert wie z.B. die „2.-Juni-Bewegung": Die Massenflucht der boat people oder die bestialischen Vernichtungsaktionen des Pol Pot in Kambodscha haben nie zu moralischer Empörung und studentischen Demonstrationen geführt. Stattdessen galt z.B. als wichtig, ob der auch unter Studenten als moralische Instanz geschätzte Bundespräsident Heinemann, wenn er denn schon als Staatsgast zum Schah nach Persien fahren müsse, diesem die Hand geben dürfe. Von solch hoher moralischer Warte aus sah man Professoren im ideologischen Kurzschlußverfahren Arm in Arm mit der hinterhältigen Geheimpolizei des Schah: Als ich einen mir gut bekannten Studenten zu einem Gespräch bat, um mir zu erklären, weshalb er mit seinen Freunden statt der evangelischen Theologie nunmehr den wissenschaftlichen Sozialismus an der Fakultät gelehrt sehen wolle, ging wenig später die Warnung um, ich sei – wie der Rektor Faillard und der Kanzler Seel – ein Spitzel des 14. K.; so kam ich in der Phantasie der Linken zu einem zusätzlichen Arbeitsverhältnis mit einem Buchstaben und einer Ziffer und hatte zu lernen, daß es damals tatsächlich im Bochumer Polizeipräsidium ein 14. Kommissariat, zuständig für politische Straftaten, gab. Übrigens zeigte sich nach dem Sturz des Schah trotz der nun bald alle Medien füllenden Schreckensnachrichten über das Regime des Ajatollah Chomeini kaum studentische Empörung; attackiert wurde damals stattdessen Pinochet in Chile: Jener Diktator bedrängte eben im Unterschied zu diesem Bürger der USA, sah die Vereinigten Staaten als großen Satan, war also insoweit, was er auch tat und ansonsten ganz anders dachte, gemäß der linken Denkschablone gut.

Für die zweite nötige Erinnerung genügt, gewisse Fernsehbilder aus dem Vietnamkrieg wieder vor Augen zu haben, etwa unter dem Donner der Tiefflieger flüchtende Kinder, vom Napalm verbrannt. Das Entsetzen darüber verband sich mit dem Protest gegen die Väter-Generation, die Hitler nicht verhindert hatte, und nun, fett im Wohlstand, wieder nur zusah; Gudrun Ensslin, das brave Kind mit den schönen Zöpfen, Pfarrerstochter und später Top-Terroristin der ersten Generation mit traurigem Ende, begann bekanntlich als Kaufhaus-Brandstifterin, weil sie meinte, so ein aufrüttelndes Zeichen gegen die herzlose Wohlstandsgesellschaft setzen zu können. Sie hat mit jener Tochter in Bochum, die ihren Vater bedrohte, sie werde ausziehen und bei den Roten Zellen abtauchen, wenn sie das gewünschte Reitpferd nicht endlich bekomme, nichts, gar nichts und doch dies eine gemeinsam, daß Elternhaus, Kirche und Staat der Wohlstandsgesellschaft mitsamt ihren neu gegründeten Universitäten keine rational einsichtige, zu Herzen gehende, die gesamte Realität des Lebens erfassende Haltung zu vermitteln vermochten. Die Frage, was solche, z.T. doch sehr persönlich gefärbten, Erinnerungen mit der Universitätsreform zu tun haben, ist leicht zu beantworten, wenn man bei dieser Reform einerseits an die Reformer Luther und Humboldt und andererseits, wie oben angedeutet, an die Universität als Vehikel der Wirtschaftsförderung denkt.

II Humboldt oder Biedenkopf?

Die angelsächsische „Campus-Idee" und das „College-Konzept" haben Planer und Erbauer der Ruhr-Universität stark beeinflußt. Aber die Basis für diese Neuerungen entstammte Wilhelm von Humboldts Überlegungen zur Universitätsreform. Dessen Gedanken aus dem 19. Jahrhundert wurden im Gründungskonzept der Ruhr-Universität durch die Absicht interdisziplinärer Kooperation für das 20. Jahrhundert vertieft und von den zuständigen Ministern, dem Vorsitzenden des Gründungsausschusses, den Ausführenden des Bauvorhabens betont beibehalten und in der ersten Verfassung von 1965 festgeschrieben – um dann nach nur 4 Jahren mit der Verfassung von 1969 durch eine ganz andere Idee radikal verworfen zu werden! Wie kam es zu dieser „Totalrevision" (s.o.)? Zur Beantwortung dieser Frage gibt es m.W. bislang keine spezielle Untersuchung, weshalb im folgenden einige Tatsachen und dazugehörige Reflexionen in aller Vorläufigkeit als Stimulus für eine gründlichere Darlegung, die alle Akten herbeizieht und dann das jetzt vorläufig Dargebotene auch korrigieren mag, wenigstens anzudeuten sind.

Zu den oben erwähnten „Leichtmatrosen" gehörte auch der im Sommer 1963 habilitierte, am 15. 10. 1964 als Ordinarius für „Bürgerliches Recht, Handels-, Wirtschafts- und Arbeitsrecht" an die Ruhr-Universität berufene und vom 15. 10. 67 bis zum 15. 10. 1969 als ihr zweiter Rektor amtierende K. H. Biedenkopf, der dann nach einem kurzen Ausflug als Manager zur Firma Henkel in Düsseldorf seinen allgemein bekannten Weg in die Politik ging und derzeit Ministerpräsident in Sachsen ist. Beachtet man Biedenkopfs Bedeutung für die zweite Verfassung der Ruhr-Universität, so kann man ihn angesichts der bockigen Rasanz dieses Weges einen Napoleon der Wissenschaftspolitik nennen: Er kam, sah – und ging nach Sachsen. Diese Formel ist zu erläutern.

Er kam und sah. Biedenkopf war, wie er in einem Vortrag vor Studenten am 4. 3. 1967 ausführte, „in der Absicht nach Bochum gekommen, Neues zu beginnen und das Alte – dem Schutz der Tradition entkleidet – einer erneuten Prüfung zu unterziehen". Die für die Erschaffung der Ruhr-Universität maßgebende Humboldtsche Konzeption einer Universitätsreform war für ihn spätestens „seit dem ersten Weltkrieg" brüchig geworden; ihr „Kerngedanke", „der sittliche Erziehungswert der Wissenschaft", und das aus der Philosophie stammende, in Abgrenzung zu utilitaristischen Interessen des Staates proklamierte, von Schleiermacher betont vertretene „Ideal der Universität, einzig aus dem freien Trieb nach Erkenntnis" individuell zu forschen, ist nach Biedenkopf „entfallen". Als „Wirtschaftsrechtler" wünschte er sich eine „offene Universität" als „Marktplatz der Ideen"; seine aus der damaligen Krise des Reviers abgeleitete „These" ging dahin, die Ruhr-Universität werde, so neu gedacht, „wesentlich dazu beitragen ..., die Prinzipien einer offenen Ordnung gegen die verfestigten Strukturen traditioneller Gefüge" im Ruhrgebiet durchsetzen: Darin sah er „eine der wirklich neuen Aufgaben moderner Universitätsreform".

Acht Monate später hielt Biedenkopf als neuer, zweiter Rektor der Ruhr-Universität aus Anlaß der ersten Rektoratsübergabe am 9. 11. 1967 eine Rede, „in der er ausgehend vom kritischen Auftrag der Rechtswissenschaft die politische Funktion der Wissenschaft und die Bedingungen der offenen Universität" untersuchte und also das vorstehend Erwähnte näher ausführte. H. Lübbe bemerkt dazu in seinem Rückblick: „Als ‚Vierte Gewalt' im Staat, nämlich als die Gewalt der Kritik, wirken zu können – dergleichen wurde vor zwanzig Jahren tatsächlich proklamiert und programmiert – haben die Hochschulen nur eine schwache Verheißung. Wofür uns, was die Einrichtungen der Forschung und der Lehre zu leisten vermögen, gut zu sein hat, unterliegt der moralischen und politischen Urteilszuständigkeit des Gemeinsinns und somit gerade nicht der Zuständigkeit irgendwelcher akademischer Experten." Dieses Urteil ist in meinem praktisch-theologischen Rückblick dahingehend zu vertiefen, daß nach der konkreten Auswirkung der Biedenkopfschen Marktplatz-Idee und ihrer Korrektur durch den Gemeinsinn gefragt wird. Damit komme ich zum zweiten Teil der obigen Formel: und ging nach Sachsen.

Die dem Konvent offiziell „vom Senat vorgelegte Universitätsverfassung von 1969" war Biedenkopfs Werk und also, wie ihre Befürworter und Gegner ständig sagten, die „Biedenkopf-Verfassung". Ihre Einführung geschah im damals üblichen Tempo: Sie wurde von meiner Fakultät am 23. 4. 1969 erörtert, dem Senat vom Rektor am 25. 4. 1969 als Entwurf vorgelegt, am 16. 6. 1969 vom Senat in einigen Punkten abgeändert und dann schon am 25. 6. 1969 vom Konvent beschlossen (s. o.). Am 15. 10. 1969 trat der dritte Rektor, Professor Dr. phil. H. Faillard, sein Amt an, während Biedenkopf wenig später zur Firma Henkel und in die Politik ging (s. o.). Er versäumte so die „Erfahrungen mit der neuen Verfassung", die er zuvor schon ohne diese sicher reichlich gemacht hatte, wir anderen aber in den folgenden Jahren nun hautnah und knüppeldick verstärkt auf der Ebene der Abteilungen wegen der VRUB 69 zu machen hatten (s. u. III) und die schon 1970 vor allem aus „Konflikten" bestanden: Eine „Meinungsverschiedenheit über die Verfassungsmäßigkeit der Wahlordnung" zum Universitätsparlament ergab „wichtige verfassungsrechtliche Bedenken" und dank der durch die Biedenkopf-Verfassung programmierten „Erstarrung des Gruppendenkens in der Universität" schließlich die „Anrufung der Gerichte", während in „den meisten Abteilungen ... ein zähes und zeitaufwendiges Ringen um die in Satzungen zu fassenden neuen Organisationsformen zu vermerken" war.

Man hat über die Biedenkopf-Verfassung lobend geschrieben, sie habe dazu beigetragen, „daß die sogen. Studentenrevolte ruhiger vorbeiging, als an anderen Universitäten". Das stimmt zweifellos, hängt aber damit zusammen, daß in Bochum kraft Verfassung und knapp neben der Verfassung vieles möglich war, was anderwärts zum offenkundigen Skandal geraten wäre. Daß die eben erst ihre Arbeit aufnehmende Reformuniversität wie andere Universitäten in Europa trotz und wegen der VRUB 69 zeitweise zur Randaluniversität verkam (s. u. III), darf man im Rückblick um der Wahrheit willen nicht verschweigen. Die politische Großwetterlage (s. o.) hätte das ursprüngliche Konzept der Bochumer Neugründung in jedem Fall gefährdet und wohl auch zeitweise demoliert. Aber die VRUB 69 besorgte sozusagen vorweg, was ohnehin kam; sie lag genau im Trend der damals sich immer deutlicher ankündigenden Bildungspolitik. Nachdem im weltweit bestaunten deutschen ‚Wirtschaftswunder' Schritt für Schritt alle materiellen Güter wahlkampfwirksam vermarktet waren, wurde nun als letztes und höchstes Gut die Bildung mit ungeheurem Kapitaleinsatz feilgeboten. Das ist, genau besehen, das Verdienst der VRUB 69: Die Ruhr-Universität, ursprünglich, „nach Humboldt" gedacht, „Bildungsuniversität in der Einsamkeit und der Geschlossenheit", „‚absolute' hohe Schule" und zugleich „eine ideale Lebensgemeinschaft", „eben jene ‚universitas magistrorum et scolarium'", wurde zum „Marktplatz" (s. o.), auf dem die anstehenden Verteilungskämpfe notfalls mit dem Lautsprecher ausgetragen wurden.

Niemand darf nachträglich behaupten, Biedenkopf habe Vorstehendes verschwiegen; es war ein deutlich angekündigtes „Experiment". Ganz abgesehen von der oben erwähnten Rede Biedenkopfs bei Antritt seines Rektorats konnte jeder, der am 25. Juni 1969 für die neue Verfassung stimmte, in deren „Begründung" vorher genau nachlesen, was mit dieser Verfassung beabsichtigt war. Was da über die „Entwicklung der Hochschulgesetzgebung im Lande Nordrhein-Westfalen" (zuverlässige „Prognosen ... nicht möglich") oder z.B. zum „Risiko von Auseinandersetzungen über die sachgerechte Form der Abteilungsorganisation" ausgeführt wurde, konnte niemanden über das hier gemachte Angebot in Zweifel lassen. An rechtzeitigen Warnungen hat es deshalb auch nicht gefehlt. Die Ruhr-Universität ließ dennoch den schwachen Halt ihrer vorläufig genehmigten Verfassung von 1965 zugunsten der von 1969 fahren, während z. B. die Bonner oder die Kölner Universität sich, so gut es ging, vor der zu erwartenden Flutwelle staatlicher Reformgesetze hinter der hergebrachten Ordnung ihrer Autonomie verschanzten und folglich die Jahre z. T. auch besser überstanden. Man kann diese Differenz im Verhalten nur verstehen, wenn man beachtet, was damals als fortschrittlich, modern und gut galt und also der Bochumer Neugründung geziemte und von Biedenkopf in seinem Rektorat sensibel und mit Bravour in und außerhalb der Universität vertreten wurde.

Biedenkopf, dynamisch, der jüngste Universitätsrektor der Republik, entgegen dem historischen Sachverhalt in einer Zeitung deshalb gewiß nicht zufällig gelegentlich als erster Rektor der Ruhr-Universität bezeichnet, pflegte den Kontakt zur Presse vorbildlich durch weit ab von Bochum auf Wasserschloß Anholt an der holländischen Grenze gegebene Pressekonferenzen. Der Presseclub Ruhr-Emscher verlieh ihm die „Goldene Feder". Seine in der VRUB 69 erkennbare, spätere Gesetzesentwürfe übertreffende Bejahung der Gruppenparität dokumentiert seinen in aufreibenden Diskussionen mit den Linksradikalen erworbenen vorauseilenden Gehorsam gegenüber dem in den seinerzeit dominierenden Presseorganen (s. u. III) sich spiegelnden Zeitgeist, galt damals aber als Siegel der Wahrheit demokratischer Universitätsreform. Daß Biedenkopf, der nach meiner Beobachtung auch späterhin oft die jeweils neueste Mode-Meinung geschickt zur politischen Profilierung nutzte, bei ihm Zugeneigten gleichwohl nach wie vor als ‚Querdenker' gilt, gehört zu den Absurditäten der Reformzeit, die Bestand haben.

Ein Sachverhalt wurde freilich in der „Begründung" (s. o.) der VRUB 69 nur sehr indirekt erörtert. Das war der eingangs erwähnte, die Rektorwahl regulierende Art. 30 VRUB 69 mit seinem Absatz 3, dessen entscheidender Satz folgendermaßen lautet: „Jedes Mitglied und jede Gruppe der Universität hat das Recht, dem Wahlausschuß Kandidaten ... zu benennen." In der „Begründung" hieß es nur allgemein zum Amt des Rektors, „in nächster Zukunft" werde „regelmäßig" ein Hochschullehrer Rektor sein, die Beschlußvorlage habe aber „darauf verzichtet, die persönlichen und sachlichen Voraussetzungen näher zu definieren, die der Rektor erfüllen soll. Sie hat insbesondere davon abgesehen, die Wählbarkeit als Rektor auf den Kreis der Hochschullehrer zu beschränken" und also nicht ausgeschlossen, daß eine Persönlichkeit zum Rektor gewählt wird, „die nicht der Universität angehört". Daß ich mir bei den eben zitierten Sätzen rechtzeitig vor der Abstimmung vom 25. 6. 1969 über die neue Verfassung ein Erstsemester (oder gar ein außeruniversitär beschafftes „Würstchen", s. u. III zu diesem Wort) als Rektor der Ruhr-Universität vorstellen konnte, verdanke ich neben gewissen Erlebnissen damals (s. u. III) vor allem einem abendlichen Gespräch in der Wohnung des Jubilars, dem diese Festschrift gewidmet ist, in dem er und Kollege R. Schaeffler von der katholischen Fakultät mit mir die einzelnen Artikel der Beschlußvorlage diskutierten, um über die Tragweite der anstehenden Entscheidung Klarheit zu gewinnen. Selber kein Verfassungsrechtler und wissenschaftlich mit ganz anderen Dingen beschäftigt, wurde mir an diesem Abend endgültig deutlich, was da mit der Beschlußvorlage als „offene Universität" und „Marktplatz" (s. o.) eingerichtet werden sollte. Und dabei blieb mir neben vielerlei unsinnigen, für die Universität gefährlichen Neuerungen als deren symbolische Zusammenfassung bis heute die gar nicht lustige Erinnerung gemäß dem eben zitierten Satz aus Artikel 30, nun tatsächlich irgendein „Würstchen", und wenn auch nur theoretisch nach dem Prinzip Hoffnung, dereinst als Rektor der Ruhr-Universität erleben zu müssen.

Wie reagierte der oben mit Lübbe gegen solche Zumutungen ins Feld geführte Gemeinsinn innerhalb der Universität? Zuerst fast gar nicht. Die Sitzung des Konvents vom 25. 6. 1969, in der die neue Verfassung verabschiedet wurde, dauerte für damalige Verhältnisse nicht lang. In meiner Erinnerung klingt vornehmlich noch die kurze Widerrede des Juristen W. Wertenbruch nach, dem sein Kollege J. A. Frohwein antwortete, dann kam man schon bald zur Abstimmung mit dem eingangs erwähnten überwältigenden Votum für die neue Verfassung. Auf den Art. 30 deutete niemand hin, ich auch nicht. Schon der allgemeine Hinweis des Kollegen Ch. Watrin auf die „Radikalen" wurde von Biedenkopf als „ein erschütterndes Dokument des Mißtrauens" gewertet.

Bezeichnend für die damalige Lage war auch die schwache Reaktion des Gemeinsinns in Gestalt des Votums der der Universität vorgeordneten Bürokratie. Der Ministerpräsident, Geschäftsbereich Hochschulwesen, schrieb einen Erlaß aus der Völklingerstr. 49 in Düsseldorf unter dem Datum vom 21. 5. 1970 (Az. H I A 3 43–02/3 Nr. 11678/70), auf dessen Seite 5 zum Artikel 30 folgendes zu lesen ist: „Da der Rektor ... in dienstrechtlichen Angelegenheiten auch der Professoren zu entscheiden hat, wird die Wahl einer Persönlichkeit zum Rektor, die nicht als Hochschullehrer im Beamtenverhältnis auf Lebenszeit steht, nicht bestätigt werden können, auch wenn die Verfassung einen solchen Fall nicht ausdrücklich ausschließt. Es empfiehlt sich allerdings, in Art. 30 HV eine entsprechende Klarstellung vorzunehmen." Die Klarstellung erfolgte nie. Der oben zitierte Satz aus dem Artikel 30 blieb all die Jahre, in denen die Biedenkopf-Verfassung praktiziert wurde, unverändert als Symbol jener Politik stehen, mit der einer Studentenschaft, deren Jung-Funktionäre, voll im Saft ihrer revolutionären Ideologie, längst zynischer und machthungriger geworden waren als es greise Ordinarien je werden können, eine Art der Mitwirkung in der Wissenschaft vorgegaukelt wurde, die es so an einer funktionstüchtigen Universität doch nie geben wird.

Der Gemeinsinn zeigte sich deutlicher erst, als in der Universität „Ermüdung" erlebt und z.B. von R. Vierhaus auch formuliert wurde. Vor allem jene, die den guten Anfang der Ruhr-Universität miterlebt hatten, erlitten diese Ermüdung bedrückend, als sich für alle ernsthaft wissenschaftlich Arbeitenden das „Verhältnis von Mittel und Zweck" der Universitätsreform verkehrte: So mußte „für jeden einzelnen der Moment eintreten, da er, um seiner Selbsterhaltung willen, sich auf die unbedingte Priorität seiner wissenschaftlichen Aufgaben besinnt, deshalb von anderen sich distanziert und dabei vielleicht etwas erschrocken ist über die Dürftigkeit des forscherisch-wissenschaftlichen Ertrags letztvergangener Jahre im Vergleich zum – allenfalls – wissenschaftsorganisatorischen." In der Ermüdung wurde die Gründungsidee der Ruhr-Universität gleichsam gegen alle Reformerei als Traum erneut intensiv erfahren und drängte nach Verwirklichung: Studieren und nach der Wahrheit forschen dürfen, diese der Universität vom Staat als Verkörperung des Gemeinwohls gestellte Aufgabe, meldete sich in allen Turbulenzen gebieterisch und verhalf letztlich dazu, daß die Ruhr-Universität nach 25 Jahren insgesamt erfolgreich dasteht.

Hilfreich war dabei, daß die neue Verfassung zwar „grundlegend neue Strukturen" setzte, während doch gleichwohl „die alte Verfassung nicht einfach tot" war. Vor allem auf der Abteilungsebene in den Fakultäten, da wo Studium und Forschung tatsächlich anzutreffen sind und also die Universität ihrem innersten Wesen nach geschieht, blieb sie und damit Humboldts Erbe durch „zähes und zeitraubendes Ringen" (s.o.) um die richtige Ordnung lebendig; m.W. hat nur 1 von 19 Abteilungen die mit VRUB 69 Art. 40 vorgesehene Tortur der Abteilungsversammlung schließlich nach einigen Abänderungen durch das zuständige Ministerium „für eine Übergangszeit" mit der Übereinkunft für eine neue Satzung abschließen können. Auch einer jener Professoren, der sich zur „Minderheit ‚Unentwegter'" rechnete und stets für die neue Verfassung selbstlos eingesetzt hatte, mußte schon 1971 feststellen, daß sie, da sie auf der Ebene der Abteilungen nie funktioniert hat, „ein Torso geblieben" und also ein gescheitertes Experiment war; ich füge hinzu: ein sehr teures, nicht nur finanziell.

III Persönliche Erinnerungen

„Wahr und zutreffend ist, was innerhalb eines Wissensgebietes widerspruchsfrei und mit den Phänomenen des jeweiligen Objektbereiches vereinbar ist." Nach diesem Grundsatz eines Naturwissenschaftlers Erlebtes erzählen, damals Erzähltes weitererzählen, damit es nicht vergessen wird, produziert Geschichte, regt an, zur Wahrheit der Geschichte vorzudringen, zumal wenn andere daraufhin Anderes oder gar empört Gegenteiliges erinnern. Manche Zeitzeugen sind schon verstorben. Um so mehr tut die Erinnerung jener Not, die noch leben.

Walter Elliger, der Senior unserer Fakultät, erzählte mir vor seinem Tod, er sei beauftragt gewesen, bei der Suche nach einem geeigneten Nachfolger für den ersten Rektor, H. Greeven, zu helfen. So habe er auch K. H. Biedenkopf zu einem Gespräch aufgesucht, an dessen Ende er sagte: Ich kann Sie leider nicht vorschlagen. Antwort: Das macht nichts, Herr Elliger, ich werde es ohnehin (s.o. „Napoleon"!).

Während der oben schon erwähnten Rede Biedenkopfs anläßlich der feierlichen Rektoratsübergabe im Bochumer Schauspielhaus am 9. 11. 1967 saß ich in derselben Reihe wie der Rechtsanwalt J. H. Dufhues, von 1962–66 geschäftsführender Vorsitzender der CDU und ehemals Innenminister in Nordrhein-Westfalen, verehrt im Revier über seinen Tod hinaus bis auf den heutigen Tag, der während der Rede mehrmals mit seinem Nachbarn, einem Kollegen aus der juristischen Fakultät, einige Worte wechselte. Als ich später den Kollegen neugierig frug, was denn los gewesen sei, hörte ich, Dufhues sei entsetzt gewesen über die These von der Wissenschaft als vierter Gewalt; den jungen Mann werde er der CDU gewiß nicht empfehlen. Aber Biedenkopf wurde bekanntlich dennoch wenige Jahre später Generalsekretär dieser Partei, usw.: s. o. „Napoleon"!

Unter dem Datum vom 19. 6. 1969 warben neben dem amtierenden Rektor Biedenkopf sein Vorgänger Greeven, sein Nachfolger Faillard und der Kanzler Seel für die am 25. 6. 1969 zu verabschiedende neue Verfassung und teilten u. a. mit, der Senat habe seinen Beschluß für die Verfassung „mit nur einer Gegenstimme und einer Enthaltung gefaßt. Die Vertreter der Nichtordinarien, der Assistenten und der Studenten haben für die Vorlage an den Konvent gestimmt." Da man nun vorher sogar aus der Studentenzeitung erfahren konnte, daß die Genannten gewiß nicht einfach einer Meinung waren, wog dieses gemeinsame Votum in der gegebenen revolutionären Situation besonders schwer. Kurz vor dem 25. 6. kam dann noch ein werbender Anruf des Kollegen Greeven, dem ich viel zu verdanken hatte und habe. Als ich andeutete, bei dieser Verfassung könne man die wissenschaftliche Arbeit gleich an den Nagel hängen, meinte er lakonisch, die nächsten fünf Jahre seien ohnehin für die wissenschaftliche Arbeit verloren. Ich war entsetzt. Aber er hat Recht behalten.

Bei einer sogenannten Vollversammlung der Studenten sollte (es war vorher schon turbulent zugegangen, die VRUB 65 noch gültig) Rektor Biedenkopf sich verantworten. Ich wollte ihm zumindest durch meine Anwesenheit Solidarität bezeugen. Als ich eintraf, war die Versammlung schon voll in Aktion. Stehend in der letzten Reihe des großen Hörsaals kam ich gerade noch rechtzeitig, um vorne am Mikrophon einen Studenten zu erleben, der den Rektor beschimpfte und mit „Sie Würstchen!" titulierte. Biedenkopfs Reaktion am Mikrophon habe ich vergessen; aber zum „Würstchen" sagte er nichts, das weiß ich noch. So spät wie ich gekommen, so schnell verschwand ich wieder. Verfassungsparagraphen, etwa VRUB 65 § 53 Abs. 2 (Anrede: Magnifizenz), § 57 (Disziplinargewalt) oder § 60 (Amtseid) gingen mir damals nicht durch den Kopf. Ich war nur betroffen ob der irrationalen Situation in einer Universität und wurde noch ratloser, als mir ein Kollege lächelnd versicherte, sich um den so unflätig attackierten, so allein in der Vollversammlung aushaltenden Rektor zu sorgen sei unnötig, da der freche AStA-Funktionär wegen der Veruntreuung von 80000 DM durch den AStA jederzeit ruhig gestellt werden könne. Nachträglich fällt mir dazu das in abendlicher Stunde längst vorher gefallene Wort des SPD-Abgeordneten F. Erler in der Evang.-Luth. Akademie Tutzing ein, Politiker könne man nur sein, wenn man sich anspucken lasse und dazu noch lächle. Biedenkopf konnte sogar nach einem Polizeieinsatz und „bis in die frühen Morgenstunden" sich hinziehenden konfusen Diskussionen mit Studenten lachen; er war schon damals ein Vollblutpolitiker.

Andere waren das weniger oder gar nicht. Am 19. 5. 1971 hatte ich als Vertreter der Hochschullehrerschaft der Evang.-Theol. Fakultät an der konstituierenden Sitzung des neu gewählten Universitätsparlamentes teilzunehmen. Der Sitzungsraum war ordentlich hergerichtet, Mikrophone für eine lebendige Diskussion der Abgeordneten standen bereit. Der Vorsitzende, Dr. M. Gralher, hatte vorne nach seiner Wahl hinter seinem Tisch die ganze Versammlung im Blick. Ich hatte neben dem mir bekannten Biologen U. Winkler einen Platz gefunden. An der Wand standen Studenten, die Öffentlichkeit war also hergestellt, die damals so penetrant geforderte ‚Transparenz' gewährleistet. Aber bevor der Vorsitzende auch nur den Mund auftun konnte, wurden die an der Wand aktiv. Zuerst entstand dort Unruhe, wobei sich zwei Strohblonde besonders hervortaten. Dann zog einer der beiden, als Zeitungsverkäufer drapiert, grölend durch den Mittelgang des Raumes; Eisel, so wurde mir später gesagt, hieß der Blondschopf. Er war also ein Bruder der SHB-Funktionärin Renate Zimmerman-Eisel: Das Parlament als Bühne einer Familienszene, der „Eisel-Clan" machte Politik.

Nach einer ganzen Weile, der Vorsitzende saß nach wie vor stumm vorne, wollte ich zu ihm gehen, um ihn um den Abbruch der erniedrigenden Vorgänge zu bitten. Aber da kam mir unser Spartakist, Jürgen Riesenbeck, ob seiner Gestalt Jumbo Riesenbeck genannt, der die evangelischen Theologiestudenten im Parlament vertrat, entgegen, um mich zu beschwichtigen; der SHB versuche nur die Parlamentssitzung zu sprengen, man müsse das durchstehen. Er sprach ganz lieb zu mir wie ein Wissender zum Unwissenden. Alle schienen Bescheid zu wissen, niemand trat den Randalierern entgegen. Ich setzte mich wieder. Aber der Spektakel wollte nicht aufhören. Klatschen, lautes Lachen, Geschrei, Zwischenrufe („Du Kapitalistenschwein!") bestimmten die Szene. Da ging der Kollege Winkler, mutiger als ich, an das vor uns stehende Saalmikrophon und forderte den Vorsitzenden auf, endlich mit der Sitzung zu beginnen oder sie notfalls abzubrechen. An eine Antwort des Vorsitzenden kann ich mich nicht erinnern, aber sehr wohl daran, wie sich Frau Zimmerman-Eisel vor dem Kollegen Winkler, kaum daß sich dieser wieder neben mich gesetzt hatte, direkt an der Kante des Tisches, hinter dem wir saßen, in ihren hot pants aufbaute und ihn anherrschte: „Wie ist Ihr Name?" Er bemühte sich, höflich wie es sich zumal bei einer Dame gehört, aufzustehen und nannte dabei seinen Namen. Aber bevor er noch stand, fauchte die Dame: „Sie werden noch von uns hören!" Sie machte auf dem Absatz kehrt, das war alles, aber damals eine durchaus ernst zu nehmende Drohung. Wir sahen uns verdutzt und etwas verlegen an. Wo waren wir? Ich habe danach nie wieder eine Sitzung des Universitätsparlamentes besucht und beim Studium der Unterlagen festgestellt, daß es viele ähnlich gehalten haben. Umso mehr muß man jenen Kollegen danken, die anders dachten und dem Ratschlag des Spartakisten folgend in unermüdlicher, oft ruinöser Gremienarbeit durchgehalten haben. Wenn es nach mir gegangen wäre, hätte die Hochschullehrerschaft durch entschlossenes Fernbleiben dem Spuk zum Wohl der Universität ein Ende gemacht. Aber das wäre ja verfassungswidrig gewesen! Professoren, Beamte als Revolutionäre?! Derartiges auch nur zu denken war damals ganz unmöglich und geht schon daraus hervor, daß die oben genannte Chefin der Randale wenig später von September 1971 bis Februar 1972 Mitglied „des Beirats für die Studienreform des Ministers für Wissenschaft und Forschung des Landes NW" war; der Minister, mein Vorgesetzter, überreichte mir das darüber berichtende Buch mit „freundlicher Empfehlung".

Nicht nur in der Wissenschaft streben alle zu den Sternen, ohne jede Revanchefurcht vor dem Licht; Ikarus „schlug um, war alle" (G. Benn). Bekanntlich hat Uranos seine Kinder immer wieder in den Schoß der Erde zurückgestoßen und ließ sie nicht ans Licht kommen, bis er schließlich, eine List seiner Frau machte es möglich, von seinem Sohne Chronos entmannt wurde; aber der, nun selbst Götter-Vater und noch grausamer, „verschlang ein jegliches Kind, sowie es ihm geboren ward, damit niemand an seiner Stelle zur Herrschaft käme". Dieses Schema steckt womöglich in einer Episode, die Nachricht wurde und die die Situation der Assistentenschaft damals grell beleuchtet: „Tilman Westphalen, 36, ehemaliger Vorsitzender der Bundesassistentenkonferenz (BAK), sieht den Kampf gegen den ‚unkontrollierten Initiationsritus mit Geheimgutachten' bei der Habilitation durch Verlust seiner Assistentenstelle an Bochums Ruhr-Universität verloren. Da er die Habilitation ‚aus grundsätzlichen Erwägungen' ablehnt, weigerten sich NRW-Wissenschaftsministerium und Hochschulleitung, seinen Assistentenvertrag am Lehrstuhl für Anglistik über den 1. Oktober 1971 hinaus zu verlängern. Westphahlens Vorwurf, die konservative Ruhr-Universität sehe in ihm ein ‚innenpolitisches Risiko auf dem Schleichweg raus aus den Reformen', kontert Rektor Hans Faillard (‚Billige Kaschierung') mit der Behauptung, Westphalen habe sich seit seiner Promotion 1963 ‚nicht weiter qualifiziert'."

Geblieben ist von dieser Reform-Protest-Episode, daß Stellen für Professoren ausdrücklich mit dem Vermerk ausgeschrieben werden, neben der Promotion seien, wenn keine Habilitation erfolgt sei, der Habilitation vergleichbare Leistungen erforderlich. Das ist nichts Neues. Als z. B. A. Einstein, ein Beamter am Berner Patentamt, berufen wurde, war er weder promoviert noch habilitiert, aber, wie M. Planck urteilte, durch einen Aufsatz von 30 Seiten der „Copernikus des 20. Jahrhunderts". „Die wissenschaftlichen Mühlen mahlen am langsamsten!" So hat Einstein seine Karriere kommentiert. Entscheidend bleibt also, daß sie mahlen können; Wissenschaft statt Uranos und Chronos, das allein ist wichtig für den Fortbestand der Universität. Ansonsten hat jede Zeit ihr spezielles Berufungsverfahren, Schwächen jeweils eingeschlossen. Früher steckten Landesherren und Mönchsorden ihre Finger ins Spiel, dann grassierte der Nepotismus oder, später, lange nach Humboldt, dominierte der Nationalsozialismus, M. Heidegger assistierte, und heute („publish or perish") bewirbt man (und „frau", wie in Ausschreibungen konstant betont wird) sich; die Reform hat sich in dieser Hinsicht durchgesetzt: T. Westphalen wurde Kollege in Osnabrück.

Vom oben schon kurz erwähnten Kollegen Elliger wäre noch viel zu erzählen. Seine Bitte um vorzeitige Emeritierung, ausdrücklich von ihm als „Protest" gegen die Zustände bezeichnet, fand in vielen Zeitungen ein Echo. Darüber gründlich zu handeln, würde aber angesichts der Unterlagen einen besonderen Aufsatz erfordern. Kürze könnte da nur schaden. Hier möchte ich deshalb nur darauf hinweisen, daß sein mutiger Schritt ihm bei jenen Medien, die damals die öffentliche Meinung dominierten, irrige Berichterstattung und bösartige Kommentierung eintrugen. Bevor noch irgendeine Zeitung vom Protest Elligers berichtet hatte, war am Abend des 26. 6. 1970, drei Tage nach der Veröffentlichung seines Protestes in der Universität, im Rundfunk eine

Schmähung zu hören, in deren letztem Satz gleich auch noch seinen „Gesinnungsgenossen" die vorzeitige Emeritierung empfohlen wurde. War Elliger für die linken Studentenfunktionäre einer der „Agenten der Bourgeoisie", so erschien er dem Spiegel als Beispiel für den „Doktor Allwissend", der „Standesinteressen wie Lehrmeinungen in Diskussionen mit Studenten und Assistenten" nicht vertreten möchte. Elliger schrieb an den Spiegel am 26. 11. 1970 einen Leser-Brief und übersandte Informationsmaterial „a papa male informato, ad papam melius informandum". Nichts wurde davon veröffentlicht. Mir ging es mit einem Leser-Brief vom 25. 11. 1970 ebenso. Man gehörte eben zum „konservativeren Teil der Professorenschaft, dessen ‚Tragik heute darin liegt', wie der West-Berliner Wissenschaftssenator Werner Stein" damals „befand, ‚daß der seinerzeit gewählte Beruf seinen Charakter kaum vorhersehbar geändert hat'." Das war in der Tat der Fall. Man erlebte an seinem Arbeitsplatz unerwartet Kriminelles, ohne daß darüber viel gesprochen wurde. Aber Nachrichten wie z.B. die Zweckentfremdung von ca. 549 000 DM Sozialbeiträgen der Studenten oder der Seriendiebstahl von jeweils 13 000 DM teuren AStA-Druckmaschinen, die ich dem Spiegel in meinem Leser-Brief mitgeteilt hatte, um anzudeuten, in welchem Sinne der Kollege Elliger konservativ sei, waren dem Nachrichtenmagazin, das sonst auch bei kleineren Delikten durchaus seine Spürhunde ausschickt, um der „Tragik" willen der Wiedergabe nicht wert. Der investigierende Journalismus wollte diesmal von der kriminellen Seite des Lebens nichts wissen; enthüllen war jetzt und hier nicht angebracht: Ein Spiegel-Redakteur dankte mir unter dem Datum vom 29. 12. 1970, mein Leserbrief sei zu lang gewesen, die „Anlagen zum Fakultätsbeschluß in Sachen Elliger haben wir gern in unsere Dokumentation genommen".

Wer in den eben erwähnten Sachverhalten Krankheitssymptome einer verfehlten Universitätsreform sah, durfte froh sein, wenn er totgeschwiegen oder nur konservativ und nicht gleich faschistisch genannt wurde. Professoren, das waren eben damals Menschen, die, obwohl sie eigentlich „die Revolution machen müßten", „sich zwischen Gummibaum und Fernsehen ganz hübsch eingerichtet" hatten und deshalb mit allen Mitteln – Tatsachen hin, Wahrheit her – aufgescheucht werden mußten. Daß R. Augstein 1971 in seinem Verlag eine linke Revolte höchst persönlich wortgewaltig niederschlagen mußte, hätte ich ihm voraussagen können, war aber nachträglich auch kein Trost; er konnte rational reagieren, hatte die Macht dazu, wir hingegen, Wissenschaftler und Beamte zugleich, durch falsche Politik mit Drittel- oder gar Viertel-Parität kraft Gesetz und Verfassung versehen, nicht. Alle sind damals schuldig geworden, wir Professoren, weil wir die Verpflichtung zur Wahrheit nicht über alles andere gestellt haben, vorweg. Aber die damals verantwortlichen Politiker aller Parteien, die im Blick auf anstehende Wahlen Bildung zur leicht verkäuflichen Ware machten und die Grunddaten setzten, sollten ihre schmutzige Weste im Rückblick auch nicht einfach wie eine weiße durch Vergessen zur Schau tragen. Die wenigen, aber die Szene bestimmenden Studenten linksradikaler Couleur haben die wenigste Schuld zu tragen, obwohl ihre Aktionen die Universität am meisten geschädigt haben; diese Borniertheit nahmen nur die Chancen war, die man ihnen vorher eingeräumt hatte. Die „Universität als Tollhaus", die viertelparitätische Wahrheit, das war nicht ihre Erfindung, sondern ihr Tanzboden, den andere erdacht und eingerichtet hatten, bis dann das Bundesverfassungsgericht den schlimmsten Auswüchsen ein Ende machte.

Damals waren deutsche Universitäten mit Parolen verschmiert. Die Ruhr-Universität machte da keine Ausnahme. Rudimente lassen sich auch heute noch besichtigen. Je nachdem wie die Schrift ausfiel, ließ sich sagen, ob arme Anarchisten oder gut finanzierte Studentenfunktionäre aktiv waren. In dieser Hinsicht ist erwähnenswert, wie ich Jumbo Riesenbeck (s. o.) auf dem Pissoir indirekt kennenlernte. An diesem stillen Ort waren eines Tages plötzlich alle Fliesen oberhalb der Becken akkurat in der Mitte mit einer schön gedruckten kleinen Plakette des MSB/Spartakus dekoriert, auf der eine geballte Faust zu sehen war. Das verriet DKP-Kapital und, wie man inzwischen endgültig weiß, DDR-Geld, auch wenn der Akteur ersteinmal unsichtbar blieb. Kurz darauf erlebte ich ihn dann persönlich, wiederum sehr korrekt und penetrant, bei dem ersten Go-in, das während der Fakultätssitzung vom 13. 5. 1970 stattfand; die Störung der Sitzung gab dem Dekan „den letzten Anstoß" zum Rücktritt, die Sabotage der Zusammenarbeit aller Gruppen zum Wohle der Fakultät war vollends offenkundig geworden.

Körperliche Gewalt in Gestalt eines Go-in hat es an der Ruhr-Universität öfter gegeben. Zu meinen Erinnerungen in dieser Hinsicht gehört unter anderem die Senatssitzung vom 20. 1. 1977, die wegen eindringender Studenten abgebrochen werden mußte. Vor dem Sitzungssaal wurde der Rektor P. Meyer-Dohm von uns anderen durch die Menge der Studenten getrennt und um die Ecke des Gangs aus unserem Sichtfeld in den Stauraum gedrängt. Man stand da, im Hintergrund. Mußte man ihm nicht beispringen? Nur ruhig Blut, wurde mir bedeutet. Tatsächlich geschah dann nichts Schlimmeres. Es blieb bei der Pression, der Rektor kam nach einiger Zeit wieder heil zum Vorschein; die Senatssitzung war beendet.

Körperverletzung gab es m. W. nur im Zusammenhang mit zum ‚Klassenkampf' benutzten Parkplatzproblemen. Als das beliebte „Haus der Freunde" am 9. 12. 1976 abbrannte, gingen allerlei Gerüchte um („womöglich ... frevlerische Brandstiftung"); aber es war wohl nur ein bedauerlicher „Unglücksfall", „ein technischer Defekt". „Flammen und Busen" waren also im Unterschied zu anderen Universitäten in Bochum nie als „Waffen" im Einsatz, m. W. auch kein Mehl, das, wie mir ein Augenzeuge berichtete, dem ehemaligen Präsidenten des Bundesverfassungsgerichtes E. Benda, in der Universität Bielefeld als Gastredner geladen, vor seiner Rede von einem Provokateur zweimal, ohne alle Gegenwehr (der Gastgeber am Rednerpult bat um Entschuldigung), über Kopf und Anzug geschüttet wurde. Immerhin gab es die Schlagzeile: „Bochumer Theologie-Professor von Studentin gebissen", und zwar „in seine Sitzfläche". Der Vorfall konnte aber auch in einer Dissertation nicht geklärt werden; der betroffene Kollege muß das selbst erzählen. Aber während man sich in Bochum notfalls beißen lassen und sich anderwärts Th. W. Adorno mit der Aktentasche gegen barbusige Genossinnen der Jung-Linken wehren mußte und J. Habermas erlebte, wie die Polizei sein Institut räumte, hatten wir in Bochum die m. E. tatsächlich gefährliche

„2. Cellerkonferenz" von Theologen zu Gast. Diese Konferenz schmiedete Pläne, wie man den ausgehöhlten „Kirchenapparat für politische Agitation" einsetzen könne. Hier war zwar nur die geballte Faust zu sehen und Verbales zu hören. Und doch war diese Art der Gewalt gefährlicher als manche Handgreiflichkeit, wie am Kirchenkreis und Landessynode beschäftigenden Gebaren der damaligen Evangelischen Studentengemeinde in Bochum erkennbar wurde; der auf der Autobahn bei Kassel verhaftete Terrorist S. Haag saß in einem Auto, das aus einer Garage unterhalb der Studentengemeinde gestohlen worden war. Doch über solche Konkreta und ihre geistigen Hintergründe genau zu handeln, würde wiederum einen besonderen Aufsatz erfordern. Subjektiv kann ich hier nur festhalten, daß die damals übliche Unterscheidung von Gewalt gegen Sachen (erlaubt) und Menschen (nicht erlaubt) im Rechtsstaat Bundesrepublik als Verniedlichung der Situation ungeheuren Schaden angerichtet hat: zuerst in den Köpfen, dann an Sachen, dann bei den Mördern und den ermordeten Mitmenschen, die man zuvor verbal unterhalb der Sachen als „Verbrecher" eingestuft hatte; „Blutvergießen" war bei den Verbalradikalen auch in Bochum von vornherein als Mittel der „Revolution" einkalkuliert.

IV Soli Deo gloria

Gottes Schöpfung, menschliche Schöpfungen, das ist so zweierlei wie Gut und Mißlingen. Deshalb bedarf der Mensch der Barmherzigkeit, der Gnade, wenn sein vergebliches Tun hier auf Erden in den Grenzen des Möglichen dennoch – soli Deo gloria – gelingen soll. Der Jubilar hat seit seinem ersten wissenschaftlichen Werk „Luther und die Skepsis" diesen Sachverhalt immer wieder neu bedacht und damit der Bosheit, dem Haß und dem letzten Feind, dem Tod, Widerstand geleistet. Konnten meine Ausführungen dem dienen? Etwas Konkretion wurde in aller Vorläufigkeit vielleicht beigemischt, so wie es Praktische Theologie heute in einem kurzem Beitrag eben vermag. Ein wenig kann zum Abschluß womöglich noch hinzugefügt werden, wenn man dem vom Jubilar vorgetragenen Gedanken standhält, „daß aus dem anfänglich nur methodischen ‚etsi Deus non daretur' der modernen Wissenschaftsentfaltung ein schlichtes ‚Deus non datur' geworden ist"[4], um von daher mit ihm den „Weltinnenraum"[5] und so auch Gott und seine Schöpfung fundamental neu zu denken. Man ist dann nämlich den oben eingangs erwähnten Gedanken Luthers und Humboldts über Theorie und Praxis in der Differenz der Zeiten sehr nah, die auch heute in allem Wandel, ja heute erst recht und neu jedermann verstehen kann und die selbst noch in der schlimmsten Zeit geistiger Verdüsterung in einer Bochumer Studentenzeitung in einem Humboldt-Zitat aufleuchteten und mir den Art. 30 der VRUB 69 zum Symbol für eine verfehlte

---

[4] A.a.O. S. 14.
[5] Vgl. a.a.O. S. 22.

Politik (s.o.) werden ließen. Der Reformator Luther als Mann der „Studienreform"[6] und Humboldt in seiner Zeit ebenfalls[7] erinnern dann an das, worauf es in unserer Zeit bei einer Universitätsreform wirklich ankommt.

Naturwissenschaft, jenseits der Bilder vergangener Zeiten von „Leu und Lamm" (s.o.) ganz positivistisch verstanden, jeden Scharlatan konsequent und nachhaltig entlarvend, führt zu Ergebnissen, die von jedem Fachmann im stets wiederholbaren Experiment auf ihre Richtigkeit hin kontrolliert werden können und damit für alle Menschen unbedingte Gültigkeit erlangen und technisch auswertbar werden. Wahrheit ist dann Wirklichkeit, und zwar der Menschheit nützende – solange sie nicht verantwortungslos gehandhabt wird. Wir leben von dieser verantworteten Wahrheit und dem daraus erwachsenden, der Technik zu dankenden Nutzen; ohne sie würden wir in einem grausigen Jammertal versinken. Das Elend der dritten und die Misere der ehemals sozialistischen Welt zeigen an, was positiv auch bei uns durch die Technik in Beachtung der Tatsachen zu verbessern ist.

Exakt registrierte Erfahrung, im Experiment repetierbare Erkenntnis, ist das Wahrzeichen der Naturwissenschaft. Einsteins Relativitätstheorie von 1905 wurde z.B. im Experiment der berühmten Expeditionen von 1919 zum ersten Mal verifiziert, dann kam schon bald die unsere Welt verwandelnde Atomwirtschaft – und die Bombe! Die Expedition von 1952 und die Experimente der siebziger Jahre und die jetzt 1991 veröffentlichten konnten nur noch präzisieren und bestätigen, was zuvor schon im Experiment von 1919 erwiesen worden war und nun ein für alle Male als Erkenntnis bereitliegt und in Verantwortung für die Gegenwart und zukünftige Generationen praktiziert werden muß. Gott, der Wahre, jener im Licht der Offenbarung, spielte, im herkömmlichen Sinne gedacht, in diesen Experimenten keinerlei Rolle mehr. Erst vor und nach der durch unverantwortliche Handhabung der naturwissenschaftlich gewonnenen Einsichten herbeigeführten Katastrophen fällt sein Name wieder; vor dem Flug nach Hiroshima wurde er in einem makabren Gebet angerufen, und als Mutige in Tschernobyl für andere ihr Leben einsetzten, kam das Wort „Gott" sogar in der Moskauer Prawda in einem Gedicht wieder vor. Damit blitzt das Problem der Verantwortung gefährlich auf und stößt uns in jenes trübe Gebiet, in dem die Geisteswissenschaft für größere Klarheit sorgen soll.

Wie ganz anders steht sie, im Vergleich zur Naturwissenschaft betrachtet, da! Im Mahlstrom der Geschichte sucht sie Wesentliches festzuhalten. Aber was dem einen wichtig, wird vom anderen achtlos übersehen, was jetzt als Heil erscheint, wird wo-

---

[6] Vgl. K. Reumann, Wie die Finsternis zum Licht. Luthers Schmähung des Aristoteles und die Wittenberger Bildungswirren, Frankfurter Allgemeine Zeitung (Bilder und Zeiten) Nr. 192 (20. 8. 1983): „Die Reformation war im Anfang eine Studienreform." Und: „er ging aufs Ganze, der Studienreformer Luther".

[7] Vgl. Humboldt (s. Anm. 2), S. 256: „Das Verhältnis zwischen Lehrer und Schüler wird daher durchaus ein anderes als vorher [in der Schule]. Der erstere ist nicht für die letzteren, Beide sind für die Wissenschaft da" ..., die als Universität „nichts Anderes als das geistige Leben der Menschen, die äußere Musse oder inneres Streben zur Wissenschaft und Forschung hinführt", ist.

möglich morgen als Unheil angesehen. Da niemand die Fülle der Ereignisse zu überschauen vermag, zaubert der Wechsel der Sichtweisen gleichsam immer wieder Neues hervor. Die unermüdlich fleißige Arbeitsbiene, der Fachmann, der Spezialist, verdient als Könner gewiß auch ohne Nobelpreis jede Ehre und genießt Bewunderung. Aber wer ist die Königin, wo bleibt der Honig? Demonstriert die „Geschichte der Philosophiegeschichte"[8] beispielhaft, daß es das zeitlos gültige, reine Denken nicht gibt und folglich auch keine endgültigen Resultate?

Wer seine Denkschablone z. B. bei Marx statt bei Hegel holt, weil er so die Welt vom Kopf auf die Füße meint stellen zu können, hat natürlich Recht, soweit die Füße tragen; schon ein Rechtshegelianer wird darüber nur lachen und der große Philosoph vom Himmel her womöglich auch, weil er zu seinen Lebzeiten, wie die Hegelschen Linken damals schon meinten und sich nun nachträglich mittels historischer Forschung zu bestätigen scheint, seine Gedanken unter dem Druck der Situation zu kaschieren wußte, während gleichzeitig schon der Perspektivwechsel einsetzte: Kierkegaard, Schopenhauer haßten Hegels Konstruktion, Nietzsche schlitzte sie mit seinen Aphorismen dann vollends auf. Wer deshalb bei Heidegger, mit beachtlichen Gründen für nicht wenige sozusagen der Hegel unserer Epoche, Rat sucht oder aber sich auch von diesem ab 1933 immer mehr zum Mystagogen werdenden, gelegentlich auch denunzierenden Parteigenossen bis 1945 doch lieber (halbwegs) verabschiedet, kommt, falls er K. Jaspers' moralischen Maßstab gelten läßt, vom Regen in die Traufe, wenn er z. B. zu dem Kritiker Heideggers und Neomarxisten Adorno flieht, da man von dessen „Lumperei" (G. Mann) inzwischen, spät, „aber nicht zu spät", auch weiß und der weltweite Niedergang des Sozialismus zusätzliche Bedenken aufrührt. Bleiben Namen wie Kant, Wittgenstein, Popper als Rettungsanker rational-wissenschaftlicher Argumentation im Auf und Ab der Gezeiten und Meinungen? Vielleicht, wenn man einen entscheidenden, gleich zu erörternden Gesichtspunkt beachtet und nicht von vornherein der Meinung ist, derartige Überlegungen seien nur hinderlich. Denn wer als Wissenschaftler allerlei zusammendenkt, Aristoteles, Plato natürlich, vielleicht etwas Hölderlin, Postmodernes, wird, wenn er seine Positionen nur blendend genug im Diskurs (= „eifrige Erörterung") gemäß der jeweiligen Situation neu formuliert, ganz gewiß seinen Platz im Lexikon finden, wenn er schwer Verständliches hinreichend einstreut. Das Feuilleton braucht seine Themen und Doktoranden Arbeit. Da die Theologie nicht irgendeine Geisteswissenschaft, sondern die älteste ist, bietet sie für die angedeutete Malaise, seit es die historische Betrachtungsweise gibt, besonders bedrückende Beispiele. Läßt sich daran etwas ändern?

Wer den oft gescholtenen Positivismus historischer Forschung bejaht, hat m. E. eine Chance zum Besseren, wenn er weiß, was eine Tatsache ist und auch schon vor dem Aufkommen aller modernen Naturwissenschaft bekannt war, aber nun unwiderlegbar präzisiert wurde. Seit Kain und Abel steht fest: Kein Mörder kann sein Opfer zurück in dieses Leben holen, Wasser fließt nie den Berg hinauf, Feuer brennt. Tatsache ist

---

[8] Vgl. L. Braun, Geschichte der Philosophiegeschichte, Darmstadt 1990.

z.B. auch, daß ein verfaulter Apfel schließlich im Sturm vom Baum fällt, aber nie als verfaulter aus dem Gras wieder wunderbar emporschwebt, um dort als reife Frucht zu prangen. Die Denkmöglichkeit von historischen Tatsachen beruht auf den in der Moderne abgeklärten, auf diesem Erdball wirksamen Naturgesetzen, deren Kenntnis bis auf den heutigen Tag immer weiter fortschreitet. Wird das in diesem Sinne Denkmögliche durch Zeugen mündlich oder schriftlich im Blick auf einen bestimmten Vorgang übereinstimmend glaubhaft bezeugt, so hat man eine Tatsache vor sich (beziehungsweise ermittelt), die annäherungsweise so unumstößlich feststeht wie ein durchs Experiment kontrollierbarer naturwissenschaftlicher Sachverhalt.

Ist damit etwas gewonnen? Wer die Phantasie des Menschen als köstlichen, aber auch abgründigen, wissenschaftlich-rational schwer faßbaren Tatbestand beachtet, hat Chancen, Bleibendes im Bereich des Tatsächlichen zu denken und zu wirken. Gewiß, Ideen, Denkmöglichkeiten soll und darf niemand verachten. Aber auch sie sind, wissenschaftlich betrachtet, zu untersuchende Gegenstände und also keine Gelegenheiten, bei denen man gut im Dunkeln munkeln kann, um sein Schäfchen ins Trockene zu bringen. Wer geisteswissenschaftlich arbeitet, richtet den Lichtkegel der Ratio herzhaft und mutig auf bislang im Dunkel verborgene Gegenstände und sieht dann, je länger je mehr, wenn er der Erkenntnis standhält, dank der nun sichtbar werdenden Tatsachen nicht zuletzt den scharfen Schatten, den er angesichts des hell strahlenden Lichtes rationaler Kontrolle selber mit seinen Worten und Taten wirft; Dunkelheiten ringsum bleiben genug, für jedermann und schmerzlich besonders für jene, auf die das ursprünglich gut Gemeinte tatsächlich im Nachhinein böse zurückschlägt. Hat die Wissenschaft keinen Anlaß, tolle Ideen zu feiern oder gar das Chaos zu verherrlichen, sondern ihrer innersten Intention gemäß die Verpflichtung, die Dinge, sich selbst und andere realistisch zu sehen, so vermag sie der illusionslosen Nächstenliebe zu dienen und damit Gott und dem vor ihm allein gültigen Experiment von Mt 7,15–20 (s.o.). Wo andere sich mit Abscheu abwenden und fliehen, da hält sie stand und sagt: So ist es. Und dank ihrer innovativen Kraft, eben diesem Mut zu den Tatsachen, vermag sie als realistische Hoffnung hinzuzufügen: So und so kann man aus dem Vergangenen vielleicht lernen und den bestehenden Zustand vielleicht verbessern.

Jeder Geisteswissenschaftler kann in seinem Fach so konstatierend und verbessernd in Demut reden, wenn er, seiner Verantwortung und der engen Grenzen seines Wissens stets eingedenk, im Streit der Meinungen durch seine Forschungen zur Orientierung aller beiträgt und entschlossen im Sinne Friedrich Schillers seine „Sternstunde" wahrnimmt[9]. Als schönes Beispiel für diese Einstellung erinnere ich an die Abschiedsvorlesung des Kollegen W. Wertenbruch, in der er von seiner „Sternstunde im Jahre 1941", seiner Begegnung mit Thomas von Aquin, berichtete, um von daher als Jurist den Staat aus personaler Sicht zu beschreiben. Über den Wert seiner juristischen Ausführungen, über deren theologisches Fundament, möchte ich nichts sagen, geschweige denn urteilen; Staatsrecht und Neuthomismus liegen weit ab von meinen eigenen

---

[9] Vgl. hierzu Wölfel (s. Anm. 3), S. 16.

Arbeitsgebieten. Für meinen Gedankengang genügt es, einen der Gründe zu zitieren, den er für die Wahl des Themas seiner Abschiedsvorlesung nannte, um dann noch den Schluß dieser Vorlesung zu erwähnen.

Wertenbruch sagte: „Ich habe über vier Jahrzehnte meines Lebens dem Staat als Soldat, Richter und Universitätslehrer zu dienen versucht und möchte am Ende meiner Dienstzeit wissen, ob ich einer rein subjektiven Vorstellung oder gar einem Hirngespinst zum Opfer gefallen bin, zumal mich alle Staatslehren der Neuzeit nicht zu überzeugen vermochten. Sie genügten bei näherer Betrachtung nicht einmal den Denkgesetzen der Logik und können daher weder richtig noch gar wahr sein. Die Wissenschaft hat jedoch – ständig auf's neue forschend und lehrend – der Wahrheit zu dienen."

Zum Abschluß seiner Darlegungen sprach er „drei Segenswünsche" aus und sagte dabei unter anderem: „Der Vatergott bewahre die ganze Menschheit in der Zukunft davor, noch einmal ideologischen Heilsbringern zum Opfer zu fallen, die das Leben einzelner Menschen zur Sinnlosigkeit verurteilen … Bewahren wir uns selbst mit Hilfe seines Sohnes, der uns alle am Kreuz erlöst hat, vor jedem akademischen Dünkel, der schon zu oft das Aufkommen neuer Ideologien mitverursacht hat … Der Heilige Geist erneure unseren Glauben an Gott und an die daraus erwachsende eigene personale Gestaltungskraft zum Wohle aller Menschen, auch zum besten unserer Universität …".

Bei diesen Zitaten denke ich zurück an die eingangs erwähnte Konventssitzung vom 25. 6. 1969 und an den recht einsamen, oben schon kurz erwähnten mutigen Widerspruch des Kollegen Wertenbruch gegen die neue Verfassung. Aber der 1969 das Denken der Mehrheit bestimmende ideologische Schwung machte seine Bemühung damals zur Makulatur. Er stand vor dem Plenum, sprach, unter den 83 anwesenden Vertretern der Assistenten- und Studentenschaft kam Unruhe auf, er fuchtelte mit seiner Stimmkarte in der Luft dagegen an, die kommende Niederlage wurde in seinem Auftritt dem Zuhörer peinigend spürbar. Aber daß es im Jahr seiner Abschiedsvorlesung (1984) die von ihm abgelehnte Verfassung nicht mehr gab, das hat er vor seinem Tod noch erleben dürfen. Wahrheit, die Wirklichkeit werden soll, braucht einen langen Atem (s.o.: Einstein zu den „Mühlen" der Wissenschaft), notfalls bis zum Eschaton.

Tatsachen tun oft weh; wen Gott lieb hat, den züchtigt er (vgl. Prov 3, 11f). Das ist sein Bildungsprogramm in der gefallenen Schöpfung. Unsere Fehler werden zu seiner Zuchtrute, damit wir, seinem Willen gehorsam, Wahrheit an der Wirklichkeit lernen: Wir dürfen und sollen cooperatores Dei sein, Gottes Schöpfung ist uns anvertraut. Freilich, diese alttestamentliche Weisheit und erst recht ihre Zuspitzung im Kreuz Christi kann bei einer Universitätsreform kaum irgendeine Rolle spielen, weil menschliche, allzumenschliche Wünsche und Hoffnungen dominieren und immer wieder schnell zu ideologisch aufgeblasenen Machtphantasien geraten, wenn die Geisteswissenschaft im eben angedeuteten Sinne versagt. Die Universität ist ja nicht die Kirche, und selbst in dieser hat die Weisheit des Kreuzes bekanntlich einen schweren Stand, weil auch wir als einzelne meist nur wenig von ihr wissen wollen. Ihr in aller Unvollkommenheit dennoch in der Vielfalt der Erscheinungen dieser Welt nachzusinnen, scheint mir gleichwohl richtig. Das Dunkel des Universums bedarf des Lichtes vom Kreuz her, die universitas litterarum entsprechend auch und die universitas magistrorum et scolarium erst recht, weil wir fehlbare Menschen sind.

DIE HERAUSFORDERUNG DER SCHÖPFUNGSTHEOLOGIE DURCH „DIE PRAXIS EINER SCHÖPFUNGSETHIK"

Wolfgang Nethöfel

Die „Gotteserkenntnis aus der Natur ist etwas Ethisches"[1], ergibt sich als Quintessenz sowohl der Natürlichen als auch der Schöpfungstheologie, die beide zu neuem Leben erwacht sind. Eberhard Wölfel konnte früher als andere von dieser Einsicht ausgehen und sie von seiner breiten und tiefen Kenntnis naturwissenschaftlicher Zusammenhänge her präzisieren. Wer sich von ihm theologisch auf den Weg bringen ließ und ihn ein Stück weit begleiten durfte, der konnte sich manchen Umweg ersparen und seinen eigenen Weg von einem Ausgangspunkt her einschlagen, den er allein vielleicht nie erreicht hätte. Dieses Bild, das dem Wanderer Wölfel (auf Bergen, zwischen Kulturen, Zeiten, „Welten") gewidmet ist, schließt theologische Symbiosen auf Dauer geradezu aus – nicht jedoch Erstaunen und Freude nach vollbrachter Tat über induzierte Konvergenzen und synergetische Wirkungen, wie sie eher beim Ergebnisvergleich kreativer Prozesse in anderen Wissenschaftsbereichen üblich sind[2]. Aber „sieht Theologie die Welt als Schöpfung und eingebettet in einen kreativen Prozeß, der auch den Menschen selbst durchdringt und ihn in sich mit hineinnehmen will, so wird sie ihre Einstellung der Welt gegenüber und ihre Wirklichkeitswahrnehmung dementsprechend bemessen ... der ‚Sitz im Leben' von Schöpfungserfahrung wird die Praxis einer *Schöpfungsethik* sein"[3].

---

[1] Sigurd Martin Daecke, in: Kann man Gott aus der Natur erkennen? Evolution als Offenbarung (QD 125), hrsg. von Carsten Bresch/Sigurd Martin Daecke/Helmut Riedlinger, Freiburg/Basel/Wien 1990, 173; vgl. ders., Gott der Vernunft, Gott der Natur und persönlicher Gott. Natürliche Theologie im Gespräch zwischen Naturphilosophie und Worttheologie, a.a.O. 135–154.

[2] Vgl. dazu: Wilfried Härle, Kreativität. Theologische Überlegungen zum Thema, WzM 30, 1978, 288–299; Wolfgang Nethöfel, Creatio, Creatura, Creativitas, BThZ 5, 1988, 68–84.

[3] „Angesichts der Folgen, die die Verwandlung der Welt durch die im Schoße der Naturwissenschaft geborene Technik heute gewonnen hat, muß die Praxis schöpfungsethischer Kooperation auf der Basis eines christlichen Humanismus Zielpunkt jeder künftigen Verhältnisbestimmung von Christentum und Naturwissenschaft werden." Eberhard Wölfel, im Schluß des Art. Naturwissenschaft I. Wissenschaftsgeschichtlich, II. Systematisch-theologisch, erscheint TRE 23, 1993; vgl. schon ders. Die Theologie der Schöpfung bei Luther. Zu dem gleichnamigen Buch von David Löfgren, Nachrichten der Evangelisch-Lutherischen Kirche in Bayern 16, 1961, 236f; ders., Welt als Schöpfung. Zu den Fundamentalsätzen der christlichen Schöpfungslehre heute (TEH 212), München 1981, bes. 38f. 41–47 („Imago Christi als unsere Zukunft"); ders., Zum Naturverständnis der Theologie im Horizont ethischer Besinnung, in: Natur in den Geisteswissenschaften I. Erstes Blaubeurer Symposium, hrsg. von Richard Brinkmann, Tübingen 1988, 145–150.

Die theologische „Praxis einer Schöpfungsethik", zu der mich der Lehrer und Kollege Wölfel ermuntert und ermutigt hat, müßte dann ihrerseits schöpfungstheologisch relevant sein. Daß und wie dies tatsächlich der Fall ist, zeigen die folgenden Beispiele. Von ihnen ausgehend will ich von einem andauernden theologischen Arbeitsprozeß erzählen und einen unabgeschlossenen theologischen Reflexionsprozeß dokumentieren, bei dem ich Eberhard Wölfel stets an meiner Seite wußte, den ich aber allein verantworte. Ich gebe nicht mehr als einen Zwischenbericht; jene Beispiele markieren Stationen eines Weges und sind weder Ausgangspunkte für Feldbestellungen noch für Eroberungszüge, noch gar Bastionen der Gewißheit. Zwar sehe ich von diesen ethisch-theologischen Erfahrungen und Einsichten aus nun die schöpfungstheologische Praxis herausgefordert – aber als Anregung zum theologischen Dialog und als Aufforderung zu gemeinsamer Anstrengung. Vereinzelt mögen sich Hinweise finden, die in der Endphase eines theologischen Paradigmas weiterführen.

I Anregungen für schöpfungstheologische Prinzipienfragen und Verfahren

1. Das Beispiel ethischer Kompetenz auf „Neuen Themenfeldern"

Die philosophische Ethik, genauer: die metaethische Reflexion hat mit äußerster Schärfe zunächst die Begründungs- und dann die logischen Schwierigkeiten herausgearbeitet eines Übergangs „From Is to Ought", von Seins- zu Sollenssätzen – wobei ein (radikaler) Lösungsweg, der sich auf Kant berufen kann, Ethik als einen Bereich bestimmt, der durch das reine Sollen konstituiert wird. Der ständige Kurs „Neue Themenfelder der Sozialethik", den Eberhard Wölfel und ich in Kiel konzipiert haben und dessen Entwicklung jener ständig begleitet und gefördert hat, führte uns auf Gebiete, wo Ethik sich *nach* dieser scharfen Unterscheidung vollzieht und als „angewandte Ethik" weiterentwickelt[4]. Zunächst wurde dabei völlig deutlich, daß auch die Erarbeitung von Seins-, nämlich von Sach- als Strukturwissen ins Zentrum heutiger Ethik gehört. Die „Neuen Themenfelder" aus den Bereichen Öko-, Bio-, Human- (als moderne Medizin-) Ethik, Informations-, Medien- und Sozioethik (diese als Ethik multikultureller und transnationaler Beziehungen): alle diese Felder sind gekennzeichnet durch Rückkoppelungen in unseren sozialen Systemen, in denen die Folgen ethischer Einzelentscheidungen das Gesamtsystem in einen neuen Zustand überführen und *so*

---

[4] Die Ausbauphase wurde entscheidend gefördert durch eine größere Arbeitsgemeinschaft mit den Kollegen Birkner, Preul und Scharfenberg. Die Integration der Praktischen Theologie ermöglichte vorübergehend ein ganz neuartiges Curriculums-Angebot: zwei aufeinanderfolgende Seminare (mit Praxiskontakt und Archivarbeit) und parallel dazu sowohl Aufarbeitung der Praxiserfahrungen in einer Balintgruppe als auch die Erprobung von Vermittlungsschritten in einem didaktischen Seminar. Die Nordelbische Landeskirche beteiligte sich über den Kirchlichen Dienst in der Arbeitswelt (Pastor Waldow), der vor allem die Praxiskontakte vorbereitete und auswertete, und schließlich durch die Beauftragung eines Pastors im Hochschuldienst (Günter Wasserberg).

zu Voraussetzungen aller weiteren Entscheidungsmöglichkeiten werden. Wie orientiert man sich schöpfungsethisch in solchen Systemen, die sich „fern vom Gleichgewicht" durch Handlungsfolgen neu organisieren[5]?

Der Weg führte ins Detail; die Lösungen waren nur auf diesem Weg zu finden, nie gelang es, sie herbeizuspekulieren. Genau durch die Herausarbeitung des Verkehrs- oder des modernen Landwirtschaftssystems im Rahmen des Ökosystems, der psychosozialen Systeme mit medizinischer Infrastruktur, der zusammenwachsenden „neuronalen Netzwerke" im Informations- und Medienbereich und der globalen ökologischen und wirtschaftlichen Verflechtungen, die am Anfang der großen Wanderungsbewegungen stehen, die wir zu bewältigen haben: genau als Ergebnis solchen Wissens um Seinsstrukturen drängte sich uns aber als „Lösung" jeweils eine Einsicht auf, die man von den jeweiligen Projektthemen nicht trennen konnte, die also nicht wirklich verallgemeinerbar war, und deren Spitze für uns ganz überraschenderweise zunächst auf eine strikt individuelle Verpflichtung und Verantwortung hinwies. Der eingeladene Verkehrsplaner überzeugte uns, daß der Schlüssel aller Systemlösungen ein gewandeltes „Verkehrsbewußtsein" einzelner Verkehrsteilnehmer: eines jeden von uns ist. Die in das System der Agrarchemie eingebunden Produzenten und Konsumenten müssen jeder für sich „umdenken", damit sich ein Ausweg öffnet. Jeder Versuch, mit der Aids-Bedrohung verantwortlich umzugehen, muß ansetzen bei der „sexuellen Selbstverantwortung" jedes einzelnen. Angesichts der Angebote der Bio- und Medizintechnik (etwa bei der In-vitro-Fertilisation), der Computertechnik (z.B. bei der Speicherung von Seelsorgedaten), der Medienindustrie (z.B. bei Rundfunkpredigten in Privatsendern und beim Aufbau einer Fernsehkirche) ist der Verzicht: also auf den Kinderwunsch, auf pastorale Effizienz und Massenwirksamkeit eine individuelle Freiheitsleistung, ohne die ein menschliches Überleben innerhalb der Systeme oder gar deren humane und soziale Steuerung kaum möglich sind. Dies bestätigten und vertieften dann die jeweils abschließenden ethischen und theologisch-ethischen Reflexionen, in denen die Sach- als Schöpfungsstrukturen interpretierbar wurden.

Wir standen, genauer gesagt: ich stand hier zunächst vor einer Aporie. Die Studentinnen und Studenten erfuhren ja von Anfang an, daß der Kurs sowohl diese ethischen Einsichten und deren theologische Integration als auch jenes Strukturwissen vermittelt. Die Themenblöcke von den Grundlageninformationen über den Praxiskontakt bis zum ethisch-theologischen Orientierungsrahmen wurden von ihnen selbst vorbereitet und präsentiert. Sie verkörperten also selbst jenen Zusammenhang zwischen beiden Komponenten, der jeder Theorie als Aufgabe vorgegeben ist. Und zweifellos erwarben sie sich eine sozialethische theologische Kompetenz, die wegen der informationellen

---

[5] – die also informationsoffen und überdeterminiert, aber operational geschlossen und zudem autopoietisch sind. Bei den Grundlagenorientierungen wurde für mich die Zusammenarbeit wichtig mit Jan Robert Bloch (am Kieler Institut für die Pädagogik der Naturwissenschaften) und Wilfried Meier; vgl. den von beiden herausgegebenen Sammelband: Wachstum der Grenzen. Selbstorganisation in der Natur und die Zukunft der Gesellschaft, Frankfurt 1984. Zur entsprechenden Orientierung im „System Theologie als Wissenschaft" s. unten in IV.

Offenheit und der externen Rückkoppelungen der Teilsysteme prinzipiell über materialethische Information hinausgehen muß. Sie muß als Fähigkeit zur Orientierung in neuen Situationen beschrieben werden und ist sicher mehr als die Fähigkeit, quasi auf Knopfdruck theologisch oder ethisch argumentieren zu können. Für mich blieb aber der so sich aufdrängende Begriff „Kompetenz" zunächst unklar, weil ich im Bereich der Ethik den Mechanismus, der beide Komponenten einander zuordnet, nicht recht verstand und daher schlecht interpretieren und curricular einplanen konnte.

Immerhin, soviel war mir klar: Die scharfe metaethische Trennung von Sein und Sollen wird hier zugleich bestätigt und aufgehoben durch zwei Verfahrenskomponenten, die sich jedenfalls nicht voneinander trennen lassen. Die eine besteht in der Analyse von Systemen und zerlegt jede, sagen wir: phänomenale Ganzheit in Teilsysteme, einzelne Elemente, Beziehungen und Funktionen. Hier geht es nicht ohne Modellvorstellungen und Objektivierungen; die Ergebnisse sind weitgehend intersubjektiv. Als Ergebnis dieser Analyse kommt es dann aber zu einer Synthese, in der sich mit der Sacheinsicht Wertungen verbinden, in der – gesteuert von der Analyse – Empathie, eine neuer Blick aufs ganze, individuelle Einsichten in den Einzelfall und das Bewußtsein persönlicher Verantwortung entstehen, und wo auch prophetische und poetische „disclosure"-Erfahrungen ihren Ort haben: die alle als Zielpunkte schöpfungsethischer Orientierung Ausgangspunkte jeder diskursiven Verständigung sind.

2. Fragen an schöpfungstheologische Analogienspekulation, Deduktions- und transzendentale Begründungsverfahren

Jener Systemzusammenhang, in dem die „Neuen Themenfelder der Sozialethik" stehen, ist nicht in der gleichen Weise kontingent wie die einzelnen Konstellationen, die dort begegnen. In welchem Sinn aber ist er schöpfungstheologisch relevant? Die Schöpfungstheologie wird, so meine ich, dadurch zunächst herausgefordert, ihre Kompetenz zur christlichen Orientierung ebenfalls durch Verfahren zu bestimmen, die bewußt Analyse und Synthese umfassen. Daß Wahrnehmung von Ganzheiten und deren Analyse zusammengehören wie zwei Seiten einer Münze, mag einigen als trivial erscheinen. Die analytische Komponente bewußt zu machen, impliziert aber meiner Meinung nach bereits, daß sich die Theologie insgesamt und a fortiori die Schöpfungstheologie nicht mehr als „Geisteswissenschaft" bestimmen läßt, als Ergebnis von „Verstehen", als Inbegriff hermeneutischer Verfahren und Erkenntnisse. Die mit dieser Herausforderung verbundene Verheißung sagt, die Theologie könne sich aus dem Gefängnis der Geisteswissenschaften befreien, in das sie sich selbst theoretisch und methodisch eingeschlossen hat. Bei der parallelen Arbeit an einer „Theologischen Hermeneutik" wurde mir immer deutlicher, daß sich die Trennung von Geistes- und Naturwissenschaften zunehmend als überholt erweist und daß eine Theologie die Sache gefährdet, die sie wissenschaftlich vertritt, wenn sie sich als bloße Verdinglichung und

Überhöhung, ja Ideologisierung jener überkommenen deutsch-geistesgeschichtlichen Zweiteilung erweisen sollte[6].

Diese selbst geistesgeschichtliche Einsicht läßt sich zur schöpfungstheologischen Prinzipienfrage vertiefen; sie führt dann in neue Traditions- und Problemschichten. Wenn auch Schöpfungstheologie prinzipiell weder auf Induktion: das Ausgehen von Singularitäten, noch auf Deduktion: den Weg zurück zu singulären Konstellationen verzichten kann und wenn feststeht, daß analytische und synthetische Komponente zusammengehören, dann stellt sich die Frage, wie denn genau beide Komponenten schöpfungstheologisch einander zuzuordnen sind. Im Übergang zur Neuzeit wurde der Analogieschluß entlang der Gottesbeweis-„Wege" vom Geschöpf auf den Schöpfer immer mehr vom Königsweg zur Einbahnstraße der Schöpfungstheologie und schließlich zur fundamentaltheologischen Sackgasse. Ursprünglich ergänzte und kontrollierte er nur die Deduktion aus ersten: logisch-ontologischen oder biblisch offenbarten Prinzipien – die ihrerseits freilich immer mehr in ihrer Orientierungsfunktion durch empirisch-kausale Induktion verdrängt wurden. Doch die historischen Warnschilder schon auf jenem ersten Weg sind unübersehbar. Das 4. Laterankonzil fixierte das „quin inter (creatorem et creaturam) maior sit dissimilitudo notanda"[7]. Kant kritisierte den an dieser Stelle fast notwendig sich einstellenden Fehlschluß von der Begriffs- auf die Sachexistenz-Ebene[8]; in dieser Tradition stehend glaubte Fichte, Schöpfung ließe „sich gar nicht ordentlich denken"[9], und bei Schleiermacher gehörte sie folgerichtig wie Sündenfall, Auferstehung und Trinitätslehre in das Paradigma der Lehrsätze, die „nicht eine unmittelbare Aussage über christliches Selbstbewußtsein" sein können[10].

Problembestimmung und -lösung nehmen hier Bultmanns Entmythologisierungsprogramm vorweg. Der Mythos wird als *das* schöpfungstheologische Fehlprodukt des vorkritischen Bewußtseins bestimmt und folglich theologisch depotenziert. Dabei wird verdrängt, daß in den „kritischen", „existential interpretierenden" Modellen beim Übergang zum Vater, zum Schöpfer, zum All, zum Woher der Existenz, zum letzten Grund, zum Sein selbst: notwendig eine empirische Bestimmtheit hypostasiert und argumentativ immunisiert wird. Was phänomenal sich aufdrängt, was betroffen macht, schmuggelt sich durch die „als solche" eindrucksvoll einherschreitenden scholastischen wie transzendentaltheoretischen Deduktionsketten – und zündet dann in einem synthetischen Schlußakt. Nur die analogisch schließende bzw. transzendental begründende analytische Komponente ist dabei theoretisch vorgegeben und methodisch kontrolliert. Gelingende schöpfungsethische Praxis schärft den Blick dafür, daß

---

[6] Vgl. Wolfgang Nethöfel, Theologische Hermeneutik. Vom Mythos zu den Medien (Neukirchener Beiträge zur Systematischen Theologie 9), Neukirchen 1992.

[7] DS 806.

[8] Vgl. Kritik der reinen Vernunft (^{2}1787), B 620–630, GS (Akademie-Ausg.) I/3, Berlin 1911, 397–403.

[9] Vgl. Die Anweisung zum seligen Leben (1806), in: Werke, hrsg. von Immanuel Hermann Fichte V, ND Berlin 1971, 397–580, hier: 479.

[10] Der christliche Glaube (1830), hrsg. von Martin Redeker, Berlin 1960, II 458 (Leitsatz zu § 170).

diese klassische, durch die spätidealistische deutsche Transzendentaltheologie auch neuzeitlich-protestantisch hoffähig gewordene Reflexionsform eine logische und Theorielücke hat, die jederzeit zum Einfallstor des Irrationalismus und des Schlecht-Positiven werden kann und wird. Die als „mythisch" denunzierten schöpfungstheologischen Bemühungen vorliteraler Tradition wirken dagegen gerade durch ihre Fähigkeit vergleichsweise rational, synthetische und analytische Komponente gleichmäßig zur Geltung zu bringen. Sie fixieren singuläre Konstellationen und manipulieren sie durch einen hochkomplexen logisch-semantischen Mechanismus, der in neuen Situationen als die alten: neue Bedeutungen erschließt. Da eine nähere Bestimmung dieser Modelle nicht von der medialen Kon- und Rezeptionssituation solcher Orientierungsmuster absehen kann, muß ihre schöpfungstheologische Leistungsfähigkeit in unserer gegenwärtigen Übergangssituation zu vorwiegend elektronischen Leitmedien neu bestimmt werden[11].

3. Fragen an die schöpfungsethische Funktion der traditionellen theologischen Zuordnungen von Synthese und Analyse

Schleiermacher wurde zum Vater der hermeneutisch sich begründenden und geschichtlich verfahrenden Fluchtbewegung der Geistes- vor den Naturwissenschaften (und der hier sich einreihenden Theologie), indem er das in jenen Übergängen der Deduktion notwendig „Divinatorische" mit dem ursprünglichen Wahrnehmungsakt zusammenfaßte und als eigenständige synthetische Komponente des Geisteslebens bestimmte. Bei der hermeneutisch-theologischen Rückbesinnung auf ihn im Kontext liberal-theologischer Wiederanknüpfungsversuche wird aber meist übersehen, daß Schleiermacher selbst in der idealistischen Gegenbewegung zu Kant schreibt und – fast hegelianisch – jene synthetische Komponente zusammen mit ihrem analytischen Pendant in ein organologisch konstruiertes „Gesamtleben" einfügt. Seine durchgängige Integration systematischer und theologiegeschichtlicher Argumentation erlaubt es darüber hinaus, das klassische schöpfungstheologische Analogieverfahren innerhalb eines weiteren Kontextes und doch in einem präzisen Sinn als „katholisch" und vorneuzeitlich zu verstehen. Der berühmte Leitsatz zum Paragraphen 24 der „Glaubenslehre" erfaßt mit dem Gegensatz zwischen Protestantismus und Katholizismus eigentlich polare Möglichkeiten, den Transzendenzbezug „abzuarbeiten". Bei der katholischen Alternative, die „das Verhältnis zu Christo abhängig von seinem Verhältnis zur Kirche (macht)", ist traditional deren theo-ontologischer Verweisungscharakter und ihre Analogiefähigkeit vorausgesetzt; der Transzendenzbezug der Welt als Schöpfung ist das Problem. Diese Schwäche im Vertikalen – eine originelle Analyse des katholischen Idealtypus – führt zu dem einen Typus von Schwierigkeiten, sich hier und heute an Christus zu orientieren. Das komplementäre protestantische Grundproblem entsteht durch den – im Glaubensgeschenk – bereits vorausgesetzten und neuzeitlich als Be-

---

[11] Vgl. Nethöfel, zit. Anm. 6, bes. Kap. II.

wußtseinsphänomen vorbestimmten Transzendenzbezug. Hier wird es nicht nur schwierig, „das Verhältnis des Einzelnen zur Kirche" angemessen zu bestimmen, sondern der christliche „Welt-als-Schöpfungs"-Bezug, die horizontale Orientierung, wird zum eigentlichen Problem, wie Schleiermacher scharfsinnig diagnostiziert. Er beleuchtet damit auch die äußerst wirksame theologisch-ethische Verdrängungsfunktion moderner protestantischer Transzendentaltheologie[12].

Nun bietet Schleiermacher selbst ja eine ökumenische Lösung an. In seiner Konstruktion tangiert jeder extreme fundamentaltheologische Konfessionalismus das Wesen des Christentums, dogmatisch wie ethisch[13]. Vor diesem Hintergrund enthüllt gerade die extreme „Lösung", die Tillich schließlich für das Transzendenzproblem anbietet, der letzte Schritt, den er auf diesem Wege geht, die ethische „Fragwürdigkeit" der neuzeitlichen Schöpfungstheologie, weil sie Schleiermachers Zuordnungsgefüge sprengt. Die Welt, die waagerechte Achse, wird hier scheinbar ganz ernstgenommen – theologisch aber ist sie nicht mehr Ausgangspunkt der Antworten, sondern nur noch der Fragen: nach der „Tiefe des Seins" – auf die dann als Offenbarung die Lehre vom Schöpfer antworten kann. In analoger Weise soll auf die Frage nach der Überwindung existentieller Entfremdung Jesus als der Christus die Antwort der Offenbarung sein. Woraufhin aber orientiert das zugrundeliegende Schema selbst? Es löst als Ganzes nur noch die Neuzeitfrage, es beantwortet die Gottesfrage als die Möglichkeit des Transzendenzbezuges unter den Bedingungen der Neuzeit. Diese Lösung antwortet trefflich auf Religionskritik, aber sie löst dabei die Theologie in Apologetik auf. Es ist, wie sich zeigen wird, kein Zufall, daß sie auf traditionelle Christen konturlos und „abstrakt" wirkt.

Man kann nicht „hinter Tillich zurück". Aber in seinem Lösungsschema wird die gesamte materiale Dogmatik zur Explikation der Fundamentaltheologie, und die traditionelle vorneuzeitliche Schöpfungstheologie erscheint dann ebenso rein als ethisch motiviert. Sie orientiert ja gar nicht hin auf die Tatsache, daß die Welt einen Schöpfer hat und Schöpfung ist und wie man dies erkennen kann (dies steht dort gar nicht in Frage), sondern das unter diesem Titel zusammengefaßte Traditionsmaterial verweist darauf, daß ein bestimmter Gott: Jahwe Schöpfer der Welt ist und daß daraus bestimmte Verpflichtungen folgen für geschichtliche Verhältnisse zum Land, zu Pflanzen, Tieren und Menschen, die seine Geschöpfe sind. Diese werden eingeschärft, dann systematisiert, reflektiert. Eben auf diese Verpflichtungen orientiert auch Jesus hin, der Gemeinde erschließen sie sich von ihm her. Die neuzeitliche schöpfungstheologische Denkbewegung ist – gebannt in der Negation – selbst der „Umwertung aller Werte" verfallen, die die naturwissenschaftlich-technische Weltbetrachtung notwendig nach

---

[12] Schleiermacher, zit. Anm. 10, I 127.
[13] Von jener „Formel läßt sich sagen, daß sie ... beiden Teilen solche entgegengesetzte Charaktere beilegt, welche das Wesen des Christentums auf entgegengesetzte Weise modifizieren." Wegen der angesprochenen Gemeinschaftsfunktion der Kirche „wird wahrscheinlich, auch das, was in der Sitte beider Kirchen und in ihren Verfassungsgrundsätzen das Entgegengesetzte ist, werde sich aus derselben Formel entwickeln lassen" (A.a.O. 140 f).

sich zieht. Gewißheit und Wert hängen an den innerweltlichen Konstellationen, Transzendentes ist schon als solches „hinterweltlich". Da scheint der reine Widerspruch schon theologische Inhalte zu produzieren.

Hält man angesichts dieser theologischen Rahmenbedingungen von Tillichs Ausarbeitung der Fragestellung die Grundeinsicht fest, daß die Gebundenheit an empirisch-neuzeitliche Erkenntnisse (freilich unter Einbeziehung der naturwissenschaftlich-paradigmatischen Dimension) unhintergehbar ist, versucht man mit Schleiermacher (und kritisch an Tillich anknüpfend) an einer nicht nur symbolischen theologischen Einbindung des Transzendenzbezuges in die christliche Orientierung festzuhalten, so wird m.E. zunächst das transzendentaltheologische Grundschema der neueren Schöpfungstheologie selbst zum Gegenstand der kritischen Fragen, die von der ethischen Praxis ausgehen. Die dort festgeschriebene Trennungslinie zwischen dem Empirischen und seiner Begründung ist methodologisch und logisch gefährlich. Sie überspringt regelmäßig das Verhältnis von Empirie und empirischen Erkenntnisvoraussetzungen, von paradigmatischer Erkenntnisbedingtheit und von den wieder empirischen (auch in quasi-ästhetischen Theorieformen greifbaren) Konstellationen des Erkenntisfortschritts und verdinglicht in Wahrheit unkritisch und prinzipienlos, was als jeweilige Unterscheidung von Figur und Hintergrund zum Ausgangspunkt kritischer und selbst wiederum empirisch und praktisch kontrollierter Bestimmungen werden müßte. Eine universale Prozeßtheologie scheint sich als Lösung anzubieten; sie steht auch bei den materialen schöpfungstheologischen Orientierungshinweisen, die Schleiermacher wie Tillich dennoch geben, bereits dort avant la lettre, hier unausgewiesen im Hintergrund.

Dabei entstehen neue Probleme – deshalb möchte ich diesen ersten Teil, der ja nur Anfragen plausibel machen soll, mit dem Hinweis auf die formale Ärmlichkeit der theologischen Theoriestrukturen schließen, in denen jene beiden Komponenten unverbunden nebeneinander stehenbleiben, wenn man diese mit den im Hintergrund jener theologischen Orientierungen und im Vordergrund unserer Lebenswelt wirksamen mathematisch-naturwissenschaftlichen Alternativen vergleicht. Blickt man auf den Theoriealltag der Naturwissenschaftler, betrachtet man etwa die konstruktive Auflösung der Widersprüchlichkeit im Begründungsformalismus, den Gödel herausgearbeitet hat, in Russells Typentheorie oder bedenkt man genauer theologische Anwendungshinweise, wie Mathematiker und Logiker sie gelegentlich gaben, so besteht zu geisteswissenschaftlich-theologischer Überheblichkeit kein Anlaß. So parallelisierte Leibniz die „Dualzahlen" 0 und 1 seines binären System mit „Nichts" und „Einheit". Das wirft seiner Meinung nach nicht nur Licht auf die Erschaffung der Welt aus dem Nichts, sondern ebenso auf Gott als Prinzip der Vollkommenheiten und auf das Nichtvollkommene sowie innerhalb dieses Bereiches auf das Nichts „als ein formales (vielleicht das wesentliche!) ‚Stilmittel' Gottes beim Akt der Schöpfung"[14]. Es gibt also bereits in den Prinzipienfragen der Schöpfungstheologie Alternativen, die den ethisch

---

[14] Wölfel, Welt, zit. Anm. 3, 28.

sich erschließenden „notwendigen Beziehungen" besser Rechnung tragen[15]. – Gilt dies auch für die einzelnen dogmatischen Fragen, die zum Gegenstand der Schöpfungstheologie werden?

II Anregungen für materialdogmatische Fragen der Schöpfungstheologie

1. Das Beispiel Unternehmensethik: Institutionen zwischen Sein und Sollen

Wer Ethik lernt und lehrt, stößt früher oder später auf Algorithmen ethischer Verfahrensschritte[16]. Ein kritischer Vergleich mehrerer Ansätze läßt „notwendige Beziehungen" erkennen, und dann werden Fragen nach dem erkenntnistheoretischen und ontologischen Status der Strukturen unausweichlich, die sich – den unterschiedlichen Ansätzen und Begründungen zum Trotz – in all diesen Verfahren durchsetzen. Ich meine, daß dabei auch schöpfungstheologische Implikationen immer deutlicher hervortreten – und kann diese wiederum nicht von der ethischen Praxis trennen, in der sie ihren Ort haben.

Wir bewegten uns in Kiel auf sozialethische Konkretionen und damit auf Bereiche zu, die weder theologische Ethik, noch auch einfach theologische Sozial- und Wirtschaftsethik sind. Wir konnten dabei ausgehen von Eduard Tödts „Versuchen einer ethischen Theorie sittlicher Urteilsfindung". Er entwickelt in diesem Kontext ein „Schema der Sach- und Verlaufsstruktur sittlicher Urteile" mit den sechs Momenten: Problemwahrnehmung, Situationsanalyse, Verhaltensoptionen, Normenprüfung, Urteilsentscheid (später: Prüfung der kommunikativen Verbindlichkeit), Adäquanzkontrolle (später: Urteilsentscheid). Tödt kennzeichnet dieses Schema als „sachlogisch, nicht psychologisch"[17], und als „methodisch geordnet, idealtypisch"[18]. Beim forschenden und lehrenden Voranschreiten zu einer theologischen Wirtschaftsethik kam dann notwendig Arthur Richs Werk in den Blick, der unabhängig von Tödt als „Hauptschritte bei der Maximenbildung" auf diesem Gebiet herausgearbeitet hatte: Problemaufweis, Sichtung von Gestaltungskonzepten, normenkritische Klärungen, Bestimmung der Richtpunkte (das sind „Urteilsbildungen, denen Maximencharakter

---

[15] Wölfel erinnert an den ebenso vergessenen theologischen Beitrag von Euler: Leonhard Euler und die Freigeister. Zum Thema einer „vernünftigen Orthodoxie", in: Theologie und Aufklärung, FS Gottfried Hornig, hrsg. von Wolfgang E. Müller/Hartmut H. R. Schulz, Würzburg 1992 (erscheint im Juni 1992).

[16] Vgl. allg. Wolfgang Bender, Ethische Urteilsbildung (Ethik. Lehr- und Studienbücher 1), Stuttgart 1988, bes. 174–185); vgl. beispielhaft den Beitrag von Robert Heeger, Eigenwert und Verantwortung. Zur normativen Argumentation in der Tierethik, in diesem Band, 251–267.

[17] Perspektiven theologischer Ethik, München 1988, 21–48 (1979/1987), hier: 29; vgl. dazu Ottfried Höffe, Bemerkungen zu einer Theorie sittlicher Urteilsfindung, ZEE 22, 1978, 181–187; Eilert Herms, Grundlinien einer ethischen Theorie der Bildung von ethischen Vorzüglichkeitsurteilen, in: ders., Gesellschaft gestalten. Beiträge zur Sozialethik, Tübingen 1991, 44–55.

[18] Die Zeitmodi in ihrer Bedeutung für die sittliche Urteilsbildung (1984), a.a.O. 49–84, hier: 53.

zukommt"), Kritische Überprüfung[19]. Hier, sagt Rich, „fallen die ersten beiden Schritte Tödts in einen zusammen; die übrigen Schritte sind mit den seinigen vergleichbar"[20]. Führt man diesen Vergleich durch, so entsteht das Bild eines mehrstufigen Prozesses[21], in dem ein neu ins Bewußtsein tretender und zunächst ungeklärter Sollensanspruch zur Frage an das überkommene Seinsverständnis (mit seiner geklärten Anspruchsordnung) wird. Diese Beunruhigung löst tastende und durchaus auch krisenträchtige Versuche aus, den jeweiligen Anlaß zum Objekt einer ethischen Metasprache zu machen. Am Schluß steht eine Orientierungsfigur geglückten Lebens so vor Augen, daß sie zum Gegenstand kommunikabler Entscheidungen wird. Was ist das für ein „Prozeß"[22]?

Die Beobachtung, daß klassisch-ethische Fragen wie Sein oder Sollen, Natur- oder Kultur- (Kommunikations-) Begründung, Deontologie oder Teleologie, Gesinnungs- oder Verantwortungsethik im Verlauf suspendiert sind und am Ende anders sich stellen, fast als Vexierfragen erscheinen, trieb mich voran und begleitete mich hinein in einen Arbeitsbereich, den ich „institutionsbezogene Ethikvermittlung" überschreiben müßte. Er beginnt etwa dort, wo Arthur Rich – er hat das angedeutet – den dritten: betriebswirtschaftlichen Band seines wirtschaftsethischen Werks schreiben müßte[23]. Zusammen mit einer neugierigen Gruppe junger Theologinnen und Theologen lernte ich von da an am meisten von den Berichten und Reflexionen amerikanischer „business ethics", die auch in den USA von Theologen mitbegründet und vorangetrieben wurden[24]. Eingebettet in deren Standardprogramm ist die systematische Unterscheidung und Zuordnung sich überlagernder Entscheidungsebenen, wie sie in nahezu genialer pragmatischer Reduktion Manuel G. Velasquez darstellt. „Gelöst", d.h. abgearbeitet wird dadurch zunächst der zentrale metaethische Einwand gegen die Möglichkeit solcher Ethik überhaupt: Können Institutionen, Gruppen, „ethische Subjekte" sein und moralisch handeln? Abgearbeitet wird durch die Beachtung solcher „Überdeterminierungen" sodann die Konkurrenz der metaethischen Optionen Deontologie und Teleologie. Deontologisch ist zu entscheiden, wenn die (Grund-)Rechte der handelnden Personen direkt von Entscheidungen betroffen sein könnten: Respektiere Rechte! Teleologisch, genauer regelutilitaristisch, ist zwischen Gruppeninteressen zu entscheiden: Verteile Lasten und Wohltaten gerecht! Rein utilitaristisch, d.h. unter

---

[19] Wirtschaftsethik. Grundlagen in theologischer Perspektive, Gütersloh 1984/³1987, 224–228; vgl. dazu Stefan Jepsen, Zum Verhältnis von Theorie und Praxis im sozialethischen Werk Arthur Richs, Kiel (Masch.) 1991.

[20] A.a.O. 224 Anm. 4.

[21] Rich: „zirkulär", Tödt: „iterativ".

[22] Vgl. dazu Burkhard Hanke, Wirtschaftsethische Urteilsfindung. Phasenmodelle in theologischer Sicht, Kiel (Masch.) 1990.

[23] Vgl. Wirtschaftsethik Bd. 2, Marktwirtschaft, Planwirtschaft, Weltwirtschaft aus sozialethischer Sicht, Gütersloh 1990, 13: die beiden ersten Bände seien auf dieses eigentliche Praxisfeld bezogen nur ein „Torso".

[24] Vgl. Karl-Wilhelm Dahm, Unternehmensbezogene Ethikvermittlung. Literaturbericht: Zur neueren Entwicklung der Wirtschaftsethik, ZEE 33, 1989, 121–147, bes. 133–138.

Zweckmäßigkeitsgesichtspunkten ist abzuwägen, wenn es um die institutionelle Verteilung von Ressourcen geht, mit denen soziale Güter geschaffen werden können: Maximiere den sozialen Nutzen[25]!

In dieser pragmatischen Lösung sind fundamentale und materiale Aspekte unlösbar miteinander verknüpft. Was bedeutet jenes „Abarbeiten", und an welchen Geschöpfen, in welchen Schöpfungsordnungen geschieht dies – oder soll man fragen: was wird dadurch konstituiert? Im Kontext konkreter ethischer Entscheidungsfragen und der dort sich herausschälenden Strukturen werden die schöpfungstheologischen Aporien und Blockierungen der Institutionen-Diskussion überwunden[26]. Wir stießen auf Peter Ulrich, der gerade zur Überwindung der Unterscheidung, freilich auch der Zuordnung von Sach- und Menschengerechtem bei Arthur Rich ein differenziertes Schema entwickelte, das eine kritische Diskussion institutioneller Voraussetzungen unternehmensethischer Entscheidungen ermöglicht und das diese zugleich begründen und anleiten, auch für sie werben soll[27]. Ulrich deutet die „institutionalistische Revolution in der Wirtschaftstheorie" durch James M. Buchanan im Kontext der „Entwicklung der ökonomischen Rationalitätskonzeption als Spiegelung des historischen Rationalisierungsprozesses" und rekonstruiert so einen zugleich genetischen und sachlichen „vertragstheoretischen Zusammenhang von Effizienz und freier Konsensfindung", in dem der Brückenschlag von der moralphilosophischen (und -theologischen) Dimension zur gegenwärtig anstehenden „sprachpragmatischen Wende der ökonomischen Rationalitätskonzeption" noch zu leisten sei[28].

Ulrich stützt sich bei seiner „praktischen Sozialökonomie" auf Karl-Otto Apel[29]. Die drei pragmatisch parallelisierten institutionell-ethischen Ebenen von Velasquez werden dabei zu „betriebswirtschaftlichen Rationalisierungsebenen", denen ein bestimmter Rationalisierungstyp zugeordnet ist[30]. Freilich konzentriert sich nun das „normative Management" auf die durch den Gesellschaftsvertrag konstituierte und im Entschluß zur „offenen Unternehmungsverfassung" sich konkretisierende Verantwortlichkeit für die „Unternehmung als quasi-öffentliche Institution". Das Unternehmen entwickelt „responsiveness" als Antwort auf die durch den Wertewandel verstärkte

---

[25] Vgl. Manuel G. Velasquez, Business Ethics. Concepts and Cases, Englewood NJ ²1988, 116f.
[26] Vgl. den Überblick bei Martin Honecker, Einführung in die Theologische Ethik. Grundlagen und Grundbegriffe, Berlin/New York 1990, 304–313.
[27] Peter Ulrich, Die Weiterentwicklung der ökonomischen Rationalität – zur Grundlegung der Ethik der Unternehmung, in: Ökonomische Theorie und Ethik, hrsg. von Bernd Biervert/Martin Held, Frankfurt/New York 1987, 122–149, bes. 122–126 u. Anm. 5; vgl. ders. Transformationen der ökonomischen Vernunft. Fortschrittsperspektiven der modernen Industriegesellschaft, Bern/Stuttgart 1986, bes. 343.
[28] Zu Buchanans Bedeutung für die Wirtschaftsethik vgl. auch: Karl-Hans Hartwig, Die Vertragstheoretische Institutionenanalyse von James M. Buchanan: Konzeptionelle Grundlagen und Implikationen, in: Theologische Apekte der Wirtschaftsethik III (Loccumer Protokolle), Loccum 1987, 153–167; Eilert Herms, Beobachtungen und Erwägungen zu J. M. Buchanans vertragstheoretischer Sozialphilosophie, a.a.O. 168–186.
[29] Ulrich, Weiterentwicklung, zit. Anm. 27, 126–130.
[30] A.a.O. 132, vgl. 136.

Konfrontation mit den externen Folgen seines Handelns und realisiert sie durch einen internen konsensorientierten („kommunikativ-ethischen") Verständigungsprozess.

Die personalistische Reduktion der von Velasquez herausgearbeiteten deontologischen Entscheidungsebene ist hier überwunden, und auch das bei solchen Entscheidungen notwendige Verständigungsverfahren konkretisiert sich. Unklar bleibt aber bei Ulrich, daß vor allem auf dieser Ebene die in Wirtschaft, Verwaltung und Politik schwierige hermeneutische Aufgabe zu leisten ist, Bilder guten Lebens zur Sprache zu bringen und im Konsens darüber Unbeliebiges zum Gegenstand prinzipieller Entscheidungen zu machen. Vor allem jedoch verblassen bei der richtigen Herausarbeitung der Überdeterminierung aller betriebswirtschaftlichen Rationalisierungsebenen die ethische Dimension und die ethische Eigentümlichkeit der überlagerten anderen beiden Entscheidungsebenen; sie stehen sogar in der Gefahr, als „strategisch" bzw. „operativ" ethisch immunisiert zu werden. Wo Ulrich die strategische Steuerung des Unternehmens, das auf den Strukturwandel durch Innovationsdruck reagiert, innerhalb des politisch-normativen Rahmens einer Sozialtechnologie überläßt, dort kann und muß man mit Velasquez die Frage nach der Gerechtigkeit im Verteilungskampf von Gruppeninteressen ansiedeln (und regelutilitaristisch lösen). Und Ulrichs dritte Ebene des operativen Ressourceneinsatzes ist zwar nach Velasquez ganz ähnlich zu bestimmen – aber bei diesem bleibt deutlich, daß bei operativen (taktischen) Managementsentscheidungen, mit denen auf den Kostendruck durch technischen Fortschritt reagiert wird, auch eine spezifische ethische Rationalität impliziert ist und daher innerbetrieblich expliziert werden sollte: die utilitaristische Folgenabwägung der Allokation von Mitteln, bezogen auf das Ziel des „social benefit".

2. „Management of Values": Strukturen und Prozesse ethischer Schöpfung

Der amerikanische Föderaltheologe Charles McCoy sieht das institutionelle „Management of Values" ähnlich wie Buchanan und Ulrich eingebettet in „Corporate Covenants and Commitment"[31]. Aber er scheint sich als Unternehmensethiker theologisch ganz zu entäußern, indem er der verschwiegenen Ausgangshypothese seiner Kollegen widerspricht, Religion und Moral müßten erst noch ins Wirtschaftsleben eingeführt werden. Sein Ansatzpunkt ist ein anderer. Er glaubt sich darauf beschränken zu können, die auf allen betrieblichen Entscheidungsebenen implizierten (ich ergänze: weltanschaulichen und) Wertüberzeugungen explizit und damit erst zum möglichen Gegenstand professioneller Management-Entscheidungen zu machen. Ebenen und Phasen folgen den schon herausgearbeiteten „notwendigen Strukturen". Neu ist aber die Verwandlung aller logischen in Verfahrensschritte und deren Integration in ein unternehmensethisches Programm, das die Wertdimension institutioneller Entscheidungsprozesse bewußt macht und diesen Vorgang selbst wiederum institutionell fest-

---

[31] So der Titel der „business ethics" des Theologen Charles S. McCoy (Utl. The Ethical Difference in Corporate Policy and Performance), Boston 1985; vgl. Hanke, zit. Anm. 22, 33–41.

schreibt. Es geht darin um die Initiierung eines permanenten Prozesses, in dem die „corporate culture" des Unternehmens Gestalt annimmt und dessen einheitliches Prinzip es ist zu verhindern, daß jene ethische Dimension des Handelns erneut verdrängt werden kann. Bei der Erarbeitung von Grundlagen und vor allem bei der Verarbeitung von „Fällen" wurde uns deutlich, daß in der konstruktiven Auflösung metaethischer Alternativen und Unterscheidungen methodisch wie theoretisch neue Wege gewiesen werden. Ich hoffte, sie würden auch schöpfungstheologisch über jenes bloße Nebeneinander zweier Komponenten hinausführen.

Zum Inbegriff der sich uns aufdrängenden theoretischen und methodischen Einsichten wurde für uns in Firmen- und Institutionsberatung, auf Pastoralkollegs und -konventen die „Moderationsmethode", mit der Gruppen angeleitet werden, durch die Offenlegung und Bearbeitung des Kommunikationsprozesses ihre Probleme: immer noch selbst, aber besser als zuvor zu lösen[32]. Die von McCoy zum Prinzip erhobene Bewegung vom Hintergrund (dem Verdrängten) in den Vordergrund wurde hier festgehalten. Festgehalten wird auch die Grundeinsicht der „business ethics", daß ethische Entscheidungen institutionelle Strukturen und moderierte Veränderungen institutionelle Prozesse sind. Nun zeigte sich, daß eben diese klar beschreibbaren ethischen Strukturen und Prozesse auch zwischen Deontologie und Teleologie bzw. Utilitarismus vermitteln.

Das Ethikprogramm in einer Firma kann (und sollte vielleicht sogar!) utilitaristisch motiviert sein. „Excellence" im Wettbewerb korreliert mit der Durchführung von Ethikprogrammen. Es darf um das Vertrauen von Lieferanten und Kunden geworben werden. Aber dies funktioniert auf Dauer eben nur, wenn die Führung eines Unternehmens, einer Institution die Ziele des Programms „ehrlich" will und sich kategorisch: deontologisch daran bindet (und nicht etwa Corporate Identity oder Corporate Culture als werbewirksames Corporate Design mißversteht). Das von der Führung eindeutig zu beschließende Programm ist aber dann – auch das erscheint zunächst paradox – prinzipiell partizipatorisch. Ja es besteht sogar in seinem Verlauf zunächst nur in jenem durch das unternehmensethische Programm ermöglichten Wertemanagement: im moderierten Offenlegen der Wertüberzeugungen aller, die an einem institutionellen Entscheidungsprozeß beteiligt sind. Hier gehen dann synthetische: ganzheitliche und wertende Wahrnehmungen ein in Strukturanalysen und -funktionen. Und diese Strukturen (einschließlich funktionierender Rückmeldemechanismen) müssen schließlich wiederum zum Seins- und Wesensmerkmal der Institution werden, an dem sich Mitarbeiter, Lieferanten und Kunden dauerhaft orientieren können. Erst in diesem Kontext finden die „Grundsätze" ihren Platz, die als Ergebnis des ersten Durchgangs formuliert werden. Da sie oft das einzige sind, was „draußen" sichtbar wird, ist

---

[32] Vgl. z.B. Karin Klebert/Einhart Schrader/Walter G. Strauss, Moderationsmethode. Gestaltung der Meinungs- und Willensbildung in Gruppen, die miteinander lernen und leben, arbeiten und spielen, Hamburg (o.J.); Karin Klebert/Einhart Schrader/Walter Straub, Kurzmoderation. Anwendung der Moderationsmethode in Betrieb, Schule, Hochschule, Kirche, Politik, Sozialbereich und Familie, Hamburg ²1987.

ihre Formulierung fatalerweise zum Inbegriff und damit zum Ersatz von institutionellen Ethikprogrammen geworden.

Als Essenz des ethischen Praxisprozesses drängte sich mir auch hier eine Erkenntnis auf, die ich in ihrem Entdeckungszusammenhang nicht hinreichend interpretieren konnte: „Ethik ist der Feind!", d. h. die größte Versuchung in jedem Moment dieses Verfahrens ist es, der singulären Konstellation des Einzelfalls zu früh zu entfliehen und sich zu flüchten in allgemeine ethische Formeln, transzendentale und Metareflexionen. Solche Erfahrungen, der Habitus, der sich hier bildet, prägt sich der theologischen Existenz so ein, daß er sich auch im Bereich der Schöpfungstheologie sofort konkretisiert. Diese selbst in ihrer traditionellen, paradigmatischen Ausprägung als größtes Hindernis des theologischen Erkenntnisfortschritts zu betrachten, erwies sich als außerordentlich fruchtbar – und zwar auch theologiegeschichtlich.

Der praktische und methodische Rückverweis auf singuläre Konstellationen: immer wieder neu auf den Einzelfall, einzelne Gruppen und Personen in ihren wechselnden und in andauernden Beziehungen immer tiefer sich erschließenden Lebensumständen kann sich auch ausprägen als Widerstand gegen den Sog und dann als Gegenbewegung zur traditional analogisierenden oder transzendental begründenden Flucht, die von der „Welt" erst zur Schöpfung führen soll und wohin überhaupt der Königsweg der systematischen Theologie zu führen scheint. Die Umkehr ist vielleicht schon angedeutet in Tillichs Grundmetapher von der „Tiefe des Seins", mit der er – apologetisch und besorgt – den Blick vom traditionellen „in excelsis" lösen will. Weg vom Himmel auf Krippe und Kreuz. Luther wußte, daß man hier dem Schöpfer ins Herz schaut – und daß sich nur von hier aus und wieder hier hinführend Schöpfungstheologie sachgemäß in der ihr eigenen Spiral-, richtiger: Wendelbewegung entfaltet.

Ethische kommen dann als schöpfungsethische Strukturen und Prozesse in den Blick, und es zeigt sich auch, daß Prinzipien- und materiale Fragen der Schöpfungstheologie untrennbar sind, wenn wir sie von jenen ethischen Prozessen und Strukturen her ins Auge fassen. Sie erschließen sämtlich Seinsstrukturen – und diese Verschränkung ist so eng, daß Schöpfungsethik in ihrer heuristischen Funktion schöpfungstheologisch gar nicht ersetzbar ist.

3. Institutionelle Entscheidungen: Komplexität und Schöpfungsordnung

In der intensiven Vor- und Nachbereitung eines gentechnischen Beratungsprojektes, das gerade in der Verarbeitung seines schließlichen Scheiterns meine Arbeit konsolidierte und weiterführte, traten die schöpfungstheologischen Verweise immer stärker und in zunehmend deutlicherer Ausprägung in den Vordergrund. Die Sach- und Strukturinformationen des Einzelfalls konkretisierten sich hier als das sich abzeichnende Gruppensetting, von dem ich bei der Moderation in der Beratungsmaßnahme hätte ausgehen müssen. Aus dem komplexen Organisationsgefüge einer Firma schälten sich hier als Relevanzgrenzen des ethischen Orientierungs- und Entscheidungsprozesses zunächst die Definitionsgrenzen eines sozialen Systems heraus, dessen interne und

externe Überdeterminierungsverhältnisse ich sorgfältig zu bestimmen hatte, ebenso
– das zeigte sich immer deutlicher – wie die Vorgeschichte des Konflikts und die Vorentscheidungen, die dessen aktuellen Zustand prägten. Für den Beratungsprozeß hätte sich sodann eine anthropologische „Komplexitätsreduktion" des sozialen Systems als hilfreich erwiesen: die Zuordnung des Konflikts zu jenen schematisierten Stufen sich überlagernder Fähigkeiten und Verantwortlichkeiten, wie sie Piaget und Kohlberg herausgearbeitet haben.

Zur Entscheidung stand die Frage, ob die gentechnische Entwicklung von Herbizid-Totalresistenz ethisch vertretbar war oder nicht, und es gab in der Firma unterschiedliche Meinungen dazu. Bei den verschiedenen Orientierungsversuchen hatte u. a. Bernhard Irrgangs Versuch eine Rolle gespielt, als „Vorüberlegungen zu einer Ethik der Biotechnologie" „Leitlinien einer Ethik der Gentechnik" aufzustellen[33]. Gerade die praxisbezogene Analyse: die Suche nach möglichen Verfahrensschritten ergab, daß auch mit einer transzendentalen Neuinterpretation der theologischen Integration des Naturrechts einem Dilemma nicht zu entgehen ist: man muß zwischen der Zustimmung zum Ansatz und der zu den plausiblen Folgerungen wählen, worunter bei Irrgang z.B. das prinzipielle Votum gegen „biologischen Metaphysizismus" und für die Folgeabschätzung sowie die Explikation eines Einfühlungskriteriums gegenüber anderen Lebewesen gehört. In seinem und ähnlichen Ansätzen wird aus dem Theologischen die theologisch-anthropologische Begründung des sittlichen Handelns in Vernunft und Freiheit überhaupt und werden besonders die ethischen Universalisierungs- und Verallgemeinerungsformeln, wie Kant sie aufstellt. Aus dem Naturrecht selbst wird das Vernünftige als das Sachgemäße und werden die Möglichkeitsbedingungen für Regel- und auch Einzelfall-Utilitarismus.

Es blieb für mich bei dem, was Wölfel früh gelehrt hatte: „auch das N(aturrecht) muß im Kopf seiner Erforscher erst positiv werden"[34]. Jener transzendentale Integrationsversuch oder besser: der Versuch, die Transzendentalphilosophie als Brücke zur Neuzeit zu benutzen, endet bei Irrgang mit einer Begründung diskursethischer Entscheidungspraxis; seine weiterführenden Ansätze werden dort nicht festgeschrieben. Wo es bei anderen weitergeht, muß man bei der Kriterienbestimmung doch wieder davon ausgehen, ein hierarchisch geordnetes Sein sei objektiv mit Wertvorgaben durchzogen, ablesbar von „allen Menschen guten Willens". Was aber sinnvoll in solchen Entscheidungsprozessen vorausgesetzt werden kann, ist allenfalls eine quasi-juristische „Natur der Sache", sind „sachlogische Strukturen" im Sinne der „naturalen" und „ge-

---

[33] Naturwissenschaften 77, 1990, 569–577; vgl. ders., Naturrecht als Entscheidungshilfe? Am Beispiel der Bewertung gentechnischer Verfahren aus ethisch-theologischer Perspektive, in: Naturrecht im ethischen Diskurs, hrsg. von Marianne Heimbach-Steins, Münster 1990, 67–98, sowie zum weiteren Kontext die vorbereitenden und perspektivischen Überlegungen: Wolfgang Nethöfel, Biotechnik zwischen Schöpferglauben und schöpferischem Handeln, EvTh 49, 1989, 179–199.

[34] Eberhard Wölfel/Wolfgang Nethöfel, Art. Naturrecht, EStL³, Sp. 2223–2233, hier Sp. 2224.

schichtlichen Unbeliebigkeiten", auf die Wilhelm Korff hinweist[35]. Verfahrensrelevante Konkretionen ergeben sich nur ansatzabhängig und paradigmenbezogen, und sie sind gebunden an Zwischengrößen, wie sie bei den von Ulrich herausgearbeiteten Rationalitäts- als betrieblichen Rationalisierungsebenen ins Spiel kamen und wie sie im vorliegenden Beratungsfall Walther Ch. Zimmerli zur Strukturierung des Entscheidungsprozesses vorgeschlagen hatte[36].

In einem als „pragmatisch" eingeführten Verfahren sollte zwischen „verboten", „moralisch neutral" (nicht entscheidbar) und „geboten" auf fünf aufeinanderfolgenden Geltungsebenen entschieden werden, wobei die universalen Grundprinzipien „Verallgemeinerkeit", „Gleichheit", „Gerechtigkeit" regionale und temporale, berufsstandspezifische, Gruppen- und individuelle Prinzipien überlagerten. Das Gesamtschema funktionierte als Ausschlußverfahren und sollte den Rahmen für Folgeabschätzungen abgeben, wobei Zimmerli „Natur" als Selbstorganisation in wachsenden Freiheitsgraden einführte. Diese Konstellation von Ansatz und Einzelfall ließ für mich die Verschränkung von objektiven und subjektiven Freiheitsgraden als notwendige Eigenschaft des ethischen Prozesses hervortreten – allerdings untrennbar von einem inneren Erlebnis, Einfühlungs- und Erschließungsgeschehen. Gerade diese Verschränkung, gewissermaßen eine konstruktivistische Ästhetik, erwies sich als schöpfungstheologisch relevant, und zwar umso mehr, als sie auch schöpfungstheologische Merkmale an den vorangegangenen institutionellen Strukturen deutlicher zu erkennen und zu bestimmen erlaubte.

Die unteren Ebenen aller Entscheidungsmodelle betreffen typischerweise allopoietische Organisationen: Sachen, Ressourcen; die mittleren betreffen (und konstituieren) autopoietische Konsensualitätsbereiche, also Gruppen oder Organisationen; die oberen betreffen autopoietische Systeme selbst: sie tangieren die Integrität von Lebewesen, schließlich die Rechts- und Freiheitsnatur des Menschen. Bei einer solchen Betrachtungsweise entwirrt sich die Zeitordnung jener institutionellen Modelle als Funktion der Evolution: Entscheidungen über Ressourcen sind taktisch und schnell, aber sie setzen auch nur Rahmenbedingungen für die Evolution von Gattungen. Die ökologische und biologische Konstellation der Menschheitsgattung: die ästhetischen Wahrnehmungsvoraussetzungen und die Gemeinschaftsbedingungen für Mitkreaturen, auf die hier eingewirkt wird, sind stets noch einmal kulturell und geschichtlich vermittelt. In dieser Vermittlung und in beiden Hinsichten wirken die Entscheidungen auf den Zwischenebenen mittelfristig: sie wirken als Evolutionsdruck auf die Gattung und sind Rahmenbedingungen für den einzelnen. Die Entscheidungen auf den oberen

---

[35] Wilhelm Korff, Norm und Sittlichkeit, Mainz 1973; ders., Theologische Ethik, Freiburg 1975; vgl. die Integration analoger Gedanken bei Alfons Auer, Autonome Moral und christlicher Glaube, Düsseldorf 1984, und Franz Böckle, Fundamentalmoral, München 1978, und dazu: Wolfgang Nethöfel, Moraltheologie nach dem Konzil. Personen, Programme, Positionen (KiKonf 26), Göttingen 1987, bes. Kap. II und III.

[36] Vgl. Spezifische Problembereiche, in: Technik und Philosophie, hrsg. von Friedrich Rapp, Düsseldorf 1990 (Technik und Kultur 1), 259–287, bes. 262–264.

Ebenen wirken zwar strategisch und langfristig, wenn man das Individuum betrachtet – aber sie tangieren es gegebenenfalls instantan und direkt als Einheit und Element der Gattungsevolution; sie vermögen konstitutive autopoietische Freiheitsgrade zu beschränken.

Die Rechts- und Vertragssysteme regeln dementsprechend einmal den stofflichen Austausch der Menschheitsgattung an der Natur-Kultur-Grenze, wo diese selbst sich als autopoietisches Gesellschaftssystem im Sinne Luhmanns (und Maturanas) konstituiert. Sie regeln sodann diese gesellschaftliche Autopoiesis, indem sie deren Evolutionsbedingungen als gewollte festsetzen, und sie schreiben schließlich Grenzen fest, um welchen Preis des Gattungsindividuums die Evolution nicht vorangetrieben werden soll und darf. Dabei setzen die oberen Ebenen stets – durch Begrenzungen möglichen Handelns – notwendige Evolutionsbedingungen für die autopoietischen Prozesse der unteren Ebene. Was diese lenkt, aber weder behindern muß noch Richtungen festschreibt, noch je das System allopoietisch auf ein Bild hin transformieren könnte. Selbst die letztlich steuernden Bilder guten Lebens, die sich gerecht verwirklichen sollen – so könnte man die Stufen funktional einander zuordnen –: selbst diese Bilder sind kulturelle Fragen an die Natur, die mit dem ihr eigenen „totaliter aliter" schon die Geschichte mit evolutionärer Unbestimmtheit und Unbestimmbarkeit prägt.

Eine analoge Begründung ließe sich für die anthropologischen Stufenmodelle durchführen, die den institutionellen integriert sind, in der therapeutischen und betrieblichen Beratungspraxis aber durchaus in den Vordergrund treten können. Freiheit und Verantwortung lassen sich hypothesenabhängig aber unbeliebig auf Freiheitsgrade, Möglichkeits- und Wirkungsräume in autopoietischen Systemen zurückführen, die sich in strukturellen Koppelungen entwickeln. Es zeigt sich, daß wir hier entlang – wenn nicht werten müssen, so doch plausibel ordnen, begründen und individuell entscheiden sowie institutionell handeln können, weil wir uns dabei in einem Orientierungsmuster bewegen, das selbst „tief", nämlich evolutionär verankert ist. So läßt sich die theologische Grundoption gegen die transzendentale Begründungsbewegung ihrerseits schöpfungstheologisch begründen ebenso wie die Gegenbewegung in geschichtliche und institutionelle Spezifikationen hinein bis zur Wahrnehmung, Benennung und Beschreibung singulärer Konstellationen; begründen läßt sich das Einfühlungskriterium und ein Entscheidungsmaßstab entlang abgestufter Verwandtschaft von Sachen, pflanzlichen und tierischen Lebewesen bis hin zu „unseresgleichen". Es zeichnen sich Gründe und Möglichkeitsbedingungen evolutionär gestufter und zugleich institutionell präzisierter Verantwortung innerhalb einer zugleich schöpfungsethischen und -theologischen „Theologie der Ordnungen" ab, die traditionelle aber auch neuzeitliche Alternativen wie liberaltheologische Resignation, existenz- und dialektisch-theologischen Dezisionismus in Frage stellt.

Solche materialen Schöpfungsordnungen, die selbst zwischen Sein und Sollen vermitteln, sind freilich von Verfahrensfragen nicht zu trennen. Sehr grob, aber vorläufig und näherungsweise und jedenfalls zur Vermeidung von Fehlorientierungen kann man, ehe andere ethische oder theologische Theoriemodelle zur Verfügung stehen, ethische

Diskursvoraussetzungen und -inhalte wie notwendige und hinreichende Bedingungen einander zuordnen. Eine Schöpfungstheologie, die sich hieran orientiert, steht jedenfalls in einem Wechselwirkungsprozeß mit der Schöpfungsethik. Im vorliegenden Fall mußte ich mich fragen, ob bei der Abarbeitung der gen-ethischen Sachfragen in Zimmerlis Entscheidungsalgorithmus unter den gegebenen institutionellen Bedingungen tatsächlich ein unternehmensethischer Prozeß wenigstens initiiert werden könnte, der im Sinne McCoys die unbewußten Wertentscheidungen so bewußt machte, daß dieser Vorgang selbst institutionell unumkehrbar sein würde. Oder sollte ich zur Funktion einer Corporate-Design-Kampagne werden? – Ich mußte davon ausgehen, daß es nur noch um die innerbetriebliche Akzeptanz, die ethische „Entsorgung" bereits gefallener Entscheidungen ging. Die Mindestbedingungen eines unternehmensethischen Moderationsprozesses waren meiner Meinung nach nicht gegeben; die Maßstäbe, die ich mir als Theologe für ein „contracting" gesetzt hatte, waren nicht erfüllt.

In der Verarbeitung dieser Erfahrung erschloß sich mir die schöpfungstheologische Bedeutung von Entscheidungs- und Beratungsprozessen.

III Schöpfungsethische Kreativität als Einheitsprinzip fundamentaler und materialer Schöpfungstheologie

1. Das Beispiel konstruktivistischer Therapie-Ethik

Die therapeutische Berufsethik hat immer schon irgendwie die Spannung zwischen den metaethischen Gegensätzen Heteronomie und Autonomie verarbeiten müssen, die uns etwa die Frage nach dem Proprium christlicher Ethik beschert hat oder die, ob Gott einfach befiehlt, das Gute auch zu tun, oder ob etwas schon deshalb gut ist, weil Gott es befiehlt. Der Therapeut jedenfalls kann eine zeitweilige Fremdbestimmung des Klienten verantworten, wenn und solange diese im Dienste künftiger Selbstbestimmung des Klienten steht. Angeregt durch die biologische Erkenntnistheorie Maturanas und Varelas, hatte ich nun während meiner gestalttherapeutischen Arbeit erfahren, wie und auch daran mitgearbeitet, daß durch konstruktivistische Einsichten und Verfahren die Überwindung des Gegensatzes zwischen Heteronomie und Autonomie zum Grundthema der therapeutischen Arbeit mit einzelnen und in Gruppen wird[37]. Durch die Einsicht, daß jede Außenwahrnehmung immer auf die Autopoiesis lebender Systeme bezogen ist, wird der therapeutische Prozeß kausal, genauer: teleologisch entkoppelt. Ich darf den Klienten nicht als Objekt behandeln, den ich von hier: aus der Krankheit, nach dort: in die Gesundheit hineinbewegen muß. Diese teleologische Verkoppelung wird durch die strukturelle Koppelung innerhalb eines Prozesses ersetzt, in dem ich jeweils neu auf den Eindruck reagiere, den der Klient auf mich macht – und wo er dieselbe Chance hat. Die Wahrnehmung dieser Freiheit alterniert nun auf

---

[37] Vgl. Gerhard Portele, Autonomie, Macht, Liebe, Frankfurt 1988.

beiden Seiten mit der Wahrnehmung ihrer nichtbeliebigen Voraussetzungen. Die singulären Konstellationen, von denen wir immer wieder auszugehen haben, sind wie sie sind: „natural unbeliebig".

Ethisch ist hier, den anderen, die andere, immer wieder so sein zu lassen, wie er oder sie ist und reagiert – wobei zu diesem Sein und zu dieser Reaktion die Verarbeitung des authentischen Eindrucks gehört, auf den das Gegenüber Anspruch hat. Beides zusammen ermöglicht Änderung. Und Kompetenz bedeutet, den Sprung in die Metaebene immer wieder zu vermeiden bzw. jede Analyse als meine Hypothese zu erkennen, die ich dem Klienten als Möglichkeit anbiete, auf die er auf seine, sie auf ihre Weise reagieren kann. Finalisierungen, Versuche kausaler Beeinflussung zerstören die Selbstorganisation lebender Systeme; sie sind das (nicht nur Therapeutisch-) Unethische schlechthin.

In solchen Prozessen wird die theoretisch einzufordernde Eigenständigkeit der Wahrnehmungskomponente erfahren in der Notwendigkeit, die eigene Analysen- und Hypothesenbildung zu unterbrechen, und als Bedingung der Möglichkeit von Nähe, Distanz, Veränderung. Diese Erfahrung trägt; sie schärft den Blick für die konstitutive Bedeutung dieser Erkenntniskomponente, die in der Neuzeit zum Unbewußten der Theoriebildung geworden ist. In der Folge dieser Verdrängung der Wahrnehmung sind auch deren soziale Träger marginalisiert worden: diskriminiert als verrückt oder funktional isoliert im Bereich der Ästhetik, wenn sie als „Propheten" in Erscheinung treten. Diese, daran sei erinnert, sagen ja nicht voraus, sondern sie drücken diskursintermittierend aus, was sie – unverstellter als andere – sehen.

Die therapeutische Erfahrung, daß und wie es weitergeht, macht die Angst erträglich vor dem Schweigen, dem Bruch, der Lücke, dem Loch, die neuer Wahrnehmung vorausgehen; sie motiviert dazu, den „neuen Blick" zu suchen, auch technisch. Mich lehrte sie, die endlosen erkenntnisblinden analytischen Deduktionsketten gegenwärtiger sytematisch-theologischer Diskurse aus jener Angst vor dem Abbruch, letztlich aus jener Angst vor neuer Erfahrung heraus zu verstehen und mich – wenigstens ansatzweise – in solche theologischen Existenzen einzufühlen, Kommunikation aufrechtzuerhalten und Ergebnisse auf ihre, sei es zufällige Erschließungsleistung hin zu überprüfen. Es bleibt aber dabei, daß die Dogmatik, auch die Schöpfungstheologie, nur von dem lebt, was die Propheten damals und nicht zuletzt heute durch die intuitive und wertende, d.h. durch synthetische Wahrnehmung und durch sprachschöpferische: divinatorische Thematisierung singulärer Konstellationen der christlichen Tradition als Voraussetzung aller Reflexion erschlossen haben. Dies gilt übrigens auch für das Verhältnis von politischer Prophetie und institutionalisierter Politik, wie vor allem der langsame Einzug des Ökologie-Themas in das politische Diskurssystem gezeigt hat.

2. Der kreative Prozeß zwischen Schöpfungsethik und Schöpfungstheologie

Evident ist, warum jene skizzierte therapeutisch kompetente Haltung entlastend wirkt; teleologische Entkoppelung bei äußerstem Engagement hat ihren Lohn in sich.

Sie wirkt befreiend: auf beide Partner im therapeutischen Prozeß. Dieser therapeutische Prozeß ist in sich sinnvoll; und er ist produktiv, gerade weil wir uns in ihm dem Produktionszwang unserer Kultur einmal entziehen. Der hier exemplarisch anschauliche und erfahrbare Prozeß, in dem Neues entsteht, erschließt auch die in anderen Bereichen wirkenden Vermittlungen von Sein und Sollen, Deontologie und Utilitarismus, Autonomie und Heteronomie. Sich aus seinen gewohnten Wissens- und Wertvorstellungen an seiner Grenze herausgefordert und gestört zu sehen, in eine Orientierungs-, oft genug Identitätskrise zu geraten, die sich überraschend löst und zu neuen Ausprägungen und Orientierungsgestalten führt: individuell, kollektiv, institutionell; die neue technische Gebilde ermöglicht und Natur neu erschließt, ein Schematismus, der ausgehend von der Verhältnisbestimmung von alter und neuer Gestalt auch eine konsistente Theorie von Überdeterminierungen ermöglicht: all dies ist im herrschenden theologischen Paradigma schwer unterzubringen aber schöpfungstheologisch kaum entbehrlich.

Daß aus dieser Freiheit ganz *neue* Verhaltensmöglichkeiten entstehen, machte es mir aber möglich, hier die Verbindung der beiden Verfahrenskomponenten zu bestimmen, die mir im ersten Beispiel ziemlich dunkel blieb und die in der institutionellen Ethik eher unter ihrem praktischen Aspekt deutlich hervortritt. Die Phasen des kreativen Prozesses verbinden analytische und synthetische Momente in einer theoretisch wie methodisch gut zu überblickenden Weise[38]. Kompetenz auf den „Neuen Themenfeldern" bedeutet die Fähigkeit, so kreativ zu sein, daß potentielle Freiheitsgrade der involvierten autopoietischen Systeme real werden. Diese Kreativität ist ethisch, und sie realisiert sich in Strukturen, z.B. im Algorithmus institutioneller Entscheidungsprozesse, in denen die Phasen des kreativen Prozesses unter Berücksichtigung der Wertimplikationen aller Beteiligten moderiert werden; hier lassen sich auch die krisenhaften und verwirrenden Momente einordnen, die Beteiligten, Beratern und Beobachtern dort zu schaffen machen[39]. Nicht nur methodisch, auch theoretisch legt sich eine konstruktivistische Perspektive nahe, um solchen Prozessen gerecht zu werden, die auf der Grundlage von modernen Subjekt-Objekt-, Produzent-Produkt- oder semiotischen Wahrheits-Wirklichkeits-Spaltungen prinzipiell nicht erfaßbar sind. Die Theologie selbst erschließt sich dann von jenem Prozeß her immer neu, als sei sie nur in ihm begründet.

Sie ist nämlich einerseits sachlich involviert sowohl durch die singulären Ausgangskonstellationen geschichtlicher Überlieferung, in den Traditionsgestalten, der Semantik des Beginns als auch durch die Semantik und die neuen Gestalten am Ende solcher Prozesse, die diese als religiöse oder sogar als Teil des christlichen Traditionsprozesses identifizierbar machen – in der Binnen- oder in der Außenperspektive. In diesem Kontext kann sich die schöpfungstheologische (und eben nicht nur phänomenologisch-

---

[38] Ich habe das in fundamentaltheologischer Absicht genauer untersucht; vgl. Nethöfel, zit. Anm. 2.
[39] Vgl. oben bei Anm. 22.

verharrende) Bedeutung der zahlreichen Hinweise entfalten, mit denen Herrmann Timm immer wieder der Theologie die Naturvoraussetzung ihrer Traditionen und Reflexionen ins Gedächtnis ruft[40]. Die Theologie ist aber andererseits involviert durch die Syntax kreativer Prozesse, die als Substrat religiöser Orientierung überhaupt verstanden werden müssen – objektiviert in jenen von Zimmerli herangezogenen „Freiheitsgraden der Selbstorganisation"[41]. Kreative Prozesse sind von jenen semantischen Vorgaben christlicher Traditionsmuster her zunächst interpretierbar als Hinweis auf die Art und Weise, wie unbedingte und selbstlose Liebe ihre schöpferische Kraft entfaltet. Da sich so in der eigentlich religiösen Perspektive „Welt als Schöpfung", Leben – in der ethischen Perspektive Albert Schweitzers – als Manifestation der Liebe Gottes und schließlich Rechtfertigung als Neue Schöpfung zu erkennen gibt, schließt sich ein Kreis, genauer: vollendet sich eine Wendel-Drehung, in der Schöpfungstheologie und „die Praxis einer Schöpfungsethik" einander immer wieder wechselseitig voraussetzen.

Dies verweist – zunächst selbst wiederum in der Binnenperspektive christlicher Theologie – auf eine zugrundeliegende kreative Feldstruktur, wie sie Wolfhart Pannenberg und Ingolf Dalferth unabhängig voneinander theologisch entfaltet haben[42]. Entlang dieser Struktur sind gesellschaftliche Orientierungen nichtmetaphorischer, nichtsemiotischer Art möglich und funktional kaum zu ersetzen, wie sie von religiösen und besonders christlichen Traditionen bereitgestellt werden. Solche Orientierungen, wie wir sie in unserem Kieler Projekt erproben, betreffen das Naturverhältnis unserer Kultur im ganzen und sind ökologisch in einem Sinn, der den traditionellen Gegensatz zu geschichtlicher Orientierung aufhebt. Eine Erkenntnis, die sich uns zuerst in der Verarbeitung ökonomischer Planspielerfahrungen aufgedrängt hatte, entfaltete so ihre paradigmatische Bedeutung am Ende der Moderne: Die für die modernen Naturwissenschaften, fürs Experiment, grundlegende Ceteris-paribus-Voraussetzung desorientiert regelmäßig in natürlichen wie in gesellschaftlichen Systemen. Die vor diesem Hintergrund hervortretenden Systemveränderungen und Gestaltverwandlungen in Forschungs-, Entscheidungs- und Orientierungsprozessen sind paradigmensprengend. Sie sind aber vor allem ethisch zu beachtende Sachverhalte. Die beabsichtigten Folgen treten in der Regel nicht ein, sondern völlig andere. Das bestätigte sich bei unseren ethischen Orientierungsbemühungen unter dem Eindruck des Golfkrieges. Man kann Kriegsziele nicht einmal verfehlen; die Welt danach ist „totaliter aliter".

[40] Vgl. zuletzt: Geerdete Vernunft. Von der Lebensfrömmigkeit des Okzidents, Frankfurt/Hamburg 1991.

[41] Ausgegangen werden kann dabei vom Gegensatz „syntagmatischer" und „paradigmatischer Orientierung" in Analogie zu dem von Schleiermacher rekonstruierten konfessionellen Polarität innerweltlicher und Transzendenz-Orientierung – die dann ökumenisch = christlich = eigentlich religiös integriert werden muß; vgl. o. bei Anm. 10. Ich habe dies als Unterscheidung von Orientierungsmustern der „Arbeit" bzw. der „Religion" (I) näher ausgeführt in Nethöfel, zit. Anm. 6, Kap. VII; vgl. zur Bedeutung konfessioneller Vorgaben für die Erschließung kreativer Prozesse an der Kultur-Natur-Grenze auch: ders., Zwischen Ökonomie, Ökologie und Ökumene. Theologische Verantwortung für die Natur, ÖR 36, 1987, 17–32.

[42] Vgl. die Darstellung des Zusammenhangs bei Ingolf U. Dalferth, Kombinatorische Theologie. Probleme theologischer Rationalität (QD 130), Freiburg i.Br./Basel/Wien 1991, 132.

3. Schöpfungstheologie praktisch

Es gibt fast schon traditionelle Brücken, die solch eine schöpfungsethische Grundorientierung schöpfungstheologisch praktisch werden lassen. Sie überspannen den wirklich garstigen Graben zwischen Natur und Kultur bzw. Geschichte, der im Hintergrund aller modernen Orientierungen steht. Wir ergänzten in Kiel die „Neuen Themenfelder" durch das eingangs erwähnte Feld „Sozio-Ethik", als sich die paradigmatische Verankerung bestimmter sozialer Probleme in selbstorganisierenden Systemen abzeichnete, die jenes altgewordene moderne Grundmuster sprengten. So wurden ethnologische und Mythenstudien praktisch, als wir erkannten, in welcher Weise jede Gesellschaft durch ihr Naturverhältnis definiert ist. „Die ökologische Bewegung hat wichtige Einsichten und Impulse aus anderen Kulturen gewonnen, die einen besonders sensiblen Umgang mit der geschöpflichen Umwelt entwickelt haben", heißt es in den „Zehn Thesen des DGB und der Kirchen zur Woche der ausländischen Mitbürger 1991". Man kann nun zwar daran erinnern, daß „,Kultur' ... sprachlich von der Pflege des Bodens abgeleitet (ist)". Aber vor allem weil im Spektrum der Weltgesellschaften heute ein geschichtlich erprobtes „Mempotential" von Orientierungsmustern bereitliegt, das wir nicht eilends neu konstruieren können, sondern das wir uns kreativ erschließen müssen, könnte man der These zustimmen: „Die Bewahrung der Schöpfung ist eine interkulturelle Aufgabe"[43].

Diese Zustimmung sollte aber nicht ohne Vorbehalte erfolgen. Das theologische Orientierungsmuster stellt verschwiegene Voraussetzungen dieser These in Frage und verlagert ihr heuristisches und ihr Problemlösungs-Potential. „Bewahrung der Schöpfung" ist Sache Gottes; man muß wie Luther im Anschluß an die Tradition, die vom logos spermatikos über die rationes seminales zu den causae secundae führt, den Cooperatio-Gedanken auf seine Funktion hin befragen, Gegenwart zu erschließen. Es geht nun zwar gerade um den Menschen, wenn Luther schreibt: „Alle creaturen sind Gottes larven und mumereyen, die er will lassen mit yhm wyrken und helffen allerley schaffen, das er doch sonst ohn yhr mitwircken thun kann und auch thut"[44]. Aber gegenwärtig entlarvt ein solcher Orientierungsansatz die am reduzierten Natur- und Kausalprinzip der Moderne orientierte Anthropozentrik jener These und entmythologisiert die Machbarkeitsvorstellungen, die ihr zugrundeliegen. Die komplexeren Fragestellungen, die sich von der „Praxis der Schöpfungsethik" her ergeben, stellen dann gerade wegen der paradigmatisch-praktischen Konsequenzen jene „Option für die Anthropozentrik" in Frage, zu der Theologen sich in ökologischen Zusammenhängen

---

[43] Vgl. Wolfgang Nethöfel/Viola Schmid, Rabe fliegt nach Osten. Die indianische Alternative? Indianische und christliche Spiritualität, München 1987.

[44] „Auff das wyr blos an synem wort alleyne hangen"; WA 17 II, 192 (Fastenpostille 1525); vgl. Paul Althaus, Die Theologie Martin Luthers, Gütersloh 1962, bes. 99–118 („Gottes Gottheit"). Daß für mich die scholastische wie die Tradition Luthers gerade in den paradigmensprengenden schöpfungsethischen Fragestellungen zur Orientierungshilfe werden können, verdanke ich ebenfalls dem Forscher und Lehrer Wölfel, einem antihistoristischen Traditionskenner.

häufig gedrängt fühlen[45]. Sie verstellt den Blick für die Systemzusammenhänge jener immer größer werdenden Zahl von sozialen Konflikten, in denen sich das Naturverhältnis der Gesellschaft als ökologisches Problem niederschlägt. Was hier mit Händen zu greifen ist, tritt immer öfter auch vermittelt auf. Eine öko-ethische, ja schöpfungstheologische Dimension hat auch das sozio-ethische Problem des Umgangs mit Minderheiten, denn immer mehr Migrationsbewegungen sind die Folge von menschlichen Natureingriffen.

Solche gehäuft auftretenden Einzelerscheinungen haben paradigmatische Bedeutung; ich habe einleitend darauf verwiesen. Vielleicht tritt die damit sich abzeichnende theologische Aufgabe erst in ihren Umrissen deutlich hervor, wenn die Dimensionen der weltanschaulich-religiösen Orientierungskrise noch schärfer ausgeleuchtet werden, die sich im ökologischen Krisenbewußtsein erst ankündigen. Das öffentliche Bewußtsein öffnet sich nämlich gegenwärtig Naturereignissen, die selbst die gewohnten ökologischen Deute- (und Verdrängungs-) Muster ins Leere laufen lassen. Vulkanausbrüche am Rande von Kontinentalplatten sind beim bösestem (oder besten) Willen nicht auf menschlichen Einfluß zurückzuführen – während die Spannweite der Folgemodelle zwischen prognostizierten Gegen- oder Verstärkungswirkungen zum Treibhauseffekt oszilliert. Hier mögliche Emissionsmengen können mit einem Schlag jahrelange ökologische Bemühungen zunichtemachen. Noch andere Größenordnungen haben die von anderen Forschern prognostizierten Folgen möglicher Meteoreinschläge. Die Erinnerung wird wach, daß solche Naturkatastrophen die Erd- und wohl auch die Kulturgeschichte schon früher geprägt haben; die Moore belehren uns, daß die Wälder, um deren Erhalt wir heute Baum für Baum kämpfen, ganze Kontinente überzogen und sich wieder zurückgezogen haben wie im Wechsel von Ebbe und Flut.

Schöpfungsethik wird sich also in Zukunft auch an Problemstellungen zu bewähren haben, die sich bloß geschichtlicher Sinndeutung gänzlich entziehen und die allein schon nach Orientierungsmustern neuer Qualität verlangen. Diese Probleme fordern auch die Schöpfungstheologie heraus – wo zeichnen sich schneller Lösungen ab? Vor dem Hintergrund der neuen Krisensignale im öffentlichen Bewußtsein und des in ihm sich ankündigenden Wandels ist mir erst deutlich geworden, was es heißt, wenn schöpfungsethische kreative Praxis (eine geschichtete Tautologie) als „Sitz im Leben" von Schöpfungstheologie sich als Kompetenz habitualisiert und die ihr eigene Spiritualität entfaltet. Eine *so* stabilisierte Grundorientierung hatte sich mir immer wieder als Fokus seelsorgerlicher Beratungen mit Menschen erwiesen, die ökologisch engagiert sind. Es reicht ja nicht, darauf hinzuweisen, daß wir in komplexen Systemen auch Katastrophen nur selten sicher prognostizieren können. Die wachsamer und geschulter Wahrnehmung entwachsene, ökologisch sachgemäße und in ihren Folgen so gut wie möglich berechnete Tat ist gut – sie hat ihren Lohn in sich, auch wenn nicht

---

[45] Vgl. Alfons Auer, Umweltethik. Ein theologischer Beitrag zur ökologischen Diskussion, Düsseldorf 1984, bes. 54–63. Auer versucht nach jener Option dann, von einem wechselseitigen Angewiesensein her Kriterien zu entfalten. Die Frage ist, ob damit die in der Neuzeit verstummten mahnenden Signale wieder hörbar gemacht werden können („immanente Sanktion", S. 63f).

sicher ist, ob genügend andere genauso handeln, daß sich der Trend und die Endzeitkurven noch wenden. Auf den gerade dann vielleicht doch einsetzenden Mechanismus einer self denying prophecy dürfen wir vielleicht schielen. Es ist aber eben in jedem Fall richtig, das berühmte Apfelbäumchen zu pflanzen.

Luther hat das nicht gesagt, aber wer es ihm – vor oder seit Gottfried Benn[46] – in den Mund gelegt hat, hat ihn gut verstanden. Kann eine so praktisch: ethisch werdende Schöpfungstheologie aber überhaupt Wirkungskreise ziehen über jene in den Blick gekommenen Beispiele und ihre engen institutionellen und fachlichen Grenzen hinaus? Da eine Antwort weite Perspektiven und konkrete Entscheidungen zusammenführen muß, nähere ich mich ihr abschließend in konzentrischen Kreisen.

IV Folgerungen?

1. Der Kontext der Theologie als Wissenschaft

Eberhard Wölfel hat immer wieder darauf hingewiesen: Es geht nicht um ein Aufrechnen oder einen Wettstreit der „zwei Kulturen". Aber es gibt kulturgeschichtliche Verständigungsvoraussetzungen für die Bewältigung der gesellschaftlichen Probleme, mit denen die „Praxis einer Schöpfungsethik" befaßt ist. Den Vertretern der einen – geisteswissenschaftlichen – Kultur fällt es immer noch schwer, die intellektuelle Leistung und die Erschließungskraft mathematisch-naturwissenschaftlichen Denkens zu verstehen. Die Mathematik in der Hand des Naturwissenschaftlers ist ein Erkenntnisinstrument von einzigartiger Leistungsfähigkeit. Es gibt starke Gründe für die Faszination, die sich mit dem Fortschritt dieser Erkenntnis und der Weiterentwicklung ihrer technischen Umsetzungsmöglichkeiten verbindet – und es gibt nur Ansätze zur philosophischen, ethischen und spirituellen Würdigung dieser Ergebnisse und des damit sich verbindenden Engagements. Den Vertretern der anderen, naturwissenschaftlich-technisch geprägten Kultur fällt es schwer, als Fazit einer 300jährigen bewegten Geschichte zu akzeptieren, daß Natur sich vor allem in der Regelmäßigkeit zu erkennen gibt, in der sich Erkenntnisse mit dem Durchbrechen einmal gesetzter Ceterisparibus-Bedingungen verbinden und soziale Katastrophen mit dem Versuch, sich dauerhaft technisch an ihnen zu orientieren. Politik regelt regelmäßig nicht intendierte Handlungsfolgen. Der Dialog zwischen beiden Kulturen muß daher geführt werden, und zwar zuerst in der Brust eines jeden Dialogpartners. Wir leben in einer Mischkultur am Ende der Moderne – und diese sieht sich Regelungsproblemen und Orientierungskrisen ausgesetzt, die gemeinsame Anstrengungen erfordern.

---

[46] Vgl. „Was meinte Luther mit dem Apfelbaum" (26. 5. 1950), Sämtlich Werke, hrsg. von Gerhard Schulter, Bd. 2, Stuttgart 1986, 142, und dazu: Kurt Ihlenfeld, „– wirklich ein sehr großer Mann". Zu einem Luthergedicht von Gottfried Benn, in: ders., Angst vor Luther, Witten/Berlin 1967, 314–325; Martin Schloemann, Luthers Apfelbaum. Optimismus und Pessimismus im christlichen Selbstverständnis (Wuppertaler Hochschulreden 7), Wuppertal 1976. – Auf diesen Seitenpfad, der kein Umweg sein muß, wies Eberhard Wölfel schon früh hin.

Um in dieser Konstellation „folgenreich" sein zu können, muß die Theologie als Wissenschaft anschlußfähig bleiben bzw. wieder werden[47]. Fundamentaltheologisch entscheidend ist dafür eine praxisbezogene theologische Hermeneutik, die – gerade weil sie christliche Orientierung von christlicher Selbstorientierung her konstruiert – deren geisteswissenschaftliche Selbstbezogenheit überwindet[48]. Methodisch und theoretisch reflektiert, können die praktischen Erfahrungen mit der Schöpfungsethik theologische Grenzen überwinden und Abgründe überbrücken. Wir haben durch sie einerseits gelernt, sowohl für die mediale Breite christlicher und ethischer Tradition als auch für die Lebenswelt, in die hinein wir ethische und christliche Orientierung heute zu vermitteln haben, die Pforten der Wahrnehmung zu öffnen. Andererseits erwies sich immer auch die Fähigkeit zu Analyse und Distanz und zur methodisch rückgekoppelten Spekulation als notwendig, um neue Arrangements von Traditionsmustern zu erproben.

Die Theologie sollte im ganzen als Algorithmus definiert sein, methodisch durch Reißverschlußverfahren, die jeweils zwischen beiden Komponenten vermitteln, beide bewußt machen und wissenschaftstheoretische Diskriminierungen der einen wie der anderen Komponente ausschließen. Denn die Nagelprobe wird jeweils die sachgemäße Bearbeitung von Überdeterminierungen sein, wie sie heute für alle theologische Arbeitsaufgaben konstitutiv sind. Der Blick auf gegenwärtig schon erkennbare zukünftige Außenbeziehungen der Theologie als Wissenschaft läßt breitere innertheologische Zusammenhänge hervortreten als die bisher betrachtete Beziehung zwischen Schöpfungsethik und Schöpfungstheologie. Konstruktivismus und Kreativität, die dabei zuletzt in den Vordergrund traten, sind Merkmale, die den theoretisch-methodischen Zusammenhang eines neuen theologischen Paradigmas kennzeichnen würden. Und die eingangs geschilderten Systemvoraussetzungen der „Neuen Themenfelder" sind weder auf die Sozialethik noch auf schöpfungsethische Thematisierungen beschränkt.

Dialog impliziert neben dem thematischen auch den Beziehungsaspekt. Der zuletzt geschilderte therapie-ethische Zusammenhang weist meiner Ansicht nach über den schöpfungsethischen „Sitz im Leben" der Schöpfungstheologie hinaus auf nicht nur theologische, sondern christliche Kommunikationsbedingungen. Auch so könnte die schöpfungstheologische Praxis auf notwendige Bedingungen eines gewandelten theologischen Paradigmas verweisen. Aber daß hier von mir gefordert wurde, jeden möglichen Gesprächspartner so zu akzeptieren, wie er ist; daß Energien vom Versuch wechselseitiger kausaler Beeinflussung zurückgelenkt wurden auf das Bemühen, im Dienste des anderen immer deutlicher zu werden in der eigenen ethischen und schließlich christlichen Orientierung; daß jene Akzeptanz und diese Deutlichkeit zusammen dialogische Freiheit und kommunikative Verbindlichkeit gewährleisteten: dies schien mir zunächst Dogmatik und Ethik, dann auch dogmatische Prolegomena und das mate-

---

[47] Vgl. zum folgenden: Niklas Luhmann, Die Wissenschaft der Gesellschaft, Frankfurt 1990.
[48] Vgl. Nethöfel, zit. Anm. 6.

rialdogmatische Thema Rechtfertigung – als Neue Schöpfung – so zu verbinden, daß ich mich durch die geschilderten theologisch-wissenschaftlichen Erfahrungen gerade als systematischer Theologe herausgefordert fühlte, der das Fach in seiner Breite institutionell zu vertreten hatte.

Zum gegenwärtigen Problemstand gehört auch dann zunächst ein institutioneller und geschichtlicher Kontext, den wir bei allen Projekten zu beachten hatten. Er ist gekennzeichnet durch einen tiefgreifenden Unterschied zwischen dem, was die Kirche und dem, was die Theologie tut bzw. ein Unterschied in dem, was das jeweilige Publikum erwartet. Der Inhalt kirchlicher Verlautbarungen ist fast ausschließlich ethischer Natur. Dogmatische Äußerungen der Kirche sind veranlaßt durch und bleiben fest eingebunden in ethische Orientierungsfragen. Dies zeigte sich an Texten, auf die wir immer wieder Bezug nahmen: päpstliche Enzykliken, die Denkschriften der EKD oder Dokumente aus dem Programmschwerpunkt des Ökumenischen Rates der Kirchen „Gerechtigkeit, Friede und Bewahrung der Schöpfung". Man kann sich auch kaum vorstellen, daß die Kirchen Gehör finden würden für Orientierungshilfen „rein dogmatischer Natur".

Ganz anders aber das Bild, das die wissenschaftliche Theologie bietet. Man kann dort jedenfalls keineswegs sagen, daß die Brisanz ethischer Fragen irgendetwas an dem Übergewicht der Dogmatik über die Ethik geändert hätte. Dies gilt von der fachinternen wie von der kirchlichen Wertschätzung bis in institutionelle und prüfungstechnische Regelungen hinein – obwohl jene kirchlichen Stellungnahmen ja ganz überwiegend von akademischen Theologen verfaßt werden.

2. Der theologiegeschichtliche Kontext

Der gegenwärtige „Sitz im Leben" der Schöpfungstheologie ist aber eine Schöpfungsethik, die in das lokal und temporal herrschende theologische Paradigma eingebunden ist so wie es ist. An Folgen aus den geschilderten praktischen Erfahrungen, gerade an wirklich weiterführende, ist nicht zu denken, wenn in diesem engeren Kontext die Anschlußfähigkeit verlorengeht. Für diesen engeren Zusammenhang sind aber nicht externe Anschlußprobleme oder auch nur das Theorie-Praxis-Problem von Bedeutung. Jenes theologische Paradigma ist im ganzen historisch; historische Kritik gewährleistet noch am sichersten die gemeinsamen Standards und den argumentativ in Geltung stehenden Zusammenhang der theologischen Disziplinen. Eberhard Wölfel hat bei der gemeinsamen Begründung der Kieler Ethik-Projekte genau vor diesem Hintergrund den Zusammenhang zwischen Dogmatik und Ethik in der ihm eigenen Weise deutlich gemacht. Nachdem er seine eigene Lust an der historischen Forschung und Lehre aus systematisch-theologischer Verantwortung der gegenwartsorientierenden Funktion von Theologie unterordnete, sah er sich durch die aktuellen sozialethischen Aufgaben noch einmal in besonderer Weise zur Konzentration der Kräfte herausgefordert. Dies schloß für uns in der Auseinandersetzung mit den vorherrschenden theologischen Trends und Renaissancen eine Spekulation auf Baisse und Pleite aus. Es verpflichtete allerdings – in Übereinstimmung mit der besseren historischen Tradition – die Frage, wie es eigentlich gemeint war, niemals ganz von jener anderen sich ablösen zu lassen: ob jene Meinung richtig war und ob sie einen Beitrag zur Lösung der Gegenwartsprobleme leisten kann (was gerade eine besondere Aufmerksamkeit auf das historisch Querstehende motiviert). Historie kann dann folgenreich werden, wenn sie die Semantik künftiger christlicher Orientierungsmuster und theologischer Forschungshypothesen anreichert.

Der sich abzeichnende dogmatisch-ethische Zusammenhang muß also zunächst in einem Kontext dargestellt werden, in den sich die zuvor gelegentlich thematisierten theologiegeschichtlichen Bezüge einzeichnen lassen. Bei der Rekonstruktion kann ich mich auf die evangelische Theologie beschränken: gerade weil sich, vor allem in der jüngeren Theologiegeschichte, Parallelentwicklungen in der katholischen Theologie aufzeigen lassen[49]. Die Reformation glaubte wieder zurückkehren zu können zu dem, was am christlichen Glauben schon immer gültig, zu ihrer Zeit aber verraten und vergessen war. Dabei werden bei Melanchthon wie bei Calvin, in den lutherischen wie in den reformierten Bekenntnissen Dogmatik und Ethik ganz selbstverständlich als Einheit behandelt. Die gegenwärtige historistische Renaissance ist eine Gegenreaktion auf die Theologie des Wortes Gottes und die Existenztheologie. Diese reagierte ihrerseits auf die liberale Theologie, in der das „rein Dogmatische" in einem geringen Ansehen stand. 1919, am Ende dieser Epoche und fast schon im Übergang zur Dialektischen Theologie, formulierte Paul Tillich als religiöser Sozialist die Überzeugung, die ihn mit jener bürgerlichen Liberalen Theologie verband, als er schrieb: „Es war die *dogmatische* Fragestellung, die die Kirche bewegte; von nun an wird es die *ethische* sein"[50]. Richard Rothe konnte die gesamte christliche Lehre als „Theologische Ethik" darstellen; Wilhelm Herrmanns „Ethik" ist eine Fundamentaltheologie; und fundamentaltheologisch ist auch die Funktion der Ethik bei Ernst Troeltsch[51]. Wie sind solche Zusammenhänge und Bewegungen zu deuten? Können sie unsere schöpfungsethische Praxis erhellen, Klärungen und Weiterentwicklungen vorantreiben? Oder traten umgekehrt in unseren Erfahrungen notwendige Bedingungen so zutage, daß sie zur historischen Einsicht beitragen können?

Hier ist nun zunächst noch einmal daran zu erinnern, daß bei allen liberalen Theologen Schleiermachers Wissenschaftslehre weiterwirkt: jene romantisch-organologische Verhältnisbestimmung, in der Ethik Wissenschaft vom Ethos war: was hier aber das geistgeprägte Gesamtleben der kirchlichen Gemeinschaft unter dem geschichtlichem Aspekt meint, während Dogmatik die Prinzipien dieses Gesamtverhaltens unter dem Aspekt seiner gegenwärtigen Gültigkeit darstellt (auch wenn sich das bei Rothe dann terminologisch genau umkehrt). Ferner ist dieser Zusammenhang verstanden im Rahmen einer Willensmetaphysik, die zwischen Sein und Sollen ebenfalls qua-

---

[49] Vgl. Nethöfel, zit. Anm. 35.
[50] Der Sozialismus als Kirchenfrage (1919), GW II, Stuttgart 1962, 13–20. hier: 13.
[51] Vgl. dessen differenzierte Nachzeichnung jenes Verhältnisses in: Grundprobleme der Ethik. Erörtert aus Anlaß von Herrmanns Ethik (1902), GS II, Tübingen 1913, 552–672, hier: 552–570.

si-ontologisch vermittelt. Das Reich Gottes erschließt mit der sittlichen Dimension die eigentliche Wirklichkeit, und dieses Reich konstituiert sich in Akten endlicher Freiheit. So betrachtet, sind alle liberalen Theologen Kantianer – und mit diesem auf der Flucht vor der herandrängenden Naturwissenschaft, die mit ihren mathematisierenden Verfahrensweisen die Grenzen des Reichs der Notwendigkeit immer weiter voranschiebt, bis auch über die Geschichte schon der graue Schatten bloß noch relativer Gültigkeit fällt. Mit Eberhard Wölfel ist aber daran festzuhalten, daß in dieser liberalen Tradition Orientierungsmerkmale christlicher Tradition und Strukturelemente theologischer Modellbildung erschlossen sind, die unterschieden werden müssen von Funktionalisierungen und verteidigt gegen ihren Mißbrauch in Immunisierungsstrategien und ideologiehaltigen Renaissancen. Wo aber verlaufen die Grenzen – das war die Ausgangsfrage vieler Kieler Diskussionen.

Was bleibt: Zwischen Naturnotwendigkeit und geschichtlicher Relativität kann Gültigkeit, wie sie die christliche Tradition beansprucht, allein auf sittliche Freiheit gegründet sein. Aber man muß sehen: Mit dieser Konstellation versuchte man das Neuzeitproblem aufzufangen – und es wird theologisch verarbeitet eben durch die langsame Abtrennung der theologischen Dogmatik von der theologischen Ethik als ein Prozeß wechselseitiger Definition. Als Ergebnis ist deshalb nicht einfach die liberale Überordnung der Ethik über die Dogmatik zu notieren, auch nicht deren bloße Umkehrung durch die Dialektische Theologie, sondern die von nun an bestehende Möglichkeit verschiedener Zuordnungen, mit der jeweils die Gesamtaufgabe der Theologie gelöst werden soll, eine Wissenschaft christlicher Orientierung heute zu sein. Im Anschluß an Hans-Joachim Birkner[52] kann man dann die liberale Tendenz, „Ethik statt Dogmatik" zu betreiben und die Gegenreaktion darauf, in der nun die Ethik der Dogmatik integriert wurde, auch theologisch-idealtypisch unterscheiden. Karl Barth hat jene Re-Integration der Ethik in die Dogmatik ja nicht nur material durchgeführt. Er verstand programmatisch seine Kirchliche „Dogmatik als Ethik": nämlich als christlich-ethische Überwindung der anthropologisch engführenden und irreführenden neuzeitlichen Fragestellungen überhaupt[53]. Zwischen diesen Extremen stehen dann all jene für die heutige paradigmatische Situation kennzeichnenden Verhältnisbestimmungen, die diese Alternative nicht akzeptieren, sondern sie zum Hintergrund differenzierter fundamentaltheologischer Entscheidungen machen.

Allerdings werden auch bei den differenzierenden Verhältnisbestimmungen meist nur Abgrenzungen zwischen den bereits in ihrem Bestand vorausgesetzten systematisch-theologischen Teildisziplinen Dogmatik und Ethik vorgenommen; auch dieser institutionelle Realismus ist kennzeichnend für die Situation am Ausgang einer theologischen Epoche. Es ist daher sinnvoll, über die schematischen Konstellierungen und materialen Abgrenzungen von theologischer Dogmatik und theologischer Ethik hin-

---

[52] Das Verhältnis von Dogmatik und Ethik, HCE I 281–296; vgl. Honecker, zit. Anm. 26, 20–22 („Das Verhältnis von Dogmatik und Ethik – eine Grundfrage des evangelischen Ethikverständnisses").
[53] Vgl. KD I, 2, 875–890.

aus erneut zu Wesensbestimmungen der Art vorzustoßen, wie sie noch bei Schleiermacher zugrundelagen. Dessen Zuordnung waren ja im ganzen von seiner Auffassung getragen, das Christentum sei „eine eigentümliche Gestaltung der Frömmigkeit in ihrer teleologischen Richtung"[54]. Je nachdem ob die dadurch ausgelöste „Modifikation des Daseins" nun als „ruhender Zustand" oder als „Tätigkeit" beschrieben wird, kann sie „unter der Form von Lehrsätzen oder Vorschriften" beschrieben werden; „beides läuft auf dasselbe hinaus"[55]. Es gibt also bei ihm einen theologischen Sachgrund für die Zusammenordnung von Glaubens- und Sittenlehre in der Wissenschaftslehre. Und dies ist mindestens eine verpflichtende Aufgabenstellung. Ich meine, es könne exemplarisch auf einen Lösungsweg verweisen, wenn man mit Eberhard Wölfel die „Praxis einer Schöpfungsethik" als „Sitz im Leben der Schöpfungstheologie" versteht.

Für die heutige Situation vertieft Martin Honecker die dogmatisch-ethischen Verhältnisbestimmungen seiner „Einführung in die Theologische Ethik" ganz sachgemäß durch eine Gegenüberstellung der Ansätze von Gerhard Ebeling und Trutz Rendtorff[56]. Denn Rendtorff scheint in seiner Konzeption einer „ethischen Theologie" das abwehrend reagierende, aber christlich-universale dogmatisch-ethische Programm Barths mit der liberaltheologischen Entschlossenheit verbinden zu wollen, sich der modernen Herausforderung wirklich zu stellen. Ethik thematisiert die „Grundstruktur unseres Wirklichkeitsverständnisses" in besonderer Weise, weil sie „Theorie menschlicher Lebensführung" ist[57]. Die hier festgeschriebenen Identitätssetzungen ließen sich inhaltlich füllen und die theologische Thematik der Ethik ohne inhaltliche Verkürzungen bestimmen, wenn man in diesen weiten Ansatz Ebelings Mahnungen und Unterscheidungen hineinnehmen könnte: Ethik darf die christliche Einsicht in das Phänomen der Schuld nicht vergessen – sie kann nicht selbst erlösen. Und sie darf die christliche Einsicht in das Wesen der Sünde nicht vergessen – sie muß sich vor allem vor sich selbst in acht nehmen. Jeder evangelischen, was ja nur heißen kann: jeder sachgemäßen Ethik sollte daher vorausliegen die Unterscheidung von Gottesbeziehung und zwischenmenschlichen Verhältnissen, sowie von Gesetz und Evangelium[58]. Die oben genannten Beispiele beginnen in diesen ethisch aktualisierten klassisch-theologischen Kontexten erneut zu sprechen. Sie geben Antworten und stellen neue Fragen, denen sich die Theologie nicht entziehen kann. Vor dem theologie-

---

[54] Der christliche Glaube (1821/1822) § 18, Studienausg. Bd. 1, hrsg. von Hermann Peiter, Berlin/New York 1984, 61; vgl. Schleiermacher, zit. Anm. 10, I 74 (§ 11).

[55] Schleiermacher, zit. Anm. 10, I 146f (§ 26), vgl. dazu dazu Birkner, zit. Anm. 52, 290.

[56] zit. Anm. 26, 28–32 („Theologie und Ethik in der neueren Diskussion"); vgl. 25–28 („Unterschiedliche Zuordnungen von Ethik und Dogmatik").

[57] Ethik. Grundelemente, Methodologie und Konkretionen einer ethischen Theologie, 2 Bde., Stuttgart 1980/1981, hier: I 16.11.

[58] Zum Verhältnis von Dogmatik und Ethik, ZEE 26, 1982, 10–18 (Thesenreihe); vgl. Die Evidenz des Ethischen und die Theologie (1960); Die Krise des Ethischen und die Theologie. Erwiderung auf Pannenbergs Kritik, in Wort und Glaube II. Beiträge zur Fundamentaltheologie und zur Lehre von Gott, Tübingen 1969, 1–42; 42–55; Studium der Theologie. Eine enzyklopädische Orientierung, Tübingen 1975/²1977, 146–161 („Ethik"), bes. 159f.

geschichtlichen Hintergrund des Dogmatik-Ethik-Verhältnisses tritt die systematisch-theologische Herausforderung der schöpfungsethischen Praxis in der Tat deutlicher hervor.

3. Das systematisch-theologische Verhältnis von Dogmatik und Ethik als Kontext

Die Fragen, was wir als Christen wissen und was wir tun sollen, sind so eng miteinander verknüpft, daß Trennungsversuche immer auch christlich desorientierend wirken. Der Herausforderung durch die schöpfungsethische Praxis kann sich die Dogmatik deshalb nicht entziehen, weil nicht nur Dogmatik und Ethik, sondern überhaupt Wissen und Handeln, Sein und Sollen, Theorie und Praxis in unserer christlichen Tradition untrennbar miteinander verbunden sind. Wir sind dabei allerdings geprägt durch geschichtlich wandelbare Konstellationen beider, die sich immer schon schwer in Formeln fassen ließen. In das Wissen um den „unlöslichen Zusammenhang von Tat und Ergehen" sah Gerhard von Rad auch die Deutung der Geschichte Israels mit Jahwe eingebunden[59]. Jedoch bleibt dann ein unerklärbarer Rest: „Nicht um euretwillen handle ich, Haus Israels, sondern um meines heiligen Namens willen", heißt es beim Propheten Ezechiel (36,22). Paulus schreibt im Galaterbrief: „Wenn wir im Geiste leben, so laßt uns im Geiste auch wandeln" (5,25); d.h. das neutestamentliche Verhältnis von „Indikativ und Imperativ" erscheint paradox. Und dennoch kennzeichnet es, wie Rudolf Bultmann hervorhob, nicht nur die Paulinische sondern auch die Johanneische Paränese[60]. Und dieses Verhältnis ist, vor allem durch die Deutung der Taufe als Gabe und Aufgabe zugleich, ein Kennzeichen christlicher Verkündigung durch die Zeiten hindurch geblieben. Schließlich: daß in gegenwärtigen politisch-theologischen Auseinandersetzungen inzwischen *beide* Seiten darauf verzichten, „Orthopraxie" gegen „Orthodoxie" auszuspielen, ist sicher auch einer Besinnung auf jenen durchgängigen aber theologisch schwer zu erfassenden dogmatisch-ethischen Zusammenhang christlicher Tradition zu verdanken.

Die „Praxis einer Schöpfungsethik" zeigte nun an Beispielen erstens, wie sich in der Konfrontation mit singulären Konstellationen die Schwierigkeit, aus einem Sein ein Sollen abzuleiten, überwinden läßt durch die Zuordnung einer synthetischen und einer analytischen Verfahrenskomponente; wie sich zweitens der Gegensatz zwischen kategorischen Urteilen und der Abwägung von Folgen auflöst durch die Beachtung von Überlagerungen verschiedener Bereiche; und wie sich schließlich drittens der Streit zwischen ethischer Heteronomie und Autonomie, der die christliche Ethik besonders betrifft, befriedet durch eine besondere Verfahrensweise, die ich als „konstruktiv-

---

[59] Theologie des Alten Testaments. I. Die Theologie der geschichtlichen Überlieferungen, München 1969/⁹1987, 398; vgl. den Kontext „Die Anfechtungen Israels und der Trost des Einzelnen" (395–430) und „Jahwes und Israels Gerechtigkeit" (382–395).

[60] Theologie des Neuen Testaments (1958), durchges. u. erg. von Otto Merk, Tübingen ⁹1984, 432f vgl. 334f.

konstruktivistische Auflösung" bezeichnen möchte. Fokus aller damit verbundenen Erkenntnisse ist Identitätsbewahrung als Orientierung in neuen Problemkonstellationen. Hier geht es um die Wahl, ob „Erwartungen auch im Enttäuschungsfalle durchgehalten werden sollen, weil sie ‚berechtigt' sind" – oder ob sie korrigiert werden sollten[61]. Im Takt dieses von Luhmann unterschiedenen entweder „normativen" oder „kognitiven" Erwartungsstiles entstehen an der semipermeablen Umweltgrenze nicht nur entweder Moral oder Wissen, bilden sich nicht nur Rechts- und Wissenschaftssystem aus, sondern so kreuzen sich auch Ethik und Dogmatik. Die schöpfungsethischen Verfahrensmerkmale eröffnen systematisch-theologische Perspektiven, in die sich das Verhältnis von Dogmatik und Ethik einzeichnen läßt: Das ethisch geklärte Verhältnis von Synthese und Analyse kann die Dogmatik auch theoretisch aus dem Getto der Geisteswissenschaften befreien. Die Beachtung von Überdeterminierungsverhältnissen trägt zur Klärung des dogmatisch problematischen Theorie-Praxis-Verhältnisses bei. Das Verfahren konstruktiver Auflösung von Scheingegensätzen hat die theoretische Potenz, auch material-dogmatische Schwierigkeiten, etwa mit der Rechtfertigungslehre, zu überwinden.

Dies kann aber nur theologisch praktisch werden, wenn nun im Herzen des Paradigmas auch die dogmatisch-ethische Einheit der schöpfungsethischen Praxis: ihre Einheit mit der Schöpfungstheologie wirksam wird. Da zeigt nun die Rekonstruktion unseres Erfahrungsweges, daß jener Aufbruch in die theologisch neuartigen Erlebnisse auf den „Neuen Themenfeldern" von vorgängigem Vertrauen in die Orientierungskraft des christlichen Orientierungsmusters getragen war. Das Christusparadigma sprengte das theologische Paradigma, trug durch die Krisenphasen des kreativen Neuorientierungsprozesses und wird nachträglich doch auch in seiner Schöpfungs- und Rationalitätsstruktur erkennbar, wenn sich die Umrisse des Neuen abzeichnen und synthetische und analytische Aspekte wieder auseinandertreten – und institutionelle Konsequenzen sich abzeichnen. In den institutionellen Vermittlungsprozessen an der Grenze zwischen Natur und Kultur trug uns derselbe Prozeß über die Grenze der theologischen wie der christlichen Binnenorientierungen hinaus und ließ uns die schöpferische Cooperatio als Neue Schöpfung und ließ uns Schöpfung von daher erfahren. In therapeutisch-ethischen Orientierungsprozessen wird die Einheit von Geschenk und Leistung im christlichen Orientierungsmuster zum Kristallisationskern für neue Wissens- und Handlungsgestalten, zur Transformation sozialer Strukturen, zur Erschließung der Welt als Schöpfung.

Dogmatik und Ethik erscheinen in diesem Grundmuster als zwei Seiten derselben Münze. Und jene Münze, der Schöpfer und Erlöser aufgeprägt sind, erweist ihre Gültigkeit gerade angesichts jener zentralen christlichen Orientierungsmuster, die sich nicht widerstandslos auf den theologischen Begriff bringen ließen. Sie verweisen so aufeinander, wie – vielleicht nur – die „Praxis einer Schöpfungsethik" sie erschließt. Gerhard von Rad kann den Zusammenhang zwischen Tun und Ergehen – mit Bezug

---

[61] Luhmann, zit. Anm. 47, 138.

auf Klaus Koch[62] – auch „schicksalswirkende Tatsphäre" nennen; er meint die israelitische Auffassung auch kritisch betrachten zu müssen, und er warnt vor spirituellen Überhöhungen. Aber es ist auf der anderen Seite so, daß der, wie er auch sagen kann, „Existentialzusammenhang von Tat und Folge" für Israel schließlich doch von Jahwe her interpretierbar wird[63]. Als Interpretament offenbart sich jedoch dann die Gerechtigkeit Gottes als – wieder in den Worten von Rads – „Herrlichkeit seiner alles Geschaffene tragenden Fürsorge": aussprechbar nicht lehrhaft, sondern als Gebet in den Schöpfungspsalmen und als Quintessenz des Ringens mit Gott im Hiobbuch[64]. Die Forderung des Gesetzes verweist dann in der Tiefe so auf die Schöpfung, daß diese ihrerseits als „der Weg zum Bunde" verstanden werden kann. Und daß der Bund „der innere Grund", „das Ziel der Schöpfung" ist[65], beleuchtet Barths Antipode Bultmann nur von der anderen Seite her, wenn er schreibt: „Der Imperativ bringt daher dem Glaubenden zum Bewußtsein, was er schon ist dank der ihm zuvorgekommenen Liebe Gottes, die im Offenbarer begegnet"[66].

Es gibt also eine theologische Begründung für die Möglichkeit, ich meine für die Notwendigkeit, sich theologisch der Herausforderung durch schöpfungsethische Praxis zu stellen; und sie erschließt sich eben von Gottes Offenbarung in Jesus Christus her. Wir können die genannten Beispiele theologisch nutzen, heißt dies im Umkehrschluß, weil diese selbst nur auf die Tiefenstruktur der Welt verweisen, wie sie sich von dort her als Schöpfung erschließt. Dies bindet „Orthodoxie" und „Orthopraxie" so zusammen, daß sie als zwei Aspekte desselben christlichen Orientierungsprozesses erscheinen müssen. Es ist keine christliche Praxis denkbar, die nicht in Analogie zu der vorbehaltlosen Annahme steht, auf die Jesus Christus uns hinorientiert. Und es ist keine christliche Lehre denkbar, die nicht hineinorientiert in die Praktizierung solcher zur Tat befreienden Annahme.

Klarer dürfte geworden sein, daß und wie christliche Selbstorientierung einen Beitrag zur ethischen Selbstorientierung der Gesellschaft leisten kann. Für die theologische Außenorientierung heißt dies, daß eine Vernachlässigung der ökologischen und wirtschaftlichen, der politischen und kulturellen, der sozialen und institutionellen Aspekte der Ethik schon schöpfungstheologisch ausgeschlossen ist. Für die theologische Binnenorientierung und für die Abarbeitung der Folgen ist vielleicht die Erkenntnis tröstlich, daß auch bei einer paradigmatischen Umorientierung – ähnlich wie am Morgen nach jedem Konzil – von einer neuen Plattform aus in der Polarität des synthetischen und des analytischen Aspekts, im Perspektivewechsel von der Figur auf den sie bestimmenden Hintergrund und schließlich im Übergang der Phasen eines schöpferischen dogmatisch-ethischen Orientierungsprozesses ganz unterschiedliche

---

[62] Gibt es ein Vergeltungsdogma im Alten Testament?, ZThK 52, 1955, 1–42.
[63] Zit. Anm. 59, 396–398.
[64] A.a.O. 430.
[65] KD III, 1, 261.
[66] Zit. Anm. 60, 433 (zu Joh 15,9 – „Wie mich der Vater geliebt hat, so habe auch ich euch geliebt. Bleibet in meiner Liebe" – und I Joh 4, 10).

Möglichkeiten des theologischen Engagements möglich bleiben. Die Herausforderung durch die Theorie und Praxis ethischer Prozesse ist schöpferisch, wenn man sie in Eberhard Wölfels Perspektive betrachtet. Sie ist allerdings so ernsthaft, daß sich andere schöpfungstheologische Zugänge auf ihre Gattungszugehörigkeit hin befragen lassen müssen: nicht nur nach ihrem „Sitz im Leben" sondern auch nach ihrer methodologischen Form und nach den für sie charakteristischen „Gedanken und Stimmungen".

BIBLIOGRAPHIE EBERHARD WÖLFEL

Monographien

Luther und die Skepsis. Eine Studie zur Kohelet-Exegese Luthers (Forschungen zur Geschichte und Lehre des Protestantismus, X. Reihe, Bd. XII). – München 1958, 288 S.

Seinsstruktur und Trinitätsproblem. Untersuchungen zur Grundlegung der natürlichen Theologie bei Johannes Duns Scotus (Beiträge zur Geschichte der Philosophie und Theologie, Bd. XL, H. 5). – Münster 1965, 275 S.

Welt als Schöpfung. Zu den Fundamentalsätzen der christlichen Schöpfungslehre heute (Theologische Existenz heute, Nr. 212). – München 1981, 62 S.

Herausgeber

zusammen mit Karlmann Beyschlag und Gottfried Maron: Humanitas – Christianitas. Festschrift Walther von Loewenich zum 65. Geburtstag. – Witten 1968.

zusammen mit Wilfried Härle: Religion im Denken unserer Zeit. Gedenkschrift Knud Ejler Løgstrup (Marburger Theologische Studien 21). – Marburg 1986.

Aufsätze und kleinere Arbeiten

Nachreden zu: „An den christlichen Adel deutscher Nation", „Von der Freiheit eines Christenmenschen", „De captivitate Babylonica", in: Quellen zur Geschichte des Humanismus und der Reformation in Faksimile-Ausgaben, hrsg. von Bernhard Wendt, München 1961.

Emil Brunner zum 75. Geburtstag, in: Frankfurter Allgemeine Zeitung vom 23. 12. 1964, S. 20.

Der Positivismus als Frage an die Theologie, in: Humanitas – Christianitas. Festschrift Walther von Loewenich zum 65. Geburtstag, hrsg. von Karlmann Beyschlag/Gottfried Maron/Eberhard Wölfel, Witten 1968, S. 267–275.

zus. mit Wilhelm Anz/Gottfried Hornig: Alternativvorschlag für Philosophie, in: Reform der Theologischen Ausbildung. Material und Beiträge zur Reform des 1. und 2. theologischen Examens, Bd. 2, hrsg. von Hans-Erich Hess/Heinz Eduard Tödt, Stuttgart/Berlin 1968, S. 24.

Was heißt: „Gott existiert"? Zum Sinn des Wortes „Gott" und zur Bedeutung der Lehre vom Gottesbeweis, in: Das Wort und die Wörter. Festschrift Gerhard Friedrich zum 65. Geburtstag, hrsg. von Horst Balz/Siegfried Schulz, Stuttgart/Berlin/Köln/Mainz 1973, S. 181–191.

Toleranz und Bekenntnis. Systematische Überlegungen zu einem bleibenden Problem, in: Lutherische Kirche in der Welt. Jahrbuch des Lutherbundes 29, 1982, S. 43–55.

Weltbildliche Aspekte der Darwinschen Theorie, in: Christiana Albertina 18, 1982, S. 17–24.

In memoriam Werner Schultz, a.a.O., S. 423f.

Luthers Erbe in einer veränderten Welt, in: Luthers bleibende Bedeutung, hrsg. von Jürgen Becker, Husum 1983, S. 127–141.

Albert Schweitzer als Christ, in: Gott loben das ist unser Amt. Gedenkschrift Johann Schmidt, hrsg. von Kurt Jürgensen/Friedrich Otto Scharbau/Werner H. Schmidt, Kiel 1984, S. 123–135.

Erwägungen zu Struktur und Anliegen der Mariologie, in: Mariologie und Feminismus, hrsg. von Walter Schöpsdau (Bensheimer Hefte 64), Göttingen 1985, S. 71–102.

zusammen mit Wilfried Härle: Vorwort, in: Religion im Denken unserer Zeit. Gedenkschrift Knud Ejler Løgstrup, hrsg. von Wilfried Härle/Eberhard Wölfel (Marburger Theologische Studien 21), Marburg 1986, S. VII–XII.

Zum Naturverständnis der Theologie im Horizont ethischer Besinnung, in: Natur in den Geisteswissenschaften I. Erstes Blaubeurer Symposion vom 23. bis 26. September 1987, hrsg. von Richard Brinkmann, Tübingen 1988, S. 145–150.

Fides Quaerens Intellectum. On the Range of a Principle – Once and Now, in: Belief in God and Intellectual Honesty. Gedenkschrift Hubertus G. Hubbeling, hrsg. von Ruurd Veldhuis/Andy F. Sanders/Heine J. Siebrand, Assen NL 1990, S. 59–81.

Leonhard Euler und die Freigeister. Zum Thema einer „vernünftigen Orthodoxie", in: Theologie und Aufklärung. Festschrift Gottfried Hornig zum 65. Geburtstag, hrsg. von Wolfgang E. Müller/Hartmut H. R. Schulz, Würzburg 1992 (erscheint im Juni 1992).

Lexikonartikel

Art. Schöpfungslehre II: Der Ort der Schöpfung in der evangelischen Theologie, in: Lexikon für Theologie und Kirche, 2. Aufl., Bd. 9, Freiburg i.Br. 1964, Sp. 474–476.

Art. Paul Tillich, a.a.O., Bd. 10, 1965, Sp. 194–196.

Art. Naturrecht I. Allgemeines, II. In der ev. Theol., in: Evangelisches Staatslexikon, 1. Aufl., Stuttgart 1966, Sp. 1360–1364;
2. Aufl. 1975: Art. Naturrecht I. Allgemeines, II. In der ev. Theol., III. Nach kath. Auffassung, a.a.O., Sp. 1618–1626;
3. Aufl. 1987: I. Allgemeines, II. In der ev. Theol., a.a.O., Sp. 2223–2230.

Art. Sittengesetz, Evangelisches Staatslexikon, 1. Aufl., Stuttgart 1966, Sp. 1970–1972;
2. Aufl. 1975: a.a.O., Sp. 2310–2312;
3. Aufl. 1987: a.a.O., Sp. 3139–3141.

Besprechungen

G. Westin: Der Weg der freien christlichen Gemeinden durch die Jahrhunderte, in: Nachrichten der Evangelisch-Lutherischen Kirche in Bayern 12, 1957, 334.

K. D. Schmid: Grundriß der Kirchengeschichte, a.a.O. 13, 1958, 339.

G. Nygren: Das Prädestinationsproblem in der Theologie Augustins, in: Evangelisch-Lutherische Kirchenzeitung 13, 1959, 335f.

B. Klaus: Veit Dietrich. Leben und Werk, a.a.O. 336.

E. G. Rüsch: Vom Heiligen in der Welt, in: Nachrichten der Evangelisch-Lutherischen Kirche in Bayern 15, 1960, 31.

K. D. Schmidt, Tabellen zur Kirchengeschichte, a.a.O., 63.

Die Theologie der Schöpfung bei Luther. Zu dem gleichnamigen Buch von David Löfgren, a.a.O. 16, 1961, 236f.

G. Ebeling: Luther. Einführung in sein Denken, in: Luther-Jahrbuch 33, 1966, Sp. 128–134.

W. Wimmer: Eschatologie der Rechtfertigung. Paul Althaus' Vermittlungsversuch zwischen uneschatologischer und nureschatologischer Theologie, in: Theologisch-praktische Quartalschrift 128, 1980, Sp. 197–199.

H. G. Hubbeling: Einführung in die Religionsphilosophie, in: Theologische Literaturzeitung 108, 1983, Sp. 453–455.

Religionsphilosophie. Eine Einführung mit ausgewählten Texten, hrsg. von H. G. Pöhlmann/W. Brändle, a.a.O., Sp. 455f.

J. Hübner: Die Welt als Gottes Schöpfung ehren. Zum Verhältnis von Theologie und Naturwissenschaft heute, a.a.O. Sp. 919–921.

MARBURGER THEOLOGISCHE STUDIEN

Hrsg. von Hans Graß und Werner Georg Kümmel

Band 1: *Jesus Christus.* Das Christusverständnis im Wandel der Zeiten. Eine Ringvorlesung der Theologischen Fakultät der Universität Marburg. 1963.
[3-7708-0294-2]

Band 2: *Gräßer, Erich,* Der Glaube im Hebräerbrief. 1965.   vergriffen

Band 3: *Kümmel, Werner Georg,* Heilsgeschehen und Geschichte. Gesammelte Aufsätze 1933–1964: Herausgegeben von Erich Gräßer, Otto Merk und Adolf Fritz. 1965.
[3-7708-0297-7]   Leinen

Band 4: *Greschat, Hans-Jürgen,* Kitawala, Ursprung, Ausbreitung und Religion der Watch-Tower-Bewegung in Zentralafrika. 1967.   [3-7708-0298-5]

Band 5: *Merk, Otto,* Handeln aus Glauben. Die Motivierungen der paulinischen Ethik. 1968.   [3-7708-0299-3]   br.
[3-7708-0300-0]   Leinen

Band 6: *Reformation und Gegenwart.* Vorträge und Vorlesungen von Mitgliedern der Theologischen Fakultät Marburg zum 450. Jubiläum der Reformation. 1968.
[3-7708-0301-9]   br.
[3-7708-0302-7]   Leinen

Band 7: *Fritz, Volkmar,* Israel in der Wüste. Traditionsgeschichtliche Untersuchung in der Wüstenüberlieferung des Jahwisten. 1970.   vergriffen

Band 8: *Zeller, Winfried,* Theologie und Frömmigkeit. Gesammelte Aufsätze. Hrsg. von Bernd Jaspert. 1971.   [3-7708-0400-7]   br.
[3-7708-0401-5]   Leinen

Band 9: *Merk, Otto,* Biblische Theologie des Neuen Testaments in ihrer Anfangszeit. Ihre methodischen Probleme bei Johann Philipp Gabler und Georg Lorenz Bauer und deren Nachwirkungen. 1972.   [3-7708-0447-3]   Leinen

Band 10: *Interconfessiones.* Beiträge zur Förderung des interconfessionellen und interreligiösen Gesprächs. Friedrich Heiler zum Gedächtnis aus Anlaß seines 80. Geburtstages am 30. 1. 1972. Hrsg. v. Anne-Marie Heiler. 1972.
[3-7708-0463-5]   Leinen

N. G. ELWERT VERLAG MARBURG

Band 11: *Knitter, Paul,* Towards a Protestant Theology of Religions. A case study of Paul Althaus and Contemporary Attitudes. (Mit deutscher Zusammenfassung). 1974.
[3-7708-0485-6]

Band 12: *Winter, Martin,* Pneumatiker und Psychiker in Korinth. Zum religionsgeschichtlichen Hintergrund von 1. Kor. 2,6–3,4. 1975.
[3-7708-0545-3]

Band 13: *Hakamies, Ahti,* Georg Wünschs Konzept der evangelischen Sozialethik im Lichte seiner werttheoretischen Gesamtauffassung. 1975.
[3-7708-0541-0]

Band 14: *Howard, Virgil,* Das Ego Jesu in den synoptischen Evangelien. 1975.
[3-7708-0540-2]

Band 15: *Zeller, Winfried,* Theologie und Frömmigkeit. Gesammelte Aufsätze, Band 2. Hrsg. von Bernd Jaspert. 1978. [3-7708-0559-3] br. Leinen

Band 16: *Kümmel, Werner Georg,* Heilsgeschehen und Geschichte. Band 2. Gesammelte Aufsätze 1965–1976. Hrsg. von Otto Merk und Erich Gräßer. 1978.
[3-7708-0602-6] Leinen

Band 17: *Grass, Hans,* Einführung in die Theologie. 1978.
[3-7708-0599-2]

Band 18: *Niebergall, Alfred,* Ehe und Eheschließung in der Bibel und in der Geschichte der alten Kirche. Aus dem Nachlaß herausgegeben von Adolf Martin Ritter. 1985.
[3-7708-0806-1] Leinen

ab Band 19 herausgegeben von
Wilfried Härle und Dieter Lührmann

Band 19: *Brümmer, Vincent,* Was tun wir, wenn wir beten? Aus dem Englischen übersetzt von Christoph Schwöbel. 1985. [3-7708-0824-X]

Band 20: *Liebing, Heinz,* Humanismus – Reformation – Konfession. Beiträge zur Kirchengeschichte. In Verbindung mit Iris Greyer und Uwe Kühneweg, hrsg. von Wolfgang Bienert und Wolfgang Hage. 1986. [3-7708-0835-5] Leinen

Band 21: Religion im Denken unserer Zeit. Hrsg. Wilfried Härle und Eberhard Wölfel. 1986. [3-7708-0845-2]

N.G. ELWERT VERLAG MARBURG

Band 22: Marburger Jahrbuch Theologie I „Vom Handeln Gottes". Hrsg. von Wilfried Härle und Reiner Preul. 1987. [3-7708-0864-9]

Band 23: *Grass, Hans,* Aus Theologie und Kirche. 1988. [3-7708-0878-9]

Band 24: Marburger Jahrbuch Theologie II. „Theologische Gegenwartsdeutung". Hrsg. von Wilfried Härle und Reiner Preul. 1988. [3-7708-0903-3]

Band 25: *Preul, Reiner,* Luther und die praktische Theologie. Beiträge zum kirchlichen Handeln in der Gegenwart. 1989. [3-7708-0889-4]

Band 26: *Hauschildt, Eberhard,* Rudolf Bultmanns Predigten. Existentiale Interpretation und Lutherisches Erbe. 1989. [3-7708-0888-6]

Band 27: *Herms, Eilert,* Von der Glaubenseinheit zur Kirchengemeinschaft. Plädoyer für eine realistische Ökumene. 1989. [3-7708-0914-9]

Band 28: *Schlarb, Egbert,* Die gesunde Lehre: Häresie und Wahrheit im Spiegel der Pastoralbriefe. 1990. [3-7708-0932-7]

Band 29: Marburger Jahrbuch Theologie III. „Lebenserfahrung". Hrsg. von Wilfried Härle und Reiner Preul. 1990. [3-7708-0941-6]

Band 30: *Graß, Hans,* Traktat über Mariologie. 1991. [3-7708-0958-0]

Band 31: *Kuch, Michael Martin,* Wissen – Freiheit – Macht. Kategoriale, dogmatische und (sozial-)ethische Bestimmungen zur begrifflichen Struktur des Handelns. 1991. [3-7708-0959-9]

Band 32: Unsere Welt – Gottes Schöpfung. Festschrift für Eberhard Wölfel. Hrsg. von Wilfried Härle, Manfred Marquardt und Wolfgang Nethöfel. 1992. [3-7708-0975-0]

N. G. ELWERT VERLAG MARBURG